Var

ENTRE PROVENCE ET MÉDITERRANÉE

Des embruns iodés aux parfums enivrants de pins et d'eucalyptus, le Var déploie en douceur et sous un soleil omniprésent un patrimoine culturel et naturel d'une rare diversité. Chaque année, les touristes affluent pour profiter de ses stations balnéaires familiales, de ses richesses architecturales et archéologiques, et de son arrière-pays aux reliefs escarpés propices tant à la randonnée qu'à la pratique de sports en eau vive. Département préféré des Français, le Var est un territoire de traditions et de contrastes, de couleurs chatoyantes et de senteurs exaltantes. S'il est essentiellement prisé des touristes estivaux, il promet tout au long de l'année de belles découvertes au visiteur curieux préférant sa constante douceur de vivre à sa popularité presque trop éphémère de juillet et août. En hiver, dès le mois de février, villes et villages sont déjà en fête pour célébrer le mimosa au rythme de corsos fleuris toujours très animés. Au printemps, alors que les manteaux font rapidement place aux manches légères, que les vignes, déjà, ont retrouvé leur feuillage et que les coquelicots déroulent leur tapis rouge, les occasions sont nombreuses pour plonger dans une découverte du terroir gourmand : des promenades gastronomiques sont organisées à plusieurs reprises pour goûter aux produits du coin et déguster les doux vins de Bandol, côtes-de-provence et coteaux-varois-en-provence. En été, si ses plages demeurent un atout de taille, osez vous avancer vers l'intérieur des terres pour découvrir les jolis villages varois !

Retrouvez cette offre en page 47

SOMMAIRE

© MICHAEL MULKENS - SHUTTERSTOCK.COM

6 INSPIRER

Bonnes raisons d'y aller, événements à ne pas manquer, idées de séjour... Voici un premier aperçu de ce qui vous attend dans le Var !

19 DÉCOUVRIR

Histoire, gastronomie, architecture, sports... Feuilletez ces pages pour découvrir toutes les richesses du département.

© ADAM SMIGIELSKI - ISTOCKPHOTO.COM

49 CÔTÉ MER

Préservé, le littoral varois compte une incroyable variété de plages entre criques, plages de galets, et plages de sable fin. Et c'est aussi une multitude de villes au beau patrimoine historique comme Hyères ou Saint-Tropez.

© UNCLESAM - STOCK.ADOBE.COM

Var
Vers Manosque
ALPES
PR
MOUSTIERS-SAINTE-MARIE
Lac de Ste-Croix
AIGUINES
LES SALLES-SU
SAINTE-CROIX-DU-VERDO
BAUDUEN
Gorges du Verdon
GRÉOUX-LES-BAINS
Lac d'Esparron
VAUCLUSE
VINON-SUR-VERDON
Vers A51
BAUDINARD-SUR-VERDON
Lac de Quinson
ARTIGNOSC-SUR-VERDON
D957
D71
SAINT-JULIEN
GINASSERVIS
QUINSON
RÉGUSSE
Vérign
Canal du Verdon
MOISSAC-BELLEVUE
AUPS
la Verdière
D30
Montmeyan
Villecroz
TO
RIANS
D561
Esparron
Tavernes
FOX-AMPHOUX
D22
D557
ARTIGUES
St-Martin
VARAGES
SILLANS-LA-CASCADE
SALERNES
BARJOLS
PONTEVÈS
COTIGNAC
D560
D3
BRUE-AURIAC
ENTRECASTEAUX
D560
CHÂTEAUVERT
SAINT-ANTON
POURRIÈRES
SEILLONS-SOURCE-D'ARGENS
Argens
CORRENS
D562
Vers Aix-en-Provence
OLLIÈRES
CARCÈS
D554
Bras
MONTFORT-SUR-ARGENS
Abb du Tho
A8
Lac de Carcès
LE THO
POURCIEUX
LE VAL
SAINT-MAXIMIN-LA-SAINTE-BAUME
VINS-SUR-CARAMY
BOUCHES-DU-RHÔNE
CABASSE
DN7
BRIGNOLES
A8
TOURVES
FLASSANS-SUR-ISSOL
D1
la Celle
Camps-la-Source
DN7
N560
ROUGIERS
Vers Marseille
SAINTE-ANASTASIE-SUR-ISSOLE
SAINT-ZACHARIE
NANS-LES-PINS
BESSE-SUR-ISS
MAZAUGUES
LA ROQUEBRUSSANNE
PLAN-D'AUPS-SAINTE-BAUME
D95
Forcalqueiret
GONFA
GARÉOULT
ROCBARON
Massif de la Ste-Baume
Pignans
CARNOUL
MÉOUNES-LÈS-MONTRIEUX
SIGNES
D43
D97
D2
Puget-Ville
MÉOUNES-LÈS-MONTRIEUX
A57
Vers Aubagne
Ribous
D554
CUERS
DN8
D97
BELGENTIER
Pierrefeu-du-Var
le Castellet
SOLLIÈS-TOUCAS
Vers Marseille
LE REVEST-LES-EAUX
SOLLIÈS-PONT
LA CADIÈRE-D'AZUR
le Beausset
SOLLIÈS-VILLE
BORM
LA FARLÈDE
LA CRAU
D12
SAINT-CYR-SUR-MER
ÉVENOS
LA LONDE-LES-
BANDOL
OLLIOULES
DN8
LA VALETTE-DU-VAR
HYÈRES
D98
LA GARDE
SANARY-SUR-MER
D559
TOULON
LE PRADET
SIX-FOURS-LES-PLAGES
LA SEYNE-SUR-MER
CARQUEIRANNE
Le Brusc
SAINT-MANDRIER-SUR-MER
Ile des Embiez
GIENS
0
15 km
PORQUEROLLES
Reproduction interdite
Jean-Baptiste Nény
Février 2011

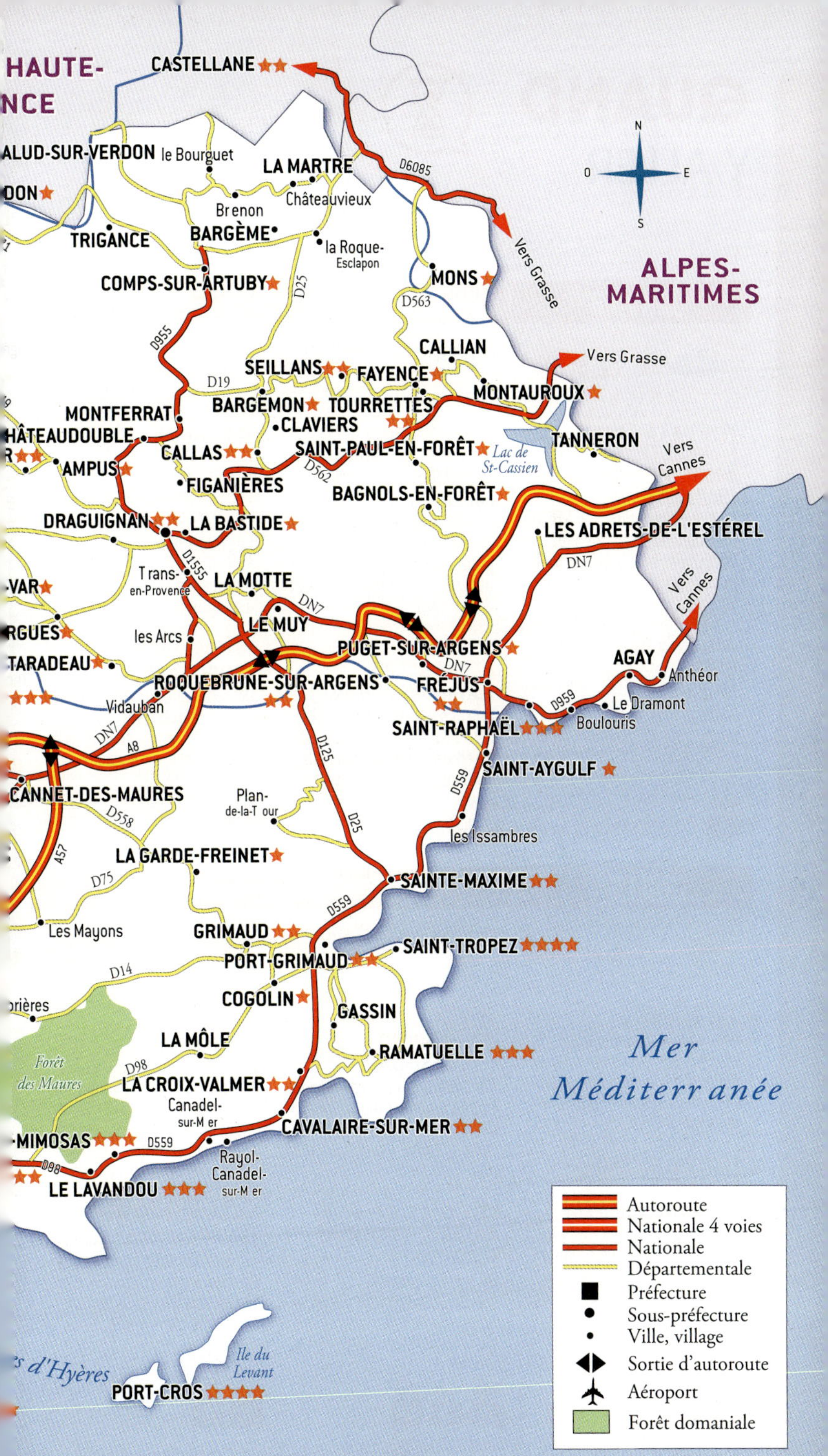
HAUTE-
NCE
CASTELLANE
ALUD-SUR-VERDON
le Bourguet
LA MARTRE
DON
Brenon
Châteauvieux
D6085
N
O
E
S
TRIGANCE
BARGÈME
la Roque-
Esclapon
COMPS-SUR-ARTUBY
D25
MONS
Vers Grasse
ALPES-
MARITIMES
D563
D955
CALLIAN
Vers Grasse
SEILLANS
FAYENCE
D19
MONTAUROUX
MONTFERRAT
BARGEMON
TOURRETTES
CLAVIERS
HÂTEAUDOUBLE
TANNERON
CALLAS
SAINT-PAUL-EN-FORÊT
Lac de
St-Cassien
Vers
Cannes
AMPUS
D562
FIGANIÈRES
BAGNOLS-EN-FORÊT
DRAGUIGNAN
LA BASTIDE
LES ADRETS-DE-L'ESTÉREL
D1555
DN7
Trans-
en-Provence
LA MOTTE
VAR
Vers
Cannes
DN7
LE MUY
RGUES
les Arcs
PUGET-SUR-ARGENS
TARADEAU
DN7
AGAY
Anthéor
ROQUEBRUNE-SUR-ARGENS
FRÉJUS
Vidauban
D959
Le Dramont
Boulouris
SAINT-RAPHAËL
DN7
A8
D125
SAINT-AYGULF
CANNET-DES-MAURES
Plan-
de-la-Tour
D558
D559
D25
les Issambres
A57
LA GARDE-FREINET
D75
SAINTE-MAXIME
D559
Les Mayons
GRIMAUD
SAINT-TROPEZ
PORT-GRIMAUD
D14
COGOLIN
GASSIN
LA MÔLE
Forêt
des Maures
RAMATUELLE
Mer
Méditerranée
D98
LA CROIX-VALMER
Canadel-
sur-Mer
CAVALAIRE-SUR-MER
MIMOSAS
D559
Rayol-
Canadel-
sur-Mer
D98
LE LAVANDOU
Autoroute
Nationale 4 voies
Nationale
Départementale
Préfecture
Sous-préfecture
Ville, village
Sortie d'autoroute
Aéroport
Forêt domaniale
Ile du
Levant
s d'Hyères
PORT-CROS

QUAND Y ALLER

JANVIER

6° / 13°

FÊTE DE LA SAINT-MARCEL (FÊTE DES TRIPETTES)
(BARJOLS)
Une célébration varoise traditionnelle et insolite à découvrir à l'intérieur des terres dans un charmant village.

JOURNÉE DE LA TRUFFE NOIRE
(AUPS)
La journée à ne pas manquer pour tous les gourmands et les amateurs de truffe noire en particulier !

$

FÉVRIER

6° / 14°

CORSO FLEURI – BORMES-LES-MIMOSAS
(BORMES-LES-MIMOSAS)
Au rythme des fanfares et danses folkloriques, un défilé de chars magnifiquement décorés de fleurs fraîches et de mimosa.

CORSO FLEURI DE CAVALAIRE
(CAVALAIRE-SUR-MER)
Une des plus jolis corsos fleuris du Var avec une multitude de chars magnifiques et une ambiance festive bon enfant.

$

MARS

8° / 16°

MARATHON INTERNATIONAL DU GOLFE DE SAINT-TROPEZ
(SAINT-TROPEZ)
Le marathon mythique de Saint-Tropez : le rendez-vous de tous les sportifs du Var et d'ailleurs !

FESTIVAL ARMEN
(SAINT-TROPEZ)
Un festival original qui mêle arts, voile et ski avec en prime de magnifiques voiliers en lice à l'occasion de deux régates.

$

JUILLET

21° / 29°

ART ET VIN
Une manifestation qui convie les visiteurs à découvrir une cinquantaine de Domaines et Châteaux de la région sous un angle inédit.

FESTIVAL CUBAIN BAYAMO
(LA SEYNE-SUR-MER)
Le festival varois le plus latino et le plus *caliente* pour vibrer et danser jusqu'au bout de la nuit sur des rythmes cubains.

$ $ $

AOÛT

20° / 29°

FÊTE DE LA FIGUE – SOLLIÈS-PONT
(SOLLIÈS-PONT)
Fin août, Solliès-Pont rend hommage au produit phare de son terroir. Expositions, dégustations et rencontres de producteurs.

FÊTE DE LA BIO ET DU NATUREL – CORRENS
(CORRENS)
Un grand marché bio avec ateliers, conférences, projections et animations diverses dans le premier village bio de France.

$ $ $

SEPTEMBRE

17° / 27°

BOL D'OR
(LE CASTELLET)
La mythique course internationale de moto revenue au Castellet en 2015. Un événement sportif couru. La grand-messe de la moto,

FESTIVAL DU RIRE DE SAINT-RAPHAËL
(SAINT-RAPHAËL)
Le festival pour rire et vous détendre grâce à des humoristes de talent pendant vos vacances dans le Var.

$ $

L'avantage du Var c'est que vous pouvez y aller en toute saison, même en plein hiver. Grâce au climat méditerranéen, il y fait toujours bon et le soleil est généralement au rendez-vous. Si vous le pouvez, préférez le printemps et l'automne à l'été où la fréquentation touristique est haute. Tout au long de l'année -et pas seulement en été- vous pourrez assister à des évènements et festivals dans tous les domaines (culturel, gastronomique et sportif...). Il y en a pour tous les goûts !

AVRIL

10° / 18°

JOURNÉE DE L'OLIVADE DE TRANS-EN-PROVENCE
(TRANS-EN-PROVENCE)
Une journée de flânerie aux senteurs de Provence, de l'olive, et des produits du terroir dans un joli village varois.

FÊTE DES VINS DE LA LONDE
(LA LONDE-LES-MAURES)
Le rendez-vous incontournable des amateurs de vins du littoral organisé par l'association des vignerons de la Londe.

$ $

MAI

14° / 22°

LES CHEFS À SAINT-TROPEZ FÊTENT LES PRODUCTEURS
(SAINT-TROPEZ)
Un marché de vrais producteurs mis en place avec l'appui des chefs de Saint-Tropez sur la mythique place des Lices.

FESTIVAL COULEURS URBAINES
(TOULON)
Un festival de musiques urbaines qui a plus de 10 ans d'existence et qui a révélé de nombreux artistes.

$ $

JUIN

17° / 27°

GRAND PRIX DE FORMULE 1
(LE CASTELLET)
Un événement international de renom incontournable. La F1 de retour en France sur ce mythique circuit varois de presque 6 km.

FETE DES VINS ET DE LA GASTRONOMIE BACCHUS
(TOULON)
Une fête des vins et de la gastronomie qui souffle un air de fête et de convivialité sur tous les quartiers de Toulon.

$ $

OCTOBRE

14° / 21°

SAINT-TROPEZ CLASSIC
(SAINT-TROPEZ)
Une course au coeur de la ville et au pied de la citadelle qui franchit la ligne d'arrivée sur la célèbre place des Lices.

FESTIVAL INTERNATIONAL DE MODE ET DE PHOTOGRAPHIE
(HYÈRES)
Un festival varois célèbre dédié à la mode et à la photographie, avec défilés, showrooms, expositions et ateliers.

$

NOVEMBRE

10° / 16°

RALLYE DU VAR
(SAINTE-MAXIME)
Une course automobile de légende sur les routes sinueuses du golfe de Saint-Tropez et du centre Var.

TRAIL POURSUITE DU FARON
(TOULON)
Un trail original dans le cadre naturel splendide du Faron avec du suspens et une bonne ambiance au rendez-vous

$

DÉCEMBRE

7° / 14°

FÊTE DU MILLÉSIME
(BANDOL)
Le vignoble de Bandol est un des plus prestigieux de la région. Son rosé enchante nos étés. En décembre, on le célèbre dignement.

FESTIVAL DU CINÉMA EUROPÉEN DES ARCS
(LES ARCS SUR ARGENS)
Le seul festival du film du Var qui met en avant les films européens dans toute leur diversité et dans différentes thématiques.

$

LES BONNES RAISONS D'Y ALLER

© ANDRE QUINOU - SHUTTERSTOCK.COM

LES PAYSAGES PRÉSERVÉS

Loin d'être bétonné, le Var compte une multitude de sites naturels préservés.

DES PLAGES DE RÊVE

Inutile d'aller dans les Caraïbes ou aux Seychelles, les plages varoises sont sublimes.

© SOUTHMIND - SHUTTERSTOCK.COM

© CAMILLE.L PHOTOGRAPHY - SHUTTERSTOCK.COM

DES VILLAGES CHARMANTS

L'intérieur des terres est jalonné de petits villages pittoresques provençaux.

© LAURENT BOSCHERO

LES BONS PRODUITS DU TERROIR

Olives, truffe noire, châtaignes, figues... Les produits du terroir varois sont un régal !

© DELPIXART - ISTOCKPHOTO.COM

DES VINS DE QUALITÉ

Le Var compte plusieurs appellations contrôlées parmi lesquelles le fameux rosé de Bandol.

© GRADYREESE - SHUTTERSTOCK.COM

LE CLIMAT IDYLLIQUE

Grâce au climat méditerranéen, le Var est une destination agréable toute l'année !

© IVICA DRUSANY - SHUTTERSTOCK.COM

DE SUPERBES RELIEFS

Les reliefs varois sont splendides à commencer par les célèbres Gorges du Verdon.

LES BONNES RAISONS D'Y ALLER

LES SPORTS NAUTIQUES

Voile, planche à voile, kitesurf... Que de sports nautiques se pratiquent dans le Var !

© VISUALLOOK - ISTOCKPHOTO.COM

© SEVENTYFOUR - ISTOCKPHOTO.COM

LA CULTURE À L'HONNEUR

Le Var est aussi une destination culturelle avec de nombreux musées dédiés à l'art.

© ARTMARIE - ISTOCKPHOTO.COM

DES MARCHÉS TYPIQUES

Les nombreux marchés varois sentent bon la Provence.

LES 12 MOTS-CLÉS

#APÉRO

Plus qu'un simple moment précédent le repas, l'apéro est un art de vivre auquel les Varois sont très attachés. Expression directe de la convivialité toute méridionale de la région, c'est aussi et surtout l'occasion de profiter de la douceur des soirées d'été, dans des cadres à la beauté souvent insoupçonnée. Une activité sociale et familiale.

#ARTISANAT

Terre de tradition, le Var est riche de ses nombreux artisans talentueux. Un savoir-faire souvent séculaire, transmis en famille, qui donne naissance à des productions sans pareil. Poteries, céramiques, santons de Noël, tissus, mais aussi savons et sculptures, tout un patrimoine vivant précieux que vous retrouverez de villages en marchés.

© JACKY JEANNET - STOCK.ADOBE.COM

#CIGALES

Le chant des cigales est caractéristique des régions méditerranéennes en été. Bien entendu, vous les entendrez partout dans le Var pendant la saison estivale. Ce sont en fait les mâles qui chantent pour attirer les femelles, le son est émis par les cymbales situées dans l'abdomen de l'insecte. C'est pourquoi on parle de « cymbalisation ».

© EMMANUEL FABISIAK - SHUTTERSTOCK.COM

#HUILE D'OLIVE

Le Var peut s'enorgueillir de produire une huile d'olive d'exception, parmi les meilleures de Provence. Véritable identité culturelle et culinaire, cette huile bénéficie de plusieurs AOP dans le département. L'huile d'olive est aussi réputée pour ses vertus bénéfiques pour la santé et elle apporte une touche de soleil à votre cuisine.

#ILES D'OR

Le Var compte plusieurs îles, dont Bendor, les Embiez, etc. Les îles varoises les plus célèbres sont les îles d'Or au large d'Hyères à commencer par Porquerolles, réputée pour ses eaux cristallines. Port-Cros, 1er parc national terrestre et marin d'Europe, est tout aussi prisée tandis que l'Ile du Levant, accueille les touristes naturistes.

#LAVANDE

Sa couleur mauve colore les champs à la belle saison, son parfum délicat embaume les intérieurs des demeures provençales, la lavande est un emblème du Var et de la Provence. Le délicat parfum de cette plante et de son dérivé, le lavandin, est fréquemment utilisé en parfumerie. 84 tonnes d'huile essentielle AOP sont produites chaque année.

© WJAREK - ISTOCKPHOTO.COM

#MIMOSA

Ah le doux parfum du mimosa ! Ces petites fleurs en forme de boutons jaunes ont été introduites d'Australie sur la Côte d'Azur et on en trouve beaucoup dans le Var. Elles poussent en hiver et font même l'objet de fêtes comme celle du corso fleuri de Bormes-les-Mimosas où 12 tonnes de brins jaunes et 80 000 fleurs habillent une quinzaine de chars.

LES 12 MOTS-CLÉS

#NATURE

Impossible d'évoquer le territoire varois sans évoquer la nature sauvage qui s'y développe depuis des millions d'années. Une nature belle, brute et préservée. Des paysages uniques à couper le souffle, des falaises vertigineuses et des cours d'eau élégants. Un séjour dans le Var c'est un bon bol d'air de senteurs entre garrigue, pins et cyprès.

#PALMIERS

Cet arbre emblématique de la Méditerranée est très répandu dans le Var. Vous en verrez le long des rues et sur le littoral de la plupart des villes varoises, la plus célèbre étant Hyères-les-Palmiers, qui concentre le plus grand nombre de palmiers en France. Ils sont si nombreux sur certaines avenues hyéroises qu'on se croirait parfois à Miami !

#PÉTANQUE

Ce célèbre jeu typiquement provençal est né en 1907. Un joueur, atteint de rhumatismes et ne pouvant pas bouger, traça un cercle autour de lui et lança sa boule « les pieds tanqués » (fixés) dans le sol. Ainsi naquit ce dérivé de la boule provençale que Pagnol évoquait dans ses œuvres. Plus qu'un simple loisir, la pétanque est un véritable sport.

#PLAGES

La côte varoise, qui s'étend sur plus de 400 km de façade maritime, est façonnée par de nombreux caps et baies parsemées d'îles. Les plages y sont nombreuses et variées : criques, plages de sable fin ou de galets, plages ventées ou calmes, avec des eaux profondes ou pour les familles… Tout le monde trouvera son bonheur sur les plages varoises !

© ORIETTA GASPARI - SHUTTERSTOCK.COM

#ROSÉ

C'est probablement le premier vin qui vient à l'esprit quand on évoque le Var. Un bon petit rosé bien frais en terrasse ou au bord de l'eau, voilà qui met tout de suite dans une ambiance de vacances ! Ott, Minuty, Château d'Esclans… Plusieurs appellations AOC varoises sont mondialement connues et plusieurs rosés du Var sont considérés comme les meilleurs du monde.

VOUS ÊTES D'ICI, SI…

- Vous dites « Oh fan » ou « Oh fatche de » quand vous apprenez une nouvelle surprenante.
- Vous tartinez des petits pains d'anchoïade ou de tapenade pour l'apéro.
- Les palmiers vous manquent dès que vous quittez le département.
- Vous râlez quand vous voyez les touristes qui commencent à débarquer l'été.
- Vous sortez votre manteau alors qu'il fait seulement 15 degrés en hiver.
- Vous avez pris des cours d'optimist quand vous étiez à l'école primaire.
- Vous trouvez que les Parisiens pointent quand ils parlent et que leur accent est bizarre.
- Vous buvez seulement du rosé du Var, car les autres rosés sont forcément moins bons !
- Vous soutenez inconditionnellement le RCT.
- Vous allez faire vos courses au marché tous les week-ends.
- Vous trouvez que les Marseillais et les Niçois « se la racontent ».

MON VAR

avec Laurent Boschero

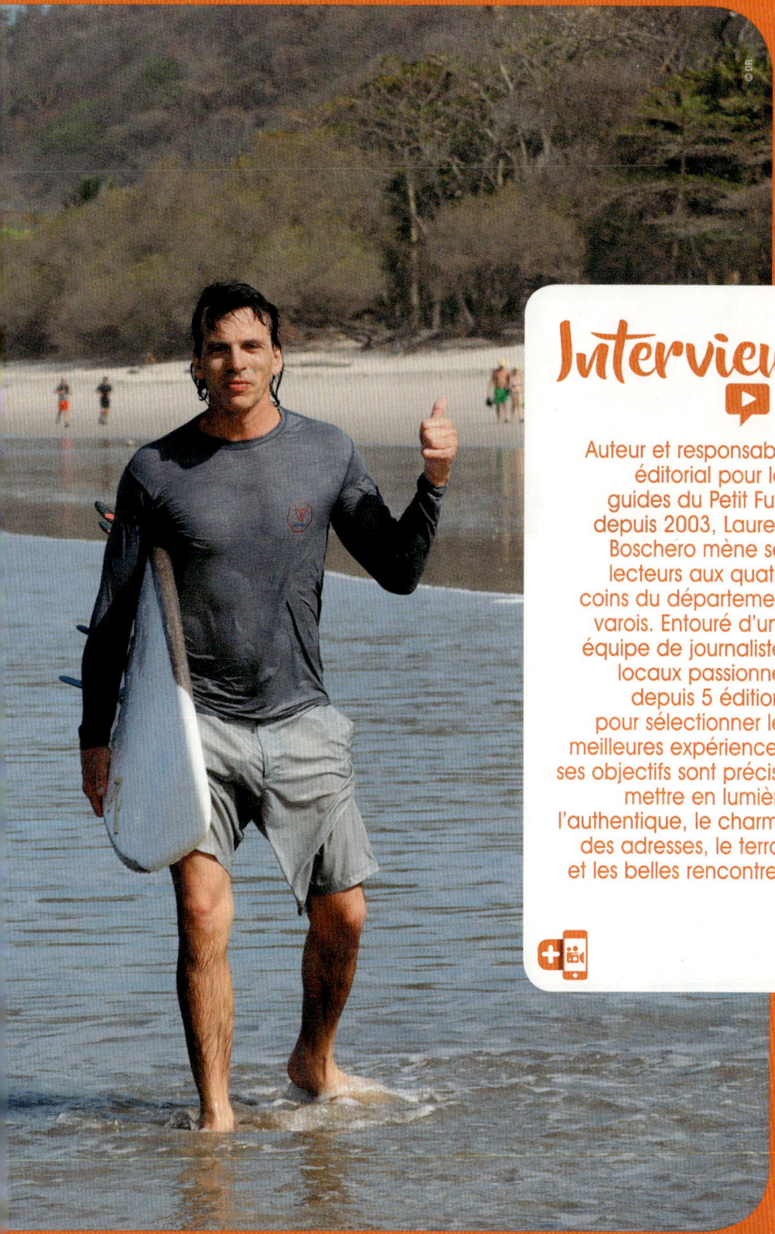

© DR

Interview

Auteur et responsable éditorial pour les guides du Petit Futé depuis 2003, Laurent Boschero mène ses lecteurs aux quatre coins du département varois. Entouré d'une équipe de journalistes locaux passionnés depuis 5 éditions pour sélectionner les meilleures expériences, ses objectifs sont précis : mettre en lumière l'authentique, le charme des adresses, le terroir et les belles rencontres.

TOP 5

SE RESTAURER

Dans le Var, vous trouverez une grande variété de restaurants, du petit snack de plage au restaurant étoilé en passant par la table provençale. Les bons produits du terroir sont souvent à l'honneur et les chefs s'en donnent à cœur joie ! Côté rapport qualité-prix, l'été les prix montent d'un cran.

LES OLIVIERS

Bandol
Un voyage gustatif orchestré par un chef talentueux dans un restaurant étoilé avec vue sur la belle baie de Bandol.

© SYLVAIN THIOLLIER

© LA VAGUE D'OR

LA VAGUE D'OR

Saint-Tropez
Le chef Arnaud Donckele aime rendre hommage à Saint-Tropez, et à la Provence en magnifiant des produits locaux.

LE VERGER DES KOUROS

Cuers
Les trois frères, d'origine grecque conçoivent depuis 1991 une cuisine qui respecte le terroir, les saisons et le client.

© LE VERGER DES KOUROS

LA TRUFFE

Aups
Passion, créativité et technique animent le chef Sébastien Gaillard, qui propose une cuisine faite de produits de saison.

© LA VILLA BRIGNAC

© RESTAURANT LA TRUFFE

LA VILLA BRIGNAC

Ollioules
Avec un chef faisant la part belle aux produits locaux et aux fleurs comestibles, et un vrai chef pâtissier, cette maison de famille offre de beaux moments.

TOP 5

SE LOGER

Pour vous loger dans le Var, vous aurez l'embarras du choix en termes de structures : boutiques-hôtels, hôtels de luxe, campings, maisons d'hôtes, gîtes... Côté tarifs, les prix montent très haut en été, surtout en cas de séjour à la dernière minute. Alors pensez à réserver pour limiter les frais.

© APICIUS

HOSTELLERIE LES GORGES DE PENNAFORT****

Callas
Hôtel d'exception dans un cadre naturel enchanteur, une des meilleurs tables de la région également, une étoile au Michelin.

© LA BASTIDE DES MAGNANS

LA BASTIDE DES MAGNANS

Vidauban
Cinq chambres d'hôtes douillettes, toutes décorées sur des thèmes différents vous attendent à l'étage de cette belle bastide.

© LE PROVENÇAL

HÔTEL ET RESTAURANT LE PROVENÇAL***

Giens
A l'extrême sud de la presqu'île de Giens, cet hôtel bénéfice d'une vue imprenable sur les îles d'Or et le grand large !

©2MANYRIDERS

HOSTELLERIE BÉRARD & SPA****

La Cadière-d'Azur
Un deux-en-un : un hôtel de caractère et un restaurant gastronomique étoilé !

LA MAISON HILARION

Correns
Cette bâtisse dispose de 4 chambres à l'histoire et au décor singulier. Ajoutez à cela une convivialité sans faille, et le charme opère !

© MAISON HILARION

TOP 5

ACTIVITES

Avec une nature magnifique et préservée pour terrain de jeu, le Var est la destination rêvée pour les activités en plein air. Vous pourrez faire de la randonnée, de la course, du VTT, de l'escalade... En mer, les sports nautiques sont très prisés : voile, kitesurf, plongée, jetski...

BEYOND THE WINE

Saint-Tropez

Sonia propose de superbes escapades œnotouristiques à la découverte des plus beaux domaines viticoles.

© @ELIA.KUHN.PHOTOGRAPHE POUR @BEYONDTHEWINE

© BACK TO THE TREE

BACK TO THE TREE - CANYONING & SPÉLÉO

Montauroux

Gilles Jovet vous invite à découvrir le pays de Fayence au fil de l'eau et des grottes via du canyoning, de la spéléo, des balades aquatiques...

© ALPHA BELUGA ITI

ALPHA BELUGA ITI

Fréjus

C'est le 1er centre de plongée en mer en France métropolitaine à proposer des protocoles thérapeutiques via la plongée !

ESTÉREL AVENTURES

Saint-Raphaël

Balade en buggy, escape game outdoor, rallye styles chasse au trésor... Des activités ludiques et originales pour vivre de nouvelles aventures !

© JESSICA BADER

© ATLANTIDE

ATLANTIDE

Bandol

Atlantide, c'est des excursions, des sorties à la découverte de cétacés, une embarcation ludique pour apprécier les fonds marins...

IDÉES DE SÉJOUR

Il existe bien des façons de visiter ce département, bien des manières de l'appréhender et de faire l'expérience de son authenticité et de ses beautés multiples. Pour prendre goût au Var, un week-end ne suffira certainement pas mais vous donnera l'eau à la bouche ! Les idées de séjour sont nombreuses dans un département si diversifié et aux paysages si variés. Nous avons sélectionné pour vous un premier séjour plutôt de type balnéaire puisqu'on vous propose de partir faire un petit circuit à Hyères et de découvrir sa presqu'île et ses îles tout en y incorporant des visites culturelles dans son centre historique et à la Fondation Carmignac. Le deuxième séjour que nous vous proposons se veut plus nature encore et dans les terres, puisqu'il s'agit d'un circuit dans le Parc naturel du Verdon où se trouvent les célèbres Gorges du Verdon, le plus grand canyon d'Europe.

HYÈRES, LA PRESQU'ILE DE GIENS ET PORQUEROLLES

Le temps d'un week-end de trois jours, partez à la découverte de Hyères, sa presqu'ile et l'île de Porquerolles.

› Jour 1 : Hyères

Commencez par visiter Hyères et son centre-ville. Promenez-vous sur l'avenue Gambetta et admirez cette la longue rangée de palmiers qui la borde. Remontez l'avenue, vous arriverez doucement dans le Vieux-Hyères, aux jolies ruelles médiévales et au sol pavé. Allez visiter la grande tour des templiers, partez à la découverte du lavoir restauré, et montez jusqu'au château d'Hyères dont il ne reste que des ruines mais d'où la vue panoramique sur la ville et ses îles est splendide. Redescendez ensuite dans le Vieux-Hyères et installez-vous en terrasse sur la place Massillon où vous pourrez déguster de bonnes spécialités locales. Après le repas, explorez le Parcours des Arts, un circuit que vous suivrez facilement grâce à la signalétique. Vous découvrirez les ateliers de nombreux artistes et artisans tout au long de ce parcours. Libre à vous ensuite de vous poser en terrasse pour l'apéro et de dîner dans le Vieux-Hyères, vous aurez l'embarras du choix.

› Jour 2 : La Presqu'île de Giens

Il faut 20 minutes de voiture pour vous rendre du centre-ville d'Hyères à la Presqu'île de Giens. Cette presqu'ile a pour particularité d'être composée de deux « tombolos », deux grands cordons de sédiments reliés à Hyères. Le cordon ouest n'est large que de 50 m et bordé tout le long par la plage de l'Almanarre, où se retrouvent les meilleurs spécialistes du monde de planche à voile et de kitesurf. Celui de l'est, plus large (200 m dans sa partie la plus étroite), est bordé par la plage de la Capte, plage rêvée pour les enfants et pour la tranquillité des parents, puisque l'on a pied jusqu'à 60 m du rivage ! Entre ces deux tombolos se trouve l'étang des Pesquiers, une zone de salins où, jusqu'à une époque très récente (1994), on ramassait encore le sel. Propriété du Conservatoire du littoral, c'est une zone de nidification où se plaisent quelques espèces remarquables, il n'est d'ailleurs pas rare de pouvoir observer des dizaines de flamants roses venus ici après un très long voyage, mais aussi des foulques, canards et autres aigrettes. Plus de 250 espèces d'oiseaux se rencontrent ici chaque année. Autour de Giens, ne manquez pas de visiter les petits ports traditionnels qui font le charme de la presqu'île hyéroise : le port du Niel et celui de La Madrague. Découvrez aussi le port de la Tour Fondue, site d'embarquement privilégié pour la traversée en direction des îles d'Hyères.

› Jour 3 : Porquerolles

Depuis la Tour Fondue, sur la Presqu'île de Giens, vous prendrez place à bord d'une navette direction Porquerolles. En une vingtaine de minutes, vous arriverez au port. C'est la plus grande des îles d'Hyères avec ses 7 km de long et ses 2,5 km de large du nord au sud – 1 250 hectares –, véritable petit paradis local. Il vaut mieux toutefois venir hors période estivale pour en apprécier toute sa beauté, loin de la foule souvent compacte de touristes en été. La côte nord est la plus accueillante, avec de nombreuses plages de sable que bordent des pinèdes et garrigues plantées de genêts, bruyères, myrtes, arbousiers. La côte sud, quant à elle, est plus abrupte, plus découpée ; l'intérieur, enfin, est peu habité. Si vous avez envie de farniente, on vous recommande d'emporter votre pique-nique et de passer la journée sur la Plage d'argent, ou de la Courtade, pour profiter des eaux cristallines et du sable fin de Porquerolles. Mais, si vous aimez l'art contemporain, ne manquez pas de visiter la Fondation Carmignac où vous découvrirez beaucoup d'œuvres d'art en plein air sous la pinède et un musée à l'architecture surprenante.

LES GORGES DU VERDON

En 3 jours, on vous propose de partir à la découverte des mythiques Gorges du Verdon. Cet itinéraire vous conduira à son lac aux eaux émeraude et à des villages authentiques.

› Jour 1 : Lac de Sainte-Croix

Pour aller au Lac de Sainte-Croix, le plus simple est de vous rendre au village Les-Salles-sur-Verdon. A partir de là, l'accès au lac est facile à trouver. Le lac de Sainte-Croix est un incontournable des Gorges du Verdon. Mis en eau de novembre 1973 à avril 1975, le lac est alimenté par le Verdon qui prend sa source au col d'Allos et parcourt 175 kilomètres dont 30 kilomètres au fond des gorges éponymes. Il doit sa couleur émeraude à de micro-algues en suspension. Voué à la production hydroélectrique et à l'irrigation, ce lac qui mesure 11 kilomètres de long sur 4 kilomètres de large environ est également un éden pour les baigneurs, les adeptes de sports nautiques et les pêcheurs. Vous trouverez plusieurs plages pour étendre votre serviette sur place.

On vous recommande notamment la plage de Chabassole où vous trouverez pédalos, kayaks, paddles… Pour le déjeuner, vous pouvez choisir d'aller vous attabler dans l'un des restaurants des Salles-sur-Verdon ou d'Aiguines, qui sont à proximité.

› Jour 2 : Aiguines

Petit village perché à plus de 800 mètres d'altitude, Aiguines surplombe le lac de Sainte-Croix. Au sommet du village, à côté de la chapelle Saint-Pierre, vous pourrez admirer un panorama superbe depuis la table d'orientation. Vous pourrez notamment admirer l'église paroissiale et son beau clocher ainsi que le château restauré, construit au XVIIème siècle, et qui est aujourd'hui une résidence privée. A Aiguines, ne manquez pas de visiter le musée des tourneurs sur bois, un métier qui a fait son apparition dans la région à partir de la fin du XVIe siècle. C'est la présence d'un espace forestier rare qui l'a rendu possible. Le musée vous propose de découvrir l'histoire et le travail des tourneurs sur bois à travers différentes collections, qui représentent un patrimoine rare, témoignage d'un savoir-faire unique.

› Jour 3 : Aups

Porte sud des gorges du Verdon, le charmant village d'Aups est surtout connu pour son marché aux truffes, ouvert chaque année le dernier jeudi du mois de novembre par le président du syndicat des trufficulteurs du Var, et où les amateurs se donnent rendez-vous tous les jeudis matins de fin novembre à début mars, sur la place Mistral, pour constater l'évolution du cours et de la qualité de la truffe noire. Si vous êtes amateur de truffes, on vous recommande vraiment de déjeuner sur place ; vous allez vous régaler !

© BDSKLO - ISTOCKPHOTO.COM

Le lac de Sainte-Croix.

DÉCOUVRIR

Le Var déploie en douceur et sous un soleil omniprésent un patrimoine culturel et naturel d'une rare diversité. Chaque année, les touristes affluent pour profiter de ses stations balnéaires familiales, de ses richesses architecturales et archéologiques, et de son arrière-pays aux reliefs escarpés propices tant à la randonnée qu'à la pratique de sports en eau vive. Département préféré des Français, le Var est un territoire de traditions et de contrastes, de couleurs chatoyantes et de senteurs exaltantes. S'il est essentiellement prisé des touristes estivaux, il promet tout au long de l'année de belles découvertes au visiteur curieux préférant sa constante douceur de vivre à sa popularité presque trop éphémère de juillet-août. En été, si ses plages demeurent un atout de taille, osez vous avancer vers l'intérieur des terres pour admirer ses reliefs saisissants et ses jolis villages.

ROUTE DES VINS

Le vignoble provençal s'étend des bords de la Méditerranée aux contreforts des Alpes, de la campagne aixoise à l'arrière-pays niçois. Différentes routes, ensoleillées, pleines de charme et traversant des sites de toute beauté, s'offrent aux visiteurs au gré des huit appellations d'origine contrôlée et des quatre dénominations de terroir essaimées à travers trois départements, les Alpes-Maritimes, les Bouches-du-Rhône et le Var, pour un fabuleux voyage au cœur de la Provence. Emprunter la route qui sillonne les vignobles des vins de Provence dans le Var, c'est découvrir des couleurs, des senteurs, des goûts mais aussi des paysages magnifiques, les richesses du patrimoine naturel et culturel : des sites maritimes, des cités touristiques renommées, des villages perchés, des lieux chargés d'histoire, des maisons des vins et des œnothèques…

La route des vins de Provence

Des portes de Nice jusqu'à celles de la Camargue, la route des vins de Provence rassemble près de 430 domaines et caves coopératives engagés dans une démarche de qualité d'accueil afin de proposer aux visiteurs une dégustation personnalisée et commentée de leurs vins.

Le site Internet de la route des vins de Provence (www.routedesvinsdeprovence.com) propose des conseils, des idées et des outils pratiques. Il permet de s'informer sur les actualités de la région, de rechercher et de découvrir des domaines ou circuits et de construire soi-même son itinéraire.

Une fois les critères sélectionnés, il ne reste plus qu'à choisir les domaines, à les ajouter à une feuille de route prête à l'impression et téléchargeable sur GPS et à prendre la route. On retrouve alors facilement les domaines et caves indiqués par une signalétique routière commune.

Appellations d'origine contrôlée

Dans le Var, votre périple bachique va vous entraîner au cœur de 4 appellations d'origine contrôlée : côtes-de-provence, coteaux-d'aix-en-provence ainsi que coteaux-varois-en-provence et Bandol, ces deux derniers ayant des vignobles 100% varois.

© TENKENDE - ISTOCKPHOTO.COM

Coteaux-varois-en-provence

L'appellation d'appellation contrôlée coteaux-varois-en-provence s'épanouit en plein centre du Var, sur 28 communes du département, de Brignoles à l'est à Ollières à l'ouest, de Villecroze au nord à Rocbaron au sud. 300 vignerons sont répartis en 77 caves particulières et 10 caves coopératives. A.O.C. depuis 1993, le vignoble s'étend sur des sols argilo-calcaires marqués. Son altitude, 350 mètres en moyenne, ainsi que la présence des massifs rocheux de la Sainte-Baume à l'ouest, des Bessillons au nord et des barres de Cuers au sud, qui arrêtent les influences maritimes, confèrent au climat des Coteaux-varois-en-Provence un caractère continental, avec des hivers rigoureux et des étés chauds et secs.

Bandol

Classé en appellation d'origine contrôlée – AOC – depuis 1941, le vignoble s'étend sur huit communes, dont le terroir est à l'abri d'un merveilleux amphithéâtre de collines boisées, qui descend en restanques vers la mer. 180 vignobles qui œuvrent sur 260 ha en Bandol. Le mourvèdre, cépage roi qui doit représenter au minimum 50 % de l'encépagement pour les rouges, a trouvé ici son territoire de prédilection et donne des vins rouges de garde corsés et tanniques, après un vieillissement obligatoire de dix-huit mois dans le bois. Les cépages principaux sont pour les rouges et les rosés, mourvèdre, grenache, cinsault, pour les blancs, ugni blanc, bourboulenc et clairette.

4 dénominations de terroir dans le Var

Côtes-de-provence La Londe

Après plusieurs années de travail des membres de l'association des vignerons de La Londe, avec le soutien du syndicat des côtes-de provence, la dénomination de terroir La Londe de l'AOC côtes-

© CLAUDIO GIOVANNI COLOMBO - SHUTTERSTOCK.COM

Vignoble varois.

de-Provence est reconnue depuis mai 2008. Le vignoble de cette dénomination de terroir est localisé en terminaison côtière, au sud-ouest du massif des Maures. Cinq communes (tout ou partie) du Var sont comprises dans l'aire délimitée côtes-de-provence La Londe : Bormes-les-Mimosas, La Crau, Hyères et La Londe-les-Maures. La production actuelle est de 6 600 hectolitres (rosé et rouge), soit 900 000 bouteilles environ.

Côtes-de-provence Pierrefeu

L'Association des vignerons de Cuers - Pierrefeu - Puget-Ville, créée en 2003 et regroupant 26 caves particulières et 4 caves coopératives, se réjouit de la décision de l'INAO qui a reconnu officiellement en 2013 l'indication géographique complémentaire « Pierrefeu » au sein de l'appellation côtes-de-provence. Douze communes (tout ou partie) sont comprises dans l'aire délimitée côtes-de-provence Pierrefeu : Carnoules, Carqueiranne, Collobrières, Cuers, La Crau, La Farlède, La Garde, La Valette, Le Pradet, Pierrefeu, Puget-Ville et Solliès-Pont. Les premières bouteilles portant sur leur étiquette l'appellation côtes-de-provence Pierrefeu ont donc vu le jour avec la récolte 2013 ; la production actuelle s'élève à 5 100 hectolitres (rosé et rouge), soit 680 000 bouteilles. Chaque année au mois de mai, des balades gourmandes sont organisées sur trois journées. Au programme : balade dans les vignes ponctuée de haltes gourmandes et des dégustations de vins avec les vignerons, une belle occasion de découvrir les millésimes rosé et rouge de l'année.

Côtes-de-provence Notre-Dame des Anges

Avec près de 100 domaines, 9 coopératives et 4 appellations, l'un des plus hauts domaines du Var, le château de Lagarde, à plus de 500 m d'altitude à Figanières, et le village réunissant le plus de domaines viticoles en Provence à Lorgues, la Dracénie est labellisée « Vignobles et Découvertes » depuis 2017. Elle recense 5 des 19 crus classés varois : domaine du Jas d'Esclan à La Motte, château Roubine à Lorgues, château de Saint-Martinet château de Celle à Taradeau, Sainte-Roseline-aux-Arcs. Avec une amplitude de 15 à 1096 m d'altitude sur ses 27 communes, les domaines de Dracénie sont essentiellement situés au sud de Draguignan à 80 % sur Lorgues, Vidauban, La Motte, Les Arcs, Le Muy et Taradeau. Le zonage AOC côtes-de-provence en Dracénie s'étend sur 11,160 ha avec une production de plus de 90 000 hl d'une moyenne de 80 % de rosé, 10 % de rouge et 10 % de blanc, et un chiffre d'affaires de la viticulture supérieur à 16 millions d'euros.

Côtes-de-provence Fréjus

Au terme d'un long travail mené par l'association Vins et Terroir de Fréjus, avec le soutien du syndicat des côtes-de-provence, l'AOC côtes-de-provence Fréjus a été reconnu par l'INAO par décret du ministre de l'Agriculture, le 5 octobre 2005. Situé à l'extrémité est de l'appellation Côtes-de-Provence, le secteur de Fréjus est drainé d'ouest en est par le fleuve côtier l'Argens et ses affluents, et bénéficie d'une ouverture directe sur la mer Méditerranée. Huit communes – tout ou partie – du département du Var sont comprises dans l'aire délimitée de l'appellation Côtes-de-Provence-Fréjus : Callas, Fréjus, La Motte, Le Muy, Puget-sur-Argens, Roquebrune-sur-Argens, Saint-Raphaël et Trans-en-Provence. La production est de 500 hectolitres (rosé et rouge), soit environ 70 000 bouteilles.

GÉOGRAPHIE

Baigné par la Méditerranée, le Var fait partie de la région Provence-Alpes-Côte d'Azur. Il a pour départements limitrophes les Bouches-du-Rhône, le Vaucluse, les Alpes-de-Haute-Provence et les Alpes-Maritimes. C'est une terre de contrastes, avec plus de 400 km de côtes, des îles, des massifs comme ceux de l'Estérel et des Maures, des lacs, des rivières, des gorges comme les Gorges du Verdon qui forment le plus grand canyon d'Europe, des forêts, des vignobles, des plages de sable fin, des criques sauvages, des villages perchés... Quelle diversité ! Tous ces paysages préservés et d'une incroyable variété, voilà ce qui fait du Var un département unique en son genre. Il recèle tant de merveilles naturelles qu'on comprend aisément pourquoi il est dans le peloton de tête des départements préférés des Français. Pour vous aider à vous repérer pendant votre séjour, voici un condensé des caractéristiques géographiques varoises !

Climat

La moyenne annuelle des températures s'établit autour de 16 °C, juillet restant le mois le plus chaud du département, et février le plus froid. Les étés sont secs avec une faible pluviométrie. Le climat du département se caractérise par un excellent ensoleillement ; le Var est la région la plus ensoleillée de France ! Compte tenu de sa situation géographique, le Var est soumis à la fois à l'influence de la Méditerranée et à celle des Alpes, c'est pourquoi les vents et les pluies s'y caractérisent par une certaine violence. Les précipitations sont généralement faibles sur le littoral, et augmentent en intensité au fur et à mesure que l'on s'éloigne de la côte vers l'intérieur et que l'on prend de l'altitude. La neige est rare et tombe de dix à quatorze jours en moyenne par an, principalement en altitude.

▶ **Le mistral** souffle en rafales, qui s'atténuent d'ouest en est. Il passe sur les Alpes où il se refroidit, descend le couloir rhodanien, s'oriente ensuite au nord-ouest vers les côtes varoises en perdant de sa force. Il dépasse couramment les 40 km/h avec des pointes pouvant atteindre plus de 100 km/h. Les vents d'est ou sud-est, moins fréquents que le mistral, sont aussi violents, et précèdent ou accompagnent de fortes précipitations.

▶ **La Méditerranée** a la réputation d'une mer calme, sans marées, avec l'aspect d'un grand lac. Elle est pourtant sujette à de brusques bourrasques d'une extrême violence, dues le plus souvent au choc thermique d'une masse d'air chaud, venue d'Afrique du Nord, qui rencontre une masse d'air froid, à base de mistral, venue des Alpes et du couloir rhodanien. Ses tempêtes sont courtes, souvent imprévisibles, toujours impressionnantes.

Massif de l'Estérel.

Relief

Au nord, les plateaux préalpins, calcaires et dénudés, culminent à la montagne du Lachens – 1 714 mètres – le sommet le plus élevé du département. Au sud-est, deux massifs cristallins très anciens – on a retrouvé de nombreux fossiles de reptiles, adaptés à la vie marine, et de dinosauriens dans les couches calcaires de ce socle jurassique –, les Maures – sommet Notre-Dame-des-Anges à 780 mètres –, l'Estérel – sommet mont Vinaigre à 618 mètres –, plongent dans la mer Méditerranée. A l'ouest, de grands chaînons, les premiers contreforts de la montagne Sainte-Victoire, le mont Aurélien, le massif de la Sainte-Baume, le mont Caume, le Coudon, le mont Faron, s'identifient à la basse Provence calcaire. Les plateaux, au nord de Rians jusqu'au plan de Canjuers, s'élèvent progressivement de 500 à 1 000 mètres.

Le Var abrite aussi plusieurs grottes sur son territoire. La grotte de Sainte-Baume, ouverte naturellement dans la falaise par érosion, a été utilisée comme refuge par sainte Marie Madeleine. La falaise et les grottes troglodytes à Cotignac, dominent le village. Les grottes de la Baume à Néoules ont servi de refuge préhistorique et les grottes de Villecroze, excavations naturelles sont vieilles de 700 000 ans.

© LAMAX - SHUTTERSTOCK.COM

Massif de la Sainte-Baume.

Les forêts et les bois sont aussi omniprésents dans le département. Les massifs de la Sainte-Baume, des Maures et de l'Estérel couvrent plus de 340 000 hectares ce qui correspond à 56 % de la superficie du département. La forêt varoise se place donc en seconde position au niveau national, derrière la forêt landaise.

Les cours d'eau

Le Var compte beaucoup de cours d'eau comme l'Argens, fleuve côtier de 114 km, qui prend sa source à Seillons-Source-d'Argens, traverse vingt et une communes, reçoit les eaux de nombreux affluents, Eau salée, Cassolle, Bresque, Florieye, Nartuby, Endre, Blavet (rive gauche), Meyronne, Cauron, Ribeirote, Caramy, Issole, Aille, Fournel (rive droite), avant de se jeter dans le golfe de Fréjus.

Le département est aussi doté de nombreux lacs à commencer par celui de Carcès, qui a été aménagé artificiellement sur 91 hectares en 1934 au confluent du Caramy et de l'Issole pour alimenter la ville de Toulon en eau potable. Le lac de Besse-sur-Issole, plan d'eau naturel de 4 hectares, est alimenté par une résurgence de l'Issole. Le lac artificiel de Saint-Cassien, de 5 km de long et d'une superficie de 470 hectares, est alimenté par la Siagne. Le lac de Sainte-Croix, plan d'eau de 2 200 hectares s'étend sur 10 km et permet la pratique de nombreuses activités nautiques. Le lac de Quinson, ancien canyon envahi par les eaux, s'étire sur 11 km. De nombreux autres lacs permettent également la pratique de la pêche à la truite, du brochet, du black bass : le lac de Banegon à Fayence, d'une superficie d'1 hectare ; le lac de Bimes, à Carnoules, d'une superficie d'1 hectare, entre autres lacs varois.

Le Var compte aussi un grand nombre de marais, des zones humides essentielles pour préserver sa biodiversité. Étendus sur 259 hectares, les étangs de Villepey à Saint-Aygulf sont alimentés en eau douce et salée, et constituent l'un des espaces naturels les plus remarquables du rivage méditerranéen. Dotés d'une flore et faune très diversifiées, ils offrent refuge à plus de 220 espèces d'oiseaux. Ils sont aujourd'hui la propriété du Conservatoire du littoral. Différents aménagements permettent de découvrir cette zone humide littorale, l'une des rares entre la Camargue et l'Italie. Les salins des Pesquiers à Hyères, propriété du Conservatoire du littoral, couvrent une superficie d'environ 550 hectares. La flore comprend un grand nombre d'espèces rares et protégées, dont le tamaris africain, le chardon bleu, le lys de mer ainsi qu'une multitude d'orchidées. La faune est abondante et de nombreuses espèces hivernent ou nichent sur les sites.

Littoral

La côte qui aligne plus de 400 km de façade maritime est façonnée par de nombreux caps et baies parsemés d'îles, et est soulignée de belles plages de sable blond.

▶ **Mer**. Tout près du littoral, des fosses atteignent rapidement 1 000 mètres ; à 6 milles au large, elles peuvent atteindre jusqu'à 2 500 mètres de fond.

▶ **Côtes**. Le Var compte 432 km de côtes littorales.

▶ **Plages.** Quelques 230 plages et criques sont essaimées le long de la grande bleue.

▶ **Îles.** Le Var comporte 5 îles habitées : les Embiez, Bendor, Porquerolles, Port-Cros et le Levant.

▶ **Ports.** D'ouest en est, de Saint-Cyr-sur-Mer à Agay, 54 ports de plaisance sont implantés le long du littoral varois. Le port de commerce de Toulon quant à lui, s'impose comme le plus important.

NATURE

Grâce des politiques globalement respectueuses de l'environnement, le Var est un département à la nature préservée et à la biodiversité impressionnante. Il possède en effet 3/5ème des espèces de vertébrés recensés sur le sol hexagonal et compte 2 898 espèces végétales, ce qui correspond à la moitié de la flore totale nationale. Des spécialistes ont classifié les richesses de la faune et des écosystèmes du Var, en les répartissant dans douze entités biogéographiques varoises : la Sainte-Baume, l'arrière-pays toulonnais, le littoral toulonnais, les Maures littorales, les Maures internes, la dépression permienne, le rocher de Roquebrune, l'Estérel et le Tanneron, la Colle-du-Rouet, le centre Var, le Var occidental et le Var oriental. C'est dire la richesse de ce territoire ! Pour vous aider à avoir une idée de la nature varoise à l'occasion de vos vacances, voici quelques informations essentielles.

Faune

Le Var est riche d'une faune variée que vous pourrez probablement apercevoir lors de vos promenades à la campagne ou en montagne : hérissons, lièvres, chamois, sangliers, blaireaux sont les espèces les plus communes.

Les reptiles ne sont pas en reste dans le Var où on dénombre plusieurs espèces de couleuvres, comme celle de Montpellier ou d'Esculape, et différentes espèces de tortues dont la tortue d'Hermann qui est une espèce menacée et protégée. Qui dit soleil, dit aussi lézards ! Vous pourriez observer dans la nature le lézard ocellé ou le lézard vert par exemple.

Le Var est aussi peuplé d'un grand nombre d'espèces d'oiseaux, ce qui fait d'ailleurs le bonheur des ornithologues. Vous pourrez notamment observer : le fameux flamant rose, la perdrix rouge, le hibou grand-duc, le faucon crécerelle, le rossignol philomèle, ou le guêpier d'Europe.

Si vous vous équipez de palmes, masque et tuba, vous serez rapidement fasciné par l'observation du monde sous-marin. A quelques mètres de la côte, dans les herbiers de posidonie, vous allez découvrir et observer tout un monde qui grouille de vie et dont vous allez pouvoir percer tous les secrets. Le parc naturel de l'île de Port-Cros vous propose, par exemple, de parcourir un sentier sous-marin et de nager au milieu des poissons ! Tout au long de vos sorties plongée dans le Var, vous avez toutes les chances de croiser des mérous, des murènes, des poulpes, des daurades, des étoiles de mer, des oursins, des seiches, des méduses, des girelles multicolores ou encore des araignées de mer.

Côté insectes, au-delà des détestables moustiques qui sévissent surtout près des points d'eau dans le Var, vous adorerez écouter le chant du plus célèbre des insectes du midi : la cigale !

Flore

La flore est tout aussi variée que la faune varoise. Les espèces les plus répandues sont : l'olivier, le palmier, l'eucalyptus, le pin d'Alep, le pin parasol, le cyprès noir, le platane, le figuier, le chêne, les cactées dont le cactus et le figuier de Barbarie, le citronnier, l'oranger, le tamaris, le bougainvillier, le romarin, le thym, le genêt, le jasmin…

A noter : le Var est le premier département horticole français, avec 40 % de la production nationale de fleurs coupées, grâce à 1100 exploitations et 1 050 hectares de cultures dont 460 hectares sous serres.

La production varoise représente plus d'une centaine d'espèces florales, avec un produit leader : la rose.

Parcs et réserves naturelles

Parc naturel régional du Verdon

A cheval sur les départements du Var et des Alpes de Haute-Provence, il fait partie des 53 parcs naturels régionaux de France. C'est un vaste territoire rural avec une richesse patrimoniale exceptionnelle et des sites magnifiques à découvrir à travers sept unités paysagères, l'Artuby, le lac de Sainte-Croix, les gorges du Verdon, les lacs et montagnes du Verdon, le plateau de Valensole, les collines du haut Var et les lacs et gorges du bas Verdon.

Réserve naturelle nationale de la plaine des Maures

Au cœur du département, la plaine des Maures s'étend sur une surface de plus de 13 000 ha. Il s'agit de la seule réserve naturelle du Var. Ce territoire renferme une biodiversité exceptionnelle en région méditerranéenne, ainsi qu'un paysage de grande valeur.

Parc national maritime de Port-Cros

Créé le 14 décembre 1963, le Parc national de Port-Cros est le plus ancien parc marin en Europe et en France. En 2020, le Parc national de Port-Cros compte 177 espèces d'oiseaux (dont 26 espèces nicheuses), 180 espèces de poissons, une flore riche de 602 espèces terrestres, et de 500 espèces d'algues.

Parc national maritime de Port-Cros.

HISTOIRE

Du fait de sa situation géographique, au cœur du Bassin méditerranéen, le Var a été façonné par différentes civilisations au fil de son histoire. Ligures, Celtes, Grecs, Romains, Barbares, Sarrazins… Tous ont convoité le Var et ont conquis une partie de ce territoire à un moment de leur histoire. Il subsiste d'ailleurs des vestiges de présence grecque dans certaines villes comme sur le site d'Olbia à Hyères par exemple. Le Var a aussi longtemps été très convoité par les Barbares ce qui explique les fortifications et les remparts de plusieurs villages du département. Parmi les autres sites remarquables, vous ne manquerez pas non plus de visiter les châteaux du Moyen-âge, les monuments des templiers ou encore des monastères et des abbayes fondées par les moines cisterciens comme la célèbre abbaye du Thoronet. Voici un tour d'horizon de l'histoire du Var qui vous permettra de mieux comprendre ce département pendant vos vacances !

Préhistoire

On trouve des traces de présence humaine – 350 000 ans avant J.-C. – sur les terrasses qui dominent les lits de l'Argens et du Reyran. Dans les vallées de Salernes et de Brignoles, on a relevé les traces d'une activité d'agriculture et d'élevage, vieilles de 4 000 ans avant J.-C., qui attestent de la sédentarisation des premiers habitants. Vers 500 avant J.-C., le Var est peuplé de Ligures, bientôt rejoints par les Celtes.

De 600 avant J.-C. à 155 avant J.-C

Les Grecs fondent la ville de Massilia – Marseille – dont la puissance commerciale va rapidement rayonner sur toute la région, principalement sur la côte, avec la création des villes de Tauroeis – Six Fours – et Olbia – Hyères – et même Cabalaria – aujourd'hui Cavalaire.

De 155 avant J.-C. au IIIème siècle

A partir de 155 avant J.-C., les Romains s'installent progressivement dans toute la Provence et tracent la célèbre Via Aurélia, qui relie la vallée du Rhône à l'Italie, créent le port de Forum Iulii – Fréjus – une importante base militaire. La Pax Romana répand ses bienfaits sur toute la région qui connaît une longue période de prospérité. Dès le IIIe siècle, le christianisme se répand ; l'empereur Constantin se convertit, la région se couvre de monastères et d'abbayes.

De 476 au XIème siècle

La désagrégation et la chute de l'Empire romain, en 476, livre toute la Provence aux barbares (Burgondes, Wisigoths, Ostrogoths …). Charles Martel repousse les Arabes à Poitiers en 732, mais les Sarrasins, solidement installés en Provence, attaquent beaucoup de villages. En réaction, beaucoup de villages développent un urbanisme défensif (murailles, remparts…).

Les Varois passent ensuite sous l'autorité du comte de Provence, puis sous celle de Charles d'Anjou. Au XIe siècle, les moines cisterciens fondent l'abbaye du Thoronet tandis que les Templiers et les hospitaliers créent de multiples monastères.

© JUAN CARLOS MUNOZ - SHUTTERSTOCK.COM

L'abbaye cistercienne du Thoronet.

DU XIVème AU XVIIème SIÈCLE

La grande peste noire décime toute la région au XIVème siècle et une guerre de succession s'ouvre entre Louis d'Anjou et Charles de Duras. Beaucoup de villages sont alors désertés. Au XVIème siècle, les guerres de Religion ensanglantent le Var ; en 1589, la population de Brignoles, majoritairement protestante, est massacrée. Jusqu'au XVIIe siècle, toute la région vit dans l'incertitude et dans les guerres avec leur cortège de massacres.

Pendant le règne de Louis XIV, Vauban fortifie Toulon de 1680 à 1700.

DU XVIIIème SIÈCLE AU XIXème SIÈCLE

De 1745 à 1750, la guerre de Succession d'Autriche ravage les campagnes. À la veille de la Révolution, le Var est une région affaiblie mais prospère grâce à son agriculture et l'exploitation des forêts pour les chantiers navals notamment. La Révolution de 1789 fait naître l'espoir d'une vie meilleure et le département du Var est créé à partir d'une province de la Provence.

Au XIXème siècle, à la suite de l'annexion du comté de Nice, le Var est amputé de sa partie orientale et le fleuve Var, qui a donné son nom au département, ne fait plus partie du Var. Clémenceau est député du Var de 1888 à 1893 ; il est devenu populaire auprès des Varois après avoir plaidé la cause des Toulonnais, frappés par l'épidémie de choléra.

Première et Deuxième Guerres mondiales

Le département du Var paye un lourd tribut à la première guerre mondiale. Entre les deux guerres, on « découvre » la côte varoise, artistes et célébrités s'y bousculent. Le tourisme se développe rapidement, les aménagements touristiques se multiplient.

En 1940, le Var est intégré à la zone libre mais les Allemands l'envahissent en 1942.

Le 15 août 1944, la première armée française débarque sur les côtes. Le 29 août, Toulon est libérée.

LES ANNÉES 1960/1970

La prospérité des années soixante entraîne un fort développement touristique dans le Var. Le département s'équipe des infrastructures qui le hissent à l'une des toutes premières places des paradis touristiques. Des villes nouvelles apparaissent sur la côte, Port-Grimaud, Les Issambres ou à l'intérieur, Cogolin. Des petits villages comme Saint-Tropez, Sainte-Maxime, accèdent à une notoriété internationale. En 1974, la région Provence-Alpes-Côte-d'Azur est créée ; le Var en fait partie.

De nos jours

Le Var se construit aujourd'hui sur huit territoires : la métropole toulonnaise et Provence Méditerranée, la Provence Verte, Haut-Var Verdon, l'Aire Dracénoise, le canton de Fayence, Var Estérel, le Golfe de Saint-Tropez et Cœur du Var. Le Conseil général du Var a fait le choix du développement durable qui permet tout à la fois de maîtriser le développement économique et de valoriser les atouts naturels de la région.

ARCHITECTURE

La richesse de l'histoire du Var a engendré des styles d'habitats divers. Le département possède des villages fortifiés, des vestiges médiévaux, des châteaux forts, des bastides, des abbayes cisterciennes, des maisons typiquement méditerranéennes aux tuiles rouges, des villas du début du siècle, des lieux branchés et design… Les amateurs de beau patrimoine bâti ne seront vraiment pas en reste dans le Var. La tendance actuelle est à la réhabilitation des centres historiques varois. Ils retrouvent une seconde jeunesse pour le plus grand bonheur de leurs habitants et des touristes ! La vieille ville d'Hyères a été joliment restaurée, tout comme le cœur de ville de Toulon. Si le Var continue donc à se construire, cette expansion se fait en préservant l'environnement et les centres historiques, sans céder à la frénésie immobilière. Authentique et moderne à la fois, l'architecture du Var est vraiment unique en son genre. En voici un petit aperçu !

Les villages du Var

Dans le haut du département, les villages anciennement fortifiés, à vocation pastorale et rurale, offrent aujourd'hui à l'émerveillement du touriste leurs ruelles étroites, leurs placettes ombragées de platanes, leurs passages souvent secrets sous les maisons, leurs vestiges médiévaux de châteaux forts et de remparts, leurs façades aux fenêtres étroites qui servaient autant pour se protéger du froid en hiver que des visites indésirables.

Le moyen-pays comporte de multiples bastides ou grosses fermes parsemées dans la campagne, des abbayes comme Le Thoronet, toutes construites selon le même plan cistercien, toujours nichées dans des vallées reculées à l'écart des grands axes de circulation, des villages qui font figure de bourgs paisibles en Dracénie ou dans le pays de Fayence.

De nombreux villages du Var possèdent un campanile, cage de fer forgé qui termine et coiffe le clocher des églises. Leur origine est très ancienne. Au Moyen Age, les villages étaient construits principalement en bois. Leurs remparts étaient dotés de tours de guet, au sommet desquelles se trouvaient des cloches – campana, en latin – permettant de donner l'alerte. Plus tard, les tours, construites en pierre, furent dotées de grandes horloges frontales visibles de loin. Les cloches situées à la partie supérieure, reliées au mécanisme d'horlogerie, sonnaient les heures qui rythmaient la vie sociale. De nombreux clochers adoptèrent la « cage à vent » qui avait en outre le mérite de permettre aux vents violents – mistral, tramontane – de traverser la structure sans décoiffer le clocher de sa toiture. Dans le Var, on compte plus de cent campaniles de ferronnerie. Chaque campanile est constitué de deux parties, une embase et un couronnement. L'embase présente une forme géométrique, cylindre, cube, hexagone ou polyèdre. Le couronnement est une flèche, ou une coupole hémisphérique, ou une pyramide, ou un dôme. Certains campaniles arborent la forme d'un kiosque. Les campaniles sont tous différents : l'imagination de chaque artiste les a dotés de volutes, de palmettes, de fleurs, de feuilles d'acanthe, de flammes et de croisillons, qui en font de véritables œuvres d'art. La plupart des campaniles du Var datent du XVIIIe siècle. Dans chaque village que vous traverserez, n'oubliez pas de lever les yeux vers le sommet du clocher de l'église. Vous serez séduits par les formes gracieuses, subtiles et parfois naïves de ces grandes cages de fer.

Urbanisation et villes

Le littoral a subi, surtout depuis 1945, une urbanisation intense qui n'est pas toujours du meilleur goût – relativisons toutefois : nous sommes loin de la « bétonisation » à outrance des premières stations balnéaires d'Occitanie. D'anciens petits ports de pêche comme Sanary, Bandol ou Six-Fours-les-Plages ont résolument misé leur développement sur le tourisme, la navigation de plaisance, les sports et jeux nautiques, tandis que des quartiers comme Saint-Aygulf ou Les Issambres ont connu, à partir des années cinquante, une expansion fulgurante. Depuis 1986 heureusement, la loi littorale veille à la protection et à la mise en valeur de la zone côtière : les constructions sont depuis réglementées, si bien que le Var jouit encore de nombreux espaces sauvages et sauvegardés.

La ville de Toulon, enserrée entre la mer, le mont Faron et les gorges d'Ollioules – qui ont freiné son expansion vers l'ouest par des reliefs très accentués dès la sortie du quartier du Pont-du-Las –, a trouvé un débouché naturel à l'est, après Saint-Jean-du-Var et La Valette, dans une grande plaine propice à l'implantation de zones industrielles et de centres commerciaux, et à une urbanisation périphérique importante. Depuis 2015-2016, plusieurs rues et places de

© INU - SHUTTERSTOCK.COM

Vue sur Saint-Tropez et son célèbre campanile qui surplombe la ville.

son cœur de ville sont en pleine restructuration et le centre ancien a été en grande partie réhabilité. Il poursuit sa mue avec de grands projets de restauration en cours comme la réhabilitation des anciennes halles municipales qui devraient accueillir des métiers de bouche à partir de septembre 2021.

La ville de Hyères a connu une belle métamorphose de son centre ancien également ces dernières années avec de nombreux travaux de restauration : création d'une promenade des arts avec de nombreux ateliers d'artisans ou d'artistes établis au rez-de-chaussée d'immeubles anciens, réfection de plusieurs rues du centre médiéval, reconstruction de la place principale de la ville inaugurée en 2019, promenade de bord de mer entre le port de Hyères et le village de l'Ayguade inaugurée en 2019 également, construction en cours d'un musée des cultures et du paysage dans l'ancienne banque de France en centre-ville...

L'architecture contemporaine varoise

Le Var est aussi un département à l'architecture moderne avec des édifices aux lignes épurées, à commencer par les restaurants et les bars branchés de la côte, comme à Saint-Tropez par exemple.

Cette modernité ne date pas d'hier dans le Var. Elle remonte au début du siècle, le Var ayant très tôt attiré des artistes de tous horizons, du fait de sa luminosité et de la beauté de ses paysages.

La Villa Noailles, située dans les hauteurs du Vieux-Hyères, est un bel exemple de cette architecture d'avant-garde. C'est un temple de la modernité, d'un blanc immaculé, réalisé par l'architecte Robert Mallet-Stevens dans les années 1920. Elle offre l'aspect d'un ensemble de cubes superposés, disposés en fonction du relief du terrain et de la course du soleil, pour offrir l'ensoleillement maximal tout au long de la journée. Le jardin comporte de larges baies comme autant de trouées sur le paysage dont la forme rectangulaire peut évoquer le cadre d'un tableau sur un mur. De nombreux artistes vécurent et créèrent dans cette villa d'un confort extrême, avec de multiples salles de bains, une piscine, un squash. Abandonnée après la mort de Marie-Laure de Noailles en 1972, la villa fut finalement rachetée par la ville d'Hyères puis transformée en un centre d'art, d'architecture, de mode, photo et design. Le célèbre festival de la mode d'Hyères s'y tient chaque année et il est fréquenté par des designers de génie.

Plus récemment, la Fondation Carmignac a ouvert ses portes à Porquerolles avec un musée d'art contemporain très design, installé dans un mas provençal repensé où trônent des œuvres splendides.

L'application Archistoire Destination Var

C'est une application mobile en « réalité hybride » pour explorer avec votre smartphone des lieux remarquables du Var, avec une vision à 360 degrés, dont beaucoup de monuments et de sites représentatifs de l'architecture du Var. L'application, disponible sur Google Play et l'Apple store, vous permettra de découvrir leur patrimoine et leur histoire de façon immersive, originale et intuitive. L'application propose des « stories », à l'échelle du département, d'un territoire, d'une ville ou même d'un quartier. Vous pourrez aussi découvrir ces stories à distance, ce qui vous donnera un avant-goût des découvertes qui vous attendent.

BEAUX-ARTS

De tous temps, le Var a inspiré les peintres, sculpteurs et artistes en tout genre. Il faut dire que le département a un grand nombre d'atouts ! La luminosité, la beauté des paysages méditerranéens, la nature si diversifiée entre mer et montagne, le littoral splendide, la faune variée : que d'éléments inspirants ! Dufy, Picabia ou Van Gogh, ils ont tous succombé au charme varois à un moment de leur carrière. Le Var est aussi riche de nombreuses sculptures disséminées dans ses villes et villages, avec parfois des expositions temporaires en plein air ou dans certains musées spécialisés. Si vous êtes amateur d'art et de patrimoine, vous apprécierez certainement un petit bain de culture après une bonne séance de farniente sur la plage. Voici un condensé de ce qu'il ne faut pas rater dans le domaine des Beaux-Arts dans le Var…

Peinture

Peu de peintres sont restés insensibles devant la lumière des paysages du Var et la splendeur des côtes varoises. Pierre Foncin a tout dit en une seule phrase, qui résume cette incontournable fascination : « Le contraste est saisissant entre la flamme des porphyres, l'azur de la mer et du ciel, et, d'un côté, le profil noir des Maures, tandis que de l'autre, la ligne argentée des Alpes étincelle à l'horizon ».

Le Var a donc inspiré de nombreux peintres et certains sont même mondialement connus.

- **Claude-Joseph Vernet** – 1714-1789 –, pour honorer une commande de Louis XIV, a réalisé une représentation grandiose du port et de la rade de Toulon.
- **Vincent Courdouan** – 1810-1893 – a peint des paysages romantiques, dont *La petite rade de Toulon*, qui a servi de modèle à plusieurs générations de peintres, ses disciples.
- **Raoul Dufy** – 1877-1953 –, avec *Les trois marins à Toulon*, affirme sa conception révolutionnaire de la peinture, où la couleur déborde largement le trait du dessin.

Autoportrait de Vincent Van Gogh, 1887.

- **Vincent Van Gogh** – 1853-1891 –, après avoir séjourné longtemps à Arles, il a sillonné la côte varoise, qui lui a révélé une nouvelle forme de lumière et d'intensité de la couleur.
- **Kisling** – 1891-1953 –, installé à Sanary, et qui nous a laissés de nombreux paysages de plages qui semblent se dérouler jusqu'à l'infini.
- **André Derain** – 1880-1954 –, après des débuts retentissants au côté des fauvistes, évoluera vers un retour à une vision plus classique des paysages méditerranéens, un paroxysme de la couleur sous la lumière crue du Midi.
- Saint-Tropez désigne aujourd'hui, plus qu'un simple courant pictural, une véritable école dont le chef de file fut Paul Signac - 1869-1935 -, par sa théorie du pointillisme selon laquelle « la touche pointillée isole les vibrations de la lumière et restitue une impression presque magique de la vie ».

Sculpture

Le Var a également inspiré les sculpteurs, voici quelques œuvres notables que vous pourrez admirer lors de vos pérégrinations dans le département :

- **Vierge du Massacre (16ème siècle) - Aups**

Nichée dans la façade de l'ancienne église Notre-Dame de l'Assomption, cette statue commémore le massacre qui eut lieu pendant les guerres de religion.

Les huguenots, venus du département des Alpes de Haute-Provence, ont en effet massacré une partie des villageois en 1574.

- **Les Atlantes (18ème siècle) - Toulon**

Signées Pierre Puget, ces sculptures se trouvent au Carré du Port à Toulon. Elles soutiennent le balcon d'un édifice, anciennement l'hôtel de ville, et représentent les travailleurs du Port, à la fois forts et fatigués. Pierre Puget est un sculpteur marseillais célèbre nommé par Colbert directeur des décorations du port de Toulon par Colberte.

© LAWRENCE BANAHAN - AUTHOR'S IMAGE

Les Atlantes de Pierre Puget.

Buste de Napoléon (19ème siècle) - La Martre

Alors qu'il était en route vers Paris, Napoléon 1er a fait une halte le 3 mars 1815 à l'auberge du Logis du Pin. Le buste, érigé par Jules Chaperon, commémore sa venue.

La statue de la liberté (20ème siècle) - Saint-Cyr-sur-Mer

Située sur la Place Portalis, c'est une réplique authentique de la statue de la liberté en modèle réduit. Elle est également signée Bartholdi, comme l'atteste la signature sur le socle. Elle a été inaugurée en 1913 et offerte à la municipalité par un riche habitant de la ville.

La lucane et le flambé (20ème siècle) - Tourtour

Ces deux sculptures d'insectes, installées devant la mairie de Tourtour, sont l'œuvre de Bernard Buffet, un peintre expressionniste célèbre qui vivait à Tourtour.

Arbre à Palabres (20ème siècle) - Les Arcs sur Argens

Cette sculpture de plus de 8 mètres est impressionnante. Elle représente un crocodile avec une tortue sur la tête. Cette sculpture d'Yvon Le Bellec, qui a vécu entre l'Afrique et la France, est inspirée d'un conte africain. Traditionnellement, l'arbre à palabres est un lieu de rassemblement populaire où on échange sur la vie en société.

Les sculptures de Nicolas Lavarenne (20ème siècle) - Bandol

De février à mai 2021, on pouvait voir sur le port de Bandol les sculptures aériennes impressionnantes du Varois Nicolas Lavarenne. Une dizaine de sculptures, réalisées ces 30 derniers années par l'artiste, étaient exposées sur la Promenade de Bandol.

Musée de Faykod - Tourtour

Ce musée à ciel ouvert abrite des sculptures de Maria Faykod, intégrées à un parc arboré. C'est ainsi qu'une cinquantaine d'œuvres en marbre blanc habitent les lieux que l'on découvre au fil d'une promenade. Une exposition à ciel ouvert décidément originale avec des œuvres figées dans leur élan, comme prêtes à se mettre elles aussi en mouvement... Chaque personnage raconte son histoire et l'artiste transcende le marbre blanc dans un style très personnel mais totalement fascinant. Une halte incontournable et que d'œuvres artistiques passionnantes !

Des musées d'art à ne pas manquer

Fondation Carmignac-Porquerolles

Situé au milieu d'un parc national exceptionnel, ce superbe musée s'organise en deux espaces : un mas provençal sur 2000 m² et un jardin de 15 hectares. Les visiteurs y découvrent des œuvres d'art contemporain de la collection Carmignac, des expositions temporaires (La Mer Imaginaire d'avril à octobre 2021), un jardin de sculptures en plein air, où les œuvres sont disséminées sous la pinède et la garrigue, et une programmation culturelle. La visite qui se fait pieds nus pour être mieux en accord avec les éléments ! La muséographie est exceptionnelle et véritablement réussie.

Maison de la Photographie-Toulon

Installée dans un ancien hammam, la Maison de la Photographie est une institution muséale du centre ancien de Toulon et elle plaira beaucoup à tous ceux qui s'intéressent au monde de la photo. Ayant une double vocation, elle constitue d'une part un tremplin pour les artistes régionaux, et présente d'autre part des œuvres qui par leur envergure internationale influencent les différents courants de la photographie. Ce fond, riche de plus de 400 œuvres, possède des pièces de grande qualité, des œuvres de photographes de renom : Robert Doisneau, Walker Evans, Man Ray, Georges Rousse, Jean-Loup Sieff...

MUSIQUES ET SCÈNES

Le Var est un département à la scène culturelle plutôt dynamique, avec des festivals et des spectacles tout au long de l'année, même si c'est pendant la saison estivale que les salles de spectacle connaissent véritablement un pic d'activité. Certaines scènes emblématiques, comme Chateauvallon-Liberté ou l'opéra de Toulon, proposent cependant des spectacles en toute saison et il est toujours intéressant de vous renseigner sur la programmation si vous êtes en vacances dans le Var hors période estivale. Côté festivals, c'est en été que vous allez pouvoir vous en donner à cœur joie grâce à beaucoup de festivals en plein air dont le cadre naturel idyllique plante immédiatement le décor. On peut citer par exemple le festival de jazz de Porquerolles ou le festival de Ramatuelle, dont la programmation de qualité est particulièrement en harmonie avec les paysages méditerranéens qui lui servent de scène.

Musique et danse provençales

Dans le Var, la culture provençale est omniprésente. De la même façon, la musique et la danse héritées des traditions provençales ont été transmises de génération en génération. La musique provençale est exécutée par les tambourinaires qui jouent simultanément du tambour et du galoubet – ou flûtet –, petite flûte au son aigrelet, parfois de la musette, instrument de musique à air assez proche de la cornemuse. Les couples dansent la gavotte, sorte de bourrée assez vive qui demande une grande agilité. Le costume provençal est assez élégant. Les hommes portent un gilet souvent brodé – la taiolo–, une large ceinture le plus souvent de flanelle rouge, un chapeau de feutre noir et un pantalon très ajusté. Les femmes quant à elles, portent une coiffe de cotonnade ou de percale que recouvre un large chapeau de paille, un corsage surmonté d'un fichu jeté sur les épaules, et une ample jupe protégée par un large tablier qui descend jusqu'aux chevilles.

© ILLUSTREZ-VOUS - STOCK.ADOBE.COM

Danse provençale.

Théâtres et scènes musicales

Dans le Var, ce ne sont pas les salles de spectacle qui manquent et il faut dire que la vie culturelle est plutôt dense et animée tout au long de l'année dans le département.

La scène la plus célèbre du Var est sans aucun doute celle de Chateauvallon-Liberté à Ollioules, près de Toulon, qui est construite autour d'un fortin du XIème siècle. C'est une scène nationale avec une programmation de grande qualité. Elle accueille aussi bien des spectacles de danse contemporaine que des représentations théâtrales. Pendant l'été 2021, des artistes de renom comme Charles Berling et Fanny Ardant étaient par exemple sur les planches.

A Toulon, il ne faudra pas manquer non plus d'aller à l'Opéra. Inauguré au XIXème siècle, il a été bien restauré et conserve sa structure de l'époque. Un chœur et un ballet s'y produisent à l'année. L'opéra de Toulon participe également à des coproductions avec le réseau lyrique français et européen, notamment avec l'Opéra de Leipzig ou l'Opéra Comique à Paris. Quant aux concerts de stars françaises ou internationales, ils ont lieu au Zenith de Toulon qui a une capacité d'accueil de près de 10 000 personnes. C'est d'ailleurs une des plus grandes salles de la région Provence-Alpes-Côte d'Azur.

A Hyères, c'est au Casino des Palmiers et à l'Espace 3000 qu'ont lieu la plupart des spectacles de danse, les concerts d'artistes connus et les one man shows. Pour assister à une pièce de théâtre ou à des concerts plus confidentiels, de jazz ou de musiques du monde par exemple, il faudra vous rendre au Théâtre Denis, dans le vieux Hyères. C'est un très beau théâtre historique construit à l'italienne au XIXème siècle.

A Sanary-sur-Mer, c'est au Théâtre Galli qu'ont lieu la plupart des représentations théâtrales et des concerts. D'une capacité d'environ 1000 places, il est installé dans l'ancienne Cité de la jeunesse anciennement gérée par l'Abbé Galli qui a choisi d'en faire don à la commune qui l'a transformé en théâtre.

© BERTL123 - SHUTTERSTOCK.COM

L'Opéra de Toulon.

Quelques festivals à ne pas manquer dans le Var

Beaucoup de festivals de musique, danse ou théâtre se déroulent dans le Var chaque année, essentiellement l'été. Voici une sélection de nos festivals coups de cœur.

Festival de jazz de Porquerolles

Chaque année, au mois de juillet, le festival de jazz de Porquerolles accueillent de grands noms du jazz dans sa pinède. Après s'être longtemps tenu au Fort Saint-Agathe, il se déroule pour la première fois au sein de la Fondation Carmignac pendant l'été 2021. Laissez-vous bercer par une programmation singulière et étonnante. Si vous n'avez pas la possibilité d'assister aux concerts en soirée, profitez de la programmation du festival *off* avec quelques événements spéciaux en journée pour faire le plein de musique. Ce sera par exemple l'occasion de rencontrer quelques musiciens, de profiter de l'atelier de chant ou encore de danser dans l'eau avec une fanfare. Si vous dormez sur l'île, n'oubliez pas d'emmener vos instruments pour participer aux *jam sessions* des *after hours*. Bonne humeur garantie !

Festival de Ramatuelle

Créé en 1985 par feu Jean-Claude Brialy et Jacqueline Franjou en hommage à Gérard Philipe, ce festival programme, durant douze jours, des pièces de théâtre classiques ou contemporaines, en alternance avec des tours de chants d'artistes français de variété et d'humoristes de renom. Il se déroule généralement entre fin juillet et début août.

Grand Gaou festival

Ce festival se déroule sur l'île du Gaou à Six-Fours et il succède au regretté festival des Voix du Gaou dont ce fut le clap de fin il y a quelques années. La première édition a eu lieu fin juillet et de grands artistes étaient au rendez-vous : Benjamin Biolay, Morcheeba, Ibrahim Maalouf, Catherine Ringer... Ce festival, avec places assises en plein air, se déroule dans un cadre paradisiaque très plaisant, entre criques et pinède.

Moko Festival (Ex Rockorama Festival)

Fin juin, dans un lieu magique, face à la mer, au pied de la tour royale, une tour classée monument historique depuis le 11 avril 1947, vous avez droit à 2 jours de concerts sous le soleil... Au programme, vous aurez droit à des concerts dans des styles musicaux dérivés du Rock : pop, musique électronique, garage, noisy, lo-fi, post rock.

Couleurs urbaines

Fondé en 2009, ce festival, qui se déroule à la Seyne-sur-Mer, présente à travers sa programmation un échantillon des musiques urbaines du moment. Il mêle artistes très connus et jeunes talents dans une ambiance conviviale. Lors des précédentes éditions, de grands noms des musiques urbaines se sont produit à ce festival parmi lesquels : Massilia Sound System, Idir, La Rumeur, Oxmo Puccino ou Kenza Farah...

LITTÉRATURE

Du fait de sa beauté sauvage et de sa tranquillité, le Var a toujours été une terre d'inspiration pour les écrivains. Thomas Mann-Prix Nobel de littérature en 1929-Guy de Maupassant, George Sand, Colette, Antoine de Saint-Exupéry, Jean Cocteau, Simenon… Ces écrivains célèbres aimaient beaucoup le Var et ils l'ont mis en avant dans leurs ouvrages. Certains auteurs passés à la postérité, comme Jean Aicard, en sont originaires du Var et d'autres ont choisi de s'y installer durablement voire d'y être enterré comme Saint-John Perse, Prix Nobel de littérature en 1960, qui repose sur la Presqu'île de Giens à Hyères. Que vous souhaitiez vous imprégner du Var en amont, vous replonger dans sa douceur au retour des vacances, ou simplement en apprendre davantage sur ce beau département, rien de tel que de bonnes lectures. Voici à présent quelques suggestions d'ouvrages à consommer sans modération.

Le Var, terre d'inspiration

Beaucoup d'écrivains connus ont séjourné dans le Var et s'en sont inspiré pour bon nombre de leurs écrits. D'autres écrivains se sont tellement passionnés pour le Var qu'ils sont partis à la recherche de leurs mythes et histoires insolites. Voici quelques-uns de ces ouvrages…

- ***Balade dans le Var, sur les pas des écrivains***-Martine Sagaert (éditions Alexandrines)

Globe-trotters, hivernants, estivants ou résidents, les écrivains de ce recueil nous baladent et nous prennent au charme des mots. De savoureux conteurs nous guident et nous invitent dans leurs demeures. Ce livre vous permettra de vous replonger dans de beaux textes ayant pour toile de fond le Var dont les auteurs sont célèbres.

- ***Le Var***-Frédéric Vitoux/Camille Moirenc (éditions Decitre)

Une pyrotechnie d'émotions, de souvenirs, de pèlerinages littéraires ou picturaux. C'est en ces termes que Frédéric Vitoux évoque le Var de son enfance, le Var qu'il aime et où il réside plusieurs mois chaque année. Du littoral aux pittoresques villages de l'intérieur, Camille Moirenc a su saisir au terme d'une lente «traque» photographique, sa diversité et ses contrastes.

- ***Les mystères du Var***-Charles Bottarelli (éditions de Borée)

Charles Bottarelli, infatigable chercheur, s'est consacré à la découverte insolite du Var et a exhumé des archives poussiéreuses du département, affaires de sorcellerie et de superstition, destins et talents étonnants, us et coutumes locales, affaire criminelle non élucidée, fait historique méconnu ou oublié, légendes et anecdotes savoureuses…

Mieux connaître le Var

Au-delà de notre guide qui vous aidera à découvrir le département, il existe une série d'ouvrages illustrés, de photos récentes ou anciennes, mais aussi des livres ludiques pour mieux connaître le département.

- ***100 photos pour aimer le Var***-Olivier Thomas (éditions Alan Sutton)

Passionné de photographie, Olivier Thomas, enfant du pays, vous propose un superbe voyage entre le bleu azur et l'or des mimosas en passant par le verdoyant arrière-pays. Au fil des pages, vous profitez du calme des vieux villages perchés, vous flânez dans les garrigues et les pinèdes parfumées, avant de vous diriger vers les stations balnéaires réputées et les belles plages de sable fin de la région.

- ***Le Var en 200 questions***-Jean-Charles et Danièle Meyer (éditions Alan Sutton)

Connaissez-vous bien le Var ? Dans quel village du Var se déroule le marché du «diamant noir» ? Quel est le nom de ce cordon naturel qui relie Giens au littoral ? Quelle est la soupe de poisson typiquement toulonnaise? Qu'est-ce qu'un capelan en langage varois ? Où a été tourné en 1930 le film *La Femme du boulanger* ?

- ***Le Var, les 153 communes*** (éditions Delattre)

Plus de 600 cartes postales anciennes et photos réunies dans un seul volume. Les cartes postales présentent les 153 communes du Var une à une, de la plus petite à la plus grande. Sur chacune des communes : nom des habitants, noms anciens, populations à différentes époques, superficie, altitudes (minimales et maximales), quelques faits historiques, monuments anciens et actuels, église, châteaux, description des armoiries …

QUE RAPPORTER ?

Après des vacances dans le Var, vous aurez des souvenirs plein la tête et le soleil dans le cœur comme diraient les Varois… Mais si vous voulez vraiment rapporter un souvenir palpable du Var dans vos valises, c'est une autre paire de manches ! Comme dans toutes les régions touristiques, vous aurez l'embarras du choix entre t-shirts, casquettes, magnets, mugs et autres cartes postales… Pas très futés comme souvenirs ! Et c'est sans compter les accessoires un peu kitsch comme ces cigales en céramique qui chantent quand on appuie sur un bouton. Plutôt que d'acheter un objet attrape-touriste, nous vous proposons de miser sur l'authentique et de vous procurer de l'artisanat local. Vous repartirez ainsi avec un bel objet et ferez marcher l'économie varoise tout en préservant des métiers souvent menacés. Voici un tour d'horizon de l'artisanat du Var, faites vos emplettes !

Les carrelages de Salernes

Le Var a toujours été « le pays de la terre cuite » et les premières poteries ont fait leur apparition au temps du néolithique, il y a 8 000 ans. Longtemps modelées à la main à partir d'un boudin d'argile, elles ont été ensuite façonnées sur un tour, introduit par la colonisation romaine, une plate-forme en bois actionnée par une transmission rudimentaire déclenchée par une action du pied. Salernes mérite aujourd'hui le titre de « capitale du carrelage ». Construite sur une immense marne argileuse, la ville trouve sur place la matière première nécessaire à son industrie. Depuis la simple tomette hexagonale rouge qui équipe les sols de la plupart des maisons du Midi jusqu'aux carrelages les plus sophistiqués, mosaïques et guirlandes, paysages et festons, les artistes donnent libre cours à leur inspiration. Les carrelages de Salernes, célèbres dans le monde entier, s'exportent partout à travers la planète.

La faïencerie de Varages

Le village de Varages est implanté sur un gisement important d'argile à poterie. Depuis le XVIIe siècle, se perpétue ainsi la production de faïence. Certains artisans d'aujourd'hui apportent des styles différents avec des motifs plus contemporains ; d'autres au contraire, s'attachent à conserver un style davantage traditionnel. Aujourd'hui, le village s'enorgueillit de trois ateliers de faïence, d'un musée des faïences, et d'une manufacture colorée très bien achalandée.

Objets sculptés en bois d'olivier.

Les tapis de Cogolin

Tapis faits main, tapis de haute laine, ces ouvrages de fibres textiles ont fait la réputation de cette petite ville, où la manufacture, créée en 1924, perpétue la tradition des métiers d'art à la française. Elle imagine de nouveaux styles à partir de cartons originaux, mais développe également une activité de restauration de tapis anciens.

Les tropéziennes

La mode des sandales à semelle et dessus cuir s'est installée à Saint-Tropez depuis les années… 1920 ! Aujourd'hui le succès perdure grâce à l'atelier Rondini qui continue à fabriquer des « sandales tropéziennes » et à K. Jacques qui conçoit des « spartiates tropéziennes ».

Les santons du Val

L'origine de ces petites statuettes d'argile se perd dans la nuit des temps. Elles sont toujours très prisées des touristes, car elles contiennent un peu de l'âme de la Provence. On y retrouve les petits métiers de la pastorale que l'imagination populaire naïve plaçait dans la crèche tout autour de l'enfant Jésus.

Les objets tournés et sculptés en bois d'olivier

Avec ses teintes dégradées de bois blond clair strié de veines sombres, le bois d'olivier est naturellement décoratif. De nombreux artisans et artistes de village, la gouge ou le polissoir à la main, tirent des troncs noueux de superbes objets usuels – pots, saladiers, manches, gobelets – ou décoratifs – statuettes, bibelots.

SPORTS ET LOISIRS

La diversité des paysages du Var entre plaines, garrigue, collines et montagnes, plages et falaises, est telle qu'une vie entière ne suffirait pas à en épuiser les charmes. Pour découvrir ces paysages au plus près, rien de tel que les activités en plein air comme la randonnée pédestre, les balades à vélo, ou pourquoi pas d'autres sports plus extrêmes comme l'alpinisme, le parapente ou le parachute ascensionnel. Le Var c'est aussi un superbe littoral constitué de plus de 230 plages de sable fin ou de galets où vous pourrez pratiquer de nombreux sports et activités nautiques, ou tout simplement faire du farniente. Parmi les activités en mer, la plongée sous-marine est une des plus prisées dans le Var car le département est riche de fonds marins sublimes et préservés. Pour vous aider à faire votre choix, voici toutes les informations nécessaires sur les sports et loisirs à pratiquer dans le Var.

Randonnée pédestre

Sentier du Littoral

Long de 203 km, constitué majoritairement de l'ancien chemin des Douaniers, il s'étire de Saint-Cyr-sur-Mer à Saint-Raphaël et tout autour des îles d'Or, en épousant les moindres anfractuosités de la côte. Il combine plus de vingt itinéraires différents avec des paysages très variés, alternant entre plages de sable fin, falaises abruptes et pinèdes. Parmi les plus beaux tronçons, nous vous recommandons le tour de la presqu'île de Giens, du cap Lardier au cap Taillat, du Pradet à Carqueiranne, du Dramont à Saint-Raphaël. Malgré quelques passages vertigineux ou en corniche, ce sentier est praticable par de jeunes enfants à partir de 7 ans. L'avantage de cet itinéraire est que l'on peut l'emprunter en n'importe quel endroit de la côte et le laisser de même, pour retrouver rapidement les routes carrossables.

Sentiers de grande randonnée – GR

Le Var est traversé par six sentiers de grande randonnée – pour un total de 758 km – dont vous trouverez les cartes et schémas d'accès dans les offices de tourisme.

Balade à vélo, cyclotourisme et VTT

Le parcours cyclable du littoral – 102 km

Il utilise le tracé de l'ancienne voie de chemin de fer de Provence qui reliait Toulon à Saint-Raphaël par la côte. Réalisé en majeure partie en site propre, ce circuit offre une sécurité totale aux cyclistes et l'absence de fortes rampes le rend praticable par tous, y compris les jeunes enfants. Des aires de repos et des sites d'informations sont aménagés le long du parcours. Il est doté de nombreux échangeurs avec le réseau carrossable, ce qui permet de le prendre et de le quitter dans chaque commune traversée.

© JÜRGEN WACKENHUT - STOCK.ADOBE.COM

Sentier du Cap Taillat.

Les pistes de VTT

Les accros du vtt qui recherchent l'aventure sur des chemins moins carrossables trouveront leur bonheur dans tous les points du département, avec 538 km de pistes tracées.

Avec sept pistes ouvertes toute l'année – deux vertes, trois bleues, deux rouges –, Fréjus possède plus de 140 km de circuits balisés, parsemés de points de vue grandioses entre Méditerranée et massif de l'Estérel. De son côté, le Parc naturel régional du Verdon offre, également toute l'année, trente et une pistes – cinq vertes, dix bleues, neuf rouges, sept noires – et 218 km de parcours sur trois communes.

Le vélorail

Le Vélorail se présente comme un moyen original et convivial de parcourir les kilomètres de rails français aujourd'hui désaffectés. Un engin en acier, deux à trois pédaliers, et c'est parti pour un périple des plus atypiques à la conquête du patrimoine historique et culturel de l'Hexagone ! Dans le Var, l'unique option en 2020 est le parcours reliant Pourcieux à Saint-Maximin : compter 15 km aller-retour pour environ 2 h de promenade ludique ; l'activité est accessible au plus grand nombre.

Golf

Le Var compte treize golfs, de difficulté variable, dont certains sont très recherchés par les meilleurs champions mondiaux. Les fans de la petite balle blanche n'ont que l'embarras du choix…

Alpinisme, escalade, via ferrata

Le Var regorge de falaises et parois en tout genre qui permettent aux grimpeurs chevronnés ou non de relever les défis les plus acrobatiques. Certains sites se trouvent très près de la mer, autour de Toulon et de Saint-Raphaël, d'autres tout en haut du département, par exemple, à Aiguines, sur le Verdon, qui propose plus de quatre cents voies ! En termes de difficultés, certaines parois n'ont rien à envier aux grandes Alpes. De plus, ces séances de varappe sont exemptes du froid de l'altitude, on peut les pratiquer avec le minimum de vêtements, ce qui laisse au corps une grande liberté de mouvements.

La commune de Châteaudouble, au nord de Draguignan, dispose de falaises et de sites d'escalade répertoriés et aménagés qui ne comportent pas moins de trois cent trente voies de tous les niveaux de difficultés. Toutes ces voies sont minutieusement décrites dans le livre Châteaudouble – Escalade en Dracénie. Une vingtaine d'écoles d'escalade initient aux techniques dans des panoramas magnifiques tels que la Cryde, le Gros Cerveau, Cimai, baou de Quatre-Ouro, le Faron, le Coudon, Carcès, Roquebrune-sur-Argens, le Blavet, le Roussiveau, le Perthus, le Dramont, Châteaudouble, le Verdon, Correns, Aiguines et la Sainte-Baume. Last but not least, le superbe site du vallon Sourn, entre Correns et Châteauvert, est vraiment propice à l'escalade.

Parapente-deltaplane

Des ivresses vous attendent à bord d'un deltaplane ou sous la coupole d'un parapente. De la Sainte-Baume aux Préalpes, ou bien dans les gorges du Verdon, le vol libre se pratique toute l'année au-dessus des campagnes du Var, dont les conditions aérologiques et climatiques sont exceptionnelles. Du haut d'un baou, vous vous élancez, tel un oiseau, et vous pouvez faire durer le plaisir pendant des heures.

Parachute ascensionnel

Accessible même à ceux que hauteur et sensations fortes effraient, le parachute ascensionnel, activité estivale et balnéaire par excellence, est finalement une douce option pour contempler le littoral varois. Tracté par un bateau, on prend de la hauteur à mesure que le bolide accélère. De Saint-Cyr aux Issambres, en passant par Sanary, Six-Fours ou encore le Lavandou, ce ne sont pas les centres qui manquent.

Les loisirs en mer

Les plages

Quatre cent trente-deux kilomètres de côtes littorales, quelque deux cent trente plages de galets ou de sable fin, un taux d'ensoleillement inégalé dans l'Hexagone ; le Var recèle bien des atouts pour séduire les amateurs d'héliotropisme. Et il y en a pour tous les goûts ! Vous pourrez trouver des plages familiales : les grandes plages de sable fin abondent sur le littoral varois, et vous trouverez sans mal dans le Golfe de Saint-Tropez, à Cavalière et dans ses environs, à Hyères ou plus à l'ouest vers Saint-Cyr-sur-Mer, un petit coin sympa pour poser la serviette. La plupart bénéficient de zones de baignades protégées, ajoutant un peu plus encore à votre tranquillité. Vous trouverez aussi des plages sportives. Forte de ses 5 km de sable fin et des fréquentes rafales de mistral dont elle fait l'objet, la plage de l'Almanarre à Hyères constitue le terrain de jeu privilégié de tous les Kite Surfeurs et véliplanchistes de la région. Plusieurs compétitions s'y tiennent d'ailleurs, et constituent des étapes qualificatives pour les championnats de France et/ou d'Europe. L'une des dernières en date, l'Almanarre Kite Master, a eu lieu en octobre 2016. Un championnat régional de saut en kite surf a aussi lieu en avril. Pour admirer le bal des voiles, ou pour s'essayer à la pratique de ces sports de glisse, voici donc la plage à privilégier !

Pour finir, il existe aussi des plages naturistes. Le littoral varois est parsemé d'une quinzaine de plages naturistes. Parmi les officielles, notez la plage du Jonquet à la Seyne-sur-Mer, de la Batterie Basse à Toulon, la crique de Monaco au Pradet, les plages du Pentagone à Hyères

(Les Salins), du Layet au Lavandou (près de Cavalière), de Pampelonne (en partie) et du Cap Taillat à Ramatuelle, des Esclamandes à Saint-Aygulf, ou encore la plage du Cap-Roux à Agay. Et pour les séjours complets en tenue d'Adam et Eve, n'hésitez pas à opter pour l'île du Levant, pour partie naturiste.

Plongée sous-marine

À quelques mètres du rivage, les herbiers de posidonie, les rameaux de corail, les reliefs sous-marins vous livrent tous leurs secrets. Les plages en pente douce sans relief ne sont que de peu d'intérêt, mais les sites très accidentés en bordure du plateau continental offrent des paysages sous-marins d'une grande beauté. Plongez de préférence au large de Saint-Raphaël, d'Agay, des îles d'Or, de l'île des Embiez et du Brusc, vous y rencontrerez de multiples mérous, murènes, congres, raies et bancs de sardines… Chasseur d'images, vous rapporterez les plus beaux clichés dans les couleurs inimitables des hauts fonds. Pêcheur au harpon, vous remonterez fièrement les ingrédients nécessaires à la préparation de la bouillabaisse de l'année.

Les formules d'initiation et de perfectionnement sont accessibles sous la forme de stages à la carte, accessibles aux enfants à partir de 8 ans.

Les sports traditionnels

Le Var compte trois des huit jeux répertoriés en PACA inscrits au patrimoine culturel immatériel (PCI) de l'UNESCO : la paume artignoscaise, la pétanque et les joutes provençales.

La pétanque

Venue du fond des âges, inspirée des jeux de boules déjà en vigueur au temps des Grecs et des Romains, elle obéit aujourd'hui à des règles strictes. Autrefois boules de buis cloutées par les « ferreuses » du village d'Aiguines, les boules sont aujourd'hui en métal intégral, faites de deux demi-sphères soudées, parfaitement équilibrées pour assurer un comportement balistique satisfaisant. La place des Lices, à Saint-Tropez, devient en été un haut lieu de la pétanque, où toutes les célébrités du show-biz s'adonnent à des compétitions acharnées. Une variante, inventée depuis peu, met à l'honneur des boules carrées. La raison invoquée, et qui n'est pas tout à fait dépourvue de bon sens, est que leur cubicité permet de jouer dans les petites rues très pentues des villages, là où les boules sphériques ne manqueraient pas de rouler sans fin jusqu'au fond de la vallée.

Les joutes nautiques

Il s'agit là encore d'une très ancienne tradition – sans doute importée d'Italie, peut-être de Venise – pratiquée surtout dans les ports du littoral, Sanary, Saint-Mandrier, Port-Fréjus, Saint-Raphaël, Agay. Les barques sont manœuvrées chacune par six rameurs. Sur la plate-forme avant surélevée de chacune d'elles, la tintaine, un jouteur armé d'une longue perche de bois s'efforce de faire tomber à l'eau son adversaire. La foule, massée sur les rives, pousse de grands cris pour encourager ses champions. Le vainqueur est ensuite porté en triomphe, pendant que le vaincu sort piteusement de l'eau pour se sécher.

La paume artignoscaise

Originaire d'Artignosc-sur-Verdon, elle est issue du jeu de paume et de la pelote basque, et s'apparente d'ailleurs à cette dernière, jouée à mains nues.

© JACKF - ISTOCKPHOTO.COM

La pétanque est un sport très populaire dans le département.

GASTRONOMIE

La cuisine varoise fait partie intégrante de la cuisine provençale. C'est une gastronomie en profonde harmonie avec la nature et le climat. Simple dans sa conception, presque rustique, la cuisine provençale sublime les produits et sait combiner toutes les saveurs de ses ingrédients de base... Les tomates, l'huile d'olive et l'ail sont exaltées par le parfum d'herbes aromatiques, thym, sarriette, romarin, sauge, basilic, fenouil... C'est un subtil mélange de couleurs, de saveurs et de bons produits du terroir. Le Var est ainsi la première zone française de production de vin rosé, le premier département apicole par le nombre de ruches (33 000 pour 185 apiculteurs professionnels et de nombreux amateurs), n°1 français de la figue avec quelque 75 % de la production nationale, et il représente aussi le quart des oliveraies françaises. Pour mieux comprendre la gastronomie varoise et toutes ses spécialités, voici quelques informations essentielles...

Les produits du terroir

La bonne cuisine est tributaire de bons produits. Et le terroir varois est idéal pour l'agriculture, où les cultures de faible productivité privilégient la qualité. Fruits, légumes, huiles, miel, voici quelques produits varois :

La châtaigne. La production varoise (150 tonnes par an) est concentrée dans le massif des Maures sur les communes de Collobrières, La Garde-Freinet, Les Mayons, Pignans et Gonfaron. Mais au fait, quelle différence entre la châtaigne et le marron ? La bogue de la châtaigne est cloisonnée et comporte deux ou trois fruits ; celle du marron quant à elle n'est pas divisée, et le fruit est unique. D'excellente qualité gustative, la châtaigne est vendue presque en totalité en fruits de bouche – fraîches ou grillées.

La figue. Avec plus de 75 % de la production française, le Var est le premier producteur de figues en France. Cultivés dans la vallée du Gapeau, à Solliès-Pont, cette figue violette issue de la variété bourjassote noire, dont la zone de production concerne la quasi-totalité du département du Var, a obtenu l'appellation d'origine contrôlée (AOC) le 27 mars 2006, puis l'appellation d'origine protégée (AOP) le 22 décembre 2011. Son enregistrement a été publié au Journal officiel de l'Union européenne.

La prune de Brignoles. La notoriété de ce fruit remonterait au début du XVIe siècle, lors d'une visite à Brignoles de François Ier, qui apprécia vivement ce petit fruit oblong, à la peau noire et à la chair sucrée jaune orangée, de la variété perdrigon violet. Séchées, les prunes étaient placées dans des boîtes et vendues sous le nom de « brignolles » avant de devenir « pistoles » à la fin du XVIIIe siècle, du fait de la ressemblance avec la pièce de monnaie du même nom. Le commerce de la prune sèche de Brignoles disparaîtra au début du XIXe siècle. Ce n'est qu'en 2003, que la municipalité brignolaise décidera de relancer la production de l'arbre et du fruit.

Le pois chiche de Rougiers. Cette graine comestible jaunâtre doit son goût incomparable à la terre du volcan de Poulagnié.

Les épices : thym (également appelé farigoule), basilic, persil, romarin, ail, estragon, ciboulette, fenouil, cerfeuil, sauge, genévrier, serpolet, sarriette...

L'olive et son huile. Le Var est le premier département oléicole français, en ce qui concerne le nombre d'oliviers, avec sept cent soixante-dix mille oliviers, soit près de 22 % de la plantation nationale. 142 communes du Var sur 153 produisent de l'huile d'olive ! De nombreuses variétés d'olives sont cultivées dans le Var. Certaines exhalent leurs parfums, récoltées vertes – olive verte – et d'autres à maturité – olive noire. La belgentiéroise, la picholine, la lucques sont destinées à la table et à la confiserie, l'aglandau, la bouteillan, la cayet roux, la cayon, la salonenque, la brun, la ribier sont employées pour l'huile.
Le 26 octobre 2006, le comité national des produits agroalimentaires de l'institut national de l'origine et de la qualité a voté la reconnaissance de l'AOC huile d'olive de Provence. Le décret d'identification est paru au Journal officiel de la République française le 17 mars 2007. Le Var fait partie de son aire géographique.

Le miel

La production annuelle avoisine les 1 000 tonnes, produites par les 33 000 ruches recensées et essaimées dans le département. Les miels produits dans le Var bénéficient de l'indication géographique protégée – IGP – « Miel de Provence ». Les variétés proposées sont le miel de lavande – Label rouge – (le Var est leader en France de la production de miel de lavande), le miel de Provence par excellence puisqu'on ne le trouve que dans cette région, le miel de romarin, le miel de bruyère, le miel de châtaignier et le miel toutes fleurs de Provence – Label rouge également – à qui l'association des différentes origines florales provençales confère une richesse gustative rare.

Tapenades.

Les vins

Le Var, renommé pour ses vins de qualité, compte 5 appellations d'origine contrôlée – Côtes de Provence, Coteaux-varois-en-Provence, Bandol, Coteaux d'Aix-en-Provence – et 4 dénominations de terroir, Côtes de Provence Fréjus, Côtes de Provence La Londe, Côtes de Provence Pierrefeu, Côtes de Provence Sainte-Victoire et Notre-Dame des Anges. Le Petit Futé en référence une sixième sous appellation avec le riche terroir des côtes-de-provence Dracénie.Sont également produits dans le département des vins a indication géographique protégée : IGP Var avec possibilité des mentions territoriales Argens – Coteaux du Verdon – Sainte-Beaume - IGP Mont Caume / IGP Maures.

Les spécialités locales

L'aiguo boulido

Cette soupe, qui ouvre traditionnellement le gros souper de Noël, est réalisée à partir de trois ou quatre gousses d'ail en chemise, que l'on fait bouillir une dizaine de minutes dans de l'eau salée. Feu éteint, il faut ajouter du thym, du laurier et beaucoup de sauge. Après infusion, servir avec des tranches de pain grillées et un filet d'huile d'olive.

L'aïoli

Sauce épaisse faite d'huile d'olive mélangée à des jaunes d'œufs et à une purée d'ail, jusqu'à la prise en pommade. C'est également le nom d'un plat « aïoli garni » qui était servi à l'origine le vendredi en général et le jour du carême en particulier. Il se confectionne avec des filets de morue dessalée, des pommes de terre, des carottes, des haricots verts, des œufs durs, des bulots, sans omettre l'aïoli, présenté dans son mortier.

L'anchoïade

Cette sauce, purée fondante d'anchois et d'ail, délayée à l'huile d'olive, est idéale avec des bâtonnets de légumes crus, carottes, cébettes, côtes de céleri, fenouil, bouquets de choux-fleurs.

La bouillabaisse

Initialement plat de pêcheurs, cuisiné sur la plage au retour de la pêche, dans un gros chaudron, et quelle que soit son origine – de nombreuses villes de pêcheurs revendiquent la recette –, elle est devenue la référence de la gastronomie provençale. Elle doit se préparer avec des poissons de roche, nécessaires à la confection du fond, dans lequel les poissons – rascasse, saint-pierre, grondin, congre... –, qui seront servis entiers ou en morceaux, vont cuire à gros bouillons.

La bourride

La cousine de la bouillabaisse est d'origine sétoise. Les villes de Toulon et Saint-Raphaël se sont appropriées une version de cette soupe préparée en délayant de l'aïoli avec le bouillon dans lequel a bouilli le poisson, de préférence des poissons blancs, baudroie – version sétoise –, loup, pageot...

Brouillade de truffes

C'est un excellent moyen pour apprécier les truffes fraîches du Haut-Var. Il suffit d'émincer les truffes – après les avoir brossées –, les faire revenir avec une noix de beurre dans une casserole, jusqu'à ce que leur parfum embaume vos narines. Ajouter les œufs battus et tourner délicatement et doucement, à petit feu, jusqu'à l'obtention d'un mélange moelleux et onctueux.

La daube de bœuf à la provençale

Un plat de bœuf qui mijote doucement pendant 4 à 5 heures, avec des oignons, de l'ail, des carottes, des aromates, le tout mouillé d'un bon et tannique vin rouge côtes-de-provence. Voir recette.

La caillette

Cette crépinette, charcuterie typiquement provençale préparée à base de hachis de viande, de foie et de gras de porc et d'un mélange de légumes verts, persil, laurier, herbes de Provence, varie suivant les terroirs, les villages où elle est fabriquée. Elle se déguste dès sa sortie du four ou bien froide.

La fougasse

Pain plat et troué à mie et croûte molles, fait d'une pâte parfumée à l'huile d'olive. La plupart des boulangeries en proposent souvent des dérivés, agrémentés de lardons, d'oignons, d'anchois.

La soupe au pistou

Cette soupe – ou plat de résistance – se déguste, chaude ou froide, de préférence l'été, pour pouvoir profiter des premiers haricots en grains. Sinon, elle se compose de pommes de terre, de courgettes, découpées en dés, de haricots frais égrenés, de haricots verts mange-tout, de branches de céleri, cuits à l'eau salée, et accompagnée de pâtes – gros macaronis – jetées quelques minutes avant la fin de la cuisson. Le tout est mélangé – hors du feu – au pistou, une pommade réalisée avec des feuilles de basilic, de l'ail, de l'huile d'olive, du Parmesan râpé – du gruyère ou de l'édam dur – et éventuellement des tomates.

La tapenade

Pâte fabriquée à base d'olives noires ou vertes dénoyautées, de gousses d'ail, de filets d'anchois dessalés et de câpres, à déguster sur des croûtons grillés. A noter que la tapenade ne doit pas son nom à l'olive, mais bien au câpre, tapeno en provençal.

La tarte tropézienne

Ce dessert de fabrication artisanale, créé par Alexandre Micka en 1955 dans sa pâtisserie de la place de la Mairie à Saint-Tropez, est simplement constitué d'une pâte briochée fourrée de crème, dont l'authentique recette, déposée, reste secrète.

Les treize desserts

Cette tradition est respectée dans toute la Provence et sur la Côte d'Azur. Le réveillon de Noël se termine en effet par la dégustation de treize desserts, pour honorer la mémoire du Christ et de ses douze apôtres. Le cérémonial commence avec les quatre mendiants, évoquant rappellent les habits des quatre ordres mendiants religieux – figues sèches, noix, noisettes, amandes , et viennent ensuite fougasse ou pompe à huile, fruits déguisés, nougat blanc et nougat noir, fruits confits, raisins secs, fruits frais, dattes et pâtes de fruits.

TOP 10

GASTRONOMIE LOCALE

Pour vous aider à faire votre choix au restaurant pendant vos vacances dans le Var, voici un top 10 des meilleures spécialités gastronomiques du département : sauces, entrées, plats, desserts... L'essentiel est là et c'est un petit pense-bête qui vous sera bien utile.

LA CAILLETTE

Une charcuterie typiquement provençale à base de viande, de légumes et d'épices.

L'AÏOLI

Une sauce de légende qu'on ne présente plus ! Epaisse, onctueuse et à base d'ail, c'est un délice.

© HANDMADEPICTURES - ISTOCKPHOTO.COM

LA BOURRIDE

La cousine de la bouillabaisse et une spécialité répandue à Toulon.

© PROFORMABOOKS - ISTOCKPHOTO.COM

LA SOUPE AU PISTOU

Une soupe très connue à base de pistou, une pommade réalisée avec des feuilles de basilic, de l'ail, de l'huile d'olive.

© SCHNAPPS2012 - SHUTTERSTOCK.COM

L'ANCHOÏADE

Une purée fondante d'anchois qui fait le bonheur des gourmands à l'apéritif.

© JEANGILL - ISTOCKPHOTO.COM

LA BROUILLADE DE TRUFFES

A base d'œufs et de truffes fraîches du Haut Var, c'est un régal pour les gastronomes.

© PHOTOGRAPHYFIRM - SHUTTERSTOCK.COM

LA TAPENADE

Une pâte à base d'olives, d'ail, d'anchois et de câpres, à déguster sur des croûtons grillés.

© MARGOUILLATPHOTOS - ISTOCKPHOTO.COM

LA BOUILLABAISSE

Une soupe de poissons mythique à travers toute la Provence.

© NATALY HANIN - ISTOCKPHOTO.COM

LA DAUBE DE BŒUF À LA PROVENÇALE

Un plat de bœuf célèbre qui mijote pendant des heures avec oignon, ail, carottes, aromates.

© TRAVELLIGHT - SHUTTERSTOCK.COM

LA TARTE TROPÉZIENNE

Une tarte à la pâte briochée fourrée de crème, dont l'authentique recette, déposée, reste secrète.

© STOCKNSHARES - ISTOCKPHOTO.COM

AGENDA

Le Var est un département où vous ne vous ennuierez jamais. C'est en grande partie grâce à la belle météo varoise qui affiche des températures douces et un taux d'ensoleillement exceptionnel toute l'année. Bon nombre de manifestations, notamment sportives, peuvent en effet se dérouler sans difficultés à l'extérieur, même en plein hiver. Au fil des mois, vous pourrez assister à des évènements dans tous les domaines (musique, danse, sport...). Les rendez-vous gastronomiques, qui mettent en avant les bons produits du terroir varois, ont aussi la part belle ; certains sont dédiés à la truffe, d'autres au rosé ou aux olives. Cependant, si vous n'aimez pas trop la foule, on vous conseille plutôt de venir hors saison pour éviter la période estivale très touristique. En revanche, si vous avez envie de faire la fête et d'aller aux festivals musicaux en plein air, misez sur l'été pour profiter des évènements les plus festifs du Var.

DÉCOUVRIR

JOURNÉE DE LA TRUFFE NOIRE

Place Frédéric Mistral
AUPS
✆ 04 94 84 00 69
www.aups-tourisme.com
4e dimanche de janvier.

Marché, dégustations, expositions, conférences, démonstrations de cavage de truffes et concours de chiens truffiers ponctuent cette journée dédiée au diamant noir. Des menus à la truffe sont aussi servis chez les restaurateurs aupsois. C'est un évènement qui fera vraiment le bonheur des gourmands de passage dans ce joli village !
Absent ce jour-là ? De novembre à la fin février, un marché aux truffes noires se tient tous les jeudis matin à Aups.

MARATHON INTERNATIONAL DU GOLFE DE SAINT-TROPEZ

SAINT-TROPEZ
www.marathondugolfedesainttropez.com
En mars.

Si vous avez envie de courir dans le cadre idyllique du golfe de Saint-Tropez, ne manquez pas de vous inscrire à cet évènement de running varois où l'ambiance est toujours au rendez-vous. Organisé par la communauté de communes du golfe de Saint-Tropez, ce marathon parcourant tout le golfe est une belle fête du running avec un parcours bordé de musique et d'animations. Au choix, vous pourrez y participer seul ou en relais ; possibilité de semi également. A vos baskets !

© LAURENT BOSCHERO

Marché aux truffes sur la Place Frédéric Mistral à Aups.

Corso fleuri.

CORSO FLEURI – BORMES-LES-MIMOSAS

BORMES-LES-MIMOSAS
✆ 04 94 01 38 38
www.bormeslesmimosas.com/fr
En février. Entrée : 6 € (entrée gratuite pour les enfants de moins de 10 ans).

Au rythme des fanfares et des danses folkloriques, la jolie ville de Bormes-les-Mimosas organise le défilé d'une quinzaine de chars magnifiquement décorés de fleurs fraîches et de mimosas. Les festivités sont clôturées par la traditionnelle et impressionnante bataille de fleurs, amusante et poétique à la fois. En 2018, le village fêtait déjà la quatre-vingtième édition de cette grande manifestation, incontournable dans le Var et dans la région provençale.

FESTIVAL COULEURS URBAINES

TOULON
festival-couleursurbaines.com
En mai.

Fondé en 2009, ce festival présente à travers sa programmation un échantillon des musiques urbaines du moment. Il mêle artistes très connus et jeunes talents dans une ambiance conviviale. Lors des précédentes éditions, de grands noms des musiques urbaines se sont produits à ce festival parmi lesquels : Massilia Sound System, Idir, La Rumeur, Oxmo Puccino ou Kenza Farah... Si vous êtes de passage à Toulon en mai, prenez vos places, vous passerez un bon moment !

JOURNÉE DE L'OLIVADE DE TRANS-EN-PROVENCE

TRANS-EN-PROVENCE
En avril.

Avis aux amateurs de bons produits varois et d'olives en particulier ! On fête chaque année dans ce petit village l'olivade, cette fête dédiée à l'un des trois symboles de la Provence, l'olive. De nombreux exposants investissent le centre pour vous faire passer une journée de flânerie aux senteurs de Provence, de l'olive, et des produits du terroir. De nombreuses animations sont également au programme comme la démonstration de taille de l'olivier.

GRAND PRIX DE FORMULE 1®

Circuit Paul Ricard
83330 LE CASTELLET
www.gpfrance.com
contact@gpfrance.com

Quel événement ! Le retour tant attendu de la Formule 1 sur le territoire français en 2018 après 10 ans d'absence a été une immense bonne nouvelle. Alors pour les provençaux qui ont la chance de le recevoir sur le territoire varois, c'est d'autant plus incroyable. Rendez-vous au mois de juin au circuit du Castellet, autour du mythique tracé de 5,8 km.Trois jours durant lesquels le petit village du Var et son circuit vibrent et vivent F1. Les meilleurs coureurs sont là bien évidemment. Le public aussi, chaque année, des passionnés qui mettent une ambiance unique.

ART ET VIN

Domaines et Châteaux du Var
✆ 04 98 05 13 83
www.art-et-vin.net
De juillet à août.

Créée par la Fédération des Vignerons indépendants du Var en 1998, cette manifestation, qui couvre presque l'intégralité du territoire varois, allie culture et terroir, en associant des femmes et des hommes passionnés par leur métier. Des vignerons ouvrent les portes de leurs domaines, de leurs chais et de leurs caves à des artistes de leur choix. Peintres, sculpteurs, photographes, céramistes, street-artistes installent leurs œuvres ou sont invités à réaliser des performances dans des lieux emblématiques comme les caveaux, les chais, ou au milieu des vignes.

FÊTE DE LA FIGUE - SOLLIÈS-PONT

SOLLIÈS-PONT
✆ 04 94 28 92 35
www.fetedelafigue.fr
En août. Dîner d'ouverture le vendredi autour de 35 € (sur réservation).

Un repas confectionné à base de figues par des restaurateurs et pâtissiers de la région – le vendredi soir –, un marché avec les producteurs et les artisans, un concours et des démonstrations culinaires, des dégustations, des expositions, des conseils techniques de taille et de traitement sur le figuier et son fruit par des professionnels, ainsi que des animations diverses pour ponctuer ces deux jours de fête autour de la violette de Solliès, à la fin du mois d'août.

BOL D'OR

Circuit Paul-Ricard
LE CASTELLET
www.boldor.com
En septembre.

Après quinze années passées sur le célèbre circuit de Formule 1 de Magny Cour, la mythique course internationale de moto a fait son grand retour au Castellet en 2015. En 2016, elle a célébré ici-même sa 80e édition. En 2017, ce sont près de 70 000 spectateurs qui ont assisté à la compétition. Une centaine d'exposants, des stands et des exposition animent cette grand-messe de la moto, attirant toujours plus de visiteurs année après année. Un événement immanquable pour les passionnés ou simples curieux. Attention, les places partent comme des petits pains.

SAINT-TROPEZ CLASSIC

SAINT-TROPEZ
www.sainttropezclassic.com
En octobre.

Organisé par l'association tropézienne de course à pied « Courir à Saint-Tropez », l'événement se décline en trois courses : La Saint Tropez Classic, sur 16 km, en ville et sur la route des Salins ; la Tropézienne, sur un parcours de 8 km, en ville ; et la course des Minots pour les enfants, étendue sur 800, 1 400 et 2 000 m. Les coureurs parcourent les rues principales et les ruelles de la vieille ville au pied de la citadelle pour ensuite longer la baie des Canebiers et franchir la ligne d'arrivée sur la célèbre place des Lices.

RALLYE DU VAR

SAINTE-MAXIME
✆ 04 94 00 90 40
www.var-rallye.fr
4 jours fin novembre.

Amateurs de courses automobiles, à vos agendas ! La dernière épreuve du championnat de France des rallyes se déroule durant quatre jours, fin novembre, sur les routes sinueuses du golfe de Saint-Tropez et du centre Var. Cette course automobile emblématique, qui existe depuis plus de 65 ans, rassemble de nombreux passionnés. Voitures historiques et modernes se croisent dans une atmosphère conviviale dans les coulisses entre pilotes, qui ne perdent pas de vue bien sûr la compétition. En 2019, le vainqueur de cette course mythique était Sébastien Loeb.

FÊTE DU MILLÉSIME - BANDOL

Sur le port
BANDOL
✆ 04 94 90 29 59
www.vinsdebandol.com
En décembre (entrée 5 € (sous forme de verre de dégustation)).

Pour ces festivités traditionnelles, le public, muni du verre gravé du millésime, rencontre les vignerons (déguisés !), découvre et goûte le vin nouveau. Démonstrations culinaires, initiations, dégustations à l'œnothèque et concours des longues gardes, complètent le programme de la journée. La fête a lieu en général le premier week-end de décembre. L'excellente réputation des vins de Bandol attirent la curiosité des novices et les palais plus confirmés.

PASSPORT

CÔTÉ MER

Le littoral varois est tout simplement splendide car il est très préservé. Il compte une incroyable variété de plages entre criques, plages de galets, et plages de sable fin, sans oublier les plages des îles varoises, comme Porquerolles ou Port-Cros, qui sont particulièrement sauvages avec des airs des Caraïbes ou des Seychelles. Mais le littoral varois a beaucoup plus à offrir que des plages et des stations balnéaires, c'est aussi une multitude de villes au beau patrimoine historique. Ainsi, Hyères est riche d'un centre médiéval superbement restauré ; Saint-Tropez est aussi célèbre pour sa citadelle historique. Enfin, cette région compte de magnifiques villages provençaux typiques comme Cogolin, qui a un charme fou, par exemple. Et il serait dommage de ne pas s'aventurer dans ces terres, si proches de la mer, pour découvrir ces pépites souvent négligées au profit des villes en bord de mer.

Côte mer
10 Km
Mer Méditerranée
P.N.R. de la Sainte-Baume
Rade d'Hyères
Cannes
Mandelieu-la-Napoule
LES ADRETS-DE-L'ESTÉREL
AGAY
SAINT-RAPHAËL
FRÉJUS
PUGET-SUR-ARGENS
ROQUEBRUNE-SUR-ARGENS
SAINT-AYGULF
LES ISSAMBRES
SAINTE-MAXIME
PORT-GRIMAUD
SAINT-TROPEZ
GRIMAUD
LA GARDE-FREINET
COGOLIN
GASSIN
RAMATUELLE
LA CROIX-VALMER
LA MÔLE
CAVALAIRE-SUR-MER
Le Canadel
Cavalière
LE LAVANDOU
BORMES-LES-MIMOSAS
LA LONDE-LES-MAURES
HYÈRES
La Favière
Port Miramar
La Plage
GIENS
PORT-CROS
La Garonne
TOULON
LA SEYNE-SUR-MER
SAINT-MANDRIER-SUR-MER
SIX-FOURS-LES-PLAGES
SANARY-SUR-MER
BANDOL
OLLIOULES
Sainte-Anne-d'Évenos
SAINT-CYR-SUR-MER
La Cadière-d'Azur
Cuers
Collobrières
Pignans
Rocbaron
Signes
Cuges-les-Pins
Plan-d'Aups-Sainte-Baume
La Roquebrussanne
Nans-les-Pins
Rougiers
Saint-Zacharie
Saint-Maximin-la-Sainte-Baume
Bras
Seillons-Source-d'Argens
Pourrières
Puyloubier
Barjols
Cotignac
Le Val
Cabasse
Le Luc
Vidauban
Lorgues
Draguignan
Figanières
Le Muy
La Bouverie
Bagnols-en-Forêt
Le Plan-de-la-Tour
D23
D3
D70
D554
D45
D560
D31
D50
D562
D13
D24
D79
D33
D17
D84
E80
A8
DN7
D64
D95
D80
D12
A57
D14
D88
D41
D98
D39
D75
D558
D74
D72
D25
D54
D47
D4
D559
A50

PAGES

Vue sur Bormes-les-Mimosas.

PAGES

●● GOLFE DE SAINT-TROPEZ

●● ESTEREL

CÔTÉ MER

© MICHEL FARRUGIA - STOCK.ADOBE.COM

Parapente au-dessus de l'Esterel, vers Saint-Raphaël.

BANDOL ★★★

Bandol... Un nom bien singulier qui résonne immanquablement dans les esprits, même si l'on ne connaît pas la ville. Un nom chargé d'histoire et gorgé de soleil, qui avant même le boum de Saint-Tropez à l'époque de Brigitte Bardot, attirait en villégiature des personnalités telles que Marcel Pagnol, Raimu, Mistinguett ou encore Fernandel. Bandol fut ainsi l'une des premières stations balnéaires de France, et demeure aujourd'hui encore parmi les plus authentiques. La ville de Bandol vit en effet tout au long de l'année. On l'apprécie pour ses nombreuses plages, de sable ou de galets, pour son charmant port de plaisance et pour l'animation de son marché (le mardi matin), pour son plaisant sentier de la corniche abritant ça et là des criques naturelles insoupçonnées. Des sports nautiques à la randonnée pédestre, en passant par le superbe golf de Frégate niché entre les collines et la Méditerranée, ici les activités de plein air ne manquent pas ! Et c'est sans compter la cinquantaine de domaines viticoles classés en AOP Bandol, dont nous recommandons vivement la dégustation (avec modération toujours). Un casino y est également implanté ; bref, Bandol a décidément bien des cordes à son arc !

ÉGLISE SAINT-FRANCOIS-DE-SALES

Place d'Estienne-d'Orves

Construite en 1746 et placée sous l'égide de saint François de Sales, consacrée en 1749 par l'évêque de Marseille, mais restant une dépendance de la paroisse de La Cadière, cette chapelle est érigée en église paroissiale en 1751 par Mgr de Belsunce. La nef initiale a été complétée en 1722, puis en 1782, de deux nefs latérales. La première, dédiée à saint Elme, est vouée à la protection des marins. La seconde, dédiée à saint François de Paule, est vouée aux pénitents.

PARCOURS HISTORIQUE DE LA VILLE ★

✆ 04 94 29 41 35

www.bandoltourisme.fr

Départ de l'Office de tourisme : se procurer le fascicule descriptif et suivre les 30 bornes dorées.

L'office de tourisme a élaboré un circuit historique balisé, très facile d'accès et de fait praticable par tous. Du buste en marbre d'Alfred Vivien, qui dirigea le pensionnat de Bandol avant de devenir maire de la ville en 1902, au Scaphandrier autonome de la ville, symbolisant l'essor de la plongée à Bandol dès 1943, arpentez rues et ruelles aux chaleureux tons provençaux, et découvrez la place du château, la plage de Renècros ou encore la villa « Lumen » de Louis Lumière...

PLAGES DE BANDOL ★

Bandol figure parmi les plus anciennes stations balnéaires de la côte. Les plages y sont nombreuses et éclectiques ; vous aurez l'embarras du choix pour une belle séance de farniente à Bandol !

Voici une présentation des différentes plages de Bandol pour vous aider à faire votre choix. Beaucoup disposent de toutes les infrastructures nécessaires à proximité ce qui est très agréable, surtout si on voyage avec des enfants.

La plage de sable du Casino est sans doute l'une des plus propices à une fréquentation familiale. On y retrouvera des espaces verts ombragés, un poste de secours, des sanitaires avec douches, une buvette snack, des transats avec parasols, et plusieurs options de loisirs nautiques. Particulièrement adaptée aux personnes à mobilité réduite, elle dispose aussi d'un parking tout proche, d'un accès handicapés, de fauteuils hippocampe et de Tiralo à disposition.

Autre plage de sable fin : celle des Renecros, lovée dans une anse à l'abri des vents dominants. Un parking et plusieurs aménagements la rendent elle aussi attractive pour les familles. On y trouvera matelas et parasols pour se faire dorer (crème solaire oblige, évidemment). Mêmes prestations pour la plage centrale et pour celle du Grand Vallat, bien que moins charmantes selon nous. Pour s'évader vers des coins plus tranquilles et sauvages, direction la petite crique de rochers du Trou de Madame, ou les plages de galets d'Eden Roc, des Engraviers, de Barry ou du Capelan. L'Anglaise, enfin, est idéale pour son panorama sur l'Île-Rousse.

CÔTÉ MER

LE SENTIER DU LITTORAL ★★

Accès au sentier entre la Pointe Grenier et la Pointe Fauconnière. Sentier interdit en période pluvieuse ou orageuse.

Le sentier balisé du littoral de Saint-Cyr à Bandol révèle tous ses trésors aux marcheurs qui se donnent la peine de les découvrir : chêne-vert, pin parasol, figues de barbarie, faucon pèlerin (assez rare)... Le départ s'effectue sur la petite plage de la Reinette pour se terminer à Bandol sur la plage de Rènecros. Tout au long du parcours, de nombreuses pointes – pointe Grenier, pointe Fauconnière, pointe des Trois-Fours, pointe du Défens – permettent d'admirer de jolis points de vue. A mi-parcours, vous arrivez dans la calanque idyllique de Port-d'Alon.

OFFICE DE TOURISME DE BANDOL

Allées Vivien

✆ 04 94 29 41 35

www.bandoltourisme.fr

Ouvert tous les jours de 10h à 18h. Haute saison : tous les jours de 9h à 19h.

Rendez-vous à l'office de tourisme de Bandol pour avoir toutes les informations, brochures, plans, dates des festivals et événements. En résumé, vous trouverez tout ce dont vous avez besoin pour vos vacances à Bandol, y compris des adresses de locations saisonnières si besoin. L'office de tourisme propose également des visites guidées thématiques très intéressantes qui vous permettront de découvrir le Bandol authentique, mais il faut penser à réserver ces visites à l'avance.

AQUASCOPE - PROMENADES SOUS-MARINE

Quai de Gaulle

✆ 04 94 32 51 41

www.atlantide1.com

Ouvert d'avril à septembre et pendant les vacances de la Toussaint. 16 €/adulte, 11 €/enfant (gratuit moins de 3 ans).

Drôle d'engin que l'*Aquascope* ! Grâce à une coque immergée et transparente, partez à la découverte de la faune et de la flore sous-marines autour de l'île de Bendor. Une visite commentée de 35 minutes, qui vous permettra notamment de découvrir la richesse des herbiers de posidonie, véritable oasis de vie pour la vie aquatique. Pour les petits comme les grands, voici une excursion ludique et instructive ; bref, une belle sortie à faire en famille !

ATLANTIDE

Quai de Gaulle

✆ 04 94 32 51 41

www.atlantide1.com

Ouvert d'avril à novembre. Selon la croisière, comptez 28-61 €/adulte et 18-41 €/enfant.

Installé sur le port de Bandol, Atlantide propose des excursions marines vers les calanques en demi-journée (sorties labellisées «Esprit parc national»), vers Porquerolles (escale de 6h30), et des sorties à la découverte des cétacés (labellisées «High Quality Whale Watching»). Outre ces trois excursions phares, l'équipe peut aussi vous accueillir en plus petit comité à bord de son semi-rigide ; elle propose même des affrètement privés. *Last but not least*, Atlantide gère aussi l'*Aquascope*, une embarcation ludique pour apprécier les fonds marins alentour !

Bandol.

PORT DE BANDOL

6, Capitainerie
✆ 04 94 29 42 64
www.portbandol.fr
1 500 places et 100 pour le passage en saison, 50 hors saison.

Le port de Bandol, neuvième port de France, est vraiment un port privilégié pour les vacanciers. Situé entre Marseille et Toulon, il permet de rallier rapidement les îles de Porquerolles et les sublimes calanques de Marseille. Équipé d'une aire de carénage pourvue de postes de 5 à 40 mètres, il est facile d'y effectuer ses réparations et entretiens courants. Le port dispose bien sûr d'une station à carburant. C'est aussi un port agréable pour une petite balade au bord de l'eau pour admirer les bateaux de Bandol et du monde entier.

HÔTEL BEL OMBRA** €

32, rue La-Fontaine
✆ 04 94 29 40 90
www.hotelbelombra.fr
Ouvert d'avril à fin-octobre. 19 chambres. Basse saison : de 65 € à 81 €. Haute saison : de 77 € à 103 €.

Idéalement situé dans un quartier calme, à 200 m du centre-ville et à 300 m de la plage de Rènecros, ce petit hôtel allie charme et confort. Les 19 chambres ont été rénovées coquettement ; celles situées en étage (catégories confort et supérieure) disposent de la climatisation, et certaines donnent sur un balcon ou une terrasse. Pour dîner, direction le restaurant du rez-de-chaussée qui dispose de deux espaces extérieurs. Atmosphère décontractée et familiale. En résumé, c'est une superbe adresse pour profiter de Bandol en ayant tout à proximité.

HÔTEL LES GALETS*** €

49, montée Voisin
✆ 04 94 29 43 46
www.restaurant-hotel-bandol.com
Basse saison : chambre double de 69 € à 168 €.

Adossé à la colline face aux plages de la Résistance et du Grand Vallat, cet hôtel offre un superbe panorama sur la baie de Bandol : toutes les chambres donnent côté mer ! On apprécie aussi les Galets pour son jardin méditerranéen, pour sa belle façade provençale fraîchement rénovée, pour le beau volume des chambres et pour sa table de qualité. Sur place, une belle sélection de vins Bandol et de côtes-de-provence est proposée à prix domaine, ainsi qu'un petit rayon savamment concocté de biscuiterie et de spécialités régionales.

HÔTEL KEY LARGO** €€

19, corniche Bonaparte
✆ 04 94 29 46 93
www.hotel-key-largo.com
Chambre double standard de 70 à 91 €. Petit déjeuner buffet : 11,50 €.

Idéalement située entre le centre-ville et la plage, cette demeure bourgeoise à l'architecture typique et aux extérieurs bien entretenus est une adresse de choix tant pour sa situation que pour son honorable rapport qualité-prix. Les 18 chambres, toutes climatisées, se déclinent en 3 catégories (standard, vue mer et vue mer avec terrasse) et offrent décoration moderne et soignée, service accueillant et équipements confortables. L'hôtel propose enfin à ses clients golfeurs des tarifs préférentiels au golf de Dolce Frégate à 5 minutes de l'hôtel.

HÔTEL LE PROVENÇAL*** €€

25, rue des Écoles
✆ 04 94 29 52 11
www.hotelprovencal.eu
Chambre double de 85 € à 165 €. Petit déjeuner : 14 €.

Relifté, il y a quelques années, par Florian Vocicot, le propriétaire, cet hôtel est vraiment une bonne affaire grâce à la décoration personnalisée et les prestations confortables. Vous apprécierez les couleurs pop, les matériaux tendance, et les œuvres çà et là de l'artiste Robert Sgarra. Côté nuit, six chambres jouissent d'une terrasse et cinq offrent une vue mer. Coup de cœur pour la 6 et sa loggia, et pour la 26, la suite familiale. En résumé, c'est un superbe hôtel de charme au bon rapport qualité-prix, non loin de la magnifique plage de Renécros.

HÔTEL ÎLE ROUSSE €€€

25, boulevard Louis-Lumière
✆ 04 94 29 33 00
www.thalazur.fr
Chambre double de 169 à 559 € ; suite de 269 à 1 009 €.

L'hôtel, intégré au centre de thalasso Thalazur, bénéficie d'une situation idyllique les pieds dans l'eau, face à la baie de Rènecros. Outre les 6 catégories de chambres et suites, profitez de la superbe piscine extérieure d'eau de mer, à débordement et chauffée à 25 °C toute l'année. Le centre de thalassothérapie et spa Thalazur propose un parcours marin en intérieur. Le restaurant gastronomique Les Oliviers à la cuisine moderne et créative a reçu sa première étoile en 2019 et l'a conservée depuis. Deux autres restaurants de plage complètent ce bel ensemble.

DE LA TERRE AU VIN €

220, rue du 8-Mai-1945

✆ 04 94 25 03 16

Ouvert de 19h à 21h30. Fermé le dimanche. Comptez 15 €.

Un petit bistrot au décor chaleureux où l'on mange avec plaisir des petits plats régionaux (gratin d'aubergines, risotto au pesto, cassolettes...) ou desserts maison et autres plateaux de fromages et de charcuterie, accompagnés d'un verre ou d'une bouteille de vin à choisir sur une carte riche de plus de 80 références. La clientèle se compose aussi bien de touristes que de locaux, ce qui laisse imaginer que la qualité est bel et bien au rendez-vous. L'accueil et le service sont parfaits et l'addition est très raisonnable. Bon plan !

DU CÔTÉ DE CHEZ SWAN €€

23, rue du Dr-Marçon

✆ 04 94 29 91 64

Ouvert lundi, mardi, vendredi et samedi midi et soir, le dimanche midi. Carte : 30 €.

Une petite salle aux aires de maison de poupée, quelques tables en contrebas, une mezzanine intimiste et une terrasse ensoleillée pour les beaux jours : au premier abord déjà, ce chaleureux restaurant séduit. Au menu, une carte assez restreinte (quatre suggestions tout au plus, la garantie sans doute de plats bien maîtrisés) ; la formule du midi, comportant un plat et un café gourmand, est aussi une bonne option. Si vous avez envie de vous faire plaisir avec une cuisine sans chichis dans un cadre cosy, vous êtes vraiment à la bonne adresse.

L'ATELIER DU GOÛT €€

2, rue Pons

✆ 04 89 66 61 37

www.atelier-du-gout-bandol.fr

Du vendredi au lundi et le mercredi de 19h à 22h30 ; le dimanche de 12h à 14h30 et de 19h à 22h30. Menus de 39 à 55 €.

C'est aujourd'hui David Tedde qui officie en cuisine, tandis que Lionel assure le service en salle. Particulièrement attentifs à l'origine et à la qualité des produits, ces deux-là travaillent en partenariat avec l'AMAP de la ferme des Olivades – la toute première Association pour le maintien d'une agriculture paysanne, créée en 2001 –, et avec des agriculteurs bio de Gémenos. Moins de sucre, moins de matières grasses, vive la cuisine saine et savoureuse ! Un véritable régal et une philosophie remarquable. A tester sans hésiter.

PALM-B €€

Quai de Gaulle

✆ 04 94 32 37 44

www.palm-b-bandol.fr

Ouvert midi et soir. Plat 16-27 €.

Un endroit assez chic à la décoration moderne et aux transats créés par un designer italien (s'il vous plaît !). Si quelques incontournables conservent leur place à l'année sur la carte, à l'instar du Big calamar grillé, du loup ou de la dorade à la plancha, le restaurant renouvelle ses plats tous les trimestres et veille au grain à la fraicheur de ses produits. Et que les carnivores se rassurent : si la spécialité de la maison demeure le poisson, les bonnes viandes sont elles aussi au rendez-vous ! Une valeur sûre à Bandol.

LA CHIPOTE €€

Plage de Rènecros

✆ 04 94 29 41 62

Ouvert midi et soir. Comptez 40 € le repas.

Dans ce cadre idyllique au bord de l'eau, vous pourrez vous régaler avec une cuisine audacieuse et créative à base de produits frais, issus des filières courtes. Lors de notre passage, on pouvait se régaler avec, par exemple : des palourdes au jus de gingembre et aux oignons confits, le tout parfumé de basilic frais ; un tartare de veau savoureux ; un maquereau à la flamme accompagné de fleurs de courgettes issues de la permaculture. Julie, la patronne, gère cet établissement qui appartient à sa famille depuis plus de 30 ans. Une très bonne adresse !

LE POISSON D'ARGENT €€

28, allée Alfred-Vivien

✆ 09 81 13 71 70

Tous les jours le midi et le soir. Menu unique à 49 €. Plat : 18-30 €.

Attablé sur la vaste terrasse sous véranda face au port (chauffée en hiver, climatisée en été), on déguste ici de délicieuses saveurs iodées, telles que le poisson grillé ou en croûte de sel ou la fameuse bouillabaisse, spécialités du chef. Egalement au menu : de très bonnes huîtres. La cuisine propose des plats simples avec une petite touche de créativité bienvenue. Amateurs de viande, ne restez pas dehors : le filet de bœuf, poivre vert ou Rossini, est délicieux ! Le décor est soigné et le service agréable ; addition un brin salée toutefois.

LES OLIVIERS €€€

25, boulevard Louis Lumière
✆ +33 4 94 29 33 12
thalazur.fr

Ouvert de 19h15 à 22h. Terrasse panoramique ouverte aux beaux jours. Menus de 80 à 130 €.

Dans un cadre contemporain, ce restaurant situé à l'hôtel Ile Rousse et récompensé par une étoile au Michelin, est l'une des meilleures tables du Var. Une vue féerique sur la baie de Renécros pose le décor d'une expérience culinaire lumineuse, où le chef, Jérémy Czaplicki et son équipe pose une empreinte délicate. Le chef nourrit son imaginaire et construit une cuisine autour du terroir marin et de l'appellation Bandol, cuisine de passion en lien avec les producteurs locaux, où l'on sublime le produit pour le rendre unique. Un voyage gustatif bien maîtrisé.

CASA NOSTRA BY BIANCA

898, route du Beausset
Espace Donna
✆ 06 28 46 42 60

Épicerie fine corse et Italienne. Ouvert du mardi au samedi 9h-12h30 et 15h30-19h30, le dimanche matin, fermé le lundi.

C'est l'envie de revenir à la passion familiale (une mamie fromagère en corse) qui a poussé Bianca dans cette belle aventure. Avec humilité et beaucoup de rigueur, l'épicerie Casa Nostra se déplace directement chez les producteurs de l'île de Beauté, en Italie et en Provence, pour dégotter des produits d'exceptions : brie à la truffe, chèvres fermiers locaux, tommes de chèvres et brebis, burrata des pouilles, la liste est longue. On vient aussi pour la charcuterie corse, les confitures, l'huile d'olive, pâtes, galettes, vins et liqueurs. Une belle adresse gourmande.

ŒNOTHÈQUE DES VINS DE BANDOL

Place Lucien-Artaud
✆ 04 94 29 45 03
www.maisondesvins-bandol.com

Ouvert du lundi au samedi de 10h à 13h et de 15h à 19h ; le dimanche de 10h à 13h.

C'est l'adresse idéale pour celui qui n'a pas le temps de faire le tour des domaines du vignoble de Bandol. Cette vitrine de l'appellation (AOP) de Bandol, située face au casino de jeux de la ville, propose à la vente, et au même prix que sur les domaines, les crus – rouges puissants et veloutés, rosés fruités et finement racés, blancs fins et corsés – de la cinquantaine de viticulteurs adhérents à l'association « Les vins de Bandol ». Un bon plan !

AUBERGE DU PORT MAISON GHIRIBELLI €€

9, allée Jean-Moulin
✆ 04 94 29 42 63
www.auberge-du-port.com

Tous les jours dès 6h30, en continu. Plat 20-29 €. Bouillabaisse 49 €. Formule du midi : 16,50 €. Terrasse.

Le décor de cette institution bandolaise fondée en 1971 est résolument moderne et élégant. Mobilier chic et feutré, luminaires réalisés par un verrier italien, terrasse, jardin et véranda ouvrant sur les palmiers : superbe ! La carte persiste sur les saveurs marines avec les plateaux de coquillages, la pêche du jour, le poisson grillé flambé au Pastis, cuit en croûte de sel ou préparé façon meunière, et la bouillabaisse. On apprécie les soirées musique live certains vendredis soir.

© MAISON GHIRIBELLI

© MAISON GHIRIBELLI

BANDOL PLONGÉE

Allée Vivien
✆ 06 07 45 27 81
www.bandol-plongee.com

Fermé de décembre à février. Baptême de plongée 60 €. Plongée autonome 30 €, encadrée 35 €.

Si vous avez envie de faire de la plongée bouteilles avec de vrais pros, vous avez frappé à la bonne porte, que vous soyez débutant ou plongeur aguerri. Soit vous passez votre baptême sous-marin, avec un moniteur diplômé d'Etat, soit vous recherchez l'ivresse des abysses lors d'une exploration, en individuel ou en groupe, en descendant dans les plus beaux sites de Bandol, Saint-Mandrier, des Embiez, de La Ciotat. En tous cas, Bandol Plongée saura vous accompagner comme il se doit, quel que soit votre niveau pour une plongée au top pendant votre séjour à Bandol.

BANDOL SPORTS NAUTIQUES

Plage et parking du Casino
✆ 06 08 64 74 77
www.bsn83.fr

Location de jet-ski à partir de 65 € les 20 minutes. Wake-board et ski nautique à partir de 32 €.

Toutes les sensations fortes regroupées en un seul et même lieu ! Idéalement située, la base de Bandol Sports Nautiques offre un panel de disciplines toutes plus ludiques les unes que les autres, de la traditionnelle bouée tractée au parachute ascensionnel, en passant par le jet-ski ou, plus technique, le sensationnel flyboard. Pour cette dernière, un moniteur particulier est impératif : renseignez-vous pour vous inscrire. Un film de vos performances en parachute ascensionnel est enfin proposé pour immortaliser votre envolée.

GRAND CASINO BANDOL

2, place Lucien-Artaud
✆ 04 94 29 31 31
www.casinobandol.com

Ouvert de 9h à 3h du matin, jusqu'à 4h le vendredi et samedi.

Si vous sentez que c'est votre jour de veine, essayez de décrocher le jackpot avec les machines à sous du casino Partouche... À moins que vous ne préfériez les jeux plus traditionnels – boule, roulette française, roulette anglaise et black-jack – sans oublier les tables de poker pour du *cash game*. Le Casino propose aussi des jeux digitaux pour ceux qui sont fans de high tech. Enfin, des groupes se produisent régulièrement en live dans le Casino ce qui met une bonne ambiance. Ne manquez pas d'aller à la brasserie qui offre une vue panoramique sur la baie de Bandol.

SAINT-CYR-SUR-MER ★

Saint-Cyr-sur-Mer est une belle destination balnéaire du Var, un peu moins fréquentée l'été que d'autres stations balnéaires plus connues de la côte. Labellisée « Pavillon Bleu », « France Station Nautique » (2-étoiles), « Les plus beaux détours », et « Villes et Villages Fleuris » (3 fleurs), Saint-Cyr-sur-Mer offre l'agrément de ses trois ports, Les Lecques, La Madrague et Port-d'Alon. Elle marque la limite extrême du département du Var vers l'ouest, avant La Ciotat, première localité côtière des Bouches-du-Rhône.

Histoire

La colonie phocéenne de Marseille avait établi de nombreux comptoirs tout au long de la côte, dont celui de Toreis, nommé par la suite Tauroentum.

A la chute de l'Empire romain en 476, les incursions des pirates sarrasins obligèrent les habitants à se réfugier sur les hauteurs, notamment à La Cadière. Plus tard, les habitants redescendirent dans la plaine et construisirent une chapelle dédiée à saint Cyr. Ce n'est que plus tard que le hameau de San Ceri, partie intégrante du village de La Cadière, se sépara de ce dernier après en avoir fait la demande auprès de Charles X. En 1825, San Ceri prit le nom de Saint-Cyr, et devint par la suite la station balnéaire et touristique actuelle.

© LOBACHAD - SHUTTERSTOCK.COM

Saint-Cyr-sur-Mer.

CENTRE D'ART SEBASTIEN ★

12, boulevard Jean-Jaurès
✆ 04 94 26 19 20
Ouvert du mercredi au dimanche de 10h à 12h et de 14h à 18h. Adulte : 1 €.

Installé dans une ancienne usine à câpres entièrement rénovée, ce centre d'art présente depuis 1993 de nombreuses œuvres de l'artiste Sébastien (1909-1990), aquarelles, peintures, dessins, bronzes, terres cuites et céramiques. Des expositions temporaires sont également organisées. Ainsi, en juin 2021, le centre a accueilli la 7ème Biennale de l'aquarelle. Cette exposition virtuelle réunissait les œuvres de 4 artistes aux univers variés : la Canadienne Diane Boilard, l'Australienne Janine Gallizia, l'Américain Thomas W.Schaller et le Français Marc Folly.

LE SENTIER DES VIGNES ★

Durée : 1h-1h30.

La région de Bandol compte plusieurs sentiers de randonnée, dont le sentier des vignes. Labellisé « sentier varois de qualité » en 2014, ce circuit à thème permet de découvrir, tour à tour, à travers sept tables explicatives, la Bastide de la Nartette, le vignoble AOC Bandol, la pelouse à orchidées, la dune éolienne plaquée, plus connue de tous sous le nom de « colline de sable », l'olivier, les cultures traditionnelles, les paysages et la géologie du secteur. Prévoir une heure à une heure et demie pour parcourir tranquillement ces 2 kilomètres de découverte.

MUSÉE GALLO-ROMAIN DE TAUROENTUM ★

131, route de La Madrague ✆ 04 94 26 30 46
www.museedetauroentumsaintcyrsurmer.fr
Haute saison : ouvert du mercredi au lundi de 15h à 19h. Basse saison : ouverture variable. Adulte 5 €, enfant 2,50 €.

Vestige du passé antique de la commune, cet intéressant musée classé nous replonge 1 500 ans en arrière. Construit sur les vestiges d'une villa Maritima, ce site abrite trois belles mosaïques du Ier siècle apr. J.-C., des colonnes torsadées de la même époque et de nombreux objets, amphores, vases, monnaies, verreries... et un ensemble remarquable de formes de sépultures. Un musée à ne pas manquer sur Bandol et qui vous permettra de vous cultiver entre deux séances de farniente.

LA STATUE DE LA LIBERTÉ ★

Voilà un monument plutôt insolite et inattendu dans le Var, surtout dans une station balnéaire. New York ou... Saint-Cyr ? Au centre du village, place Portalis, se dresse une flamboyante statue entièrement en fonte et finement dorée. Il s'agit de la réplique de la statue américaine – l'une des quatre répliques exactes – en modèle réduit : elle mesure 2,50 mètres, soit la longueur de l'index de celle de New York. Signée sur socle par l'artiste Frédéric-Auguste Bartholdi, elle commémore l'arrivée de l'eau courante à Saint-Cyr en 1913.

LES PLAGES ★★

Les plages de Saint-Cyr se répartissent en trois zones : les Lecques, la Madrague et Port d'Alon.

Au fond du Golfe d'Amour, les plages des Lecques s'étendent sur deux kilomètres de sable et sont particulièrement adaptées aux familles. On peut en effet stationner à proximité (plus de 1 000 places de parking alentour... souvent occupées malgré tout en été !), on y trouvera des zones de baignade délimitées, des chenaux traversiers réservés aux véliplanchistes, des installations sportives telles que mini-golf, beach-volley et des prestataires de loisirs nautiques.

OFFICE DE TOURISME DE SAINT-CYR-SUR-MER

Place de l'Appel-du-18-Juin ✆ 04 94 26 73 73
www.saintcyrsurmer.com
Ouvert tous les jours et les jours fériés de 9h à 12h30 et de 14h à 17h. Fermé le dimanche de novembre à mars.

L'office de tourisme de Saint-Cyr-sur-Mer vous renseignera sur les visites à effectuer dans la commune et dans ses environs, et vous indiquera les meilleurs sentiers de randonnée. Vous trouverez aussi sur place de nombreuses brochures sur la ville et les environs ainsi que toutes les informations concernant les festivals, évènements ou marchés à Saint-Cyr-sur-Mer. Si vous êtes à la recherche d'artisanat local ou de caves à vin, on saura aussi vous renseigner.

ATLANTIDE

Nouveau Port des Lecques
✆ 04 94 32 51 41
www.atlantide1.com
Ouvert d'avril à novembre. A partir de 36 € par adulte et 26 € par enfant.

Atlantide propose depuis le nouveau port des Lecques des excursions aux Calanques de Cassis, ainsi qu'à Marseille et au château D'If (généralement le mercredi d'avril à septembre). En octobre et novembre, méfiez-vous, les rotations sont moins fréquentes : renseignez-vous auprès de l'Office de tourisme, ou sur le site Internet de la compagnie. C'est dans tous les cas une bonne idée de sortie en mer si vous avez envie de découvrir le littoral de la région avec de vrais pros. La découverte des Calanques par la mer est toujours un grand moment.

LA BASTIDE DE FONTVIEILLE €€

364, chemin de Fontvieille ✆ 07 82 43 25 55
www.bastidedefontvieille.com
Chambre double 145 € ; suite 180 €. Haute saison : chambre double à partir de 165 € ; suite 200 €.

Une maison de charme comme on les aime, lovée dans un environnement de toute beauté planté de cyprès, platanes, oliviers et autres arbres centenaires. Ancienne ferme viticole du XVIIIe, cette belle bastide en pierre est aujourd'hui la propriété de Stéphanie et Eric Prévost, qui vous accueillent toute l'année dans leurs quatre chambres d'hôtes. Toutes disposent d'un accès indépendant et direct sur le jardin de 3 200 m². Entièrement restaurée, la demeure a conservé son cachet d'antan.

DOLCE FRÉGATE PROVENCE**** €€€

Route de Bandol RD 559
✆ 04 94 29 39 39
www.dolcefregate.com
Chambre double de 150 € à 1 000 €. Demi-pension : 49 €. Petit déjeuner : 25 €.

Blotti au milieu des vignes et des oliviers du Domaine de Frégate, cet hôtel vous offre une vue imprenable sur la Méditerranée. Dans un style à la fois authentique et haut de gamme, il est doté de chambres lumineuses donnant toutes sur de larges terrasses vue mer, les tons et les meubles patinés ne sont pas sans rappeler l'atmosphère locale. L'hôtel dispose de deux restaurants dont le Lou Carpan, de deux bars, d'un superbe golf et d'un luxueux espace bien-être Frégate.

LES 2 SŒURS €€

Avenue du Port
✆ 04 94 26 24 15
www.les2soeurs.fr
Ouvert tous les jours le midi et le soir. Réservation recommandée. Menu unique à 36 €. Menu enfant : 12,50 €

Face aux bateaux qui ondoient dans le nouveau port des Lecques, vous vous régalerez ici avec une cuisine régionale où le poisson est roi : filet de daurade, risotto bianco et crème de crustacés, saint-jacques fraîches snackées, risotto forestier, gros poissons de ligne grillés sur la plancha ou encore bouillabaisse (sur commande). Côté terre, goûtez aussi à la souris d'agneau confite au miel et gingembre, écrasé de pommes de terre. A découvrir enfin, dans un tout autre registre : la terrine de foie gras maison et les pizzas cuites au feu de bois.

FAMILY BAINS €€

Plage des Lecques
✆ 06 24 60 48 60
www.familybains.fr
Ouvert en principe de mi-avril à mi-octobre. Ouvert tous les jours de 8h à 20h. Selon conditions météo. Plat : 11-28 €.

Un endroit fort sympathique où familles et amis aiment à se retrouver en été. L'accueil de Roger Simi, le maître des lieux, lui vaut d'ailleurs une bonne réputation dans le coin. Loin de l'ambiance guindée de certains restaurants de plage, vous êtes ici reçu dans une atmosphère décontractée et très conviviale. Côté plats, la carte est variée : salade complète, sardines ou encornets grillés, carpaccio de bœuf ou de poisson, gambas à la plancha, supions à la provençale, daurade grillée (selon arrivage du jour), friture de la mer...

RESTAURANT LE PARC €€

24, Avenue du Port
✆ 04 94 26 23 01
A la carte et menu du jour à 39 €. Service le soir 19h30-21h30. Restaurant La Pinède tous les jours 12h-14h.

Une cuisine authentique et généreuse aux influences méditerranéennes. On apprécie cet havre de paix et la terrasse panoramique qui offre une vue mer exceptionnelle sur le parc et la baie des Lecques. Idéal pour déguster grands crus et vins de pays de la vinothèque. Le restaurant La Pinède est l'option du midi, au bord de la piscine, et propose différentes formules : à la carte (sans accès piscine), plat du jour en semaine, salades, viandes et poissons grillés au barbecue. Formule accès piscine (sauf le dimanche) avec plat et dessert.

LA RIVIERA DEI FIORI €€

Nouveau-Port
✆ 04 94 32 18 20
Basse saison : du jeudi au mardi le midi et le soir. Haute saison : tous les jours le midi et le soir. Plat : 13-23 €.

Depuis plus de 20 ans, les amateurs de cuisine transalpine se retrouvent sur le port des Lecques pour découvrir les saveurs d'une cuisine méditerranéenne et colorée. Les pizzas au feu de bois, moelleuses à cœur et croustillantes sur les bords, sont fort appréciées, tout comme les quelques incontournables de la carte : moules marinières frites maison, souris d'agneau confite, pâtes fraîches et gnocchis de pommes de terre maison, tartare de daurade sauvage au citron, gingembre et pommes granny smith... Alléchant n'est-ce pas ?

LE MAS DES VIGNES €€€

Route de Bandol RD 559
✆ 04 94 29 39 39
www.dolcefregate.com
Tous les jours de 19h à 21h30. Réservation recommandée. Menu unique à 95 € (menu dégustation). Plat : 21-44 €.

Au sein de l'hôtel Dolce Frégate Provence, le Mas des Vignes surplombe les trois piscines en cascade et le golf. Dans une ambiance feutrée à l'intérieur, ou sur la terrasse ombragée vue mer aux beaux jours, le chef Guillaume Maurice attache une attention toute particulière aux produits locaux et de saison. Il travaille d'ailleurs, par le biais de l'AMAP (Association pour le Maintien de l'Agriculture Paysanne), avec la Ferme des Olivades à Ollioules, pour une fraîcheur des produits 100 % garantie. En émane une carte évolutive, et des propositions alléchantes.

GOLF DE DOLCE FRÉGATE PROVENCE

Route de Bandol RD559 ✆ 04 94 29 38 00
www.dolcefregate-golf-provence.com
Du mercredi au lundi de 7h à 20h ; le mardi de 7h à 17h. Green fee 18-trous de 70 à 95 €. 9-trous de 50 à 60 €.

Le golf étend son long ruban vert le long de la Méditerranée, où les départs en terrasse offrent une vue imprenable sur la mer. Frégate, parcours de 18 trous, accueille également des joueurs d'un niveau avancé. Remarquable par sa technicité, il vous impressionnera aussi par son panorama exceptionnel avec 15 trous sur 18 qui vous offrent une vue spectaculaire sur la mer Méditerranée. Académie de golf (stages découverte, perfectionnement et coaching), école de golf et école handi-golf.

GRAND HÔTEL LES LECQUES*** €€

24, avenue du Port
✆ 04 94 26 23 01
www.grand-hotel-les-lecques.com
Ouvert à l'année. Base double 89 à 259 €. Petit déjeuner 15 €. Parking gratuit. Séminaires. Réceptions, mariages. Wifi.

Élégante demeure style Belle Époque à l'architecture élancée, au sein d'un parc fleuri de 3 ha à 100 mètres des plages. Chambres climatisées très confortables, vue mer ou sur le parc, à contempler de votre balcon. Le restaurant Le Parc, prolongé d'une terrasse, vous permet de goûter une cuisine aux saveurs méditerranéennes, alors que le restaurant La Pinède vous propose, dès les beaux jours, une carte formule piscine avec un large choix.

© JACQUES VEKEMANS

© JACQUES VEKEMANS

CÔTÉ MER

SANARY-SUR-MER ★★

Ce charmant petit port était déjà peuplé à l'époque romaine, puis c'est à partir du XIe siècle, lors de la première construction de l'église Saint-Nazaire – sur le port – qu'il commença à se peupler. Au XIVe siècle, la construction d'une tour de guet favorisa la naissance d'un premier noyau urbain. Dès le XVIIe siècle, Saint-Nazaire s'affranchit de la commune d'Ollioules, à laquelle elle était jusque-là rattachée, et réalise d'importants travaux d'approfondissement du port pour permettre l'accès des galères royales. En 1890, San Nazari, nom provençal de Saint-Nazaire, obtient de modifier son nom pour se distinguer des neuf autres communes portant ce nom, et devint Sanary. Le village vivra au fil du temps grâce à ses activités agricoles, vignes et oliviers, commerciales et maritimes. Il lui faut attendre la construction du chemin de fer sous le Second Empire pour commencer à connaître un développement touristique, hivernal dans un premier temps, avant l'engouement des bains de mer dans les années 1930. Aujourd'hui, à côté du tourisme, l'activité de pêche reste présente avec les fameux pointus, petits bateaux ventrus devenus le symbole de la pêche artisanale du Midi. Plaisant en toutes saisons, le port de Sanary offre un abri naturel bien protégé du mistral. En 2018, son marché pittoresque, localisé sur le boulevard d'Estienne d'Orves, est sacré « plus beau marché de France » dans le cadre d'un concours national lancé par Jean-Pierre Pernaut au journal télévisé de 13h sur TF1.

CHAPELLE NOTRE-DAME-DE-PITIÉ ✝ ★

Ouvert tous les jours. Gratuit.

Point final de la montée des Oratoires, la chapelle Notre-Dame-de-Pitié a été construite en 1560 par les habitants dont beaucoup de pêcheurs originaires de Saint-Nazaire. A l'origine, seul un ermite y réside et il sonne la cloche en cas d'intempérie pour aider les bateaux qui rentrent au port. La chapelle abrite aujourd'hui une très belle piéta en bois polychrome du 17e siècle et de nombreux ex-voto de pêcheurs ou de marins ayant échappé à la mort après avoir imploré sa protection.

MUSÉE INTERNATIONAL DE LA PLONGÉE FRÉDÉRIC DUMAS 🏛 ★★

12, rue Lauzet-Ainé
✆ 04 94 32 97 89
www.museedumas.fr

Haute saison : tous les jours de 10h à 12h30 et de 15h30 à 19h. Gratuit.

Situé dans deux bâtiments, ce musée est destiné aux passionnés du monde sous-marin, et se présente comme l'unique musée de la plongée sous-marine en France ! Il porte le nom de l'un des pionniers (d'origine sanaryenne) de l'aventure de la plongée autonome (avec d'autres grands noms du milieu, comme Cousteau, Taillez Serenon, Fargues, Le Prieur...). Il abrite une large collection d'objets rares, quelques fois uniques, liés à la découverte autonome du milieu sous-marin.

BATTERIE DE LA CRIDE 📷 ★

Sous le règne de Louis XIV, le système défensif de la rade de Toulon et de ses abords se développe en vue d'éventuelles attaques terrestres et maritimes. Une batterie dite « de la Cride » est édifiée à Sanary, sur une pointe rocheuse s'avançant dans la mer. A partir de 1873, du fait des progrès de l'artillerie, la batterie de la Cride perd son usage défensif. En 2013, afin de lui donner une seconde vie, la Ville reconvertit la Batterie de la Cride, qui bénéficie d'une vue exceptionnelle sur la mer, en un musée de la Mer et de la Plongée sous-marine.

LES PLAGES DE SANARY-SUR-MER 📷 ★

Avec 8 kilomètres de côtes, Sanary comporte de nombreuses plages de sable fin et vous aurez l'embarras du choix pour vos séances de bronzette. Vous trouverez des plages en centre-ville, mais aussi dans les alentours de Sanary-sur-Mer. Le Levant en centre-ville, Portissol, plage de sable, La Kima, quartier de Portissol, la Baie de Cous, puis, se succédant dans la baie de Bandol, les belles plages de sable fin de la Gorguette, la plage dorée et le Lido.

Le port de Sanary-sur-Mer.

TOUR DE SANARY-SUR-MER ★

Sur le port
✆ 04 94 32 97 89
Fermé en novembre et janvier. Gratuit.

© CHRISTIAN MUSAT - SHUTTERSTOCK.COM

A Sanary-sur-Mer, au-delà du port de pêche et des plages de sable fin, il y a tout de même un joli patrimoine. La Tour de Sanary en fait partie ! Construite à la fin du XIIIe siècle, puis entourée d'un fossé et d'un boulevard en 1437, transformée en prison et en corps de garde pour les garde-côtes, la Tour de Sanary fut restaurée par la ville en 1990. Aujourd'hui, elle abrite dans le cadre du musée de la Plongée, une collection de pièces archéologiques. D'une hauteur de 21,50 m, elle offre depuis son sommet une vue magnifique.

ZOA PARC ANIMALIER ET BOTANIQUE ★

131, avenue du Pont-d'Aran
✆ 04 94 29 40 38
www.zoaparc.com
Haute saison ouvert tous les jours de 9h30 à 19h. Adulte : 13 €. Enfant de 3 à 10 ans : 10 €. Boutique.

Situé dans le Var, à proximité de Toulon, ce parc animalier et botanique domine la baie de Bandol. L'harmonie qui règne entre les plantes et animaux, ainsi que la beauté du site, font de cet ancien jardin exotique, un petit paradis. Il offre à ses visiteurs un échantillon de la richesse de la faune et la flore de notre planète, leur promettant un voyage inattendu à la découverte des cinq continents. Le parc s'étend sur 2 hectares et abrite de nombreuses espèces animales : mammifères (mangouste fauve, ocelot, serval, suricate, coati à nez blanc, capucin, ouistiti à toupet blanc, saïmiri du Pérou...), oiseaux (ara, ibis, cacatoès, flamant rouge de Cuba, kookaburra...) et reptiles (caïman à lunettes, varan à gorge blanche...) qui émerveillent les petits comme les grands. Une ferme pédagogique comportant un espace d'immersion permet de rencontrer de près chèvres naines, moutons de Somalie, cochons de Göttingen mais aussi différentes espèces de poules, qui se promènent dans les allées. Un snack permet de se restaurer sur place et plusieurs espaces de pique-nique sont à disposition des visiteurs, tout comme l'aire de jeux géante et son toboggan de 9,5 mètres de haut. De nombreuses activités sont proposées : animations temporaires, anniversaires, visites de groupe, club enfant, et soirées musicales tous les mercredis en juillet et août. En famille ou entre amis, vous ne resterez pas insensible au charme de ce joli jardin provençal et de ses pensionnaires.

OFFICE DE TOURISME DE SANARY-SUR-MER

1, quai du Levant
✆ 04 94 74 01 04
www.sanary-tourisme.com
Haute saison : tous les jours de 9h à 19h.

Rendez-vous à l'office de tourisme de Sanary-sur-Mer pour avoir toutes les informations, des brochures, des plans et les dates des festivals. On y dégotera une intéressante documentation pour « Flâner au cœur du village ». Du tombeau de Michel Pacha à l'église Saint-Nazaire, en passant par la montée des oratoires, la chapelle des Pénitents blancs ou encore les jardins de la ville : découvrez à votre rythme et au fil de vos envies, les principaux points d'intérêt historiques de Sanary.

CROIX DU SUD V

Quai du Général-de-Gaulle
✆ 06 75 71 81 76
www.croixdusud5.com
Excursion 12 calanques à la demi-journée : 32 € par personne. Aller-retour vers Porquerolles : 43 € par personne.

Le bateau Croix du Sud V vous propose des mini-croisières commentées à destination des calanques de Cassis et de Marseille. En juillet et août, des navettes sont programmées plusieurs fois par semaine pour l'île de Porquerolles, où une escale de 7h vous permettra de profiter pleinement de l'île. Enfin, en partenariat avec les guides scientifiques de la société "Découverte du Vivant" labellisée "*High Quality Whale Watching*", il est aussi possible de faire des croisières d'observation des baleines & dauphins aux portes du sanctuaire Pelagos.

PORT DE SANARY-SUR-MER

✆ 04 94 74 20 95

Ouvert tous les jours et les jours fériés de 8h à 12h et de 14h à 18h. 650 places.

Sanary-sur-Mer c'est un peu comme Saint-Tropez, mais en moins surfait. Ou c'est peut-être le Saint-Tropez d'avant la folie glamour qui s'en est emparé avec toutes les starlettes et les yachts qui envahissent notamment son port l'été. A l'inverse, Sanary-sur-Mer a gardé son petit port de pêcheurs et il reste très authentique. On peut notamment y admirer ces jolis bateaux de pêcheurs colorés appelés « les pointus ». Vous allez adorer les prendre en photos, c'est tellement pittoresque et typique de Sanary-sur-Mer ! Vous l'avez compris, une balade au port est un must.

HÔTEL DE LA TOUR** €€

24, quai Général-de-Gaulle

✆ 04 94 74 10 10

www.sanary-hoteldelatour.com

Fermé hors saison (hors fêtes de fin d'année). Chambre double de 88 € à 158 €. Petit déjeuner inclus.

Une situation rêvée, à quelques mètres du port, des pointus et des barques de pêcheurs. Les chambres climatisées bénéficient d'une vue magnifique. Le restaurant quant à lui, avec sa terrasse brumisée l'été et chauffée l'hiver, est évidemment un écrin privilégié pour les produits de la pêche locale. Il est particulièrement recommandé pour ses plateaux de fruits de mer, surtout hors saison pour éviter la foule estivale et s'imprégner de la douceur de vivre de ce petit coin de paradis. Cet hôtel offre par ailleurs un très bon rapport qualité-prix.

HOSTELLERIE LA FARANDOLE**** €€€

140, chemin de la Plage

✆ 04 94 90 30 20

www.hostellerielafarandole.com

Chambre double à partir de 180 € ; suite à partir de 250 €. Petit déjeuner buffet : 15 €.

Un hôtel de charme, le premier et encore l'unique 4* de la station balnéaire. Avec ses 27 chambres dont 5 suites superbement décorées, il offre une vue imprenable et féerique sur la baie de Bandol avec ses deux terrasses vue mer, un bain bouillonnant, une piscine extérieure chauffée, un accès direct à la plage, un espace spa Cinq Mondes avec sauna, hammam et balnéothérapie, un bar panoramique et deux restaurants, un qui ouvre l'été et l'autre l'hiver.

SNACK LA PAUSE €

32, rue de la Prud'homie

✆ 06 03 88 81 14

Ouvert du lundi au vendredi midi et soir, et tous les jours sauf dimanche midi de juin à août. Plats : 10-13 €.

Héritière du commerce de ses parents, charcutier-traiteurs à Sanary depuis 1949, Cécile a repris depuis 2010 le local familial pour proposer un service de restauration rapide avec sandwichs, bons burgers maison au beurre, et chaque jour un plat cuisiné avec passion. Reviennent régulièrement les lasagnes, la soupe au pistou, le poulet au curry, les tajines, les petits farcis, le woks de légumes croquants, le rougail saucisse ou encore la tchoutchouka. Tout est fait maison, sauf les frites. A déguster sur place dans une ambiance des plus conviviale, ou à emporter.

LES GOÛTS ET LES COULEURS €

13, rue Barthélemy-de-Dom

✆ 04 94 88 18 36

Ouvert toute l'année. Du mardi au samedi le midi et le soir. Entrée : 12-16 €. Plat : 14-22 €. Dessert : 7-8 €.

Edwige en salle et Jean-Vincent en cuisine vous proposent des plats originaux aux saveurs méditerranéennes. Ici pas de de menu, mais une carte composée de 3 entrées, 3 plats et 3 desserts, renouvelés plusieurs fois par semaine en fonction des produits du marché et des saisons. Ce jour-là par exemple, foie gras en terrine et pain d'épices maison en entrée, Saint-Pierre rôti, croustillant de morue et ragoût de champignons en plat de résistance, puis tarte au citron meringuée...

LE BARD'Ô €€

Plage de Portissol

✆ 04 94 88 42 56

www.le-bardo.com

Ouvert tous les jours le midi et le soir. Menu unique à 37 €. Plat : 20-30 €. Formule du midi : 18 € (plat, dessert).

Le restaurant vous accueille dans une très jolie salle cosy de style contemporain. Aux beaux jours, on peut aussi opter pour une table sur le deck extérieur qui offre un joli panorama sur la plage de Portisol. Dans l'assiette, une cuisine du monde mettant à l'honneur tartare thaï, makis et autres acras de morue notamment. Au-delà de la carte, le menu de saison présente un rapport qualité-prix honorable. A noter enfin que l'équipe du Bard'Ô gère aussi O Petit Monde, juste en dessous, proposant une cuisine semi-gastronomique dans la même gamme de prix.

LA P'TITE COUR €€

6, rue Barthélemy-de-Don
04 94 88 08 05
www.laptitecour.com
Du jeudi au lundi le midi et le soir. Haute saison : du jeudi au mardi le soir. Menu unique à 33 €. Terrasse.

Fraicheur des produits, chaleur humaine et assiettes colorées : une super adresse à Sanary ! Marie Leblanc, qui officie en cuisine, fait des miracles à coups de ravioles de bœuf et mascarpone, de volailles farcies aux blettes et raisins secs, épinards et polenta, et de panna cotta à l'hibiscus, compote de coings et gâteau amande...

Bien entendu, la carte change régulièrement selon l'inspiration du moment et des saisons mais c'est souvent très réussi ! En salle ou sur la terrasse ombragée, le service est chaleureux et vous serez accueilli avec le sourire !

LA PLAGE DORÉE €€

Route de Bandol
04 94 29 83 87
www.laplagedoree.com
De mi-avril à fin septembre. Ouvert tous les jours le midi et le soir. Plats 19-24 €.

Situé dans un cadre magnifique, à l'écart du centre-ville, ce restaurant de plage est aussi une bonne table : côté mer, on fait la part belle aux poissons issus de pêche locale, tandis que côté terre, le chef laisse libre court à un peu plus d'exotisme avec des recettes aux accents d'ailleurs... Difficile de choisir, mais le résultat ne pourra être que concluant ! Belle variété de salades-repas également. La cuisine est goûteuse et l'addition plutôt douce ; là encore sans doute, la recette du succès. Un vrai bon plan à Bandol !

SIX-FOURS-LES-PLAGES ★★

Situé sur le littoral de la côte provençale, à deux pas du port de Sanary, Six-Fours-les-Plages vous invite à libérer vos envies entre mer et forêt. 18 kilomètres de côtes où alternent plages, criques secrètes, l'archipel des Embiez, ports de pêche et de plaisance, 1 000 hectares de forêt préservée, vieilles pierres et riche patrimoine... s'offrent à vous pour des vacances inoubliables. Sur les hauteurs du cap Sicié, Notre-Dame-du-Mai – chapelle construite en 1653 – bénéficie d'une vue imprenable sur toute la région et la grande bleue. La collégiale Saint-Pierre, vestige du vieux village, domine quant à elle le centre-ville et la rade de Toulon. Dans un champ d'oliviers bordé de cyprès, se cache la chapelle pré-romane de Pépiole – VIe siècle. Visitez le village du Brusc, où son port berce les « pointus » des pêcheurs. Au soleil couchant, en flânant le long de la lagune, sur la route de l'île du Gaou, arrêtez-vous l'espace d'un instant et écoutez : peut-être entendrez-vous des voix venues d'ailleurs... « les Voix du Gaou », festival incontournable de musiques actuelles – deuxième quinzaine de juillet. Embarquez pour l'île des Embiez, port de plaisance exceptionnel, centre de balnéothérapie, paradis de la plongée sous-marine.

SANARY PARACHUTE

Sur le port
06 11 55 34 08
www.sanaryparachute.com
Ouvert du 1er mai au 15 octobre. Comptez 95 € pour un ou deux, 130 € pour trois et 150 € pour quatre.

Si vous avez envie de sensations fortes et de prendre de la hauteur sur la région, histoire d'en avoir une vue d'ensemble, rien de tel qu'un saut en parachute ! L'équipe de Sanary Parachute vous attend sur le port, pour vous embarquer à bord de son bateau 10 places. Installé confortablement dans un harnais, vous décollerez et découvrirez la baie de Sanary pendant 10 minutes, à une hauteur de 150 mètres, puis atterrirez sur la plate-forme du bateau. Ce vol en parachute ascensionnel est à la portée de tous et ne nécessite aucune compétence particulière.

BATTERIE DU CAP NEGRE - CENTRE MUSÉOLOGIQUE ★

04 94 25 53 84
Ouvert du mardi au vendredi de 9h à 12h et de 14h à 17h30 ; le week-end de 14h à 17h30.

Cet ouvrage militaire, situé dans le parc de la Méditerranée, est riche d'une longue histoire. Construit en 1695, sa situation avantageuse entre la baie de Sanary et la rade du Brusc lui confère un rôle essentiel dans la protection du littoral. Réorganisé sous Louis Philippe Ier entre 1846 et 1850, il est aujourd'hui un intéressant lieu d'exposition. C'est une visite à ne pas manquer lors de vos vacances à Six-Fours-les-Plages, surtout si vous vous intéressez à l'histoire.

CHAPELLE DE PEPIOLE ★

Chemin de Pépiole
✆ 04 94 63 38 29
Ouvert tous les jours de 15h à 18h.

Une très jolie chapelle pré-romane construite de pierres, intégrant trois nefs et absidioles. Restaurée en 1956 par le père Charlier, elle mérite le détour et peut même faire l'objet d'une visite guidée. Dans un cadre traditionnel et authentique de campagne provençale, pour une retraite, pour vous ressourcer ou vous faire accompagner spirituellement, le petit Sanctuaire de Notre-Dame de Pépiole propose aussi des hébergements (de 1 à 13 personnes) ainsi qu'une salle d'accueil pour les groupes (capacité maximale : 20 personnes).

COLLEGIALE SAINT-PIERRE ★

Montée du Fort
✆ 04 94 34 24 75
Ouvert du mercredi au lundi de 10h à 12h et de 14h à 18h. Eté : du mercredi au lundi de 10h à 12h et de 15h à 19h.

Au-delà du joli point de vue qu'elle dévoile, la collégiale Saint-Pierre est particulièrement intéressante d'un point de vue architectural. Et pour cause : ses fondations romanes datent du XIe siècle, son clocher lui a été ajouté deux siècles plus tard au XIIIe, et l'ensemble a connu un nouvel agrandissement de style gothique en 1608. Monument historique classé, elle a été restaurée en 2014 ; elle constitue aujourd'hui l'unique vestige du vieux village de Six-Fours. Une belle visite à faire pour les passionnés de patrimoine.

MAISON DU CYGNE - CENTRE D'ART ★

Bois de la Coudoulière
✆ 04 94 10 49 90
Ouvert tous les jours de 9h à 12h et de 14h à 18h. Gratuit.

Cette maison, qui date du début du XXe siècle, était la maison des directeurs de la tuilerie R. Boyer. Elle est faite de pierres de taille, avec des encadrements de briques vernissées et un toit de tuiles et dispose d'une salle d'exposition de peintures et sculptures d'art contemporain. Possibilité de visiter le jardin botanique (potager, roseraie). Les lieux ont par ailleurs reçu le label Pôle d'excellence pour la valorisation des arts plastiques.

LES PLAGES ★

Force est de constater qu'avec plus d'une dizaine de plages sur son territoire, la commune de Six-Fours-les-Plages porte plutôt bien son nom. A l'ouest, entre la Frégate et le Brusc, les plages de Bonnegrâce, des Roches Brunes, de la Coudoulière, du Rayolet et du Cros sont faciles d'accès et équipées de toutes les commodités. A l'exception de celle de Bonnegrâce, toutes sont en sable.

Plus dépaysantes, les petites criques confidentielles du Gaou et de l'île des Embiez. Moins accessibles, elles ne dévoilent leur beauté qu'aux plus téméraires promeneurs et cyclistes.

CÔTÉ MER

© GIANCARLO LIGUORI - SHUTTERSTOCK.COM

Les plages.

MASSIF DU CAP SICIE ET SENTIER DU LITTORAL ★

Si vous aimez la marche, vous trouverez ce qu'il vous faut dans les environs de Six-Fours ! A une dizaine de kilomètres entre les villes de La Seyne-sur-Mer et de Six-Fours, le Cap Sicié est un massif forestier de 1 600 hectares peuplé de pins d'Alep, de chênes-lièges, de chênes verts et autres pelouses à orchidées. Plusieurs sentiers de randonnée balisés offrent aux marcheurs de belles opportunités de promenades, parmi lesquelles le sentier de Belles Pierres, sur la commune de La Seyne, et le sentier du littoral long de quelque 10 km, qui le traverse dans son intégralité, de la Lèque de Six-Fours et la plage de Fabrégas. Ce sentier du littoral peut être appréhendé en deux itinéraires (détaillés dans le fascicule gratuit *Sentier du Littoral*, publié par TPM). Attention, fermeture du massif pour risques d'incendie les jours de fort mistral selon arrêté préfectoral : renseignez-vous toujours auprès de l'Office de tourisme avant de vous engager.

- **Balade Géologique,** du Brusc à la plage de Bonnegrâce : 5,7 km l'aller simple - 4h de marche - facile. Egalement possible le sens Bonnegrâce - Le Brusc bien sûr, sans difficulté supplémentaire.
- **Balade en Balcon,** du Brusc à Notre-Dame du Mai (dans le sens opposé, direction La Seyne) : 6 km l'aller simple - 4h30 de marche - sportif à très difficile. Au cours de la randonnée, vous accédez à Notre-Dame-du-Mai culminant à 360 mètres, d'où le panorama de la baie de Sanary-Bandol aux îles d'Hyères est magnifique.

CAMPING LES PLAYES**** €€

419, rue Grand
✆ 04 94 25 57 57
www.camplayes.com
Emplacement + véhicule + 2 personnes de 18 € à 39 €. Mobil-homes pour 3 à 6 personnes de 224 € à 1 155 € la semaine.

A 1,5 km de la plage de Bonnegrâce, ce camping-caravaning et hôtellerie de plein air très bien ombragé vous offre grâce à ses terrasses en dégradé, une vue panoramique sur la baie et l'île des Embiez. Il dispose d'un certain nombre d'aménagements ludiques pour agrémenter au mieux votre séjour : terrain de pétanque, ping-pong, salle de jeux, baby-foot, flipper, aire de jeux pour enfants, wifi gratuit au bar et en terrasse. Les propriétaires vous réservent un accueil jovial et familial. Super pour des vacances en famille. Bon plan !

VILLA HIPPOCAMPE €€€

702, Corniche-de-Solviou
✆ 06 31 63 40 02
www.villahippocampe.com
Chambre double de 140 € à 250 € ; suite de 170 € à 330 €. Petit déjeuner inclus.

Une villa d'hôtes d'exception, aussi bien pour la beauté du site, que pour les aménagements de la maison. La chambre double et les trois suites, portant le nom d'îles du Pacifique et des Caraïbes sont irréprochables et de bonne tenue. Toutes les chambres sont climatisées et offrent un accès direct à la mer et à la plage privée ce qui est vraiment appréciable. Parmi les services proposés : des sorties en mer organisées par le propriétaire de la villa lui-même puisqu'il a un bateau. Autant de qualités qui font que cette ville est un must !

LE MONT SALVA €€

Chemin du Mont-Salva
✆ 04 94 34 03 93
www.restaurant-reception.com
Ouvert toute l'année. Tous les jours le midi et le soir. Menus de 24 € à 49 €.

A partir du petit port du Brusc, remontez un peu dans les terres, le restaurant est à cinq minutes en voiture. Dès votre arrivée, vous serez séduit par le cadre et l'atmosphère qui règne ici. Confortablement installé en terrasse, les différents menus vous titillent rapidement les papilles, et si la carte est renouvelée chaque saison, on retrouvera à l'année les incontournables pieds et paquets, loup en croûte de sel, et autres bouillabaisses, bourrides et aïoli du vendredi (sur commande). Tout ici est fait maison ! Une adresse recommandée tout au long de l'année.

MOOM €€

56, promenade Général-de-Gaulle
✆ 04 94 07 16 54
www.moom.fr
Du jeudi au mardi le midi et le soir. Concerts le dimanche soir. Plat : 20-65 €. Tapas : 5-8 €.

Le Moom est de ces adresses artistiques et bouillonnantes que l'on aime fréquenter : d'une fois sur l'autre, changement de menu, de fond musical, et même de décor ! L'établissement récemment redécoré a un un look plus *trendy* que jamais et vous y croiserez beaucoup de *beautiful people* des quatre coins du Var. En cuisine, la qualité est également au rendez-vous. Aux fourneaux, les deux chefs japonais et français se complètent parfaitement pour répondre aux envies du moment : et vous aujourd'hui, plutôt makis californiens ou entrecôte ?

LE SAINT-PIERRE €€

47, rue de la Citadelle
✆ 04 94 34 02 52
www.restaurant-sixfours.fr
Du mardi au dimanche le midi et le soir. Menus à partir de 29 €.

Si objectivement, la salle ne dégage pas un charme fou, le Saint-Pierre est connu et reconnu depuis 1984 pour ses spécialités de poisson, de crustacés et de coquillages. Soupes de poisson, moules gratinées ou façon « Pescadou », plateaux de fruits de mer... Amateurs de plaisirs iodés, c'est ici que ça se passe. Les produits proviennent essentiellement de la pêche sauvage, et lorsque ce n'est pas le cas, la mention « d'élevage » est bien précisée. Pour accompagner vos plateaux, le restaurant propose notamment les vins des domaines Bunan. Une belle adresse.

AQUAVISION

Port de la Coudoulière
✆ 06 62 11 72 89
www.aquavision.fr
Adultes : 16 €. Enfants : de 9 à 12 €.

À l'occasion d'une promenade en mer de 30 minutes aux alentours du Cap Nègre qui est très proche, découvrez les fonds marins des îles préservées par le conservatoire du littoral et l'espace classé Natura 2000, avec des commentaires sur la bio-diversité marine simples et compréhensibles par les petits et les grands. L'embarcation, un Aquascope A8 - élaborée par l'architecte Jacques Rougerie - est unique en son genre, mi-sous marin et mi-bateau, avec une capacité de 10 places qui rend vraiment l'expérience intime, le tout en parfaite sécurité.

LE COLIBRI

986, avenue de la Mer
✆ 06 62 32 28 60
https://le-colibri-espace-detente-et-bien-etre-15.webself.net/
Espace détente du corps et de l'esprit. De 9h à 19h du lundi au samedi. Massage 1h à 50 €.

Philosophe du corps et du bien-être, formée à l'école Christian Dior en qualité d'esthéticienne, aujourd'hui hypnothérapeute et nutritionniste, Myriam vous invite à un doux et relaxant voyage. Une myriade de soins et de massages : californien, aux bambous, à la bougie, au pochon, lomilomi (hawaïen), pierres chaudes, ayurvédique. Le Colibri organise aussi des séquences de réflexologie plantaire, LPG, micro needling (anti-âge micro-piqures). De quoi se faire du bien dans un cadre intimiste, sous les mains bienveillantes d'une professionnelle.

COUDOU PARC

Bois de la Coudoulière
✆ 06 63 77 02 06
www.coudouparc.com
Ouvert tous les jours pendant les vacances scolaires. Hors vacances, ouvert les mercredis, week-ends et jours fériés.

Vivez une aventure inoubliable dans le plus beau parc du Var à 300 mètres des plages, sur 18 parcours et plus de 250 jeux. Pour les adultes, 3 heures d'activités, avec l'arbre escalade, le grand saut sur élastique, la boîte labyrinthe, le skate des airs, tyroliennes géantes (+ de 1 200 mètres au total). Pour les petits, 2 heures d'activités, 9 parcours et plus de 90 jeux à partir de 2 ans, sur le thème des pirates. Tous les parcours sont équipés d'une ligne de vie continue « ZAZA » pour encore plus de sécurité. Une superbe sortie à faire entre amis ou en famille !

SEA ADVENTURE

Quai Saint-Pierre-Port-du-Brusc
✆ 06 83 91 42 96
www.sea-adventure.net
Ouvert d'avril à octobre. Rencontre avec les cétacés (3h) : 70 €. Sortie Escapade : 50 € par adulte et 45 € par enfant.

Michael propose depuis 2015 des sorties à vocation naturaliste pour observer le milieu marin – mammifères et oiseaux en tête. À bord de son grand semi-rigide, vous voilà enfin en petit comité (12 personnes tout au plus) ! La sortie, Rencontre avec les cétacés, vous mène vers les populations de dauphins et baleines, régulièrement observables entre mai et octobre. Si vous préférez découvrir le littoral, préférez la sortie « Escapade », comprenant la visite de l'archipel des Embiez, la visite de Bendor, de l'île Rousse, des Calanques d'Alon...

WAKY SEA

Quai Saint-Pierre
✆ 06 27 62 48 56
www.wakysea.fr
Bouée tractée : 19 €. Ski et wakeboard : de 30 à 40 €. Parachute ascensionnel : de 85 à 120 €.

Waky Sea propose en effet un beau panel d'activités nautiques à sensations plus ou moins fortes. Bouée tractée, *flying plate*, ski nautique, *wakeboard* ou encore parachute ascensionnel. Vous aurez l'embarras du choix...

Une nouveauté a débarqué en 2021 chez Waky Sea, une activité inédite sur la Côte d'Azur : l'efoil ! C'est une planche de surf équipée d'un foil, qui lui permet de s'élever au-dessus de l'eau, la propulsion étant assurée par un petit moteur électrique. Sensations fortes garanties avec cette activité inédite sur la Côte d'Azur.

LA SEYNE-SUR-MER ★

Deuxième ville du département et forte de quelque 20 km de littoral, La Seyne-sur-Mer est parfois boudée au profit de Toulon ou de Bandol, et pourtant... Ouverte d'un côté sur la rade de Toulon, de l'autre sur la Méditerranée, La Seyne est née de la mer et de l'industrie maritime. Mais au vu de sa situation idéale sur le magnifique massif du cap Sicié (à découvrir absolument, pourquoi pas en avril-mai à l'occasion de randonnées commentées et de balades naturalistes), La Seyne-sur-Mer s'est aussi vu endosser un rôle majeur dans la protection militaire. Aujourd'hui tournée vers le tourisme, la station balnéaire distille çà et là les témoins évidents de ce passé multi-facettes.

MASSIF DU CAP SICIE ET FORET DE JANAS ★

Se renseigner sur les risques de vent et donc d'incendie, car le massif est fermé dans ces cas-là.

De la plage de Fabrégas, vous pouvez accéder à Notre-Dame-du-Mai (sur la commune de Six-Fours – se visite au mois de mai) par le sentier du Littoral. Le parcours est assez sportif mais la vue est imprenable depuis la chapelle : un panorama à 360° ! Comptez 5 heures aller-retour. Pour les moins sportifs, une route (accessible uniquement hors période estivale) mène presque en haut et la balade est agréable pour toute la famille, avec ses senteurs et les trésors naturels !

FORT NAPOLÉON ★

Chemin Marc-Sangnier
✆ 04 94 30 42 80

Ouvert lors d'expositions et de festivités, en principe du mardi au samedi de 14h à 18h, hors jours fériés.

Napoléon donna l'ordre en 1811 de construire ce fort militaire, de type redoute modèle n° 2 sur le sommet de la colline Caire. Achevé en 1821, sous Louis XVIII, le fort Caire, devenu fort Napoléon, ne participa finalement à aucun combat, excepté en 1944 lors de la libération. Il est ouvert au public depuis 1984 et abrite un centre de rencontres et d'échanges culturels ainsi qu'une galerie d'art contemporain « La Tête d'Obsidienne ». Il accueille aussi différentes manifestations, dont le festival cubain Bayamo en juillet et les fêtes calendales en décembre.

MUSÉE DU FORT BALAGUIER ★

924, corniche Bonaparte
✆ 04 94 94 84 72

Gratuit jusqu'à 5 ans. Adulte : 3 €. Enfant : 2 €. Possibilité de visites guidées pour groupes (sur réservation).

Ancienne forteresse avec tour à canon datant du XVIIe siècle, il a été construit face à la tour royale de Toulon pour protéger la ville et son arsenal en bloquant l'accès à la rade. Il est aujourd'hui consacré à l'histoire maritime locale, au bagne de Toulon et à la vie des forçats, et est classé à l'inventaire des Monuments historiques depuis 1973. Chaque année, une exposition temporaire est par ailleurs mise à l'honneur. Avec le Jardin Botanique, le fort Balaguier offre un bien bel ensemble et offre un panorama remarquable.

MAISON DU PATRIMOINE

2, rue Denfert-Rochereau
✆ 04 94 06 96 64

Du mardi au jeudi de 9h à 12h et de 14h à 17h ; le vendredi de 9h à 12h et de 14h à 16h ; le samedi de 9h à 12h30.

Voici une visite à faire absolument si vous vous intéressez à l'histoire et au patrimoine de la Seyne-sur-Mer et de la région. Installée dans une bâtisse du XVIIe avec plafonds à la française, ornements de pierre de taille et poutres décorées de motifs végétaux, la Maison du Patrimoine est mise à disposition des associations qui œuvrent pour la recherche historique et la valorisation du patrimoine seynois. Au-delà du cadre, c'est avant tout une visite intéressante donc pour en connaître davantage sur la ville et sur son passé.

PLAGES

La commune possède plusieurs plages. Dans l'ordre, les Sablettes, jolie plage bien aménagée à laquelle s'ajoute un parc botanique comptant 860 arbres et 300 variétés de plantes méditerranéennes ; la plage de Mar Vivo ; celles de la Vernette et de la Verne, respectivement crique et plage de galets ; Fabrégas, dont le sable gris d'origine aurait des effets anti-rhumatismaux ; de nombreuses criques à découvrir en bateau ou via le sentier du Littoral ; et pour terminer, la plage naturiste du Jonquet, accessible en une demi-heure de marche par le massif du Cap Sicie.

PONT LEVANT - PONT DES CHANTIERS ★

Parc de la Navale
✆ 04 94 89 55 39
Ouvert tous les jours de 8h30 à 12h30 et de 13h30 à 18h. Haute saison : ouvert tous les jours. Gratuit.

Erigé en 1917 par la société Daydé dans le but d'accéder par voie ferrée au site des anciens chantiers navals, le Pont Levant a été inscrit à l'inventaire supplémentaire des Monuments Historiques en 1987. C'est un pont basculant assez impressionnant que vous ne pourrez pas rater. Aujourd'hui ouvert au public, il est devenu l'emblème de la ville et un ascenseur permet d'accéder au belvédère à 40 m de hauteur. A voir lors de votre visite de La Seyne-sur-Mer.

QUARTIER TAMARIS

Une visite pour bien comprendre l'histoire de La Seyne-sur-Mer. Le quartier Tamaris situé sur la corniche face à la belle bleue et ses fameux parcs à moules fut l'une des premières stations balnéaires de la côte méditerranéenne. Tamaris doit son essor à Michel Pacha qui y fit construire château, casino et villas de luxe. L'écrivain George Sand séjourna également à Tamaris, elle s'y plaisait particulièrement et y écrivit deux romans. Ces deux figures contribuèrent largement à sa fréquentation touristique. Un incontournable de la ville.

VILLA TAMARIS CENTRE D'ART ★

Avenue de la Grande-Maison
✆ 04 94 06 84 00
www.villatamaris.fr
Ouvert du mardi au dimanche de 14h à 18h30. Fermé les jours fériés. Gratuit.

Une flânerie au gré du quartier Tamaris vous permettra également de découvrir la villa Tamaris. Cette ancienne demeure dédiée à la femme de Michel Pacha et construite à partir de 1890, est aujourd'hui un centre d'art. A travers les fenêtres des salles d'expositions du troisième étage, les visiteurs profitent d'une vue imprenable sur la presqu'île de Saint-Mandrier et sur la grande rade. C'est une belle visite à faire, entre deux pauses farniente.

RIVES D'OR HÔTEL*** €€

2177, corniche Georges-Pompidou
✆ 04 94 05 00 50
www.rivesdorhotel.com
Chambre double de 85 € à 135 €.

Situé à une centaine de mètres de la plage et de l'embarcadère pour Toulon (lignes de bateaux-bus 18M et N4), les Rives d'Or offre une belle gamme de chambres rez-de-jardin, vue mer. Avec 3 étoiles au compteur, les unités sont toutes équipées de la climatisation, du wifi, d'un mini-bar et d'un coffre-fort. L'ensemble aux influences balinaises est moderne et bien pensé. Bon point également pour la terrasse de toit et son chic bar « Le Georges », eux aussi très agréables. Côté cuisine, on trouvera sans mal à déjeuner et à dîner à La Piazza, à deux pas.

GRAND HÔTEL DES SABLETTES-PLAGES**** €€€

575, avenue Charles-de-Gaulle
✆ 04 94 17 00 00
www.ghsplage.fr
Chambre double à partir de 150 €. Tarifs variables selon la saison et le taux d'occupation.

Quel plaisir de voir le Grand Hôtel des Sablettes renaître de ses cendres ! Depuis juillet 2017, ce superbe monument historique du XIXe, idéalement situé en front de mer, a rouvert ses portes au public plus flambant que jamais. Véritable invitation au voyage, ses 52 chambres nous ramènent avec une élégance inouïe vers l'âge d'Or de la Côte d'Azur. Volumes généreux, équipements à la pointe, décoration des plus soignées ; vous voici dans le premier hôtel *Curio by Hilton* de France !

LE CANNIER €

67, avenue de la Jetée
✆ 04 94 94 82 96
www.le-cannier.com
Tous les jours le midi et le soir. Plat : 17-32 €. Plat du jour : 13 € (formule du jour : 23 €).

A deux pas du port de pêcheurs de Saint-Elme, en bordure de la plage, voici un agréable restaurant familial et un hôtel 2-étoiles. Au rez-de-chaussée, la salle de restaurant s'ouvre sur une terrasse « thermo-climatique » adaptée à toutes les météos ! On y prend son petit déjeuner au lever du jour, un verre à l'apéro, une glace dans l'après-midi ou un repas complet selon son appétit. Et si tel est le cas, pourquoi ne pas commencer par une assiette d'*antipasti,* avant de poursuivre par une daube de poulpes ou un aïoli, à la carte toute l'année.

LA PIAZZA €€

4, place Lalo
✆ 04 94 87 47 92
www.lapiazza83.fr
Tous les jours le midi et le soir. Plat : 13-19 €. Pizza : 13-15 €. Menu enfant : 8,50 €. Formule du midi : 13,50 €.

Déco tendance, carrelage rétro et parquet de bois clair, scooter Vespa improvisé en fond de salle, et cuisine ouverte pour jeter un œil à la fabrication des pizzas : toute l'année midi et soir, l'adresse attire touristes de passages et habitués dans ce cadre à la fois cool et branché. Il faut dire que la carte est goûteuse, relativement novatrice, et que le rapport qualité-prix y est honorable. Une bonne adresse italienne au rapport qualité-prix honnête, qui change des pizzerias attrape-touristes qu'on trouve dans certaines stations balnéaires.

LA VAGUE D'OR €€

Promenade Charcot
✆ 04 94 94 80 00
www.lavaguedor.com
Ouvert tous les jours de 12h à 14h30 et de 19h30 à 22h20. Salon de thé ouvert toute la journée dès 8h. Carte : 39,90 €

Ce beau restaurant-brasserie est une institution à la Seyne ! Attablé autour d'une table gracieuse nappée de blanc, on ouvre la carte face à la rade, et l'on compose notre repas au gré de nos envies et de notre appétit, au fil d'une carte renouvelée deux fois par an. Soupe de poisson, foie gras du sud-ouest maison, daurade royale de Tamaris, veau en deux cuisson, gigot d'agneau... En dessert, au moment de notre passage, la verrine fraîcheur agrumes et la gourmandise chocolatée remportaient un franc succès. Toute la journée, le salon de thé est ouvert.

CHEZ DANIEL ET JULIA €€€

Plage de Fabrégas ✆ 04 94 94 85 13
www.chezdanieletjulia.com
Ouvert du mercredi au samedi le midi et le soir ; le dimanche et le mardi midi. Menus de 47 € à 67 €. Plat : 24-38 €.

Une adresse absolument incontournable à la Seyne-sur-Mer, pour la qualité de ses produits et la finesse de sa cuisine. Essentiellement tournés vers la mer, comme en témoigne le vivier de langoustes, homards et coquillages, cet établissement à la situation exceptionnelle n'oublie pas pour autant de valoriser les produits du terroir ; preuve en est avec le menu à base de truffes, proposé en hiver. A noter que les fruits et légumes sont bio et proviennent du réputé Domaine de Fabrégas ; le poisson quant à lui, est issu de la pêche locale. Belle terrasse vue sur mer.

GIOL JEAN CHRISTOPHE

220, allée de la petite mer
✆ 06 71 13 26 55
Ouvert tous les jours de 7h30 à 12h30.

Si vous avez envie de vous régaler de bons fruits de mer produits, vous avez frappé à la bonne porte. Ces producteurs de moules et d'huîtres de Tamaris sont une référence dans la région et même au niveau national puisqu'ils ont remporté la Médaille d'Or Paris du concours général agricole il y a quelques années. Le succès a été tel que la famille Giol a récemment créé un petit restaurant, baptisé La Cabane à La Seyne-sur-Mer, où on mange leurs fruits de mer, bien sûr, dans une atmosphère conviviale avec une belle terrasse en prime !

LES PERLES DE TAMARIS

158, allée de la petite mer
✆ 07 60 47 23 90
Ouvert tous les jours de 7h30 à 13h et de 16h à 18h jeudi et vendredi. Huîtres de 7,80 à 11 € le kilo.

Si vous avez envie de coquillages et d'huîtres, vous avez frappé à la bonne porte puisque ces producteurs varois ne lésinent pas avec la qualité et privilégient les circuits courts. Martial est diplômé maritime de conchyliculture à Sète, il s'est spécialisé sur les techniques de l'huître en Polynésie. Pour garantir la fraîcheur de leurs coquillages, ils les sortent de leur dernière eau quelques heures avant l'expédition. Les huîtres de Tamaris sont charnues, délicieusement parfumées. Elles se déclinent en différentes variétés.

GRAVITY SPACE

150, chemin de la Capellane
✆ 04 94 87 42 14
www.gravityspace83.com
Ouvert tous les jours. Tarif : 10 € pour les mineurs, 12 € pour les adultes. Sessions de minimum 1h.

Voici le premier « trampoline park » du Var ! Et il est très réussi. Trampolines interconnectés, ***basket-dunk***, ***wallrun***, cubes en mousse : un paradis du bond réparti sur 500 m² d'espace ludique en intérieur, 5 zones d'activités et 25 trampolines accessibles aux adultes comme aux enfants. Le parc compte même une zone ski et snowboard : insolite et délirant ! Méfiez-vous, l'activité est plus physique qu'elle n'en a l'air... Une chose est sûre : vous allez beaucoup vous amuser que vous fassiez cette sortie trampolines en folie entre amis ou en famille.

CASINO JOA

340, cours Toussaint-Merle
✆ 04 94 29 16 67

Espace jeux ouvert tous les jours de l'année, de 10h à 3h du dimanche au jeudi, et jusqu'à 4h les vendredis et samedis.

Avec quelque 5 000 m² de surface, le casino vitré au panorama unique sur la ville et le port n'est pas uniquement dédié au jeux : il compte également un restaurant semi-gastro (le 360), une brasserie (le Comptoir Joa), un espace Bar lounge avec patio extérieur et retransmission de matchs, une salle de spectacle avec programmation culturelle de septembre à juin, et un salon d'exposition. Amateurs de casinos traditionnels, rassurez-vous : machines à sous, jeux de table et jeux de table électroniques s'étendent encore sur 2 500 m² !

LES PLAGES DE SAINT-MANDRIER ★

La quiétude d'une presqu'île, voilà ce qu'on aime ici, sauf durant les grandes vacances, où la foule est au rendez-vous ! Saint-Mandrier se targue d'une plage de galets, celle de la Coudoulière et de quatre plages de sable fin : la plage de la Vieille, la plage du Touring, la plage du Canon et enfin celle de Sainte-Asile. Toutes sont équipées de douches d'eau douce, et à l'exception de celle de la Vieille, toutes sont surveillées en période estivale.

SAINT-MANDRIER-SUR-MER ★

La presqu'île de Saint-Mandrier, complètement entourée d'eau jusqu'au XVIIe siècle, ferme la rade de Toulon. La majeure partie du site est occupée par des installations militaires. Toutefois, si vous empruntez le sentier des Douaniers, vous aurez un bel aperçu de la côte, de ses criques et de ses plages. Saint-Mandrier est avant tout un joli petit port de pêche et de plaisance. Sa baie, le creux de Saint-Georges, était d'ailleurs déjà connue dans l'Antiquité et servait de port de relâche aux galères romaines. Le point intéressant de la presqu'île est occupé par le cimetière franco-italien où se trouve le tombeau en forme de pyramide de l'amiral Latouche-Tréville. Si Saint-Mandrier vit tout au long de l'année, les festivités s'accélèrent dès juillet, avec la fête de la Saint-Pierre, la course de pointus Vire-Vire, le festival de théâtre et les joutes provençales (qui se poursuivent jusqu'à la fin août). Au mois d'août, notons le festival Heiva et le festival mandréen. Novembre se montre plus sportif avec la course nature, qui attire de nombreux coureurs, et pour terminer l'année en beauté, les traditionnelles fêtes calendales animent le mois de décembre. Un grand marché provençal se tient le samedi matin place des Résistants, et un second, plus modeste, a lieu le mercredi matin au quartier Pin Rolland, sur la place Saint-Asile. En été, ils sont complétés par des foires artisanales et autres marchés nocturnes, dont le programme varie chaque année : renseignez-vous auprès de l'Office de tourisme.

INFORMATION TOURISTIQUE SAINT-MANDRIER-SUR-MER

Place des Résistants
✆ 04 94 63 61 69
www.tourisme-ouestvar.com

Ouvert du lundi au samedi de 9h à 12h et de 14h à 17h.

Accueil sympathique avec toutes les informations utiles pour découvrir l'ouest toulonnais. Des idées de balades, de sorties culturelles, des bons plans dans les établissements partenaires. Disponibilités des hébergements, billetterie de loisirs (concerts, activités nautiques, promenades en mer, cinéma), tickets de transport (réseau Mistral, promenades en mer...). En plus, une boutique avec une sélection de souvenirs à ramener de ses vacances toulonnaises.

GOUT THE II €€

30, quai Jean-Jaurès
✆ 04 94 63 51 57

Maître Restaurateur. Fermé 3 semaines en novembre. Ouvert le lundi midi ; du mardi au dimanche le midi et le soir.

Au bout du quai du port, une belle terrasse ombragée de voiles tendues pose une vue remarquable sur la rade de Toulon, la seconde se situe à l'étage tandis que deux salles aux couleurs de Corto Maltèse accueillent les plus réticents au grand air. Au menu, une bonne cuisine au gré des produits de saison et de la pêche ! Ici, la spécialité c'est le poisson avec sar, saint-pierre ou daurade rose grillés, queue de lotte ail vanille, mais également filet de porcelet, pâtes fraîches. Les desserts sont au niveau. Un bon rapport qualité-prix et une équipe sympathique !

CÔTE MER

OLLIOULES ★

A 5 km de la mer, Ollioules, la cité de l'olivier, s'étend sur la plaine de la Reppe, au débouché de ses célèbres gorges. Le village, labellisé Ville des Enfants, Ville et Métiers d'Art et Plus beaux détours de France, blotti autour de l'église romane du XIe siècle, mérite une promenade à la découverte des artisans d'art qui sont installés dans ses ruelles chargées d'histoire. Une trentaine d'artisans des métiers d'art, en centre-ville, vous accueillent dans des locaux rénovés. Ils vous invitent à découvrir leurs créations pendant toute l'année au cœur du centre historique de la ville. Véritable village provençal médiéval, Ollioules se laisse découvrir au fil de ses ruelles à portiques, des vestiges de son château féodal qui dominent la cité et ses platanes centenaires. Aux alentours, une randonnée pédestre vous permet d'atteindre le sommet du Gros Cerveau d'où l'on découvre un panorama unique sur toute la côte. Empruntez le chemin piétonnier longeant le canal des Arrosants qui serpente à travers la commune et vous promet une balade étonnante. Découvrez la Provence à travers de nombreuses festivités traditionnelles telles que la Fête de la soupe, les journées sardinade ou soupe au pistou, la fête de l'olivier, la foire aux santons, la fête de Pepiole, la Saint-Laurent, la Saint-Eloi ou encore la fête de Faveyrolles.

ASSOCIATION VAR PROVENCE GREETERS

https://var.greeters.fr

Balades sur réservation, uniquement depuis le site Internet. Gratuit (Pourboire bienvenu).

Rien de tel pour découvrir une ville et sa région que ses habitants ! C'est le concept des Greeters, ce sont des locaux qui vous guident bénévolement dans leur ville (pourboire bienvenu). Se balader dans une ville accompagné d'un greeter est une expérience à ne pas manquer. C'est désormais possible à Toulon et sur certaines communes des alentours. Une visite qui vous changera des circuits touristiques traditionnels avec un programme conçu autour de vos envies et centres d'intérêt.

CAFÉ LE FRANCE €€

6, rue Nationale

✆ 04 89 30 81 25

Du lundi au samedi de 9h à 18h. Service déjeuner de 12h à 14h30. Aïoli du vendredi : 13,50 €.

En cuisine, la talentueuse Stéphanie Audiffren gère son restaurant en véritable capitaine, et pour cause ! Après avoir sillonné la planète comme chef sur les bateaux, elle s'est lancée dans une reconversion professionnelle. Dans son restaurant, elle vous concocte un plat du jour renouvelé quotidiennement et semble avoir trouvé sa recette de la réussite : une ambiance familiale, un service chaleureux, des mets parfaitement préparés, des vins de bonne qualité même en pichets, et une toute petite terrasse cachée pour les beaux jours.

GORGES D'OLLIOULES ★★

Site classé. Accessible mais non balisé.

Constituées d'un canyon creusé par les rivières Reppe et Destel, dans des couches de calcaire secondaire, elles sont creusées de cavités naturelles où s'établirent des hommes préhistoriques. Elles abondent en défilés étroits, véritables coupe-gorges à l'époque où des bandits de grand chemin, comme le célèbre Gaspard de Besse, s'y retranchaient pour détrousser les voyageurs. Elles ont un sentier sportif au fort dénivelé pour les amateurs.En cas de risque incendie très sévère ou extrême, l'accès aux massifs est également interdit aux piétons.

LA VILLA BRIGNAC €€

1363, avenue Jean Monnet ✆ 04 94 62 45 44

www.lavillabrignac.com

Ouvert mardi midi, du mercredi au vendredi midi et soir, en continu le week-end. Formule midi 25 €. Menus soir 39-59 €.

Certainement l'une des adresses les plus prometteuses du moment dans la catégorie « bonnes tables » ! Ouverte au dernier trimestre 2020, la Villa Brignac, contexte oblige, n'a pas encore vraiment eu l'opportunité de s'exprimer, et pourtant. Avec un chef 1 assiette Michelin faisant la part belle aux produits locaux et aux fleurs comestibles, et un vrai chef pâtissier côté douceurs, cette maison de famille, remarquable édifice au demeurant, présage déjà de très beaux moments gastronomiques. Viandes, poissons et plats végétariens véritablement travaillés à l'honneur.

PÂTISSERIE BARRY

39, rue Nationale
✆ 04 83 99 79 22
Ouvert du mardi au samedi de 7h à 12h30 et de 15h à 19h ; le dimanche de 7h à 12h30.

Cette adresse historique a été reprise il y a quelques années par Joseph et Brigitte. Alchimiste du sucre et amoureux du cacao, Joseph sait faire simple, naturel et bon ; il faut dire qu'il a fait ses classes parmi les plus grands pâtissiers de l'Hexagone, Pierre Hermé compris. Ici tout est fait maison, leur pâte de noisette fait l'unanimité, les gâteaux tous aussi délicieux les uns que les autres, les viennoiseries du matin dorment dans une chambre de pousse, la chantilly maison est élaborée à l'aéro-fouetteur... Bref, du pur délice !

CHRISTAL PRODUCTION

1002, route de la Gare
✆ 04 94 10 58 72
www.christalproduction.com
Shootings, mariages, photobooth : le spécialiste de la photo évenementielle !

Vous organisez une réception ? Un mariage, un anniversaire ou un événement d'entreprise ? Derrière le décor, la sympathique équipe de Christal Production vous accompagne pour immortaliser vos instants les plus romantiques, comme les plus déjantés. Le nouveau studio photo et vidéo se trouve en face de la gare de Sanary/Ollioules : un lieu unique dans la région avec plusieurs ambiances au programme (photobooth pour voyager aux quatre coins du monde, e-photo, fond vert, showroom, galerie, salle de montage)... C'est pro, c'est beau, bref, pensez-y !

CHÂTEAUVALLON - SCÈNE NATIONALE

795, chemin de Châteauvallon
✆ 04 94 22 74 00
www.chateauvallon.com
Billetterie ouverte du lundi au vendredi de 12h à 18h, et le samedi de 14h à 18h (les jours de spectacle uniquement).

Installé depuis 1964 autour d'un fortin du XIe siècle, Châteauvallon - Scène Nationale est aujourd'hui encore un lieu culturel prestigieux. Dans le théâtre couvert, au Baou ou dans le superbe amphithéâtre extérieur, se déploie une programmation pluridisciplinaires et audacieuse, mettant à l'honneur danse, théâtre, musique ou encore cirque. Les spectacles se suivent et ne se ressemblent pas. Châteauvallon a reçu fin 2015 le label de Scène Nationale.

LOCATIONS SAISONNIERES MUNICIPALES €

2, place Marius Trotobas
✆ 06 81 07 66 22
Nuitée de 40 à 100 € selon l'appartement. Location 2 nuitées minimum le WE, 3 nuitées en semaine. Acompte 30%. Wifi.

Pour développer l'offre hôtelière dans le centre-ville d'Ollioules, la municipalité propose 7 locations touristiques. Elles sont destinées à accueillir des visiteurs français ou étrangers mais aussi les familles et amis d'habitants d'Ollioules. Les studios et les appartements tout confort ont beaucoup de charme. Certains se trouvent notamment dans un bel hôtel particulier. La gestion de ces hébergements est confiée à une conciergerie. Un bon plan !

© VILLE D'OLLIOULES

© VILLE D'OLLIOULES

CÔTÉ MER

HYÈRES ★★★

La ville de Hyères a connu une vraie renaissance ces dernières années grâce à de nombreux travaux d'embellissement et cela concerne surtout son centre-ville : création d'une promenade des arts avec de nombreux ateliers d'artisans ou d'artistes établis au rez-de-chaussée d'immeubles anciens dans le Vieux Hyères, réfection de plusieurs rues du centre médiéval, reconstruction de la place principale de la ville inaugurée pendant l'été 2019, construction en cours d'un musée des cultures et du paysage dans l'ancienne banque de France.... Enfin, une promenade en front de mer a également été inaugurée en 2019 entre le Port Saint-Pierre et l'Ayguade ; elle fait le bonheur des coureurs et des promeneurs.

Histoire

Fondée par les Phocéens de Massalia – Marseille – au IVe siècle avant J.-C., la ville d'Olbia se développe rapidement grâce au commerce des peaux, de l'huile, du vin, mais aussi du sel issu des salines toutes proches. La ville romaine se développe rapidement, devient une importante base dotée de thermes. Elle subit à son tour les invasions barbares. Au XIe siècle, les seigneurs d'Hyères s'installent sur la colline et font bâtir un puissant château fort. La rapide expansion de la ville nécessite la construction de plusieurs enceintes successives. Les guerres de Religion ravagent la ville, le château est détruit. Au XVIIe siècle, Hyères est déjà réputée pour la douceur de son climat. Plus tard, Pauline Borghèse, Victor Hugo, Tolstoï, la reine Victoria viennent y séjourner et contribuent à sa notoriété.

COLLÉGIALE SAINT-PAUL ✞ ★★

Place Saint-Paul

Ouvert du mardi au samedi de 10h à 13h et de 14h à 17h ou 19h, selon la saison.

Située sur la Place Saint-Paul entièrement restaurée dernièrement, la construction de l'église Saint-Paul est attestée en 1182 par un écrit d'Alphonse Ier, comte de Provence. La petite église romane fût agrandie à la fin du XIVe et au début du XVe siècle dans un style gothique par les évêques de Toulon qui choisirent Hyères comme lieu de résidence principale. Érigée en collégiale en 1572, elle abrite aussi l'une des plus belles collections d'ex-voto de France, 450 ex-voto y ont en effet été réinstallés. Elle est aussi dotée de superbes vitraux et retables.

ÉGLISE SAINT-LOUIS ✞ ★

Place de la République

Remarquable édifice du XIIIe siècle par sa sobriété franciscaine, l'église Saint Louis a été construite sur un plan basilical sous le vocable de Saint Louis d'Anjou, évêque de Toulouse. Ses lignes, la sobriété du décor et l'unité de l'ensemble sont admirables. Elle abrite de somptueux vitraux réalisés en 1847 par l'atelier maréchal de Metz. C'est un des monuments les plus connus connus du Vieux-Hyères et vous ne pourrez pas la manquer sur la vaste Place de la République. En décembre 2020, la cérémonie des obsèques du rugbyman Christophe Dominici s'y est déroulé.

CÔTÉ MER

ANCIEN LAVOIR 📷 ★★

Rue du Repos

Ouvert tous les jours de 7h30 à 19h30. Gratuit.

Construit en 1888, le Lavoir, était à l'abandon mais a été intégralement restauré en 2018. On peut y accéder directement par un escalier depuis la place Saint-Paul. L'espace se compose de 3 parties : la zone haute où se trouvent les accès, la plateforme du lavoir, la zone basse constituée d'un jardin. La plateforme du lavoir est la partie la plus intéressante et la plus jolie avec des plaques de lave émaillées sur lesquelles figurent des photos d'archives. En contrebas, le jardin en restanques est équipé de bancs et de panneaux pour des expositions temporaires.

MAGIC WORLD 📷 ★★

1255, route des Marais

www.magic-world.fr

Ouvert uniquement de mi-mai à début septembre, de 20h à 2h.

Magic World c'est LE parc d'attractions incontournable à Hyères ! Situé non loin du port de Hyères et de l'Almanarre, ce parc en plein air compte une quarantaine d'attractions pour petits et grands. Cela va du train fantôme en passant par un grand huit sensationnel, le tout dans une ambiance de fête foraine avec de nombreux stands de jeux et trois espaces de restauration. En prime et en plus des nombreuses animations du parc, vous aurez droit à des spectacles gratuits le vendredi soir tout au long de la saison (programme disponible sur le site).

ESPACE NATURE DES SALINS D'HYÈRES ★★

Rue Saint-Nicolas

✆ 04 94 01 09 77

Ouvert du mercredi au dimanche. Fermé en janvier et février.

Inauguré par Toulon Provence Méditerranée en 2006, ce site est la propriété du Conservatoire du Littoral depuis 2001. Animé par la Ligue de Protection des Oiseaux, il propose des expositions, conférences, organisation de visites thématiques.

Les salins d'Hyères constituent l'un des espaces naturels les plus remarquables du littoral varois et ils sont facilement accessibles en voiture ou même à vélo depuis le centre de Hyères. Ils forment un ensemble de zones humides constituées de deux unités distinctes : le salin des Pesquiers, avec le marais Redon, qui recouvre au total 550 hectares dans la partie centrale du double tombolo de la Presqu'île de Giens, et les Vieux Salins, étendus sur 350 hectares, qui longent le littoral sur près de 3 km. Favorable au développement de la biodiversité, ces sites offrent un ensemble d'habitats parfaits pour la faune et la flore et ils accueillent déjà plus de 350 espèces d'oiseaux et 300 variétés de plantes. On peut y observer par exemple un grand nombre d'oiseaux comme la Chevêche d'Athena, le Traquet motteux ou le Goéland railleur. Mais les Salins sont aussi fréquentés par beaucoup d'espèces de papillons tels que le Morio, le Tircis ou la Mégère, sans oublier des araignées typiques de la région comme le saltique sanguinolent ou la neriene radiata.

Pour les découvrir à l'occasion d'une promenade en toute liberté, la piste « Levée de Saint-Nicolas », réservée aux piétons et cyclistes, a été aménagée aux Vieux Salins et rejoint l'Espace Nature.

PARC OLBIUS RIQUIER ★★

Avenue Ambroise-Thomas

✆ 04 94 00 78 65

www.hyeres-tourisme.com/patrimoine-culturel/parc-olbius-riquier

Horaires variables selon la saison. Dès 7h30 le matin.

Ce magnifique espace vert de 7 hectares contient plus de deux mille arbres, de multiples variétés de palmiers, de ficus, de cactées, de dracénas et sert de réserve d'animaux, daims, émeus, singes, mainates. Classé jardin remarquable, il est aussi un véritable paradis pour les petits : on y trouve une aire de jeux pour les enfants, promenade à poneys, petit train, manège et autres jeux en plein air… C'est un écrin de verdure tropical au milieu de Hyères à deux pas de la belle piscine municipale où on peut aller nager hiver comme été.

PARC SAINT-BERNARD ★

Montée de Noailles

Basse saison : ouvert tous les jours de 8h à 17h. Haute saison : tous les jours de 8h à 19h30.

Situé au pied de la villa du vicomte de Noailles, mécène de l'Art moderne dans les années trente, le parc Saint-Bernard, classé jardin remarquable, est doté de nombreuses espèces exotiques et méditerranéennes rares. Il se targue par ailleurs d'un curieux jardin cubiste, œuvre de Guevrekian. Surplombant Hyères, c'est un lieu de promenade paisible offrant des points de vue superbes sur la ville jusqu'au bord de mer. Les sentiers sont agréables, le plus souvent ombragés, avec des bancs pour se reposer et pourquoi pas bouquiner.

PARC SAINTE-CLAIRE ★

Avenue Edith-Warthon

Jardin remarquable. Basse saison : ouvert tous les jours de 8h à 17h. Haute saison : tous les jours de 8h à 19h.

Labellisé jardin remarquable, le parc Sainte-Claire est un très beau jardin botanique de 6 500 m² planté de nombreuses essences subtropicales d'Amérique du Sud et d'Australie. C'est la romancière américaine Edith Wharton qui a fait aménager ce jardin après avoir acheté en 1927 le Château Sainte-Claire, la maison en hauteur. Pendant 10 ans, c'était sa résidence d'hiver. Ce jardin est encore relié aujourd'hui château par un chemin piétonnier duquel on bénéficie d'une vue imprenable sur la ville et la côte. Ce parc est vraiment un des plus beaux jardins de Hyères.

LES RUINES DU CHÂTEAU ★

Montée de Noailles

Accès libre. Panneau d'information, table d'orientation et plan de la ville.

Perchées sur la colline, les ruines du Château de Hyères font partie des images carte postale de la ville et on les aperçoit facilement depuis le centre historique. Construit au XIe siècle sur un piton rocheux à 190 mètres d'altitude, le château d'Hyères fût un des plus grands châteaux de Provence. Il fût remanié par Charles 1er d'Anjou en 1257 et démantelé par Henri IV pendant les guerres de religions. Puis il fût rasé sur ordre de Louis XIII. Classé monument historique, il présente d'importants vestiges et offre une vue imprenable sur les Iles d'Or.

LES PLAGES ★★

Ombragées, familiales, sauvages ou isolées, avec ses 40 kilomètres de côtes, Hyères offre bien des opportunités de baignades et vous aurez vraiment de quoi faire du farniente les pieds dans le sable chaud ou piquer une tête. Toutes les plages ou presque sont de belles plages de sable blond avec des eaux cristallines, et elles sont nombreuses et étalées sur la côte ce qui permet de varier les plaisirs. L'autre avantage à Hyères c'est que les plages sont loin de la ville et qu'elles offrent un cadre naturel très appréciable.

Et si, en 2015, les quatre plages de l'Almanarre, de l'Ayguade, des Salins et de la Bergerie ont été labellisées Pavillon Bleu, ce n'est pas par hasard... Leur eau est d'autant plus pure que les plages sont loin de la pollution.

Adeptes du farniente et du bronzage, plusieurs établissements proposent aujourd'hui des matelas et parasols en location : le Robinson du côté de l'Almanarre, l'hôtel Bor et la Potinière du côté du port, le Marais à l'Ayguade, ainsi que le Kaina Beach aux Salins. Sur Porquerolles, le restaurant la Plage d'argent propose également ce service.

Notons enfin la plage mi-sable-mi galets de la Madrague, dans le prolongement de l'Almanarre, qui, à proximité du petit port éponyme, figure parmi les plus pittoresques. On y admire les pointus colorés voguant en toute tranquillité. Un organisme de location de bateaux et de kayaks, La Petite Flotille, y a posé l'ancre depuis plusieurs années : avec ou sans permis, vous pourrez vous aussi vous évader sur les flots si cela vous tente.

SITE ARCHÉOLOGIQUE OLBIA ★★

Quartier de l'Almanarre ✆ 04 94 65 51 49

Ouvert de 9h30 à 12h et de 14h à 17h30 ou 18h selon la saison. Fermé les samedis et dimanches matin, et 1er mai.

Une visite sur les pas des Grecs de Marseille, qui fondèrent au milieu du IVe siècle avant J.C., une forteresse en bordure du golfe de Giens. Appelée Olbia, cette petite agglomération dotée d'un port fait alors partie d'un réseau de colonies fortifiées et devait protéger de la piraterie les navires en route vers l'Italie. Au Ier siècle avant J.-C., Olbia passe sous domination romaine, mais son activité économique continue à perdurer. Aujourd'hui, Olbia demeure l'unique ville d'origine grecque conservée en France dans son intégralité et ouverte au public.

LA TOUR DES TEMPLIERS ★

Place Massillon

✆ 04 94 42 21 45

Ouvert du mardi au samedi de 10h à 13h et de 14h à 17h ou de 16h à 19h selon la saison. Gratuit.

La tour Saint-Blaise, vestige de la commanderie des Templiers, est un admirable édifice du XIIe siècle à vocation militaire et religieuse. Après la dissolution de l'ordre en 1307 la tour est dévolue à l'Ordre de Malte puis sera transformée en halle au XVIIIe siècle. Au XIXe, elle devient l'hôtel de ville et sert aujourd'hui de cadre pour de nombreuses expositions.

Astuce futée

Accédez à la terrasse de la tour par un étroit escalier creusé à l'intérieur du mur. Cette terrasse vous offre une vue imprenable sur la ville et les îles.

Plage de l'Almanarre.

VILLA NOAILLES ★★

Montée Noailles ✆ 04 98 08 01 98
www.villanoailles-hyeres.com
Ouvert toute l'année. Horaires variables (se renseigner sur le site).

La Villa Noailles est vraiment une des visites incontournables à faire dans le vieux Hyères. Il vous faudra aller dans les hauteurs, et faire travailler un peu vos gambettes, pour y accéder mais vos efforts seront récompensés car c'est un lieu véritablement magique.

Ce temple de la modernité, d'un blanc immaculé, réalisé par l'architecte Robert Mallet-Stevens, offre l'aspect d'un ensemble de cubes superposés, disposés en fonction du relief du terrain et de la course du soleil, pour offrir l'ensoleillement maximal tout au long de la journée. Le jardin comporte de larges baies comme autant de trouées sur le paysage dont la forme rectangulaire peut évoquer le cadre d'un tableau sur un mur. De nombreux artistes vécurent et créèrent dans cette villa d'un confort extrême, avec de multiples salles de bains, une piscine, un squash. Abandonnée après la mort de Marie-Laure de Noailles en 1972, la villa fut finalement rachetée par la ville d'Hyères puis transformée en un centre d'art, d'architecture, de mode, photo et design, proposant également des ateliers pour enfants. C'est le lieu hype de Hyères par excellence côté culture.

Le célèbre festival de la mode de Hyères s'y tient chaque année et il est fréquenté par des designers de génie dont certains sont très connus ; Karl Lagerfeld a par exemple participé à une des éditions seulement quelques années avant sa mort. En 2021, ce sera la 36ème édition du Festival de la mode d'Hyères et elle devrait se dérouler du 14 au 17 octobre 2021, sauf déprogrammation.

© DAN TIEGO - SHUTTERSTOCK.COM

LA VILLE MÉDIÉVALE ★★

La ville d'Hyères se développe autour du château construit par Pons de Fos au XIe siècle. On peut y découvrir les traces des trois enceintes successives et de nombreuses ruelles pittoresques dévoilant un patrimoine d'une richesse et d'une diversité exceptionnelles. Depuis 2017, la ville de Hyères et l'office de tourisme ont mis en place un parcours des arts dans le cadre de la revalorisation du centre ancien : de nombreux artisans d'art et artistes accueillent le visiteur dans leur atelier pour faire découvrir leur métier et leurs créations.

BATEAU TAXI LE PÉLICAN

✆ 06 09 52 31 19
www.bateaux-taxi.com
Du port de la Tour Fondue au port de Porquerolles, forfait de de 189 € aller-retour pour 1 à 6 personnes.

Bon à savoir pour les grandes familles et les groupes d'amis : pour effectuer la liaison Hyères - Porquerolles, réserver une traversée sur un bateau privé peut constituer une option intéressante, qui fonctionne dès 6 personnes mais c'est tout de même un peu plus cher que les fameuses navettes. Privatiser un bateau pour votre traversée a bien entendu un coût non négligeable mais vous serez loin de la foule... Le Bateau-Taxi Le Pélican propose aussi des tours des criques et calanques de Porquerolles, de la plage Langoustier, et de toute l'île de Porquerolles.

AÉROPORT TOULON HYÈRES

Boulevard de la Marine
✆ 08 25 01 83 87
www.toulon-hyeres.aeroport.fr
5 compagnies opèrent depuis Toulon-Hyères : Air Corsica (en saison), Tui Fly, Luxair, Transavia et EasyJet.

L'aéroport Toulon-Hyères est le principal aéroport du Var. Son emplacement stratégique, au cœur du Var et aux portes de la Provence et de la Côte d'Azur, en fait aussi l'aéroport le plus proche de Saint-Tropez (à 45 minutes). EasyJet propose des liaisons régulières depuis/vers Roissy CDG et Londres Gatwick ; Transavia dessert quant à elle Paris Orly, Nantes, Brest et Rotterdam ; Luxair opère depuis/vers le Luxembourg, Tui Fly depuis/vers Brest et Bruxelles Sud ; et en saison estivale, Air Corsica assure des liaisons depuis/vers Bastia et Ajaccio.

COMPAGNIE TLV-TVM

Départs de la Tour Fondue (Porquerolles) et du port de Hyères (Port-Cros et Le Levant)
✆ 04 94 58 21 81 - www.tlv-tvm.com
Services réguliers toute l'année, tous les jours vers Porquerolles. Tarifs AR : entre 17,70 € et 24 € pour Porquerolles.

Pour aller sur les îles d'or, il existe des navettes régulières qui font la traversée tout au long de l'année. Les bateaux appartiennent à une seule et même compagnie. Les départs pour Porquerolles s'effectuent au départ de la Tour Fondue ; ceux pour Port-Cros et Le Levant ont lieu sur le port d'Hyères. Pour combiner Port-Cros et Le Levant le même jour, pensez aussi en juillet-août au circuit des 2 îles. Attention : sachez que la partie accessible de l'île du Levant est naturiste, et qu'en saison, il est chaudement recommandé de jouer le jeu. A bon entendeur !

PORT SAINT-PIERRE (HYÈRES)

Capitainerie du Port
✆ 04 94 01 40 70
www.portshyeres.fr
1432 places à quai, dont 500 réservés aux bateaux de passage.

C'est un port labellisé Pavillon Bleu des Ports d'Europe depuis 1989. Sa situation sur la Méditerranée est idéale. Il est abrité des vents dominants par la presqu'île de Giens et s'étend sur 13 hectares. Avec près de 1 500 places il possède une capacité d'accueil importante pour les vacanciers qui souhaitent naviguer vers les îles d'or. Plages et nombreux commerces à proximité. Pensez aussi aux ports de l'Ayguade, La Capte et Port Auguier, à proximité.

LA BASTIDE DE LA JOIE DE VIVRE €€

320, boulevard de la joie de vivre
✆ 07 76 23 05 96
www.bastidedelajoiedevivre.fr
Ouvert toute l'année. De 150 à 220 €. Petit déjeuner buffet : 12 €.

Cette belle bâtisse à l'abri des regards, nichée sur une des plus belles collines d'Hyères, au calme, avec une vue imprenable à 180 degrés sur Hyères et les îles d'Or, offre tous les ingrédients de la douceur de vivre. Pour votre bien-être, deux appartements confortablement équipés avec terrasses privées sans vis-à-vis et une belle piscine vous attendent sur place. Johanna et Xavier sont les heureux propriétaires de ce petit paradis, leur accueil est aux petits oignons.

HÔTEL-CLUB PLEIN-SUD*** €€

2049, boulevard de la Marine
✆ 04 94 01 88 00
www.vacancesbleues.fr
Ouvert de début février à mi-novembre. 180 chambres. La nuit en demi-pension à partir de 67 €.

Posé au bord d'un plan d'eau, face à la mer et entouré de pinède, ce grand hôtel doté de 188 chambres tout confort, qui viennent tout juste d'être rénovées, propose des séjours agrémentés de nombreuses activités : mini-golf, tennis de table, tir à l'arc, tennis... La piscine est couverte et chauffée, la plage toute proche et les équipements très complets. Au sommet de l'hôtel, le restaurant panoramique offre une vue superbe sur la mer et les îles et, au bord de l'eau, le bar et sa terrasse permettent de passer d'excellents moments.

HÔTEL IBIS HYÈRES PLAGE THALASSA €€

Allée de la Mer ✆ 04 94 58 00 94
https://www.accorhotels.com/fr/hotel-1559-ibis-hyeres-plage-thalassa/index.shtml
A partir de 75 € en chambre Standard. Jusqu'à 205 € la chambre Classic avec Loggia.

L'Ibis Hyères Plage Thalassa se trouve en front de mer à La Capte sur la presqu'île de Giens et bénéficie d'un cadre véritablement exceptionnel. Entièrement rénové début 2018, il dispose de 95 chambres climatisées, chaleureuses et fonctionnelles avec un design à la nordique. L'espace thalasso, la piscine intérieure d'eau de mer chauffée et le hammam ont également été rénovés au printemps 2019. A noter : la thalasso et le restaurant sont également ouverts aux non clients de l'hôtel.

HÔTEL LA REINE JANE €€

1, quai des Cormorans
✆ 04 94 66 32 64
www.lareinejane.fr
Ouvert toute l'année. Chambre double de 135 € à 205 €. Haute saison : chambre double de 165 € à 235 €.

Un des hôtels les plus récents dans le paysage hôtelier d'Hyères, et pas des moindres ! Des chambres atypiques à l'extravagant au brunch du dimanche ou aux inégalables séances de yoga sur le *roof top* donnant sur mer, que de promesses tenues... Les 14 unités se suivent mais ne se ressemblent pas et pour cause : chacune d'entre elles porte la signature d'un designer célèbre. Mention spéciale pour le lobby très chaleureux et pour le joli restaurant dans son prolongement direct avec une belle petite terrasse en prime. Coup de cœur !

CÔTE MER

HÔTEL LIDO BEACH** €€

5, avenue Emile-Gérard
✆ 04 94 01 43 80
www.lido-beach.com
Ouvert de mars à octobre. Chambre double de 90 € à 250 € ; bungalow de 210 € à 250 €.

Doté d'une magnifique vue sur les îles de Hyères ainsi qu'un emplacement magique les pieds dans l'eau, le Lido Beach est une valeur sûre avec sa déco indo-provençale faite de produits chinés et son style vintage. Cet hôtel de charme dispose de chambres, d'appartements, mais aussi d'un cabanon avec sa terrasse privative au bord de l'eau. Pas de télé mais un bel écran plasma naturel avec la plage en premier plan ! Bon rapport qualité-prix, un petit déjeuner à moins de 10 euros et un service type chambres d'hôtes. Restaurant recommandé également.

AMICACCIU €

14, avenue Général de Gaulle
✆ 04 83 99 61 27
epicerieamicacciu.com
Ouvert du lundi au samedi de 9h à 19h. Environ 15 € le repas.

À la fois épicerie fine et restaurant, cette adresse corse de la zone piétonne de Hyères est un bon plan pour faire des emplettes 100% made in Corsica (fromages AOP, miel, charcuterie, confitures, vins, bières...) mais aussi pour manger des plats de l'île de Beauté. Le petite terrasse est agréable et à la bonne franquette. C'est parfait pour un apéro entre amis aux beaux jours. Le couple qui tient cet établissement est très commerçant. Ils se feront un plaisir d'échanger avec vous et de parler de la délicieuse gastronomie corse.

LE BON COING €

41, place Massillon
✆ 04 22 44 81 88
Ouvert le midi de 12h à 15h et le soir de 19h à 22h30. Sans réservation. Carte : 27 € environ.

Depuis 2018, le mythique Bon Coing, une adresse d'anthologie à Hyères, a été repris par Déborah et on peut dire qu'elle a clairement donné une seconde jeunesse au restaurant... Dans ce restaurant-brasserie-glacier, la cuisine est simple et d'un bon rapport qualité-prix : salades géantes, marmite du pêcheur, moules frites, loup grillé, entrecôte... Et en dessert, le choix est vaste (glaces, tarte Tatin ou crème brûlée...) En juillet-août, l'ambiance bat son plein sur la Place Masillon et les repas sont d'autant plus agréables.

CAMPING DOMAINE DU CEINTURON III**** €€

2, rue des Saraniers
✆ 04 94 66 32 65
www.ceinturon3.fr
Ouvert d'avril à fin septembre. Gardé 24h/24. Terrain de 3 ha. 159 emplacements. Exposition : mi-ombragé. Sol : herbeux.

Si vous recherchez le calme à 80 mètres de la mer, face aux îles d'Or, vous serez conquis par ce domaine arboré et calme. Sous la tente ou dans l'une des 41 habitations légères parfaitement équipées (pour 2 à 6 personnes), les options plein air ne manquent pas.Côté restauration, le restaurant, simple et sympa comme tout, est tenu par l'une des filles de la famille. Le village de l'Ayguade, situé à 400 mètres, vous propose son marché chaque mercredi et ses animations estivales.

© DOMAINE DU CEINTURON III

© DOMAINE DU CEINTURON III

CÔTÉ MER

L'ÎLE DE BEAUTÉ €

11, avenue Gambetta
✆ 04 94 65 03 27
Ouvert du lundi au samedi de 7h à 1h. Carte : 10 € environ.

Situé tout en haut de l'avenue Gambetta, avec sa belle terrasse et sa décoration colorée inspirée du street art, cette brasserie, ouverte toute l'année, est de loin la plus populaire du centre-ville d'Hyères. C'est le QG de nombreux Hyérois, toutes générations confondues. Voilà qui change des adresses trop touristiques du bord de mer où vous croiserez finalement peu de locaux. Le midi (pas de restauration le soir), on y mange des plats simples mais toujours à base de produits frais, à des prix vraiment corrects. Petits prix pour l'apéro également.

EUGÈNE €€

Boulevard des Girelles
✆ 04 94 38 93 21
Ouvert tous les jours de 9h à 20h. Uniquement pour le déjeuner ; Plat du jour : 16 €.

Un restaurant de plage les pieds dans l'eau avec une plage privée et des matelas en location. On déjeune sur l'agréable terrasse, située sur la plage, mais qui est bien protégée dès que le Mistral se lève. La cuisine méditerranéenne est de saison et les plats de qualité. Tout le monde trouve son bonheur dans la carte, aussi bien pour les amateurs de belles salades, que les fans de poisson ou de viande grillée. L'ambiance est à la fois détendue et un peu chic. Bons cocktails et musique lounge ou reggae. A tester lors de votre passage à l'Ayguade.

PACHAMAMA €

1, avenue du Général de Gaulle
✆ 06 95 30 66 55
Ouvert du mardi au samedi de 8h à 15h. Comptez de 8 à 10 € le repas.

Un petit restaurant chaleureux qui propose une cuisine saine et à petits prix pour déjeuner. Bowls, tajines, salades… Vous aurez l'embarras du choix et de la fraîcheur, le tout dans un cadre coloré. L'accueil est chaleureux et l'établissement est fréquenté par une clientèle de Hyérois habitués qui trouvent ici une cuisine un peu différente, plus healthy et plus exotique que ce qui est proposé dans les snacks et brasseries du centre-ville. Un bon plan sur la zone piétonne de Hyères pour manger sainement et à prix doux. Un bon plan !

LE JARDIN DE SARADAM €€

35, avenue de Belgique
✆ 04 94 65 97 53
www.lejardindesaradam.com
Du mardi au samedi midi et soir ; le dimanche midi. En juillet-août, ouvert le soir uniquement. Carte : 25 € environ.

Une table incontournable pour les amateurs de cuisine orientale à Hyères. C'est d'ailleurs de loin un des meilleurs restaurants orientaux du Var. Un véritable régal dès les entrées, avec d'onctueuses kemias, et qui se poursuit avec les tagines et les couscous aux recettes variées, pour finir en beauté avec des pâtisseries orientales. Confortablement installé sous une belle verrière ouverte aux beaux jours, laissez-vous guider par Tarik, qui ne se lasse pas de présenter ses spécialités, toutes vraiment délicieuses… Un vrai coup de cœur !

CHEESES AND CHEERS €€

12, avenue du Général de Gaulle
✆ 04 83 57 93 84
Ouvert du mardi au samedi de 9h à 13h et de 15h30 à 19h. Comptez 15 € l'assiette de fromages avec 2 verres de vin.

Un nouveau lieu très chaleureux sur la zone piétonne à Hyères. Avec son look rustique et cosy, ce petit bar-restaurant vous propose de déguster des produits locaux varois et de saison où les circuits courts sont privilégiés. Le propriétaire est un vrai connaisseur et vous fera une présentation détaillée de tous les fromages, vins, apéritifs et de toutes les gourmandises sucrées ou salées qui se trouvent au niveau du comptoir. Vous aurez l'embarras du choix ! C'est une bonne adresse pour un apéro convivial entre amis sur fond de musique jazzy ou latine.

CHEZ LULU €€

14, avenue des Îles-d'Or
✆ 04 94 00 32 61
www.chezlulu-hyeres.com
Du mardi au samedi de 10h à 15h et de 19h à 23h ; le dimanche soir. Menus de 15 € à 30 €. Carte : 25 € environ.

Un petit voyage en Italie sans bouger de Hyères, ça vous dirait ? Alors, rendez-vous chez Lulu ! Salade *brescaola*, tartare italien, *porchetta*, carpaccio d'artichauts ou d'espadon à la sicilienne, panna cotta, tiramisu ; on s'y croirait ! Lucienne Ferrer, alias Lulu, et Jean-Etienne Parrocel ont fait de cet établissement un incontournable pour tous les épicuriens. Une adresse familiale, goûteuse et généreuse en somme. Et pour prolonger l'escapade jusqu'à la maison, ne manquez pas leur boutique épicerie et traiteur juste à côté.

LE PAVILLON THAÏ €€

33, avenue Alphonse-Denis
✆ 04 94 23 08 10
Ouvert du mardi au samedi. Service du déjeuner de 12h à 13h45, diner de 19h à 21h45. Plat 14-17 €.

Une déco moderne mais discrète, du mobilier chaleureux, un jardin verdoyant ; installé en centre-ville de Hyères depuis 2014 (après 15 ans au Lavandou), le Pavillon Thaï ne cesse de régaler les papilles des amateurs de cuisine thaï et les curieux. Goûtez par exemple aux encornets farcis curry rouge, à la salade papaye-crevettes, aux soupes tropicales et aux viandes poivre et ail. Nous recommandons les trois créations «Gourmande, Assortiment ou Fraicheur Tropicale» ; des assiettes étoffées et savoureuses. Bref, une table raffinée pleine de saveurs dépaysantes !

RESTAURANT LA COLOMBE €€

663, route de Toulon
✆ 04 94 35 35 16
www.restaurantlacolombe.com
Haute saison : le mardi et le samedi le soir ; du mercredi au vendredi et le dimanche le midi et le soir. Plat : 30-35 €

L'établissement de Nadège et Pascal Bonamy célèbre en 2017 ses trente ans d'existence ! Le décor global est tendance avec des couleurs douces et harmonieuses, gris et ivoire, associé à des matériaux dans l'air du temps. Quant à la cuisine de Pascal Bonamy, avec la Méditerranée en filigrane, elle ronronne : noix de Saint-Jacques rôties et velouté de cèpes et châtaignes, fricassée de pigeonneau au foie gras et Porto, ris de veau braisé aux lentilles de Rocbaron et lard Colonnata... Bonne adresse fréquentée aussi bien par les Hyérois que les touristes.

RESTAURANT LE LIDO BEACH €€

5, avenue Emile Gérard ✆ 04 94 01 43 80
www.lido-beach.com
Service dès 7h30 le matin pour le petit déjeuner, déjeuner et diner jusqu'à 22h. Plats de 12 à 14 €.

Le restaurant du Lido Beach vous propose des produits frais, biologiques et de qualité. Le menu change en fonction des arrivages, et il est très orienté mer donc on ne propose pas de viande, seulement du poisson et des produits frais ! La beauté de cette cuisine ? C'est la qualité des produits ; éleveurs locaux, légumes d'une agriculture biologique locale, tomates anciennes de l'AMAP Ollioules, fleurs comestibles en provenance d'Aubagne (Philippe Fleur d'Antan), vins bio... sans sulfites, vive la biodynamie ! Une belle adresse, les pieds dans l'eau.

RESTAURANT TOM CARIANO €€

1134, Boulevard Front de Mer
✆ 04 94 66 41 81
www.hotelcariano.com/fr
Ouvert midi et soir, du mardi au samedi ; le dimanche seulement à midi. Fermé le lundi. Comptez 45 € le repas.

Une nouvelle table proche de la plage, le Chef Hyérois Tom Cariano a fait ses classes chez Ducasse et auprès du Chef étoilé Robert Curry en Californie. Il a ouvert en 2021 ce restaurant au cadre élégant, ambiance cosy avec jardin et palmiers. Il nous régale avec son talent, sa technique et une vision. Dans les assiettes, de la créativité sur une base de produits frais issus de filières courtes : tartare de poulpe et ravioles à la crème de truffe ! On adore la déco et le vivier à langoustes. Une adresse coup de cœur qui fait du bien à Hyères, bravo à l'équipe !

LE SAINT BARTH €€

5, avenue du Dr Robin
✆ 04 94 38 87 26
Ouvert tous les jours de 9h à 0h. Carte : 25 € environ.

Situé sur le port de Hyères, avec sa superbe terrasse ensoleillée et son look caribéen qui fait songer à Saint-Barth, ce restaurant est une adresse agréable. La cuisine méditerranéenne proposée, dont une large sélection de recettes de moules-frites et de plats brasserie, est de qualité avec de bons produits locaux. On apprécie particulièrement le cadre tropical des lieux qui est une invitation immédiate à la détente et aux vacances, même en plein hiver. Et le patron est très pro ! Bonne adresse un peu à l'écart de la foule et c'est tant mieux.

LE SPINNAKER €€

39, avenue du Docteur-Robin
✆ 04 94 57 78 78
Ouvert de 12h à 14h et de 19h à 22h30. Plat : 12,50-23 €.

Une bonne brasserie sur le port d'Hyères, face aux bateaux de plaisance, où poisson frais, viandes et moules-frites sont à l'honneur. On y déguste tantôt des pennes fraîches au homard et gambas, tantôt un mi-cuit de thon au pesto, tantôt encore une friture ou une plancha de seiches. Le cadre est remarquable, le personnel souriant et fort sympathique, la cuisine bien mitonnée et l'addition très honnête. C'est plutôt une valeur sûre de Hyères et l'établissement compte des clients fidèles aussi bien parmi les touristes que parmi les Hyérois.

BRASSERIE LA BIÈRE DES ILES D'OR

81, avenue Nicephore Niepce
www.labieredesilesdor.fr
Ouvert du mardi au samedi de 10h à 1h.

La bière des Iles d'or, une bière 100 % hyéroise, a enfin sa brasserie ! Et ce sont les propriétaires de la bière qui l'ont créée, donc vous avez frappé à la bonne porte si vous êtes amateur de bière. Dans un cadre design agréable, ou en terrasse, vous pourrez déguster toutes les variétés de cette bière (Blanche, ambrée, Blonde, IPA...) dans une ambiance conviviale. Ne manquez pas d'échanger avec Marcel sur cette boisson qui lui tient tant à cœur !

C'ELLES

17, rue de la République
✆ 09 53 69 65 47
Ouvert le lundi de 10h à 17h ; du mardi au samedi de 9h à 18h. A partir de 35 € le soin.

Un institut de beauté où on peut se faire chouchouter des pieds à la tête : soins visage, pose de faux cils, extension de cils, microblading, manucure, pédicure, massages... Une équipe chaleureuse et professionnelle vous attend pour vous faire belle en toute saison. Mention spéciale pour Célia, une vraie pro de la manucure qui vous fera des doigts de fée car elle connaît par coeur toutes les dernières techniques et tendances en matière d'ongles. Vous allez adorer vous faire faire les ongles dans cet institut ! Bon rapport qualité/prix.

L'ÉPICURE

9, rue des Porches
✆ 04 94 91 80 78
Ouvert toute l'année du mardi au samedi jusqu'à 1h.

A la croisée des chemins, entre le bistrot, le bar et le troquet, cette Taverne-concert a déboulé dans la rue des Porches fin 2015. Depuis, Régine et Dimitri accueillent Hyérois et touristes de passage pour une expérience épicurienne à la découverte d'une belle sélection de vins, de bières et de whiskys notamment – les amateurs de saveurs exotiques pourront quant à eux jeter leur dévolu sur les cocktails, rhums arrangés, ou bien sur le punch ! Pour accompagner tout ça, pas de plat cuisiné, mais des planches et tapas évolutifs au fil des saisons.

KIDDY PARC

1914, avenue de l'Aéroport
✆ 04 94 57 68 93
www.kiddyparc.com
Ouvert de avril à début novembre. Tarifs de 6 à 9 €. Gratuit pour les adultes.

Sur une superficie de 4 ha, c'est un superbe parc d'attractions pour enfants. Au programme, plus de 35 activités parmi lesquelles manèges, trampolines gonflables, karting, balades à poneys, jeux d'eau en été avec nouveaux toboggans, spectacles de cirque. Sur le même site, deux autres parcs : l'accro aventure, des parcours acrobatiques en hauteur, accessibles de 5 à 77 ans, avec différents niveaux de difficultés, et la cabane de Kiddy, un espace intérieur de 1 200 m² chauffé, dédié aux jeux intérieurs en tout genre : piscines à balles, toboggans, parcours ludiques...

LE SAX

Avenue du Docteur-Robin
✆ 04 94 38 68 74
Ouvert toute l'année. Tous les jours de 7h30 à 2h.

Une superbe terrasse face au port permet d'observer la foule des noctambules des environs. A l'intérieur, une ambiance tamisée est propice aux confidences, d'autant plus que les savants cocktails de l'établissement ont le don de stimuler les conversations ! En été, on s'installera plutôt en terrasse, peuplée et festive à souhait. La clientèle, essentiellement composée de trentenaires et de quadras, s'y donne rendez-vous depuis plusieurs années déjà. Il s'agit aussi bien de Hyérois habitués que de touristes en goguette. Un des bars incontournables de Hyères.

PASSION MED

✆ 06 33 76 38 34
www.catamaran-var.com
Sortie en mer à la journée : 95 € par adulte, 67 € par enfant.

A bord d'un catamaran de 10 mètres baptisé «Te Mahana», vous pourrez faire des sorties en mer inoubliables à découverte des îles d'or. Formules à la journée, à la demie journée ou même seulement pour quelques heures histoire d'assister à un coucher de soleil magique sur la grande bleue. Vous pouvez aussi privatiser le bateau pour un team building, un enterrement de vie de jeune fille ou encore un anniversaire. A bord, le capitaine Nicolas et la biologiste du monde marin, Edwige, vous accueilleront avec convivialité et sauront répondre à toutes vos questions.

SPEEDKART

1714, avenue de l'Aéroport ✆ 04 94 38 76 99
www.speedkart.fr

Comptez 10 € le ticket, 30 € les 4 tickets, 60 € les 10 tickets 250€ les 50 tickets. Restauration. Parking gratuit.

Ce centre de loisirs dispose d'une centaine de karts en location, à utiliser sur cinq circuits de 700 à 1 100 mètres destinés aux adultes et aux enfants. Au-delà de cette activité maitresse, quads, motos et voitures électriques sont également à disposition. Les enfants pourront aussi s'éclater dans le parc à thème Speedooland et dans les espaces trampoline. Speedkart propose aussi des formules anniversaires pour les enfants et les matinées sont réservées aux groupes et aux événements de comités d'entreprise (différentes formules, se renseigner à la réception).

THALASSA HYÈRES

Allée de la Mer ✆ 04 94 58 00 94
www.thalassa.com

Ouvert tous les jours. Des formules pour toutes et tous selon les envies et le budget, avec ou sans hébergement.

De plain-pied sur la plage, cet institut de thalassothérapie est niché au cœur d'une pinède. Récemment rénové comme l'hôtel, il dispose d'installations modernes, d'un hammam, d'une salle de repos, d'une piscine d'eau de mer chauffée à 30°C, ouverte sur le jardin et la plage par de larges baies vitrées. Le temps d'une semaine de thalasso ou d'un week-end bien-être, vous avez le choix parmi les programmes de soins de thalasso et les pauses bien-être à la carte. L'établissement dispense également des cours d'aquabike. Une bonne adresse détente et wellness à Hyères.

CASINO DES PALMIERS

1, avenue Ambroise-Thomas
✆ 04 94 12 80 80
www.casinohyeres.com

Ouvert toute l'année. Tous les jours de 10h à 4h.

Un superbe casino, en plein centre-ville de Hyères, dotée d'une magnifique décoration fastueuse et d'une très belle architecture des années trente. Les amateurs de jeux de hasard vont pouvoir s'en donner à cœur joie, une salle est consacrée aux machines à sous, et vous serez très vite gagné par la fièvre qui accompagne le tintement des jetons. Des salles de jeux plus cosy et traditionnelles – roulette anglaise, black-jack, Texas hold'em poker – sont également accessibles. A découvrir même si vous n'êtes pas amateur de casinos pour apprécier la beauté des lieux.

GIENS ★★★

L'ancienne île de Giens faisait jadis partie de l'archipel des îles d'Or. Deux cordons de sable, des tombolos, formés par les courants marins et par les petits fleuves le Gapeau et le Roubaud, ont progressivement rattaché le rocher de Giens à la côte. Ainsi est née la presqu'île. Le cordon ouest n'est large que de 50 m et bordé tout le long par la plage de l'Almanarre, où se retrouvent les meilleurs spécialistes du monde de planche à voile et de kitesurf (possibilité de visionner la plage sur le site internet de l'office de tourisme). Celui de l'est, plus large (200 m dans sa partie la plus étroite), est bordé par la plage de la Capte, plage rêvée pour les enfants et pour la tranquillité des parents, puisque l'on a pied jusqu'à 60 m du rivage ! Entre ces deux tombolos se trouve l'étang des Pesquiers, une zone de salins où, jusqu'à une époque très récente (1994), on ramassait encore le sel. Propriété du Conservatoire du littoral, c'est une zone de nidification où se plaisent quelques espèces remarquables, il n'est d'ailleurs pas rare de pouvoir observer des dizaines de flamants roses venus ici après un très long voyage, mais aussi foulques, canards et autres aigrettes. Plus de 250 espèces d'oiseaux se rencontrent ici chaque année. La douceur du climat favorise également la croissance de plantes adaptées au sel et à la chaleur, des orchidées sauvages, la salicorne, le réséda blanc, le panicaut maritime, plante rarissime. Autour de Giens, ne manquez pas de visiter les petits ports traditionnels qui font le charme de la presqu'île hyéroise : petit port du Niel et le port de La Madrague. Découvrez aussi le port de la Tour-Fondue – déformation de « fendue », pour souligner son état de ruine –, site d'embarquement privilégié pour la traversée en direction des îles d'Hyères. A l'extrême pointe sud-est de la presqu'île, des pointes sauvages (notamment la pointe de la Badine à l'est), ont su garder le caractère typique d'une langue de terre qui hésite encore à se laisser tenter comme ses sœurs par l'appel du large. Au milieu du square Bachagha-Boualem, une table d'orientation permet d'admirer le paysage dans un panorama à 360°, idéal pour comprendre la géographie particulière du double tombolo unique au monde et les îles de Porquerolles, du Levant, et le parc national de Port-Cros. Le poète-diplomate Saint John Perse, prix Nobel de littérature en 1960, est inhumé dans le petit cimetière du village de Giens.

CAMPING INTERNATIONAL & SPA**** €€

1737, route de la Madrague
✆ 04 94 58 90 16
www.international-giens.com
Emplacement + véhicule + 2 personnes de 35 à 43 €. Mobil-homes pour 1 à 4 personnes de 481 € à 1 734 € la semaine.

© CAMPING INTERNATIONAL

C'est le camping idéal pour des vacances au soleil et à 400 m de la plage, que l'on vienne en couple, en famille ou entre amis. A 400 m du village de Giens et à l'extrémité de la longue plage de l'Almanarre, il jouit d'un accès dans la baie à 50 m seulement. Pour le farniente, vous attendent piscine, snack « Le Solarium » avec vue sur la mer, ainsi que l'Aphrodite Spa aux trois ambiances (orientale, d'Asie et des îles). Pour les enfants : pataugeoire et aire de jeux.

HÔTEL ET RESTAURANT LE PROVENÇAL*** €€

113, place Saint-Pierre
✆ 04 98 04 54 54
www.provencalhotel.com
Basse saison : chambre double de 117 € à 143 €. Haute saison : chambre double de 165 € à 200 €.

A l'extrême sud de la presqu'île de Giens, cet établissement bénéfice d'une vue imprenable sur les îles d'Or et le grand large. A 300 m en contrebas de l'hôtel, le parc fleuri est superbe. L'hôtel dispose aussi d'une résidence de 23 appartements en location toute l'année, à la semaine – du studio au 4 pièces – avec terrasse plein sud. Et côté détente : terrains de tennis, beach-volley et pétanque et une piscine d'eau de mer – ouverte de juin à octobre – surplombant la Méditerranée.

DOMAINE DE LA PRESQU'ÎLE DE GIENS €€

12, Chemin de Port Augier
✆ 04 94 58 22 13
www.giens.com
Maisonnettes de 510 € à 980 € ; Villas de 510 € à 1 960 €. Mobil-homes, de 400 à 980 €.

Gros coup de cœur pour le domaine de la Presqu'île de Giens ! Pour se loger on a le choix entre trois jolies villas (de 8 à 10 personnes) et deux maisonnettes (capacité de 4 à 5 personnes) de style provençal avec terrasse et plancha mais on peut aussi opter pour l'un des quatre mobil-homes (capacité de 4 personnes maximum). Sur un beau terrain à taille humaine, au cœur du vignoble et à quelques minutes de la mer et du village de Giens, c'est la détente assurée !

LA BOUILLABAISSE €€

3305, route de la Madrague
✆ 04 94 58 22 15
www.labouillabaisse.fr
Tous les jours midi et soir sauf le mercredi. Menu à 38 €. Formule midi : 25€ (entrée, plat, dessert).

Comme son nom l'indique, ce restaurant est spécialisé dans la bouillabaisse traditionnelle, qu'il réalise à merveille avec des poissons de roche arbanais de la pêche locale (port de la Madrague). Vous pourrez également déguster une délicieuse soupe de poisson mijotée durant 3 heures, accompagnée de croûtons et rouille au safran maison. Les plats côté terre ne sont pas en reste : tartare de bœuf au couteau ou magret de canard rôti au miel et sa polenta. En plus, les desserts sont faits maison. Une belle adresse conviviale, face au petit port de la Madrague.

PRADEAU PLAGE €€

1420, avenue des Arbanais ✆ 04 94 58 29 06
www.pradeauplage.com
Ouvert de Pâques à Toussaint, tous les jours midi et soir. Carte uniquement, plat autour de 18-29 €. Poisson au poids.

Est-il encore besoin de présenter le Pradeau Plage, véritable institution sur la Presqu'île de Giens depuis 1989 ? Dans un environnement absolument sublime, sous l'ombre bienfaisante des pins odorants, et avec une certaine Porquerolles en toile de fond, on vous propose ici une cuisine méditerranéenne faisant la part belle aux produits de la mer : poissons frais, langouste (sur commande), gambas à la provençale façon Celou, brochettes de noix de Saint-Jacques fraîches ou encore bourride de lotte. Quelques viandes sont également au menu pour les amateurs.

DOMAINE DE LA PRESQU'ÎLE DE GIENS

12, chemin de Port Auguier
✆ 04 94 58 22 13
www.giens.com
Ouvert du lundi au vendredi de 9h à 12h et de 14h à 17h ; le samedi de 9h à 12h.

Bienvenue dans le dernier domaine viticole de la Presqu'île de Giens ! Sur 3 hectares la famille Gautier entretient ce domaine viticole depuis huit générations et a su préserver ce site fragile en gardant une harmonie avec la nature. C'est pourquoi les traitements des vignes sont à base de cuivre et de soufre. Malgré sa petite surface, le Domaine de la Presqu'île de Giens propose du blanc, du rosé, du rouge ainsi qu'un Magnum de rouge vieilli en fût de chêne et même du muscat !

CAMPING L'ÎLE D'OR*** €€

Boulevard Alsace-Lorraine
✆ 04 94 58 20 55
www.camping-iles-d-or.com
Emplacement + véhicule + 2 personnes de 22 € à 31 €. Mobil-homes pour 4 à 5 personnes de 400 € à 920 € la semaine.

© CAMPING ÎLE D'OR

Situé à l'extrémité de la plage de La Capte, ce camping profite d'un bel emplacement. A 400 m de la longue plage de la Badine, il met à disposition des emplacements et mobil-homes avec terrasses ombragées. La pointe de la Presqu'île de Giens est une zone au caractère très sauvage et un lieu privilégié pour les vacanciers amoureux de la nature. Point de départ pour des randonnées le long du sentier du littoral. Un camping apprécié pour l'ombre, le calme et sa proximité de la plage. Une bonne adresse au bon rapport qualité-prix.

CAMPING CLAIR DE LUNE**** €€

27, avenue du Clair de Lune
✆ 04 94 58 20 19
www.campingclairdelune.fr
Emplacement tente + véhicule + 2 personnes de 20 € à 35 €. Appartements à partir de 182 € la semaine.

© CAMPING CLAIR DE LUNE

Le Camping Clair de Lune répondra certainement à vos attentes. Avec un emplacement idéal, situé à 200 m de la mer et à 600 m de la plage, ce camping possède des appartements et mobil-homes, dont certains bénéficient d'une vue sur la mer et d'un Jacuzzi privatif. Le camping idéal pour les petites familles, est situé à 150 m de l'école de planche à voile Spin-out, de l'école de kitesurf, du centre de plongée Diving Giens et de L'Aphrodite Spa. Bon plan !

APHRODITE SPA

1735, route de la Madrague
✆ 07 77 90 22 22
https://www.aphroditespa.fr/fr/
Ouvert du jeudi au mardi de 11h à 20h ; le mercredi de 14h à 20h. A partir de 45 € le soin et 35 € la manicure.

Si vous avez envie de vous faire chouchouter de la tête aux pieds, vous trouverez votre bonheur à Aphrodite Spa sur la presqu'île de Giens. Le Centre Aphrodite Spa propose de nombreux soins pour vous relaxer : cures silhouette, soins du visage, beauté des mains et des pieds, massages, soins esthétiques, épilations pour hommes et femmes... Parmi les infrastructures sur place : bain bouillonnant, hammam, sauna, salle de relaxation, douche norvégienne, douche expérience. Un bon plan détente à Hyères pour des tarifs raisonnables.

LE POISSON ROUGE €€

Port du Niel
✆ 04 94 58 92 33
www.restaurantlepoissonrouge.fr
Ouvert du mardi au samedi le midi et le soir ; le dimanche de 10h à 15h. Menus de 21 à 35 €. Carte : 40 € environ.

Sur le petit Port du Niel, c'est l'un des restaurants de poisson les plus fameux de la Presqu'île avec plus de 30 ans d'existence. Grillés, vapeur, ou farcis, les produits de la mer sont préparés avec raffinement. Côté menu, les clients apprécient particulièrement l'accueil chaleureux et la grande variété de tapas stylisées (olivade noire aux anchois, foie gras de la mer...). En plat de résistance, on vous recommande vraiment les poissons sous toutes leurs formes. Coup de cœur pour l'immense terrasse à flanc de colline avec vue imprenable sur la mer !

© LE POISSON ROUGE

© LE POISSON ROUGE

ILES D'OR EVASION

✆ 06 38 14 15 84
49 € la sortie en mer d'une demie journée, 95 € la sortie à la journée.

Au départ du Port de la Madrague, sur la presqu'île de Giens, cette nouvelle structure, qui appartient aux propriétaires de la petite flottille à Giens, vous propose de faire différents circuits à la découverte du littoral autour de Giens, des îles d'or ou encore de Brégançon. Autant dire, de très belles sorties en perspective. Julien est un capitaine chaleureux et professionnel qui connaît le coin par cœur. N'hésitez pas à lui poser des questions, il se fera un plaisir de vous parler de son pays. On recommande cette adresse très fortement !

LA PETITE FLOTTILLE

3226, route de la Madrague
✆ 06 15 31 60 70
www.lapetiteflottille.com
Location de bateaux sans permis à partir de 100 € la journée, et avec permis à partir de 220 €.

Si vous rêvez d'un peu d'indépendance pour voguer sur les flots à Hyères, on a l'adresse qu'il vous faut ! Avec sa petite flotte de 25 bateaux en été, avec ou sans permis, la Petite Flotille vous propose des escapades à la journée ou à la demi-journée, sans accompagnateur. Certaines embarcations, dotées d'une cabine, sont particulièrement adaptées aux jeunes enfants. Pour les plus sportifs, la location de kayaks et paddle est également possible. Une deuxième base se tient au petit port du Niel. Super accueil de Julie et Cédric.

SPIN OUT CLUB

1737, route de la Madrague
✆ 04 98 04 54 93
www.spinout.fr
Ouvert des vacances de Pâques aux vacances de la Toussaint. Parking à 25 mètres.

Et si vous vous mettiez à la planche à voile ou au kitesurf à Hyères ? Voici une école de windsurf, de kitesurf (et de foil !) pour faire vos débuts. Vous pourrez aussi y apprendre à faire du paddle et les plus jeunes de l'optimist. L'école dispose d'un accès privé à la plage de l'Almanarre, où les conditions sont souvent idéales. Grâce à des méthodes d'enseignement modernes, les enfants et les débutants attrapent rapidement le virus de la glisse. Les mordus de la glisse peuvent se loger sur place au camping international de Giens.

PORQUEROLLES ★★★★

A quelques encablures de la côte, la plus grande des îles d'Hyères avec ses 7 km de long et ses 2,5 km de large du nord au sud – 1 250 hectares –, véritable petit paradis local, est toujours aussi attractive. Il vaut mieux toutefois venir hors période estivale pour en apprécier toute sa beauté. La côte nord est la plus accueillante, avec de nombreuses plages de sable que bordent des pinèdes et garrigues plantées de genêts, bruyères, myrtes, arbousiers. La côte sud, quant à elle, est plus abrupte, plus découpée ; l'intérieur, enfin, est peu habité. Dans l'Antiquité, l'île faisait partie d'un archipel cité dans la mythologie grecque – les Stoechades –, et Ulysse aurait même terminé ses jours sur l'île de Porquerolles – du moins si l'on en croit la légende. Quelques siècles plus tard, les moines de Lérins s'installent dans un habitat fortifié sur les hauteurs – Ve siècle –, puis l'île n'échappera pas aux Sarrasins, aux barbares et aux pirates, à l'image du reste de la Provence côtière – VIIIe-IXe siècles. Mais Porquerolles n'a pas encore fait le plein de ses malheurs. Les troupes de Charles Quint ravagent l'île en 1535. Au XVIIe siècle, Richelieu lance un programme de fortifications et de construction de forts sur l'île, ce qui ne l'empêche pas d'être pillée par les Anglais et les Hollandais. En 1810, Napoléon renforce les garnisons de Porquerolles. Des soldats rentrant des guerres coloniales, profitant du climat particulier, viennent s'y soigner. A la fin du XIXe siècle, un nouveau fléau ravage l'île : le feu. Un incendie non contenu ravage plus de la moitié de sa superficie. Au début du XXe siècle, en 1905, la Compagnie foncière prend possession de l'île en vue de la transformer en exploitation agricole, mais moins de dix ans plus tard celle-ci fait faillite et l'adjudication de l'île s'effectue au profit de François-Joseph Fournier qui, ayant fait fortune en découvrant l'un des plus gros filons d'or du Mexique, l'achète pour un million de francs et l'offre à son épouse comme cadeau de mariage ! Commence alors sur l'île l'ère Fournier. Tous les habitants sont employés pour la production viticole – importante avec 12 000 hl par an –, maraîchère ou fruitière – avec des productions d'agrumes, pamplemousses, mandarines… –, ou encore comme artisans ou domestiques au service de la maison Fournier. L'île pratique une sorte de vie communautaire et fonctionne en autarcie. Une petite usine électrique alimente la ferme et les rues du village. Une coopérative fournit aux habitants vivres et vêtements aux tarifs les plus bas. Cet âge d'or prend fin avec la mort de François-Joseph Fournier en 1935 et le début de la guerre en 1939. Trois ans plus tard l'île subit l'occupation italienne, puis allemande l'année suivante. Elle est libérée le 22 août 1944 par les tirailleurs sénégalais. En 1971, l'Etat français rachète une grande partie de l'île, la mettant ainsi à l'abri du bétonnage intempestif et le remet en dotation au parc national de Port-Cros qui en assure la gestion. Depuis 1979, le Conservatoire botanique de Porquerolles sauvegarde la flore méditerranéenne et, grâce à l'isolement sanitaire de l'île, il conserve des collections de ressources génétiques fruitières à l'abri des agents pathogènes qui ravagent les arbres fruitiers. Aujourd'hui, le village de Porquerolles est presque un hameau, comprenant quelques hôtels et restaurants, quelques maisons de pêcheurs autour de la place d'Armes, et un tout petit port de plaisance. Particulièrement animée en été, l'île offre dès le mois de mai un joli programme de festivités et ce jusqu'en septembre. Parmi les temps forts : la Porquerolle's classic en juin (régate de vieux gréements) et le festival de jazz de Porquerolles en juillet.

© SERGIO-PAZZANO - ISTOCKPHOTO.COM

Porquerolles.

LA BAIE DU LANGOUSTIER ET SES PLAGES ★★

Nécessite environ 1h45 de marche ou 30 minutes de vélo depuis le village.

Située sur la pointe ouest de l'île, la Baie du Langoustier séduit le visiteur avec ses paysages sauvages et ses deux belles plages réparties de part et d'autre de son isthme. Si une première plage de sable blanc abritée du vent fait face à la presqu'île de Giens au nord, la côte Sud offre quant à elle une délicieuse plage de sable rouge foncé, une teinte que l'on doit notamment aux scories déversées au XIXe siècle par l'ancienne fabrique de soude adjacente.

CÔTE MER

LA CALANQUE DE L'OUSTAOU DE DIOU ★

Ouvert toute l'année. Nécessite 30 minutes de marche ou 10 minutes de vélo depuis le village.

Avec son agréable cadre sauvage et préservé niché entre deux falaises, cette calanque invite à la baignade… Mais attention aux nombreux oursins qui peuplent les eaux de cette crique ! Anse plutôt étroite, nous vous conseillons d'y arriver tôt le matin pour espérer y étendre votre serviette. Oustaou de Diou signifie la maison de Dieu et témoigne de l'existence passée de l'ancienne chapelle qui se dressait ici. Un petit coin de paradis tellement dépaysant !

LE FORT DE L'ALYCASTRE ★★★

Fermé au public. Comptez environ 30 minutes de marche à pied depuis le village ou 10 minutes à vélo.

Une légende locale raconte qu'un courageux chevalier ayant fait naufrage sur l'île de Porquerolles délivra ses habitants de la Lycastre, une créature mi-poisson mi-dragon dotée de puissantes griffes de tigres... La bête donna ainsi son nom à la baie tout entière ainsi qu'au fort qui la domine. Cet ouvrage militaire classé Monument Historique fut construit sous Richelieu. Une autre légende raconte que le Fort de l'Alycastre aurait abrité durant deux jours le Masque de Fer au cours de son transfert sur l'île Sainte Marguerite à Lerins dans la baie de Cannes.

ÉGLISE SAINTE-ANNE ★

Place d'Armes

✆ 04 94 58 31 25

Ouvert toute l'année.

Cette jolie église toute simple, au cœur du village de Porquerolles, est un des monuments emblématiques de l'île. Construite en 1850 par l'administration militaire afin de servir de chapelle à la garnison installée sur l'île, elle devient église paroissiale en 1929. La décoration intérieure de la nef mérite une attention particulière : on y découvre un impressionnant chemin de croix sculpté au couteau dans des blocs de noyer. Un travail remarquable signé Joseph Wargnier, un soldat du 57e Bataillon d'Afrique en convalescence sur l'île à la fin des années 1860.

LE FORT DU GRAND LANGOUSTIER ★★

Fermé au public sauf pour les journées du Patrimoine. Comptez 1h15 de marche depuis le village.

Inscrit aux Monuments Historiques, restauré en 1998, il est devenu la propriété du Conservatoire du Littoral. Cet ouvrage militaire à l'architecture étonnante surplombe l'Anse de Port Fay depuis la Pointe du Grand Langoustier sur laquelle il est situé. Bâti au XVIIe siècle, le fort du Grand Langoustier joua un rôle stratégique primordial dans le contrôle de l'entrée de la passe conduisant à la rade de Toulon. Déclassé en 1874, il fait face à l'embarcadère de la Tour Fondue.

FONDATION CARMIGNAC ★★★

✆ 04 89 29 19 73

www.fondationcarmignac.com

Adulte : 15 € (20 € avec la visite guidée à 10h30 ou 14h30 du lundi au dimanche). Enfant (de 12 à 26 ans) : 5 €.

Coup de cœur ! Situé au milieu d'un parc national exceptionnel, ce superbe musée s'organise en deux espaces : un mas provençal sur 2000 m² et un jardin de 15 hectares. Les visiteurs y découvrent des œuvres d'art contemporain de la collection Carmignac, des expositions temporaires (La Mer Imaginaire d'avril à octobre 2021), un jardin de sculptures et une programmation culturelle. (D) Étonnant : la visite qui se fait pieds nus pour être mieux en accord avec les éléments ! La muséographie est exceptionnelle et véritablement réussie.

FORT DU LEQUIN ★

Comptez environ 45 minutes de marche depuis le village ou 20 minutes de vélo.

Construit sous Napoléon III pour défendre l'île en cas d'attaque de la navale britannique, le fort du Lequin se situe à proximité du Fort de l'Alycastre et de sa baie éponyme. Il pouvait accueillir 30 hommes. Sur place, on profite de la vue sur les côtes et les plages alentour. Déclassé à la fin du XIXe siècle suite à la mise en service du Fort de la Repentance, le site est entièrement géré depuis 2005 par le Conservatoire du Littoral qui en a reçu l'affectation par le Ministère de la Défense. A droite du fort, un sentier vous conduira à une belle crique.

Falaises de l'île de Porquerolles.

LE FORT SAINTE-AGATHE ★

Chemin de Notre-Dame

✆ 04 94 58 07 24

Ouvert du mardi au dimanche de 10h à 13h et de 15h à 17h. Adulte : 7 €.

Erigé au XVIe siècle sous François Ier sur le site de l'ancien château, le fort se situe à un emplacement stratégique. Dominant le port, et offrant une vue à 360 °C sur l'île et la rade d'Hyères, il joua un rôle défensif pendant des siècles. En 1991, il est affecté au Parc national de Port-Cros. Depuis, il accueille régulièrement des expositions temporaires ainsi que le festival de jazz chaque mois de juillet. Son fond permanent est constitué quant à lui d'un ensemble d'objets relatifs au patrimoine terrestre et sous-marin des îles d'Hyères.

ÎLE DE PORQUEROLLES ★★★

C'est une des îles du Var les plus célèbres, notamment en raison de ses eaux limpides et turquoise qui feraient presque songer aux Caraïbes ou aux Seychelles par endroits. À une dizaine de minutes de bateau depuis la presqu'île de Giens, Porquerolles semble être délicatement posée sur les eaux de la Méditerranée. Cliché de la parfaite carte postale où l'enchantement semble permanent, Porquerolles fait partie des trois îles d'Or au large d'Hyères avec Port-Cros et l'île du Levant. Ce lieu préservé offre à ses visiteurs quelque 12,5 km² d'une nature aussi vierge qu'exceptionnelle gérée par le parc national de Port-Cros depuis 1971 et classée « cœur de parc national » depuis 2012. Dotée d'un seul port, de quelques maisons privées s'intégrant parfaitement à leur environnement méditerranéen, de quelques hôtels à taille humaine, et d'un charmant village où se concentre la majorité de l'activité humaine et économique de l'île depuis 1920, cette réserve naturelle paradisiaque ourlée par 30 km de côtes sauvages et quelques magnifiques pinèdes aux essences délicatement parfumées invite le visiteur à une promenade enchanteresse et envoûtante. Découvrir cette île se mérite : elle se parcourt uniquement à pied ou à vélo, en empruntant les 54 km de sentiers de randonnée balisés entre terre et mer, qui conduiront le promeneur de la forêt aux abruptes falaises, mais aussi à quelques plages et criques déchiquetées plus secrètes, dont les eaux claires et parfois turquoise offrent un spectacle de toute beauté.

LA MAISON DU PARC & LE JARDIN EMMANUEL LOPEZ

à la sortie du village, en direction du Phare

✆ 04 94 58 07 24

www.portcrosparcnational.fr

De mi-mars à mi-novembre. Horaires variables selon la saison.

Pôle d'accueil et point de renseignements du Parc national de Port-Cros sur Porquerolles, la maison du Parc est attenante au Jardin Emmanuel Lopez. Véritable invitation au voyage et à la flânerie, on découvre dans ce havre de paix de 1 hectare des essences méditerranéennes variées : yuccas, lauriers, glycines, palmier nain, lavandes, palmier des Canaries, palmier abricot, oliviers, jasmins et cactées diverses… Un magnifique écrin de verdure à ne pas manquer sur Porquerolles !

LE MOULIN DU BONHEUR ★

✆ 04 94 58 07 24

Ouvert de mi-juin à mi-septembre ainsi que durant certains week-ends prolongés du mois de mai. Gratuit jusqu'à 18 ans.

Restauré conjointement par le Parc national de Port-Cros et l'association Les Amoureux de Porquerolles, ce moulin à vent ouvre ses portes uniquement à l'occasion de visites commentées. Situé au-dessus du village, plongez dans l'histoire étonnante de ce lieu laissé à l'abandon pendant des siècles. Reconstruit à l'identique, on doit sa partie tournante et aérienne à l'ébéniste Charles Dutelle.

Son escalier a des dimensions impressionnantes : 6 mètres de haut, 6 mètres de diamètre et des murs de 1 mètre d'épaisseur. Une visite insolite !

LE PHARE ★

Fermé au public. Visible uniquement depuis l'extérieur.

Situé sur la pointe sud de Porquerolles, ce phare a été bâti au début des années 1830. Avec une hauteur de presque 21 m mètres et une élévation de 84 mètres au-dessus de la mer, il offre depuis son esplanade une vue extraordinaire sur les collines du Langoustier, le fort Sainte-Agathe et les falaises du sud. Par beau temps, on distingue même le Massif des Maures et la rade d'Hyères sur le continent. Son feu a une portée de 54 kilomètres (29 miles) ce qui en fait l'un les phares les plus puissants d'Europe. Un incontournable de Porquerolles !

LA PLACE D'ARMES ★

Ouvert toute l'année. Site en libre accès 24h24 et 7j/7.

Cette jolie place bordée de quelques restaurants, d'hôtels, de glaciers et d'arbres centenaires et d'une église au nom éponyme servait autrefois pour les défilés militaires C'est l'une des places les plus importantes et les plus connues de l'île et vous n'aurez aucune difficulté à la trouver, d'autant plus qu'elle est vraiment à 5 minutes à pied du port. Toute l'activité commerçante de l'île, notamment les loueurs de vélos, se concentre finalement autour de cette place. En été, il fait bon flâner en terrasse à l'heure de l'apéro ou y jouer à la pétanque.

PLAGE DE LA COURTADE ★

Ouverte toute l'année. Située à environ 800 m du village.

Non loin du Port de Porquerolles, cette plage de sable fin est la plus proche du village et donc la plus fréquentée. Elle est seulement à 15 minutes à pied de la place d'Armes ou 5 minutes à vélo. Orientée nord-est, c'est une plage familiale aux fonds progressifs, qui offre à la fois du sable et des galets, et qui se prolonge par des criques à l'est. Sur environ 1 kilomètre, elle est bordée par une forêt de pins et d'eucalyptus qui laissent flotter dans l'air de douces effluves. Un petit coin de paradis qui figure sur de nombreux posts Instagram !

PLAGE D'ARGENT ★★

Située à 1,8 km du village. Nécessite 30 minutes de marche ou 15 minutes de vélo.

La plage d'Argent est la plus connue de l'île. Site touristique très fréquenté en période estivale, cette plage est aussi un espace naturel protégé classé en cœur de Parc national. Avec son sable blanc et ses eaux limpides peu profondes, on se croirait aux Antilles ! Bordée par une belle pinède et abritée du Mistral, la plage d'Argent fait partie des plus belles de l'île. Compte tenu de son succès auprès des visiteurs qui s'y pressent pour y faire trempette, nous vous conseillons d'arriver tôt afin de profiter pleinement du charme de cet endroit très dépaysant.

PLAGE DE NOTRE-DAME ★★

Située à environ 3 km du village. Nécessite environ 1h de marche depuis le village ou 25 minutes de vélo.

Elue plus belle plage d'Europe en 2015, cette plage – la plus grande de l'île –, bordée d'une magnifique pinède, est tout simplement splendide ! Située au nord de Porquerolles, son sable doré qui s'étend sur 800 m et ses eaux peu profondes font de ce lieu, un endroit féérique et dépaysant. La magie opère également sous l'eau : d'une étonnante clarté, vous serez fasciné de voir défiler à quelques mètres de vous de frétillants bancs de sars, soles et rougets. Pour profiter pleinement de ce spectacle, n'oubliez pas votre masque, vos palmes et votre tuba !

PLAGE DE L'AIGUADE ★

Ouvert toute l'année. Nécessite environ 1h15 de marche ou 30 minutes de vélo depuis le village.

Au nord-ouest de Porquerolles, la plage de l'Aiguade est essentiellement composée de sable et de graviers. L'avantage de cette plage c'est qu'elle n'est pas très fréquentée ; on arrive donc à trouver une place pour poser sa serviette facilement. Au niveau de ses extrémités, de jolies criques préservées invitent à la baignade et à la contemplation. Pour y accéder depuis le port, prendre la direction de la plage d'Argent, à l'extrémité de celle-ci continuer sur environ 500 mètres sur le chemin du Langoustier puis prendre le chemin à droite qui mène à la plage.

LE VILLAGE DE PORQUEROLLES ★★

Créé autour de 1820 au fond d'une rade, bâti sur le plan d'une *hacienda* mexicaine et cerné d'une grande place très animée en période estivale, le village concentre l'essentiel de l'activité humaine et économique de l'île. Vous y trouverez la plupart des restaurants, des glaciers, des épiciers, des loueurs de vélo, des vendeurs de fruits et légumes... En bref, presque tout ! Baptisé « Porquerolles », le village a finalement donné son nom à l'île tout entière…

CÔTÉ MER

CIRCUIT DE L'EAU ★

Un parcours facilement accessible et balisé à faire en totale autonomie. Durée environ 1h30. Gratuit.

En complément des prélèvements effectués sur les réserves des nappes phréatiques, Porquerolles importe depuis 2004 des mètres cubes d'eau douce entre avril et octobre afin de subvenir aux besoins des habitants et autres visiteurs durant cette période très chargée. Soulignons que ce sont près de 650 m³ d'eau par jour consommés en moyenne durant la saison estivale contre 80 m³ par jour en hiver. Un circuit balisé met à l'honneur cette ressource naturelle afin de comprendre le fonctionnement du cycle de l'eau autour de panneaux explicatifs.

LES COLLECTIONS VARIÉTALES ★

✆ 04 94 58 07 24

Visite sur rendez-vous uniquement. Les contacter par téléphone ou par email.

Le territoire de Porquerolles abrite une très belle collection ancienne d'arbres fruitiers. Une biodiversité rare que l'équipe du Parc National de Port-Cros protège et met en valeur tel un précieux trésor depuis 1979. On trouve ici des variétés rustiques dont la culture se raréfie partout ailleurs... Les arbres ont été sélectionnés dans les campagnes reculées de France pour leur robustesse, leur intérêt génétique, leur intérêt paysager et leur caractère unique.

AUBERGE LES GLYCINES*** €€

22, place d'Armes

✆ 04 94 58 30 36

www.auberge-glycines.com

Chambre double de 90 € à 140 €. Haute saison : chambre double de 210 € à 340 €.

Situé en lisière de la place du village, l'hôtel affiche une ambiance chaleureuse. Les chambres, classiques ou supérieures, affichent toutes un style cosy : carreaux de Salernes au sol, tissus olivades, murs à la chaux, couleurs méditerranéennes... Pour un séjour plus intime, mais aussi un brin plus spacieux, la Villa des Glycines, située non loin, propose quant à elle 7 chambres avec lit double ou twins, une suite parentale avec coin salon et bureau, six salles de bain (ou douche), bungalows, terrasse et jardin particulier. Bon restaurant sur place.

L'ARCHE DE PORQUEROLLES €€

12, rue de la Ferme ✆ 04 94 58 33 71

www.larchedeporquerolles.com

Basse saison : chambre double de 140 € à 240 €. Haute saison : chambre double de 170 € à 300 €.

Les propriétaires de cet hôtel de charme aux chambres élégantes avec vue sur la mer ou la place d'Armes mettent l'accent sur la qualité du service. Le client est véritablement reçu tel un ami, accueilli dans une maison familiale par une équipe chaleureuse et sympathique. Préférez les chambres situées en étage plutôt que celles près des cuisines. Face à la place du village et son église, le restaurant éponyme avec sa jolie terrasse ombragée vous accueille pour déguster poissons, coquillages et crustacés mais également salades composées, grillades et pizzas.

Porquerolles.

CÔTÉ MER

LE MAS DU LANGOUSTIER**** €€€

✆ 04 94 58 34 83

www.langoustier.com

Chambre à partir de 155 €. Tarifs variables selon la durée du séjour et la saison.

Cet hôtel de charme niché au milieu d'une pinède à l'extrémité ouest de l'île offre des prestations de luxe et a été récemment joliment rénové, ce qui lui donne encore plus de cachet. C'est une adresse d'exception avec de très belles chambres qui affichent une décoration provençale classique, raffinée et élégante. Grandes et lumineuses, elles disposent de tout le confort nécessaire à un agréable séjour. Ne manquez pas d'aller déjeuner ou dîner au restaurant L'Olivier : c'est un régal.

L'ESCALE €€

2, rue de la Ferme

✆ 04 94 58 30 18

Ouvert de la mi-février à fin décembre. Carte : 20 € environ.

Faites escale dans ce restaurant doté d'une belle terrasse avec vue sur le port et au cadre intérieur cosy où trône une belle cheminée qui réchauffera vos journées pluvieuses et hivernales. L'accueil est chaleureux et le service attentif. Fruits de mer, calamars, moules, encornets, filet de loup aux petits légumes, bruschettas, tapas... Le choix est vaste et les plats à base de bons produits. L'Escale est vraiment une bonne adresse de Porquerolles où on peut également se retrouver pour un apéro convivial entre amis en début de soirée.

IL PESCATORE €€

Carré du port ✆ 04 89 96 15 27

www.ilpescatore-porquerolles.fr

Basse saison : ouvert tous les jours le midi. Haute saison : tous les jours le midi et le soir. Plat : 13-30 €.

Cette affaire familiale conjugue convivialité et simplicité. Avec son extraordinaire vue sur la rade d'Hyères et les bateaux amarrés, cette brasserie affiche une décoration claire et lumineuse grâce à ses immenses baies vitrées. La carte est orientée vers la mer avec des mets simples mais savoureux à l'instar de la soupe de poissons accompagnée de croûtons et de rouille, ou de la dorade grillée servie avec des pommes de terre rôties. Que les carnassiers se rassurent, le restaurant propose aussi de belles pièces de viandes. Une bonne adresse en somme.

L'ARCHE DE PORQUEROLLES €€

12, rue de la Ferme ✆ 04 94 58 33 71

www.larchedeporquerolles.com

Ouvert d'avril à fin décembre. Service continu de 12h à 22h30. Carte : 24 € environ (plat).

Une décoration moderne aux notes acidulées et une belle terrasse, le cadre est posé pour un déjeuner ou un dîner en toute convivialité dans cette brasserie. La carte s'articule autour de poissons, de viandes, de crustacés, de pizzas, de salades et de moules-frites. Quelques plats plus élaborés méritent le détour comme le steak de thon ou l'incontournable marmite du pêcheur. Pour ceux qui souhaitent prolonger leur escapade à Porquerolles, cet établissement propose aussi onze charmantes chambres. Une bonne adresse où l'esprit de famille règne.

L'ORANGERAIE €€

Place d'Armes

✆ 04 94 57 54 22

www.orangeraieporquerolles.com

Haute saison : tous les jours le midi et le soir. Carte : 30 € environ.

Avec sa vue imprenable sur les bateaux amarrés, sa décoration très *cosy* et son ambiance familiale, découvrez la carte iodée de l'Orangeraie : thon en sashimi, couteaux à la plancha et autres chapons, rougets, langoustes ou homards (au gramme) issus de la pêche locale, accompagnés tantôt d'un écrasé de pommes de terre truffées, d'une julienne de légumes à l'huile d'olive ou d'un bon gratin dauphinois. Pour les amateurs de viande, le burger 100 % maison est un incontournable. L'ardoise change tous les mois. Une valeur sûre à Porquerolles.

RESTAURANT LA PLAGE D'ARGENT €€

Chemin du Langoustier

✆ 04 94 58 32 48

www.plage-dargent.com

Ouvert de début avril à fin septembre tous les jours à midi selon conditions météo. Plat : 20-25 €.

Il faut parcourir près de 1,4 kilomètre à l'ouest du village pour rejoindre cette agréable table ouverte au public depuis 1957. Sur la belle terrasse en bois qui surplombe une plage de sable blanc paradisiaque, le dépaysement est total, aussi bien par le décor que par les assiettes : mozzarella di bufala, duo de tomates, assiettes à partager avec des spécialités locales comme l'anchoïade, etc. C'est un peu cher, mais le site est sublime donc on ferme les yeux.

L'OLIVIER €€€

Le Langoustier
✆ 04 94 58 34 83
http://langoustier.com/restauration
Ouvert de fin avril à début octobre. Comptez 100 € en moyenne le repas.

Dans un écrin où se mêlent divinement le luxe, le calme et les saveurs gourmandes authentiques, découvrez une carte étonnante et raffinée : chaud-froid d'araignée de mer et de chapon mariné aux saveurs d'une bouillabaisse ; saint-pierre confit au beurre et poivre de Tchuli, boudin de seiche, jeunes courgettes, coquillages, citron confit et coulis d'herbes sauvages ; loup de ligne truffé et bardé au lard San-Clemente, cromesquis d'artichaut violet en barigoule, entre autres plats, le jour de notre passage. Une excellente table dans un cadre idyllique.

BRASSERIE ET PUB CÔTÉ PORT

1, rue de la douane
✆ 04 94 58 32 65
http://coteport83.wixsite.com/coteport
Ouvert toute l'année. Fermé en hiver hors vacances scolaires. Cocktails 12 €. 1 shot 4 €.

Faites un tour au rez-de-chaussée de cet établissement qui à première vue ressemble, avec sa salle intérieure et sa vaste terrasse ensoleillée, à un restaurant traditionnel et plongez dans un univers qui évoque le monde marin avec un décor réussi de cale intérieure de voilier. Dans cette ambiance tamisée et intime, savourez un cocktail créatif aux appellations parfois surprenantes d'originalité, le tout sur fond musical. Musique *live* et bonne ambiance l'été.

DOMAINE DE LA COURTADE

Chemin de Notre-Dame
✆ 04 94 58 31 44
www.lacourtade.com
Ouvert sur rendez-vous. Agriculture biologique.

A dix minutes à pied du port et du village, ce domaine de 35 hectares est l'œuvre d'une heureuse rencontre entre l'industriel Henri Vidal, amoureux de l'île et l'œnologue alsacien Richard Auther, fils de vigneron. Depuis 2015, c'est Florent Audibert qui a pris la direction de l'exploitation ; il œuvre depuis avec brio pour la montée en gamme des vins du domaine. Le vignoble à dominante de mourvèdre est cultivé selon une méthode biologique et a donné naissance à deux cuvées : La Courtade et Alycastre qui se vendent dans le monde entier.

ILÉO PLONGÉE PORQUEROLLES

✆ 04 34 34 02 33
www.ileo-porquerolles.fr
Plongée, kayak de mer, catamaran et planche à voile.

Idéalement situé à seulement 300 m du village de Porquerolles sur la plage de la Courtade, la base nautique Iléo Plongée vous attend. Au programme ? Du sport et du fun. Optez pour une balade en kayak, à bord d'un catamaran ou d'un optimist, ou essayez-vous à la planche à voile. Possibilité également de faire des sorties plongées en étant encadré par une équipe dynamique et professionnelle. Les bouteilles sont déjà prêtes et le matériel vérifié : il ne vous reste plus qu'à embarquer !

L'ÉPAVE CIMENTIER

Site de plongée accessible aux débutants (Niveau 1). Le site est immergé entre 5 mètres et 15 mètres de profondeur.

Certains pensent que ce bateau aurait été coulé par l'armée allemande durant la Seconde Guerre mondiale. D'autres pensent qu'il a fait naufrage lors de travaux en mer... La réponse demeure à ce jour incertaine. Le Cimentier est somme toute l'une des rares épaves accessibles aux débutants (Niveau 1) en plongée sous-marine. Avec peu de houle et pas de courant, le site est immergé entre 5 mètres et 15 mètres d'eau offrant par ailleurs une excellente visibilité. Un très beau site de plongée à Porquerolles à ne pas manquer pendant vos vacances.

L'ÉPAVE MICHEL C.

Ouvert toute l'année. Réservé aux plongeurs Niveau 2. Le site est situé à environ -40 mètres.

Entouré d'un bel herbier de posidonie, le bateau le Michel C mesurait 39,25 mètres de long et 5,75 mètres de large. Dans les années 1900, alors que le Michel C traversait de nuit la rade d'Hyères recouverte d'un épais brouillard rendant toute visibilité nulle, il fut percuté par un autre navire. Le Michel C coula en quelques minutes laissant à peine le temps à 11 de ses 12 hommes d'équipage de sauter sur le pont d'un autre bateau qui réussit à rejoindre Toulon. L'épave qui s'étend sur une cinquantaine de mètres est accessible aux plongeurs à partir du Niveau 2.

PORT-CROS ★★★★

Faisant partie de l'archipel des îles d'Or au même titre que Porquerolles et Le Levant, d'une longueur de 4 km et d'une largeur de 2,5 km, elle est la plus petite des trois îles avec seulement 10 km². Les amoureux de la nature seront plus que comblés lors de sa visite. Après divers propriétaires, l'île fut partiellement acquise en 1921 par un notaire d'Hyères, Marcel Henry, qui, avec son épouse, s'attacha à la mise en valeur de l'île et surtout à sa préservation. Après sa mort, sa veuve fit don de l'île à l'Etat, en posant comme condition la création d'un parc maritime pour assurer la conservation de la faune et de la flore. C'est ainsi que le parc national de Port-Cros voit le jour en 1963. Figurant parmi les dix parcs nationaux français, il est également le plus ancien parc marin en Europe et en France.

- **Les plus beaux sites de l'île** sont le vallon noir, la baie de Port-Man, le vallon de la Solitude, la plage Sud. Attention, l'île se découvre uniquement à pied, où 30 km de sentiers balisés sillonnent le massif forestier. L'usage de la bicyclette est par ailleurs interdit. Bref, oubliez les claquettes et équipez-vous de bonnes chaussures !

Faune et Flore

Port-Cros est un antre de la nature sauvage. Située sur les itinéraires migrateurs entre l'Europe et l'Afrique, Port-Cros est devenue une étape de prédilection pour plus de 120 espèces d'oiseaux migrateurs, dont une trentaine sont nicheuses. Outre le ballet incessant des goélands et des cormorans huppés, on y trouve des espèces très rares, comme le faucon d'Eleonore, le goéland leucophée, le puffin cendré, le faucon crécerelle, le rossignol Philomène. Au printemps, les papillons virevoltent en volutes colorées et dans l'eau, les poissons peu farouches – la pêche sous-marine est strictement interdite – viennent volontiers folâtrer autour des baigneurs. On y trouve aussi en grand nombre la couleuvre de Montpellier et la couleuvre à échelons, le rat noir – qui vit dans les arbres –, la chauve-souris, le lézard. Couverte d'une végétation typiquement méditerranéenne, Port-Cros abrite également quelques espèces végétales rares telles que l'herbe aux chats.

LA CHAPELLE ✝ ★

Au village, légèrement en surplomb de la baie du port

Le long de la baie, cette jolie chapelle de pierres dédiée aux pêcheurs Saint-Pierre et Saint-Tropez, fut aménagée en 1866 dans un ancien bâtiment militaire. Il s'agissait autrefois d'un dispensaire qui accueillait les soldats de retour de la guerre du Tonkin — celle-ci opposait alors la France et la Chine. Son clocher en briques ainsi que l'aspect rectangulaire du plan sont un témoignage de ce passé militaire. Il s'agit aujourd'hui de la seule chapelle de l'île. Ouverte au public, elle jouit d'une belle acoustique pour pousser la chansonnette !

LES FORTS ★★★

Le fort de l'Estissac est le seul ouvert à la visite : ouverture de début juillet à fin août de 10h30 à 13h. Gratuit.

Les cinq forts de Port-Cros témoignent aujourd'hui encore de son tumultueux passé militaire. A l'exception du fort de Port-Man, situé à l'écart dans la baie éponyme, tous sont installés le long de la ligne transversale de l'île, et sont d'ailleurs reliés par l'unique route goudronnée de Port-Cros. La route des forts, qui débute au village et s'achève au fort de la Vigie, fut aménagée dès le XIXe siècle pour acheminer les pierres utilisées dans la construction des forts de la Vigie et de l'Eminence. A noter : le fort de l'Estissac est le seul ouvert au public.

LES PLAGES ★★

- **La plage du Sud** se classe pour beaucoup en première place du podium. Comptez une demi-heure de marche seulement depuis le village !
- **La plage de la Palud**, point final du sentier des plantes, est équipée d'un sentier sous-marin de juin à début octobre : l'occasion de coupler découverte de la flore terrestre et de la faune marine ! Pour y accéder, comptez 45 minutes de marche depuis le village.
- **La plage de Port-Man**, dans la baie éponyme, à l'extrémité est de l'île. On y accède en 1h30 de marche environ par le circuit de Port-Man, en empruntant le sentier du littoral.

LE SENTIER DES PLANTES DE PORT-CROS ★★

Comptez 45 minutes de marche vers la plage de la Palud.

Partant au pied du fort du Moulin, ce sentier permet de découvrir la flore méditerranéenne, par un sentier littoral offrant de beaux points de vue. D'une longueur de 4,4 kilomètres, il vous faudra environ 1h30 pour en venir à bout. Une partie du sentier se veut sportive et escarpée, prévoyez donc une bonne paire de chaussures. Passionnés de flore, munissez-vous de la brochure « Sentier des plantes » auprès de la Maison du Parc (1,50 €) : utile pour déchiffrer les plaques numérotées !

LE SENTIER SOUS-MARIN ★★

Plage de La Palud

✆ 04 94 01 40 70

De juin à début octobre. Comptez 30 à 40 min de randonnée palmée. Accès libre.

Parcours sous-marin balisé, réservé exclusivement à la baignade, entre l'îlot du Rascas et la plage de la Palud, son point de départ. Il suffit de disposer de palmes, d'un masque et d'un tuba pour le parcourir. Des bouées, immergées à quelques mètres de profondeur, balisent l'itinéraire et signalent les principaux points d'observation de la faune – plus de soixante-dix espèces – et des herbiers de posidonie. La Maison du parc vend sur place des guides plastifiés que l'on s'attache au poignet. Un parcours tout simplement magique !

L'ANSE DE PORT-CROS €€

Sur le port

✆ 04 94 15 00 42

www.ansedeportcros.com

Ouvert d'avril à fin-octobre. Ouvert tous les jours midi et soir. Menus de 20 € à 36 €. Menu enfant : 11 €.

Il est le tout premier restaurant du port lorsque l'on sort du débarcadère. Sur la vaste terrasse en bois, sous l'ombre de parasols blancs, ou bien en intérieur dans la salle au charme un peu désuet, on déguste ici une carte aux parfums iodés, et pour cause : le poisson, c'est la spécialité de la maison depuis près de 30 ans ! A l'exception de ceux servis dans le menu du Marcheur, tous les produits sont issus de la pêche locale. Et si l'on est plutôt carnivore, la carte propose quelques plats de viande. Une bonne table pour se faire plaisir.

LA TRINQUETTE €€

Sur le port

✆ 04 94 05 93 75

www.restaurant-trinquette-port-cros.fr

Ouvert de Pâques à mi-octobre. Ouvert tous les jours le midi et le soir. Comptez 30 € le repas.

Si vous êtes à la recherche d'une bonne table à Port-Cros, vous avez frappé à la bonne porte. La Trinquette est un restaurant familial sans superflu, où l'on déguste une cuisine méditerranéenne et des spécialités de la mer, à l'instar du croustillant de daurade, de la soupe d'Esquinade (une araignée de mer), et des crevettes grises locales sautées à l'ail et au persil. Selon l'humeur du jour et les arrivages du marché, l'ardoise de suggestions complète le choix déjà important. Tous les desserts sont faits maison. Une valeur sûre.

Port-Cros offre des paysages époustouflants.

LE LAVANDOU ★★★

Le village aurait été fondé par des pêcheurs génois et trois hypothèses sont émises quant à l'origine de son nom : lavadou (lavoir en provençal), lavandula stoechas (variété de lavande) ou le lavendour, vent d'est « lévent dur ». Jusqu'en 1913, le Lavandou était un quartier de Bormes, date à laquelle il devint une commune à part entière. Entièrement tourné vers la mer, le Lavandou est l'une des stations touristiques les plus en vue des côtes varoises. Son port peut accueillir jusqu'à mille cent bateaux de plaisance et ses douze plages constituent sans doute son meilleur attrait. Son surnom de « station aux douze sables » n'est pas usurpé.

OFFICE DE TOURISME

Quai Gabriel-Péri ✆ 04 94 00 40 50
www.ot-lelavandou.fr
Qualité Tourisme. Accueil saisonnier, en juillet-août : Mairie annexe de Cavalière, avenue du golf.

Un office de tourisme de première catégorie, labellisé Qualité Tourisme, partenaire du circuit Chocotourisme en Provence, une nouvelle approche touristique à la rencontre des maîtres chocolatiers locaux. On y dégotera également de la documentation (gratuite) sur les quatre principales balades et randonnées de la commune :

- **Le Circuit des fontaines** en centre-ville,
- **Le Chemin des Peintres** dans le quartier Saint-Clair,
- **La randonnée des Balcons de Cavalière** (boucle de 12 km),
- **Le sentier du littoral** (3 km l'aller simple)

PETIT TRAIN DES PLAGES

✆ 06 23 69 44 09
https://www.petit-train-lelavandou.fr
D'avril à octobre : tous les jours (sauf jeudi en avril, mai, juin, septembre et octobre).

Le fameux petit train ! Un moyen de locomotion particulièrement agréable mais surtout très pratique et ludique. Il vous permettra de rejoindre les plages du centre-ville à Pramousquier mais également de découvrir la commune du Lavandou de nuit. La balade de 20 km, qui emprunte notamment l'ancien itinéraire du train des Pignes (aujourd'hui transformé en piste cyclable), dure environ 1 heure 15 l'aller-retour. Possibilité de s'arrêter à l'une des 5 stations (Chapelle Saint-Clair - La Fossette - Aiguebelle - Jean Blanc - Cavalière).

LES DOUZE PLAGES ★★

Jouissant de 12 kilomètres de littoral et de 12 plages, la commune du Lavandou est surnommée la « station aux douze sables ». A l'ouest, la plage de l'Anglade marque la limite de la ville. C'est une plage de sable fin, avec promenade piétonne en bois. La Grande Plage du Lavandou, en plein centre-ville, est une plage grand public. Sable fin, palmiers, plages privées avec location de matelas, restaurants de plage et activités nautiques variées. La plage de Saint-Clair, à l'est du port est une véritable perle au pied des pinèdes, particulièrement agréable le matin avant l'arrivée des vacanciers. On peut s'y rendre à pied par le sentier du littoral en une vingtaine de minutes depuis le port du Lavandou. Toujours vers l'est, la Fossette est une petite langue de sable, nichée entre deux pointes rocheuses. Moins fréquentée que les précédentes, elle se targue d'un restaurant de plage proposant location de matelas et parasols. Aiguebelle peut s'enorgueillir de ses eaux limpides dans l'heureuse complicité de la mer et du sable. On y trouvera aussi quelques restaurants et plages privées. La plage Jean Blanc, à 5,5 km du centre-ville environ, est une superbe plage ombragée, où le sable oscille entre blanc et argent. On installe sa serviette sur le sable pour en épouser tous les reliefs. La plage de l'Eléphant se classe parmi les plus difficiles d'accès. C'est une plage sauvage de sable et de rochers, ombragée par une végétation magnifique. La plage du Rossignol, qui s'apparente davantage à une crique tant elle est confidentielle, est elle aussi très difficile d'accès – le paradis se mérite, dit-on ! La plage du Layet, un peu plus loin, s'enorgueillit d'un sable fin et doré. Pour partie ombragée, elle ravira en journée les amateurs de bronzage intégral et les adeptes du naturisme. La longue plage de Cavalière – ne pas confondre avec Cavalaire– figure parmi nos favorites dans la catégorie grand public. Il s'agit d'une magnifique plage de sable fin plongeant dans l'eau tout en douceur. Également appelée « La Sportive », elle est dotée d'une école de voile, et de prestataires offrant parachute ascensionnel, jet-ski, ski nautique, beach volley... Moins fréquentée que la Grande Plage du Lavandou, la plage de Cavalière en est d'autant plus agréable. La plage du Cap Nègre se situe dans le prolongement de celle de Cavalière. La résidence familiale de Carla Bruni-Sarkozy domine en contre-haut. Pramousquier, la douzième à 8 km du centre du Lavandou, n'a pas de regard sur la route, et inversement. Un caractère qui la rend un brin mystérieuse.

HÔTEL BEAU RIVAGE*** €

18, avenue du Général-Bouvet
✆ 04 94 71 11 09
www.hotelbeaurivage.fr
Accès direct à la plage. Ouvert de mi-février à début-novembre. Tarif de 74 € à 180 €. Animaux acceptés.

A 15 mètres de la mer, vous êtes les pieds dans le sable, pour lézarder au soleil face aux îles d'Or, et dans l'eau, prêt à profiter de toutes les activités nautiques qui s'offrent à vous. Les chambres, dont certaines viennent d'être rénovées, bénéficient soit d'une vue mer, avec terrasse et balcon pour certaines, soit, côté jardin, d'une vue sur le parc avec ses massifs fleuris et ses pins centenaires, où il est possible de faire des pique-niques sous la tonnelle. Une très belle situation avec un excellent rapport qualité-prix.

PARC CAMPING DE PRAMOUSQUIER** €€

Chemin de la Faverolle
✆ 04 94 05 83 95
www.campingpramousquier.com
Ouvert d'avril à novembre, résa recommandée. Réception 8h/20h. Gardé 24h/24. 165 emplacements sur un terrain de 4,5 ha.

© PARC CAMPING PRAMOUSQUIER

On se sent comme à la maison tout en étant dans un cadre exceptionnel, à seulement 400 mètres de la plage de sable fin de Pramousquier, cet agréable camping propose des emplacements aménagés en terrasse sur un parc avec vue mer et l'île du Levant. On conseille les bungalows avec terrasse extérieure couverte et salon de jardin ou les mobil-homes avec terrasse extérieure semi-couverte avec salon de jardin. Plus atypiques, les tentes BB : tente canadienne sur pilotis pour 2 à 4 personnes.

HÔTEL L'OUSTAOU** €

20, avenue du Général-de-Gaulle
✆ 04 94 71 12 18
www.lavandou-hotel-oustaou.com
Ouvert toute l'année. 18 chambres (dont suites familiales avec kitchenette). Tarif à partir de 45 €. Demi-pension.

Les nouveaux propriétaires de ce petit hôtel familial, situé à 60 mètres du port et de la grande plage du Lavandou, proche des commerces et des restaurants, ont effectué des travaux d'aménagement et de décoration, afin de le rendre plus cosy, chaleureux et accueillant. Certaines chambres disposent d'une vue sur la mer ou d'une terrasse. L'hôtel l'Oustaou propose à l'année également une formule demi-pension en partenariat avec plusieurs restaurants du Lavandou. Une offre à un tarif avantageux qui vous permet de dîner dans des endroits différents chaque soir.

CASTELMAU €€

Chemin Hubac-du-Bleu
✆ 04 94 05 70 42
www.castelmau.com
Ouvert toute l'année. 2 chambres. Basse saison : 110 €. Haute saison : 150 €. Petit déjeuner inclus. Parking.

Tess et Christian vous accueillent dans leur belle villa de charme érigée au sein d'une propriété d'un hectare et située à 900 mètres de la plage, face aux îles d'Or. Le jardin planté d'espèces exotiques, oliviers, palmiers, lavandes et de nombreuses espèces méditerranéennes, est une véritable oasis de tranquillité. Les deux chambres, Lavande et Castel, disposent de leur propre entrée indépendante sous patio. D'avril à octobre, vous pouvez également profiter d'un bain bouillonnant extérieur (payant) avec 61 jets thérapeutiques.

LES FLOTS BLEUS*** €€

Plage de Saint-Clair
✆ 04 94 71 00 99
www.les-flotsbleus.com
Ouvert de mars à octobre. 41 chambres (et suites). Petit déjeuner buffet inclus. Parking fermé et gratuit.

Situé en front de mer sur la plage Saint-Clair, la plus prisée du Lavandou, au cœur de l'animation balnéaire, cet hôtel de charme, réparti en quatre bâtiments, propose des chambres climatisées de grand confort, à la décoration provençale réalisée par un artiste, avec terrasse et vue sur mer pour certaines, entrée indépendante pour d'autres. Le petit plus qui fait toute la différence, un restaurant à la réputation solide est adossé à l'établissement. N'hésitez pas, au cours de votre séjour, à pousser la porte du Bistr'eau Ryon.

HÔTEL BAPTISTIN*** €€

Quai Baptistin-Pins
✆ 04 98 00 44 51
www.baptistin-hotel-lavandou.com
Ouvert toute l'année. 14 chambres (non fumeur). Tarif à partir de 85 €. Langue étrangère parlée : anglais, italien.

Cette maison blanche est idéalement située face au port et à la Méditerranée, soulignée par les îles d'Or à l'horizon. La décoration des chambres est contemporaine, chic et colorée. Une terrasse privée, avec mobilier de jardin moderne, agrémente les chambres qui bénéficient d'une vue imprenable sur la grande bleue. Un panorama qui incite à découvrir les douze plages du Lavandou et les petites rues commerçantes du village. Les petits plus de l'hôtel : le rooftof et le parking privé attenant à l'hôtel (payant sur réservation).

ROC HÔTEL*** €€

5, rue des Dryades
✆ 04 94 01 33 66
www.roc-hotel.com
Ouvert du début avril à mi-octobre. 30 chambres (100 % non fumeur). À partir de 90 €. Plage privée.

Situé sur la superbe plage de sable de Saint-Clair, cet hôtel moderne, où le blanc illumine la façade, baigne dans le calme à quelques pas de l'eau, et à seulement deux kilomètres du centre-ville du Lavandou, de ses commerces et de son animation. Un hôtel familial avec des chambres personnalisées qui s'ouvrent, soit sur une vue idyllique sur la petite baie de Saint-Clair, soit sur les collines environnantes du massif des Maures. La plage privée de l'hôtel est disponible sur réservation avec supplément. Un bon rapport qualité-prix !

LA CAGE AUX POULES €

1, chemin du Four des Maures
✆ 06 12 38 86 45
Passez commande par téléphone.

© LA CAGE AUX POULES

Cette rôtisserie, aux antipodes des rôtisseries industrielles, propose des produits frais et locaux de grande qualité : poulets fermiers, poulets jaunes, rosbif, ribs, rôti de porc, merguez et chipolatas (fabrication artisanale par un boucher local). Tout est mariné avec une marinade maison à la recette secrète et les légumes sont bio puisqu'ils viennent du potager du grand-père des patrons ! L'établissement propose aussi des vins rosés de la région et de la bière des îles d'Or. Tout est local, tout est frais. Une valeur sûre avec un super accueil en prime !

HÔTEL LA PISCINE €€€

Avenue du Levant Aiguebelle
✆ 04 94 71 65 46
https://www.hotel-la-piscine.com
Nuitée à partir de 129 €. Réservation recommandée depuis le site internet de l'hôtel.

Il est toujours agréable de voir de nouvelle adresse pointer le bout de leur nez, surtout quand le succès est au rendez-vous. Ce boutique-hôtel est l'exemple type d'une reconversion maîtrisée pour les nouveaux propriétaires. À flanc d'une colline luxuriante, un hôtel d'une trentaine de chambres et suites, entièrement repensées, mais surtout une magnifique piscine chauffée, entourée de transat en bois et beds. L'autre attrait de l'établissement, le restaurant Bambou, confié au chef brésilien Fabricio Delgaudio et son nouveau concept de cuisine au brasero.

TÊTE DE CHOUX & CO €

7, avenue des Martyrs-de-la-Résistance
✆ 09 54 25 13 63
www.tetedechoux.fr
Ouvert du mardi au samedi de 9h30 à 13h30 et de 16h à 19h ; le dimanche de 9h30 à 12h30. Vente à emporter. Boutique.

Si ce sont les choux qui ont fait la renommée de la maison, les propriétaires proposent également un choix élargi de snacking sucré et salé avec un fil conducteur commun : le goût et la qualité des matières premières. Chez Tête de Choux & Co vous vous régalerez d'un burger à la viande de l'Aubrac, de tartines et quiches du jour, et toujours les choux et autres superbes pâtisseries. On aime : le comptoir pour déjeuner sur le pouce, l'arrière salle plus cosy ou les nombreux produits d'épicerie fine à emporter à la maison ou au bureau.

CÔTÉ MER

AKWABÔ BEACH €€

Plage de Pramousquier
✆ 04 94 71 23 93
www.bo-restaurant.com/
Fermé d´octobre à mars. Haute saison : tous les jours le midi et le soir.

Ça bouge sur la plage de Pamousquier avec une nouvelle direction pour ce magnifique restaurant de plage. À la manœuvre l'équipe du réputé restaurant BÔ, déjà un incontournable dans le centre-ville du Lavandou. Côté restaurant, vous attend désormais une cuisine exotique aux parfums d'ailleurs, avec les indémodables sushis, la salade thaïe aux encornets, des beignets de crevettes, espadon sauce cacahuètes... Tout est frais et particulièrement savoureux ! Une adresse à tester d'urgence. Côté plage, matelas et parasols accueilleront vos corps bien repus.

BISTR'EAU RYON €€

Boulevard des Dryades
✆ 04 94 15 26 97
Fermé en novembre. Ouvert tous les jours au diner en haute saison. Réservation recommandée.
Menu unique : 38 €.

C'est dans un cadre idyllique avec terrasse au bord de l'eau et vue imprenable sur la mer et l'île du Levant, qu'Alain Ryon dispense une cuisine fraîcheur et propose un joli menu du marché, renouvelé quotidiennement en fonction des arrivages. Pour un prix plus que raisonnable au regard du lieu et du raffinement des mets, régalez-vous donc un repas entrée, plat, dessert, arrosé pourquoi pas de l'une des belles cuvées locales proposées. A la carte, trois entrées, trois plats et trois desserts. Attentionné, le service se déroule dans une atmosphère bistrot.

BÔ €€

8, avenue des Commandos-d'Afrique
✆ 09 80 67 62 37
www.bo-restaurant.com
Ouvert du mercredi au dimanche de 12h à 15h et de 19h à 23h. Réservation recommandée.

Pour changer des saveurs provençales, direction le Bô ! Ici vous attend une cuisine aux parfums de citronnelle, de lait de coco et de coriandre, ainsi qu'un coin à sushi, préparés avec un riz bio, pour étendre la dégustation au pays du Soleil-Levant. Quelques plats d'inspiration européenne sont également proposés. Attablez-vous donc confortablement dans la salle aux tons clairs, ou bien sur l'agréable terrasse extérieure, à deux pas des plages du centre-ville. Le restaurant propose aussi de l'emporter au 576 av Lou Mistraou à Bormes-les-Mimosas.

C BEACH €€

Boulevard du Levant
✆ 04 94 64 84 98
Ouvert d'avril à octobre. Plage aménagée selon conditions météo. Réservation recommandée.

Une petite plage paradisiaque où Corinne Tillard et Alexandre Rossi ne se lassent pas d'accueillir leurs hôtes saison après saison. Un établissement les pieds de l'eau avec tous les ingrédients nécessaires : décor, sable fin, restauration de bonne tenue et desserts maison. Lors de notre passage, la salade thaï n'a pas fait un pli, pas plus que le burger italien ! Les poissons et crustacés sauvages y sont réputés, notamment la langouste au barbecue...Très appréciable, une infrastructure couverte pour déjeuner à l'ombre du soleil brûlant.

Le port du Lavandou.

L'AUBERGE PROVENÇALE €€

11, rue Patron-Ravello ✆ 04 94 71 00 44
www.laubergeprovencale.fr
Réouverture mi-février. Ouvert tous les jours le soir à partir de 19h. Menus de 28 € à 36 €. Terrasse.

Le charme du centre-ville et les talents culinaires de Thomas Caro, font de cet établissement une étape gastronomique quasi incontournable du Lavandou. En terrasse ou dans la salle, de l'authenticité et un certain style qui vous mettront dans de bonnes dispositions pour déguster une cuisine provençale et méditerranéenne avec la mise en valeur des produits de saison : gambas au citron vert, soufflé de poisson, galettes de panisse... Les desserts sont classiques et gourmands. Et pour accompagner le tout, rien de tel que la belle carte de vins locaux.

CHEZ LAURENT €€

Avenue Vincent-Auriol
✆ 04 94 64 95 23
www.restaurant-chezlaurent.com
Maître Restaurateur. Ouvert toute l'année. Menus de 19,90 € à 45 €. Chèque Vacances, Chèque Restaurant. Terrasse.

La bourride de Laurent, le chef de cuisine, composée de 3 variétés de poissons, moules en coquilles, haricots verts, pommes de terre, crustacés, a fait la réputation de cette maison, où la cuisine provençale est mise à l'honneur. En dépit d'un certain succès bien mérité, l'accueil et la qualité sont toujours de rigueur. Tous les midis en semaine, il propose aussi un menu du marché au remarquable rapport qualité-prix. Pour les portefeuilles plus garnis, le menu Découverte à cinq plats est on ne peut plus gourmand ! Réservation fortement recommandée.

PLANCHES & GAMELLES €€

46, quai Baptistin-Pins ✆ 09 86 28 65 28
https://www.planchesetgamelles.fr
Ouvert toute l'année. Tous les jours de juin à septembre. Se renseigner hors saison. Vinothèque ouverte toute l'année.

P&G comme Planches & Gamelles. Un bistro face au port de plaisance du Lavandou, à l'écart d'une trop forte agitation. Créée par Anthony Lopez, l'adresse a changé de mains en 2019. L'identité « bouchon provençal » des lieux reste inchangée, pour le plus grand bonheur des nombreux habitués qui s'y retrouvent. Le rapport qualité-prix est toujours excellent le midi comme le soir. Côté vin, ambiance vinothèque avec plus de 150 références disponibles toute l'année, en bouteille, au verre ou à emporter. Le petit plus : menu végétalien sur simple demande préalable.

DOMAINE DE L'ANGLADE

Avenue Vincent-Auriol
✆ 04 94 71 10 89
www.domainedelanglade.fr
Hors saison : se renseigner. En juillet-août, ouvert du lun au ven de 9h à 13h et de 16h à 19h30 + Dimanche matin.

Voici l'unique exploitation viticole au cœur du Lavandou, propriété depuis 1925 de la famille Van Doren, célèbre pour la fabrication de anches pour clarinettes et saxophones. Le domaine de 40 ha dont 19 de vignes est harmonieusement intégré dans un véritable écrin de verdure en bord de mer, où la vigne est protégée du marin par de jolis roseaux. Sur rendez-vous, vous pourrez réserver une visite complète qui comprend un tour dans les vignes à pied. À l'entrée du domaine, vous profiterez de la boutique pour faire vos emplettes d'un vin de renom.

© DOMAINE DE L'ANGLADE

© DOMAINE DE L'ANGLADE

CÔTÉ MER

CHEZ JO €€€

Plage du Layet
✆ 04 94 05 85 06
Ouvert de début mai à fin septembre. Tous les jours en juillet et août. Hors saison, se renseigner.

La légende est encore et toujours en place ! Dans un cadre hautement méditerranéen, l'adresse est un incontournable d'un été réussi pour bon nombre d'habitués locaux ou de passage. Des hôtes reçus face à la mer comme des amis, sur la grande terrasse juste au-dessus de l'eau limpide. On se régale avec une bouillabaisse préparée au feu de bois, les poissons grillés, langouste ou plat de moules. Une véritable expérience authentique, où les textiles et les naturistes de la plage du Layet se côtoient et se régalent toujours en harmonie.

LES TAMARIS CHEZ RAYMOND €€€

Boulevard de la Baleine ✆ 04 94 71 07 22
Fermeture annuelle de novembre à février. Réservation recommandée. Carte : 70 € environ. Bouillabaisse à 75 euros.

Une adresse incontournable, les pieds dans l'eau, pour les amoureux des produits de la mer. L'établissement de Raymond Viale, le pêcheur-restaurateur, s'est constitué depuis 1963 une clientèle d'habitués, inconditionnels de sa bouillabaisse du pêcheur, de sa bourride, de son fameux chapon farci, et de toutes ses autres spécialités de poissons grillés au feu de bois. Bien moins de choix en revanche côté dessert : on ne vient pas là pour ça. Une belle adresse, authentique comme on les aime avec ses qualités et ses défauts. Réservation obligatoire.

FROMAGERIE L'ÉTALE

5, place des Joyeuses Vacances
✆ 06 40 67 62 50
Ouvert du mardi au samedi de 8h30 à 13h et de 16h30 à 19h30, et le samedi de 8h30 à 13h.

L'emplacement déjà – place des Joyeuses Vacances – fleure bon l'échappée gourmande... Et nul besoin d'attendre l'été ! Installée depuis fin 2018, Sandra Bianchi vous reçoit toute l'année avec dynamisme et enthousiasme dans son alléchante petite fromagerie. Ancienne clerc de notaire reconvertie, elle met un point d'honneur à proposer ici ce qui ne se fait pas ailleurs : mission accomplie ! Tomme aux fleurs sauvages, à la truffe d'été, Rovethym de Haute-Provence, beurre de baratte, yaourts artisanaux : les découvertes se suivent et ne se ressemblent pas.

LAVANDOU PLONGÉE

Quai du Labbé
✆ 04 94 71 83 65
www.lavandou-plongee.com
Fermé vacances scolaires de Noël. Baptême : 80 €. Formation niveau 1 : 430 €. Partenaire du Parc National de Port-Cros.

La promesse de Lavandou Plongée : vous accompagner pour de superbes plongées, à portée de palmes et pour tous niveaux, avec une équipe partenaire du parc national de Port-Cros depuis 1994. Une immersion en toute sécurité dans des sites préservés de la Méditerranée. Les plus chevronnés pourront découvrir quelques-unes des épaves mythiques du littoral varois : le Donator, le Grec, la Barge aux Congres, le Togo, le Rubis, les avions Wildcat et Hellcat, Spahi, parmi tant d'autres... Sur demande, l'équipe propose des stages spéciaux pour les recycleurs !

MULTI-CROISIÈRES

Nouveau port
✆ 06 59 18 44 39
https://www.multicroisieres.com
Ouvert du 15 mai au 1er octobre. Tarif à partir de 45 € par personne. Privatisation possible du catamaran.

En petit groupe de 6 personnes maximum sur le bateau, prenez la barre d'un catamaran rapide et passez un moment inoubliable au cœur de l'archipel des îles d'Or ! Au programme, découverte de la navigation et mouillage dans les plus belles baies du parc national, pour y découvrir la faune et la flore aquatiques. Le soir, à l'heure où la baie retrouve son calme, baignée par la luminosité d'une fin de journée, aller jeter l'ancre le temps d'un apéritif offert par le skipper. Possibilité de privatisation du catamaran avec un programme sur mesure créé par le skipper.

SAILING ADELANTE

Port du Lavandou
✆ 06 28 05 63 48
www.sailing-adelante.com
Ouvert toute l'année. A partir de 250 €/personne en basse saison pour un week-end, 500 €/personne pour une semaine.

Skipper professionnel, Damien Lescure vous accueille à bord de son voilier *Adelante* pour des escapades avec hébergement à bord. De type course-croisière, son First 40.7 de 12 m est performant, confortable et très bien pensé. Il peut accueillir 4 à 7 personnes et compte une cuisine et deux douches, intérieure et extérieure. La parfaite option en somme pour un séjour intimiste taillé sur mesure éloigné du tourisme de masse. Orientées nature, ces croisières authentiques seront aussi l'opportunité de (re) découvrir les plus belles criques du coin.

BORMES-LES-MIMOSAS ★★★

Le village aurait été fondé vers 400 avant J.-C. par les Bormani, tribu ligure venue d'Italie qui vivait de piraterie jusqu'à la pacification romaine. Au IXe siècle, les habitants émigrent sur les hauteurs pour échapper aux attaques des Sarrasins. Le village était dominé par le château des seigneurs de Fos qui appartenaient à la même famille que les vicomtes de Marseille. Pendant l'Ancien Régime, Bormes était devenu le modèle d'un village autogéré par un conseil formé de bourgeois, d'artisans et de paysans. A la fin du XIXe siècle, les explorateurs anglais rapportèrent du Mexique une plante vivace, aux minuscules fleurs jaunes, le mimosa. Cette plante de la famille des acacias trouva dans l'amphithéâtre rocheux du village de Bormes un microclimat idéal. Il en existe environ 1 200 espèces dont plus de 700 sont originaires d'Australie. A Bormes, il y en a 90 variétés. L'absolu de mimosa est utilisé en parfumerie et en cosmétologie pour fabriquer des savons et l'eau de Bormes, de même qu'en cuisine où il entre dans la composition de bonbons, gelées de mimosa, sirops ainsi que la mimosette... La dénomination de Bormes-les-Mimosas se généralisa dans les années 1920 et devint officielle en 1968. Le mimosa, devenu le symbole de la cité, est fêté chaque année en février avec le corso fleuri. La ville s'enorgueillit aujourd'hui de posséder une collection de mimosas unique au monde dans un parc municipal, le parc Gonzalez.

CHAPELLE NOTRE-DAME-DE-CONSTANCE ✝

Ouverte en été seulement.

Erigée au XIIIe siècle sur les ruines d'un autel gaulois, elle porte le nom de Constance de Provence, comtesse d'Arles. Culminant à 324 mètres d'altitude, il faut, pour y parvenir, gravir un chemin de randonnée jalonné d'oratoires. Cette chapelle abrite une collection de vitraux relatant la vie du Christ. Sur le parvis, on peut admirer un magnifique paysage avec le Coudon et la Méditerranée en point d'orgue. Une table d'orientation vous aidera à vous repérer.

CHAPELLE SAINT-FRANCOIS-DE-PAULE

Place Saint-François

Ouverte toute l'année.

Une chapelle érigée au XVIe siècle en hommage au Moine Saint-François, originaire de Calabre. Il fit étape à Bormes en 1481, presque par hasard, et sa seule présence permettra aux habitants d'échapper à l'épidémie de peste. À la révolution, le bâtiment a failli être vendu pour devenir un moulin... Ce ne sera finalement pas le cas ! Un cimetière attenant abrite plusieurs membres de la confrérie des pénitents blancs. L'édifice se visite gratuitement toute l'année.

LE CAP BÉNAT ★

Domaine privé : découverte uniquement via le sentier littoral.

Cette petite pointe rocheuse située face aux îles d'Hyères se découvre principalement par la mer et c'est peut-être de cet angle qu'il se présente sous son plus bel aspect. Si cela ne vous est pas possible, pas de panique, empruntez le sentier littoral et c'est parti pour 14 kilomètres sur le fameux sentier des Douaniers. Il vous permettra d'admirer de sublimes paysages et la pointe du Port-qui-Pisse. L'extrémité du cap supporte le château de Retz, le sémaphore et surtout le phare. Une balade incontournable lors d'un séjour dans ce coin du Var.

LE CHÂTEAU DES SEIGNEURS DE FOS ★

Château privé, fermé au public. Intéressant pour son point de vue.

Classé monument historique depuis 1931, pour certaines de ses parties, notamment la tour principale, il ne reste aujourd'hui que des vestiges de la courtine en forme de polygone et du logis seigneurial de Roger de Fos, symbole de la souveraineté des vicomtes de Marseille. Les remparts sont également bien conservés. C'est le point culminant du village (104 m) d'où l'on peut contempler un superbe panorama sur Bormes, le Lavandou et les îles d'Hyères.

CÔTE MER

ÉGLISE SAINT-TROPHYME

✆ 04 94 71 00 08 (presbytère - rue Carnot)

Ouverte toute l'année.

Cette église de style néo-roman a été construite au XVIIIe siècle. Sur la façade, un cadran solaire porte l'inscription « Ab hora diei ad horam dei », « De l'heure du jour à l'heure de Dieu ». L'église abrite deux retables des XVIIe et XVIIIe siècles et un ancien chemin de croix. Un grand tableau de la fin du XIXe siècle représente le triomphe de Saint-Trophyme, premier évêque d'Arles vers l'an 250. La restauration complète de 1999 a permis la mise à jour de fresques datant de sa construction. Vous apprécierez mieux sa façade depuis la rue Carnot.

PARC DU CIGALOU

Au cœur du village

Ouvert toute l'année et tous les jours. Accès libre.

Il s'agit là d'une ancienne propriété privée acquise par la commune de Bormes-les-Mimosas en 1979 pour être transformée en un grand parc public. Situé au cœur du village, ses jolies allées sont bordées de palmiers, d'eucalyptus et de cèdres centenaires. Avec sa vue merveilleuse sur la baie de Bormes-les-Mimosas et les îles d'Or, ce poumon vert de 8 877 mètres carrés, aménagé de pergolas, bancs, aires de jeux pour les enfants est un excellent but de promenade. Son accès est possible par le boulevard du Soleil ou la rue Jean Aicard.

FORT DE BRÉGANÇON ★★

D42D

✆ 04 94 01 38 38

www.fort-bregancon.fr

Ouvert la première quinzaine de juillet et septembre. Visite guidée sur réservation auprès de l'office de tourisme.

Le promontoire de 35 m de haut, où se dresse aujourd'hui le fort, fut occupé dès l'époque celto-ligure. Au XIe siècle, la forteresse est bâtie avec ses 2 tours. En 1964, le général de Gaulle sera le premier chef d'État à dormir au sein du fort. Il décida de l'aménager en 1968 pour en faire la résidence officielle de villégiature de la présidence de la République. Depuis juin 2014, le fort a été rendu accessible au public avec la visite des jardins, du bureau du président, de la salle à manger, de la salle de télévision ou du petit salon.

PARC GONZALEZ

À l'entrée du village

www.bormeslesmimosas.com/fr/quoi-faire/visites-et-patrimoine/les-jardins

Jardin remarquable. Ouvert toute l'année. De 8h à 18h en hiver et de 8h à 20h en été. Visites libres et guidées.

Ce jardin botanique d'une superficie de 2 400 mètres carrés abrite deux-cent-cinquante espèces de végétation australienne. Il comprend une incroyable collection d'acacia, de banksia, d'eucalyptus, de grévillea, d'hakea, de mélaleuca et d'érémophilia. Pour compléter la visite, ne manquez pas la collection nationale de mimosas de Julien Cavatore, le seul et unique en France à posséder la collection agréée par le Conservatoire Français des Collections Végétales Spécialisées : elle se situe en haut du village, chemin des... orchidées.

MUSÉE ARTS ET HISTOIRE ★

103, rue Carnot

✆ 04 94 71 56 60

Fermé le lundi. Gratuit. Label Musées de France.

Un petit musée, particulièrement charmant, construit en pierre de Bormes. Il est installé dans une bâtisse du XVIIe siècle au cœur du village médiéval. Il n'évoque pas véritablement l'histoire locale mais abrite une belle collection de peintures et sculptures des XIXe et XXe siècles. On y retrouvera notamment des œuvres de Benezit, le fondateur du musée, mais aussi de Cross, Van Rysselberghe, Peské ou Gonzalez. Du mois d'avril au mois d'octobre, des expositions ponctuelles y sont organisées (peinture, sculpture, photographie).

PLAGES ET LITTORAL ★

Visite accompagnée du littoral borméen de mai à septembre, tous les mardis à 17h (sur réservation).

Bormes bénéficie d'une façade maritime de 22 km de long face aux îles d'Or. La plage de Gouron est accessible en voiture, avec un parking gratuit à proximité. La plage de la Favière, au sud du port, est la plus grande. La plage du fort de Brégançon est située au pied du fort. La plage de Cabasson (parking payant) se trouve derrière de petites dunes recouvertes de végétation. Le parc de l'Estagnol, plus à l'ouest, bénéficie d'une grande pinède et d'une eau limpide. La plage de Pellegrin (parking payant), borde une grande crique avec sable et galets.

Le vieux village.

HÔTEL DE LA PLAGE - HDLP €

352, boulevard de la Plage
✆ 04 94 71 02 74
www.hotelbormes.com
Ouvert d'avril à octobre. 43 chambres. Chambre double de 50 € à 117 €. Demi-pension (ajouter 46 € pour 2 personnes).

Situé à 300 mètres des plages de Bormes et du Lavandou, et à proximité du port de la Favière, du fort de Brégançon et du vieux village, l'hôtel jouit d'une situation idéale. Les chambres, exposées plein sud principalement, se targuent d'un balcon ou d'une loggia. De taille confortable, elles assurent de belles prestations. Le petit déjeuner est un must, à prendre sur la terrasse ou dans le jardin. Au restaurant le soir, l'atmosphère sur la terrasse invite à la détente. Ici le chef aime à varier les plaisirs, les spécialités régionales sont mises à l'honneur !

© HÔTEL DE LA PLAGE - HDLP

© HÔTEL DE LA PLAGE - HDLP

LE VIEUX VILLAGE ★

Visite libre toute l'année grâce à la brochure de l'office de tourisme et au balisage dans le village.

Le village médiéval de Bormes-les-Mimosas est référencé parmi les plus beaux sites du Var. Au-delà de la rue Carnot, vous pouvez admirer la tour de l'Horloge, surmontée d'un campanile. Dans les vieilles ruelles tortueuses aux noms charmants, Plaine-des-Anes, Roumpi-Cuou, Venelle-des-Amoureux, remarquez l'architecture d'époque et son patrimoine du XIIe siècle, les poternes, les linteaux décorés, les encadrements sculptés des portes. De nombreuses boutiques et des restaurants vous feront certainement de l'œil tout au long de votre balade.

OFFICE DE TOURISME

1, place Gambetta
✆ 04 94 01 38 38
www.bormeslesmimosas.com
Basse saison : ouvert du lundi au samedi. Haute saison : tous les jours. Horaires : se renseigner. Parking à 5 minutes.

Très actif, l'Office de tourisme de Bormes saura combler toutes vos envies de découverte pour un séjour inoubliable dans ce charmant village du littoral varois. 4 visites guidées à travers Bormes sont notamment proposées : découverte du vieux village (d'avril à septembre), les attraits botaniques de la commune (le parc Gonzales de janvier à mai, et le « circuit fleuri » au sein du village de juin à septembre), le littoral (de mai à septembre), sans oublier la visite du Fort de Brégançon, résidence de villégiature des Présidents de la République.

LATITUDE VERTE

Port de la Favière
www.latitudeverte.fr
Fermé de novembre au 15 avril. Gratuit jusqu'à 4 ans. Accueil enfants. Visite guidée (à partir de 15 €).

Une toute nouvelle activité à Bormes-les-Mimosas qui est devenue un incontournable depuis 2019. Embarquez sur un navire à propulsion hybride, équipé d'une vision sous-marine, pour des balades en mer et des excursions commentées à Port-Cros, Porquerolles et le fort de Brégançon. Le navire limite l'émission de Co_2 et le bruit. Une première en France (hors Corse) avec la possibilité de visites sans débarquement ou avec débarquement en fonction des destinations choisies. Une navigation plus responsable, encadrée par une équipe de professionnels.

HOSTELLERIE DU CIGALOU*** €€

Place Gambetta ✆ 04 94 41 51 27
www.hostellerieducigalou.com

Membres de «Les Collectionneurs». Ouvert toute l'année. 20 chambres. Restauration (le Café du Progrès).

Cet hôtel familial de charme et de caractère est situé au cœur du vieux Bormes. Les 20 chambres offrent un confort impeccable et une décoration toujours personnalisée. « Coloniale », « baroque », « bucolique », « baldaquin » ou « évanescente », évocation du temps qui passe, du retour au naturel, ou bien encore d'une épopée romantique... Certaines se targuent d'une terrasse, orientée village ou jardin. Vous aimerez vous prélasser au bord la magnifique piscine de l'établissement, un véritable luxe quand le soleil chauffe de trop au cœur de l'été.

CAMP DU DOMAINE***** €€€

2581, route de Bénat ✆ 04 94 71 03 12
www.campdudomaine.com

Ouvert d'avril à fin octobre. Réservation recommandée. Gardé 24h/24. 1300 emplacements.

© CAMPDUDOMAINE.COM

Implanté sur un ancien domaine agricole, ce camping 5 étoiles a fêté ses 70 ans ! Blotti au sein d'une pinède, il bénéficie d'un accès direct à la plage. Les amateurs d'activités nautiques sont ravis en pratiquant le ski nautique, la planche à voile et même de la pêche en mer... Les services, les commerces, le club house du tennis, terrain de pétanque et restaurants sont à votre disposition. Des aménagements spéciaux et des animations placées sous la surveillance d'animateurs diplômés attendent les enfants, ainsi que des jeux pour les ados.

PLAGE MEYNIAL €€

Plage de la Favière
✆ 04 94 71 70 97
www.plage-meynial.com

D'avril à octobre. Ouvert tous les jours le midi. Parking gratuit jusqu'au 15 juin.

© PLAGE MEYNIAL

Un vent de fraicheur souffle sur la Plage Meynial avec une nouvelle configuration depuis l'été 2019. Le lieu reste idéal pour un déjeuner face à la mer après une baignade matinale ou une douce promenade les pieds dans l'eau. Laurent et Clovis Meynial, restaurateurs-plagistes vous accueillent sur la plage de la Favière, la plus grande de Bormes. Les nombreux habitués comme les visiteurs de passage s'y sentent bien. Ici rien à cacher, on est clairement informé de ce qui est fait maison et de ce qui ne l'est pas ! Une belle adresse.

LE CAFÉ DU PROGRÈS €€

7, place Gambetta
✆ 04 94 46 00 19
https://www.hostellerieducigalou.com

Ouvert toute l'année. Tous les jours le midi et le soir. De 7h à 23h. Menus de 19 € à 25 € (+ Carte).

Attenant à l'Hostellerie du Cigalou en plein cœur du village de Bormes-les-Mimosas, le Café du Progrès est une adresse que l'on affectionne particulièrement. Dynamique tout au long de l'année (soirées musicales le vendredi entre octobre et avril), elle propose une carte alliant avec brio tradition, audace et modernité. Également très sympathiques, les formules sur ardoise avec entrée, plat et dessert. Des plats savoureux et toujours bien présentés. Félicitations à Fanny en cuisine et à l'équipe de salle pour cette jolie proposition !

CÔTÉ MER

CHEZ SYLVIA €€

872, avenue Lou-Mistraou
✆ 04 94 71 14 10
Fermé de décembre à début février. Basse saison : fermé le mercredi et le jeudi midi.

Situé sur la route principale entre Bormes et Le Lavandou, ce restaurant est une ode à la cuisine sicilienne ! Sylvia Giaramidaro, la maîtresse des lieux, veille au grain depuis 1953 à ce que les traditions culinaires de son île d'origine soient respectées. Secondée par sa fille Isabelle, et par Momo, le chef depuis plus de 20 ans, elle ne jure que par le fait maison, et avec des produits de qualité. Les pizzas, particulièrement appréciées des amateurs pour leur pâte fine et croustillante, sont préparées à l'ancienne avant d'être cuites dans le four à bois.

LA RASTÈGUE €€

48, boulevard du Levant
✆ 04 94 15 19 41
www.larastegue.com
Fermeture annuelle de novembre à mars (voire Pâques : se rens). Menu unique à 50 €. Pas de carte.

Grâce à leurs expériences et vécus professionnels, Jérôme Masson en cuisine et sa femme Patricia en salle ont conquis les épicuriens de Bormes-les-Mimosas et alentour. Que ce soit dans la salle confortable avec sa cuisine ouverte ou sur la terrasse, dont la vue s'échappe jusqu'à la Méditerranée, c'est un réel plaisir de découvrir la cuisine ciselée et franche de ce jeune chef. Dans son menu unique, présenté sur une simple feuille pliée en deux, il vous propose un repas bien complet comportant entrée, poisson, viande, fromage ou dessert.

MIMOSA €€

284, boulevard du Front-de-Mer
✆ 09 87 36 49 46
https://mimosa.eatbu.com/?lang=fr
Ouvert du mardi au samedi le midi et le soir. Réservation recommandée. Menus à partir de 38 €. Terrasse.

Le chef David Archinard et sa compagne Nathalie livrent une partition d'un excellent niveau, en cuisine comme en salle. La bistronomie locale, d'inspiration méditerranéenne, s'accorde à merveille avec la décoration chaleureuse de l'établissement. Lors de notre passage, il nous a été impossible de nous priver d'un délicieux œuf mimosa à la truffe d'été. Un must de la maison ! L'adresse a déjà charmé le guide Michelin avec l'attribution d'un BIB Gourmand. Une vraie belle adresse pour Bormes-les-Mimosas, à découvrir sans tarder !

LA TABLE DE L'HDLP €€

352, boulevard de la Plage
www.latabledelhdlp.com
Ouvert d'avril à fin octobre. Dîner : tous les soirs du lundi au dimanche. Déjeuner : uniquement le dimanche à midi.

La Table de l'Hôtel de la Plage fait la part belle aux produits frais, tout est fait sur place. Convivialité et plaisirs au menu, il est possible de manger à l'intérieur, sur la terrasse chauffée pour les jours de fraîcheur, et sur la belle et grande terrasse extérieure à l'ombre des platanes. Goûtez aux spécialités provençales et méditerranéennes dans le pur respect des traditions. Le chef fait preuve de créativité et d'esthétique dans les présentations des plats. Chaque année la carte est renouvelée en fonction des produits, des rencontres ou des essais du chef.

L'OSTERIA €€

4, place Gambetta
✆ 04 89 79 11 60
Fermé de novembre à décembre. Ouvert le week-end le soir. Plat : 14-24 €. Pizza : 9-15 €

Marie et Jordane font souffler un petit air de *dolce vita* sur la jolie place Gambetta. Attablé en terrasse ou dans la salle cosy à l'ambiance jazzy, difficile de choisir parmi le choix éclectique de pizzas avec une pâte croustillante à souhait ! Au-delà des pizzas, on peut aussi opter pour une entrecôte pizzaiolo avec câpres, anchois, olives et origan, pour des *polpettes* ou bien pour des pâtes des Abruzzes ou de la *spianata* calabraise (piquante juste ce qu'il faut), directement importés d'Italie. Côté dessert, allez-y les yeux fermés !

CHEZ RICHARD €€€

1631, route de Léoube
✆ 04 94 71 60 22
www.restaurant-chez-richard.fr
Ouvert de mi-avril à mi-octobre. Haute saison : ouvert tous les jours le midi et le soir. Plat 15-25 € en moyenne.

Situé dans un site exceptionnel au bord de l'eau (la plage de l'Estagnol est un must), face aux îles d'Hyères, ce restaurant-snack joue à la perfection une partition à prix doux pour le plus grand bonheur des convives. Depuis 1998, cette adresse propose de belles salades composées, des grillades délicieuses de poissons et viandes, dont une fameuse côte de bœuf, une carte spéciale de moules et des spécialités provençales telles que la bouillabaisse. Parmi les suggestions du chef, daube de seiches, aïoli provençal ou encore seiches à la plancha.

CHÂTEAU LÉOUBE

2 387, route de Léoube (route des plages)
✆ 04 94 64 80 03
www.chateauleoube.com
Ouvert tous les jours de 9h à 19h30 de juin à septembre. Fermé le dimanche en basse saison. Dégustation gratuite.

Le domaine s'étend sur 4 km, en bord de littoral, avec 68 hectares de vignes et 23 hectares d'oliviers. Les rosés, les rouges, et les blancs sont de purs instants gourmands. Quant aux huiles d'olive, elles sont d'une grande limpidité, aromatiques et persistantes en bouche. Soyez-en sûr, la majestueuse boutique ne vous laissera pas indifférent. À partir des vacances de Pâques, le Café Léoube, installé sur la plage du Pellegrin, propose quant à lui une belle cuisine méditerranéenne en grande partie confectionnée à partir de produits bio et des légumes du potager.

L'ÉPICERIE - TASTO DE PROVENCE

Boulevard du front de mer
✆ 06 13 59 56 22
D'avril à octobre : ouvert tous les jours de 10h à 13h et de 15h à 19h. Réseau : Sud de France.

L'épicerie de Vanessa Zanini Vatinet est une mine d'or pour les gourmands et amateurs de délices artisanaux ! Des traditionnelles tapenades, sardines à l'huile et anchoïades en passant par une vaste gamme de confitures, miels, nougats, sirops, biscuits... Vous y dégoterez aussi un vaste panel d'huiles d'olive françaises, qui fait d'ailleurs la réputation de l'enseigne depuis une quinzaine d'années, ainsi qu'une jolie gamme de cosmétiques à l'huile d'olive de Maussane les Alpilles.

GASTRONOMIA BORMES

2, place du Pin ✆ 04 94 87 91 37
www.gastronomiabormes.org
Qualité Tourisme. Ouvert du mardi au samedi de 9h à 12h30 et de 15h30 à 19h30 ; le dimanche de 9h30 à 12h30.

Situé en contrebas du village, quartier du Pin, cette épicerie fine décline une belle sélection de produits locaux ou d'ailleurs, mais provenant en tous cas de petits producteurs. Au-delà de quelque 300 références en produits gourmands, vous y dénicherez charcuterie et fromage sous forme, ou pas, de plateaux à emporter, des *box* apéro, et même des plateaux clés en mains pour vos fondues et raclettes ! Pour accompagner le tout, pas moins de 380 références de vins, champagnes, whiskys et autres spiritueux ; demandez conseil à Christophe, il saura vous orienter.

MARCHÉS

Bormes vit toute l'année au rythme de ses marchés. Des sorties incontournables si vous séjournez à Bormes ou dans ses environs avec des marchés colorés, pittoresques et parfumés qui vous attendent. Le mercredi matin, c'est le grand marché hebdomadaire place Saint-François, dans le vieux village. De mai à septembre, le samedi matin, marché provençal de la Favière, sur le parking du marché. En juillet-août, marchés nocturnes le lundi soir à la Favière, le mardi soir place Saint-François (marché artisanal), le vendredi soir sur le port.

BORMES PLONGÉE

Port de la Favière
✆ 04 94 64 91 28
www.bormesplongee.fr
Qualité tourisme. Ouvert toute l'année. Baptême : 75 €. Plongée d'exploration : 45 €. Chèque Vacances.

Service, plaisir et sécurité sont les maîtres mots de cette structure à taille humaine. Embarquez et offrez-vous l'exploration des plus beaux sites sous-marins de la Méditerranée, du parc national de Port-Cros et des épaves mythiques de Porquerolles à Saint-Tropez. En famille et dès 8 ans, optez également pour la randonnée palmée en autonomie (matériel fourni) afin de découvrir les fonds très riches en poissons des environs de Port-Cros ou de la rade. L'équipe de moniteurs professionnels sera à votre écoute pour rendre votre expérience inoubliable !

PLONGÉE PRIVILÈGE

Port de la Favière ✆ 06 85 58 24 14
www.plongeepriveebormes.com
Centre ANMP. Équipement Scubapro. Ouvert de mi-mai à fin septembre. Baptême : 1058 €. Plongée d'exploration : 90 €.

Après plus de quinze années passées sur le littoral de l'île de Beauté, Siglinde et Pascal ont retrouvé le continent depuis 2011. De mai à septembre, ils quittent leurs montagnes savoyardes pour Bormes-les-Mimosas, et proposent des plongées véritablement « privilégiées ». Loin, très loin, du concept des usines à bulles, ils vous convient à des sorties intimistes en tout petit comité : pas plus de 4 plongeurs par sortie. A noter que le bateau est proposé à la location avec skipper : que vous soyez plongeur ou non, finalement vous avez toute votre place à bord !

LA LONDE-LES-MAURES ★★

S'étirant sur 7 800 ha, La Londe-les-Maures est recouverte au deux tiers de vignobles et de forêts. Un village dont l'avenue principale a récemment été rénovée avec goût, qui offre une grande diversité de paysages, des plages de sable, une vue imprenable sur les îles de Porquerolles et de Port-Cros, et le massif des Maures. La commune réserve aux visiteurs de magnifiques promenades et propose des loisirs sportifs, nautiques, culturels et festifs qui sauront séduire un large public. Parmi ces événements les plus emblématiques, la fête des vins courant avril, Nature en fête le même mois, le festival de jazz fin juillet et le marché des vins de La Londe.

MUSÉE VIVANT DES AUTOMATES VIGNERONS

Route Valcros ✆ 04 94 66 80 20

www.maravenne.com

Ouvert toute l'année. Sur réservation uniquement. Dégustation spéciale offerte au caveau. 13 € / adulte.

Au sein du Château Maravenne, qui déjà à lui seul mérite le détour, bienvenue au musée vivant des automates vignerons ! Au fil de votre visite, pas moins de 50 personnages et animaux défilent devant vos yeux de façon totalement automatisée, pour retracer dans un décor réaliste et grandeur nature le quotidien d'une famille vigneronne dans les années 1920. Un voyage dans le temps qui captivera petits et grands, et qui s'achève automatiquement par une dégustation !

LE DOLMEN DE GAOUTABRY

Gratuit. Prévoir des chaussures cramponnées.

Un monument mégalithique parmi les plus intéressants et les plus grands de la région Sud Provence-Alpes-Côte d'Azur. Inscrit aux Monuments historiques depuis le 22 février 1988, il a été découvert en 1876. Le dolmen de Gaoutabry est une tombe collective qui contenait des ossements humains accompagnés de poteries, outils en silex ou perles). Le site culmine à 198 mètres d'altitude, pour dominer la baie de La Londe-les-Maures jusqu'à la presqu'île de Giens. Le dolmen mesure 6,5 m de long sur 1,5 m. Prévoir de l'eau et de bonnes chaussures de marche.

LES PLAGES ★

Label Tourisme & Handicap pour la plage de l'Argentière.

Dans le cadre du label Handi Plage, les trois plages de l'Argentière, Tamaris et Miramar sont à présent équipées de tapis d'accès à la mer, prêt de matériel de type hippocampe ou tiralo, sanitaires et parkings adaptés. La plage de l'Argentière est par ailleurs labellisée Tourisme et Handicap. À son extrémité est, un sentier sous-marin est balisé aux beaux jours (à parcourir accompagné). Sur la plage de Tamaris, le pôle d'activités Handi Planète Loisirs propose en saison des sorties jet ski et quad adaptées aux personnes en situation de handicap.

JARDIN ZOOLOGIQUE TROPICAL ★

583, route de Saint-Honoré

✆ 04 94 35 02 15

www.zootropical.com

Haute saison ouvert tous les jours de 10h à 19h. Adulte : 12 €. Enfant de 2 à 12 ans : 7 €.

Depuis 1989, une collection exceptionnelle d'animaux est présentée dans un parc paysager de 6 hectares classé «Jardin remarquable» par le ministère de la Culture. On y rencontre 300 oiseaux et mammifères de 60 espèces différentes originaires de tous les continents, au sein d'un jardin botanique luxuriant. Le Jardin zoologique tropical contribue à la conservation et à la reproduction d'espèces en voie d'extinction au travers de programmes internationaux d'élevage.

OFFICE DE TOURISME INTERCOMMUNAL

60, boulevard du Front-de-Mer

✆ 04 94 01 53 10

www.mpmtourisme.com

D'avril à septembre : ouvert tous les jours. Hors saison : se renseigner.

L'office vous conseille de façon personnalisée pour l'organisation de vos visites et de votre séjour sur la commune, et vous renseigne sur les disponibilités des hébergements, ainsi que sur les activités de loisirs de la destination et alentour. Demandez la brochure « Amusez-vous ! » : des prestations clés en main à des prix malins sur les activités de loisirs et de découverte (formule bateau + vélo à Porquerolles, zoos, parcs aquatiques, visites, etc.).

© HERVÉ FABRE

DOMAINES OTT - CLOS MIREILLE

Route du Fort-de-Brégançon ✆ 04 94 01 53 55
www.domaines-ott.com

De mai à septembre inclus & jours fériés, ouvert du lundi au samedi : 10h-13h & 14h-19h. Hors saison : se renseigner.

Acquis en 1936 par Marcel Ott, le Clos Mireille bénéficie d'une situation géographique face à la mer propice à la naissance de vins subtils et singuliers. Le Blanc rivalise avec les meilleures cuvées nationales, alors que le rosé 2020 demeure une référence internationale. Sur place, vous aurez le loisir de découvrir les vins des deux autres propriétés des Domaines Ott* : le Château de Selle à Taradeau (AOC Côtes de Provence) et le Château Romassan au Castellet (AOC Bandol).

LES VOILES D'AZUR €

215, route du Pellegrin
✆ 04 94 66 81 78
www.lesvoilesdazur.fr/la-londe-les-maures.php
Nuit + petit-déjeuner : à partir de 39 euros/jour. Chèque Vacances. Séminaires. Wifi gratuit.

Situé entre terre et mer, entouré de vignes et à seulement 10 min à pied des départs pour les îles d'Or, le centre de vacances Les Voiles d'Azur propose des hébergements de 1 à 4 personnes en formule demi-pension ou pension complète. De très nombreux services sont à la disposition des résidents pour faciliter leur séjour. Au centre des 4 bâtiments de type provençal, une cour pour se détendre et se restaurer. Les activités sportifs sont également au cœur du concept avec courts de tennis, terrain de volley, ping-pong et espaces sportifs !

LE GALION €€

16, carré du Port-Miramar
✆ 04 94 38 96 80
www.legalion-restaurant.fr
Ouvert toute l'année. Haute saison : tous les jours le midi et le soir. Menus de 16 € à 30 €.

Le Galion est une petite adresse très sympathique du port Miramar, proposant une cuisine certes classique mais de qualité, et surtout à des prix plus que raisonnables. Au programme : pizzas, moules - frites de toutes sortes, poisson grillé, linguines aux palourdes, tartares, côte de bœuf, salades... Le service est tardif en été pour vous donner la possibilité de déguster une bonne glace face au clapotis des bateaux. L'accueil est toujours de qualité, rapide et souriant, sur la terrasse ou dans la salle joliment décorée. Le bonheur en toute simplicité !

L'ARGENTIÈRE CLUB*** €€

Chemin du Domaine de l'Argentière
✆ 04 94 66 80 44
www.argentiere-club.com
Ouvert toute l'année. De 245 € à 1 390 € la semaine selon saison. 20 logements (du T1 au T3). Parking gratuit.

Du T1 au T3 de 2 à 6 personnes, l'Argentière Club a de nombreux atouts pour des vacances réussies entre amis ou en famille. Une situation idéale à 250 mètres de la plage dans un domaine résidentiel fermé, des équipements de qualité pour tous (piscine, jardin, tennis, pétanque) et un accueil décontracté. À quelques pas, un petit centre commercial avec restaurants, supérette et boutique. Un peu plus loin, en longeant le bord de mer, le port Miramar de la Londe avec ses nombreuses activités. Une adresse très futée pour un séjour dans le Var !

RESTAURANT LA CIGALE €€

Rond Point du Général-de-Gaulle
✆ 04 94 23 28 17
https://la-cigale.eatbu.com
Ouvert toute l'année. Du mardi au samedi le midi et le soir ; le dimanche midi. Chèques non acceptés.

Une adresse qui dure dans le temps, déjà 10 ans pour la Cigale ! Déjeuner ou dîner chez le chef Eric Blanc, c'est l'assurance de déguster une cuisine de première fraîcheur, gourmande, teintée d'une pointe d'exotisme. Une table et une épicerie fine italienne (nouveauté 2020) avec un excellent rapport qualité-prix, notamment le plat du jour. La salle est lumineuse et la terrasse ombragée, tout ceci à deux pas du centre-ville. Le chef travaille à l'ardoise avec quelques incontournables comme le foie gras maison et le baba... au limoncello, un régal !

CASA FIORINO €€

1, rue Henri-Fabre
✆ 09 51 26 10 78
Maître Restaurateur. Ouvert du mardi au dimanche le midi et le soir. Chèque Vacances, Chèque Restaurant.

Un restaurant italien authentique, légèrement en retrait du centre-ville. La terrasse a été aménagée dans une rue peu passante, de quoi se régaler en toute tranquillité. Mozzarella panée, tortellini au gorgonzola et coppa, pâtes aux Saint-Jacques et gambas, polpettes maison et autres pizza savoureuses, voilà un avant-goût de ce que vous découvrirez à la carte de la Casa Fiorino, chez Antonio et Alexandra. Maître restaurateur oblige, tout est concocté maison avec un vrai savoir-faire à l'italienne. On adore ce petit bout d'Italie en terre londaise !

L'HEMINGWAY €€€

Plage de l'Argentière
✆ 06 32 50 02 57
www.lhemingway.com
Ouvert tous les jours en saison de 10h à 1h. Réservation impérative. Menu découverte : 48 €. Plage privative.

L'Hemingway, comme un mirage sur la délicieuse plage de l'Argentière, face à la baie des îles d'or. Les nombreux atouts de l'Hemingway sauront émerveiller les amoureux de décoration cossue, de cuisine savoureuse, de service attentionné et de panorama dépaysant. Les larges tables et fauteuils créent une intimité toute naturelle, pour une expérience culinaire des plus agréables. Dans l'assiette, la cuisine World Food d'influence asiatique donne toute sa place aux produits frais de l'entrée au dessert. L'Hemingway jouit d'une belle plage privative.

CHÂTEAU DES BORMETTES

903, route du Pellegrin
✆ 04 94 66 81 35
https://chateaudesbormettes.com/fr/
Horaires : se renseigner. Ouvert tous les jours en juillet-août. Visite des chais sur rendez-vous.

Face à la Méditerranée, au sein d'un environnement préservé avec 140 hectares de maquis et de forêt – un chêne liège millénaire trône d'ailleurs sur la propriété –, la situation du Château des Bormettes est grandiose. Les archives attestent de la présence d'un vignoble ici-même dès le XIVe siècle. Propriété familiale depuis le début du XXe siècle, le vignoble s'étend aujourd'hui sur 70 hectares, et est dirigé par Fabrice Faré. Les six cuvées proposées en blanc, rouge et rosé, sont toutes classés en AOP Côtes de Provence et Côtes de Provence La Londe.

CHÂTEAU DU CARRUBIER

1590, route du Carrubier
✆ 04 94 66 82 82
Ouvert du lundi au samedi de 14h30 à 18h30 (17h en basse saison).

Propriété familiale depuis 1974, le Château du Carrubier s'étend sur 88 hectares dont 25 hectares de vignes, plantées au creux des collines des Maures et à proximité de la mer. Ici, la tradition côtoie la modernité, et les savoir-faire d'antan perdurent. Les vendanges notamment, sont encore faites manuellement, et les raisins sont triés puis égrappés avant d'être mis en cuve. Les vins produits dans les trois couleurs sont intégralement classés en AOP Côtes de Provence, et se voient régulièrement attribuer médailles et récompenses.

AQUALONDE PLONGÉE

Carré du Nouveau Port
✆ 06 09 88 45 55
www.aqualonde-plongee.com
Fermé de janvier à mi-mars. Baptême : 88 € (dès 8 ans). Forfait « Aqualonde Expérience » (dès 10 ans) : 145 €.

© GREGORY DUMONT 2020

Un club historique sur le port Miramar, repris il y a peu par Clément, professionnel et fort sympathique, et accueillant tout au long de l'année ou presque une clientèle familiale de plongeurs amateurs et aguerris (formations jusqu'au monitorat MF1 et Diplôme d'Etat). Situé à équidistance entre Port-Cros et Porquerolles, les plongées se tiennent généralement au sein du Parc national, sur le site de la Gavinière, ou encore sur les épaves du *Grec* et du *Donator*. En juillet-août, le forfait « Aqualonde Expérience » est idéal pour les débutants.

CHÂTEAU MARAVENNE

Route de Valcros
✆ 04 94 66 80 20
www.maravenne.com
Visite guidée du musée le mercredi toute l'année, à 15h (sur réservation). 5 chambres d'hôtes. Salle de réception.

Le vignoble en coteaux, adossé au massif des Maures avec vue sur les îles d'Hyères et le fort présidentiel de Brégançon, produit des vins Côtes-de-Provence issus de raisins de l'agriculture biologique. Les trois cuvées, Grande réserve, Collection privée et Donum dei, sont vinifiées avec du matériel de dernière génération. Le château Maravenne, demeure néo-provençale avec piscine, vous accueille toute l'année en gîtes et en chambres d'hôtes. À ne pas manquer la visite du remarquable musée des automates dédié aux métiers de la vigne et du vin.

CHÂTEAU PAS DU CERF

Route de Collobrières
✆ 04 94 00 48 80
www.pasducerf.com
Ouvert toute l'année. Parking. Label Tourisme & Handicap.

Les vignes de la famille Gualtieri, d'une grande diversité de cépages, s'étendent sur 80 hectares de coteaux orientés plein sud, au cœur du massif des Maures. De nombreuses médailles dans les trois couleurs sont glanées régulièrement au concours général agricole de Paris. De plus en plus, le château se tourne vers l'œnotourisme : visites de chai, journées portes ouvertes et sentier de randonnée balisé ont fait leur apparition au domaine. Le lieu est superbe pour l'organisation de mariages et de séminaires, plusieurs salles de réception sont prévues à cet effet.

CHÂTEAU SAINTE MARGUERITE

381, Route de Valcros
✆ 04 94 00 44 44
www.chateausaintemarguerite.com
Haute saison : ouvert du lundi au samedi 9h-19h. Dimanche 9h-13h00. Basse saison : se renseigner.

Fondé en 1929, le Château Sainte-Marguerite est la propriété de la famille Fayard depuis 1977. Les crus produits sur le terroir AOP Côtes-de-Provence-la-Londe, sont issus de l'agriculture biologique, garanti Label Vegan et s'expriment par leur originalité et leur finesse. Les vins de la cuvée Symphonie sont à découvrir, le blanc suave et raffiné, le rosé, fruité et onctueux et le rouge puissant et aux tanins fondus. En 2020, le nouveau chai a été inauguré... Tout simplement magistral !

CHÂTEAU VERT

Avenue Georges-Clemenceau
✆ 04 94 66 80 59
www.chateau-vert.com
Ouvert le dimanche en juillet-août, de 10h à 13h. Parking. Visite du domaine et de la cave sur rendez-vous.

Rachetée par la famille Ghigo en 2010 (déjà propriétaire du Château Peigros à Pierrefeu du Var), cette propriété du XVIIe siècle s'étend sur 34 hectares et se compose de deux terroirs de prédilection pour la culture de la vigne. L'un sur la frange littorale, dont certaines parcelles sont classées en AOP Côtes de Provence La Londe, et l'autre proche de la rivière Maravenne, composé d'alluvions et de sable, et duquel est issu un vin IGP des Maures nommé la Sabine. Aujourd'hui, l'ensemble du domaine est conduit en agriculture biologique.

DOMAINE DU JASSON

680, RD 88 ✆ 04 94 66 90 26
www.domaine-du-jasson.com
Juin à septembre : lundi-samedi (9h-12h/15h-19h). Le reste de l'année : lundi-vendredi (9h-12h/14h-18h), samedi (9-12h)

Propriété familiale au passé oléicole depuis 1867, le domaine du Jasson bénéficie d'un micro-climat propice à la culture de l'olivier. Les olives sont triturées directement dans le moulin du domaine. Trois huiles sont proposées : un assemblage estampillée AOC Provence en fruité vert, et deux monovariétales (bouteillan et cayon). Le domaine propose également des « agrulives », huiles obtenues à partir de ses olives et de ses agrumes (clémentine, kumquatou lime de Tahiti). L'occasion aussi d'admirer une magnifique vue des îles de Porquerolles et Port-Cros.

ECO PLONGÉE

Place Carré du Port
✆ 06 14 19 44 73
https://www.eco-plongee.com
Ouvert tous les jours de Pâques à la Toussaint. Baptême : 88 €. Sur réservation le reste de l'année. Parking.

L'équipe d'Eco Plongée propose aux débutants ou plongeurs confirmés de découvrir les très préservés fonds marins des îles d'Hyères et du parc national de Port-Cros. Des activités de plongée mais également de snorkeling pour toute la famille. Les plongeurs confirmés pourront explorer les nombreuses épaves qui gisent entre Hyères et Cavalaire. Pour les moins chevronnés, rien de tel qu'un baptême dans le parc national de Port-Cros ! Depuis 2019, ce centre engagé pour la sauvegarde de l'environnement et de la biodiversité, s'est doté de bateaux hybrides.

GOLF DE VALCROS

Avenue Vallée-Heureuse
✆ 04 94 66 81 02
www.golfdevalcros.com
Ouvert toute l'année. Restauration. Boutique.

Depuis 1964, c'est l'un des points d'intérêt majeurs pour tous les golfeurs du coin avec un rayonnement international. Ce parcours de 18 trous sur 50 hectares, exposé sud-est, abrité du vent et longeant la rivière Maravenne, est très caractéristique. Dans un environnement luxuriant d'une beauté saisissante avec chênes lièges et arbres méditerranéens, le golf de Valcros exige technique et précision. Le club-house accueille membres et non membres tous les jours de 8h à 20h pour un déjeuner ou un moment de détente après une partie de golf.

SENTIER SOUS-MARIN LE JARDIN DES MATTES

Visite libre de juin à septembre, et guidée en juillet-août : se renseigner.

Situé à la pointe de l'éperon rocheux de la plage de l'Argentière, ce sympathique parcours de sept bouées numérotées, équipées de main-courantes et de panneaux immergés, permet une balade aquatique en surface à la découverte de la faune et de la flore des petits fonds marins côtiers. Une activité en famille puisqu'il suffit de savoir nager, utiliser des palmes, un masque et un tuba. La zone est totalement protégée et sécurisée donc aucun risque !

CÔTÉ MER

SAINT-TROPEZ ★★★★

Ce port de commerce et de pêche connut une grande prospérité aux XVIIe et XVIIIe siècles, mais rien ne l'avait prédisposé à sa vocation de capitale de la jet-set. La silhouette de Brigitte Bardot dans *Et Dieu créa la femme* de Roger Vadim (1956), et les fameux gendarmes entraînés par Louis de Funès ont beaucoup contribué à le faire connaître, sous l'œil paternel du bailli de Suffren, enfant du pays statufié sur le port. Sa statue a été coulée en 1866 avec du bronze provenant des canons pris par Napoléon III aux Autrichiens. Les armoiries de la cité représentent un corps couché dans une barque : celui de saint Torpès (devenu Saint-Tropez), né Caïus Silvius Torpétius à Pise. Dignitaire des armées romaines, il fut choisi par l'empereur Néron comme intendant de son palais. Gardien de saint Paul, il se convertit au catholicisme. Néron le fit décapiter à Pise. Son corps fut placé dans une barque entre un chien et un coq, et dériva jusqu'à l'emplacement actuel du port. A plusieurs reprises au Moyen Age, la ville fut détruite par les Sarrasins, une fois en 739, une deuxième fois en 889. Au Xe siècle, le comte de Provence Guillaume Ier chasse les Sarrasins, fortifie la ville, et fait bâtir le château fort. En 1056, Saint-Tropez est cédée aux moines de Saint-Victor, qui fertilisent la région. Au XIVe siècle, la ville est ravagée par de nouvelles guerres entre les princes provençaux. En 1441, le gouverneur de la Provence confie la reconstruction de la ville à un architecte génois, Raphaël Pornazio de Garezzio. Saint-Tropez devient une république autonome et un port réputé pour la qualité de ses marins. Toute la ville est fortifiée. C'est de cette époque que datent la porte de la Ponche, la tour Jarlier, la tour Vieille, la tour du Portalet. La citadelle a été construite sur ordre d'Henri IV. On trouve dans la ville des encadrements de portes et fenêtres en serpentine, une roche verdâtre. Elle provient de carrières du massif des Maures. Jusqu'au XIXe siècle, Saint-Tropez vit principalement du commerce maritime. En 1894, Paul Signac arrive à Saint-Tropez, il s'installe dans une cabane de pêcheur de la plage des Graniers. Dans son sillage, Matisse, Derain, Renan, Liszt ou encore Colette vont contribuer à faire connaître ce petit village dans le monde entier. Mais c'est surtout dans les années 1950 que sa notoriété va littéralement exploser et devient un lieu de villégiature de la jet set européenne et américaine. Saint-Tropez attire les touristes à la recherche de célébrités, ou qui souhaitent découvrir une des villes les plus glamours de la côte.

LA CHAPELLE SAINTE-ANNE ✝

Il serait dommage de ne pas gravir la colline au sommet de laquelle se trouve la chapelle Sainte-Anne, ex-voto, construite au début du XVIIe siècle en action de grâces à la sainte, après une épidémie de peste qui épargna la ville. Chaque année, le 18 mai, dernier jour des Bravades, la population s'y rend pour assister à une messe d'action de grâces. Du parvis de la chapelle, la vue sur la baie de Saint-Tropez est superbe, mais hélas, la chapelle n'est pas ouverte au public, on ne peut y pénétrer qu'à l'occasion des fêtes et des journées du patrimoine.

LA MAISON DES PAPILLONS - MUSÉE DANY LARTIGUE 🏛

17, rue Etienne-Berny

✆ 04 94 97 63 45

du 8 juillet au 1er septembre et du 26 décembre au 7 janvier, tous les jours de 14h à 18h. Adulte : 2 €. Boutique.

Cette maison-musée des papillons, installée dans une maison particulière de l'ancien quartier des jardins, est à mettre à l'actif d'un peintre, Dany Lartigue, décédé en juin 2017 à l'âge de 96 ans, passionné de lépidoptères, qui sont épinglés dans des paysages que l'artiste a pris soin de peindre auparavant. Toutes les espèces diurnes de France, ainsi qu'une collection de papillons exotiques, composent cette collection. Plus de 35 000 spécimens sont ici rassemblés.

MUSÉE DE LA GENDARMERIE ET DU CINÉMA 🏛 ★

2, place Blanqui

✆ 04 94 55 90 20

www.saint-tropez.fr

Ouvert toute l'année. Adulte : 5 €. Enfant (de 12 à 18 ans) : 3 €. Gratuit jusqu'à 12 ans. Groupe : 3 € par adulte.

Un hommage à la série culte des *Gendarmes de Saint-Tropez* avec Louis de Funès. Ce musée de la gendarmerie et du cinéma occupe le bâtiment qui abrita la brigade de gendarmerie de 1879 à 2003 et servit de décor aux films. Au premier étage : l'histoire du bâtiment et de la gendarmerie à Saint-Tropez, reconstitution d'un bureau de gendarme des années 60, et l'histoire des films tournés dans la presqu'île varoise. Au second étage : Saint-Tropez à travers le cinéma.

CITADELLE SAINT-TROPEZ - MUSÉE HISTOIRE MARITIME ★

1, montée de la Citadelle ✆ 04 94 97 59 43
www.saint-tropez.fr/culture/citadelle
Ouvert toute l'année, tous les jours. Visites guidées de la forteresse sur réservation uniquement. Tarif unique : 4 €.

La Citadelle

Depuis 1589, la Citadelle couronne la ville, suite à des travaux sur la colline des Moulins, supervisés par le maréchal de Villars. Ce fortin est détruit six années plus tard, avant que de nouveaux aménagements défensifs soient réalisés au début du XVIIe siècle, au même endroit, par l'ingénieur militaire Raymond de Bonnefons. Le donjon actuel de la citadelle, tour hexagonale ceinturant une cour intérieure accessible par un pont-levis, sera terminé en 1607. Une enceinte viendra entourer le bastion quelques années plus tard. Elément de défense le plus important entre Antibes et Toulon durant des siècles, elle demeure l'un des seuls monuments de cette ampleur sur la côte varoise. Durant la première guerre mondiale, la citadelle sert de camp d'internement pour prisonniers allemands, puis elle sera occupée par les troupes italiennes et allemandes en 1942. Lors du débarquement d'août 1944 sur les plages méditerranéennes, l'ouvrage est libéré avec la ville par les troupes alliées et la 1re armée française.

Dans cette citadelle, deux types de visite sont possibles. Voir le paysage, le fort et faire le tour du musée en 45 minutes. Ou bien le musée est fait de telle façon que l'on peut y rester 3 heures, avec 2 degrés de lecture. Chaque salle (il y en a 21) propose un thème et une histoire.

Musée d'histoire maritime

La forteresse permet aux visiteurs de découvrir dans son beau donjon, l'épopée des marins tropéziens sur toutes les mers du monde, à l'image de celles du capitaine Annibal Bérard à Zanzibar ou du capitaine Morello sur les côtes indiennes. Au rez-de-chaussée, les visiteurs découvrent les activités maritimes de proximité comme la pêche, le cabotage, la construction des torpilles ou l'école d'hydrographie qui a formé des centaines de capitaines au XIXe siècle. A l'étage, le musée propose de s'évader aux quatre coins de la planète en compagnie des marins tropéziens. Voyages en Orient au XVIIIe siècle, sur les côtes d'Afrique ou des Indes à bord des grands trois mâts en bois au XIXe siècle sans oublier les campagnes au-delà du cap Horn ou sur les navires de guerre pour ne citer que quelques exemples. Dans une scénographie moderne qui laisse la place à l'interactivité, les visiteurs plongent dans une histoire maritime peu connue à travers quelque 300 objets répartis dans 21 salles. La visite s'achève sur la terrasse du donjon avec les salles consacrées à la plaisance et au motonautisme et en prime sur une vue incroyable de la région.

MUSÉE DE L'ANNONCIADE ★

Place Georges-Grammont
✆ 04 94 17 84 10
www.saint-tropez.fr/fr/culture/musee-de-lannonciade/
Fermé du 1er au 15 février et du 15 au 30 novembre. Gratuit jusqu'à 12 ans. Adulte : 6 €. Enfant : 4 €. Boutique.

Le bâtiment est l'ancienne chapelle Notre-Dame de l'Annonciade construite entre 1510 et 1558 par la confrérie des Pénitents blancs chargée de racheter les marins Tropéziens capturés par les barbaresques et réduits en esclavage. Réquisitionnée à la Révolution, elle fut ensuite pillée. Vendu comme bien national sous la révolution en 1821, son clocher fut abattu et le toit réparé sous sa forme actuelle, l'intérieur divisé en deux niveaux et utilisé pour la coupe des voiles et le tracé des constructions de bateaux. Plusieurs mécènes et artistes ont participé à sa résurrection et à sa transformation en musée, dont l'architecte Louis Süe et le peintre Paul Signac, qui découvrit en 1892, le petit port de pêcheurs à bord de son yacht *L'Olympia*. L'industriel Georges Grammont fit aménager le premier étage et y installa les toiles de sa propre collection. Le musée ne cesse d'acquérir des œuvres. Tous les peintres exposés ont en commun la pratique de l'art figuratif et la recherche sur la couleur et la lumière. Les collections présentées s'échelonnent entre 1890 et 1950. On peut y admirer des œuvres de Pierre Bonnard, André Derain, Maurice Utrillo, Albert Marquet, Henri Matisse, Paul Signac, Kees Van Dongen, Georges Seurat, Georges Braque, Raoul Dufy… Ce musée, qui a fêté ses 60 ans en 2015, en présentant les chefs-d'œuvre de sa collection, a le privilège de présenter aux visiteurs des toiles mondialement renommées et exposées dans la lumière dans laquelle la plupart d'entre elles ont été conçues.

LE VIEUX PORT ★★★

Une petite promenade s'impose pour admirer, sur le vieux port, la statue du bailli de Suffren, les terrasses des grands cafés, les façades des maisons aux teintes provençales, les yachts luxueux qui se balancent à quai, les boutiques souvent aménagées dans d'anciens garages à bateaux. Derrière, on accède par un passage à la halle aux Poissons, à la place aux Herbes. A l'extrémité du port, derrière le môle Jean-Réveillé, voir la tour du Portalet, la crique de La Glaye, la tour Vieille, et La Ponche, l'ancien petit port de pêche.

INTERVIEW

LAURENT PAVLIDIS

RESPONSABLE DE LA CITADELLE DE SAINT-TROPEZ

© DR

Pouvez-vous nous présenter la citadelle de Saint-Tropez et ce qui la rend unique ?

La Citadelle de Saint-Tropez est une des plus grandes fortifications de la côte provençale. Elle date de la première moitié du XVIIe siècle, autrement dit avant Vauban, le célèbre ingénieur de Louis XIV. Ce qui la rend unique, c'est probablement son beau donjon bâti entre 1602 et 1607 par l'ingénieur Raymond de Bonnefons. C'était pendant le règne d'Henri IV. Il s'agit d'une grosse tour hexagonale encadrée par trois tourelles. En son centre, une cour qui abrite une citerne. Elle servait de logement pour la troupe et les officiers. Sur sa terrasse, une vaste plateforme d'artillerie.

© DR

Qu'en est-il du musée d'histoire maritime et que peut-on y voir ?

Dans le donjon se trouve effectivement un musée d'histoire maritime qui a ouvert ses portes en juillet 2013. Ce musée raconte l'histoire des marins tropéziens à travers le monde, du XVIe au XXe siècle. En effet, Saint-Tropez n'était pas qu'un port de pêche. Il était avant tout un port de commerce. Le musée présente environ 250 objets de marine tels que les instruments de navigations, des tableaux, des armes et naturellement des maquettes. Ce qui fait son originalité est sans aucun doute sa scénographie et les objets, dont plus de la moitié ont appartenu à des marins tropéziens.

© DR

Pourquoi recommandez-vous aux lecteurs de découvrir Saint-Tropez ?

Je recommande en effet aux lecteurs de découvrir Saint-Tropez, surtout hors-saison, car c'est une petite ville préservée quoi qu'on en pense. C'est une ville qui s'est créée en un siècle de la fin du XVe à la fin du XVIe siècle. Elle a une belle unité architecturale et c'est un réel plaisir de se promener dans ses rues et sur le port.

CITADELLE SAINT-TROPEZ - MUSÉE HISTOIRE MARITIME

1, montée de la Citadelle ✆ 04 94 97 59 43
www.saint-tropez.fr/culture/citadelle

Saint-Tropez.

SAINT-TROPEZ TOURISME

8, quai Jean-Jaurès (sur le vieux port)
✆ 04 94 97 45 21
www.sainttropeztourisme.com
Ouvert toute l'année. Haute saison : ouvert tous les jours et les jours fériés de 9h30 à 12h30 et de 14h30 à 19h.

Avant de déambuler dans les pittoresques ruelles du village, il est impératif de passer par Saint-Tropez tourisme (office de tourisme), qui vous accueille dans ses locaux, situés en plein cœur de l'animation, quai Jean-Jaurès, sur le vieux port. Classé catégorie 1, cet office met tout en œuvre pour vous apporter le meilleur service, à travers ses missions d'accueil et d'information. Tout une gamme de services et de produits est à votre disposition, plan de ville, guide touristique, écran tactile en libre accès 24h sur 24, billetterie, réservations hébergements...

LE SENTIER DU LITTORAL ★★

Presqu'île de Saint-Tropez
12,5 kilomètres – 3h30 de marche.

À partir de la tour du Portalet, ce sentier de la randonnée vous amène des vieux quartiers tournés vers la mer au pied de la Citadelle, vers les pointes et les caps de la campagne tropézienne. Après la plage de Tahiti, on longe la vaste baie de Pampelonne. On retrouve le sentier proprement dit à Bonne Terrasse, pour grimper ensuite le Cap Camarat et redescendre vers la plage de l'Escalet. Ensuite les rochers dominant la mer permettent la découverte saisissante des caps Taillat et Cartaya et le domaine massif et sauvage du Cap Lardier.

BEYOND THE WINE

✆ 06 32 44 72 35
www.beyondthewine.fr
Sorties œnotouristiques de 35 à 159 € selon la durée et le type d'escapade.

Derrière Beyond the Wine, la chaleureuse Sonia, épicurienne absolue et amoureuse de son terroir, propose de superbes escapades œnotouristiques à la découverte des plus beaux domaines viticoles du Golfe de Saint-Tropez. De la balade dans les vignes à la journée complète avec pique-nique champêtre, cette expérience d'une journée de dégustations dans les vignobles ensoleillés vous laissera, c'est certain, un très beau souvenir de votre séjour varois. En van, à vélo, à cheval ou en deux-chevaux, l'aspect petit comité est lui aussi fort appréciable.

PORT DE SAINT-TROPEZ

Capitainerie
✆ 04 94 56 68 70
www.portsainttropez.com
734 mouillages.

C'est l'un des pôles majeurs d'escale en Méditerranée, où les gens se promènent rien que pour voir tous ces gros bateaux amarrés dans le vieux port. Un spectacle à ne pas louper. En plein cœur du village il offre une capacité de 734 mouillages repartis en deux bassins pour une superficie de neuf hectares. Une station de carburant, une aire technique clôturée, située au sud du bassin Lescudier est à la disposition des usagers. Si vous voulez louer des bateaux pour la journée, c'est également possible au niveau du grand parking.

LE BRIGANTIN II

Quai Suffren ✆ 06 07 09 21 27
www.lebrigantin.com
Croisières autour de Saint-Tropez. Sortie pêche. Location privative (anniversaire, événement...). Suivi de régates.

C'est toujours avec le même enthousiasme que Stéphane, Victoria et Lily accueillent leurs hôtes. Le circuit touristique, particulièrement bien conçu, débute par un rappel historique, puis aborde la découverte du vieux Saint-Tropez et des lieux de tournage de films mythiques (« Et Dieu créa la femme », « Les gendarmes de Saint-Tropez »), pour finir par la baie des Canoubiers, ses villas de célébrités et toute l'actualité des « people » présents dans la cité du Bailli. Deux autres croisières sont possibles « Tour du golfe » et « Baie de Pampelonne et Cap Camarat ».

HÔTEL LES LAURIERS*** €

Rue du Temple
✆ 04 94 97 04 88
www.hotelleslauriers.net
Fermé du début novembre à fin mars. 18 chambres, dont 1 suite de 90 € à 215 €.

Ce charmant hôtel et son joli jardin planté de mandariniers et d'orangers, situé en plein centre-ville derrière la place des Lices, mais dans une rue calme, combleront ceux qui souhaitent séjourner au cœur de tous les plaisirs tropéziens, boutiques, restaurants, bars, port, musées... L'hôtel a été rénové très récemment dans un esprit maison de famille. Les chambres sont toutes décorées différemment. Le matin, il fait bon de prendre son petit déjeuner dans le jardin, au calme, à l'ombre des mandariniers. L'ambiance est chaleureuse et décontractée.

CÔTÉ MER

HÔTEL LOU CAGNARD €

30, avenue Paul-Roussel
✆ 04 94 97 04 24
www.hotel-lou-cagnard.com
18 chambres, 100 % non fumeur, de 74 € à 193 € suivant la saison. Jardin. Parking privé gratuit.

À quelques foulées de l'animation du port et de la célèbre place des Lices et de ses boulistes acharnés, cette maison provençale vous procure la tranquillité grâce à son jardin où un figuier centenaire déploie ses branches pour vous assurer une ombre bienvenue, notamment lors de votre petit déjeuner. Les chambres sont claires, simples et coquettes. Pour vous rendre à pied au centre-ville, pas besoin de chercher vainement une place pour votre véhicule, un parking privé et gratuit est à votre disposition sur place. Un avantage non négligeable !

LA BASTIDE DU PORT*** €€

73, avenue du Général-Leclerc
✆ 04 94 97 87 95
www.bastideduport.com
Fermé du début novembre au début avril. Chambre double de 155 € à 280 € suivant la saison. Parking fermé.

Cet hôtel, entièrement rénové en 2015, qui a presque les pieds dans l'eau, jouit d'une incomparable vue sur le golfe de Saint-Tropez. Les chambres climatisées sont joliment et simplement décorées et donnent soit sur la mer, soit sur le jardin. Sa situation, à l'entrée du village devant le petit port du Pilon, vous permet de rejoindre le centre de Saint-Tropez et ses animations, sans prendre votre véhicule. Le plus : l'hôtel propose aux clients de l'hôtel de louer le yacht de la Bastide du port, le temps d'une journée ou d'une après-midi.

HÔTEL DES LICES**** €€

10, avenue Augustin-Grangeon
✆ 04 94 97 28 28
www.hoteldeslices.com
Fermé début janvier à fin mars et début novembre à fin décembre. 40 chambres de 165 € à 400 € suivant la saison.

Cet hôtel familial, tenu depuis 3 générations, est situé en plein centre-ville, dans un cadre chaleureux et familial, à 300 mètres du port et à deux pas de la célèbre place des Lices. La piscine avec son bain bouillonnant, entourée de transats, trône au milieu du jardin. L'espace bar, à la touche résolument contemporaine, est le point de rencontre idéal pour siroter son apéritif. La Villa Paloma, attenante à l'Hôtel des Lices, peut accueillir un maximum de 7 personnes. Elle offre, en plus de son intimité, des prestations hôtelières de qualité.

HÔTEL LE MOUILLAGE**** €€

79, avenue du Général-Leclerc
✆ 04 94 97 53 19
www.hotelmouillage.fr
Fermé du début novembre à début mars. 14 chambres de 160 € à 360 € suivant la saison. Parking fermé inclus.

Ce petit hôtel de charme à la façade ocre, qui lui donne des allures de mas provençal, situé au calme à une dizaine de minutes à pied du port et du centre-ville, à 200 mètres de la plage de la Bouillabaisse, bénéficie d'une piscine bordée de transats et entourée d'un jardin luxuriant. La décoration des spacieuses chambres et suites, qui donnent sur une terrasse privative pour la plupart (idéal pour prendre son petit déjeuner), avec vue mer ou jardin, est très raffinée et variée dans un esprit contemporain. L'accueil est chaleureux.

HÔTEL PLAYA*** €€

99, rue Allard
✆ 04 98 12 94 44
www.playahotelsttropez.com
Fermé de début octobre à début avril. 16 chambres 100 % non fumeur de 110 € à 260 €.

Situé à quelques centaines de mètres du port et de la célèbre place des Lices, cet hôtel, avec son agréable patio entièrement réaménagé qui vous autorise à prendre votre petit-déjeuner ou de siroter une boisson, vous permet de vivre Saint-Tropez intensément, au cœur de l'action, à proximité immédiate des boutiques, des bars, des restaurants. Vous pouvez également profiter de la piscine et des quatre terrains de tennis du deuxième établissement, l'hôtel La Romarine à Ramatuelle, situé sur la route des plages à quelques kilomètres.

HÔTEL SUBE*** €€

23, quai Suffren
✆ 04 94 97 30 04
www.hotelsubesainttropez.com
Ouvert du 1er avril à début novembre. 25 chambres, non fumeur. Chambre double de 220 € à 450 €. Restauration.

L'un des plus anciens hôtels de la cité du Bailly, le seul du village situé directement sur les quais au cœur du port, face aux somptueux yachts, offre, sur 3 étages, des chambres à la décoration de style anglais. Elles s'ouvrent soit du côté du port pour 7 privilégiés, avec petits balcons privatifs, soit sur un patio intérieur ou sur les toits et jardins des demeures typiques tropéziennes. Au premier étage, se situe un bar anglais à l'ambiance marine, où l'on découvre de nombreuses photos et maquettes de voiliers. Idéal pour le petit-déjeuner ou l'apéritif-tapas.

LE MANDALA €€

Avenue Paul-Signac
✆ 04 94 97 68 22
www.hotel-le-mandala-saint-tropez.blogspot.fr
Ouvert toute l'année. 11 chambres de 195 € à 590 €. Parking privé, 25 € par jour. Piscine.

Une petite maison blanche ouvrant bien des perspectives à quelques minutes à pied de la fameuse place des Lices et du Vieux Port. Un hôtel haut de gamme, à la décoration résolument contemporaine, avec de superbes objets design. Un petit jardin aux saveurs méditerranéennes et une piscine pour se rafraîchir ou se détendre. Les chambres respectent l'esprit des lieux. Très épurées, très zen, très actuelles, elles disposent de tout le confort avec la climatisation. Il ne reste plus qu'à profiter des lieux le plus longtemps possible.

WHITE 1921 €€

Place des Lices
✆ 04 94 45 50 50
www.white1921.com
Ouvert de mi-juin à fin septembre. 8 chambres 305 € à 595 €, dont 3 suites 540 € à 925 €. Bar à champagne le soir.

Face à cette place mythique de Saint-Tropez où se déroulent d'acharnées parties de pétanque, cette imposante villa, à l'aspect d'hôtel particulier, offre des chambres et suites décorées dans un style chic et contemporain, qui s'ouvrent pour la plupart sur une large terrasse privée avec vue sur la place des Lices et la terrasse du bar. Le bar lounge, habillé de verre blanc sérigraphié retro-éclairé, dessiné par Jean-Michel Wilmotte, sert une petite restauration à partir de 20h et propose de grands champagnes en dégustation à la coupe, jusqu'à 1h du matin.

LA BASTIDE DE SAINT-TROPEZ***** €€€

25, route des Carles ✆ 04 94 55 82 55
www.bastide-saint-tropez.com
Relais & Châteaux. 26 chambres, dont 5 suites et 5 appartements non fumeur, de 250 € à 590 € suivant la saison.

Nichée dans un écrin de verdure, cette élégante demeure tropézienne, maison de maître et ses quatre mas provençaux ocre et rose, autour d'une magnifique piscine équipée d'une nage à contre courant, est située à 1 kilomètre de la place des Lices et du port, dans un quartier très tranquille. La décoration des chambres aux tons clairs est très raffinée. Au restaurant, le midi, c'est barbecue au bord de la piscine ; le soir, le chef transalpin élabore une cuisine italienne authentique.

CHÂTEAU DE LA MESSARDIÈRE***** €€€

2, route de Tahiti ✆ 04 94 56 76 00
https://airelles.com/fr/destination/chateau-de-la-messardiere-hotel
Palace. Ouvert de fin avril à fin octobre. 117 chambres, 60 chambres, 57 suites, de 350 € à 1 440 € suivant la saison.

Le plus grand des hôtels de la cité du Bailli, auréolé de la distinction « palace », se dresse fièrement sur les hauteurs de la ville, offrant de toute part des vues sublimes sur le golfe de Saint-Tropez, les vignobles de Ramatuelle et la Méditerranée. Doté d'un spa Cinq Mondes, de deux bars, d'une galerie d'art et d'un parc de 10 hectares classé par la Ligue de protection des oiseaux, le palace dispose de deux restaurants, dont un gastronomique.

CHEVAL BLANC SAINT TROPEZ***** €€€

Plage de la Bouillabaisse
✆ 04 94 55 91 00
www.chevalblanc.com
Ouvert du 12 mai au début octobre 2021. 30 chambres et suites de 300 € à 2 350 €. Restaurant 3 étoiles Michelin.

Ce véritable havre de détente, avec le village de Saint-Tropez en toile de fond, a connu des évolutions majeures en matière d'architecture, de décoration signée Jean-Michel Wilmotte, de services sur-mesure. Un spa Guerlain de 350 m^2, dédié au bien-être avec 4 salles de soin et son salon dédié aux couples, est directement relié à l'entrée de l'hôtel par un escalier de verre. L'épicurisme est à son comble avec le restaurant gastronomiqueLa vague d'or.

HÔTEL BYBLOS***** €€€

20, avenue Paul-Signac
✆ 04 94 56 68 00
www.byblos.com
Palace. 90 chambres, dont 50 suites, de 480 € à 1 165 € suivant la saison. 3 restaurants. Piscine.

L'histoire mythique de ce village dans la ville, des maisonnettes aux façades colorées construites au pied de la Citadelle, perdure depuis le 29 mai 1967. Les chambres, toutes personnalisées, réparties dans ce palace de 17 000 m2, offrent une vue sur le jardin, la piscine ou le village. Trois points de restauration Le B, Arcadia, Cucina Byblos et l'épicerie by Byblos calmeront toutes vos fringales. Le spa by Sisley cosmetics, pour profiter d'une pause bien-être, et les Caves du Roy, pour faire la fête, complètent cet ensemble dédié à la détente et au luxe.

CÔTÉ MER

HÔTEL DE PARIS SAINT-TROPEZ***** €€€

1, traverse de la Gendarmerie ✆ 04 83 09 60 00
www.hoteldeparis-sainttropez.com
90 chambres, dont 38 suites non fumeur, à partir de 320 € en basse saison et à partir de 740 € en haute saison. Piscine.

Les chambres et suites, dotées des dernières technologies, dévoilent des univers très colorés. Le rooftop, agrémenté d'une piscine, est doté d'un restaurant panoramique, Les toits, où le chef Damien Cruchet, amoureux des produits locaux, élabore une cuisine Provençale dont certaines assiettes vous incitent à succomber à la « bio'attitude ». Le spa by Clarins offre des moments de pure relaxation, où 5 salles de soins sont proposées, ainsi qu'une cabine en duo. Très belle adresse !

HÔTEL MAS BELLEVUE**** €€€

Route de Tahiti ✆ 04 94 97 07 21
www.masbellevue.com
Fermé de mi-octobre à mi-mai. 41 chambres de 195 € à 425 € suivant la saison. Demi-pension. Piscine.

Appréciez tout le charme d'un mas provençal authentique, situé dans un parc de 2 hectares à quelques minutes des belles plages de Pampelonne. Dans un cadre dominant la baie de Pampelonne, le restaurant, avec ses deux chefs, un évoluant le midi, l'autre le soir, offre toutes les saveurs d'une cuisine vive et parfumée, méditerranéenne, plutôt axée sur le poisson au déjeuner et semi-gastronomique au dîner avec produits nobles, tartare d'avocat, mangue, crevettes, terrine de foie gras, penne aux truffes, gambas à la provençale, loup grillé sauce vierge...

HÔTEL SEZZ SAINT-TROPEZ***** €€€

151, route des Salins ✆ 04 94 55 31 55
https://saint-tropez.hotelsezz.com/
Ouvert du 23 avril au 2 octobre 2021. Chambres de 340 € à 1010 € suivant la saison. Restaurant Colette. Piscine. Spa.

Dans un écrin de verdure, à l'écart du bruit et de la fureur tropézienne, à environ 2 kilomètres du centre-ville et 5 kilomètres des plages de Pampelonne, le boutique-hôtel de Shahé Kalaidjian, lieu de quiétude, propose d'originales chambres qui ressemblent plutôt à des bungalows, ouverts par de larges baies vitrées sur des douches extérieures, des terrasses et des jardins privatifs. Le chef étoilé Michelin, Philippe Colinet, continue à vous régaler, pour une seconde saison, au restaurant gastronomique Colette, avec des produits locaux et de saison.

PAN DEÏ PALAIS €€€

52, rue Gambetta
✆ 04 94 17 71 71
www.pandei.com
Airelles Collection. Relais & Châteaux. 12 chambres, non fumeur, 295 € à 2 040 € suivant la saison. Restaurant Dolceva.

Bien caché au cœur du village, cet hôtel de charme, demeure princière construite en 1835 par le général Allard pour une jolie princesse du Penjab, Bannu Pan Deï, cache encore ses secrets et sa quiétude derrière sa porte en bois. Partout, dans le décor très exotique de cet hôtel particulier qui a fêté ses 10 ans en 2016, se dégage sérénité et dépaysement, jusqu'aux saveurs de la cuisine à consonance italienne, imaginée par le chef Marco Garfagnini, vitello tonnato, poulpe grillé, déclinaison de poivron, tagliata de bœuf, truffe...

ARCADIA €€

27, avenue Foch
✆ 04 94 56 68 00
www.byblos.com
Ouvert du 23 avril au 10 octobre 2021, de 20h à 22h30. Terrasse.

Cette nouvelle table de l'hôtel Byblos, située sur la terrasse en bord de piscine, ouverte l'été dernier, propose une cuisine gastronomique méditerranéenne raffinée et raisonnée. Le nouveau chef Nicola Canuti travaille avec les producteurs locaux et bénéficie de la richesse du potager de l'hôtel situé à quelques pas du restaurant. Sur la carte figure un éventail de plus de 20 plats entre terre et mer, salés et sucrés, aux accents méditerranéens. Les mets se déclinent en différentes versions, avec des jeux de textures, d'assaisonnements, de saveurs et de couleurs.

LE CAFÉ €€

Place des Lices
✆ 04 94 97 44 69
www.lecafe.fr
Ouvert toute l'année. Carte : 60 € environ. Formule du midi : 18 €. Pâtes de 14 € à 25 €.

Situé sur la prestigieuse place des Lices, où bat le cœur de Saint-Tropez, ce restaurant-bistrot est dirigé, depuis 1996, par Raymond et Framboise Costa. Poste d'observation unique, il est un lieu très recherché et très apprécié pour déguster un pastis, négocier une affaire ou pour s'attarder à un repas convivial, avant ou après une mémorable partie de pétanque. Le chef de cuisine propose une cuisine méditerranéenne traditionnelle, soupe de poissons du pays, linguine pomodore et basilic, daube de joue de bœuf provençale, et bien entendu, tarte tropézienne...

CAPRICE DES DEUX €€

40, rue du Portail-Neuf
✆ 04 94 97 76 78
www.aucapricedesdeux.com
Maître Restaurateur. Fermé de mi-janvier à mi-février. Haute saison : ouvert du mercredi au lundi le soir. Menu carte.

Au Caprice des deux, depuis 1994, c'est l'histoire d'un frère et d'une sœur, qui ont la passion de la cuisine et du partage. Le chef Stéphane Avelin, Maître restaurateur, qui ne travaille que des produits frais, sait mettre en valeur une cuisine régionale et traditionnelle. Vous apprécierez son œuf cocotte (bio) aux truffes, ses cannellonis de crabe au coulis d'écrevisses, son filet de loup gratiné à la chapelure de pain de mie, son sorbet de fromage blanc, coulis de cerises, et l'approche vegan avec son curry rouge de légumes au lait de coco....

CUCINA BYBLOS €€

20, avenue Paul Signac
✆ 04 94 56 68 00
www.byblos.com
Ouvert du 22 avril au 11 octobre 2021, tous les jours au dîner à partir de 20h. Terrasse.

Sous les majestueux platanes de la terrasse de l'hôtel, on se croirait sur une piazzetta de village italien. La carte transporte dans une Italie savoureuse, depuis la salumeria jusqu'aux dolci, en passant par les antipasti et les primi piati. Les authentiques et généreuses pizzas romaines sont cuites dans le four à bois. Quant aux pâtes, parmi toutes celles qui sont proposées, on remarque les spaghettis flambés, devant vous, dans une roue de parmesan. Et, quand arrivent les dolci, on succombe aux tentations des tiramisus et gelati... all'italiana, bien sûr.

GANDHI €€

3, quai de l'Épi
✆ 04 94 97 71 71
www.gandhi83.fr
Maître Restaurateur. Fermé de décembre à janvier. Ouvert du jeudi au mardi. Formule du midi : 21 €. Plat du jour 16 €.

Pour varier les plaisirs, direction Gandhi, le premier et seul restaurant de cuisine régionale indienne de Saint-Tropez, ouvert depuis 1990, référencé VegOresto, pour goûter ses saveurs et ses parfums. Au programme, nababi thali (sélection des 8 meilleurs plats de la cuisine indienne), *chicken* tandoori (cuisses de poulet cuites au tandoor, four en argile cuite), nababi mixed grill (sélection des 6 meilleurs grillades), *chicken* butter kashmir, crevette coco et un menu 100 % végétal... Une parenthèse agréable à l'extrémité du quai de l'Épi.

LE GIRELIER €€

21, quai Jean-Jaurès
✆ 04 94 97 03 87
www.legirelier.fr
Fermé de novembre jusqu'avant Noël et du début janvier à fin mars. Carte : 65 € environ. Formule du midi : 28 €.

Face aux grosses unités amarrées sur le quai, dans un décor lumineux, design et tendance, goûtez une carte terre et mer de spécialités de poissons entiers à la plancha, fruits de mer, bouillabaisse, paella, émietté de crabe à la parisienne, mayonnaise crustacés, gambas éclatées sous le gril, poireaux crayons et citron confit, sole à la plancha, poêlée de seiches en persillade façon « méditerranéenne », tartare de bœuf dans le filet coupé au couteau, pommes allumettes, suprême de volaille poché, grillé sur la peau jus corsé, pommes purée...

L'ISOLETTA €€

25, route des Carles
✆ 04 94 55 82 55
www.bastidesaint-tropez.com
Ouvert dimanche soir, lundi et mardi midi en basse saison et tous les jours en haute saison. Jardin. Terrasse.

Le midi, c'est le barbecue qui vous accueille au bord de la piscine. Derrière sa plancha, son grill et son four à pizza, le sympathique chef Michele Scarcelli se fait un plaisir de vous confectionner des salades, des antipasti, un vitello tonnato à la piémontaise, des pâtes, la fameuse pizza prestige au homard bleu, parsemée de copeaux de truffe d'été, l'escalope de veau sauce Marsala... Le soir, la carte est élaborée dans les règles de l'art de vivre à l'italienne, structurée en plusieurs services, antipasti, primi piatti, i piatti di terra e mare et dolce.

L'OPÉRA SAINT-TROPEZ €€

Résidence du Port
✆ 04 94 49 51 31
www.opera-saint-tropez.com
Ouvert de fin avril à début octobre. Ouvert de 11h à 17h et de 19h à 3h. Carte : 100 € environ. Plat du jour : 17 €.

Dans un décor blanc et or ultra-chic et œuvres décalées du photographe contemporain Philippe Shangti aux murs, avec une vaste terrasse en teck meublée d'amples canapés immaculés en cuir, qui bénéficie d'un point de vue unique sur le port de Saint-Tropez, un bar profilé recouvert de miroirs, ce restaurant, cabaret (avec des shows exclusifs), club, propose une carte faisant la part belle aux plats français et typiquement provençaux, ainsi que des clins d'œil à la cuisine du monde. Le plus : des produits de luxe rigoureusement sélectionnés.

CÔTÉ MER

LA PETITE PLAGE €€

9, quai Jean-Jaurès
✆ 04 94 17 01 23

Fermé de janvier au 15 avril et novembre. Ouvert de 12h à 17h et de 19h à 3h. Carte : 80 €. Suggestion du jour : 24 €.

L'Escale, le mythique restaurant du port de Saint-Tropez, qui a été rebaptisé « La petite plage » a fait appel au chef étoilé Éric Frechon pour élaborer la carte et créer, dans l'esprit d'une cabane de plage, un restaurant proposant une cuisine d'été aux inspirations méditerranéennes et un bar à cocktails. Toujours les pieds dans le sable, dans un décor faisant la part belle au bois naturel, les gourmets dégustent petits calamars sautés « La petite plage » ; tartare de daurade sauvage, citron vert et mangue, guacamole épicé ; millefeuille tropézien...

LES VIVIERS DU PILON €€

2, avenue du Général-de-Gaulle ✆ 07 69 82 75 62
www.viviers-dupilon-restaurant.com

Fermé de fin octobre à mi-avril. Ouvert du jeudi au mardi et tous les jours en juillet et août. Carte : 75 € environ.

Le chef et son équipe vous régalent ici de produits de la mer, plateaux de coquillages, langoustines et homards à choisir dans le vivier, salade de crustacés, poissons en croûte de sel, nombreux poissons grillés, hamburger de homard, encornets, dos de pagre..., que vous pouvez déguster installé confortablement face à un panorama idyllique sur la baie de Saint-Tropez. Tous ces produits marins, superbe soupe de poissons, coquillages, langoustes vivantes, poissons frais, sont également proposés à la vente à emporter à la poissonnerie des Viviers du Pilon.

PIZZERIA BRUNO €€

6, rue de l'Eglise
✆ 04 94 97 05 18

Ouvert de mi-mars à début novembre. Ouvert de 12h à 14h et de 19h à 23h. Carte : 30 € environ.

Un espace restreint, mais ô combien convivial, dans cette petite taverne à l'italienne, véritable institution tropézienne depuis 1959, avec tabourets et chaises en paille, casseroles qui pendent, huile piquante dans un biberon pour une tétée endiablée. Dans les assiettes, des linguine alla vongole, des aubergines alla parmigianna, des petits farcis provençaux et bien entendu des pizzas cuites au feu de bois, classiques et variées, au prix de Saint-Tropez. En dessert, goûtez la tarte chaude framboises. Du mouvement, de la vie, de l'Italie quoi !

AUBERGE DES MAURES €€€

8, rue du Docteur-Boutin
✆ 04 94 97 01 50
www.aubergedesmaures.fr

Maître Restaurateur. Ouverture avril 2021. Ouvert tous les jours et les jours fériés de 18h45 à 0h. Menu 59 €.

Ce temple de la gastronomie locale, nichée dans une ruelle, a été créé en 1931 par Fernand Capello, ancien chef du palace Régina de Nice. L'équipe du restaurant vous reçoit chaque soir, l'été en terrasse dans le jardin sous la vigne centenaire ou en hiver dans la grande salle. Le chef propose une cuisine traditionnelle résolument provençale avec les petits légumes farcis, le millefeuille d'aubergines, la salade d'artichauts crus, la daube à la provençale, le carré d'agneau, les poissons de ligne au barbecue, le crémeux façon tarte au citron, le tiramisu maison...

RESTAURANT LE B. €€

20, avenue Paul-Signac
✆ 04 94 56 68 00
www.byblos.com

Ouvert du 22 avril au 10 octobre 2021. Terrasse. Tous les soirs un groupe live ou un DJ en bord de piscine.

Situé au bord de la piscine de l'hôtel Byblos, ce restaurant vous accueille à toutes les heures de la journée et de la nuit, de 8 heures jusqu'à 2 heures du matin. Tout commence par un petit déjeuner buffet qui peut être servi jusqu'à midi, à l'ombre des citronniers. La journée se poursuit par un déjeuner autour de la piscine, puis, en fin d'après-midi, par un apéritif convivial qui vous permet d'assister au coucher de soleil. La soirée se prolonge par un dîner en terrasse, au son d'un groupe live ou d'un DJ, et s'achève, pourquoi pas, par une petite faim de nuit…

RESTAURANT L'ACACIA €€€

2, route de Tahiti
✆ 04 94 56 76 00
www.messardiere.com

Fermé de fin octobre à mi-avril. Ouvert tous les jours de 19h30 à 22h. Menus de 70 € à 120 €. Carte : 100 € environ.

Dans le restaurant gastronomique du palace tropézien, nouveau petit bijou du groupe LOV hôtel collection, le chef propose une carte renouvelée à chaque saison. Suggestions et grands classiques de la cuisine française complètent les mets aux saveurs méditerranéennes. Dîner sur la terrasse, dont la vue panoramique s'échappe sur la baie de Pampelonne, procure tout simplement des moments rares de plaisir, tout comme la dégustation de grands crus, avec modération, choisis par le sommelier sur une carte riche de plus de 400 références.

ARNAUD DONCKELE

RESTAURANT LA VAGUE D'OR – CHEVAL BLANC

La Vague d'Or est un voyage émotionnel, où le travail de l'homme et de la terre est sublimé dans l'assiette. Récompensé par 3 étoiles au *Guide Michelin*, 5 toques et la note de 19/20 au *Gault & Millau*, rencontre avec un chef passionné et passionnant...

Comment est venue votre passion pour le monde culinaire ?

Je viens d'une famille d'agriculteurs et mes parents étaient traiteurs charcutiers. Enfant, être en cuisine était la certitude de pouvoir passer du temps avec mon père. Il avait deux grandes passions : la chasse et la gastronomie. J'ai choisi la seconde pour attirer son attention et la partager avec lui.

Vous entrez en 2004 à la Résidence de la Pinède pour diriger la cuisine de la Vague d'Or. Expliquez-nous les raisons de cette fidélité.

La Vague d'Or me permet tous les jours de me dépasser, de rêver. J'y ai décroché mes étoiles Michelin, mes notations Gault & Millau avec des hommes et des femmes qui ont été des rencontres fondatrices pour moi. Ce sont aussi des producteurs avec lesquels je travaille main dans la main pour développer mes plats. Mes cartes sont les résultantes d'années de travail. Je ne construis que dans le long terme, avec mes équipes.

Parlez-nous du projet et des ambitions Cheval Blanc Paris.

Cheval Blanc Paris est tout d'abord un écrin magnifique. Comme un bateau Art déco posé sur la Seine. Tant rive droite que rive gauche. Cette construction est d'une modernité formidable. Et cela me porte avec un dynamisme et un rythme propres à cette destination. Il s'agit de la première maison urbaine de Cheval Blanc. Les séjours se vivent sur un rythme différent qu'une destination purement « loisirs » et la restauration aussi. Mon projet de restaurant gastronomique se peaufine de jour en jour.

Quelques conseils du chef triplement étoilé ?

Être chef n'est pas un métier, c'est une passion. Un moyen créatif de partager toutes nos émotions et d'en susciter. Toujours garder sa faculté à s'étonner, à rêver, à regarder. Toujours penser à demain pour se remettre en question. Et partager pour avancer, que ce soit avec les hôtes, les équipes, les producteurs et les amis.

© GIANNI VILLA

LES RECOMMANDATIONS DU CHEF ARNAUD DONCKELE

- **La bouillabaisse de chez Camille.** Situé à l'extrémité de la plage le Pampelonne sur Ramatuelle la recette de la bouillabaisse est authentique et divine. Le soir, l'activité des plages se calme, la mer se voile aussi de douceur, et les lumières bleues du coucher de soleil sur les Maures apporte une douceur à ce lieu hors du temps.
- **To Share de Jean Imbert.** Une cuisine issue de la pop culture basée sur le partage. Il aborde la cuisine avec son cœur et sa générosité. Son restaurant est énergisant et convivial.
- **L'épicerie Fuchs.** Des Tropéziens depuis des générations. Chez eux la cuisine se fait en famille, leur épicerie rassemble des spécialités provençales délicieuses anchoïades, tapenades, dont la recette de la grand-mère est toujours suivie à la lettre.
- **Dior Des Lices.** Situé dans un jardin ombragé d'une somptueuse bâtisse en plein cœur de St-Tropez, le lieu et la carte sont frais, juste ce dont on a envie en plein été tropézien. Ne pas partir sans avoir goûter les D'Choux, pâtisseries signature du lieu, qui se déclinent en plusieurs saveurs, ils sont succulents.
- **Château Barbeyrolles.** Parce que le temps semble s'être arrêté dans cet endroit plus que charmant tout en absorbant l'énergie et la créativité de sa propriétaire Régine Sumeire. Régine a apporté ses lettres de noblesse au rosé de Provence avec son travail sur son cru baptisé « Pétale de rose ». Elle est visionnaire, d'une culture et d'une audace que j'admire.
- **Le Jardin de Piboule à Cogolin.** Yann Ménard et sa jument percheronne Traviata ne font qu'un pour retourner les 7 ha de son jardin de la Piboule - « peuplier » en provençal -. Le paysan maraîcher a fait le pari fou d'exploiter ce terrain inondable afin de « redonner à la plaine sa vocation nourricière ».
- **Loïc de Saleneuve.** Loïc, poète confiturier, souriant et doux, se dit « paysan, chevrier, poète, élevé par ses arbres ». Il vend ses fromages sur le marché de Saint-Tropez. Ses confitures à la fraise des bois sont divines et ses recueils de poésies lunaires de véritables bijoux.
- **Bello Visto à Gassin.** Le restaurant au milieu d'un jardin de senteurs. Romarin, thym, menthe accueillent les convives autour de sa tonnelle qui surplombe toute la baie. Le point de vue est magnifique. La carte de saison est bien construite autour des faveurs provençales, raffinée et authentique.
- **La maison des confitures.** L'incontournable de Gassin !

CÔTÉ MER

LA VAGUE D'OR €€€

Plage de la Bouillabaisse
✆ 04 94 55 91 00
www.chevalblanc.com/fr/maison/st-tropez/
Ouvert du 12 mai à mi-octobre, tous les jours de 19h30 à 22h. Menus de 295 € à 340 €. Carte : 250 € environ.

Avec sa troisième étoile accordée par le guide Michelin en 2013, le chef Arnaud Donckele continue à donner le meilleur de lui-même. Son credo est de rendre hommage à Saint-Tropez, à la Provence, avec de nombreux plats destinés à mettre en valeur la mer et le travail des pêcheurs, et la terre et ses produits locaux de qualité, les légumes de Cogolin, l'huile d'olive de Gassin, le safran de La Môle, les yaourts de Trets, les fromages de chèvre de Collobrières, la tome de Châteaudouble. Des moments rares qui méritent bien que l'on casse sa tirelire.

BARBARAC

2, rue du général-Allard
✆ 04 94 97 67 83
www.barbarac.fr
Ouvert du début mars à début novembre, de 11h à 18h en basse saison et de 10h à 0h en haute saison.

Turbinées une heure avant d'être présentées, ces sublimes crèmes glacées et sorbets aux multiples parfums, melon, vanille, coco, réglisse, yaourt, framboise, pamplemousse rose, sont de purs délices conçus avec des produits frais et naturels et fabriquées dans la véritable tradition italienne. Harry Teneketzian, le créateur, fabrique également des glaces aux parfums originaux et a créé un concept glace light aux 5 parfums, yaourt nature, yaourt myrtille, yaourt framboise, yaourt fraise et yaourt pêche, où le sucre est remplacé par de l'aspartame.

LE QUAI

22, quai Jean-Jaurès
✆ 04 94 97 04 07
www.lequaisaint-tropez.com
Ouvert d'avril à fin octobre et entre Noël et Jour de l'an. Ouvert tous les jours de 12h à 3h. Restaurant midi et soir.

Les ambiances se succèdent au fil de la journée dans ce bar lounge restaurant avec chanteurs live, musiciens, danseuses, DJ et cabaret moderne tous les soirs. Le restaurant, avec sa terrasse en marbre blanc et ses confortables fauteuils immaculés, propose une carte bistro chic, franco-asiatique, avec pâtes, nems poulet thaï, produits de la mer et de très nombreux sushis, sashimi, nigiri, California rolls. Le lieu sert également de galerie à l'exposition permanente d'art contemporain et de photographies du Tropézien Philippe Shangti.

SÉNÉQUIER

Quai Jean-Jaurès
✆ 04 94 97 20 20
www.senequier.com
Ouvert tous les jours. Fermé du début janvier à mi-février. Terrasse. Restauration.

Sénéquier, l'institution tropézienne habillée aujourd'hui de rouge et de blanc, c'est une pâtisserie, place aux herbes depuis 1887, avec viennoiseries, chocolats, confitures, calissons, fruits confits, marrons glacés et le fameux nougat, puis un café sur le port depuis 1930 et restaurant dorénavant. C'est également le café rendu célèbre par Brigitte Bardot lors du tournage de *Et Dieu créa la femme* et cela demeure toujours le meilleur poste d'observation pour voir déambuler le tout Saint-Tropez, assis face aux imposants yachts.

TSAR FOLIE'S CLUB

1, quai de l'Épi
✆ 06 11 95 76 43
Ouvert tous les soirs de 18h à 3h. Terrasse.

Vincent Martin, créateur du légendaire Loco Zen, désormais installé sur le port à côté du VIP Room, a créé un bar lounge, before et after, la nouvelle adresse pour des soirées endiablées avec un nouveau concept lumineux sur le dance floor. Dans un décor oriental et baroque, dans une ambiance de folie, avec une excellente musique et un accueil chaleureux, les amateurs de saveurs exotiques peuvent également fumer le narguilé en terrasse, au travers de chicha pomme, fraise, cerise, menthe et réglisse. C'est le lieu incontournable de la jeunesse tropézienne.

CAVE JEROBOAM

Place Croix-de-Fer
✆ 04 94 49 17 54
www.cavejeroboam.net
Ouvert toute l'année. Basse saison : tous les jours 10h à 13h et 15h à 19h30. Haute saison : tous les jours 10h à 22h.

Plus de 2 000 références en vins, français et étrangers, alcools et champagnes, mais également une épicerie fine avec caviar, saumon, foie gras, jambon ibérique, pour accompagner ces quelques crus d'exception. Vous aurez l'embarras du choix en vins d'ici et d'ailleurs, petits et grands, millésimes d'exception et grands formats, champagnes dans flacons qui brillent de mille feux. Whiskies et alcools rares ont leur place dans cet établissement. Côté épicerie, ne ratez pas quelques mets luxueux : caviar, saumon, foie gras, jambon ibérique...

LA FERME DES LICES

Chemin des Treilles-de-la-Moutte
✆ 04 94 59 12 40
www.lices-vin-saint-tropez.fr
Ouvert du lundi au samedi de 14h à 20h. Parking. Dégustation gratuite. Visite du domaine sur rendez-vous.

Ce domaine de 8 hectares de vignes et de 3 hectares d'oliveraies, situé dans la plaine des Salins, a la grande chance de vivre une seconde vie grâce à Laurence Berlemont, ingénieur agronome, qui, avec opiniâtreté et imagination, a pu faire revivre le vignoble, qui est en agriculture biologique depuis les vendanges 2013. C'est la seule cave particulière de la commune, qui vise des vins haut de gamme, notamment référencés sur la carte des restaurants étoilés du golfe de Saint-Tropez. Quant aux 1 000 oliviers, ils produisent une huile d'olive très douce.

LA TARTE TROPÉZIENNE

Place des Lices
✆ 04 94 97 94 25
www.latartetropezienne.fr
Basse saison : ouvert tous les jours de 6h30 à 19h30. Haute saison : tous les jours de 6h30 à 22h.

Ce showroom gastronomique d'Alexandre Micka, le créateur de la tarte tropézienne, mélange de deux crèmes onctueuses et d'une brioche gourmande, saupoudrée de généreux grains de sucre, vous propose dans sa boutique traiteur, au rez-de-chaussée, tous les produits fabriqués par la maison, mais également un large choix de spiritueux. Au premier étage, le salon de thé d'antan a fait place à un restaurant, La table tropézienne, avec les codes et couleurs historiques de la marque, rouge et ivoire, qui se donne des airs de bistro gastronomique.

SPA VALMONT ET CINQ MONDES

2, route de Tahiti ✆ 04 94 56 76 80
www.messardiere.com
Spa ouvert de mi-avril à fin octobre, exclusivement sur rendez-vous, de 10h à 20h. Espace détente. Piscine.

Cet espace de bien-être de 465 m^2, niché au cœur du palace tropézien, est baigné par la lumière naturelle et s'ouvre sur un sublime jardin à l'italienne. Côté détente, une piscine équipée de nage à contre-courant et d'un bain à huile, des hammams homme et femme, une salle de remise en forme et de fitness, sont à votre disposition. Côté spa, une riche gamme de soins est réalisée en partenariat avec les célèbres marques de cosmétiques Valmont et Cinq Mondes.

CÔTÉ MER

LES CAVES DU ROY

20, avenue Paul-Signac
✆ 04 94 56 68 00
www.lescavesduroy.com
Fermé de mi-octobre à mi-avril.

La mythique discothèque de l'hôtel Byblos, entièrement rénovée, qui fait partie de la légende de Saint-Trop' depuis 1967, année de sa création, distille une programmation musicale très avant-gardiste, ambiance décontractée et joyeuse, avec Jack.E, DJ permanent aux platines depuis plus de 20 ans, et reçois les noctambules les plus célèbres et les plus choyés de la planète. Le temple des nuits tropéziennes, ouvert jusqu'à 5 heures du matin, peut accueillir 540 personnes et organisez vos événements dans le cadre d'une privatisation complète du club.

RAMATUELLE ★★★

Ce village tire son nom des Camatulici, d'origine celte. Gérard Philipe y résida et repose dans le petit cimetière du village. Les ruelles sont fleuries. La place de l'Ormeau doit son nom à un orme planté par Sully en hommage à la conversion d'Henri IV. Il fut remplacé en 1983 par un olivier. En bas du village, la porte Sarrasine, bien conservée. Chaque été, Ramatuelle accueille, en juillet, le festival de musique classique, en août le festival de théâtre et variétés de Ramatuelle et le jazz festival Ramatuelle, créé par le facteur du village (facteur Swing) et tous les lundis de juillet et août, les concerts de l'Escalet s'installent devant la mer.

LA FERME D'AUGUSTIN•••• €€

979, route de Tahiti
✆ 04 94 55 97 00
www.fermeaugustin.com
Ouvert de mi-mars à début novembre. 46 chambres non fumeur). Chambre double à partir de 255 € ; suite à partir de 495 €.

Situé à 100 m de la plage de Tahiti, cet hôtel familial qui cumule le charme, la simplicité et l'authenticité du Saint-Tropez d'antan, posé au milieu d'un jardin verdoyant, vous invite à la paresse, que ce soit dans les douillets salons, dans les chambres à l'esprit méditerranéen, autour de la piscine balnéo, ou les pieds sous la table pour déguster une cuisine de marché, méditerranéenne, faite maison et simple, avec les produits du verger et du potager de la ferme. Des mets à accorder avec l'huile d'olive et le vin rosé de la propriété.

LES PLAGES ★★

La plage de Ramatuelle, celle qui a fait sa notoriété balnéaire, c'est incontestablement la Baie de Pampelonne. Avec ses 4,5 kilomètres de sable blanc et ses 9 accès, elle est d'ailleurs classée « espace naturel remarquable ». Attirant chaque année son lot de touristes français et internationaux, elle a vu se développer au fil des ans des infrastructures d'accueil et d'accessibilité. Le « décret-plage » du 26 mai 2006, qui a réduit de 30 à 20 % le linéaire et la surface exploitables par des établissements de plage, désormais obligatoirement démontés de novembre à février, a contraint de distribuer 900 mètres de rivage au lieu de 1350 mètres, passant de 27 à 23 établissements consacrés aux bains de soleil et à la restauration sur 30 lots de plage. Tropezina, Neptune, Cap 21-Les murènes, Polynésie, Cabane bambou, Indie beach, L'esquinade, Tropicana, Les palmiers, L'orangerie, La Toison d'or, Neptune, Tiki beach et Tiki club ont conservé leur droit d'exploiter et les hôtels tropéziens de prestige sont arrivés en force avec le Byblos, La réserve de Ramatuelle, le château de la Messardière, L'Ermitage et l'Hôtel de Paris Saint-Tropez, ainsi que des propriétaires d'établissements branchés parisiens qui se voient attribuer une plage. La pratique du naturisme y est autorisée sur deux portions de plage, et l'on trouvera sur place un vaste panel d'activités nautiques telles que le kayak, le jet-ski ou le ski nautique.

Moins connue du grand public, l'anse de Bonne Terrasse était quant à elle le fief des pêcheurs de Ramatuelle. Située à l'extrême sud de la plage de Pampelonne, elle se caractérise par une bande sableuse en arc de 150 mètres. L'accès se fait par des escaliers (environ 10 minutes depuis le parking), elle n'est pas surveillée.

Entre le Cap Camarat et le Cap Taillat, la plage familiale de l'Escalet s'étend sur environ 350 mètres. Elle ravira les amateurs de snorkeling : masque et tuba sont indispensables pour partir à la découverte de ses fonds marins. Vous préférez rester à la surface ? Optez plutôt pour le kayak !

Amoureux des petites criques et de calanques secrètes, engagez-vous sur le sentier du littoral. De la plage de l'Escalet au Cap Taillat, se succèdent un tas de petits coins et recoins magiques ne demandant qu'à être admirés (et respectés !). Conseil futé : s'y rendre le matin pour se la jouer Crusoé ! Retenons notamment la plage de la Douane au pied du Cap Taillat : sable blanc et superbe panorama...

En conclusion, les ambiances et les niveaux de standing des différentes plages privées vous laissent le choix.

CAMPING LES TOURNELS••••• €€€

1510, route de Camarat ✆ 04 94 55 90 90
www.tournels.com

Yelloh ! village. Ouvert du 26 mars au 1er novembre 2021. 11 types d'hébergement. Piscines. Espace balnéo détente, spa.

Ce camping-caravaning qui surplombe les plages de Pampelonne propose un large choix d'hébergements, cottages et chalets pouvant accueillir de 2 à 8 personnes, au confort 5 étoiles, disséminés dans une vaste pinède paradisiaque de 20 ha, ainsi qu'un spa et balnéo de 1 000 m^2 pour vous détendre - unique dans le golfe de Saint-Tropez pour un camping ! - et d'un espace aquatique de rêve de 5 000 m^2, où vous pourrez lézarder tranquillement sur un vaste solarium.

LA FIGUIÈRE*** €€

534, route de Tahiti
✆ 04 94 97 18 21
www.hotel-lafiguiere.com
Fermé du début octobre à mi-avril. 40 chambres de 130 € à 540 € suivant la saison. Restaurant.

Cinq maisons, nichées dans un jardin méditerranéen, constituent cet hôtel familial de charme situé à 500 mètres à pied de la plage de Tahiti. Les chambres, avec carrelage au sol, et certaines avec terrasse, sont joliment décorées avec du mobilier ancien, des rideaux en cotonnades. Le restaurant est le domaine du fidèle chef André Fumat, qui compose une partition culinaire traditionnelle aux notes méditerranéennes, tourte provençale et mesclun, noisettes d'agneau à l'ail confit, calamars à la provençale, nougat glacé et coulis de fruits rouges...

HÔTEL LA GARBINE**** €€

Route de Tahiti
✆ 04 94 97 11 84
www.lagarbine.com
Fermé du 10 octobre au 15 avril. 30 chambres basse saison à partir de 175 €, haute saison à partir de 315 €.

Cet hôtel est situé à l'écart de l'animation tropézienne et à 600 mètres environ de la plage de Pampelonne. Il offre des chambres confortables, rénovées régulièrement, avec terrasse-solarium privée, qui s'ouvrent sur un jardin verdoyant et sur la piscine ourlée de palmiers. À tout moment de la journée ou de la nuit, une petite restauration, carte de salades fraîcheur, de pâtes, carpaccio de bœuf, hamburger maison, club sandwich à la provençale, peut vous être servie sur la terrasse privée de votre chambre, autour de la piscine ou au restaurant.

HÔTEL LES BOUIS €€

188, chemin des Bouis ✆ 04 94 79 87 61
www.hotel-les-bouis.com
Ouvert de début avril à fin octobre. 23 chambres, 100 % non fumeur, de 150 € à 450 € suivant la saison. Piscine.

Cette belle bâtisse provençale érigée il y a une trentaine d'années, est dirigée depuis mars 2015 par une nouvelle équipe familiale, Maryline, Jean-Claude et Axel Bourjat. L'hôtel est situé dans une oasis de verdure, à seulement 800 mètres des plages de Pampelonne, 3 kilomètres du centre de Ramatuelle et 6 kilomètres de la cité du Bailli. Les chambres climatisées, confortables, la plupart avec terrasses privées, donnent sur la mer et la baie de Pampelonne. C'est un lieu rêvé pour se soustraire à la trépidation estivale qui règne dans le golfe de Saint-Tropez.

L'ÉCURIE DU CASTELLAS €€

86, route de Paillas
✆ 04 94 79 20 67
www.lecurieducastellas.com
Fermé de mi-novembre à mi-décembre. 14 chambres de 65 € à 230 € suivant la saison. Demi-pension : 45 € (la nuitée).

Les chambres de cet hôtel de charme dominent les toits du village. Une vue magnifique qui embrasse les vignes, la grande bleue, les plages de Pampelonne et de l'Escalet, s'échappe de la vaste terrasse qui prolonge le restaurant. La carte du chef reste dans la ligne provençale, comme l'atteste la terrine de foie gras de canard mi-cuit, chutney aux poires, pain aux figues et noisettes toastés, le filet de daurade grillé, sauce vierge et riz 3 saveurs, le carré d'agneau en croûte d'herbes de Provence, le tiramisu au café et amaretto...

LEÏ SOUCO €€

167, chemin du Plan ✆ 06 10 09 73 76
www.leisouco.com
Fermé de mi-octobre à mi-avril. 5 chambres de 94 € à 248 € suivant la saison. 4 studios d'été. Piscine. Tennis.

Situé dans un domaine de six hectares, à 20 minutes à pied des merveilleuses plages de sable fin de Pampelonne, notamment accessibles par un chemin qui longe les vignobles, ce mas provençal offre de vastes chambres, avec poutres apparentes et tomettes au sol, qui s'ouvrent sur une terrasse ouverte de plain-pied sur le parc ombragé, où vous pourrez prendre votre petit déjeuner. Les amateurs de farniente et de calme apprécieront les transats qui vous attendent autour de la piscine ou dans le parc. Des studios, en rez-de-jardin, sont également à votre disposition.

HOSTELLERIE LE BAOU**** €€€

72, avenue Gustave-Étienne
✆ 04 98 12 94 20
www.hostellerie-le-baou.com
Ouvert de fin mai à mi-septembre. Chambre double de 250 € à 550 €. Restaurant ouvert 7 jours sur 7, midi et soir.

Ce très bel hôtel surplombe les vignobles et la baie de Pampelonne, célèbre par son long ruban de ses 5 kilomètres de plages. Les chambres disposent soit de balcon, de terrasse ou de jardin privatifs avec vue sur l'authentique village de Ramatuelle, les collines verdoyantes, qui laissent apparaître la mer et les vignes. Au restaurant, le chef exécute une cuisine régionale traditionnelle très raffinée, filet de loup, fondue de cébettes, pommes de terre safranées, blanc de volaille de Bresse, fondant au chocolat, crème anglaise et glace vanille...

LA RÉSERVE RAMATUELLE HÔTEL SPA ET VILLAS***** €€€

Chemin de la Quessine ✆ 04 94 44 94 44
www.lareserve-ramatuelle.com
Palace. Fermé de mi-octobre à mi-avril. 27 chambres 100 % non fumeur de 850 € à 10 000 €. Boutique. Spa.

Neuf chambres lumineuses, dix-neuf suites et douze villas confortables, parfaitement intégrées dans un environnement naturel exceptionnel, avec comme horizon la Méditerranée, contribuent au bien-être de ce palace. Pour parfaire votre séjour, un repas au bord de la piscine pour savourer les saveurs de l'Italie s'impose. Programmez également une journée de rêve avec accès privilégié aux piscines intérieure et extérieure, ainsi qu'au hammam et à l'espace fitness.

LA POMME DE PIN €

803, route de Tahiti
✆ 04 94 97 73 70
https://restaurant-lapommedepin.com/
Ouvert midi et soir, du 1er avril au 15 octobre. Menu 15 €, le midi uniquement. Carte : 35 €. Formule du midi : 15 €.

À quelques arpents de la plage, venez déguster, à l'ombre de la pergola et dans la bonne humeur, la bonne cuisine italienne et sarde de Joseph Serra, sa friture d'anchois frais, ses pâtes, dont les spécialités de la maison, les linguine a moda nostra, avec tomates cerises, huile d'olive, courgettes, aubergine, ail, piment, menthe fraîche, mais également les pizzas, focaccia, sarde, sicilienne, la poêlée de gambas en persillade, le fritto misto di mare, l'escalope de volaille alla milanese, et les immanquables desserts, panna cotta, tiramisu della casa...

LE 1051 €€

1051, chemin des Canniers
✆ 04 94 45 36 97
www.le1051.com
Fermé du 1er au 30 novembre. Ouvert tous les jours de 12h30 à 15h30. Suggestion du jour 24 €. Plat du jour 24 €.

C'est une histoire de famille qui dure depuis... 7 générations et qui se poursuit aujourd'hui avec Maxime Lamon. Avec pour cadre idyllique la baie de Pampelonne, ce restaurant-bar de plage s'intègre parfaitement dans le paysage et le nouveau schéma d'aménagement, imaginé dans un décor naturel où le bois est omniprésent avec sa terrasse couverte et sa terrasse extérieure qui cheminent jusqu'à la plage. La cuisine proposée est traditionnelle, méditerranéenne et locavore, à accompagner de cocktails créations et de gouleyants rosés de Provence !

BAGATELLE BEACH €€

Route de la Mataranne
✆ 04 94 79 83 25
www.bagatellesttropez.com/
Ouvert tous les jours de début mai au début octobre. Terrasse. Animations.

Bagatelle est installé à nouveau cette année sur la plage de Pampelonne dans un lieu mythique de plus de 1 200 m², en bord de plage. Entièrement repensé en un tout nouvel agencement avec sa terrasse amovible et ses brumisateurs, le restaurant offre un confort d'exception, dans une atmosphère chic et branchée. En cuisine, le chef a revisité les grands classiques qui ont fait le succès de Bagatelle, comme les immanquables plats signatures, le poulet rôti entier à la truffe, le tartare de thon ou encore la salade Bagatelle tout en privilégiant une cuisine de marché.

CÔTÉ MER

© VINCENT FORMICA

Ramatuelle.

LE BAR D'Ô €€

Route des Tamaris
✆ 04 94 81 96 25
Ouvert de mai à octobre. Carte : 65 € environ. Terrasse. Voiturier. Bouées d'amarrage et navette bateau disponibles.

Le Bar d'Ô vous invite à venir partager un moment détente au bord de sa piscine privée ou sur sa terrasse avec vue sur la baie de Pampelonne. Dans un cadre raffiné et chaleureux, l'équipe vous promet une ambiance farniente mais également des moments festifs à l'heure du sunset. Le restaurant propose une carte traditionnelle et de saison, aux influences italiennes, notamment ses fameuses tagliatelles fraîches à la langouste et bisque maison, que vous optiez pour un déjeuner farniente au bord de la piscine ou pour un moment convivial au restaurant du Bar d'Ô.

CAP 21 - LES MURÈNES €€

Boulevard Patch
✆ 04 94 79 83 15
www.cap21beach.com
Ouvert du début avril au début octobre. Plage ouverte de 9h à 19h. Déjeuner de 12h30 à 17h. Bouées d'amarrage. Parking.

Toute de bleu et blanc vêtue, cette plage est appréciée pour son confort, pour l'accueil de Philippe et Bertrand, et pour la cuisine servie au restaurant, qui vogue entre saveurs exotiques et méditerranéennes, assiette de nems, salade de poulet thaï, salade de thon poêlé à la méditerranéenne, rémoulade de tourteau, crabe et queues de crevettes à la mangue et avocat, escalope de veau milanaise, encornets à la provençale, dos de cabillaud à l'aïoli de tomates, gambas flambées au pastis et poissons grillés, moelleux au chocolat, coulis d'orange...

BYBLOS BEACH €€

Boulevard Général-Patch
✆ 06 38 80 56 22
www.byblos-beach.com
Ouvert de mi-avril à début octobre 2021, de 12h à 17h. 100 matelas. Terrasse. Parking.

Cette plage de 1 300 m² et 35 m de long, au décor, composé à 100 % de bois, dans un esprit éco-responsable, inspiré du monde marin, à l'image des petites barques aménagées en sofas, est imaginée dans l'esprit du Byblos Saint-Tropez, avec la même qualité de service et d'accueil. Une végétation méditerranéenne apporte également une touche naturelle. La cuisine est ouverte sur la terrasse recouverte de ciels blancs, pour apporter ombre et fraîcheur. La carte, toute en légèreté, bien adaptée au lieu, est composée de créations méditerranéennes, très estivales.

LA FORGE €€

Rue Victor-Léon
✆ 04 94 79 25 56
www.laforgederamatuelle.fr
Ouvert toute l'année. Tous les jours midi et soir. En juillet et août, ouvert uniquement le soir. Carte 60 €. Terrasse.

Paolo et Francesca vous reçoivent dans leur petit coin d'Italie, où le chef Paolo cuisine les produits de la mer, poulpe rôti aux pommes de terre et poivrons colorés, vitello tonnato, joue de veau fondant et sa sauce au thon et câpres, risotto 'Gallo gran riserva' au safran, tartare de tomates et rouget, osso bucco de veau en gremolata et cassolette de légumes… et bien entendu la pasta, pappardelle maison, poitrine d'agneau de Sisteron et sa sauce aux poivrons rouges, cacio-ricotta, tuffoli Mancini à la carbonara, façon La Forge, qu'il façonne lui-même.

LA CABANE BAMBOU €€

Route de Bonne-Terrasse
✆ 04 94 79 84 13
www.maisoncabanebambou.com
Ouvert toute l'année tous les midis. Plage et snack ouverts début mai à fin octobre. Terrasse. Boutique. Parking payant.

Une déco vintage et des accessoires rétros type photomaton, ce restaurant de plage a planté son décor de paillote et ses bambous dans le sable, après l'avoir totalement repensé sur un mode écologique et durable. Entre tamaris et ombrage bienfaisant sur la terrasse de sable fin, alangui sur les canapés de l'espace lounge ou sur les matelas de la plage les pieds dans l'eau, vous appréciez une cuisine fraîche et saine, concoctée par le chef à partir de produits locaux de saison, relevés de quelques touches culinaires lointaines…

INDIE BEACH HOUSE €€

Route de Bonne-Terrasse
✆ 04 94 79 81 04
www.indiebeachhouse.com
Fermé de début janvier à mi-mars. Plat du jour : 21 €. Carte : 65 € environ. Terrasse. Boutique. Plage. Parking payant.

Cette plage créée par trois jeunes locaux de 25 ans, aux parasols verts et blancs, est née en 2016, à l'extrême sud de la plage de Pampelonne, à proximité du Cap Camarat. Dans un esprit décontracté, on débute par des tapas, des nems de poulet, puis on goûte une cuisine d'été, ceviche du jour, avocado toast, poêlée de calamars à la provençale, salade grecque, picana de bœuf Black Angus, gigot d'agneau de lait, grosses camerones grillées, tagliatelles sauce tomate, sur des tables à même le sable. Une des plages phares de Pampelonne.

LE MIGON €€

Quartier Bonne Terrasse ✆ 04 94 79 93 85
www.plage-restaurant-le-migon-golfe-saint-tropez.com/fr/

Ouvert toute l'année. Carte : 60 €. Snack en extérieur ouvert jusqu'à 18h. Terrasse. Parking gratuit. Navettes bateaux.

Au bout de la plage de Pampelonne, à proximité du phare de Camarat, se blottit un établissement à double casquette. Un restaurant de cuisine provençale où le poisson est roi, salade de poulpe, tartare de thon, soupe de poissons, homard grillé, pageot du pays, ou la spécialité maison, la bouillabaisse, sans oublier quelques viandes pour les carnivores, côte de bœuf charolaise, T-bone... Et pour les petits faims, un snack face à la mer, pour déjeuner en toute simplicité d'un pan bagnat XXL, d'un hamburger ou se rafraîchir avec une glace artisanale.

RESTAURANT LA SAUVAGEONNE €€

Route de Bonne-Terrasse ✆ 06 15 41 88 62
www.restaurant-sauvageonne.com/ramatuelle/

Fermé du 20 septembre au 10 juin. Ouvert tous les jours de 19h30 à 23h30. Carte : 90 € environ. Terrasse. Parking.

Dans un décor de brousse luxuriante, installez-vous dans des cabanes en bois flotté cachées dans un nid de bambous, pour dîner sous les étoiles et déguster une cuisine méditerranéenne : soupe de poissons de roche de pays faite maison, rouille et croûtons ; entrecôte de bœuf « grand cru », sélection Metzger en exclusivité, jus de viande à la moutarde d'Espelette (environ 800 g pour 2 gros mangeurs) ; énorme œuf à la neige, crème anglaise et caramel au beurre salé...

TROPICANA LA PLAGE €€

Route de Bonne-Terrasse
✆ 04 94 79 83 96
www.tropicanalaplage.com

Ouvert tous les jours de mai à début novembre. Restaurant ouvert pour le déjeuner uniquement. Carte : 60 € environ.

À l'ombre du phare de cap Camarat, cette plage est un lieu unique de simplicité et d'authenticité pour s'octroyer une pause farniente pour le plus grand régal des yeux et de l'esprit. Côté restaurant, vous êtes accueillis dans un endroit calme et élégant. Le chef, Éric Santalucia, un ancien de Ducasse, propose une cuisine typiquement provençale à la carte, ainsi qu'une large variété de poissons sauvages du jour cuits au naturel. Et pour ce qui est des desserts, l'incontournable reste bien évidemment la tarte tropézienne, le lieu appartenant au groupe éponyme !

YAPÉ-YAPÉ €€

Chemin de la Matarane
✆ 06 18 07 81 30

Ouvert jusqu'à mi-octobre, le midi et le soir.

Idéalement placé, ce restaurant-snack de plage, implanté en bord de plage de Pampelonne, a toutefois perdu sa vue mer, cachée par une dune de sable. Ce petit établissement simple propose une cuisine de bonne qualité avec une carte de produits frais du marché, à l'esprit méditerranéen, à des prix très attractifs pour Pampelonne. Après avoir siroté un cocktail, ne manquez pas les copieuses assiettes de salades, le fish and chips, le burger-frites ou le café (très) gourmand en fin de repas. Le service est efficace pour une vraie adresse futée !

CHÂTEAU DES MARRES

Route des Plages
✆ 04 94 97 22 61
www.chateaudesmarres.com

Ouvert toute l'année. Parking. Dégustation gratuite. Bar à dégustation ouvert juin, juillet, août et septembre.

Le domaine d'une des plus vieilles familles ramatuelloises, Benet-Gartich, qui perpétue depuis cinq générations un savoir-faire familial, s'étend sur 30 hectares dont 27 de vignes classées en AOC cultivées en agriculture raisonnée. Les principaux cépages présents sont le grenache, le cinsault, le mourvèdre, la syrah, le cabernet sauvignon, le rolle, le sémillon et le viognier (pour les vins IGP). Deux gammes, dans les trois couleurs, sont disponibles, Prestige et 2S, au positionnement supérieur, et sont à apprécier au bar à dégustation.

CHÂTEAU VOLTERRA

Route de Camarat
✆ 04 94 49 66 83
www.chateauvolterra.com

Ouvert toute l'année. Parking. Dégustation gratuite, payante à partir de 7 personnes 7 €. Visite des caves.

Les six hectares de vignes de ce petit domaine, situé sur le plateau du cap Camarat, sont répartis en deux parcelles de trois hectares chacune, cultivés en agriculture raisonnée. En 1999, des cépages propices à la région ont été intégralement replantés, pour les vins rouges, grenache, syrah, mourvèdre, merlot et cabernet sauvignon et pour les vins blancs, vermentino et chardonnay, pour respecter la volonté de diversification du Château Volterra. Les vendanges sont réalisées de nuit afin de préserver la plus grande fraîcheur du raisin.

DOMAINE DES TOURNELS

419, Chemin des Tournels
✆ 04 94 55 90 91
www.domaine-des-tournels.com
Ouvert toute l'année. Dégustation gratuite. Tous les vendredis matins, visites guidées du vignoble et des caves.

Ce domaine AOP côtes-de-provence de 110 hectares, propriété de la famille Bologna depuis plusieurs générations, domine la baie de Pampelonne, au pied du phare de Camarat. 55 hectares sont consacrés à la culture de la vigne, qui bénéficie d'un ensoleillement maximal grâce à son exposition plein sud. Ici, les vins Côtes de Provence, vins de Pays du Var ou vins mousseux élaborés en méthode traditionnelle, se répartissent en 80 % de rosé, 15 % de rouge et 5 % de blanc. Des crus à découvrir dans la cave de dégustation située au cœur du domaine.

© DOMAINE DES TOURNELS

© DOMAINE DES TOURNELS

DOMAINE LA TOURRAQUE

2444, chemin de la Bastide-Blanche
✆ 04 94 79 25 95
https://latourraque.fr/
Vins AOP Côtes de Provence. Ouvert toute l'année. Dégustation gratuite.

Le vignoble, situé à cheval sur les communes de Ramatuelle et de La Croix-Valmer, est cultivé en famille depuis 1805. Il s'étend sur 30 hectares, au cœur du site classé des Trois caps. Toute la production en AOP Côtes de Provence est effectuée selon les règles de l'agriculture biologique (AB). L'encépagement est constitué de grenache, mourvèdre, carignan, syrah, rolle, sémillon, ugni blanc, cinsault, tibouren et muscat. Les vins rouges sont légers et fruités, les blancs sont complexes et longs en bouche et les rosés sont élégants.

TERRE DE L'OLIVIER

28, rue Saint-Esprit
✆ 04 94 54 36 90
www.autempledelasavonnerie.com
Épicerie fine et bar à huiles. Ouvert de début avril à fin octobre. Dégustation de produits.

Cette épicerie fine et bar à huile, située au cœur du village, existe depuis plus de 20 ans. Brigitte, votre hôte, vous fera déguster différentes huiles de Provence AOP et bio, afin de découvrir leurs différentes saveurs. D'autres produits naturels et gourmands du terroir, tapenades noires, olives, anchoïades, tomates séchées, pistou, caviar d'aubergine, miels de Provence, épices, apéritifs, vins Côtes de Provence..., côtoient les huiles de la vallée des Baux, de Nyons..., ainsi que des produits provençaux dont le fameux saucisson du Luberon.

VIGNOBLES DE RAMATUELLE

597, route de Collebasse
✆ 04 94 55 59 05
www.vignoblesderamatuelle.com
Ouvert du lundi au samedi. Parking. Dégustation gratuite. Visites du domaine seulement en saison d'été. Épicerie fine.

Cette cave coopérative, anciennement Les Celliers de Ramatuelle, entièrement rénovée en 2016, regroupe l'établissement de Fréjus, devenu Ramatuelle D'vins, et celui de Ramatuelle, avec 120 adhérents coopérateurs et 265 hectares de vignes réparties sur les communes de La Croix-Valmer, Gassin, Ramatuelle et Saint-Tropez, dont 235 en AOP Côtes de Provence et 30 en vin de Pays du Var. Huit cuvées dans les 3 couleurs sont à votre disposition : Soyeux, R, Domaine de Jeanne, Domaine du Colombier, Végan, La crique, Ramaterra et Paillas.

CAP CAMARAT PLONGÉE

1550, route de Bonne-Terrasse
✆ 06 80 88 73 91
www.capcamaratplongee.com
Fermé du 1er janvier au 1er mars. Ouvert tous les jours de 8h à 17h30. La plongée à partir de 40 €. Parking gratuit.

Ce centre école, situé au cœur du village vacances Touristra (hébergement possible), propose plus de trente sites de plongée, du débutant au plongeur confirmé, qui sont atteints entre 5 et 30 minutes de bateau. Il s'est spécialisé dans l'exploration d'épaves mythiques telles que le *Rubis*, le *Togo*, le *Donator*, le *Grec*, *l'Espingle*, la *Poursuivante* et le *Tell*, dès le niveau 1. Il n'oublie pas les débutants, enfants (minimum 8 ans) et adultes, qui peuvent acquérir une formation de plongée jusqu'au passage de brevets et certifications.

PEP'S SPIRIT

Kon Tiki beach et route de bonne terrasse
✆ 04 94 96 88 04
www.peps-spirit.fr
Ouvert tous les jours de juin à septembre et avril, mai et octobre sur rendez-vous.

Frédérique et son équipe souhaitent vous faire sortir des sentiers battus et vous faire partager leur passion pour les sports nature dans le golfe de Saint-Tropez, en vous proposant d'effectuer des sorties d'exception en kayak de mer (en journée, au coucher de soleil et les soirs de pleine lune), paddle (individuel et géant) avec ou sans encadrement (initiation, randonnée ou yoga paddle), pirogue polynésienne, des parcours en VTT (musculaire ou électrique), des randonnées en marche nordique au cœur de la forêt des Maures ou en bordure du littoral.

SUN FORCE

Chemin des Tamaris
✆ 04 94 79 90 11
www.sunforce.fr
Ouvert du 15 mai au 15 septembre tous les jours de 9h à 19h. Jet-ski debout, à partir de 75 € par personne.

Pierre, qui vous accueille dans cette magnifique baie de Pampelonne depuis de très nombreuses années, vous invite à vous adonner aux joies de la glisse et du jet sous toutes ses formes, avec le ski nautique, les bouées tractées par bateau - sensations fortes garanties ! -, les randonnées en jet-ski et à planer en parachute ascensionnel pour survoler la baie de Pampelonne. N'hésitez pas également à vous initier et perfectionner au flyboard ou hoverboard, l'incontournable nouveauté pour vous envoyer en l'air. Sensations garanties !

GASSIN ★

Ce village, perché à 201 m d'altitude, est l'un des plus beaux villages de France. Le panorama sur le golfe de Saint-Tropez jusqu'aux Alpes est grandiose. Suivez la promenade Deï Barri et ses micocouliers centenaires, la vue sur Cavalaire et les îles d'Or. Les petites ruelles conduisent au passage du Guet – porte dite des Sarrasins –, rue du Puits, rue du Moulin – où se trouvait un moulin d'huile d'olive –, la rue la plus étroite du village, l'Androuno qui ne laisse passer qu'un seul piéton à la fois, enfin, la terrasse fortifiée des Barri.. Une mention pour l'extension du village, qui a reçu le prix d'architecture Philippe Rotthier.

AZUR PARK

51, rond-point de La Foux
✆ 04 94 56 48 39
www.azurpark.com
Ouvert tous les jours d'avril à septembre, 16h en avril, 18h en mai, 19h en juin et de 20h à 2h de juillet à septembre.

Cette gigantesque fête foraine, c'est plus de 35 attractions sur 6,5 hectares, classiques et originales, pour petits et grands, toboggan, train tortues, petit bateau, Aladin, jumping frog, carrousel 1900, accro-branche, grande roue, play ball, montgolfières, train fantôme, atmos-fear, extasy, stargate, sky rider -l'une des attractions phare-, typhoon, une attraction en provenance de la foire du Trône, un mini-golf avec deux parcours de 18 trous et une rôtisserie de 300 places au milieu des attractions, pour satisfaire toutes les fringales.

ÉGLISE NOTRE-DAME-DE-L'ASSOMPTION ✝

Place de l'Église

Construite au XVIe siècle, elle a été restaurée en 1981. La tour du clocher, partie la plus ancienne de l'édifice, comportait à l'origine des créneaux, sans doute dans un but de fortification. A l'intérieur, vous découvrirez un bénitier de marbre blanc orné d'angelots, un buste reliquaire de saint Laurent du XVIIIe siècle, des tableaux de Notre Dame du Rosaire avec saint Dominique, sainte Catherine de Sienne et sainte Lucie, une Vierge à l'Enfant du XVIe.

LE JARDIN DE GASSIN

323, chemin de Pimpinon
✆ 06 78 48 03 00
www.lejardindegassin.com
Ouvert tous les jours du 1er mai au 15 juin, puis tous les dimanches jusqu'au 30 septembre. Entrée libre.

C'est le calme absolu, l'harmonie avec la nature, le charme d'une roseraie dans ce jardin naturel situé dans une petite vallée de la presqu'île de Saint-Tropez. Depuis 2013, les sœurs Anne et Julia cultivent des roses anciennes et sauvages, un mélange de rosiers botaniques, rosiers anciens et hybrides modernes, 300 variétés de rosiers parfumés qui n'ont jamais connu le moindre produit chimique. Les variétés de rosiers présentés dans le jardin sont proposés à la vente et la collection s'enrichit chaque année de nouvelles variétés.

PARC SAINT JAMES MONTANA**** €€

370, route du Bourrian
✆ 04 94 55 20 20
www.camping-parcsaintjames.com
Fermé de fin novembre à mi-janvier. Bungalows pour 4 à 8 personnes de 413 € à 1 582 €.

Dans ce camping niché dans un parc de 31 ha, tout est proposé gratuitement : animations sportives, tournois quotidiens, et les enfants sont rois, avec à leur disposition, une aire de jeux avec toboggan et balançoires, tourniquets et pont-suspendu, et un mini-club en juillet et août. L'équipe d'animation vous concocte un programme différent chaque jour dans le cadre du restaurant : soirées à thèmes, groupes musicaux, spectacles… et à partir de 23h30, vous êtes invités au bar-lounge de nuit.

BELLO VISTO €

Place des Barrys
✆ 04 94 56 17 30
www.bellovisto.eu
Fermé du 8 novembre 2021 au 9 avril 2022. 7 chambres 100 % non fumeur de 88 € à 265 € suivant la saison. Restaurant.

À la fois hôtel, bar (le seul du village), restaurant (auréolé d'un Bib gourmand Michelin depuis avril 2016), cette maison de village à l'intérieur cosy, perchée sur les remparts de ce vieux et charmant village sarrasin, est idéalement située loin des bruits de l'animation côtière, mais proche de Saint-Tropez et des plages de Pampelonne, avec son agréable terrasse fleurie qui offre une vue panoramique sur le golfe de Saint-Tropez, les massifs des Maures et de l'Estérel. La cuisine du chef, à l'esprit provençal, est toujours aussi simple, goûteuse et gourmande.

ALTHOFF HÔTEL VILLA BELROSE***** €€€

La Grande Bastide ✆ 04 94 55 97 97
www.althoffcollection.com/de/althoff-villa-belrose
Ouvert du 30 avril à mi-octobre. 40 chambres et suites de 410 € à 3 120 € suivant la saison. Demi-pension : 140 €.

Les chambres luxueuses de cette élégante villa d'inspiration florentine, dirigée de main de maître par Robert-Jan van Straaten depuis 2001, sont meublées en style Louis XV et touche provençale. On ne se lassera jamais de l'idyllique terrasse du restaurant qui surplombe la baie de Saint-Tropez où l'on apprécie les plaisirs de la table du chef transalpin Pietro Volonté, qui signe une carte sur une ligne méditerranéenne. Le bien-être se poursuit au centre de beauté et de soins.

DOMAINE LES MÉSANGES €€

1, allée du Vivier
✆ 06 15 77 26 62
www.mesanges.com
Ouvert toute l'année. 5 chambres, non fumeur, de 109 € à 620 € suivant la saison. Piscine.

C'est au milieu d'un magnifique jardin luxuriant (le propriétaire de ces lieux est l'un des plus grands pépiniéristes et créateurs de jardins de la région PACA) et d'une forêt de 3 hectares où se côtoient un parc d'oliviers millénaires et parcelles de vignes, que se situe ce mas provençal qui dispose de chambres confortables, décorées avec raffinement et d'une piscine contemporaine en longueur. En fonction du temps, le petit déjeuner, avec confitures maison et fruits du potager, est servi sur la terrasse ombragée ou dans le jardin d'hiver.

KUBE HÔTEL SAINT-TROPEZ***** €€€

319, RD 98 - route du Littoral ✆ 04 94 97 20 00
www.kubehotel-saint-tropez.com
Ouverture de fin mars à début novembre. 68 chambres à partir de 265 €. Haute saison : chambre double jusqu'à 1 900 €.

Situé à 800 m de l'entrée de Saint-Tropez, cet hôtel 5-étoiles est un complexe luxueux entièrement dédié à l'art de vivre. Disposant d'un magnifique parc paysagé et offrant une vue imprenable sur le golfe, l'établissement dispose de 68 chambres, de 3 piscines, dont 2 chauffées, d'un spa by Carita de 300 m2 avec son salon de coiffure privé, d'une salle de séminaire de 92 m2 pour organiser vos événements, d'un garage fermé et sécurisé. Côté cuisine, influence provençale pour le restaurant Marius.

LE MAS DE CHASTELAS***** €€€

Quartier Bertaud ✆ 04 94 56 71 71
www.chastelas.com
Ouvert de mi-avril à mi-octobre. 23 chambres et suites de 380 € à 1 700 € suivant la saison. Restaurant La Table du Mas.

Cet hôtel érigé au sein d'un luxuriant parc naturel de 3 hectares, à l'écart des nuisances, en bordure du domaine viticole Bertaud-Belieu, se compose de trois bâtiments différents, au charme distinct, l'authentique bastide provençale d'origine du XVIIIe siècle, avec 13 chambres et suites, la villa Palladienne, avec 6 chambres et suites et la villa Toscane, contemporaine, avec 4 chambres et suites. Un vrai coup de cœur pour cet hôtel, dont la clientèle de l'hôtel et la clientèle extérieure apprécient la cuisine du chef Mathieu Héricotte.

LE PESCADOU €€

2, place Deï-Barri
✆ 04 94 56 12 43
www.lepescadou-gassin.net/
Maître Restaurateur. Ouvert de mi-avril à mi-octobre du mardi au dimanche. Menu 36 €. Formule du midi : 26 €. Terrasse.

Le chef propose une carte où les produits iodés figurent en bonne place, à commencer par la soupe de poissons de roche, puis les calamars frits à la poêle, la salade de poulpe braisée, les poissons grillés, sans omettre de travailler les produits locaux, soupe au pistou du Papé, panier croustillant de chèvre frais du Haut-Var... Lors des chaudes journées d'été, soupe de fraises au basilic dans votre assiette, profitez de doux moments sous la tonnelle sur la terrasse, pour découvrir une vue exceptionnelle sur tout le golfe de Saint-Tropez.

RESTAURANT LA VERDOYANTE €€

866, chemin de Coste-Brigade ✆ 04 94 56 16 23
www.la-verdoyante.fr
Ouvert d'avril à début novembre. Menus de 29 € à 60 €. Carte : 65 € environ. Jardin. Terrasse. Parking privé ombragé.

Laurent Mouret règne depuis 2004 sur cette charmante et jolie bastide provençale nichée en pleine campagne au milieu des vignobles du Château Minuty, et qui bénéficie d'une vue époustouflante sur le golfe de Saint-Tropez. Les spécialités provençales, servies avec le sourire de Bérénice en prime, joignent le classicisme à l'originalité. En été, le service s'effectue sur la terrasse panoramique, à l'ombre des chênes centenaires. En hiver, il retrouve la salle chaleureuse, redécorée dans un style provençal raffiné, avec sa cheminée au feu de bois.

RESTAURANT LES SARMENTS €€

464, sentier de Gassin ✆ 04 94 56 38 20
www.restaurant-les-sarments.com
Ouvert toute l'année du mardi au dimanche le midi et le soir. Menus de 27,50 € à 38,50 €. Formule du midi : 19 €.

Le restaurant d'Éric Vigouroux est situé au pied du village, au milieu des vignes, sur la route qui vous mène à La Croix-Valmer. Ancien chef de cuisine d'Eddy Barclay durant près de 15 ans, Éric propose une carte variée, à l'esprit provençal, réalisée maison et à partir de produits frais, la crème de courgettes glacée et ses lamelles de truffe fraîche d'été, émietté de tourteau, le magret de canard rôti aux olives, le filet de dorade royale sauce vierge, le médaillon de lotte, crème de persil, la crème brûlée au limoncello, tuile dentelle...

LA MAISON DES CONFITURES

825, route du Bourrian
✆ 04 94 43 41 58
www.maisondesconfitures.fr
Ouvert toute l'année. 7 jours sur 7. Parking.

La boutique de Virginie et Patrice Bonnant, créée il y a 35 ans, est une alléchante caverne d'Ali Baba pour gourmands. Présentées dans leurs jolis pots traditionnels, plus de 450 variétés de confitures sont fabriquées artisanalement chaque jour dans le petit laboratoire attenant à la boutique, manuellement, de façon naturelle et artisanale, afin de garantir une parfaite qualité et une régularité de goût, avec des fruits et des légumes sains, parfaitement mûrs, achetés sur les marchés de la région, et du sucre, le tout cuit dans des chaudrons en cuivre.

LE BELROSE €€€

Boulevard des Crêtes ✆ 04 94 55 97 97
www.althoffcollection.com/de/althoff-villa-belrose
Ouvert du 30 avril à mi-octobre tous les jours de 19h30 à 22h ; le dimanche et les jours fériés de 12h à 14h. Terrasse.

Le chef Pietro Volonté a construit sa carte sur une ligne méditerranéenne, avec une forte influence italienne, ce qui permet d'aller à la découverte de diverses spécialités culinaires, gamberi rosso di Mazara, ricotta et basilic, bottoni à la carbonara... sans oublier ses savoureux risotti, parfaitement maîtrisés, ses poke bowls, ses pizzas dans une version traditionnelle ou plus sophistiquée à la truffe d'été, à se délecter le midi, sur l'enchanteresse terrasse du Petit Belrose, au bord de la piscine, où le chef propose une cuisine bistronomique.

DOMAINE LA ROUILLÈRE

Route de Ramatuelle ✆ 04 94 55 72 60
https://www.domainelarouillere.com
Ouvert toute l'année et les week-ends d'avril à octobre. Parking. Dégustation gratuite. Visite domaine sur rendez-vous.

Ce grand domaine de l'appellation Côtes-de-Provence crée en 1900 renaît de ses cendres en 1998, et s'étend sur 130 hectares entre Gassin et Ramatuelle. Son authentique bastide est nichée au cœur de 45 hectares de vignes répartis sur la presqu'île de Saint-Tropez. Le respect des pratiques traditionnelles est depuis toujours une des valeurs fondamentales. Cette culture de la tradition est alliée aujourd'hui à la modernité de la cave et la qualité des cépages. Une boutique d'été vous accueille à l'entrée du domaine pour découvrir et déguster ses cuvées. À découvrir.

CHÂTEAU BARBEYROLLES

2065, route de la Berle
✆ 04 94 56 33 58
www.barbeyrolles.com
Ouvert toute l'année. Dégustation gratuite. Visite du domaine sur rendez-vous. Parking.

Ce vignoble de 12 hectares est un lieu préservé de la presqu'île de Saint Tropez. Certifié en agriculture biologique depuis 2005, il doit sa réputation au fameux rosé de Régine Sumeire, qui a donné un coup de fouet aux rosés de Provence depuis 1985. Sa cuvée Pétale de rose, avec sa robe rose pâle, a donné des idées à moult confrères vignerons. Le millésime 2020 du domaine sera le premier certifié en biodynamie (Demeter). Régine Sumeire possède également un autre domaine de près de 90 hectares dans le Var, le Château la Tour de l'Evêque, situé à Pierrefeu-du-Var.

ÉCOLE DE VOILE LA MOUNE

RN 98 ✆ 04 94 97 71 05
www.lamoune.com
Fermé du 15 septembre au 1er mai. Plage ombragée, buvette et parking gratuit.

Cette école de voile, créée il y a 25 ans dans le golfe de Saint-Tropez par Yves Jean, moniteur de... ski et de voile, propose une palette de location de catamarans, de planches à voile, de kayaks et de stand-up paddles. Elle dispense des cours sur tous ces engins, que ce soit en leçons particulières ou bien en cours collectifs, pour les débutants ou en perfectionnement, tout ceci sur un lieu magique et dans une ambiance familiale. Alors jetez-vous à l'eau, les conditions matérielles, pédagogiques et météorologiques sont réunies pour un apprentissage réussi !

CHÂTEAU MINUTY

2491, route de la Berle
✆ 04 94 56 12 09
www.minuty.com
Ouvert toute l'année. Parking. Dégustation gratuite. Visite du domaine. Cru classé.

Le domaine familial de François et Jean-Étienne Matton comprend une authentique propriété provençale, datant du XVIIIe siècle, une chapelle et une bâtisse Napoléon III. Le vignoble de 75 hectares se compose de vieux cépages provençaux, exploités en culture raisonnée. Quatre gammes, dans les 3 couleurs, sont proposées : Or, les vins signatures, 281, le vin au caractère unique, Prestige, les vins emblématiques et M, les vins plaisirs. Un caveau de dégustation et de découverte, permet de découvrir le terroir hors du commun de la presqu'île de Saint-Tropez.

GOLF CLUB SAINT-TROPEZ

600, route du Golf
✆ 04 94 55 13 44
www.golfclubsainttropez.com
Ouvert toute l'année. Boutique. Restaurant ouvert tous les jours de mai à septembre le midi. Parking.

Ce golf de 18 trous de 6 045 mètres, imaginé par Gary Player et ses collaborateurs, extrêmement varié, offre des vues imprenables sur les quatre villages de la presqu'île : Grimaud, Gassin, Ramatuelle et Saint-Tropez. Au trou n° 13, vous pourrez profiter de la vue sur le port de Saint-Tropez et son fameux clocher. Les installations, club house, boutique-proshop, bar, restaurant, agence immobilière, sont complétées par un compact 9 trous, un practice et une académie. Le restaurant, avec ses terrasses sur le green, propose une carte simple et courte.

LA CROIX-VALMER ★★

Cette commune, dont l'histoire commence à l'époque romaine et qui doit son nom à l'empereur romain Constantin, est adossée à la corniche des Maures en dessous de Gassin, à qui elle était rattachée jusqu'à « son indépendance » prononcée en 1934. C'est une station balnéaire discrète, qui possède néanmoins de multiples atouts : 5 plages dont celle, familiale, de Gigaro, le site du cap Lardier parfaitement préservé – 300 hectares exempts de constructions, plantés de pins parasols et de pins d'Alep, de bruyères, de genêts, de lavande sauvage et peuplés de centaines de variétés d'oiseaux –, le cap Taillat, les villas d'époque du 19e et 20e siècle.

LES PLAGES

La Croix-Valmer peut se vanter de ses plages : sable doré, mer calme et beaux reflets bleutés... Depuis plusieurs années, la commune arbore fièrement le Pavillon Bleu, et dispose également d'un service de surveillance pour la qualité de ses eaux de baignade. Attention toutefois à la surfréquentation en été ! Pour vous y rendre d'ailleurs, préférez le service gratuit de navettes routières assurant des liaisons village-plages, du 1er juin au 30 septembre : le stationnement en cette saison devient règlementé – et bien compliqué !

VILLA ROMAINE DE PARDIGON 2

102, rue Louis-Martin

La villa maritime romaine de Pardigon s'étend sur 3 600 mètres carrés ; C'est la plus grande des villas maritimes du sud de la Gaule, encore visible aujourd'hui. Simple cabane au départ, puis villa structurée et florissante, c'était le lieu d'habitation d'un notable romain, qui gérait son domaine viticole ou oléicole. À proximité, sont situés les bâtiments agricoles et les logements des travailleurs agricoles, ainsi que des viviers maritimes et un port marin.

HÔTEL LA BIENVENUE*** €

256, rue Louis-Martin

✆ 04 94 17 08 08

www.hotel-la-bienvenue.com

Ouvert d'avril à octobre. 20 chambres, non fumeur, de 80 € à 240 € suivant la saison.

Agrémenté d'un jardin ombragé et fleuri, d'une terrasse couverte, cet hôtel de charme, maison de maître centenaire à caractère familial, est situé au milieu du village, dans un cadre verdoyant. Les chambres, rénovées, confortables, sont climatisées et équipées de télévision, certaines avec vue sur la mer. Le petit déjeuner bio est très prisé. L'été, une navette municipale gratuite vous transportera jusqu'aux plages de sable distantes de 2 kilomètres. Les randonneurs, pourront s'évader, à pied ou en vélo, pour découvrir le massif des Maures.

CHÂTEAU DE MEÏ LÉSÉ*** €€

23, val de Mer

✆ 04 94 55 10 10

www.mei-lese.com

Ouvert toute l'année. 14 chambres, dont 4 suites. Restauration. Parking privé, clos et sécurisé.

Du haut de la colline, la bâtisse, rénovée très récemment, surplombe la mer et les îles d'Or, depuis presque un siècle et demi. Chaque chambre et chaque suite ouvre sur sa terrasse ou son balcon, avec une merveilleuse vue sur la baie de Cavalaire. La grande terrasse, inondée de lumière, qui abrite la piscine, les chaises longues et les parasols, est propice à vos longues séances de farniente. Midi et soir, un service restauration est proposé avec grillades au feu de bois, spécialités provençales, mais également mets aux saveurs exotiques.

HÔTEL L'ORANGERAIE*** €€

545, boulevard Georges-Selliez

✆ 04 94 55 27 27

www.hotel-lorangeraie.com

Ouvert du 2 avril au 31 octobre 2021. 36 chambres 100 % non fumeur de 99 € à 369 € suivant la saison. Piscine chauffée.

Du couvent d'hier à l'Orangeraie d'aujourd'hui, cette majestueuse bâtisse 1900 n'a rien perdu de son charme d'antan. Niché dans parc planté de palmiers centenaires, cet hôtel de légende offre un panorama unique sur la mer du cap Lardier aux îles d'Or. Les chambres et suites, spacieuses et ensoleillées, offrent, pour la grande majorité d'entre elles, une vue exceptionnelle sur la mer et les îles du Levant et de Port-Cros, sur la piscine au cœur de la palmeraie, et sur la magnifique chapelle d'époque. Le restaurant propose une cuisine traditionnelle et régionale.

HÔTEL LA PINEDE PLAGE**** €€

Plage de Gigaro ✆ 04 94 55 16 16
www.pinedeplage.com
Ouvert du début mai à mi-octobre. 32 chambres 100 % non fumeur à partir de 225 € ; suite à partir de 585 €. Parking.

Deuxième adresse de la famille Rocchietta, c'est l'endroit idéal pour passer ses vacances vraiment au bord de la mer. Les lumineuses chambres avec terrasse ou balcon et vue sur le bleu de la mer Méditerranée, ont été totalement rénovées et la façade a été ravalée récemment. Au restaurant, la cuisine colle parfaitement avec les lieux, l'esprit farniente et la terrasse sous les pins, qui flirte avec la plage de Gigaro et la Grande bleue. Profitez également du spa au Château Valmer.

HÔTEL LA ROTONDE** €€

2, rue Frédéric-Mistral
✆ 04 94 54 21 21
www.hotel-la-rotonde.com
Ouvert toute l'année. 15 chambres non fumeur, à partir de 75 €.

Cet hôtel de charme, à l'esprit contemporain, repris par Marie et David Pohl, est situé au cœur du village de la Croix-Valmer et à 2 kilomètres des plages et du sentier pédestre du bord de mer. Toutes les chambres, dont une junior suite, ont été entièrement rénovées récemment, relookées dans un style design alliant couleurs franches et lignes épurées. Elles bénéficient également de la climatisation réversible. Le petit-déjeuner continental est servi sous forme de buffet à volonté, et un service de restauration est à votre disposition.

LA PARESSANNE €€

1528, le Brost
✆ 04 94 56 83 33
www.la-paressanne.com
Ouvert toute l'année. 2 chambres 69 €. Studio 2 personnes de 79 € à 150 € selon saison. Parking.

Cette maison d'hôtes, entourée d'un magnifique jardin paysagé, située entre Saint-Tropez et Cavalaire, dans un environnement naturel préservé, très verdoyant, au milieu des vignes, offre deux belles chambres indépendantes et un studio avec cuisine aménagée et terrasse privée donnant sur le jardin et la piscine. Pour votre détente, la piscine, chauffée selon la saison, et ses transats vous attendent. Sinon la mer et la plage de Gigaro sont accessibles très rapidement, en moins de 10 minutes, tout comme le sentier du littoral et de Saint-Tropez.

LES 3 ÎLES €€€

1799, boulevard du Littoral
✆ 04 94 49 03 73
www.3iles.com
Ouvert du 31 mars au 10 octobre. 8 chambres 100 % non fumeur de 159 € à 355 € ; 1 suite de 280 € à 490 €. Piscine.

Sur les hauteurs de Gigaro, cette demeure hôtelière de charme d'inspiration italienne offre un panorama exceptionnel et panoramique sur la mer Méditerranée et les 3 îles d'Or. 8 grandes et belles chambres face à la mer et 1 suite, toutes décorées de façon différente, aux prestations de qualité, vous attendent. Une piscine à débordement, dotée d'un environnement verdoyant, des transats, une terrasse, ainsi qu'un salon, font partie des autres agréments de cette adresse à l'ambiance chic et zen. Une plage sauvage se situe à 200 mètres.

CHÂTEAU DE VALMER - SPA***** €€€

81, boulevard de Gigaro ✆ 04 94 55 15 15
www.chateauvalmer.com
Relais & Châteaux. Ouvert de début mai à mi-octobre. 41 chambres à partir de 255 € ; suite à partir de 350 €. Parking.

Cette ancienne demeure bourgeoise érigée au cœur d'un domaine viticole de 6 hectares, propriété de la famille Rocchietta, distinguée de l'Ecolabel européen depuis 2015, bénéficie d'un environnement idéal, parc à la végétation luxuriante avec piscine solarium, palmeraie, verger... certifiés AB. Les chambres évoquent le charme régional. La palme de l'originalité revient aux deux cabanes perchées, intégrées au cœur de chênes centenaires. Quant au spa de 500 m², il figure parmi les plus beaux du Var.

LILY OF THE VALLEY €€€

Boulevard Abel Faivre ✆ 04 22 73 22 00
http://lilyofthevalley.com
Ouvert toute l'année. 44 chambres, dont 6 suites, 100 % fumeur, de 740 € à 3 990 € selon la saison. Deux piscines.

Bénéficiant d'un emplacement exceptionnel au cap Lardier, cet hôtel offre une vue panoramique spectaculaire sur la Méditerranée et les îles d'Or. La décoration, très atypique, est signée Philippe Starck, qui a imaginé un hôtel qui ne s'impose pas à la nature, mais qui s'y adapte et s'y intègre. Au restaurant Vista, la gastronomie méditerranéenne, provençale et décomplexée, met en avant les produits et les producteurs locaux… En contrebas, le « Village », espace dédié au sport et au bien-être, est équipé de son bassin de nage extérieur. Nouveauté 2021 : une plage.

PLAGE L'EFFET MER €€

Boulevard du Maréchal-Alphonse-Juin
✆ 04 94 56 42 87
www.plage-effet-mer.com
Fermé du 10 novembre au 15 avril. Carte : 35 € environ. Plat du jour : 15 €. Terrasse. Boutique. Animations. Parking.

Élodie et Sébastien, qui ont repris cette plage privée située face aux îles d'Or, ont donné une nouvelle impulsion en jouant la carte du dépaysement et de la détente en toute décontraction, que se soit sur les transats et les matelas, dans les salons les pieds dans le sable, dans l'espace bar et tapas, ou au restaurant où la cuisine est traditionnelle, soupe de poissons, dorade grillée, avec une tendance asiatique, poulet saté coco, wok divers, bœuf pané à la japonaise... À partir de 18 heures, la musique vous accompagne jusqu'au coucher du soleil.

LE PONENT PLAGE €€

La vigne du Roy
✆ 04 94 43 89 88
www.ponent-plage-restaurant.fr
Ouvert d'avril à octobre. Ouvert tous les jours de 9h à 19h. Carte.

Après avoir pris le soin de réserver, rendez-vous les pieds sur le sable pour un déjeuner aux accents méditerranéens et asiatiques, à l'instar de la salade thaïe, du tartare de bœuf Salers, ou des gambas sauvages à la provençale. Transats et parasols bleu et blanc invitent ensuite à prolonger le dépaysement. À la sortie, la note est certes un peu élevée, mais au regard de la cuisine, de la qualité des produits et du service, on se dit que le rapport qualité-prix est finalement plutôt honnête. Réception du petit-déjeuner jusqu'au soleil couchant.

RESTAURANT COULEURS JARDIN €€

Plage de Gigaro
✆ 04 94 79 59 12
Ouvert d'avril à octobre. Carte de 36 € à 50 €. Bouillabaisse le vendredi. Pizzas à emporter. Terrasse.

Dans un décor proche de la cabane, ce restaurant, posé sur une longue bande de sable à proximité du sentier marin qui serpente entre de petites criques du littoral, offre une vue imprenable sur les îles d'Or. Dans un cadre idyllique et fleuri, le chef joue une partition entre terre et mer, avec des poissons du jour cuits sur la plancha et des viandes de qualité. Quant aux pizzas, servies uniquement le midi, elles sont réalisées à base de produits issus de l'agriculture biologique.

LA VILLA BACCO €€

2, rue Frédéric-Mistral
✆ 04 94 43 90 01
http://villa-bacco.com/
Ouvert toute l'année. Menu découverte 36 €. Carte : 50 € environ. Formule du midi : 16 €. Soirées à thème et musicales.

C'est dans un voyage gourmand en Italie, que le chef Alessandro Paradiso vous entraîne. Les recettes sont élaborées à partir de produits bruts, sur place, et les plats traditionnels sont très représentatifs de la cuisine transalpine, charcuterie italienne, pizza caprese (sauce tomates, mozzarella di bufala, tomates fraîches, basilic), tagliatelles al vongole, gnocchis à la genovese, tartare italien, thon mi-cuit à la sicilienne, encornets farcis alla livornese, poisson frais grillé entier et desserts maison, panna cotta fruits rouges ou caramel beurre salé...

CHÂTEAU DE CHAUSSE

Rue Frédéric-Mistral
✆ 04 94 79 60 57
www.chateaudechausse.fr
Ouvert toute l'année. Visite de la cave et du chai à barriques, dégustation gratuite. Parking.

Dans un cadre naturel d'exception, le château de Chausse, propriété de Charles S. Cohen, le plus important distributeur de films français d'auteurs aux États-Unis, s'étend sur 15 ha de vignes en agriculture biologique où sont cultivés cinq cépages différents : pour les rouges, syrah et cabernet sauvignon ; pour les rosés, cinsault et grenache et pour les blancs, rolle. Les vins, produits sous la houlette de Laurence Berlemont, œnologue conseil, en AOP côtes-de-provence, vous séduiront par leur complexité et leur personnalité.

DOMAINE DE LA CROIX

816, boulevard de Tabarin
✆ 04 94 95 01 75
www.domainedelacroix.com
Dégustation gratuite et commentée des vins du domaine. Parking. Les visites des chais se font du mardi au samedi.

Repris en 2001 par le groupe Bolloré, le Domaine de la Croix fait partie du club très fermé des crus classés de Provence. Le vignoble de 90 hectares bénéficie d'une situation privilégiée, avec des vignes réparties entre la plaine de Tabarin et les coteaux de Saunier. Ces deux terroirs situés à quelques encablures à peine de la grande bleue jouissent d'atouts naturels qui donnent aux vins du Domaine de la Croix une élégance naturelle. Le chai, ultra moderne, construit sous terre, outre ses techniques de pointe, se révèle être un véritable « chai d'œuvre ».

CÔTE MER

DOMAINE DE LA MADRAGUE

Boulevard de Gigaro
✆ 04 94 49 04 54
www.lesvinsdelamadrague.com
Ouvert toute l'année. Dégustation gratuite. Visite du domaine.

Depuis son rachat en 2007 par Jean-Marie Zodo, le domaine, engagé en agriculture biologique, dont les 17 hectares de vignes en A.O.P. Côtes-de-provence embrassent les coteaux de Gassin et La Croix Valmer et descendent jusqu'à la plage de Gigaro, ne cesse de se bonifier et de glaner des médailles et distinctions dans les concours. Les cuvées Claire et Charlotte, sont devenues incontournables dans la région. Des produits locaux de qualité, vinaigre, huile d'olive, anchoïade, miel, confiture, pain d'épices, sont en vente au caveau.

OFFICE DE TOURISME

50, rond-point Saint-Éxupéry
✆ 04 94 01 92 10
www.cavalairesurmer.fr
Ouvert toute l'année. Catégorie 1 - Qualité tourisme.

Cavalaire affiche fièrement le label 3 étoiles de France station nautique, obtenu en décembre 2006, le label Famille plus décerné en 2009, ainsi que les 3 fleurs attribuées en septembre 2009 par le jury du concours des villes et villages fleuris, confirmées en juillet 2013. L'office de tourisme, avec son équipe de 8 permanentes, a également obtenu en 2013 la marque Qualité Tourisme et le classement en catégorie 1. Ces 2 distinctions sont la reconnaissance de la qualité des services offerts aux visiteurs et aux professionnels de la station de tourisme.

CAVALAIRE-SUR-MER ★★

L'histoire de Cavalaire, qui tient son nom de la colonie grecque Heracléa Caccabaria qui avait pris position dans la baie, commence 800 ans avant notre ère avec les Ligures installés dans leur oppidum du Montjean. Petit hameau de pêcheurs dépendant de Gassin au XVIIIe siècle, cette jeune commune du Var, créée en 1929 et classée station balnéaire en 1956, est située au fond d'une baie très abritée, entre le cap Cavalaire à l'ouest et le cap Lardier à l'est. Elle dispose d'une longue plage de sable fin sur plus de 4 km (où la 3e division d'infanterie américaine a débarqué le 15 août 1944), idéale pour les activités touristiques et nautiques.

CÔTÉ MER

ESPACE ARCHÉOLOGIQUE MUNICIPAL ARISTIDE FABRE

50, rond-point Saint-Éxupéry
✆ 04 94 01 92 18
Ouvert en haute saison : du mardi au samedi de 10h à 12h30 et de 14h à 17h.

La commune de Cavalaire souhaitant valoriser son patrimoine, a créé en 2010 un espace archéologique municipal. Ce lieu d'exposition de 55 m² propose une exposition permanente composée notamment de maquettes et de panneaux illustrés retraçant l'histoire archéologique de la commune, de l'Âge du Fer avec le site du Montjean (VIIe -IVe s. av. J.-C.) à l'époque romaine avec les villas de Pardigon (Ier-VIe s. ap. J.-C.). Des expositions temporaires, animent cet espace.

PORT HERACLEA

59, rue de la digue
✆ 04 94 64 17 81
www.port-heraclea.fr
Ouvert toute l'année, tous les jours. Bassin de 621 places, dont 310 places publiques.

© MUSAT - ISTOCKPHOTO

Situé au cœur de la ville, vous y trouverez de nombreux services et équipements. Le bassin comporte 1 100 places réparties en 2 bassins, dont 1 015 postes permanents, 2 pontons flottants pour loueurs de bateaux. Une zone de mouillage est organisée à l'extérieur du port, ainsi qu'un ponton d'accueil sous la capitainerie, une rampe de mise à l'eau gratuite bassin Ouest et un espace de grutage bassin Est. Une application « Port Heraclea » pour smartphone ou tablette a été activée et permet à tout plaisancier de signaler un incident observé sur le port.

CAP SOLEIL** €

24, rue de la Baie
✆ 04 94 64 06 36
www.hotelcapsoleil.com

Ouvert du début mai au début octobre. 10 chambres, certaines fumeurs de 75 € à 95 € suivant la saison. Parking extérieur

C'est une équipe soucieuse de votre confort et de votre accueil qui vous accueille dans cette bâtisse provençale située à 400 mètres du centre-ville, du port et des plages de sable fin qui s'étendent sur 4 kilomètres. Les chambres, rénovées en conservant le style provençal traditionnel, confortables, personnalisées, avec meubles en noyer ou chêne, ouvrent leurs fenêtres sur des terrasses, qui vous accueillent pour d'agréables petits déjeuners. La végétation méditerranéenne du jardin est composée de pins, d'eucalyptus et de lauriers roses.

HÔTEL LA PERGOLA*** €

375, rue Pierre-et-Marie-Currie
✆ 04 94 00 42 22
www.hotel-la-pergola.fr

Ouvert du début mai à fin septembre. 9 chambres 100 % non fumeur de 105 € à 145 € suivant la saison. Parking gratuit.

Ce petit hôtel, situé à proximité du centre-ville, de ses commerces, du port et des plages, bénéficie d'un environnement calme et d'un jardin ombragé d'oliviers, où vous prendrez, pendant la saison d'été, votre petit déjeuner fait de produits frais et de confitures maison. Les chambres, aux beaux volumes, simples et confortables, certaines avec un balcon ou une belle terrasse couverte, s'ouvrent sur le jardin fleuri. Deux chambres-appartements sont également à votre disposition, offrant à la fois l'indépendance et l'atmosphère de l'hôtel.

ALIZÉS*** €€

Promenade de la Mer
✆ 04 94 64 09 32

Ouvert toute l'année. 18 chambres non fumeur de 80 € à 220 € suivant la saison. Demi-pension.

Cet hôtel, dont la vue embrasse littéralement toute la baie de Cavalaire, est situé sur le front de mer. Tenues de main de maître par la famille Sénéquier depuis 1968, les chambres climatisées sont très confortables, pour la plupart avec balcon, et donnent sur la mer ou sur le petit jardin aux essences méditerranéennes situé sur l'arrière de l'hôtel. Les repas, surtout des spécialités provençales, sont servis dans la belle et grande salle, ou sur la terrasse panoramique, face à la mer, à la belle saison. L'ambiance est familiale et l'accueil excellent.

CAMPING BONPORTEAU**** €€

208, chemin du Train-des-Pignes
✆ 04 94 64 03 24
www.bonporteau.fr

Ouvert du 15 mars au 15 octobre. 70 mobil-homes pour 2 à 8 personnes de 413 € à 1 484 € la semaine. Restauration.

Situé à 800 mètres du centre-ville de Cavalaire, 200 mètres de la plage de Bonporteau, face aux îles du Levant, ce camping vous accueille, avec tentes et caravanes, dans un magnifique parc de 30 000 m² à la végétation luxuriante de pins, mimosas et eucalyptus. Un bar avec soirée musicale 2 fois par semaine, une piscine chauffée avec cours d'aquagym 3 fois par semaine, les loisirs et les animations sont bien présents en juillet et août. Récemment, une nouvelle gamme luxe est arrivée, ainsi qu'un bain bouillonnant à usage privé sur votre terrain.

CAMPING CROS DE MOUTON**** €€

Chemin du Cros-Mouton ✆ 04 94 64 10 87
www.crosdemouton.com

Ouvert de fin mars à fin octobre. Chalets pour 4 à 8 personnes de 570 € à 1 110 € la semaine. Animations.

Situé à moins de 2 km de la plage et du centre-ville, ce camping familial vous offre calme, confort et tranquillité à l'ombre d'une forêt. En juillet et août, des activités sportives et des animations sont prévues pour les enfants et les plus grands, soirées dansantes, cabaret, spectacles sont au programme. Le nouvel espace spa et détente créé autour de la piscine chauffée, dispose d'une nouvelle plage de 200 m2 tout en bois, avec une vue imprenable sur la baie de Cavalaire et le littoral.

HÔTEL DE LA CALANQUE**** €€

20, rue du Cap
✆ 04 94 01 95 00
https://hoteldelacalanque.com/

Ouvert de mi-avril à début octobre. 28 chambres 100 % non fumeur de 180 € à 648 € suivant la saison. Restaurant.

Comme son nom l'indique, cet hôtel implanté dans un quartier privilégié proche du centre-ville, domine les criques. Les chambres, à la décoration raffinée autour de la mer, algues, coquillages et crustacés, sont spacieuses, claires et disposent de balcon ou de terrasse avec vue mer, dont une merveilleuse dans la suite. La piscine à débordement, face à la Grande bleue, est prolongée d'un solarium. Le restaurant propose une cuisine traditionnelle, à apprécier dans la salle à manger ou sur la terrasse, tout en admirant le panorama idyllique de la Méditerranée.

HÔTEL RÉSIDENCE BEACH*** €€

7, avenue du Fleuriste
✆ 04 94 64 08 29
www.hotel-residencebeach.com

Ouvert de fin mars à fin octobre. 39 chambres, 100 % non fumeur, de 94 € à 190 € suivant la saison. Piscine chauffée.

Entre Le Lavandou et Saint-Tropez, goûtez au plaisir du farniente dans le calme absolu d'un parc de 2 000 m², avec une vue exceptionnelle sur la baie de Cavalaire et à seulement 350 mètres de la plage et de ses nombreuses activités balnéaires. Les chambres, rénovées récemment, climatisées et spacieuses, dotées de balcon, où vous pouvez prendre le matin votre petit-déjeuner continental ou de terrasse en rez-de-jardin, sont très élégantes et très lumineuses. L'été, le pool house «La piscine» est accessible pour se restaurer au bord de l'eau.

LE CLOS DES 7 PALMIERS €€€

265, route de Toulon ✆ 06 20 71 96 67
www.closdes7palmiers.fr

Ouvert toute l'année. 5 chambres non fumeur, de 250 € à 500 €. Accès direct à la plage.

À quelques minutes à pied du centre-ville de Cavalaire, cette villa d'architecte de style colonial, entièrement restaurée, est nichée au cœur d'un cadre naturel, face à la Méditerranée, à quelques pas de la plage du Bonporteau, entre palmiers, oliviers, mimosas, chêne-lièges, figuiers et pins, pratiquement les pieds dans l'eau. Toutes les chambres comprennent un accès direct à la coursive où, chaque matin, vous y apprécierez les petits déjeuners préparés avec soin par la maîtresse de maison, ou dans la fraîcheur du patio andalou...

LA VILLA LOUANCELIE €€€

11, boulevard de l'Eau-Blanche
✆ 04 94 05 72 18
www.lavillalouancelie.fr

Chambre double de 230 € à 480 € ; suite de 190 € à 280 €. Petit déjeuner buffet inclus. Lit supplémentaire : 50 €.

Exposée plein sud, cette belle villa aux prestations haut de gamme offre une remarquable vue sur la baie de Cavalaire. Les chambres, lumineuses, spacieuses, toutes avec entrée indépendante, s'ouvrent sur le jardin et la piscine de la propriété. Au réveil, un petit déjeuner, différent chaque jour, est servi sous la forme d'un buffet. La table d'hôtes, ouverte tous les jours, sur réservation, vous propose une cuisine méditerranéenne et provençale. Des formules week-end avantageuses sont d'ailleurs régulièrement proposées sur le site internet.

LA CRÊPERIE BRETONNE €

6, rue du port
✆ 04 94 64 16 98

Ouvert de février à octobre, le soir à partir de 19h. Galettes de 8€ à 10 €. Crêpes : de 6 € à 8 €. Terrasse.

Depuis près de 40 ans, dans la plus ancienne crêperie bretonne traditionnelle de Cavalaire, idéalement située sur le port, nouvellement décorée, les amateurs de galettes au sarrasin et de crêpes au froment sont comblés par le choix, la variété et la qualité de ces spécialités bretonnes copieusement garnies, sans oublier le cidre qui coule à flot. Le midi, une restauration variée (omelettes, ceviches, salades...) vous est proposée en plus de la carte des galettes, à prendre sur la nouvelle terrasse. L'accueil et le service sont au top.

LE COMPTOIR DES SAVEURS €€

Centre d'animation du nouveau port
✆ 04 94 05 46 10
www.lecomptoirdessaveurscavalaire.com/

Ouvert de février à octobre. Menu 32 €. Carte : 50 € environ. Formule aïoli 28 €. Bouillabaisse maison sur commande.

Ce restaurant à la décoration très cosy propose surtout des plats à base de poissons, soupe de poissons de roche maison rouille et croûtons, loup en croûte de sel ou grillé, aïoli du comptoir et ses légumes vapeur, une bouillabaisse servie sur faouque en liège et découpée devant vous... Mais les amateurs de viande et de volaille ne sont pas oubliés avec le filet de bœuf au sautoir, sauce aux morilles, pommes fondantes et légumes du moment, la pluma de porc, poêlée aux girolles, jus au romarin, magret de canard rôti, parfumé au miel.

DAUPHIN PLAGE €€

Avenue de Saint-Raphaël
✆ 04 94 64 18 45

Ouvert de mai à octobre tous les jours de 9h à 18h30. Plats 15-30 € en moyenne. Location de parasols, matelas, transats.

Succès oblige, mieux vaut réserver avant de vous présenter aux portes de cette belle plage en rouge et gris... un vrai petit paradis situé à l'extrémité de la promenade de la mer. Depuis une trentaine d'années maintenant, l'établissement est tenu par la même famille, qui joue tant sur la qualité des prestations que sur l'accueil chaleureux – quasi familial – qui vous est réservé. On passerait des heures à se prélasser ici, attablé autour d'une belle salade niçoise, d'une assiette bien garnie de poisson ou viande grillée au barbecue, avec un bon verre de vin.

L'ÉMERAUDE €€

Nouveau Port

✆ 04 94 64 06 88

Ouvert du 1er avril au 15 octobre tous les jours. Fermé le mardi en basse saison. Formule du midi : 19 € à 25 €.

C'est certainement la référence locale en matière de plateaux de fruits de mer et poissons, dont la fraîcheur est évidente. Installés confortablement sur la terrasse, avec une vue imprenable sur le port, les amateurs de produits iodés jettent leur dévolu sur les copieux plateaux de fruits de mer ou se laissent tenter par l'assiette de coquillages composée d'huîtres, d'amandes et de palourdes. Du côté des plats cuisinés, le pavé de saumon à l'unilatéral et sa sauce à l'oseille ou le loup grillé aux senteurs de Provence figurent parmi les spécialités à recommander.

LES RÔTISSEURS DE LA CÔTE €€

Rue du Port

✆ 04 94 15 46 47

http://rotisseurs.free.fr/

Ouvert de mi-janvier à mi-décembre. Formule du midi : 17 €. Terrasse. Animations.

Ouvert sur le port, face à la mise à l'eau, ce restaurant, qui est le spécialiste des viandes grillées d'exception, comme la côte de bœuf maturée blonde de Galice aux qualités gustatives remarquables, sert également des pizzas cuites au feu de bois – que l'on peut emporter – et des poissons du jour. Le bar à vins, où sont servies des planches à partager, est idéal pour prendre l'apéritif, l'endroit est d'ailleurs très fréquenté en soirée, esprit festif et concerts live.

LE PIZZAIOLE €€

Avenue du Port

✆ 04 94 05 46 16

www.lepizzaiole.com/

Ouvert du début février à fin octobre tous les jours. Pizzas de 8 € (petite) à 16,50 € (grande). Carte : 45 € environ.

Depuis 1985, cette maison familiale d'excellente réputation propose de nombreuses sortes de pizzas cuites au feu de bois, base sauce tomate ou crème, des pâtes, tagliatelles, spaghettis aux fruits de mer, penne arabiatta, des salades, des moules, de nombreux produits autour de la mer, gambas sautées à la provençale, saumon frais en pavé rôti, sauce crustacés, et de la terre, tartare de bœuf maison, magret de canard au miel et aux airelles, escalope de veau aux cèpes, quelques suggestions de plats renouvelés régulièrement et un plat du jour.

LE YAMS €€

Promenade de la Mer

✆ 04 94 64 19 43

https://restaurant-le-yams.webnode.fr/

Menu 32 €. Carte : 50 € environ. Vente à emporter de fruits de mer et de moules.

Ce restaurant au cadre agréable et chic dans les tons azur, est implanté à Cavalaire depuis plus de 30 ans. Il est incontournable pour déguster une salade de poulpes, des noix de Saint-Jacques à la cardinale, des huîtres chaudes fines de claires Marennes Oléron cuites au champagne, des rillettes de crabe, des gambas estragon et basilic relevées au soja, d'excellents poissons, dorade au four, sole meunière et un plateau de fruits de mer. L'accueil et le service sont au diapason. Seul regret, ne pas voir la mer, pourtant si proche !

LA PLANCHA €€

Nouveau port

✆ 04 94 94 90 50

Ouvert du 1er avril au 30 septembre. Menus de 19,50 € à 39,50 €. Carte : 40 € environ. L'été, piano-bar tous les soirs.

Ce restaurant de cuisine traditionnelle et provençale fait rimer terre et mer, où sur la belle terrasse face aux bateaux, on se régale de viandes et de poissons grillés à la plancha, d'une daurade ou d'un bar selon arrivage, d'une cassolette de la mer, avec jus de poissons de roche, rouget, saint-pierre, gambas, moules, supions, rouille maison, d'un tartare de thon japonais préparé par le chef, de moules à la plancha avec crème d'ail, d'une pluma de pata negra, une viande exceptionnelle de cochon noir ibérique... et de la limoncello cup pour clore le repas.

ADRÉNALINE ACADÉMIE

Promenade de la Mer

✆ 06 09 40 50 70

http://adrenalineacademie.com/

Ouvert du 15 avril au 15 novembre tous les jours de 9h à 19h. Initiation flyboard : 80 € les 20 minutes.

Vincent Lagaf', plutôt connu pour ses prestations télévisées, est également un fou de sports mécaniques nautiques, avec, à son actif, la création de la célèbre course de Cavalaire. Il a décidé de transmettre sa passion du flyboard et du flyride (motomarine volante) au grand public, avec la fondation de la 1re académie de flyboard, hoverboard et jet pack en France, ouvert à tous, débutants ou déjà initiés. Sensations garanties avec cette planche reliée à la turbine d'un véhicule nautique à moteur (VNM) qui vous permet de s'élever dans les airs !

EAU BLEUE

Avenue des Myrtes
✆ 06 08 23 72 51
www.plongeecavalaire.com
Ouvert d'avril à mi-novembretous les jours de 8h à 18h. Plongée autonome 42 €. Baptême 100 €. Parking.

Ce centre de plongée, spécialiste en plongée technique et en plongée profonde, nitrox, trimix et recycleur, propose des plongées exploration tous niveaux et des formations du débutant à l'instructeur. C'est à bord du Maeva, vedette de 11 mètres pour 11 plongeurs, équipée de tout le matériel de plongée, qu'Arnaud Niel, BEES1, vous emmène pour des sorties à la demi-journée ou à la journée, afin de découvrir les plus beaux fonds sous-marins entre Saint-Tropez et les Iles d'Or, et explorer les sites de votre choix, car les plongées à la carte sont privilégiées.

EPERLAN

Contre-allée du Port-Privé
✆ 06 09 75 62 17
www.eperlan.fr
Ouvert de mars à novembre. 40 € la plongée autonome, 55 € la plongée encadrée. 80 € le baptême.

Ce centre propose des plongées pour enfants, des baptêmes, des préparations aux brevets et des explorations à la découverte des nombreuses épaves de la région sur le bateau *Eperlan II*, vedette de 15 mètres à coque alu, et son annexe Le Sarrasin, un pneumatique semi-rigide de 7 mètres. Sous la conduite de Momo, moniteur fédéral 2e degré, partez en toute confiance à la découverte des nombreuses épaves coulées dans la baie de Cavalaire. Le centre dispose également d'un local technique équipé d'un compresseur qui permet de gonfler rapidement toutes les bouteilles.

HOLESHOT LOCATION

Quai Patrice-Martin
✆ 06 58 85 70 02
www.holeshot-location.com
Initiation et location jet-ski de 60 € à 80 € les 20 minutes. Randonnée de 160 € à 330 €.

Cette base nautique est spécialisée dans la location, l'initiation et la randonnée en jet-ski, avec ou sans permis bateau. De la session de 20 minutes à la randonnée en demi-journée vers les plages de Pampelonne, le golfe de Saint-Tropez ou les îles d'Hyères, les formules sont adaptées aux envies de chacun. Des sessions de ski nautique, wakeboard, wakesurf, engins tractés, sont également au programme, aussi bien pour les débutants que pour les sportifs confirmés. Essayez également le flyboard, le flyride et le jetpack, pour vous transformer en poisson volant.

ISADORA CROISIÈRES PLONGÉE

Nouveau Port - Face à la Maison de la mer
✆ 06 80 32 10 57
www.plongee-isadora.com
Ouvert du 15 avril au 15 novembre. Voir le détail des croisières, planning et prix, sur le site Internet.

Les amoureux de la mer et de la plongée sont comblés avec les différentes formules de croisière, plongée, classique... organisées sur une grande goélette orientale, le temps d'une journée, d'un week-end ou d'une semaine. Les plongées sont effectuées sur des sites déserts ou inédits. Entre l'Italie, la Corse et la côte française, plus de 150 épaves, roches, tombants sont accessibles ! La cuisine est franco thaïlandaise et tous les plats sont cuisinés maison à bord.

TIKI DIVE

Port Héracléa ✆ 06 73 24 16 55
www.tiki-dive.com
Ouvert toute l'année. Plongée d'exploration 50 €. Equipement complet 15 €. Repas à bord et hébergement possible.

A bord d'un confortable bateau de 16 mètres (douche chaude, toilettes, climatisation et boissons chaudes et fraîches à disposition), Fabien et son équipe proposent des sorties en demi-journée, journée complète avec repas, ainsi que des séjours avec nuit à bord et petit déjeuner au départ du port de Cavalaire. Découvrez avec eux les épaves mythiques de Méditerranée : *Donator*, *Grec*, *Togo*, *Rubis*, ainsi que le parc national de Port Cros. Débutants, optez pour une randonnée palmée ou pour un baptême de plongée. Formations FFESSM et SSI également disponibles.

CASINO DE CAVALAIRE

16, rue du Port
✆ 04 94 01 92 40
www.casinodecavalaire.com
Ouvert toute l'année. Jeux traditionnels le soir à partir de 21h. 107 machines à sous de 0,01 € à 5 €. Restaurant.

Entièrement rénové, cet établissement de jeux, propose plusieurs espaces. Au rez-de-chaussée, une salle est consacrée aux machines à sous et roulette électronique et dispose d'un restaurant. Au premier étage, ceux qui préfèrent les jeux traditionnels pourront tenter leur chance à la roulette anglaise, au black-jack, à l'Ultimate Texas hold'em poker. Vous pourrez également profiter de la salle de poker. La Terraza, terrasse plein air avec des machines à sous, table de black-jack et roulette électronique, vous attend toute l'année.

LA MOLE

Déjà habitée au temps des Romains, cette petite localité coule des jours tranquilles au confluent de deux vallées où coule la Môle – avec un accent circonflexe ! – et la Verne. Bâti sur la colline Sainte-Madeleine, le village fut reconstruit dans la plaine. La seigneurie dépendra de l'abbaye Saint-Victor de Marseille puis appartiendra au XVIIe siècle à la famille Suffren. Antoine de Saint-Exupéry habita, dans sa jeunesse, le château familial du XIe siècle qui trône sur la colline – propriété privée, il ne se visite pas-. Aujourd'hui, La Mole est surtout connue la préservation de son environnement, son authenticité et son calme.

BARRAGE DE LA VERNE

Ce barrage hydraulique a été construit en 1991 en travers de la rivière Verne, d'une longueur de 235 mètres et haut de 42 mètres. Cette retenue artificielle, destinée à alimenter en eau potable la population de 10 communes du pays des Maures et du golfe de Saint-Tropez, n'autorise ni la pêche, ni la baignade, ni la navigation. Par contre les lieux sont propices aux pique-niques et abritent de merveilleuses espèces d'oiseaux, hérons cendrés, cormorans… De nombreux sentiers convergent autour du barrage, à parcourir à pied, à cheval ou en VTT.

CAMPING PACHACAÏD**** €€

1639, route du Canadel ✆ 04 94 55 70 80
www.pachacaid.com

Ouvert de mi-avril à fin septembre. Mobil-homes pour 2 à 10 personnes de 203 € à 2 954 € la semaine. 430 emplacements.

Ce village vert de plein air, à flanc de colline, isolé au milieu d'une forêt de pins parasols, propose des mobil-homes sur des emplacements ombragés de 100 m² environ. De nombreux sports peuvent être pratiqués et le camping est fier d'avoir l'un des plus grands parcs aquatiques du Var avec notamment une piscine à débordement de 1 200 m² sur 3 000 m² de plage, 10 toboggans aquatiques dont le fameux Space-bowl, 1 bassin à remous et une pataugeoire. En saison, Pachacaid propose un programme d'animation journée et soirée pratiquement non-stop jusque minuit.

LE BISTRO GOURMET €

14, grande rue
RD 98
✆ 09 67 38 19 28

Ouvert toute l'année. Menu 21 € le midi. Carte : 36 € environ. Plat du jour : 12,50 €. Terrasse. Music live. Parking.

Ici, on s'arrête pour la cuisine familiale et les deux spécialités de la maison, les lasagnes aux deux chèvres de La Môle, courgettes confites et la marmite royale de la mer, avec lotte, Saint-Jacques, gambas, moules, rouille, croûtons, soupe de poissons frais. Mais on ne néglige pas le foie gras maison, les gambas poêlées à la provençale, la lotte fraîche au gingembre, les généreuses pizzas, le tartare de Charolais au couteau et surtout les fameux desserts maison. Le tout au rapport qualité-prix excellent. Live music le samedi soir.

L'ESCALE TROPÉZIENNE €€

Aéroport Saint-Tropez
La Mole
✆ 04 94 54 76 40
www.sainttropez.aeroport.fr/

Ouvert du début avril à fin octobre. Petit déjeuner servi jusqu'à 10h30. Terrasse. Parking gratuit

Pas besoin de prendre l'avion pour s'arrêter prendre votre petit déjeuner ou vous restaurer le midi. Tout le monde est accepté ! Le bar, la salle de restaurant et ses larges baies vitrées, ainsi que la terrasse, donnent sur les pistes et le massif des Maures. À toute heure de la journée, le bar propose un large choix de boissons fraîches ou chaudes, de glaces, de viennoiseries et des produits snacks (sandwichs, panini, salades). Le restaurant offre une carte variée et vous permettra de déguster des plats traiteurs, des desserts.

LE MAGNAN €€

3085, route de Cogolin - RD 98
✆ 04 94 49 57 54
www.lemagnan.fr

Fermé du 1er au 31 janvier. Ouvert tous les jours en haute saison. Menus à 40 € et 50 €. Terrasse. Parking.

Située à 5 kilomètres de Cogolin, en pleine nature, l'ancienne « Ferme du Magnan » a gardé son caractère typique. Vous êtes reçus sur la terrasse avec vue panoramique, aux beaux jours, ou dans la salle intérieure avec cheminée, pour les soirées plus fraîches. La cuisine, traditionnelle, avec des touches provençales, évolue au fil des saisons, moules farcies aux champignons persillade, foie gras de canard mariné au muscat, souris d'agneau confite, filet de bœuf grillé, gambas à la provençale flambées au pastis, légumes sautés, coulant au chocolat noir…

DOMAINE DE SIOUVETTE

Quartier Siouvette
✆ 04 94 49 57 13
www.vins-siouvette.com

Visite du domaine et de la cave uniquement sur rendez-vous. Dégustation commentée et gratuite. Gîtes.

Le domaine s'étale sur plus de 20 hectares, dans une vallée au pied du massif des Maures. Propriété de la famille Sauron depuis 1836, cette ancienne ferme des Chartreux de la Verne élabore les vins rouges et les rosés à partir des cépages traditionnels, grenache, cinsault, syrah, cabernet sauvignon, carignan, mourvèdre et les vins blancs, avec semillon, rolle vermentino, complétés par de l'ugni blanc. La cuvée Marcel Galfard rosé représente le cœur de la gamme et le Clos Siouvette, plus confidentiel, représente la plus belle expression du terroir.

GREEN POUSSES

✆ 06 69 76 07 07
www.greenpousses.com/

La mode est à la nature et à la production d'une alimentation saine et respectueuse de l'environnement. Alors, pourquoi ne pas utiliser les goûts puissants et les saveurs subtiles des micro pousses, nutritives et très digestes, riches en vitamines, minéraux, oligo-éléments ? Autant de graines germées qui relèveront et accompagneront vos salades, crudités, légumes, viandes grillées, poissons, fromages... Disponibles sur la boutique en ligne, au Jardin de la Piboule et au marché de producteurs à Cogolin et aux Halles de Grimaud.

COGOLIN ★

La légende raconte que « sur la barque amenant d'Italie le corps décapité par les Romains du Chevalier « Torpes », il y avait un coq et un chien. Malgré la faim, les animaux ne touchèrent pas au corps. Lorsque l'esquif aborda sur les rivages de l'actuel Saint-Tropez, le coq s'envola dans la campagne de Cogolin, au beau milieu d'un champ de lin ». D'où ce « Coq au lin » qui orne l'écusson communal, les drapeaux et le sommet de l'hôtel de ville. Cogolin, village typiquement provençal, est blotti au pied du massif des Maures et s'étend jusqu'à la mer avec 2 ports : Les Marines de Cogolin, l'un des plus grands de la Côte d'Azur, et Port Cogolin.

CHAPELLE SAINT-ROCH

Place Bellevue
✆ 04 94 54 63 28

Pour visiter cette chapelle s'adresser à la Demeure Sellier, 46 rue Nationale.

Située à l'angle de la rue du 19-Mars-1962 et de la montée Saint-Roch, la chapelle Saint-Roch (du saint sauvé de la peste par des anges et son chien) a été construite en 1630 avec l'aide de la confrérie des Pénitents blancs. La grange, située à sa droite, est l'ancienne chapelle Saint-Roch, également érigée par la confrérie des Pénitents blancs. Vendue comme bien national pendant la Révolution française, elle a longtemps servi de bâtiment agricole et était utilisée pour les élections municipales. Restaurée entre 2010 et 2012 elle est devenue un lieu d'exposition.

ÉGLISE SAINT-SAUVEUR SAINT-ÉTIENNE

L'originalité de cette église dédiée à deux saints, construite au XIe siècle, remaniée au XVe et XVIe siècle par l'adjonction d'une seconde nef, réside dans son architecture atypique. En effet, une église possède toujours une nef ou trois. Celle-ci en a deux, présentant un style roman sur la première nef, et un style gothique sur la deuxième. Le portail nord est en serpentine verte. À l'intérieur, on découvre plusieurs œuvres classées aux Monuments historiques.

MANUFACTURE DES TAPIS DE COGOLIN ★

6, boulevard Louis-Blanc ✆ 04 94 55 70 65
www.manufacturecogolin.com

Ouvert toute l'année. Du lundi au vendredi. Visite uniquement du showroom. Visite des ateliers une fois par mois.

Cette manufacture fabrique toujours des tapis en laine, coton, raphia et lin dans le plus pur respect de la tradition, sur des métiers à tisser, qui datent de 1880, dits basse lisse à bras avec un mécanisme Jacquard. De ces ateliers sont sortis des pièces uniques qui ornaient hier le paquebot Normandie, aujourd'hui le Grand Trianon de Versailles, la Maison blanche, l'Élysée, des ministères et des palais, des ambassades, des yachts et des jets privés, des salons de grands hôtels.

LES PIPES DE COGOLIN CH. COURRIEU

58, avenue Georges-Clemenceau
✆ 04 94 54 63 82
www.courrieu-pipes.com
Ouvert toute l'année. Visites gratuites de l'atelier chaque jour de 14h à 18h.

Cette entreprise familiale, l'une des plus anciennes fabriques de pipes au monde, créée vers 1802, taille, cisèle, calibre, étanche, tourne, fraise et sculpte des pipes dans des souches de bruyère du massif des Maures. Elle est labellisée « Entreprise du patrimoine vivant » (EPV) et possède le titre de maître artisan en métier d'art. L'entreprise continue à fabriquer chaque année de nouveaux modèles. Une visite de la fabrique artisanale s'impose.

LA PLAGE

Difficile de se perdre sur le littoral de Cogolin : il n'y a qu'une seule plage ! Cela dit, la quantité n'a jamais fait la qualité, et la longue plage des Marines, abritée au fond du golfe de Saint-Tropez, offre tous les services pour une sortie familiale en toute quiétude. La baignade est surveillée du 15 juin au 15 septembre, et la plage de sable agrémentée d'un terrain de beach volley. Une base nautique ouverte à l'année y a posé l'ancre, ainsi que des restaurants de plage. On pourra stationner à proximité sur un grand parking ombragé.

TOUR DE L'HORLOGE

En haut de la ville, cette ancienne entrée de l'enceinte fortifiée du château, rasé durant les guerres de Religion, date de la fin du XIIIe, début du XIVe siècle. On y accédait par une rampe, puis un pont-levis. Une herse protégeait le village en cas de danger. Cette tour a été bâtie en basalte, pierre de lave alvéolée de couleur gris noir, roche sur laquelle le village de Cogolin s'est établi. Une cloche a été installée au sommet de cette tour dans la 2e moitié du XVIe siècle. Elle se trouve aujourd'hui dans le clocher de l'église paroissiale.

COQ HÔTEL €

Place de la République
✆ 04 94 54 13 71
www.coqhotel.com
Ouvert de début février à mi-décembre. 24 chambres, 100 % non fumeur, à partir de 62 € suivant la saison.

Ce petit hôtel provençal, au rapport qualité-prix intéressant, situé en plein centre du village, à quelques minutes des plages de Port Grimaud et de Port Cogolin et à seulement 10 kilomètres de l'animation tropézienne, dispose de chambres simples, coquettes, toutes climatisées, décorées individuellement et d'une très belle terrasse patio entourée de verdure, où il est très agréable de prendre son petit déjeuner. Quelques chambres disposent aussi d'une terrasse privée. Celles qui donnent sur la place de la République sont insonorisées.

BLISS HOTEL*** €€

Place de la République
✆ 04 94 54 15 17
www.bliss-hotel.com
Ecolabel européen. Ouvert toute l'année. 24 chambres 100 % non fumeur de 89 € à 280 € ; suite de 200 € à 390 €.

Cet hôtel, qui a obtenu l'écolabel européen depuis novembre 2012, est situé au centre du village et à une dizaine de minutes des plages. Les chambres, confortables, au design contemporain et au mobilier zen et élégant, offrent une vue sur les collines, la plaine du golfe de Saint-Tropez ou la place du village. C'est le point départ idéal pour visiter Saint-Tropez et son port mythique, découvrir le village lacustre de Port-Grimaud, flâner dans les ruelles des villages environnants ou rejoindre les nombreuses plages de Pampelonne.

HÔTEL FONT MOURIER**** €€

Quartier Font Mourier ✆ 04 94 56 60 61
www.hotelfontmourier.com
Ouvert de mi-mars à début novembre. 49 chambres et suites 100 % non fumeur, de 110 € à 280 € suivant la saison. Piscine.

Idéalement situé sur les hauteurs du golfe de Saint-Tropez, profitez du calme de la pinède, confortablement installé dans les canapés et lits d'extérieur disposés autour de la piscine. Ses chambres sont décorées dans un esprit contemporain. Une suite a été créée récemment avec un bain à remous sur la terrasse, tout comme un espace *lounge bar*. Le restaurant, situé en lisière de pinède sous les pins parasols, en bord de piscine, propose une cuisine traditionnelle et végétarienne. Et si vous voulez faire la fête le soir, Saint-Tropez n'est qu'à 7 kilomètres.

CÔTÉ MER

HOUSEBOAT €€

quai de la Galiote
✆ 04 94 56 16 59
www.houseboat-golfesainttropez.com
Location à quai, hébergement uniquement. Bateau pour 2-4 personnes 375 € le week-end et 750 € la semaine, hors saison.

Une autre façon conviviale de vivre ses vacances sur l'eau ! Plutôt que de rêver devant les bateaux amarrés aux Marines de Cogolin, face au golfe de Saint-Tropez, venez vivre dedans, le temps d'un week-end romantique ou d'une semaine en famille. Dans ce bateau résidence qui reste à quai comme résidence privée pour les vacances, le confort y est surprenant et la vue est imprenable ! La gamme de voiliers et moteurs de 8 à 40 mètres est disponible dans les ports du Lavandou à Monaco, avec possibilité de sorties en mer avec skipper.

CASA ROMA €€

34, rue Gambetta
✆ 04 94 82 31 63
www.pizzeria-casaroma.com/
Pizzas sur place ou à emporter de 12 € à 19 €. Pâtes de 15 € à 21 €. Viandes de 14 € à 17 €. Desserts 7 € et 8 €.

La cuisine ouverte de cette trattoria à l'ancienne vous permet de voir travailler le chef avec des produits frais et cuire les pizzas au feu de bois, dont la pâte a été pétrie tous les jours à la main par le pizzaïolo. Ici, l'assiette de charcuterie italienne et de fromages sont à partager... ou pas !, avant de passer aux choses sérieuses avec une assiette de pâtes, linguine bolognaise, tagliatelles carbonara, raviolis aux cèpes, un tartare de bœuf à l'italienne. Impossible de ne pas terminer le repas par l'incontournable panna cotta aux fruits rouges !

PARFUM DE ROSES €€

476, chemin du Carry
✆ 06 14 94 80 28
www.parfumderoses.fr
Fermé 15 décembre au 15 janvier. 2 suites 100 % non fumeur de 135 € à 245 € suivant la saison. Gîtes de 120 € à 195 €.

Dominant le golfe de Saint-Tropez, au calme, en restant proche des commerces, la situation de cette villa en pierre édifiée au milieu d'un jardin arboré méditerranéen de 2 500 m² est exceptionnelle, offrant une vue mer à l'est, une perspective sur le village de Gassin au sud-est, et sur les collines du massif des Maures d'est en ouest. Vous avez le choix entre deux suites à thème, italienne ou africaine, mais également un gîte studio, une vraie petite maison de 35 m² indépendante de la grande villa et un gîte loft. Les petits déjeuners sont faits maison et bio.

GARUDA RESTAURANT €€

40, rue Marceau
✆ 06 81 04 38 46
Ouvert toute l'année tous les jours, sauf dimanche, lundi soir et mardi soir. Plat du jour à partir de 12 €. Terrasse.

Dans cette salle à l'ambiance loft new-yorkais, deux cuisines aux antipodes se côtoient, d'un côté pour ceux qui raffolent de la bonne viande de bœuf maturée, la blonde de Galice ou Rubia Gallega, ou la viande de bœuf de l'Aubrac, déclinées en côte de bœuf, entrecôte, onglet, filet ou faux-filet et de l'autre, pour ceux qui aiment l'exotisme avec la cuisine thaïe, tempura de crevettes, amandes, salade de bœuf thaï, curry vert poulet, riz frit, ananas, poulet, nouilles sautées et crevettes, riz gluant mangue, flan coco, tofu frais sucré...

CHEZ NOUS €

9, rue Nationale
✆ 04 94 54 67 02
Ouvert toute l'année. Formule du midi : 16 €. Menu 33 €. Carte : 36 € environ. Terrasse.

La passion pour la gastronomie et les vins a poussé Florian et Edwige à ouvrir leur bistrot provençal et bar à vins. La carte, d'inspiration provençale, évolue tous les 10 jours environ, afin de privilégier l'utilisation des produits frais et de saison, fleur de courgette farcie, filet de daurade et fenouil braisé, filet de rouget sur tapenade, gigot d'agneau et sa ratatouille, brioche façon pain perdu, caramel beurre salé... Au bar à vins, de nombreux vins au verre, servis avec une planche de charcuterie, vous permettent de varier vos envies de découverte.

GRAIN DE SEL €€

6, rue du 11-Novembre
✆ 04 94 54 46 86
Fermé du début janvier à mi-février. Menu unique à 31 € (midi et soir). Carte : 43 € environ. Formule du midi : 24 €.

Julien Mouret, dans sa petite cuisine ouverte et Émilie Geisler, dans la salle de 20 couverts et sur la terrasse, continuent à séduire par la qualité de leur travail. Elle pour son accueil tout sourire et son professionnalisme et lui pour sa cuisine traditionnelle provençale qui évolue selon le marché et les saisons, gaspacho de tomates confites et sorbet à l'huile d'olive, suprême de volaille, quinoa aux petits légumes, jus de volaille, pavé de merlu, écrasé aux herbes et coulis de poivrons rouges, panna cotta au miel, coulis de nectarines...

LA GRANGE DES AGAPES €€

7, rue du 11-Novembre
✆ 04 94 54 60 97
www.grangeagapes.com
Ouvert toute l'année du mardi au samedi. Menus de 23 € à 60 €. Carte : 60 € environ. Service traiteur. Boutique.

Au milieu de la salle située à l'étage, la cuisine ouverte permet de découvrir tous les faits et gestes du chef et de sa brigade, qui préparent, pour votre plus grand bonheur gustatif, de nombreux menus à thème, truffes, tout légumes, provençal,... Pour les cours de cuisine, l'Atelier des Agapes a été spécialement conçu pour découvrir quelques secrets du chef et déjeuner en table d'hôtes. Une épicerie fine, Délices des agapes, a été ouverte au sein du restaurant, avec charcuteries, truffes et produits dérivés, produits de la mer, huiles et produits à l'huile.

OPEN BISTRO €€

11, rue Jean Jaurès
✆ 04 94 54 41 80
www.openbistro.fr/
Fermé 15 jours en novembre. Formule du midi : 16,50 €. Menus de 25 € à 33 €. Carte : 35 € environ. Terrasse.

Dans sa cuisine ouverte, Sébastien Arfeuillère prépare une cuisine traditionnelle de marché, tendance bistrotière, qui évolue tous les jours avec des plats signatures, élaborés en fonction des saisons, foie gras maison, pâté en croûte, cuisses de grenouilles, andouillette à la plancha, risotto aux Saint-Jacques juste rôties, côte de cochon ibérique à la plancha, pièce de bœuf maturée, ris de veau à la crème, tête de veau, Open burger avec Black Angus et pain maison, soufflé au Grand-Marnier, brownie, île flottante lyonnaise...

RESTAURANT RAPHAËL €€

12, rue Pasteur
✆ 04 94 52 15 13
www.restaurant-raphael-cogolin.fr/
Ouvert toute l'année. Fermé mardi soir et mercredi toute la journée. Formule : 15 €. Menu découverte 31 €. Terrasse.

D'apparence discrète, avec sa salle spacieuse joliment décorée et son patio très agréable en été, ce restaurant mérite toute votre attention. Raphaël, le chef, est fier de travailler uniquement du frais, notamment les produits de la mer, carpaccio de saucisson de poulpe, tartare de thon au citron vert et poivre de Timut, mais également d'offrir une cuisine à tendance méditerranéenne, bruschetta à la truffe d'été, concassée de tomate au parmesan, cuisses de grenouilles sautées à la provençale, carré d'agneau rôti aux herbes de Provence...

L'ATELIER PROVENÇAL

50, avenue de Valensole
✆ 04 94 55 74 43
www.au-bec-fin.com
Ouvert toute l'année du lundi au samedi. Visite guidée interactive et dégustation gratuite.

Direction dynamique pour cette épicerie fine attenante à la conserverie artisanale certifiée ISO 9001, créée en 1991, qui fabrique une large gamme de spécialités provençales, dans la plus pure tradition, notamment leur produit phare : la soupe de poissons de roche. Vous êtes invités à découvrir un éventail dans cette boutique de 200 m² dédié au terroir de la région, avec 200 producteurs/fournisseurs et 70 domaines de Provence, mais également des produits d'épicerie très fine et bien sûr les produits locaux de la conserverie Au Bec Fin fabriqués sur place.

© AU BEC FIN

© AU BEC FIN

CHÂTEAU DES GARCINIÈRES

1082, route de La Foux
04 94 56 02 85
www.chateau-garcinieres.com
Ouvert du lundi au samedi. Dégustation gratuite. Visite du domaine payante et sur réservation. Parking.

Ce vignoble familial, depuis 1898, s'ouvre sur une majestueuse allée de platanes tricentenaire. Vous y trouverez les cépages typiquement provençaux tels que cinsault, rolle ou ugni blanc, mais aussi grenache et syrah. Sur les 20 hectares de vignes classées Côtes de Provence, deux cuvées s'épanouissent, dans les trois couleurs, la cuvée traditionnelle et la cuvée du Prieuré. En culture biologique, ce domaine, situé dans le golfe de Saint-Tropez, bénéficie d'un climat tempéré et d'un terroir particulièrement adapté au vignoble provençal.

CHÂTEAU SAINT MARC

588, chemin des Crottes et de Saint Marc
04 94 54 69 92
www.chateau-saint-marc.fr
Ouvert toute l'année. Dégustation gratuite - pour les groupes (4 personnes et plus) dégustation payante 6 €.

Le château compte près de 8 hectares de vignes en appellation d'origine contrôlée Côtes de Provence, qui s'étalent sur les premiers contreforts du massif des Maures. La totalité du domaine est en conversion vers l'agriculture biologique depuis 2017 et toute la récolte 2020 a été vendangée en agriculture biologique. L'encépagement est composé de syrah, de grenache, de cabernet-sauvignon, de cinsault et de rolle. Les vins se déclinent dans les 3 couleurs blanc, rosé, rouge, au travers de deux gammes, la « Grande réserve Domini » et la « Cuvée Épicure ».

CHÂTEAU SAINT-MAUR - CRU CLASSÉ

535, route de Collobrières
04 94 95 48 48
www.chateausaintmaur.com
Ouvert toute l'année. Dégustation des cuvées. Sur rendez-vous toute l'année, visite privée, accompagné d'un guide.

Propriété de Roger Zannier depuis 2011, le domaine compte une centaine d'hectares de vignes. Vrai passionné de vin, il a fait de ce terroir provençal un vignoble de renom aux cuvées gastronomiques qui produit 90 % de rosé, 5 % de blanc et 5 % de rouge. Son dernier millésime s'illustre par un très haut niveau qualitatif, à l'image des cuvées Clos de Capelune rosé et Excellence 2019 rosé, toutes 2 médaillées d'or au concours général agricole 2020 à Paris.

DOMAINE DE LA GISCLE

1122, route de Collobrières
04 94 43 21 26
www.domainedelagiscle.com
Visite gratuite et libre de la cave, du caveau et du domaine. Dégustation gratuite à l'issue de la visite. Parking.

Le Domaine de la Giscle est un domaine familial de vignerons indépendants de 45 hectares transmis de génération en génération. La famille Audemard vous fait déguster et découvrir leurs Côtes de Provence et leur Vins de Pays en plein cœur de leurs chais climatisés, de plus de 150 barriques et foudres, où sont élevés leurs crus dans les trois couleurs, notamment la gamme « Moulin de l'Isle », fer de lance du domaine. Un nouveau caveau de vente a été réalisé, avec un espace dégustation et un espace « musée » de la vigne et du vin… A découvrir sans attendre !

DOMAINE VAL D'ASTIER

330, chemin du Val-d'Astier 04 94 54 05 31
www.domainevaldastier.com
Ouvert toute l'année. Parking. Visite et dégustation sur rendez-vous toute l'année. Visite du jardin potager.

Bruno et Ellen Seignez, rejoints aujourd'hui par leurs enfants Arthur et Laure, vous reçoivent dans leur vignoble façonné sur un ancien terrain où paissaient des moutons. Dans un environnement naturel et authentique, ce couple de passionnés a fait le choix de l'agriculture raisonnée. Aujourd'hui, un nouveau vallon de douze hectares, « Les pierres blanches », planté de vignes et d'oliviers, est venu agrandir le domaine, accueillant de nombreuses ruches qui produisent un original miel de maquis et garrigue, à découvrir au caveau en même temps que les vins.

MINI-GOLF LA PALMERAIE

Rond-point de la Foux
04 94 56 56 56
https://minigolf-lapalmeraie.com/
Ouvert tous les jours du 1er avril au début novembre. Entrée : 12 € (adulte). Enfant 10 € moins de 12 ans. Restauration.

Trois parcours différents de 18 trous, ont été créés sur moquette synthétique, dont deux équipés de brumisateurs suspendus entre des palmiers Phoenix. Ils sont dessinés dans un site ombragé composé de végétation tropicale et de cascades, afin de ne pas souffrir de la chaleur. Le restaurant, ouvert à partir du mois de juillet, vous accueille sur sa grande terrasse face aux parcours et vous propose une cuisine traditionnelle, composée de grillades, pizzas, salades, dans un cadre relaxant et une ambiance chaleureuse et conviviale.

GRIMAUD ★★

Grimaud est sans doute l'un des plus anciens villages des Maures. Perché sur une hauteur, position commode pour surveiller, mais un peu retiré à l'intérieur des terres pour être à l'abri des coups de main perpétrés par les barbaresques sur le rivage, le village a pu ainsi traverser des époques troublées et parvenir jusqu'à nous dans un parfait état de conservation, avec ses ruelles authentiques, ses petites places secrètes, ses fontaines, son charme intact.Grimaud vit toute l'année. Il y a une vie culturelle, avec notamment Les Grimaldines, un festival unique, où l'été, chaque mardi, dans les ruelles du village et au château, spectacles gratuits et concert se succèdent jusqu'au cœur de la nuit, depuis plus de 15 ans. Parmi les autres temps forts, impossible de rater l'Eurofestival Harley Davidson, l'événement phare de Grimaud et du golfe de Saint-Tropez, où chaque année, près de 10 000 possesseurs de ces grosses cylindrées chromées envahissent la presqu'île. Se succèdent des concerts sur la scène géante montée sur la plage, des démonstrations de chopper, des concours de custom, un Harley village, un bike show en plein cœur du village de Grimaud, et bien entendu, la traditionnelle grande parade en Harley.

MUSÉE DES ARTS ET TRADITIONS POPULAIRES ★

RD558

✆ 04 94 43 39 29

Ouvert de mai à septembre. Entrée libre.

Situé dans un ancien moulin à huile du XVIe siècle et dans une ancienne bouchonnerie, ce musée municipal, fondé en 1982 par deux Grimaudois, André Decuers et Guy Giraud, présente, sur deux étages, les activités du passé et de la vie quotidienne, les petites industries – bouchonneries, sériciculture –, des outils, de nombreux objets en relation avec la fabrication de l'huile d'olive, de l'industrie du liège, des costumes provençaux, de la vaisselle.

ALOASIS €€

442, chemin des Cadéous

✆ 06 37 85 00 58

www.aloasis-grimaud.com

Ouvert du 9 avril à mi-septembre. 4 chambres 100 % non fumeur de 135 € à 195 €. Piscine extérieure chauffée.

Cette vaste propriété, à l'architecture mauresque, aux multiples restanques équipées pour votre détente, s'étalant sur 1 hectare à flanc de colline, bénéficie d'un panorama à 180° sur Port-Grimaud et le massif des Maures. Les chambres en rez-de-jardin, de grand confort, disposent d'une terrasse privative offrant une vue panoramique orientée plein sud. Deux studios d'hôtes, rénovés, avec kitchenette sont également disponibles à la location. Une mise en place de tables d'hôtes, barbecues, de soirées à thèmes est envisagée pour cette nouvelle saison estivale.

LA MAISON DE JUSTINE €€

570, route du Plan-de-la-Tour

✆ 04 94 43 30 65

www.la-maison-de-justine.com

Ouvert toute l'année. 4 chambres 100 % non fumeur à 95 €. Piscine. Parking.

© LA-MAISON-DE-JUSTINE.COM

Cette ancienne ferme qui date de 1820, parfaitement restaurée dans un style néo provençal, est située, au calme, au cœur d'un vignoble, à mi-chemin entre le village médiéval de Grimaud et sa célèbre cité lacustre. Maison d'hôtes depuis 2008, la belle bâtisse en pierre, élevée sur deux niveaux, ouvre ses volets sur les glycines, les vignes et les collines environnantes, avec le château de Grimaud en toile de fond. Les chambres baptisées des prénoms de la famille, spacieuses et confortables, sont situées au premier étage de la maison.

CÔTÉ MER

B & B LA BASTIDE €€

127, boulevard de Grimaud
✆ 04 94 79 82 25
www.la-bastide.org

Chambre double de 80 € à 100 €. Petit déjeuner inclus. Lit supplémentaire : 30 €.

Face à la baie de Saint-Tropez, la maison provençale de Cathy et Claude offre une vue exceptionnelle et imprenable, dont bénéficient les chambres, avec entrée indépendante, situées en rez-de-chaussée. Elles sont toutes équipées de climatisation, réfrigérateur et kitchenettes. Le petit déjeuner, avec confitures maison, est servi sur une terrasse ombragée face à la mer et au jardin planté d'une végétation luxuriante. Une piscine est à disposition. Vous pouvez rallier tranquillement à pied la plage privée Le pingouin bleu, distante de 100 mètres.

LA BASTIDE DE L'AVELAN €€

Quartier Robert
✆ 04 94 43 25 79
www.bastideavelan.com

Ouvert toute l'année. 4 chambres de 125 € à 150 €. Studio indépendant. Terrasses ombragées.

Dans cette charmante maison située à l'extérieur de Grimaud, à l'ombre des pins parasols et entourée de vignobles, des chambres de plain-pied au décor provençal, rénovées récemment, confortables et ventilées, avec salle d'eau indépendante, ont été aménagées. Le petit déjeuner, servi sur la terrasse ou dans le salon, est convivial et copieux, avec ses confitures maison, fruits frais et pain de campagne. Un studio indépendant de 35 m² avec terrasse donnant de plain-pied dans le jardin, à quelques mètres de la piscine, est également disponible à la location.

LE DOMAINE DES NAÏADES**** €€

655, chemin des Mûres ✆ 04 94 55 67 80
www.lesnaiades.com

Ouvert du 1er avril au 26 septembre 2021. Mobile home de 51 € la nuit à 393 € la nuit, selon saison. Restauration.

Cet hôtel de plein air, érigé au sein d'un vaste parc arboré, à 900 m de la mer, vous assure des vacances de qualité, dans une ambiance familiale. Vous profiterez de nombreuses animations sportives : footing, réveil musculaire, aqua-gym dans la piscine olympique dotée de 2 toboggans aquatiques, volley-ball, ping-pong... Les noctambules pourront rallier Saint-Tropez pour vivre des soirées animées. Nouveauté : la gamme Family, des hébergements pensés pour les vacances en famille.

LA FERME DE GILLY €€

486, DFCI Val de Gilly ✆ 06 03 46 55 76
www.lafermedegilly.e-monsite.com

Ouvert toute l'année. 85 € la nuitée pour 2 personnes dans les 3 chambres d'hôtes. 1 grande maison et 1 gîte.

Cette ferme auberge, située dans un domaine boisé de 18 hectares au cœur du massif forestier des Maures, a pour vocation de sensibiliser ses visiteurs aux bienfaits d'un retour de la vie dans nos forêts, en pleine nature et en compagnie de chevaux, ânes, moutons, chèvres, poules, coqs, poussins, qui vivent en totale liberté. La maison qui abrite les chambres, posée au sommet d'une colline, bénéficie d'une vue remarquable sur la vallée du val de Gilly, le château de Grimaud. La cuisine proposée est réalisée à base de produits frais et locaux, biologiques.

HÔTEL LA PIERRERIE*** €€

1714, route de Saint-Tropez - RD61
✆ 04 94 43 24 60 - www.lapierrerie.com

Fermé de novembre à mars. Chambre double de 90 € à 130 € ; triple de 130 € à 165 €. Petit déjeuner : 12,50 €.

Ce très beau mas provençal composé de plusieurs bâtisses, situé en pleine campagne dans un écrin de verdure d'un hectare et demi, propose 14 chambres spacieuses et confortables, joliment décorées dans un style provençal. Vos moments de détente autour de la piscine pourront être complétés par la découverte des villages de Grimaud, de Saint-Tropez, des Marines de Cogolin ou encore de Port-Grimaud. L'établissement propose d'ailleurs des vélos, classiques ou électriques, à la location. L'accueil réservé par Christophe Gerbino est chaleureux et familial à souhait.

MAS LE CHÊNE €€

181, carraire Aigo-Puto
✆ 06 35 95 53 78
www.gite-saint-tropez.com

Ouvert du 1er mars au 30 octobre. Chambres 100 % non fumeur de 360 € la semaine à 490 € la semaine suivant les saisons.

Ce mas provençal en pierres de taille, idéalement situé à 1,5 kilomètre de la plage, entre Saint-Tropez et Sainte-Maxime, vous accueille, pour une nuit ou une semaine, en formule gîte ou chambre d'hôte. Les studios, avec coin cuisine, sont tous situés en rez-de-jardin, disposent d'un accès indépendant et d'un emplacement de parking dans la propriété. La terrasse couverte, véritable pièce à vivre, est attenante et privative à chaque studio. Elle dispose d'un salon de jardin et de chaises longues pour la sieste. Ici, la quiétude est reine.

LE VERGER MAELVI**** €€

1115, route de Collobrières
✆ 04 94 55 57 80
www.hotel-grimaud.com

Fermé de fin octobre à mi-avril. 14 chambres à partir de 95 € en basse saison et à partir de 170 € en haute saison.

Edifiée à 1 km du village, au calme, dans un cadre de verdure luxuriant bordé par la petite rivière la Giscle, avec le massif des Maures en toile de fond, cette belle bâtisse provençale, rénovée récemment, dispose de chambres spacieuses de grand confort, climatisées, offrant de très belles salles de bains et dont la décoration est différente pour chacune d'elles. Chaque terrasse de chambre s'ouvre sur le jardin verdoyant et fleuri, la piscine et le massif des Maures. Un service de conciergerie vous aide à organiser vos sorties selon vos souhaits.

HÔTEL VILLA LES ROSIERS**** €€€

94, chemin de Guerrevieille ✆ 04 94 55 55 20
www.villa-les-rosiers.com

Ouvert de fin mars à fin octobre. 12 chambres de 190 € à 473 € suivant la saison. Demi-pension. Restaurant.

Pour un séjour romantique et raffiné, ce petit hôtel de standing posé face à la Méditerranée est idéal. Les chambres, de grand confort, parfaitement équipées, disposent de balcon ou de terrasse privative qui s'ouvrent sur la piscine et le jardin merveilleusement fleuri. La plage est à 100 m à pied et le golf de Beauvallon à proximité. Le restaurant propose une cuisine du marché, gastronomique, réalisée avec des produits de qualité, poissons sauvages... Bien-être et plaisirs réunis !

LE CLEM'S €

3, boulevard des Micocouliers
✆ 04 94 43 20 19

Fermé du 15 novembre au 1er décembre. Carte 25 € à 30 €. Suggestions de la semaine. Terrasse. Vente à emporter.

Situé au cœur du village, entre la place des boules et la place Neuve, c'est un lieu incontournable, aussi bien pour savourer un petit déjeuner sucré ou salé, que pour déjeuner en famille, dîner en amoureux ou prendre un verre entre amis, dans une ambiance conviviale et familiale. La cuisine est traditionnelle avec une carte variée, moules, huîtres, gambas, soupe de poissons, variétés de pâtes, hamburgers, choix de tartares, filet de bœuf et chaque jour, une suggestion, aïoli le vendredi, encornets farcis à la provençale, riz pilaf...

LA TABLE DES OLIVIERS €

39, carraire d'Aïgo Puto
✆ 04 94 43 14 00
www.golfup.fr

Ouvert toute l'année 7 jours sur 7. Formules du midi 17 € et 23 €. Plat du jour : 12 €. Terrasse. Parking.

Ce restaurant bar-lounge vous accueille dans un cadre de verdure avec vue sur un golf. Attablés sur la grande terrasse au charme provençal ou dans la salle moderne, vous profiterez des plats de qualité, cuisinés sur place avec des produits frais, tartare avocat et saumon fumé, mousse à l'aneth, souris d'agneau confite à la provençale, entrecôte de bœuf d'Aubrac 300g à la plancha, sauce au poivre, charlotte aux fraises maison, riz au lait, sauce caramel au beurre salé, après avoir tout simplement siroté un bon cocktail-apéritif.

APOPINO €€

Place des Pénitents
✆ 04 94 43 25 26
www.apopinorestaurant.com

Fermé en novembre. Entrée, plat, dessert du jour 33 €. Plat du jour et café 16 €. Carte : 58 € environ. Terrasse.

C'est une très bonne adresse de la presqu'île de Saint-Tropez. En cuisine, Jacopo Brunero, originaire du Piémont élabore des mets aux saveurs méditerranéennes et italiennes, burrata, pistou de courgettes trompettes et gressins, vitello à la Piémontaise en deux sauces, calamars farçis et «pappa al pomodoro», croustillant au citron bio, fromage blanc et origan. En salle, Victoire Silvant, la compagne de Jacopo, assure le service, avec grâce... A noter que chaque semaine, Jacopo prépare de délicieux raviolis à déguster chez vous.

LE CAFE DE FRANCE €€

5, Place neuve
✆ 04 94 43 20 05

Ouvert toute l'année. Formule le midi à 18 € (plat du jour + dessert et 20 € avec le café. Menu unique à 28 €.

Cette bonne table, située sur la place Neuve, point névralgique au cœur du village de Grimaud, fait le régal des grands comme des petits. La cuisine, principalement méditerranéenne, est d'un bon rapport qualité/prix. Rapidité du service type brasserie avec un menu digne d'un vrai restaurant, avec pour but celui de satisfaire la clientèle d'habitués et de passage. Grande terrasse et salle joliment décorée, personnel attentionné, terrasse ensoleillée, carte de vins de qualité, endroit accueillant, bref Le Café de France un lieu où l'on se sent bien.

CÔTÉ MER

FLEUR DE SEL €€

4, place du Cros ✆ 04 94 43 21 54
https://fleurdeselgrimaud.wixsite.com/fleur-de-sel-grimaud

Ouvert d'avril à octobre. Formule du midi : 17 €. Plat du jour 14 €. Menus de 39 € à 49 €. Carte : 54 €. Terrasse.

L'ancienne boulangerie du village s'est transformée en un petit restaurant où Audrey Wetter et Thomas Elhyani, le chef de cuisine, servent et élaborent une cuisine travaillée avec des produits frais et de saison, tomates couleurs assaisonnées à l'huile d'olive, burratina, fraîcheur basilic, dos de maigre en croûte d'herbes fraîches, bayaldi de légumes, jus de coquillages émulsionné, pluma de cochon ibérique, céleri-sotto onctueux, cromesqui aux herbes, vacherin ananas et pommes granny smith, sorbet citron... Le plus, la petite terrasse sous l'olivier.

RESTAURANT LE MÛRIER €€

177, route de Sainte-Maxime
RD 14
✆ 04 94 56 31 62
www.restaurant-lemurier.fr

Ouvert toute l'année. Menu 35 €. Carte : 50 € environ. Jardin. Terrasse. Vente à emporter. Parking.

Maki et Bertrand Comelet ont jeté leur dévolu sur cette maison aux pierres anciennes, poutres apparentes et véranda lumineuse, posée au milieu d'un jardin et située dans la plaine de Grimaud. Le chef a opté pour une fraîche cuisine de marché, barigoule d'artichauts poivrade au basilic ; tian de courgettes de Nice au pistou, coulis de tomate fraîche ; risotto carnaroli aux calamars à la Catalane, filet de saint-pierre cuit sur peau à l'Antiboise ; dos d'agneau des Hautes-Alpes rôti persillé au jus ; nage de fruits rafraîchie à la verveine...

LES SANTONS €€

743, RD 558
✆ 04 94 43 21 02
www.restaurant-les-santons.fr

Maîtres Cuisiniers de France. Fermé en novembre. Ouvert du mercredi au dimanche. Menu 55 €. Carte : 80 € environ.

Julien Allègre prolonge les plaisirs et persiste à signer une cuisine traditionnelle dans la lignée de Claude Girard, provençale et authentique, toujours de saison avec les produits du marché, qui ravit toujours autant les papilles, la poularde de Bresse pochée et pressée au foie gras et à la truffe, pomme caramélisée aux amandes, le ris de veau pané aux petits croûtons, jus de carottes, le saint-pierre en croûte de pistache, topinambours et salsifis, jus de volaille... sans oublier les spécialités à la truffe *tuber melanosporum* et au homard bleu du vivier.

LE PÂTISSIER DU CHÂTEAU

19, place des Aliziers
✆ 04 94 43 21 16
www.patisserieduchateau.com

Ouvert du jeudi au mardi de 7h à 19h. Fermeture annuelle en novembre et février. Service traiteur. Parking.

En compagnie de sa femme Christel, Olivier Etchart, maître artisan pâtissier, a pris la succession de ses parents qui s'étaient installés dans le village en 1973. Il réalise des pâtisseries entre tradition et originalité, et ses spécialités sont le baba au rhum (vendu en bocal de 14 à 15 pièces), coup de soleil®, la tarte au citron, la tourte aux herbes et le pavé de Grimaud®. Pour déguster ces douceurs sucrées, tout en savourant du thé -à choisir parmi une superbe collection-, le couple met à votre disposition sa terrasse et son salon d'hiver.

DOMAINE DU VAL DE GILLY

Route du Val-de-Gilly
✆ 04 94 43 21 25
www.domaineduvaldegilly.com

Ouvert toute l'année. Dégustation gratuite. Parking. Magasin aux Marines de Cogolin du 1er juin au 30 septembre.

C'est la 5e génération, Nadine et Daniel Castellan, qui exploite ce vignoble de 28 hectares, classé en A.O.P. Côtes de Provence, qui s'étend au pied des Maures, avec une exposition plein sud. Les principaux cépages cultivés sont le grenache, la syrah, le cabernet, le carignan, le cinsault, le mourvèdre, le tibouren, l'ugni blanc et le rolle. Le domaine propose 2 cuvées en blanc, 3 cuvées en rosé, dont une en rosé gris, 2 cuvées en rouge, dont la cuvée Alexandre Castellan, élevée en fûts de chêne et 2 méthodes traditionnelles, blanc de blancs et rosé.

GOLF UP

39, carraire d'Aïgo Puto
✆ 04 94 43 08 08
www.golfup.fr

Ouvert toute l'année 7 jours sur 7. Golf accessible à tous, sans carte de membre. Zone d'entraînement et practice.

Découvrez le golf de manière ludique grâce à des installations ultra-modernes et un parcours conçu à la fois pour les débutants et les initiés (1h15-1h30 de temps de jeu). A votre disposition dans ce golf accessible à tous : zone d'entraînement et practice, parcours 9 trous pitch and putt, cours de golf tous âges et tous niveaux. Sur place, retrouvez en plus du golf (practice, parcours 9 trous, académie de golf), boutique spécialisée (proshop), restaurant bar-lounge La table des oliviers, et meublés de tourisme Le clos des oliviers 4 étoiles.

GRIMAUD KARTING LOISIR

37, carraire d'Aïgo-Puto
✆ 04 94 56 00 12
www.gkl-karting.fr
Ouvert toute l'année. Location karts adultes, enfants, bi-place. Bar. Paninis. Terrasse panoramique. Parking.

Ce circuit conçu, dans les moindres détails, sur une piste de 800 mètres homologuée dans les deux sens de rotation, et tout équipé, avec stands, atelier, bar, snack, terrasse..., s'adresse à tous les passionnés de karting. Le parc de machines est adapté à tous les âges. De nombreuses compétitions et courses de karting, sont organisées tout au long de l'année, mini grand prix, grand prix, endurance, stages d'initiation, formule anniversaire... Une terrasse panoramique vous permet de contempler toute la piste et suivre ainsi l'évolution des karts.

RANCH LA MÈNE

255, chemin de la Tour ✆ 06 26 55 10 26
https://ranch-la-mene.fr/centre-equestre-grimaud-var/
Ouvert toute l'année. Balade à cheval et poney, cours d'équitation, stage initiation poney. Grill pizzeria. Snack.

Du débutant au cavalier confirmé, partez pour des promenades et randonnées équestres à travers le massif des Maures, avec ou sans accompagnateur, ou pour des randonnées détente, sportive ou découverte sur mesure, accompagné d'un guide équestre. Pour ceux qui veulent se perfectionner, que ce soit dans le domaine du dressage, du saut ou du cross, des cours avec du personnel qualifié et diplômé sont à votre disposition. Possibilité de se restaurer au grill pizzeria à thème western, avec des grillades, des pizzas au feu de bois, et au snack pour déjeuner sur le pouce.

BOWLING DU GOLFE DE SAINT-TROPEZ

1721, route du littotal
DN98
✆ 04 94 56 26 69
Ouvert toute l'année. Semaine jusqu'à 20h30 : 5 €, après 7 €. Samedi, dimanche jusqu'à 20h30 : 6 €, après 7 €. Parking.

Tentez le strike sur l'une des huit pistes synthétiques de compétition informatisées, dans cet établissement totalement modernisé, situé dans le quartier de Saint-Pons-les-Mûres, où l'on trouve également un bar situé au centre du bowling, entre les pistes et les billards, doté d'un grand écran vidéo, une salle de jeux avec de nombreux jeux électroniques et des billards américains. Les installations sont prévues pour accueillir les enfants à partir de 4-5 ans.

PORT-GRIMAUD ★★

Port-Grimaud, souvent appelé la «petite Venise provençale », est une localité entièrement créée par les hommes, située à 5,5 kilomètres de Grimaud. En 1966, seul un grand marécage infesté de moustiques à l'embouchure de la Giscle fermait la plaine de Grimaud en bordure de mer. Un architecte inspiré, François Spoerry, entreprit d'assainir le marécage et de créer une sorte de Venise artificielle, cité lacustre faite de multiples canaux dont les quais sont bordés de maisons de style provençal.
Cet ensemble architectural unique, inscrit en 2002 au Patrimoine du XXe siècle, est aujourd'hui labellisé 'Architecture contemporaine remarquable' depuis 2018.

BEST WESTERN SIGNATURE COLLECTION LE SUFFREN**** €€

16, place du Marché ✆ 04 94 55 15 05
www.hotel-suffren.com
Ouvert de fin mars à fin octobre. 27 chambres 100 % non fumeur, dont 3 appartements de 135 € à 350 € suivant la saison.

L'hôtel affilié à la chaîne Best Western Signature Collection, au cadre contemporain où les patines à l'ancienne apportent une chaude ambiance provençale, est situé au centre de la cité lacustre, à quelques enjambées de la plage. Les chambres, au cadre douillet, dont certaines bénéficient d'un balcon aménagé face aux canaux et aux lieux de vie de Port-Grimaud, sont douillettes, claires et lumineuses. Le départ de la navette pour Saint-Tropez se trouve à proximité de l'hôtel.

CAFÉ TELLINE €€

14, place du Marché
✆ 04 94 54 20 50
www.cafetelline.com
Maître Restaurateur. Ouvert de début février à fin novembre. Formule du midi : 23 € et 27 €. Menu du jour 32 €.

Durant de nombreuses années, le chef propriétaire Jean-Claude Paillard a fait les beaux jours du Coteau fleuri à Grimaud. Aujourd'hui, dans sa cuisine ouverte sur la salle, il régale les convives avec une carte snacking simple et des plats de saison qui changent tous les jours au rythme du marché, mousseline d'avocat et chèvre frais, risotto de homard à la verveine, pot-au-feu de la mer, pintade confite aux agrumes, spéculoos et ananas rôti aux épices... La vue sur les canaux et les maisons colorées de Port-Grimaud est un plus.

CÔTE MER

LA TABLE DU MAREYEUR €€

10-11, place des Artisans ✆ 04 94 56 06 77
www.mareyeur.com
Ouvert de fin mars à début novembre. Menu midi 26 € et menu du soir 39 €. Carte : 50 € environ. Parking à proximité.

Depuis 1989, ce restaurant, très fréquenté le soir, est devenu une adresse incontournable pour les amateurs de poissons et fruits de mer. Attablés tranquillement à la terrasse fleurie, au bord de l'eau, les habitués se pressent pour déguster poissons sauvages, plateaux composés de crustacés et coquillages, panier de poissons frais tous les jours, saint-pierre, turbot, loup, daurade, des belles pièces pour 2 personnes, simplement grillées. Egalement duo de foie gras de canard et côte de bœuf, pour ceux qui n'apprécient pas le poisson. Un lieu unique et enchanteur !

MUSÉE DU PHONOGRAPHE ET DE LA MUSIQUE MÉCANIQUE ★

Route du Muy - CD25
✆ 04 94 96 50 52
www.phono.org/Maxime.html
Ouvert du 1er mai au 31 octobre. Adulte : 4 €. Enfant (de 6 à 16 ans) : 1,50 €. Groupe : 3 €.

Un bâtiment en forme de limonaire abrite une étonnante collection de plus de trois cents appareils, rétrospective de multiples techniques de reproduction du son, le mélophone de 1780, ancêtre de l'accordéon, des orgues de barbarie, pianolas mécaniques, phonographes à pavillon, à cylindre, à disques et même un oiseau chanteur automate. Les machines à coudre, à calculer, à écrire, la photographie, le cinéma ainsi que la radio et la télévision, font également partie de ce voyage.

SAINTE-MAXIME ★★

Petit comptoir créé par les Grecs, avant de devenir romain, le village appartient aux moines de Lérins qui le fortifièrent et lui donnèrent le nom de Maxime, une moniale disparue en 750 et qui est célébrée chaque année les 14 et 15 mai, lors d'une grande fête votive en bleu et blanc. Au VIIe siècle, pour fuir les Sarrasins, les habitants se retirèrent sur les hauteurs et fortifièrent les villages de Gassin, Ramatuelle, Cogolin, Grimaud et aussi le Vieux-Revest qui fut entièrement détruit en 1395 par des brigands. Le premier embarcadère, construit en 1748, permit de développer le transit du fret, bois, liège, vin, huile, et autres produits des Maures.

LES PLAGES ★

Toutes les plages de Sainte-Maxime offrent, sur plus de 10 km, un sable fin et des rivages limpides. A l'ouest, la plage de la Croisette, surveillée, avec des espaces publics et privés, ainsi qu'une école de voile et la plage de la Guerrevieille, non surveillée. Au centre, la plage du Casino, surveillée, avec une vue magnifique sur le golfe et la plage de La Madrague, non surveillée, en allant vers Fréjus. A l'est, la plage de la Nartelle, de la Garonnette et des Eléphants, cette dernière rendue célèbre par la bande dessinée *Voyage de Babar* de Jean Bruhoff.

AQUALAND

Avenue Gaston Rebuffat - Route du Plan de la Tour
✆ 04 94 55 54 54
www.aqualand.fr/sainte-maxime
Ouvert de fin juin à fin août. Gratuit jusqu'à 3 ans. Adulte : 28 €. Enfant (de 5 à 10 ans) : 21,50 €. Restauration.

Ce parc de loisirs aquatiques propose 13 attractions, soit accessibles à tous, soit pour personne avertie ou chevronnée, suivant les difficultés, piscine à vagues, toboggans, dont le Magic Slide, une nouvelle race de toboggans comme nulle part ailleurs, pataugeoire, piscine avec toit ouvrant, restaurants et aires de pique-nique, cours d'aquagym et de natation. Côté restauration au Lagon bleu, comblez votre petit creux avec des grillades, salades, paninis, sandwichs, pizzas. Côté rafraîchissement au kiosque, optez pour les glaces, les crêpes ou les gaufres.

SENTIER MARIN DE LA POINTE DES SARDINAUX

Accessibilité : à pied depuis la D559 (5 à 10 minutes). Mise à l'eau : depuis la plage au pied de l'ancien bunker.

Equipé de palmes, masque et tuba, pour évoluer en toute sécurité sur la totalité du parcours balisé, parcourez en toute autonomie le sentier marin, grâce à des panneaux implantés sur le site des Sardinaux : une aire marine protégée, et un espace naturel remarquable. Le sentier permet de découvrir de la surface cette richesse méconnue que représentent les herbiers de posidonie, le jardin des anémones, en compagnie des poulpes, des girelles et des étoiles de mer…

LES BATEAUX VERTS

14, quai Léon-Condroyer ✆ 04 94 49 29 39
www.bateauxverts.com

Ouvert tous les jours de février à fin octobre + vacances de Noël. Ouvert le dimanche uniquement en pleine saison.

Avec sa flotte de 15 navires, cette compagnie vous propose un service de navettes maritimes régulières entre des ports du golfe de Saint-Tropez : Sainte-Maxime, Saint-Tropez, Port Grimaud, Les Marines de Cogolin et Les Issambres. Partez également à la découverte de notre belle région grâce aux nombreuses excursions que la compagnie vous propose : excursions à la demi-journée, telles que la sortie naturaliste, les calanques de l'Estérel, les 3 caps sauvages ou à la journée complète telles que les îles de Porquerolles et Port-Cros, Cannes et l'île Sainte-Marguerite.

LE PETIT TRAIN DES PIGNES

Départ avenue Charles de Gaulle
✆ 06 86 94 51 20
www.lepetittraindespignes.com

Ouvert du début février au début novembre. Gratuit jusqu'à 3 ans. Adulte : 7,50 €. Enfant (de 3 à 11 ans) : 4 €.

C'est le meilleur moyen de découvrir la totalité de la ville et de ses alentours, sans vous fatiguer. Assis dans l'une des 54 places disponibles, le petit train des Pignes vous promène, de quartier en quartier, en partant du port, direction la tour Carrée, l'église et les ruelles animées de la vieille ville. La balade commentée et scénarisée se poursuit à l'extérieur de la ville jusqu'au sémaphore installé au sommet de la colline de Bellevue où vous découvrez de magnifiques villas.

PORT DE SAINTE-MAXIME

Capitainerie
✆ 04 94 96 74 25

400 places dont 30 environ sont réservées aux bateaux de passage en saison et 60 hors saison.

Situé à l'entrée de la ville en arrivant de Fréjus, le port de plaisance de Sainte-Maxime et sa capitainerie accueille notamment 400 bateaux de plaisance ainsi que cinq pêcheurs avec leur étal de vente, un club nautique et l'association des plaisanciers. Certifié «Port propre», avec les labels «Qualité plaisance» et «Pavillon bleu» il propose de nombreux services, notamment un quai d'accueil, une station d'avitaillement en carburant pour les bateaux 24h/24, ainsi que parking, navettes et taxis maritimes, restauration, accastillage, chantier naval...

LE CHARDON BLEU*** €

29, rue de Verdun
✆ 04 94 55 52 22
www.aubergeduchardonbleu.com

Ouvert toute l'année. 24 chambres non fumeur de 59 € à 185 € suivant la saison.

En plein cœur de la ville, à quelques enjambées de la plage, à deux pas des nombreuses boutiques pour le shopping et de la zone piétonne pour flâner, se rafraîchir ou se restaurer, cet hôtel rénové vous offre de belles chambres claires, climatisées, avec balcon ou terrasse et vue partielle sur la Méditerranée. Le matin, c'est vous qui décidez le lieu où vous souhaitez prendre votre petit-déjeuner à la française, véritable buffet gourmand, au salon ou dans le patio fleuri. L'accueil de la propriétaire est charmant et attentionné.

CÔTÉ MER

Les plages de Sainte-Maxime.

LE BASTIDON SAINT-MICHEL €€

CD 44 ✆ 04 94 43 72 95
www.bastidon-saintmichel.fr/

Ouvert toute l'année. 4 chambres 100 % non fumeur de 75 € à 100 €. Parking gratuit. Piscine. Parc.

Située au cœur du massif des Maures, dans un domaine privé de 4 hectares, mais à seulement 10 minutes de l'animation de Sainte-Maxime et des plages du golfe de Saint-Tropez, cette ancienne bâtisse du XVIIe siècle vous propose un véritable havre de paix et de ressourcement pour des séjours au milieu de la nature. La maison d'hôtes de Bernard et Élisabeth met à votre disposition 4 chambres, décorées avec soin et toutes pourvues d'une terrasse individuelle avec table et chaises et une piscine aux formes arrondies et entourée d'orangers, de citronniers et de lavande.

HÔTEL LES TOURELLES*** €€

5, boulevard des Cistes
✆ 04 94 96 02 49
www.lestourelles.fr

Ouvert de fin décembre à début novembre. 10 chambres 120 € à 218 € suivant la saison. Demi-pension : 15 €. Restaurant.

© LES TOURELLES SAINTE-MAXIME

Situé sur le domaine du village de vacances Les Tourelles, ce 3-étoiles occupe un magnifique château du XIXe siècle, construit en 1883 par Meissonier, qui surplombe la ville et offre une vue superbe en direction du village de Saint-Tropez, à seulement 400 m de la plage et du centre-ville. Ce château fut racheté par le célèbre inventeur et industriel Léon Gaumont en 1912, qui s'y installa. Vendu à un groupe allemand en 1963, l'activité hôtelière commence en 1967. Aujourd'hui l'établissement est une référence de l'hôtellerie maximoise.

BEST WESTERN PLUS MONTFLEURI**** €€

3, avenue Montfleuri ✆ 04 94 55 75 10
www.montfleuri.com

Fermé de novembre à mars. 32 chambres de 95 € à 380 € suivant la saison. Demi-pension : 40 €. Restaurant ouvert le soir.

Les chambres, côté mer, offrent une terrasse qui vous permet de prendre votre petit-déjeuner face au golfe de Saint-Tropez. Dès les beaux jours, la salle de restaurant s'ouvre sur le jardin et la piscine et se transforme en terrasse. Le chef se plaît à concocter des plats cuisinés avec des produits frais en toute simplicité à base de poissons grillés, de légumes et de fruits de saison. Dans la baie de la Nartelle, la plage privée « Le Prao » vous offre sable fin et accueil exclusif.

HOSTELLERIE DE LA NARTELLE*** €€

48, avenue du Général-Touzet-du-Vigier
✆ 04 94 96 73 10
www.hotels-sainte-maxime.fr

Fermé du 15 novembre au 30 mars. 20 chambres 100 % non fumeur de 116 € à 172 € suivant la saison. Piscine.

Entre Les Issambres et le centre de Sainte-Maxime, cet hôtel familial possède le privilège d'être situé face à une longue plage de sable fin. Les chambres, assez spacieuses et très bien équipées, avec balcon ou terrasse, donnent pour certaines sur la mer. Une belle terrasse, ombragée par des mûriers-platanes, vous attend pour prendre un copieux petit-déjeuner et bien démarrer la journée qui peut également se prolonger autour de la piscine chauffée.

HÔTEL JAS NEUF €€

112, avenue du Débarquement
✆ 04 94 55 07 30
www.hotel-jasneuf.com

Fermé du 1er décembre au 1er mars. 24 chambres 100 % non fumeur de 55 € à 215 €. Restauration snack. Piscine chauffée.

En périphérie de la ville, loin de la cohue touristique de la côte, face aux parcours du golf de Sainte-Maxime, entre la très agréable plage de sable de la Nartelle, à seulement 1400 mètres, le centre ville de Sainte-Maxime à 2 kilomètres environ et toutes ses activités commerciales, ce petit mas offre toute la quiétude souhaitée. Les chambres conçues dans le pur style provençal, spacieuses, avec balcon ou terrasse privative, sont réparties pour la plupart autour de la piscine chauffée entourée d'un écrin de végétation méditerranéenne.

CÔTE MER

HÔTEL LE PETIT PRINCE*** €€

11, avenue Saint-Exupéry ✆ 04 94 96 44 47
www.hotellepetitprince.com

Ouvert toute l'année. 31 chambres 100 % non fumeur de 78 € à 266 € suivant la saison.

Cet hôtel de deux étages, avec solarium sur le toit et vue panoramique sur la baie de Saint-Tropez, est idéalement situé à quelques encablures de la plage et à proximité de l'animation et des commerces du centre-ville. Les chambres, climatisées et insonorisées pour vous garantir un séjour agréable et au calme, dont certaines disposent d'un balcon et d'un aperçu mer, sont élégamment décorées. Une vaste terrasse ombragée accueille vos petits déjeuners.Au dernier étage, un solarium avec vue panoramique sur la baie de Saint-Tropez vous attend.

HÔTEL LES JARDINS DE SAINTE-MAXIME*** €€

Chemin des Deux-Ruisseaux ✆ 04 94 55 45 00
www.hotel-lesjardins.com

Ouvert de mars à octobre. Chambre double à partir de 70 €. Demi-pension possible. Petit déjeuner buffet : 14 €.

Lové dans un jardin botanique aux allures tropicales, ce remarquable hôtel 3-étoiles, construit en amphithéâtre autour de la piscine, s'ouvre sur l'extérieur par de belles verrières procurant une luminosité hors du commun. Les chambres ont été traitées dans une simplicité toute méridionale avec, pour la plupart, un balcon ou une terrasse où prendre son petit-déjeuner en toute intimité. Côté restauration, le chef propose une cuisine méditerranéenne à la fois moderne et authentique.

HÔTEL RESTAURANT LES PALMIERS*** €€

28, rue Gabriel Péri
✆ 04 94 96 00 41
www.hotelespalmiers.com

Fermé en janvier. 29 chambres basse saison à partir de 69 €. Haute saison à partir de 131 €. Restaurant.

Situé au pied de la vieille ville, à proximité du musée de la Tour carrée, du port et de son embarcadère pour embarquer destination Saint-Tropez, cet hôtel offre des chambres, dont certaines avec terrasse, à la décoration dépouillée. Le restaurant Le First, fraîchement rénové, avec sa terrasse extérieure qui vous permet de contempler la baie de Saint-Tropez et apercevoir les bateaux ancrés dans le port, propose une cuisine traditionnelle, simple et régionale.

VILLAGE DE VACANCES LES TOURELLES €€

5, boulevard des Cistes
✆ 04 94 96 02 49
www.lestourelles.fr

Ouvert de fin décembre à début novembre. 82 chambres (appartements et 10 chambres d'hôtel. Demi-pension : 31 €.

© LES TOURELLES SAINTE-MAXIME

Vous trouverez confort et quiétude dans le village de vacances 4 étoiles, posé sur les hauteurs de Sainte-Maxime au milieu d'un parc méditerranéen de 5 hectares, fleuri et arboré, ancien bien de Léon Gaumont, le célèbre créateur de l'industrie cinématographique française. Les appartements climatisés, récemment rénovés, disponibles pour 2, 4 ou 6 personnes, sont spacieux et tous équipés d'une cuisine moderne. Le village de vacances dispose également d'un hôtel de 10 chambres.

MAS SAINT DONAT €€

Route du Muy ✆ 04 94 43 73 09
www.mas-saint-donat.com

Ouvert toute l'année. 4 chambres 100 % non fumeur de 80 € à 140 € suivant la saison et 1 roulotte. Restauration.

Voilà un petit havre de paix, niché au cœur du massif des Maures, à seulement 15 minutes des plages et du centre-ville. Dans un parc paysagé et un cadre harmonieux au décor rustique, en saison vous dégusterez des plats pleins de fraîcheur sur la terrasse ombragée, hors saison vous apprécierez les spécialités du chef, près du feu de la cheminée. Le Mas dispose de chambres climatisées au décor cosy, avec terrasse individuelle et accès privatif, et d'une piscine chauffée. Une roulotte, nichée au cœur du jardin, s'impose comme la 5e chambre d'hôtes de la maison.

HÔTEL ROYAL BON REPOS*** €€

11, rue Jean Aicard ✆ 04 94 96 08 74
www.hotelroyalbonrepos.fr
Fermé en février. 22 chambres 100 % non-fumeur de 80 € à 214 € suivant la saison. Restauration sur le pouce. Bar à vin.

© HOTELROYALBONREPOS.FR

Situé dans la vieille ville, à proximité du musée de la Tour carrée et du port de plaisance, cet hôtel 3 étoiles aux prestations d'un 4 étoiles, offre des chambres spacieuses et confortables, avec literie haut de gamme, dont certaines sont équipées d'une kitchenette, et bénéficient, de leurs balcons-terrasses, d'une belle vue sur le golfe de Saint-Tropez. Décorées avec goût, elles sont disponibles dans plusieurs catégories. Les petits déjeuners sont ouverts à l'extérieur sur réservation. L'accueil de Virginie Liotier et de son équipe sont un plus non négligeable !

VILLA CRISTALIA €€

25, avenue du Croiseur-Léger-le-Malin
✆ 06 23 79 45 70
www.villacristalia.com
4 chambres. De 85 € à 135 € la nuit. Petit-déjeuner inclus. Table d'hôtes : dîner mardi, jeudi et samedi : 25 €.

Cette villa, proche de Sainte-Maxime et en pleine nature, est en prise directe avec la Méditerranée, au bord de la plage. Toutes les chambres, agréablement et différemment décorées, possèdent une entrée indépendante. Celles du premier étage disposent d'une vue sur la mer avec terrasse privée. Le matin, le petit-déjeuner est servi dans le jardin. Trois fois par semaine, vous pouvez participer au dîner d'hôte, dans une ambiance conviviale et décontractée. Une grande cuisine aménagée est réservée aux hôtes. Un jacuzzi et un jardin aménagé permettent de se détendre.

LA BELLE AURORE**** €€€

5, boulevard Jean-Moulin
✆ 04 94 96 02 45
www.belleaurore.com
Fermé de la mi-octobre à la fin mars. 16 chambres de 150 € à 350 € ; suite de 315 € à 595 €. Restaurant. Plage privée.

Cet hôtel posé au ras des flots offre des chambres d'inspiration provençale qui s'ouvrent sur la mer par des balcons ou des terrasses privatives. Au restaurant, le chef met en valeur la cuisine méditerranéenne et les produits de la mer, servis dans le restaurant en rotonde ou sur la terrasse, saumon fumé par nos soins, crème légère acidulée aux agrumes, salade de lotte juste saisie, duxelles de potimarron et dernières courgettes du Jardin de la Piboule, tendre pavé de bœuf d'Aubrac cuit au sautoir, pissaladière de bolets et son jus de viande corsé...

LE CAFÉ DE FRANCE €

2, place Victor-Hugo
✆ 04 94 96 18 16
www.lecafedefrance.fr
Ouvert toute l'année. Menus de 35 € à 55 €. Carte : 47 € environ. Formule du midi : 14 €. Festival jazz à table.

La brasserie historique créée en 1852, membre de l'association des Cafés historiques européens, propose une cuisine bistronomique, dans un cadre historique. Géraldine (4e génération) et son mari ont su préserver l'âme de ce lieu ou pêcheurs et touristes s'amusent à refaire le monde. La carte, qui change toutes les saisons, recèle de plats traditionnels. Les propriétaires, tout comme Nicolas Vachet le directeur, sont passionnés de musique, il y a du jazz presque toute l'année. Les soirées jazz@table sont très courues aussi, de Saint-Tropez à Cannes.

CAFÉ MAXIME €

64, avenue Charles-de-Gaulle
✆ 04 94 96 15 68
Fermé de début janvier à début février. Ouvert tous les jours à partir de 7h. Salades composées de 12 € à 14,50 €.

Serge et Véronique, ainsi que leur fils Adrien, mettent tout en œuvre pour animer cette brasserie traditionnelle avec sa terrasse ensoleillée, idéalement située face au port. Les habitués viennent en nombre déguster leurs célèbres bruschettas, élaborées par leur soin, leurs copieuses salades composées, ou siroter leurs délicieux cocktails et recettes à base de café. Le soir, la brasserie prend des airs plus festifs avec de la *live music*, groupes et DJ, le week-end en hiver et tous les soirs en été, et devient un lieu de rassemblement pour bon nombre de Maximois.

CÔTÉ MER

CÔTÉ JARDIN €

17, avenue Georges-Clemenceau
✆ 04 94 56 57 63
www.galerie-regard.com
Fermé en janvier. Pas de menu. Carte : 35 €. Plat du jour : 12 €. Suggestion du jour 15 € à 25 €. Galerie d'art.

Concept unique dans un espace intime dédié aux produits gourmands et à l'art, au travers d'expositions où la peinture et la sculpture se côtoient. Mireille vous souhaite la bienvenue dans un écrin de verdure où vous pourrez vous retrouver autour de petits fours sucrés ou salés, de glaces et sorbets de fabrication artisanale. La carte est basée sur des produits frais et faits maison et la cuisine est traditionnelle et provençale. À l'heure du *tea time* les douceurs accompagnent à merveille cafés et thés de renommée, pour laisser libre cours à la gourmandise.

CÔTÉ PLAGE €

23, avenue Charles-de-Gaulle ✆ 04 94 55 07 00
www.casinosbarriere.com/fr/sainte-maxime/le-cote-plage.html
Ouvert toute l'année. Carte : 40 € environ. Menu enfant : 13 €. formule le midi, plat du jour seul 10,40 €. Terrasse.

Les joueurs invétérés aux jeux de casino peuvent s'éloigner du cliquetis des machines à sous, le temps d'une petite pause gourmande au restaurant, les pieds dans le sable l'été, face à la baie de Saint-Tropez, sans se ruiner ! La cuisine est traditionnelle, la véritable andouillette 5A, frites, pavé de saumon, crème de poireaux et sa poêlée de légumes, la poire belle Hélène et sa sauce chocolat, et les prix sont relativement doux. De nombreuses animations et soirées à thème sont programmées. L'accès est gratuit au casino et ses 130 machines à sous.

LA DOLCE VITA €

52, avenue Georges-Clémenceau
✆ 04 94 96 71 45
Menus de 26 € à 32 €. Formule du midi : 16 €. Plat du jour à partir de 11 €. Pizzas à emporter. Terrasse.

C'est dans une ambiance familiale et avec un accueil souriant que l'on vous propose une véritable cuisine traditionnelle italienne, où tout est travaillé maison, avec des produits frais. Parmi les recettes les plus prisées, la saltimbocca alla Romana, le risotto, les lasagnes, les pizzas, dont les nouvelles Valtellina – sauce tomate, mozzarella, bresaola, salade, champignons, tomates cerises, parmesan – et crème de champignons – base crème fraîche, mozzarella, crème de champignon truffée, cèpes, parmesan –, le baba au limoncello ou le tiramisu.

LE 44 €€

125, avenue du Croiseur-Léger-le-Malin
✆ 04 94 49 63 16
www.plagele44.com
Ouvert de fin avril à fin septembre tous les jours. Entrées 17 € à 28 €. Viandes 22 € à 40 €. Poissons 30 € à 44 €.

À la lisière des Issambres, les transats de cette plage privée, toute de blanc vêtue, vous tendent les bras. Les petites faims se contenteront d'un en-cas au snack, et de tapas au bar. Au restaurant, les plus gourmands apprécieront les pâtes aux langoustes, mais également l'assiette asiatique (nems, samoussas, crevettes, légumes, poissons), la côte de bœuf black Angus à la plancha ou les poissons de retour de pêche. Des animations avec DJ sont organisées chaque dimanche, apéro rosé le midi, mojito le soir. Un service massage est à votre disposition.

MAHI-PLAGE €€

53, avenue du Général-Touzet-du-Vigier
✆ 06 21 92 72 43
www.mahiplage.fr
Ouvert de mi-mars à fin oct. Tous les jours de 9h à 22h. Plat du jour 16 € midi en semaine hors juillet aout. Parking.

© MAHI PLAGE

Cette plage, située à l'est de la ville, dispose d'un restaurant où vous pourrez déguster, les pieds dans l'eau, une assiette de tapas, un tataki de thon, des poissons grillés de la pêche du jour, un burger de saumon, un tartare de bœuf, des grillades, des profiteroles à la vanille et sa sauce chocolat chaud. Salades, paninis et sandwichs sont, quant à eux, proposés *au My snack* tout au long de la journée. Tous les jeudis et dimanches soir, en juillet et août, vos hôtes Jacques et Alexandra vous offrent des soirées *music live* accompagnées de délicieuses grillades.

L'AMIRAL €€

Le Port
✆ 04 94 43 99 36
www.amiral.info

Ouvert toute l'année. Menus de 34 € à 58 € (78 € menu homard). Carte : 60 € environ. Plat du jour : 15,90 €. Terrasse.

Cet établissement, doté d'une terrasse panoramique qui domine le port de Sainte-Maxime, a l'avantage de se composer d'espaces bien distincts. D'un côté, un confortable lounge bar, ambiance bois, avec des fauteuils club en cuir, et de l'autre, un restaurant à l'esprit plutôt brasserie le midi, avec des plats du jour et des desserts différents, plutôt gastronomique le soir, avec œuf parfait, Saint-Jacques rôties, embeurré d'endives, sauce champagne, loup en croûte de sel et le fameux soufflé chaud au Grand Marnier. Bonne table, accueil et service parfait.

LA MAISON BLEUE €€

48, rue Paul-Bert
✆ 04 94 96 51 92

Fermé du 2 au 25 novembre. Menus de 29 € à 37 €. Carte : 40 € environ. Formule du midi 19 € et 21 €. Terrasse.

En place depuis 2 ans, les nouveaux propriétaires, Claire et Patrick Derobert ont conservé l'identité du restaurant, celle qui a fait sa renommée. Les vieilles affiches publicitaires sur le thème des pâtes ont toujours leur place, ainsi que les coussins moelleux sur la terrasse ombragée. Dans ce lieu très cosy et chaleureux, à l'ambiance très familiale, le mot d'ordre est le fait maison. Ici, tout est fabriqué sur place, les produits sont frais, les plats sont cuisinés à la minute et le chef aime laisser aller sa créativité.

LA BOLÉE BRETONNE €€

6, avenue Charles-de-Gaulle
✆ 04 94 96 31 69

Ouvert toute l'année tous les jours. Menu du jour : de 10,50 à 16 €. Carte : 12 € à 20 €. Formule du midi : 10,50 €.

Nouvelle gérance depuis 2016 avec Frédéric, un jeune Savoyard spécialiste de la crêpe. Le décor crée l'ambiance, on se croirait vraiment en pays bigoudin avec des photos de vieilles bretonnes en coiffe, des paysages traditionnels bretons biniou accroché au mur. Toutes les galettes au sarrasin, classiques, composées et spéciales et les crêpes au froment sont délicieuses, leur variété est infinie. Le cidre coule à flots dans les bols. Chaque jour, la carte propose une crêpe du jour. La qualité de l'accueil et du service toujours au rendez-vous.

L'ORMEAU €€

38, rue Hoche
✆ 04 94 49 17 44

Ouvert tous les jours sauf le mercredi toute la journée et le jeudi midi. Menu 28 €. Carte 35 €. Plat du jour 16,50 €.

Le chef décline ici une cuisine bistronomique élaborée au gré des saisons et du marché, avec une carte courte et des plats bien tournés, ceviche de dorade à la mangue, tarte fromagère, marmite du pêcheur, filet de dorade en croûte de parmesan, flan de légumes et quinoa, magret de canard, jus parfumé à la cannelle et figue, écrasé de pommes de terre, souris d'agneau cuit basse température, aux herbes de nos collines, petits légumes, gnocchis, tarte à l'orange meringuée, île flottante, caramel beurre salé... que l'on vous sert avec le sourire.

LE FESTIVAL €€

5, boulevard des Cistes
✆ 04 94 96 67 87
www.restaurantlefestival.fr

Ouvert tous les jours 12h-14h et 18h-21h30. Menus de 17 à 32 €, carte 35 € environ. Formule du midi à 18 €. Parking.

Dans un cadre d'exception au cœur de Sainte-Maxime, la table des Tourelles fait l'unanimité en termes de rapport qualité-prix. Dans l'ancienne demeure de Léon Gaumont le concept est dédié au cinéma. La terrasse de ce château du XIXe siècle, plantée devant un jardin verdoyant, offre une vue sur la mer ; avec une salle intérieure climatisée. Parmi les spécialités du chef, on retrouve la soupe de poisson de roche, moules farcies, filet de Saint-Pierre, tataki de bonite, foie gras de canard. Service professionnel, aimable et direction à l'écoute. Tout un festival !

LES PLANCHES €€

101, avenue du Croiseur-Léger-le-Malin
✆ 04 94 49 40 86
www.lesplanches-restaurant.com

Ouvert toute l'année. Ouvert 7j/7 midi et soir en juillet et août. Formule : 28 €. Carte : 80 €. Terrasse. Plage privée.

Pouvoir déjeuner, toute l'année, avec la mer comme voisin de table, c'est ce que vous offre ce restaurant. La vue embrasse la Méditerranée, du port des Issambres jusqu'à la pointe de Saint-Tropez, que vous soyez installés sur la terrasse en teck qui domine la mer, où à l'intérieur confortablement assis. Ce précieux avantage ne doit pas occulter la cuisine que l'on vous sert, tartare de dorade royale, filet de dorade royale grillé, souris d'agneau confite, petits légumes, linguine aux gambas et Saint-Jacques en persillade, Paris-Brest « maison »...

JEAN-BAPTISTE BERNAZ

ATHLÈTE DE L'ÉQUIPE DE FRANCE DE VOILE OLYMPIQUE

D'où êtes-vous originaire dans le Var ?

Je suis né à Fréjus, mais j'ai vécu essentiellement à Sainte-Maxime. Aujourd'hui je vis à Cannes, mais je passe encore beaucoup de temps à Sainte-Maxime. J'ai commencé la voile très jeune, à 7 ans, et j'ai fait mes débuts au club de voile de la ville. Ce sport est vite devenu une vraie passion et aujourd'hui je continue à m'entraîner à Sainte-Maxime. Le plan d'eau est parfait pour les entraînements, car on est dans une baie et le mistral souffle juste assez fort. Et ce qui est agréable c'est que finalement le coin n'est pas trop construit, la mer est turquoise et la nature a été plutôt bien préservée tout autour de cette baie. Désormais, en voile, je suis devenu spécialiste du dériveur laser. C'est d'ailleurs dans la catégorie course solitaire en laser que j'ai participé aux JO 2021 au Japon. Je me suis entraîné pendant des mois pour essayer de décrocher la médaille d'or que j'avais ratée de peu aux JO de Rio.

Sainte-Maxime est une ville qui encourage la pratique du sport ?

Absolument. C'est vraiment dans l'ADN de la commune. La Mairie suit de près les activités des associations sportives et leur apporte son soutien. La ville est finalement très soucieuse de la santé et du bien-être de ses habitants, d'où son investissement dans le domaine des sports. On est vraiment loin de l'esprit bling-bling qu'on imagine à tort concernant Sainte-Maxime.

Quels sont vos lieux préférés à Sainte-Maxime ?

Je recommande le restaurant Chez Longu, car on y mange du très bon poisson et le Café de France qui est un de mes bistrots préférés pour déjeuner à midi. Mais mon lieu « coup de cœur » dans le Var c'est vraiment l'Escalet qui est une jolie plage sauvage du côté de Ramatuelle, juste derrière Saint-Tropez.

© PIERRE BOURAS - FFVOILE

LA RÉSERVE €€

8, place Victor-Hugo
✆ 04 94 96 18 32
www.lareservestemaxime.com

Ouvert de février à décembre. Menus de 31 € à 41 €. Formule du midi : 20 €. Plat du jour 18 €. Terrasse.

Des prix doux pour une cuisine provençale de qualité où dominent les produits de la mer, plateaux de fruits de mer, langoustes du vivier, moules farcies, bouillabaisse… mais également des plats du jour et des suggestions très variés, poêlée de poulpes à la provençale, poule au pot, filet de saint-pierre sauce norvégienne, tajine de poulet, et des desserts maison… Un restaurant à découvrir, créé en… 1949, dirigé par la famille Hertig depuis trois générations, avec sa jolie terrasse couverte très agréable à la belle saison.

RESTAURANT MAS ST-DONAT €€

Route du Muy - D25 ✆ 04 94 43 73 09
www.mas-saint-donat.com

Ouvert toute l'année. Menus de 30 € à 40 €. Carte : 45 € environ. Formule : 18 €. Terrasse. Parking privé.

Le restaurant de cet hôtel niché au cœur du massif des Maures, à seulement 7 kilomètres du centre de Sainte-Maxime, est idéal pour déjeuner l'été sur la belle terrasse ombragée, en appréciant le vol au vent de la mer, la souris d'agneau au jus de thym et ail, la fricassée de ris de veau, sauce aux girolles, la marmite du mas, la spécialité du chef avec Saint-Jacques, sole, queue de crevettes, rouget, sauce crème safranée, le baba au rhum du mas et sa glace pina colada et pour dîner l'hiver au coin de la cheminée en dégustant une daube de sanglier.

LA VOILE €€

55, avenue du Général Touzet du Vigier
✆ 04 94 49 19 12
www.lavoile-plage.com

Ouvert du 1er avril au 30 octobre. Pâtes au homard du vivier 48 €. Poissons 24 € à 32 €. Viandes 24 € à 32 €. Terrasse.

Ce restaurant, situé sur la plage privée de La Nartelle, est plutôt spécialisé dans les plats de poisson, faits maison, à partir de produits frais, sardines grillées à l'olivade, dos de cabillaud sauce champagne, dorade ou loup grillés à l'olivade, thon mariné au gingembre, cuisson à la plancha, wok de blancs de seiche aux petits légumes, marmite du pêcheur, homard et langouste du vivier… mais les carnivores ne sont pas oubliés avec quelques recettes de bœuf. Votre repas peut être précédé d'un arrêt au bar à cocktail pour siroter un apéritif.

CHARLES PIERRUGUES

6, place Victor-Hugo ✆ 04 94 96 17 64
www.charlespierrugues.com

Fermé du début novembre à fin novembre. Ouvert du mardi au dimanche en basse saison et tous les jours en haute saison.

Charles, le benjamin de la famille Pierrugues, a repris le flambeau de cette pâtisserie chocolaterie connue depuis 1920 et à qui l'on doit notamment le chocolat sans sucre ajouté et la « Maximoise ». Aujourd'hui, le maître chocolatier se démarque en élargissant sa gamme de chocolats aux notes originales et exotiques et en fabriquant lui-même artisanalement ses propres glaces et sorbets à base de fruits frais. Des pâtisseries fines sont à déguster du matin au soir, face au port de Sainte-Maxime, installé sur la terrasse de la pâtisserie ou dans le salon de thé.

L'ATELIER DES PÂTES FRAÎCHES

7, montée de l'Épagneul
✆ 04 94 96 15 99

Ouvert toute l'année du mercredi au dimanche de 8h à 13h. Livraison à domicile. Chef privé. Cours de cuisine.

Ici, à proximité du marché couvert de Sainte-Maxime, les pâtes fraîches sont traditionnelles et souvent sortent de l'ordinaire, lasagnes de légumes, tagliatelles chocolat, ravioles épinard-saumon, gnocchis citron vert coriandre… Mais on y trouve également un coin épicerie fine avec huile d'olive, carpaccio de truffes, jambon ibérique, chorizo, lomo, poutargue et de nombreux plats traiteur présentés souvent sous forme de bocaux, de quoi se faire un bon petit festin à la maison.

DOMAINE LA PIERRE-PLANTÉE

Route du Muy
✆ 04 94 96 65 65
http://domainelapierreplantee.com

Visite de l'oliveraie. Boutique.

Les premières plantations de l'oliveraie de Thierry Olivier, qui compte 3 800 arbres, datent de 1988. L'huile artisanale produite est unique au monde, avec un assemblage de 14 variétés au fruitée vert. À la boutique, on peut acheter les produits du domaine, de l'huile bien sûr, mais également tapenade, apéritifs provençaux, miel de Draguignan, vins cuits, apéritifs anisés, biscuit de Sainte-Maxime, confitures, vinaigre et sels aromatisés. Deux gîtes sont également à votre disposition.

RAGUSA FROMAGER AFFINEUR

2, rue du Marché

✆ 07 83 56 78 79

Fermé en janvier et février. Ouvert de 8h45 à 13h et de 16h30 à 19h30 (20 h en haute saison).

Après un parcours au sein de maisons prestigieuses (Ducasse, Blanc, Orsi...), Julien Ragusa, ancien chef de cuisine à La Bastide du Clos des Roses à Fréjus, s'est installé comme fromager affineur. Sa fromagerie et son travail acharné ont été rapidement reconnus par l'Académie culinaire de France. Ses singuliers plateaux et boîtes fromagères séduisent par leur originalité et leur aspect ludique pour découvrir de nouveaux fromages, comme le bouton de culotte truffé, fait maison, ou le Clacbitou, un chèvre au léger goût de noisette.

AVENTURE FAMILLE

Avenue Gaston Rebuffat

✆ 04 94 45 71 12

www.aventurefamille.com/

Hors vacances scolaires, le parc est ouvert toute l'année mercredi, samedi, dimanche.

Une aventure familiale en pleine nature, à vivre au cœur d'une forêt de pins et de chênes-lièges de 3 hectares à 5 minutes du centre-ville ! Découvrez plus de 70 ateliers dans les arbres répartis sur 4 parcours enfants en ligne de vie continue et 4 parcours adultes. Sans oublier les parcours dans les filets suspendus ou le FAT-SCOOT- E : la seule trottinette électrique tout terrain en pneu fat, plus facile à piloter qu'un VTT et sans effort, le parcours de trois tyroliennes, dont une de 50 mètres de longueur. À tester la nouveauté 2021 : le laser forest.

CLUB HIPPIQUE MAXIMOIS LE VERDERET

Quartier Tapoulerin

✆ 06 83 34 87 66

www.leverderet.ffe.com

Ouvert toute l'année. Leçon 1 heure 23 € poney, 30 € cheval. Leçon particulière 1 heure 35 €.

Ce club, installé au cœur du massif des Maures en 2003, sous la direction de Séverine Pellerin, enseignante diplômée d'État et passionnée des chevaux et des sports équestres, propose une équitation de loisirs ou sportive, des animations à poney et à cheval, des sorties en concours, des stages de perfectionnement pendant toutes les vacances scolaires, le passage des examens fédéraux et des camps d'été déplacés. Des services sont proposés aux propriétaires.

CASINO BARRIÈRE DE SAINTE-MAXIME

23, avenue Charles-de-Gaulle

✆ 04 94 55 07 00

www.lucienbarriere.com/fr/Casino/home.aspx

Ouvert toute l'année. Lounge Bar Sun 7 Barrière. Café Plage. Le bar des machines à sous ouvert de 12h à 3h.

Idéalement situé le long de la plage, l'établissement offre un espace machine à sous à ciel ouvert avec 125 machines à rouleaux de 1 centime à 2 euros, 10 machines à sous multi-jeux, rouleaux, rouleaux vidéo, roulette anglaise électronique, vidéo poker, jackpots progressifs, jeux de table, boule, roulette anglaise et black-Jack, et dispose de deux restaurants et d'un bar. À tester : les machines à sous Zorro, où le vengeur masqué vous conduira jusqu'aux jackpots.

LA GARDE-FREINET ★

Niché au cœur du massif des Maures, La Garde-Freinet, vieux village provençal, a su préserver son authenticité. Sa position de sentinelle au sommet du col lui valut l'appellation de « garde ». Freinet, ajouté après, fait référence au territoire du Fraxinetum, vaste plaine peuplée de frênes, de Gassin à Grimaud. Au XIXe siècle, le village connaît un accroissement rapide et considérable qui accompagne l'explosion de l'industrie bouchonnière. Témoins de l'âge d'or de La Garde-Freinet, les nouveaux quartiers des Aires et de la Place Neuve se greffent aux ruelles sinueuses du vieux village, pour lui donner l'aspect qu'il conserve aujourd'hui encore.

CHAPELLE NOTRE-DAME DE MIREMER

On y accède à pied ou en voiture par un sentier que l'on emprunte à 3 km du village, en direction de Grimaud (RD558). La chapelle se situe sur une colline surplombant le golfe de Saint-Tropez. L'intérieur de la chapelle ne se visite pas. Des travaux récents ont fait de la colline de Miremer un endroit incontournable : aménagements en restanques, plantation d'une trentaine de variétés de figuiers en partenariat avec le conservatoire national botanique de l'île de Porquerolles.

CONSERVATOIRE DU PATRIMOINE DU FREINET

✆ 04 94 43 08 57
www.conservatoiredufreinet.org
Ouvert toute l'année. Basse saison : du lundi au vendredi (au samedi en haute saison) de 9h à 13h et de 14h à 17h.

Plus de 20 activités autour du patrimoine naturel, historique et traditionnel, qui s'adressent autant aux adultes qu'aux enfants, sont proposées durant toute l'année : des animations pour les familles, des chantiers de restauration du patrimoine rural, des ateliers d'herboristerie et de cosmétiques naturels, des stages pierre sèche, des balades commentées. De plus, le musée vous fera découvrir gratuitement les activités traditionnelles dans le massif des Maures.

FORT FREINET ★

Surplombant le village, le fort domine la seule voie d'accès qui relie la vallée de l'Argens au golfe de Saint-Tropez. Dix années de campagnes de fouilles archéologiques ont permis de dégager les vestiges d'un village fortifié du Moyen Âge. Les restes d'une trentaine d'habitations, taillées dans le schiste, s'étagent sur plusieurs niveaux distincts le long des pentes de l'éperon rocheux et sont protégées par un fossé de 8 à 10 mètres de profondeur. L'hypothèse d'une éventuelle occupation sarrasine du fort a été évoquée et alimente les discussions sur ce site.

BASTIDE SELVA €€

125, chemin de l'olivierède
✆ 06 30 90 33 85
www.bastideselva.fr
Ouvert toute l'année. 5 chambres 100 % non fumeur, de 130 € à 200 € suivant la saison. Table d'hôtes : dîner. Piscine.

Pourtant proche de l'animation côtière du golfe de Saint-Tropez, c'est dans le calme le plus complet que cette belle bastide provençale, implantée au cœur d'un parc de 1,6 hectare, vous ouvre ses portes. Valérie vous réserve le meilleur accueil et vous précise que chaque chambre dispose de sa décoration personnalisée, d'une entrée indépendante, d'une terrasse et d'un accès direct à la piscine à débordement pour vous rafraîchir. Deux jours par semaine, elle se fait un plaisir de vous mitonner quelques petits plats succulents.

LEÏ BANCAOU €€

1300, route de Grimaud
✆ 06 83 33 91 95
www.leibancaou.com
Ouvert toute l'année. 5 chambres 100 % non fumeur, de 75 € à 105 €. Piscine. Table d'hôtes. Dîner sur réservation.

Au cœur du massif des Maures, dans un écrin de verdure de 4 000 m², cinq chambres décorées avec goût sont à votre disposition avec accès indépendant et terrasse privative, exposition sud-est. Vous serez réellement séduit par le lieu et pourrez profiter de la piscine nichée au milieu des chênes et des arbousiers. Si les plages vous tentent, vous êtes à proximité, avec notamment Saint-Tropez à seulement 20 minutes. Si vous dînez à la table d'hôtes, Sylvie, excellente cuisinière, vous fera goûter sa cuisine bistrot, avec mise en valeur des produits locaux de saison.

LE MOURON ROUGE €€

1115, route du Luc ✆ 04 94 43 66 33
www.lemouronrouge.com
Ouvert toute l'année. 1 chambre, 2 studios et 2 appartements 100 % non fumeur, de 77 € à 220 €. Piscine. Parking.

Édifiée dans le cadre verdoyant et calme d'un domaine de 2 hectares, en plein massif des Maures, cette vaste propriété est située à 1 kilomètre du village de La Garde-Freinet, que l'on découvre depuis la chambre à la décoration contemporaine. Quant aux studios et appartements, ils disposent de leur propre entrée, d'une cuisine ouverte et de spacieuses terrasses privées qui incitent au repos. Parties de pétanque sur le terrain de boules et baignades dans la piscine sécurisée entourée d'une grande terrasse agrémentée de chaises longues, animeront vos journées.

ULTIMATE PROVENCE

7270, route du Luc ✆ 04 94 85 29 10
www.ultimateprovence.com/fr
Caveau ouvert toute l'année, hôtel - restaurant fermés de janvier à avril. Parking. Restaurant. Dégustation gratuite.

Ce domaine propose un concept novateur avec un magnifique vignoble, une architecture résolument contemporaine, une ambiance tendance et décontractée. Ultimate Provence invite à la « déconnexion branchée ». Un nouveau chef fait souffler un vent de créativité et d'élégance dans les cuisines de ce boutique-hôtel le plus tendance de l'arrière-pays tropézien. Côté hébergement, avec vue sur les vignes, l'hôtel vous ravira avec ses 16 chambres pour un séjour en toute quiétude et la résidence s'adaptera à vos besoins avec 17 chambres d'hôtes et appartements.

FRÉJUS ★★

Du latin forum Julii, littéralement le « marché de Jules », la cité romaine fut fondée par Jules César en 49 avant J.C. La ville était implantée sur la voie aurélienne qui reliait Arles à Gênes, en suivant le cours de l'Argens. Le centre se trouvait sur une butte de grès du massif de l'Estérel qui dominait de 34 mètres les plaines de l'Argens et du Reyran, protégé par un rempart. Forum Julii devint le grand port militaire des armées romaines en Gaule. Un grand bassin fut creusé et relié à la mer par un canal de 500 mètres de long. En 31 av. J.-C., Octave battit la flotte de Marc-Antoine et de Cléopâtre à Actium et ramena à Fréjus plus de trois cents vaisseaux pris à l'ennemi. Fréjus s'étendait alors sur 35 hectares et comptait 10 000 habitants. Fréjus était un important nœud routier sur la Via Aurélia, aménagée en l'an 13 av. J.-C., sous l'empereur Auguste. Elle était raccordée à la voie domitienne dans la vallée du Rhône. Son tracé correspond à peu près à celui de l'actuelle RD N7. Le christianisme s'étendit rapidement dans toute la contrée et Fréjus devint le siège d'un évêché en 374. Ruinée par les Sarrasins, la ville fut relevée par l'évêque Riculfe. Ville de marchés et de marchands, bien placée sur la route du sel et base d'échanges entre la Provence et l'Italie, Fréjus connut une grande prospérité, mais fut envahie par les impériaux en 1536, par les Savoyards en 1707, par les Austro-Piémontais en 1746. La rupture du barrage de Malpasset, le 2 décembre 1959, a causé de profondes blessures dans les cultures, les routes et les maisons emportées. À la suite de cette catastrophe, la modernisation fut en route, avec la canalisation du Reyran et l'urbanisation des quartiers de Villeneuve et de l'Agachon et la construction de Port-Fréjus, qui sera inauguré le 12 juillet 1989. 20 ans plus tard, c'est sous un nouveau souffle et un grand dynamisme que Port-Fréjus II voit le jour. Parfaite conjugaison d'histoire et de modernité, ce canal de plus de 400 mètres renoue avec son passé et s'étire jusqu'à l'avenue de Provence, aux portes du cœur historique.

AMPHITHÉÂTRE ROMAIN OU ARÈNES ★

Rue Henri-Vadon

✆ 04 94 51 34 31

Gratuit jusqu'à 12 ans. Adulte : 3 €. Plus d'accès aux sites 15 minutes avant la fermeture.

Construit à l'extérieur des remparts au Ier siècle avant J.-C., cet édifice, l'un des plus anciens amphithéâtres de la Gaule, pouvait contenir dix mille spectateurs. Au centre, une fosse en forme de croix permettait toutes sortes de mises en scène. D'importants travaux de rénovation ont permis de redonner à ce monument sa vocation de lieu de spectacle. Aujourd'hui, l'amphithéâtre retrouve vie chaque été avec des concerts, du dance floor et des spectacles.

AQUALAND

RD 559

✆ 04 94 51 82 51

www.aqualand.fr

Ouvert tous les jours de mi-juin à début septembre, à partir de 10h. Adulte : 28 €. Enfant (de 5 à 10 ans) : 20,50 €.

Le paradis aquatique, sur 8,8 hectares et 10 000 mètres carrés de plans d'eau, avec la plus grande piscine à vagues d'Europe et de nombreuses attractions de glisse pour les amateurs de sensations fortes, une rivière à bouées, deux pentaglisses – six et quatre pistes –, un white-hole et un black-hole, une quantité de toboggans – grand canyon, kamikaze –, Niagara, le King Cobra, unique en Europe, ainsi que des bains bouillonnants, une aire de pique-nique, un snack-bar, un glacier, un grill-self-pizzeria, un bar-sandwiches-crêperie, une boutique...

CHAPELLE NOTRE-DAME DE JÉRUSALEM DITE COCTEAU ✝ ★★

Avenue Nicolaï - Route de Cannes

✆ 04 94 51 34 31

Ouverture du mardi au samedi de 9h30 à 12h et de 14h à 16h30. Gratuit jusqu'à 12 ans. Adulte : 3 €.

Cette chapelle, classée Monument historique le 20 janvier 1989, sise dans le quartier de La Tour de Mare, à la lisière de l'Estérel, volonté d'un banquier niçois Jean Martinon, est la dernière conçue par Jean Cocteau en 1961. Décédé en 1963, il ne put la terminer. Elle sera achevée par son fils spirituel Edouard Dermit. Les fresques intérieures illustrent le thème de la Passion du Christ et celui des croisades et de l'Ordre des chevaliers du Saint-Sépulcre.

GROUPE ÉPISCOPAL ★★

58, rue de Fleury
✆ 04 94 51 26 30
www.cathedrale-frejus.monuments-nationaux.fr
Gratuit jusqu'à 26 ans. Adulte : 6 €. Groupe (20 personnes) : 5 € (par personne).

Situé au centre de la ville médiévale, il se compose de la cathédrale, du baptistère antique, du cloître canonial et du palais épiscopal qui abrite aujourd'hui l'hôtel de ville. La cathédrale Sainte-Léonce à deux nefs, construite du XIe au XIIIe siècle, fut fortifiée au XIVe siècle par Jacques d'Euze, le futur pape Jean XXII. Les stalles de l'abside, disposées autour du trône épiscopal, datent du XVe siècle. Le clocher a été modifié au cours des siècles : la base, carrée, date du XIIIe siècle, la partie supérieure, octogonale, a été ajoutée au XVIe siècle. La cathédrale abrite un magnifique retable du niçois Jacques Durandi – XVe siècle –, sainte Marguerite. Sa couronne de perles symbolise sa pureté et son humilité. Les vantaux de bois du portail de la cathédrale, sous un linteau sculpté, daté du 1er avril 1530, comportent seize caissons sculptés qui représentent des scènes de la vie de la Vierge et des saints, une représentation de l'enfer, et le pillage de la ville par les Sarrasins. Le baptistère est de construction octogonale. La coupole est supportée par huit coupoles de granit noir, surmontées de chapiteaux de marbre blanc.

Le cloître est classique avec ses arcs brisés reposant sur des doubles colonnettes par des chapiteaux de marbre ornés de motifs champêtres : fleurs, pommes de pin, coquilles. La charpente à caissons de la galerie comporte trois cents panneaux peints du XVe siècle où l'on distingue des prélats, des animaux à tête humaine, des sirènes. Le centre est occupé par un puits profond.

© SCHNAPPS2012 - SHUTTERSTOCK.COM

MÉMORIAL DES GUERRES EN INDOCHINE ★

862, avenue du Général-Calliès
✆ 04 94 44 42 90
mgi.frejus@orange.fr
Ouvert tous les jours de 10h à 17h sauf le mardi. Entrée libre et gratuite. Durée de visite à prévoir : 1h.

Situé sur le site de l'ancien camp militaire Galliéni, où avaient notamment séjourné les tirailleurs indo-chinois, ce mémorial, offre une circulation périphérique symbolisant l'enceinte militaire héritière du cercle spirituel des tribus. Il perpétue le souvenir des soldats morts pour la France en Indochine, entre 1940 et 1954, se compose de trois parties, la nécropole nationale avec le mur du souvenir, une salle d'évocation historique, un lieu culturel.

MUSÉE ARCHÉOLOGIQUE ★

Place Calvini
✆ 04 94 52 15 78
Gratuit jusqu'à 12 ans. Adulte : 8 €.

Fondé à la fin du XIXe siècle par Joseph Aubenas, entièrement rénové, il présente les découvertes effectuées lors de fouilles archéologiques conduites dans la ville depuis le XIXe siècle et comprend cinq salles riches de trésors du passé et pièces archéologiques essentiellement gallo-romaines. Il reçoit des expositions temporaires présentant les résultats de fouilles sur des sites historiques, dont la pièce majeure, l'Hermès bicéphale, datant probablement du Haut Empire romain, découvert en 1970 dans le quartier du Clos de la Tour, aujourd'hui symbole de la ville.

MUSÉE D'HISTOIRE LOCALE DE FRÉJUS

153, rue Jean-Jaurès
✆ 04 94 51 64 01
Adulte : 3 €. Dernière entrée 15 minutes avant l'horaire de fermeture.

Les amis du Pays de Fréjus ont réuni, dans l'ancienne demeure bourgeoise de l'abbé Girardin, au cœur historique, de nombreux souvenirs, des témoignages et photos sur la catastrophe de Malpasset en 1959, triste souvenir, et reconstitué une boutique de modiste, une cuisine, une chambre provençale, une classe d'école primaire, une échoppe de cordonnier. Une salle est également consacrée aux fêtes et traditions comme la bravade et aux costumes provençaux.

MUSÉE DES TROUPES DE MARINE ★

Avenue du Musée-des-Troupes-de-Marine
✆ 04 94 40 81 75
www.aamtdm.net/fr/musee/le-musee

Ouvert du mardi au dimanche. Gratuit. Visite guidée (sur rendez-vous).

Ce musée, ouvert en octobre 1981, conserve la mémoire et retrace l'histoire des troupes de marine, corps de l'armée française fondé au XVIIe siècle, intégré à l'armée de Terre depuis 1900, à travers des collections qui permettent de découvrir deux histoires intimement mêlées, celle des Troupes de marine et celle de la France d'outre-mer. Des articles sont vendus sur place à la boutique. Le musée est également un lieu d'activités culturelles diversifiées.

PARC ZOOLOGIQUE DE FRÉJUS ★

240, rue Hubert-Masquéfa
✆ 04 98 11 37 37
www.zoo-frejus.com

Haute saison ouvert tous les jours de 10h à 18h. Adulte : 17 €. Enfant de 3 à 9 ans : 12 €.

Créé en 1971, ce parc animalier traditionnel de 16 hectares, véritable écrin de verdure, avec plus de 200 arbres et arbustes plantés pour apporter de la fraîcheur l'été aux animaux et aux visiteurs, ne se visite plus qu'à pied, au travers d'un circuit aménagé qui permet de découvrir tous ses habitants, flamants, ibis, grues, toucans, autruches, chimpanzés, bisons, hyènes, buffles, zèbres, éléphants d'Asie, hippopotames, kangourous, tortues, iguanes... au total près de 400 animaux.

THEÂTRE ROMAIN PHILIPPE LÉOTARD ★

Rue du Théâtre-Romain
✆ 04 94 53 58 75

Monument visitable librement et gratuitement aux horaires d'ouverture.

Appuyé sur une colline en pente douce, érigé au Ier siècle de notre ère dans le quartier nord-est de la ville à proximité de la Porte de Rome, le théâtre romain n'a conservé que quelques murs rayonnants de sa structure initiale, ainsi qu'en avant du mur de scène, une fosse semi-circulaire, l'orchestra, entourée d'un banc réservé aux décurions. Chaque été, en juillet, le théâtre réinvestit ce monument avec la programmation du festival « Les nuits auréliennes ».

VILLA AURÉLIENNE

Avenue du Général-d'Armée-Calliès
✆ 04 94 52 90 49

La villa est ouverte au public durant les expositions de photographies. Le parc est ouvert tous les jours. Parking.

Cette villa de style palladien, rénovée sur le modèle de la Renaissance italienne, est posée au sommet d'un parc de 24 hectares, caractéristique par sa végétation de type méditerranéen, où se trouvent les plus beaux vestiges de l'aqueduc romain. D'une superficie de 1 700 m², cette demeure a été construite au cours des années 1880 par J. H. Crawford. Propriété de la ville depuis le 14 octobre 1988, inscrite à l'inventaire supplémentaire des monuments historiques, elle a été rénovée dans l'esprit de la fin du XIXe siècle sur le modèle de la Renaissance italienne.

OFFICE DE TOURISME

249, rue Jean-Jaurès
✆ 04 94 51 83 83
www.frejus.fr

Ouvert du lundi au samedi. Parking payant Paul Vernet, arrêt minute rue Jean Jaurès.

Toute l'année, le service 'Archéologie et patrimoine' et l'Office de tourisme vous proposent une programmation culturelle destinée à vous faire découvrir et mieux comprendre le patrimoine de la ville. Les guides conférenciers vous invitent « à regarder la ville autrement ». Ils connaissent toutes les facettes du territoire et vous donnent des clés de lecture, pour comprendre le développement de cette ville d'Art et d'Histoire au fil du temps. Parmi les visites incontournables au départ de l'Office de tourisme, à ne pas manquer, «Fréjus, 2000 ans d'Histoire».

CIRCUITS DÉCOUVERTE DE LA VILLE

✆ 04 94 51 83 83

L'office de tourisme, de la culture et de l'animation de Fréjus a conçu à l'attention de toutes les personnes curieuses de découvrir la ville, des itinéraires caractéristiques au gré de circuits thématiques : Fréjus, 2 000 ans d'histoire ; Fréjus ville romaine ; Crypte archéologique du vivier romain ; Le barrage de Malpasset et le vallon du Reyran ; Tour panoramique de Fréjus en navette électrique ; Le quartier de Saint-Aygulf, du sentier des douaniers aux villes Belle Époque...

PORT DE FRÉJUS

Capitainerie
✆ 04 94 82 63 00
www.portfrejus.fr/
849 postes d'amarrage - longueur maxi : 40 m.

Le port de Fréjus est un port dynamique, devenu un quartier emblématique de la ville en constante évolution. De nombreux commerces à proximité facilitent la vie des vacanciers. Question sécurité, le site est en permanence sous vidéo surveillance et un agent de nuit est présent 365 jours par an. Le port de Fréjus propose aux plaisanciers une gamme de services complète, un chantier naval, des points d'eau douce disponibles sur tous les pontons, 4 ensembles sanitaires réservés ouverts 24h su 24h, un espace lounge au-dessus de la capitainerie.

AUBERGE DE JEUNESSE €

627, chemin du Counillier ✆ 04 94 53 18 75
www.hihostels.com
Accueil de 9h à 12h et 17h30 à 21h. Parking. 100 lits. Entre 20 € et 25 € selon la saison. 60 places de camping.

Perchée au cœur d'une zone arborée de pins parasols, cette auberge de jeunesse membre de la fédération unie des auberges de jeunesse (FUAJ) jouit d'un cadre exceptionnel jouxtant le beau parc Aurélien. Elle accueille toute l'année les voyageurs du monde entier a budget limité dans une ancienne bâtisse provençale des années 1950, faisant d'elle la seule dans la zone de L'Estérel. Proposant 100 lits en dortoirs de 6 à 9 avec salle de bain privative pour certains, elle dispose également d'une grande cuisine, d'une belle terrasse et d'un séjour spacieux et lumineux.

HÔTEL L'OASIS*** €

71, impasse Jean-Baptiste-Charcot
✆ 04 94 51 50 44
www.hotel-oasis.net
Ouvert de début avril à fin octobre. Accueil jusqu'à 21h. 27 chambres. Parking. Animaux acceptés. Wifi gratuit.

Cet hôtel est blotti au calme, au bout d'une impasse, à 150 mètres de la plage de sable fin de Fréjus-Plage, à proximité du quartier de Port-Fréjus, de son port de plaisance et de la base nature, avec de nombreuses infrastructures sportives. Les chambres climatisées, fonctionnelles, sont confortables et joliment décorées ; elles disposent toutes du téléphone, d'un minibar, et de la télévision et certaines de terrasse privée. Dès que le temps le permet, le petit-déjeuner peut être pris sur l'agréable terrasse ombragée, sinon en salle.

HÔTEL LE FLORE** €

35, rue Grisolle
✆ 04 94 51 38 35
www.hotelleflore.fr
Ouvert toute l'année. 11 chambres 100 % non fumeur à partir de 52 €. Parking à proximité.

Entièrement rénové et climatisé récemment, cet hôtel est situé en plein cœur du quartier historique de Fréjus, à deux pas du centre piéton, des commerces et du groupe épiscopal. Les gourmands apprécieront le petit-déjeuner constitué de viennoiseries et pains provenant de la boulangerie « Maison de la tarte » et de fruits bio achetés chez des producteurs locaux. Les plus courageux pourront se rendre à Fréjus-Plage, quartier distant d'environ 1,5 km, où s'étire une longue plage de sable fin et à Port-Fréjus, pour une balade sur les quais.

IBIS BUDGET FREJUS SAINT RAPHAËL CAPITOU A8** €

1335, avenue Jean Lachenaud ✆ 08 92 68 31 75
https://all.accor.com/hotel/2550/index.fr.shtml
Ouvert toute l'année. 75 chambres non fumeur, de 49 € à 85 € suivant la saison. Petit déjeuner buffet à volonté 6,60 €.

À la recherche d'une chambre simple et d'un lit confortable, à proximité de l'autoroute A8 la Provençale ? Vous y êtes. Idéalement situé entre les sorties du Capitou et de Fréjus, cet hôtel 2 étoiles, très accessible, aux prestations correctes, avec des chambres climatisées, à la décoration très épurée et aux couleurs gaies, nouvelle literie, télévision, douche et toilettes séparées, coin bureau, wi-fi gratuit... permet une halte pas trop chère dans de bonnes conditions.

KYRIAD FREJUS CENTRE*** €

422, avenue Léotard ✆ 04 94 17 02 50
https://www.kyriad.com/fr/hotels/kyriad-frejus-centre-saint-raphael
Ouvert toute l'année. 68 chambres non fumeur de 69 € à 105 € suivant la saison. Restaurant ouvert le soir en semaine.

Très accessible par la sortie Fréjus de l'autoroute A8, cet hôtel est situé à 800 mètres du centre de la ville et à 3 kilomètres des plages. Les chambres, rénovées récemment, disposent toutes de télévision à écran plat, avec BeIn Sports pour les amateurs de compétitions sportives. Le restaurant, qui ne sert que le soir en semaine, propose une formule avec entrées et desserts sous forme de buffet, complétée par un plat chaud servi à table, par exemple pièce du boucher, lasagnes ricotta épinards, pavé de saumon sauce au basilic, burger américain…

Crique de la plage de Saint-Aygulf, Fréjus.

ATOLL HÔTEL*** €€

923, boulevard de la Mer
✆ 04 94 51 53 77
www.atollhotel.fr

Ouvert toute l'année. 32 chambres, 100 % non fumeur, de 50 € à 90 €. Restaurant La Bella Trattoria. Cuisine italienne.

Cet hôtel familial et accueillant au bon rapport qualité/prix, entièrement remis à neuf, avec chambres climatisées accessibles aux personnes à mobilité réduite, est situé à une centaine de mètres des plages, de la piscine de la base nature et de son espace vert – le plus grand du littoral méditerranéen –, du port de plaisance et de ses nombreux commerces et du théâtre d'agglomération. L'hôtel dispose, juste à côté, d'un restaurant italien qui propose ses spécialités transalpines, mozzarella di bufala, friture de la mer, tagliata de bœuf...

ATRIUM AUGUSTA €€

10, impasse du Mas
✆ 07 81 10 74 12
www.chambredhotesfrejus.fr

Chambre double de 68 € à 118 €. Petit déjeuner inclus. Gîte Agricola 180€ la nuit pour 4 à 6 personnes.

L'atrium Augusta est composé de 3 suites, d'un studio et d'un gîte d'étape pour 4 à 6 personnes, le tout avec entrée indépendante, cuisinette, terrasse. Appréciez le jardin et l'intérieur romain pour vous relaxer et la terrasse pour déguster un petit déjeuner gourmand. Profiter également d'un instant de détente, seul ou à plusieurs, dans l'espace bien-être situé au calme dans le jardin avec un bain bouillonnant 5 places. En 15 minutes à pied à peine, vous rejoindrez d'ici le bord de mer, le centre-ville et les nombreux commerces et restaurants.

LA BASTIDE DU CLOS DES ROSES €€

1609, route de Malpasset RD 37
✆ 04 94 53 32 31
www.closdesroses.com/fr/hotel-de-charme-bastide-du-clos-frejus

Fermé fin décembre à mi-janvier. 8 chambres non fumeur, simple à partir de 119 € ; double à partir de 175 €. Restaurant.

Conçue sur les structures de l'ancienne cave viticole de l'actuel Clos des Roses, vignoble de 36 hectares aux portes de Fréjus, cette bastide provençale de charme et de caractère, qui mêle tradition et modernité, offre des prestations haut de gamme. Les superbes chambres, à l'étage, sont habillées dans des teintes reposantes, offrent des volumes intéressants et une belle luminosité. Le restaurant, au rez-de-chaussée, est animé par ses cuisines ouvertes sur la salle et l'extérieur.

CAMPING LE DATTIER**** €€

1156, rue des Combattants-d'Afrique-du-Nord
✆ 04 94 40 88 93
www.camping-le-dattier.com

Ouvert du 1er avril au 30 septembre. 200 emplacements. Mobil-homes pour 4 à 8 personnes de 340 € à 800 € la semaine.

Ce camping à taille humaine se situe à seulement 3,5 kilomètres de la mer et des plages et à environ 2,5 kilomètres de la vieille ville de Fréjus, face à la large plaine qui s'étend jusqu'à l'Estérel, dans un domaine naturel où plus de 60 espèces végétales différentes, dont la plupart typiquement méditerranéennes, s'y épanouissent. En haute saison, de nombreuses animations rythment agréablement vos journées et vos soirées. Un arrêt de bus face à l'entrée du camping, vous permettra de vous rendre facilement dans le centre ville de Fréjus et sur les plages.

CHAMBRES D'HÔTES SOLEIL BLEU €€

46, rue de Saint-Exupéry
✆ 06 88 64 80 96
www.chambresdhotesfrejus.com

Fermeture mi-novembre à début décembre. 3 chambres non fumeur, de 55 € à 90 €.

Cette ancienne maison de pêcheurs rénovée, située à 300 mètres de la plage et du port de Fréjus, et à proximité de la base nature François Léotard, offre des chambres de grand confort décorées avec goût, avec terrasse privative, télévision, salle d'eau et climatisation réversible. Différentes formules de séjour sont possibles en fonction des saisons. De nombreux restaurants sont accessibles à proximité, sur le port et sur le boulevard qui longe la mer.

LE DOMAINE DU COLOMBIER***** €€

1052, rue des Combattants-en-Afrique-du-Nord
✆ 04 94 51 56 01
www.domaine-du-colombier.com

Yellow ! village. Ouvert du début avril à fin septembre. Mobil-home de 39 € la nuit à 438 € selon saison. 2 restaurants.

A 4,5 km des plages de sable fin de Fréjus, dans un cadre paysagé de 10 ha, découvrez un domaine unique avec restaurants, bains bouillonnants, fitness, magnifiques spectacles en soirée et des hébergements locatifs luxueux. Un lagon extérieur de 3 800 m² de plages et d'eau douce chauffée, avec 6 toboggans, rivière et jeux ludiques, fait le bonheur des familles et un sauna baril, nouvel espace de relaxation, est très apprécié comme une parenthèse de bonheur et de délassement.

LE FRÉJUS CAMPING*** €€

3401, route des Combattants-d'Afrique-du-Nord
✆ 04 94 19 94 60 - www.lefrejus.com
Fermé du 15 décembre au 15 janvier. 288 emplacements. Gitotel 42 € à 155 € la nuit, suivant la saison. Bar-restaurant.

Ce camping-caravaning est situé à 6 kilomètres des plages de sable fin de Fréjus, en pleine nature dans un cadre verdoyant de 7 hectares, avec une superbe vue qui s'échappe sur le rocher de Roquebrune. L'espace aquatique composé d'une pataugeoire pour les enfants, d'un bassin principal chauffé, bénéficie d'un bassin spécial dédié à trois toboggans aquatiques. De nombreuses animations, encadrées par des animateurs spécialisés, sont organisées d'avril à septembre. Le bar-restaurant propose une carte variée avec des plats de type brasserie et des menus traditionnels.

HÔTEL SABLE ET SOLEIL €€

158, avenue Paul Arène
✆ 06 73 09 84 44
www.hotel-sableetsoleil.com
25 chambres, dont certaines avec spa privatif) à partir de 54 €. Bain bouillonnant.

Un hôtel à moins de 400 mètres d'une plage de sable fin, en accès direct, à proximité du port et de tous les commerces, voici un établissement qui porte bien son nom. Derrière une clôture, un parking protégé vous ouvre la voie vers un hôtel tout en blancheur à l'extérieur et en chaleur à l'intérieur. Un hôtel où l'on se détend sur la grande terrasse avec son bain à remous pour se relaxer davantage après une journée de visites dans la région. De nombreuses chambres sont aménagées d'une terrasse privative pour profiter de la douceur méditerranéenne.

MAS AURÉLIA €€

15, via Aurélia
✆ 04 94 51 64 24
www.mas-aurelia-frejus.fr
5 chambres 100 % non fumeur de 45 € à 127 € suivant la saison + 5 appartements à louer à la semaine de 483 € à 1 295 €.

Situé dans un quartier résidentiel à la périphérie de la ville, le long de la route nationale qui mène au massif de l'Estérel, à proximité de commerces de première nécessité accessibles à pied, ce mas, ancien centre équestre, dispose de chambres de plain-pied en rez-de-jardin, dont une avec terrasse privative et des appartements de vacances, de 3 à 6 personnes, parfaitement équipés. Du côté détente, une piscine chauffée à débordement et sa plage de 100 m2, est à votre disposition, tout comme une cuisine d'été parfaitement équipée.

MERCURE THALASSO & SPA PORT FRÉJUS**** €€

16, quai Dei-Caravello ✆ 04 94 52 55 00
https://all.accor.com/
Ouvert toute l'année. 117 chambres 100 % non fumeur, à partir de 91 €. Restaurant l'Ensouleia, seulement à la carte.

Cet hôtel situé sur les quais de Port-Fréjus, bénéficie d'un accès direct à une plage de sable et est relié au centre de thalassothérapie, deux points forts qui vous assurent la garantie de faire de votre séjour un moment de détente et bien-être. Le restaurant l'Ensouleia vous propose une cuisine méditerranéenne traditionnelle ou allégée, élaborée autour de produits régionaux, salade niçoise, daube provençale, aïoli, petit farcis (courgette, tomate), bourride de poissons.

HOLIDAY GREEN RESORT & SPA***** €€€

1900, RD4 ✆ 04 94 19 88 30
www.holidaygreen.com
Ouvert 2 avril au 26 septembre 2021. 620 emplacements. Mobile home 6 personnes, de 80 € à 415 € la nuit. Restauration.

Ce prestigieux hôtel de plein air, agréable village-club niché au milieu d'une pinède de 15 hectares, à 7 km de Fréjus et de ses plages de sable, propose des cottages grand confort et grand luxe. Sur place, des animations sont organisées d'avril à septembre et vous disposez d'un espace aquatique surveillé agrandi et chauffé, avec 2 000 m² de plage avec transats et lounge bar, ainsi qu'une aire de jeux pour les enfants. Un spa propose massages, gommages, balnéo, relaxation, hammam.

HÔTEL LES PALMIERS** €€€

109, boulevard de la Libération
✆ 04 94 51 18 72
www.palmiers-hotel.com/
Ouvert du 1er avril au 31 octobre. 35 chambres 100 % non fumeur, de 72 € à 126 €. Restauration menus 22 € et 28 €.

Le boulevard à traverser et vous vous trouvez sur la plage ! Les chambres avec vue sur la mer, disposent d'un balcon avec double vitrage phonique. Un agréable bar à cocktail, mélangeant le style colonial et le style baroque, équipé wi-fi, vous attend en terrasse. En saison, live music au bar et animations. Un restaurant vous propose une cuisine simple de produits frais, traditionnelle et régionale, des desserts faits maison, à la carte ou à travers des menus, moules farcies, entrecôte frites, aïoli, tartare de saumon sauvage Label Rouge, tiramisu citron.

ZÉNITUDE HÔTEL RÉSIDENCES LA TOUR DE MARE*** €€

566, via Aurelia ✆ 04 94 17 84 50
www.zenitude-hotel-residences.com

Ouvert toute l'année. 55 appartements du studio au 4 pièces 8 personnes, non fumeur, de 53 € à 250 €. Piscine.

Située juste ce qu'il faut à l'écart du centre de Fréjus pour échapper à l'agitation urbaine et estivale, au pied du massif de l'Estérel, dans un quartier calme, cette résidence signée Zénitude permet de profiter des plages de la Côte d'Azur et de l'arrière-pays. Une résidence hôtelière composée d'appartements, spacieux et fonctionnels, décorés avec goût et aménagés avec une cuisine équipée. Pour vous détendre, une piscine extérieure est ouverte d'avril à novembre.

AUTRES RAY'SON €€

37, quai Marc-Antoine
✆ 04 94 17 11 21

Fermé de mi-décembre à fin janvier et le lundi hors saison. Menus 19 € à 39 €. Carte 35 € environ (à 40 €). Terrasse.

Une terrasse en teck, pour rappeler les bateaux amarrés à quelques mètres, une décoration moderne, soignée et originale dans des tonalités parme, une cuisine traditionnelle, teintée d'originalité, de créativité, tout est réuni ici pour passer des moments agréables et gourmands : foie gras, croustillant de gambas au curry et chutney de fruits exotiques, complicité dos de cabillaud et foie gras poêlé au beurre bleu framboisé, souris d'agneau braisée aux herbes aromatiques, écrasé de pommes de terre au sel de Guérande, crumble pommes pruneaux flambés à l'armagnac...

LA BOCCA €

407, boulevard Libération
✆ 04 94 53 78 54

Ouvert toute l'année, tous les jours. Terrasse.

Cette vaste pizzeria, installée face à la plage de Fréjus, à proximité de Saint-Raphaël, sert bien entendu des spécialités italiennes, des pâtes, des grillades, mais également soupe de poissons, tagliatelles royales, bourride raphaëlloise. Mais ce qui attire la nombreuse clientèle qui apprécie le bon rapport qualité-prix, ce sont surtout les pizzas à la pâte croustillante et moelleuse, cuites au feu de bois – goûtez l'originale pizza aux fruits de mer – et la dextérité du pizzaïolo, qui excelle dans l'art de faire tourner la pâte !

LE BASILIC €€

107, rue Grisolle
✆ 04 94 40 01 28

Fermé une semaine à Pâques et une semaine à la Toussaint. Formule du midi : 16 € et 18 € plat. Plat du jour 12 €.

Un accueil souriant, une agréable terrasse posée en centre-ville le long de la rue Grisolle et la cuisine traditionnelle et provençale de Vincent, suffisent à vous faire passer de bons moments. Sur l'ardoise des suggestions, laissez-vous tenter par la cuisine locavore et ses produits de saison, fruits et légumes, la blanquette de veau à l'ancienne et riz pilaf…, ou par le couscous du chef, le pavé de saumon rôti au chèvre et thym, en plat du jour. Sinon, ne ratez pas le tournedos de lotte au jambon serrano et n'oubliez pas, le vendredi, c'est aïoli !

LE MÉROU ARDENT €

155, boulevard de la Libération
✆ 04 94 17 30 58
www.lemerouardent.eatbu.com

Ouvert toute l'année. Menus 19,50 € à 37,50 €. Carte 30 € environ. Plat du jour 13 €. Suggestion de la semaine 19 €.

Une salle à la décoration marine, toute en longueur, prolongée d'une petite terrasse avec la mer de l'autre côté de la rue et… dans l'assiette, pour une cuisine maison joliment élaborée par Julien Baudiquey, originaire de Lorraine, et tournée vers les saveurs iodées, saumon fumé par nos soins, aïoli de morue, sardines du littoral à la fleur de sel, bouillabaisse à notre façon, sardines poêlées à la fleur de sel… Sans oublier quelques viandes, et notamment une tête de veau sauce gribiche. Un excellent rapport qualité/prix pour ce restaurant ouvert depuis 1998.

LA BASTIDE DU CLOS DES ROSES €€

1609, route de Malpasset - RD 37
✆ 04 94 53 32 31
www.clos-des-roses.com

Fermé fin décembre à mi-janvier. Ouvert tous les jours midi et soir. Menus de 39 € à 49 €. Formule du midi : 29 €.

Le restaurant, situé au rez-de-chaussée de l'hôtel éponyme, est animé par ses cuisines ouvertes sur la salle à manger et l'extérieur, où le chef Fabien Pasquale y compose chaque matin sa carte en fonction de la fraîcheur des produits trouvés lors de ses achats du jour. Les assiettes, à déguster aux beaux jours sur la terrasse en bordure des vignes, sont créatives, originales, équilibrées, joliment présentées et très généreuses, et à associer avec les excellents crus du Clos des Roses.

LE BŒUF SUR LE QUAI D'AGRIPPA €€

20, Quai d'Agrippa ✆ 04 94 17 24 80
www.leboeufsurlequaifrejus.fr
Ouvert toute l'année. Les pierrades de 19 € à 90 €. Les ardoises de 16,90 € à 35 €. Les tartares de 18,90 € à 31,90 €.

Avec une telle enseigne, difficile d'échapper à la viande ! La particularité, c'est vous qui la faites cuire, à votre goût, sur une pierre brûlante, tout comme quelques crustacés, accompagnés de trois sauces, poivre, béarnaise et beurre maître d'hôtel maison. Les amateurs de viande rouge pourront apprécier des viandes d'origines charolaises, limousine, Salers et Aubrac, mais aussi des Simmental d'Autriche, de l'Angus ou de la Herford des Etats-Unis et de la black Angus ou Wagyu – Kobé.

L'AMANDIER €€

19, rue Desaugiers
✆ 04 94 53 48 77
www.restaurant-lamandier-frejus.com/
Fermé mi-novembre à mi-décembre. Menus de 32 € à 44 €. Carte : 46 € environ. Formule du midi : 22 €.

En plein centre-ville, Loïc Balanec et son épouse Élisabeth vous accueillent, soit dans la première salle tout en longueur, qui déborde l'été sur la rue piétonnière, soit dans la seconde salle voûtée, ancien cloître du XVIe siècle. Dans sa petite cuisine, il prépare une cuisine méditerranéenne gastronomique d'instinct et de produits de saison, raviole de foie gras de canard aux cèpes, noix de Saint-Jacques à la plancha, jus de marinière, turbot poêlé, sauce aux truffes, tournedos de filet de bœuf aux girolles, biscuit chaud au chocolat...

LE MILANO €€

663, boulevard d'Alger ✆ 04 94 51 66 32
www.restaurant-lemilano.com
Ouvert toute l'année, tous les jours sauf mercredi soir l'hiver. Menus 17,50 € à 36 €. Carte 40 €. Plat du jour 9,80 €.

Dans ce restaurant à l'ambiance brasserie parisienne avec banc de poissons et fruits de mer (arrivage en direct des ostréiculteurs et producteurs), du simple menu aux plats les plus recherchés, tout est fait maison, l'assiette de saumon et ses toasts, l'assiette de poisson en bouillabaisse. Une ardoise du jour, avec suggestions selon le marché, complète la carte. Tous les vendredis, la soirée buffet fruits de mer à volonté (1/2 homard par personne, huîtres, crevettes, tourteaux, moules, amandes...) est très prisée, ainsi que l'aïoli provençal. Incontournable.

DIP RESTAURANT €€

719, boulevard de la mer
✆ 04 94 17 06 25
www.diprestaurant.fr
Ouvert le lundi de 19h à 22h ; du mardi au vendredi de 11h45 à 15h et de 19h à 22h ; le dimanche de 11h45 à 15h.

© FACEBOOK DIP RESTAURANT

DiP DiP DiP hourrah ! Situé à proximité du théâtre Le Forum, de la base nature François Léotard et de Port Fréjus, ce restaurant remporte tous les suffrages pour son accueil chaleureux, son service attentif, souriant et bien entendu sa cuisine. L'ardoise ne regorge pas de plats, ce qui assure la fraîcheur des produits et la qualité dans les assiettes. Régalez-vous des fameux bonbons croustillants de gambas, des ribs généreux mijotés durant 3 heures, du tataki de thon, du café gourmand, rien que des plats généreux au goût de revenez-y.

LES SABLETTES €€

Boulevard de la Libération
✆ 04 94 51 27 54
Fermé en janvier. Menu unique à 28 € (entrée, plat, dessert). Carte : 35 € environ. Formule du midi : 16,90 €. Terrasse.

Ouvert depuis 1989, ce restaurant-plage est devenu une institution à Fréjus ! Dans la vaste salle de 120 couverts, ou sur la terrasse sur pilotis de 200 couverts, dégustez une cuisine simple, traditionnelle, composée de plats méditerranéens tels que la tranche d'espadon frais au pesto et petits légumes, le loup entier frais au fenouil, un magret de canard avec frites, et des pizzas cuites au feu de bois, le tout accompagné d'un bon petit vin régional. Le cadre et la vue sur Saint-Raphaël et la plage de Fréjus sont de toute beauté.

CHÂTEAU PAQUETTE

371, chemin de Curebéasse
✆ 04 94 40 87 90
www.chateaupaquette.fr
Ouvert toute l'année. Dégustation gratuite. Visite du domaine. Hébergement possible sur place. Parking.

Propriété de la famille Paquette depuis 1952, Jérôme, œnologue diplômé de l'institut de Bordeaux, dirige aujourd'hui ce vignoble AOP Côtes-de-Provence-Fréjus, aidé par sa fille Claire, également œnologue, avec le respect de l'authenticité du terroir comme seule ligne de conduite. L'encépagement se compose de grenache, mourvèdre, syrah, tibouren et rolle et donne des vins expressifs, comme la cuvée Osmose rosé, une harmonie de tibouren et de grenache vinifié en fût de chêne, née en 2011, et qui aura un petit frère avec l'Osmose blanc l'année suivante…

LE CLOS DES ROSES

1609, route de Malpasset
✆ 04 94 52 80 51
www.clos-des-roses.com
Ouvert toute l'année. Dégustation gratuite des vins blancs, rosés et rouges. Parking gratuit.

Le domaine viticole de la famille Barbero, situé au pied de l'Estérel sur 36 ha, dont 10 de vignes, produit d'excellents vins en appellation Côtes-de-Provence et en IGP vins de pays des Maures. Le terroir permet d'obtenir une palette de vins rosés et blancs aux arômes floraux et fruités, dont la luminosité et la fraîcheur sont très caractéristiques. Quant au rouge, le soyeux et l'équilibre s'associent à une complexité aromatique pour donner naissance à des cuvées de qualité. Le domaine exploite également un hôtel de charme et un restaurant.

LE MAGALI MOULIN À HUILE

1244, rue du Malbousquet
✆ 04 94 40 85 33
Ouvert du lundi au samedi de 14h à 18h, sauf jours fériés. Visite guidée possible sur rendez-vous. Dégustation gratuite.

Voilà plus de 10 ans que Magali Lovera a ouvert, avec son père Roger, ce moulin en chaîne continue, aujourd'hui le dernier encore en activité à Fréjus. Lui, s'occupe essentiellement de la partie technique avec l'entretien des 2 500 oliviers, elle, s'affaire dans la boutique où elle vous expliquera les différents types d'huile proposés (au moins quatre en fruité vert et fruité mûr) et vous fera goûter maints produits dérivés : tapenades, crème d'olives, pastinades... Vous y trouverez aussi apéritifs, savons, crèmes et fabrications artisanales provençales.

MARCHÉS

Marché provençal, mercredi et samedi matin, au centre historique.

Marchés traditionnels, dimanche à Fréjus-Plage ; mardi et vendredi, place de la République ; samedi matin aux arènes à l'Agachon ; mardi et vendredi matin à Saint-Aygulf ; jeudi matin à La Tour de Mare et jeudi matin à Port-Fréjus.

Marché paysan, du mardi au samedi le matin et vendredi l'après-midi, à « La vallée rose » RD 37.

Marché artisanal, mardi et vendredi matin, du 15 juin au 15 septembre à Saint-Aygulf.

Marchés nocturnes, du 1er juillet au 31 août, tous les soirs à Fréjus-Plage et Port-Fréjus.

ALPHA BELUGA ITI

6, quai Cléopâtre
✆ 06 15 21 05 00
www.alphabeluga.com
Ouvert de mars à décembre tous les jours de 8h à 20h. Sur réservation.

Dans ce centre de plongée international zen et fun, Pascal et son équipe proposent des explorations et des formations avec des moniteurs diplômés d'État : découverte des beautés sous-marines du massif de l'Estérel, du Dramont à Saint-Tropez. Le centre propose de plus un concept unique, associant plongée, sophrologie et méditation, faisant du club, le 1er centre de plongée en mer en France métropolitaine à proposer des protocoles thérapeutiques via la plongée, que ce soit pour préserver bien-être et santé ou pour aider à aller mieux dans des moments difficiles.

AQUATIC RANDO

55, quai Cléopâtre
✆ 04 83 09 90 35
www.aquatic-rando.fr
Ouvert toute l'année sur réservation, haute saison tous les jours, basse saison, week-end et vacances scolaires.

Alain et ses encadrants vous proposent toutes les activités associées à la plongée, adaptées à tous les niveaux : randonnée aquatique, plongée sous marine, apnée, chasse au trésor aquatique, ainsi que des formations complémentaires aux métiers de la plongée sous-marine. Ils vous emmènent à la découverte des merveilles aquatiques, faune et flore, et des plus beaux sites de Méditerranée, situés entre le massif des Maures et le massif de l'Estérel, du Dramont à la baie de Saint-Tropez. Offre futée : bénéficiez d'une réduction de 5 € sur présentation de ce guide.

LA BRIGANTE

Aire de Carénage
✆ 06 80 66 21 59
www.la-brigante.fr
Ouvert toute l'année. Hiver sur demande. Balades en mer la journée 85€, avec apéritif et repas. Parking à proximité.

Edmond et Joëlle vous emmènent naviguer sur leur goélette de 20 mètres, coque rouge, pont en teck, imposante barre à roue. À la journée direction Saint-Tropez, vous voguez le long du massif des Maures et de ses différentes baies. Le mouillage s'effectue dans la superbe baie des Canebiers pour l'apéritif, le repas et la partie détente de la journée avant de revenir dans l'après-midi vers Port-Fréjus. En demi-journée, embarquez vers la corniche d'Or, l'Estérel ou le massif des Maures ou en apéritif pour le coucher du soleil à l'île du Lion de Mer.

CENTRE INTERNATIONAL DE PLONGÉE PORT-FRÉJUS

Quai de la Foudre ✆ 04 94 52 34 99
www.cip-frejus.com
Ouvert toute l'année. Baptême adulte 58 €. Pack découverte adulte (1 baptême + 2 initiations) 164 €.

Depuis 1988, le club composé de deux salles de cours, d'un espace clubs pour stocker le matériel, d'un espace pour les plongeurs individuels ainsi que d'un magasin, vous propose 3 activités phares pour découvrir le milieu sous-marin, la randonnée palmée, le baptême de plongée, le pack découverte, ainsi que diverses formations pour parfaire votre niveau. Les sites visités pour les plongeurs aguerris sont ceux du Lion de Mer, de l'île d'Or, des péniches d'Anthéor et du sous-marin Rubis.

INTERNATIONAL RACING KARTING

Chemin de Villeneuve
✆ 04 94 97 50 97
www.interracingkart.com
Fermé début janvier à début février. Tarif adulte : 18 € la session de 8mn et 48 € le forfait de 3 x 8mn. Restauration.

Situé face à la base nature, le circuit, équipé d'un système de chronométrage, met deux pistes à votre disposition, une de 600 mètres pour les adultes et l'autre de 130 mètres pour les enfants. Une piste de 730 mètres est prévue pour les challenges destinés aux particuliers ou aux entreprises. L'été, un éclairage approprié permet la pratique nocturne. Chaque session comprend le prêt d'un casque et d'une minerve pour les enfants, un briefing et 8 minutes de pilotage.

PLAGES ET CALANQUES

Le littoral de Fréjus s'étend sur 7 kilomètres et offre plusieurs belles plages. Cinq se partagent le territoire de Fréjus même (les Sablettes, République, le Capitole, Port-Fréjus et la plage de la base nautique) ; trois autres se répartissent sur Saint-Aygulf (plages de l'Argens, des Esclamandes et de la Galiote). Avec ses 800 mètres de long et sa largeur confortable, Saint-Aygulf est l'une des plages les plus grandes du territoire est-varois. Sympa pour les familles, elle est également prisée des kite surfers et des véliplanchistes car le vent y est fréquent.

PORT FRÉJUS PLONGÉE

6, quai d'Octave
✆ 06 24 25 85 09
www.portfrejusplongee.com
Ouvert de mi-mars à mi-décembre. Tarif adulte : plongée à partir de 25 € - baptême : 60 €. Magasin.

Karin et son équipe de passionnés, moniteurs diplômés d'État, vous attendent pour vous faire découvrir des fonds sous-marins dans quatre secteurs, la baie de Saint-Raphaël, l'île d'Or et le cap Dramont, très riche en faune et flore, Anthéor et le cap Roux, et le golfe de Saint-Tropez avec notamment l'épave du Rubis au cap Camarat…, sous différentes formules, explorations, formations FFESSM et PADI, baptêmes, randonnées palmées… Le centre dispose de deux bateaux amarrés face au magasin, donc pas d'effort à fournir pour charger et décharger.

SUBLIM SKY

Quai déi Caravello
✆ 06 09 53 85 16
www.sublimsky.jimdo.com
Ouvert d'avril à octobre. Parachute ascensionnel 35 € par personne pour le vol trio. Flyfish 20 € par personne.

Présente depuis 25 ans, cette entreprise vous permet de survoler la baie de Fréjus en parachute ascensionnel, accompagné par des moniteurs diplômés d'Etat. Vous décollez et atterrissez, en douceur et en toute sécurité, sur la plate-forme du bateau qui vous tracte. Vous pouvez également piloter un scooter des mers, avec ou sans permis, sous la surveillance d'un moniteur diplômé d'État, en initiation ou en randonnée et faire du rodéo sur la mer avec le flyfish, une bouée tractée et vous envoler au-dessus de l'eau avec le flyboard.

THALASSA FRÉJUS MERCURE

16, quai dei Caravello
✆ 04 94 52 56 00
www.thalassa.com

L'institut vous accueille du lundi au dimanche de 8h30 à 19h.

Le centre de thalassothérapie continuera à vous offrir des soins personnalisés afin de conjuguer la recherche de l'efficacité avec plaisir et bien-être. Il propose une piscine extérieure d'eau douce et une piscine d'eau de mer, un hammam, une salle de repos avec vue sur la mer, des cours de gym... Pourquoi pas effectuer une 1/2 journée de pause marine avec accès libre aux espaces détente, piscine et hammam ou tout simplement recevoir des soins marins avec enveloppement aux algues ou aux boues ? L'Institut est relié directement à l'hôtel Mercure Thalasso Port-Fréjus.

CASINO DE FRÉJUS

40, rue Jean-Aicard
✆ 04 94 17 71 90
www.casino-frejus.fr

Ouvert toute l'année. Salle des machines à sous et jeux traditionnels : accès gratuit. Restaurants. Piano-bar.

Ce nouveau temple des loisirs, est situé dans le nouveau quartier de Port-Fréjus 2, face au canal. La partie jeux se compose de 120 machines à sous, 2 roulettes électroniques (12 postes au total), 3 tables de black jack. Un espace restauration avec deux restaurants, Le Pavillon, formule brasserie, et Le Ponton, pour l'organisation de vos événements, sont à votre disposition. Tout au long de l'année, le casino vous propose également de nombreux spectacles en association avec le théâtre du Forum et la ville de Fréjus, ainsi que des expositions, des divertissements.

PAINTBALL VALLEY

RD 37
✆ 06 32 41 29 74
www.paintballvalley.fr

Forfait 200 billes 29 € à 1000 billes 59 €. Parking. Équipement : lanceur, masque, combinaison.

Vivez des moments de défoulement en famille, avec des amis, dans ce paintball et airsoft, le plus grand du Var et des Alpes-Maritimes, situé en pleine nature au cœur du massif de l'Estérel, sur les 5 terrains, 4 pour le paintball, semi-urbain, speedball, forteresse et enfants, 1 pour l'airsoft, et sur 40 000 m² de surface de jeu. Des tables de pique-nique sont à votre disposition. Une boutique Shootgame vous accueille sur plus de 200 m² de magasin avec 3 000 produits en stock, dont toutes les plus grandes marques du paintball et de l'airsoft.

SAINT-AYGULF ★

Connu des Romains avant de devenir une des terres des évêques de Fréjus, ce quartier de Fréjus est appuyé sur les premiers contreforts orientaux du massif des Maures qui se perdent dans les étangs de Villepey, refuge de nombreux oiseaux migrateurs. Il tire son nom de l'abbé Aygulfus, martyr de l'abbaye bénédictine de Lérins, tué au VIIe siècle par des moines irrités par une application stricte de la règle. La légende rapporte que son corps, placé dans une barque, aurait dérivé jusqu'à l'emplacement du village actuel. La station balnéaire a été créée de toutes pièces, surtout sous l'impulsion du peintre Carolus Durand et attira d'autres célébrités.

ÉTANGS DE VILLEPEY ★

RD559

Protégés par le Conservatoire du Littoral, ils forment une grande lagune de 255 hectares d'un milieu naturel exceptionnel, habitée par 217 espèces d'oiseaux, sur les 355 recensées dans le département, dont la plupart sont migrateurs et qui peuvent être observés de très près. Également les flamants roses, l'aigrette, le héron blanc et le héron cendré, sont présents sur les étangs. Un sentier d'interprétation, un observatoire et un sentier de randonnées relié au massif des petites Maures et au sentier du littoral constituent un lieu idéal d'observation de la nature.

LA PETITE AUBERGE** €

118, rue d'Alsace
✆ 04 94 81 01 26
www.petite-auberge.fr

Logis. 12 chambres de plain-pied 100 % non fumeur de 56 € à 86 €. Restauration menus de 22 € à 35 €. Terrasse.

Bien caché dans la végétation à une centaine de mètres de la longue plage de sable fin et du port de Saint-Aygulf, ce petit hôtel à taille humaine propose des chambres de plain-pied qui donnent sur un agréable jardin fleuri. Le restaurant, ouvert à tous, offre une cuisine, classique, qui vous permet d'apprécier la soupe de poissons avec rouille et croûtons, les petits farcis... Par le chemin des douaniers, qui se trouve à quelques centaines de mètres, vous pouvez rallier facilement le centre ville par le bord de mer, en profitant d'un magnifique paysage.

CAMPING LA BARQUE**** €€

RD 8 ✆ 04 94 81 31 86

www.camping-la-barque.com

Ouvert du début juin à mi-octobre. 80 emplacements. Mobil-homes à partir de 259 € la semaine. Restaurant.

En 2021, le camping La Barque devient un quartier intégré au camping Ecolodge l'Étoile d'Argens. Situé en bordure de rivière, ce camping familial aux parcelles ombragées apportera à vos vacances tranquillité et convivialité. Son petit port privé sur la rivière offre aux amoureux de la pêche et de la navigation d'accéder directement à la plage de Saint-Aygulf, distante de 2,5 kilomètres. Sur place de nombreux espaces jeux sont à votre disposition et des soirées dansantes animées par un DJ, karaoké, soirées à thème et concours divers sont organisés en saison.

HÔTEL LE CATALOGNE**** €€

290, avenue Lucien-Bœuf

✆ 04 94 81 01 44

www.hotelcatalogne.com

Fermé du 15 octobre au 1er avril. 32 chambres 100 % non fumeur, chambre double de 75 € à 209 €. Restauration pool house.

L'hôtel est implanté au cœur d'un parc de 4 000 m² au milieu des pins, des palmiers et des mimosas, à une centaine de mètres du centre-ville et de toutes ses activités commerciales. Vous pouvez rejoindre le port et la grande plage de sable fin par le chemin des douaniers, qui serpente, de crique en crique, le long de la mer. Pour votre restauration, profitez du pool house de la piscine le midi de mai à septembre, et d'assiettes tapas le soir. Sinon, le restaurant Le Martinus, de l'Hôtel Saint Aygulf, vous accueille bien volontiers pour vos dîners.

LES LAURIERS ROSES**** €€

240, RD7 - Route de Roquebrune

✆ 06 25 01 01 11 - www.info-lauriersroses.com

Ouverture de fin avril au début octobre. 80 emplacements. Mobil-homes de 330 € à 990 € la semaine. Restauration.

Avec plus de la moitié des emplacements en restanques, sous l'ombre de chênes lièges et de pins parasols, ce petit camping met en valeur ces atouts uniques pour vous donner un impression d'espace autour de vous. L'atmosphère détendue valorise l'attention personnelle de l'équipe, à votre service, à la piscine allongé sur une bain de soleil, au bar ainsi qu'au restaurant. Des sentiers de randonnées pédestres cheminent à proximité. À vélo également, il existe des nombreuses balades. À noter : la mise en place d'un point de recharge pour les voitures électriques.

LA PLAGE D'ARGENS**** €€

541, route départementale 559 ✆ 04 82 75 10 41

www.laplagedargens.fr

Ouvert du début avril à mi-octobre. 367 emplacements. Mobil-homes 224 € à 2 093 € la semaine. Restauration. Animations.

Ce camping bénéficie d'une situation privilégiée entre Fréjus et Saint-Aygulf, dans un environnement ombragé situé au bord de l'Argens, avec un accès aux plages de sable fin, par un chemin piétonnier à travers la zone protégée du littoral. Les animations sont variées et permanentes, avec de nombreuses soirées à thème avec *live music*, piscine nocturne, barbecues géants, soirées festives les mercredis et soirées dansantes les dimanches. À noter également, le récent espace aquatique avec toboggan et bain bouillonnant, de nouveaux bars, restaurants et épicerie.

HÔTEL CAP RIVIERA*** €€

21, rue de Claviers

✆ 04 94 81 21 42

www.hotelcapriviera.com

Ouvert de début avril à fin oct. 20 chambres de 79 € à 139 € et suites 100 % non fumeur de 89 € à 179 €. Restauration.

© CAP RIVIERA

Repris en mars 2020 par Jean-Christophe, l'accueil est vraiment charmant ainsi que la situation exceptionnelle de cet hôtel, surplombant la plage de sable fin du Grand Boucharel. Vue sur la mer ou côté jardin, avec terrasse refaite en pierre, toutes les chambres et suites, sont confortables et climatisées ; une suite possède même sa terrasse privée et sa salle de bains avec bain bouillonnant ! Une restauration traditionnelle est servie, uniquement réservée pour les clients de l'hôtel. Le rapport qualité - prix est excellent.

CÔTÉ MER

VAN DER VALK HÔTEL SAINT-AYGULF**** €€

214, RD559

✆ 04 94 52 74 84

www.hotelstaygulf.fr

Ouvert toute l'année. 85 chambres 100 % non fumeur, de 70 € à 190 € suivant la saison. Restaurant menus de 25 € à 41 €.

En arrivant de Fréjus, impossible de rater l'hôtel qui se dresse devant vous, juste après avoir longé les étangs de Villepey. Toutes les chambres sont climatisées et rénovées et la plupart disposent d'une petite terrasse. Dans un cadre raffiné et rénové, les déjeuners et les dîners se prennent face à la mer. La cuisine est traditionnelle, souris d'agneau, sauce pistou, tarte citron petite meringue, sorbet citron. La plage « Bleu & blanc » vous accueille juste en face de l'hôtel.

CAMPING RIVIERA D'AZUR***** €€€

189, les grands châteaux de Villepey

✆ 04 11 32 90 00 - www.sandaya.fr

Ouvert de mi-avril à mi-octobre. 97 emplacements camping + 304 mobiles-homes. Mobile home de 55 € à 300 € la nuit.

Ce camping propose de beaux emplacements pouvant accueillir des tentes, caravanes ou camping-cars et aussi des mobil-homes et lodges. Niché en pleine nature, il bénéficie d'un espace aquatique remarquable de 530 m², avec ses 5 piscines dont 2 pataugeoires, une piscine chauffée hors saison de 375 m², 4 toboggans aquatiques et de larges plages pour prendre vos bains de soleil. Pour garder la forme et la bonne humeur, une équipe se charge d'organiser des animations sportives et ludiques.

BOTAFOGO €€

217, avenue de la Corniche-d'Azur

✆ 04 94 81 22 76

Ouvert de mi-mars à mi-octobre tous les jours. Carte : 30 € environ. Plat du jour : 18 €. Terrasse. Animations.

Une table incontournable pour les amateurs de spécialités brésiliennes, churasco de bœuf, picanha de bœuf, moquecca de poisson, camarão com catupiry, bobo de camarão... Tous les plats, au rapport qualité-prix intéressant, sont faits maison, jusqu'aux desserts. Le cadre sur la plage, les pieds dans l'eau face à la baie de Fréjus, est idyllique et l'accueil de Thierry Molinos et son équipe est très soigné. Ne ratez surtout pas le Caipirinha, un délicieux cocktail à la mode brésilienne à base de cachaça (eau-de-vie de canne). Dépaysement garanti !

AQUA'GLISS

RD 559

✆ 06 50 09 40 60

www.jetski-frejus.com

Fermé du 15 septembre au 31 mai. Fly board à partir de 65 € par personne. Jet-ski à partir de 25 € par personne.

Située sur la plage privée du Mas d'Estel cette base nautique vous accueille les pieds dans le sable, au milieu du site sauvegardé des étangs de Villepey, pour allier sport, détente et plaisir. Vous pourrez pratiquer le jet ski en randonnée ou en initiation, accompagné d'un moniteur diplômé d'État, le flyfish, le slydsit, la banane, le fly board, et le stand up paddle. Aqua'gliss dispose également de deux autres bases nautiques, une située sur la berge de la rivière, dans la baie d'Agay et l'autre sur la plage des Marines de Cogolin.

DIVE IS FUN

541, RD 559

✆ 06 66 96 33 61

www.diveisfun.fr

Fermé du 1er novembre au 1er avril. Baptême de plongée 60 €.

Ce centre professionnel de plongée, où chaque moniteur possède obligatoirement le brevet d'État et est instructeur PADI, propose des formations internationales. Pour les débutants, la porte d'un monde différent est ouverte. Pour les plongeurs confirmés, des plongées à thèmes sont organisées. Dans la limite de votre formation, vous découvrirez des émotions toujours plus fortes. La plongée est un plaisir, de l'aventure, des découvertes et des défis assurés. Des excursions originales «aventure» en bateau, accessibles à tous, sont également organisées.

FLYING SAFARI

645, chemin de la Sablière

✆ 06 60 05 49 91

www.ulmflyingsafari.com

Ouvert toute l'année. Baptême de l'air : 55 €. Vol d'initiation : 95 €. Vol découverte : 125 €.

La plus grande base ULM de la région, avec plus de 35 machines basées sur le site, vous propose tous les jours différents vols, touristiques, baptêmes de l'air, vol d'initiation, formation au pilotage, découverte de la région vue du ciel, où en 3 minutes vous ralliez le bord de mer et vous survolez de la baie de Fréjus, Saint-Raphaël, puis l'Estérel, la baie d'Agay, jusqu'à Cannes ou dans l'autre direction, Sainte-Maxime, Saint-Tropez. Vous serez encadré par votre pilote Instructeur qui prendra le soin de répondre à toute forme d'appréhension.

LES PONEYS DE SOPHIE

993, route de Roquebrune
✆ 06 70 75 28 91
www.lesponeysdesophie.fr
Fermé du 1er au 15 septembre. 1 heure de cours 27 €. 1 heure de leçon particulière de 35 € à 45 €.

Dans le cadre d'une pinède ombragée, de nombreuses activités autour du cheval et du poney vous sont proposées dans une ambiance familiale, leçons tous niveaux, stages, promenades, jeux, voltiges. Dans ce domaine de 10 hectares, vous trouvez une carrière de dressage en sable, une carrière d'obstacle en herbe, un rond de longe, un manège couvert, un rond de longe, un paddock avec abris ou boxes, un club house et un terrain ombragé pour les balades. Par contre, aucune randonnée, ni balade à cheval, sont proposées pour les adultes.

PUGET-SUR-ARGENS ★

Idéalement situé, le village possède de multiples facettes conjuguant douceur de vivre et dynamisme. Séjours farniente, escapades sportives, sorties nocturnes, vous trouverez ici tous les ingrédients pour des vacances réussies. Ceux qui sont à la recherche d'une destination authentique découvriront également un terroir et ses traditions. Durant votre séjour, vous aurez tout le loisir de goûter à cet art de vivre typiquement provençal. Vous découvrirez également les festivals dont la qualité a fait la réputation au-delà de nos frontières, succès de scènes intimistes qui accueillent des artistes de renommée nationale et internationale.

LA CIGALE HÔTEL RESTAURANT €

60, rue de la Liberté ✆ 04 94 45 50 41
https://la-cigale-puget-sur-argens.eatbu.com/?lang=fr
Ouvert toute l'année. Fermé période de Noël et jour de l'an. 9 chambres non fumeur de 55 € à 65 €. Restaurant le midi.

Les chambres, rénovées récemment, ont été décorées avec goût. Situé au centre du village, loin de l'agitation côtière, cet établissement est le point de départ idéal pour rayonner dans la région, en direction des plages de sable ou des criques sauvages, ou bien vers les pittoresques villages de l'arrière-pays varois. Un bar et un restaurant de cuisine maison de type brasserie, réalisée à base de produits frais et locaux, sont à votre disposition.

PARC SAINT JAMES OASIS VILLAGE*****

Route de la Bouverie ✆ 04 98 11 85 60
www.camping-parcsaintjames.com
Ouvert d'avril à septembre. Bungalows pour 4-6 personnes avec climatisation et TV à partir de 616 € en haute saison.

Au cœur d'un vaste espace naturel avec vue sur le rocher de Roquebrune-sur-Argens, ce camping de standing s'apparente à un authentique village provençal avec sa place centrale, où sont disséminés lodges, chalets, bungalows et villas. Son point fort ? La baignade, avec 4 piscines dont une grande chauffée avec toboggan aquatique de 35 m de long, un espace spa, une piscine à vagues, une autre à contre-courant, et un tout récent jardin aquatique et ludique avec pataugeoire pour enfants !

YELLOH VILLAGE LA BASTIANE***** €€€

1056, chemin de Suvières
✆ 04 94 55 55 94
www.labastiane.com
Camping Qualité. Ouvert de mi-avril à mi-octobre. Emplacements 19-56 €. Chalets et mobil-homes 39-345 € selon saison.

Pour une expérience authentique au pied du massif de l'Estérel, à deux pas des plages de Fréjus et Saint-Raphaël, voici le point de départ idéal pour découvrir les gorges du Verdon, la French Riviera et le golfe de Saint-Tropez, le tout dans une ambiance conviviale et décontractée. Vous apprécierez ici la quiétude des lieux et goûterez à l'art de vivre provençal : baignade, détente et randonnées, sans oublier le service conciergerie et les animations estivales.

LE MAS DU CENTAURE €€

1821, impasse du Gabron
✆ 06 72 55 14 98
www.le-mas-du-centaure.com
Ouvert du 1er mai au 31 octobre. Appartements à partir de 200 € la semaine.

Ce magnifique mas, et ses dépendances, est érigé dans le calme d'un parc de 5 hectares, où vous découvrez un étang couvert de nénuphars, un cheval, de vieilles carrioles restaurées, des bassins, et une luxuriante végétation méditerranéenne. Vous êtes accueillis avec beaucoup d'attention par votre hôte qui vous propose des chambres climatisées, spacieuses, romantiques à souhait, décorées avec beaucoup de goût et qui s'ouvrent sur une terrasse privative. Le pool house de la piscine est agrémenté d'un splendide pigeonnier en pierres.

LE VILLAGE DES TALENTS CRÉATIFS €€

146, boulevard de Bazeilles
✆ 09 88 07 32 41
www.levillagedestalentscreatifs.fr

Ouvert toute l'année. Mardi-samedi de 10h-19h. Ouverture partielle le lundi et le dimanche de façon exceptionnelle.

Le Village des talents créatifs, bâti à base de containers maritimes recyclés et des matériaux biosourcés, aménagé avec des objets récupérés, est un tiers lieu unique, dédié au savoir-faire français, à la restauration locale, aux médecines naturelles et à l'économie circulaire. On y découvre 5 comptoirs de cuisine, Burger français, Rôtisserie du village, Quintera, Egg's by cocotte caravane, Biocal, des artisans, des commerçants et des thérapeutes.

DOMAINE DES ESCARAVATIERS

514, chemin de Saint-Tropez
✆ 04 94 55 51 80
www.escaravatiers.com

Qualité Tourisme. Dégustation gratuite. Visite du domaine sur rendez-vous. Parking.

Ce domaine de 35 ha de la famille Costamagna, qui s'étend dans la plaine de l'Argens face au rocher de Roquebrune, est un lieu chargé d'histoire, où l'on trouve sur place une plaque de marbre représentant une inscription funéraire d'un vétéran de la IXe Légion romaine, Caius Novellius, qui y cultivait déjà la vigne. Le vignoble produit des vins blanc, rosé et rouge en I.G.P. Var et en A.O.P. Côtes-de-Provence, cuvées «Domaine» vinifiées en cuve inox et «Château» élevée en fût de chêne.

CHÂTEAU DE CABRAN

Chemin de Cabran
✆ 04 94 40 80 32
http://chateaudecabran.com

Visite du domaine, de la cave et dégustation gratuite. Parking.

Situé sur les derniers contreforts du massif de l'Estérel, le domaine réunit des conditions géologiques exceptionnelles, rarissimes, puisque la formation du sol remonte à 220 millions d'années ! Le domaine produit, en AOP Côtes de Provence Fréjus, une gamme tradition dans les trois couleurs, deux cuvées terroir et trois cuvées millésime. Les cuvées des Restanques 2019 (blanc), cuvée de la Muraille 2018 (rouge) et cuvée de Baraille (rosé) ont chacune été médaillées d'or au concours des Vignerons indépendants et au concours international de Lyon 2020.

DOMAINE LE BERCAIL

864, chemin de la Plaine
✆ 04 94 19 54 00
www.domaine-le-bercail.fr/

Fermé du 24 au 31 décembre. Visite accompagnée du domaine et de la cave. Dégustation gratuite. Parking. Restauration.

Situé sur le terroir antique de Fréjus entre le massif des Maures et de l'Esterel, ce domaine atypique de 15 hectares, qui date de 1888, dans l'aire de l'appellation Côtes de Provence, a la particularité d'être un centre d'aide pour le travail, exploité par les travailleurs, véritables artisans d'une production de qualité dans le respect des traditions, intervenant au vignoble comme au chai. Sur place, en plus du caveau où sont vendus les vins, vous trouvez également un restaurant, formule cafétéria, ouvert toute l'année, avec formule pizzeria.

CHÂTEAU DE VAUCOULEURS

RD N7
✆ 04 94 45 20 27
www.chateaudevaucouleurs.com

Ouvert toute l'année. Parking. Dégustation gratuite. Visite du domaine sur rendez-vous.

Racheté en septembre 2010, le second vignoble AOP Côtes de Provence de la famille De Wulf, propriétaire également du domaine du jas d'Esclans à La Motte, est cultivé en agriculture biologique. Il s'étend sur 43 hectares situés en bordure de la vallée de l'Argens, aux pieds de l'Estérel, dont 23 hectares de vignes qui produisent 60 % de rosé, 30 % de rouge et 10 % de blanc. Les cépages travaillés sont le grenache, le cinsault, la syrah, le mourvèdre, le carignan, le cabernet, le vermentino ou rolle, l'ugni blanc et la clairette.

PARC AVENTURE OXYGÈNE ÉVASION

505, chemin des Vernèdes ✆ 06 46 09 24 03
www.oxygeneevasion.fr

Fermé du 1er novembre au 1er mars. Acro-branches de 13 € à 22 €. Paint ball de 20 € (100 billes) à 40 € (500 billes).

Accrobranche, paintball, speed cross, les activités de ce parc d'aventure sont assez diversifiées. Neuf parcours dans les arbres, ludiques et amusants pour les enfants, sportifs pour les plus grands, sont consacrés à l'accrobranche ainsi que plus de 125 ateliers et jeux, avec équipement complet fourni. Un acro-branche nocturne est organisé tous les mardis et jeudis en juillet et août. Un espace détente avec une buvette, sous une terrasse ombragée, est à votre disposition.

PRIZONERS FRÉJUS - ESCAPE GAME

6, rue de la Vernède
✆ 04 89 78 63 07
www.prizoners.com/agence/frejus
Entrée : à partir de 20 €. Parking gratuit.

Mystère et boule de gomme ! Cette agence de voyage spatio-temporel envoie des équipes de voyageurs qui, en 60 minutes seulement, doivent résoudre des énigmes sur l'Histoire, telles que la découverte des secrets d'une prison romaine ou bien, plus près de notre époque, connaître la vérité à propos d'un objet gardé secret par Napoléon au retour de sa campagne égyptienne... Réflexion et résolution ! Nouveau : une 3e salle «Chef Etoilé», où vous êtes propulsé dans les cuisines du chef.

LES ADRETS-DE-L'ESTÉREL

Blotti au cœur du massif de l'Estérel et dominant la Méditerranée, à 300 mètres d'altitude et seulement 15 kilomètres de la mer, le village offre de splendides points de vue. Les marcheurs, les amoureux de la nature et les vététistes seront comblés en empruntant les très nombreux sentiers qui sillonnent l'Estérel, qui permettent également de découvrir deux lacs, celui de l'Avellan et celui de Saint-Cassien, avec des petites plages aménagées pour la baignade et le pédalo.
Avant d'être rattaché au canton de Fréjus, dans les temps anciens, Les Adrets (versant d'une colline exposé au soleil) ne formaient qu'un hameau du village de Montauroux.

CAMPING LES PHILIPPONS*** €

378, route de l'Argentière
✆ + 33 4 94 40 90 67
www.lesphilippons.com
Ouvert du 3 avril au 15 octobre 2021. Emplacement + véhicule + 2 personnes de 12 € à 39 €. Piscine extérieure.

Ce camping familial est situé au cœur de la nature, à proximité du lac de Saint-Cassien, du lac de l'Avellan, mais également de la Méditerranée, Mandelieu-La Napoule et Saint-Raphaël Fréjus. Les emplacements en terrasse, délimités naturellement et ombragés par de grands chênes, s'ouvrent sur le massif de l'Estérel. Le restaurant Le Romarin, avec sa terrasse surplombant la piscine, est ouvert du petit-déjeuner au soir et propose pizzas et plats typiques de la région.

HÔTEL L'ESTIRADO DES ADRETS*** €€

9, chemin Panoramique ✆ 04 94 40 90 64
www.hotel-estirado.fr
Fermé de début décembre à fin janvier. 21 chambres de 80 € à 105 €. Pension complète : 45 €. Restaurant.

Une vue panoramique sur l'Estérel et le mont Vinaigre, des chambres chaleureuses, avec balcon privatif, toutes rénovées dans un authentique style provençal, un restaurant, où l'on déguste une cuisine semi-gastronomique de mets aux saveurs méditerranéennes, spécialités de la région préparées avec des produits frais de saison, petits farcis niçois, canard poêlé au miel de montagne et gibier en saison... sont autant d'avantages pour vous assurer un séjour agréable.

LE MAS DE LA VERRERIE €€

326, chemin de la Verrerie ✆ 06 14 27 13 84
www.chambres-dhotes-provence-var.com/index.php/fr/
Chambre double de 100 € à 170 €. Petit déjeuner inclus (en salle). Lit supplémentaire : 25 €. Parking fermé inclus.

Ancien hôtel transformé en maison d'hôtes, cette propriété construite à flanc de collines, au cœur d'un parc boisé de 5 000 m² à 400 mètres du village, avec une vue panoramique sur l'Estérel et les Préalpes, met à votre disposition de grandes chambres confortables, dont une en rez-de-jardin, qui ont été entièrement rénovées récemment (carrelage au sol, peinture, décoration). Elles offrent convivialité et indépendance. Relaxez-vous autour d'une grande piscine à débordement et chauffée (12 m x 5 m) avec Aquabike et Spa chauffé à 30° C toute l'année.

SOLEIL ROUGE €€

187, chemin de la poterie ✆ 06 03 76 46 47
https://soleilrouge.fr/
Ouvert toute l'année. 2 studios 28 m² de 385 € à 770 € - 1 appartement 3 pièces 60m² de 595 € à 950 € suivant la saison.

Position centrale pour ces gîtes situés en plein dans le massif de l'Estérel, face au mont Vinaigre, entre Fréjus et Cannes. Vous avez l'embarras du choix pour rallier les plages de Saint-Raphaël et Fréjus d'un côté, et celles de Mandelieu-La Napoule et Cannes de l'autre. Les amateurs de randonnées pédestres et VTT seront comblés avec les nombreux circuits dessinés sur les sentiers de montagne du massif protégé de l'Estérel. Les adeptes d'activités nautiques (voile, bateaux à pédales, pêche) pourront également se rendre au lac de Saint-Cassien tout proche.

ROQUEBRUNE-SUR-ARGENS ★★

Roquebrune fut créée au début du XIe siècle. Installée sur un piton rocheux de grès, *Roca Brun* en provençal, elle lui doit son nom actuel. Roquebrune s'est heurtée au problème de l'acheminement de l'eau, qui fut résolu en 1775 par la rénovation d'un aqueduc romain. Ainsi l'eau coula pour la première fois à la fontaine vieille. Autour de l'église se dressent de nombreuses maisons à arcades du XVIe siècle. La chapelle Notre-Dame-de-Pitié abrite un beau retable en bois doré, qui représente une descente de croix. L'église Saint-Pierre-et-Saint-Paul, achevée au XVIe siècle, renferme un remarquable tableau du début du XVIIe siècle encadré de deux retables.

LA MAISON DU TERROIR

4, place Alfred-Perrin
✆ 04 94 81 14 47
www.roquebrune.com

Ouvert toute l'année. Vente et dégustation gratuite sur place. Entrée gratuite.

La Maison du Terroir, c'est tout l'art de vivre en Provence. Située au cœur du village médiéval, elle vous invite à découvrir toute l'agriculture roquebrunoise, qui est représentée à travers ses différentes filières : apiculture, arboriculture, élevage, horticulture, maraîchage, oléiculture, pépinières et viticulture. Une origine et une authenticité garanties par les producteurs roquebrunois, qui s'y sont engagés au travers d'une Charte Qualité. Vous êtes certains d'y retrouver vos produits locaux, miel, vin, confitures, nougat et huiles d'olive.

LA MAISON DU CHOCOLAT ET CACAO ★

13, rue de l'Hospice
✆ 04 94 45 42 65

Fermé du début janvier à mi-février et début novembre à mi-décembre. Visite guidée. Boutique. Espace « Choco-mômes ».

Installé dans une chapelle du 17e siècle, venez découvrir près de 1 000 objets sur la Dame chocolat. Parmi eux, on trouve une ancienne chocolatière datant de 1798, le livre sur la pharmacopée universelle de Nicolas Lemery de 1967 ou encore le seul automate Banania en état de marche, sur les deux recensés en France. Le musée possède également une rare collection d'objets et des sculptures originales et inédites en chocolat créées par les quatre chocolatiers de Roquebrune-sur-Argens.

LES ORCHIDÉES DE VACHEROT

1173, RD 7
✆ 04 94 45 48 59
www.orchidees-vacherot.com

Ouvert toute l'année. Visite libre toute l'année. Vente sur place, conseils clients et rempotage. Parking.

2 500 mètres carrés de serres tropicales abritent des centaines de variétés d'orchidées et de plantes exotiques, à tous les stades de la floraison et un laboratoire de culture in vitro. Des visites guidées sont au programme durant l'été en soirée. Des journées portes ouvertes sont organisées avec démonstrations de rempotage, explications sur la culture in vitro, reproduction et culture à la maison. Vous pourrez à l'issue de votre visite acquérir une plante.

LA MAISON DU PATRIMOINE ★

Impasse Barbacane ✆ 04 98 11 36 85
www.roquebrune.com

Fermé en janvier. Entrée gratuite en visite libre.

Une ancienne écurie, construite en 1883, découverte en 2002, devenue par la suite bâtiment municipal, a cédé sa place à la présentation de l'étendue et la variété du patrimoine historique de la commune. Elle présente une collection de vestiges préhistoriques, romains, et du Moyen Âge, une magnifique collection d'ex-voto provenant du monastère du Saint Désert de Notre-Dame de Pitié, ainsi qu'un jardin médiéval avec des plantes médicinales. Cette maison a été aménagée autour d'une glacière du XVIIe siècle. Des expositions temporaires à thème y sont présentées.

ROCHER DE ROQUEBRUNE

Cet espace naturel culmine à 376 mètres et a toujours constitué un haut lieu religieux, par la présence successive de nombreux couvents et monastères, dont celui des trinitaires, ordre mendiant qui se consacrait au rachat des esclaves chrétiens enlevés par les barbaresques. Sa couleur caractéristique, brun rouge, est due à une quantité importante d'oxyde de fer. Il s'agit d'un site classé et protégé. Un seul sentier balisé permet d'accéder aux trois croix. Il est également possible de récupérer le GR51 au pied du rocher, versant sud.

AU BOIS FLEURI €€

1241, route de Marchandise
✆ 06 16 25 81 97
www.auboisfleuri.com
Ouvert toute l'année. 4 chambres non fumeur de 99 € à 230 €. Petit déjeuner buffet inclus. Piscine extérieure chauffée.

D'un accès facile, au calme, dans un écrin d'arbres, de fleurs et de verdure, la propriété fermée de 10 000 m² de Jean et Danielle se situe à 15 minutes des plages de sable fin de Saint-Aygulf. Des chambres d'hôtes confortables, trois locations vacances en formule gîte, une villa, deux studios et des hébergements insolites, les bulles, des cabanes en verre en forme de bulles, pour découvrir une nouvelle ambiance nature, sont à votre disposition. Côté détente, une piscine avec terrasse et pool-house vous permet de vous rafraîchir et de garder la forme.

CAMPING LES PÊCHEURS**** €€

1395, CD 7 ✆ 04 94 45 71 25
www.camping-les-pecheurs.com
Fermé de fin septembre à début avril. Mobil-homes de 53 € à 226 €. Piscine extérieure chauffée.

Ce camping calme et familial de la famille Simoncini (3e génération), situé à l'entrée du village médiéval de Roquebrune-sur-Argens, dans un décor idyllique face au fameux rocher, en bordure de rivière et du lac de l'Arena, à 15 minutes des plages de Saint-Aygulf, vous attend pour passer d'agréables vacances. Le camping dispose de tout le confort d'un 4-étoiles où vous pourrez vous détendre autour de la piscine, de l'espace balnéo équipé d'un spa, d'un sauna et d'une piscine avec jets, louer gratuitement des canoës et partir pêcher sous le soleil.

LES MAYOMBES €€

719, chemin de la Combe-d'Azur
✆ 04 94 81 66 89
www.lesmayombes.com
Chambre double à partir de 65 €. 7 gîtes sur le domaine du studio 30 m² à la petite maison 2 chambres de 55 m².

Avec de nombreux projets permettant d'améliorer l'accueil et le confort de leurs hôtes, Laurence et Jacques ont procédé à de nouveaux aménagements des chambres d'hôtes, équipements et literies neufs et de qualité, nouvelle décoration. Sept gîtes, du studio à la petite maison 2 chambres, de plain-pied et avec une terrasse privative, sont également proposés à la location. Il ne vous reste plus qu'à lézarder autour de la piscine, sur la terrasse en bois exotique, confortablement allongé sur les transats, à l'ombre des parasols, ou sous le solarium sous la pergola.

VILLAGE CLUB MILEADE*** €€

380, boulevard John Fitzgerald Kennedy
✆ 04 94 19 78 00
www.mileade.com
Fermé du 1er novembre au 15 février. 98 chambres 100 % non fumeur. Déjeuner et dîner 21,50 € Réservation obligatoire.

Un club de vacances qui profite d'un cadre exceptionnel, au pied du massif des Maures, à quelques kilomètres des plages de Saint-Aygulf et de Fréjus. Dans un petit écrin de verdure où toute la famille se sentira à son aise, chacun profite des installations de ce club et essaie toutes les activités proposées. Le soir, tout le monde se retrouve dans sa chambre climatisée, disposant d'une salle de bains privative ou dans l'une des 40 villas rénovées et climatisées, parfaitement équipées. La cuisine est traditionnelle et régionale et le vin est à volonté !

Plage dans le quartier des Issambres, Roquebrune-sur-Argens.

LE DAYA HÔTEL & SPA***** €€€

CD7

✆ 04 94 19 60 36

www.ledaya.fr

Fermé du 1er novembre au 1er avril. 5 chambres et suites non fumeur à partir de 295 €. Restaurant. Spa. Parking

C'est une véritable signature, une alliance parfaite entre sérénité et confort. C'est un concept unique qui s'inspire de l'essentiel, en respectant une même exigence de perfection et de créativité pour offrir aux initiés une parenthèse privilégiée, au cœur d'un lieu définitivement à part. Ses 5 suites aux dimensions généreuses et au luxe raffiné, avec terrasses privatisées, sont nichées au cœur d'un des plus prestigieux golfs de la Côte d'Azur. Des paysages contrastés entre terre et mer, une ambiance sereine, un cadre cosy et une table de cuisine traditionnelle.

DOMAINE DE LA BERGERIE***** €€€

1960, RD 8 ✆ 04 98 11 45 45

www.domainelabergerie.fr

Fermé début novembre à début mars. Mobil-homes 434 € à 2 289 € la semaine. Piscine intérieure et extérieure chauffée.

Véritable écrin de verdure situé à 10 minutes du bord de mer. L'espace aquatique d'une surface totale d'eau de 1 400 m² est composé d'un grand bassin extérieur de natation de 400 m², d'un parc aquatique de 800 m² avec rivière, toboggans, cascade, bain bouillonnant, aire réservée aux jeunes enfants, d'un bassin balnéo extérieur à température ambiante de 180 m, d'une piscine intérieure chauffée (hors saison seulement) de 80 m², qui abrite l'espace détente et fitness.

LE JAS DU PÉBRIER €€

1610, RD8

✆ 04 94 55 20 16

www.jas-du-pebrier.com

Ouvert toute l'année. 88 lits répartis sur 12 maisons de vacances, chambres 100 % non fumeur. Parking extérieur.

La famille Jondet-Lemoine, déjà propriétaire du Domaine de la bergerie, vous propose à la location des maisons de vacances de 100 m² à 200 m² pour 6 à 10 personnes, à l'esprit provençal et au design contemporain, avec piscine, ou bain bouillonnant pour certaines, conçues en harmonie avec la nature, pour vivre comme chez soi et idéalement conçues pour la famille. De belles prestations hôtelières sont incluses et vous bénéficiez également d'un accès illimité aux animations et au parc aquatique du Domaine de la bergerie, situé à 250 m.

LE MAZET DU BASILIC €

637, quartier des Combettes

✆ 04 83 12 53 64

Formule du midi : 18,50 €. Plat du jour. Menus de 28 € à 38 €. Carte : 40 € environ. Terrasse. Parking.

La fraîcheur des produits, transformés sur place, signifie que la cuisine est faite maison. Il faut dire que le chef Fabio bénéficie de la présence, à proximité, de producteurs locaux. À déguster, nougat au chèvre de la Bastide de Solliès à Ampus, raviole gambas, Saint-Jacques, crème de truffe melanosporum, marmite du pêcheur de la pêche du jour, noisette d'agneau du Haut-Var, crème persil parmesan, carpaccio de canard, crème kalamansi et granité foie gras et les desserts de son épouse... Le cadre est reposant et le rapport qualité-prix excellent.

LES JARDINS DE L'ORANGERAIE €€

401, boulevard Jean-Jaurès

✆ 04 94 81 22 16

https://orangeraieroquebru.wixsite.com/website

Fermé du 1er au 20 janvier. Menus de 14,50 € à 42 €. Plat du jour : 14,50 €. Parking public gratuit à proximité.

La carte est limitée et c'est tant mieux. C'est la preuve que tout est frais et fait maison. Vincent Truffet est aux fourneaux dans une cuisine ouverte, Émilie Giez est en salle, accueillante, très attentive et à l'écoute. La cuisine est excellente, les produits sont frais et les portions généreuses, de belles assiettes tout en finesse. Une carte de vins pas très grande, mais de très bon choix. Qualité, quantité, fraîcheur, finesse, accueil et gentillesse, que demander de mieux.

LA PERGOLADE €€

RD N7

✆ 04 98 12 36 31

http://restaurant-lapergolade.com/

Ouvert toute l'année du mardi au dimanche. Menu déjeuner et dîner 32 €. Formule du midi : 22 €. Terrasse. Parking.

Dîner les pieds dans l'eau d'un plan d'eau privé de près de 2 hectares, c'est possible ! Situé à proximité du Château Vaudois, domaine viticole, installez-vous sur la terrasse ou la salle de ce restaurant qui surplombent l'étang et laissez vous faire par une cuisine savoureuse bien tournée, œuf mollet à la crème de truffes, craquant brioché, espuma de parmesan, julienne de jambon fumé cuit au torchon ; suprême de pintade Label Rouge, rôti en cuisson lente, jus de cuisson, polenta crémeuse ; passion des îles, panna cotta et chutney plein fruits...

LA TABLE DE LOUIS €€

1308, route du golf
✆ 04 98 11 40 05
www.ledaya.fr/la-table-de-louis-38.htm

Maître Restaurateur. Fermé de mi-décembre à début mars. Menu 65 €. Brunch le dimanche 54 € par personne. Terrasse.

Un cadre convivial et cosy au cœur du golf, une carte gourmande de qualité... La table de Louis, c'est un concept, une ambiance, des saveurs méditerranéennes, pour un déjeuner avec une vue panoramique sur les greens du golf. Les spécialités du chef à découvrir, sont la pizza à la truffe et mascarpone, la côte de bœuf française à la planche parfumée au sel de baies sauvages et sa purée à la truffe, le loup en croûte de sel, la bouillabaisse (à commander 48h à l'avance), les poissons de pêche locale grillés, le soufflé, les crêpes Suzette.

LA CHOCOLATERIE DU ROCHER

15, place Perrin
✆ 04 94 79 17 26
www.lachocolateriedurocher.fr

Fermé de fin janvier à mi-février. Parking à proximité.

Ce chocolatier fabrique lui-même et commercialise de nombreuses confiseries, à commencer par des nougats et de succulents chocolats, dont la spécialité locale, le rocher de Roquebrune, nougat entouré de chocolat légèrement parfumé à l'orange. La chocolaterie propose un bar à chocolat avec plein de recettes de chocolat à boire chaud ou froid durant toute l'année. L'artisan chocolatier vous accueille tous les jours de l'année, sur réservation, pour la visite de sa chocolaterie.

CÉNERI ET FILS

169, impasse des figuiers
✆ 04 94 45 44 33
www.lefromagergastronome.com

Ouvert toute l'année du lundi au vendredi de 8h à 17h ; le samedi de 8h à 12h. Parking gratuit.

Gilles Céneri, fromager affineur surtout connu comme distributeur auprès des hôtels-restaurants dans la région, a ouvert une nouvelle fromagerie destinée aux particuliers, quarante ans après la création d'une première boutique par son grand-père Édouard Céneri, au cœur de la rue Meynadier à Cannes. À Roquebrune-sur-Argens, vous pourrez apprécier une centaine de variétés de fromages, des gammes rares, de vieux fromages de Hollande, des spécialités dont le brie aux truffes, des confections maison, du bon vin de la région, à des prix très attractifs.

CHÂTEAU VAUDOIS

CD 7 - Route de Château-Vaudois
✆ 04 94 81 49 41
www.chateau-vaudois.com

Fermé du 22 décembre au 11 janvier. Parking. Dégustation gratuite. Visite du domaine. Pique-nique dans les vignes.

Dans un cadre prestigieux, le château ouvre ses portes pour partager sa culture, son patrimoine viticole et conter l'histoire atypique de ses vignes et de ses vins. Une dégustation commentée des crus, une visite de cave et des chais ou encore une balade dans les vignes permettent de mieux comprendre la culture et le caractère de cette terre généreuse, qui porte l'empreinte de son terroir et des hommes qui la cultivent. Château Vaudois dispose également de deux salles de réception, la salle aux étoiles et la salle du château.

CUEILLETTE DU ROCHER

Avenue Gabriel-Péri - CD 7 ✆ 04 94 45 57 90
www.fermedurocher.com

D'avril à juin et septembre et octobre, ouvert le vendredi, samedi, dimanche, juillet et août, ouvert tous les jours.

Depuis plus de 15 ans, la première libre-cueillette dans le Sud-Est, vous invite à ramasser vous-même vos fruits et légumes. Choisissez vous-même vos produits préférés au fil des saisons et si vous n'avez pas le courage de vous baisser, vous trouverez aussi dans la boutique, les produits du jardin déjà cueillis. Vous trouverez en permanence du thym, de la sauge, de la sarriette, du romarin, de la menthe verte, de la marjolaine, du laurier, de l'estragon, de la ciboulette et suivant la saison, haricots verts, céleri branche, concombre, courgettes, tomates, salades.

DOMAINE DE L'OLIVETTE

Chemin de l'Iscle
✆ 04 94 45 75 25
www.domainedelolivette.fr

Ouvert le lundi, le mercredi et le samedi de 9h à 12h. Fermé durant la récolte, entre le 15 octobre et le 30 novembre.

Le domaine de l'Olivette de la famille Delmotte est une jeune oliveraie familiale de 10 hectares en bordure de l'Argens créée en 1988, où différentes huiles mono-variétales, arbéquine, cayon, cornicabra, bouteillan, cailletier, picholine et frantoïo, sont toutes cultivées sur l'exploitation. Quatre variétés d'olives sont utilisées pour l'olive de table : lucques et picholine en olives vertes et cailletier et leccino en olives noires. Des pâtes d'olives et des confitures réalisées avec les fruits de l'exploitation sont également à la vente.

DOMAINE DE LA BOUVERIE

Quartier Collet Redon
04 94 44 00 81
www.domainedelabouverie.com
Visite du domaine/de la cave uniquement sur rendez-vous. Dégustation gratuite. Parking.

Le vignoble de Jean et Patricia Laponche, producteurs récoltants, s'étend sur 30 hectares de sol sablo-caillouteux constitué de galets de rhyolite, aux confins de l'Estérel, un terroir qui met en valeur le goût et la spécificité des crus. Leurs vins, dans les trois couleurs, que vous pouvez retrouver à la boutique, sont renommés et décrochent régulièrement des médailles au concours général de Paris. Une salle de réception, l'ancienne bergerie en pierres, avec une terrasse de 350 m² au pied des vignes, est à votre disposition pour l'organisation de vos événements.

DOMAINE DE MARCHANDISE

Route de Marchandise
04 94 45 42 91
www.domainedemarchandise.com
Haute saison : ouvert tous les jours. Parking. Dégustation gratuite et vente.

Ce domaine, créé dans les années 1970, est en premier lieu une histoire de famille, celle des frères Pierre et Robert Chauvier, soutenus par leur père. Ce vignoble de 15 hectares, avec le rocher de Roquebrune en toile de fond, a été totalement restructuré, avec l'apport de cépages tels le tibouren, le mourvèdre, aux côtés du grenache et de la syrah. Aujourd'hui, une nouvelle génération, aussi passionnée, a pris le relais pour prolonger la qualité et le plaisir de ces vins réputés, rosé et rouge, de l'appellation Côtes de Provence.

DOMAINE DES PLANES

RD7 – À proximité du golf
04 98 11 49 00
www.dom-planes.com
Ouvert toute l'année. Visite et dégustation gratuites. Parking.

Les 30 hectares du domaine s'étendent sur les contreforts des Maures, sur un promontoire qui domine Fréjus et la vallée de l'Argens composé de sols de gneiss et micaschistes. Depuis plus de 30 ans, la famille Rieder produit une large gamme de vins AOP Côtes-de-Provence, fins, exprimant à merveille le terroir, certifiés en agriculture biologique depuis le millésime 2012. Les cépages présents sur le domaine, mourvèdre, tibouren, syrah, cabernet sauvignon, sémillon et rolle, produisent des vins de haute expression et de longue conservation.

MOULIN À HUILE LE CLOS SAINT-MARTIN

Quartier Saint-Martin
04 94 45 72 91
www.moulinleclossaintmartin.com
Ouvert du lundi au samedi de 9h à 19h30 ; le dimanche de 9h à 12h.

Plantés il y a une quinzaine d'années, les 2 500 arbres d'Éric et Sandrine Gayol sont issus des variétés ribier, bouteillan, aglandau, cailletier, cayet roux et picholine. Quatre huiles sont vendues au domaine : une AOC Provence, un assemblage en fruité vert, une monovariétale de picholine en fruité vert et une monovariétale de cailletier en fruité mûr. Le moulin est également ouvert aux particuliers qui peuvent repartir avec leur propre huile à partir de 200 kg.

RUCHER DE LA BOUVERIE

Avenue des Grands-Pins-Parasols
04 94 40 01 69
www.rucherdelabouverie.com
Ouvert toute l'année le lundi et du mercredi au samedi 10h à 12h et 15h à 18h. Vente directe. Dégustation. Parking.

La famille Laponche est dans l'apiculture depuis 1925. Aujourd'hui, c'est François Laponche, la quatrième génération, qui poursuit la belle tradition apicole de la famille. Comme ses aïeux, il pratique chaque année les grandes transhumances entre Roquebrune-sur-Argens, le massif des Maures et la Haute-Provence. Cette récolte naturelle est ensuite centrifugée de manière traditionnelle et mis en pots dans les ateliers du Rucher de la Bouverie. Les miels, plus de dix variétés, peuvent être dégustés sur place, ou achetés sur de nombreux marchés de la région.

LA BASE DU ROCHER

19, chemin du Lac
06 61 41 75 74
www.basedurocher.fr
Ouvert du 15 avril au 30 septembre tous les jours de 9h à 19h. Location de canoës et de paddles. Minigolf 18 trous.

Au cœur d'un site naturel exceptionnel, classé Natura 2000, au pied du rocher, ressourcez-vous à bord de canoës et de kayaks confortables et découvrez un site peu connu, préservé et calme. Vous êtes sur la Côte d'Azur, mais les paysages que vous allez rencontrer, vont vous dépayser ! Vous pouvez également découvrir les sentiers des massifs des Maures et de l'Estérel en VTT ou VTC à assistance électrique, pratiquer le golf... miniature sur un parcours arboré de 18 trous. Des animations sont organisées tout au long de la saison.

DEMOCRATIC GOLF

93, allée Robert Jondet
✆ 04 94 55 75 73
Ouvert toute l'année. Restaurant. Plat du jour 14,50 €. practice de 15 postes, deux simulateurs. Parking.

Ce nouveau golf, propriété de la famille Barbero, complète l'offre existante à Roquebrune-sur-Argens et joue la carte des tarifs attractifs, afin de démocratiser ce sport. Ce 9-trous d'une longueur de 1 441 mètres (par 30), installé sur un terrain de 10 hectares, au pied du rocher de Roquebrune-sur-Argens, dispose de nombreuses installations destinées à l'entraînement et d'un restaurant-pizzeria-bar, le Tee time, ouvert aux golfeurs et à toute la clientèle extérieure, tous les midis 7 jours sur 7 (et certains soirs selon la saison).

GOLF DE ROQUEBRUNE RESORT

1308, route du golf
✆ 04 94 19 60 35
www.golfderoquebrune.com
*Ouvert toute l'année. Practice et parcours ouvert tous les jours. Restauration. Boutique. Hôtel***** - Spa.*

Ce golf de 18 trous, dont le trou n°1 a été entièrement refait, bénéficie d'un emplacement idéal. Havre de paix, il vous propose un itinéraire naturel, permettant d'allier passion sportive et relaxation pédestre. Les greens se fondent dans le magnifique site particulièrement dégagé de la plaine de l'Argens et offrent une vue saisissante sur la baie de Saint-Raphaël. C'est un lieu unique, pour des sensations pures, en pleine harmonie avec son décor naturel.

WATER GLISSE PASSION

131, chemin du Lac
✆ 07 61 18 39 40
www.waterglisse.com
Ouvert d'avril à octobre. Ouvert tous les jours de 9h à 19h.

La base nautique de l'Arena, située au pied du rocher de Roquebrune-sur-Argens, vous offre une multitude d'activités nautiques. Pour compléter votre journée, vous pouvez déjeuner au Restaurant du Lac, au snack ou à la pizzeria, ou siroter un cocktail sur la terrasse du bar d'été ou encore sur le bar flottant : l'Ilot Bar. Water Glisse Passion vous attend également au bord de la mer, sur la plage de La Nartelle, sur le port des Issambres et sur la plage de La Madrague à Sainte-Maxime ou encore sur sa plage privée El Moritto, plage de la Gaillarde aux Issambres.

LES ISSAMBRES ★

Quand on parcourt la côte varoise, il n'existe qu'un seul endroit d'où l'on puisse voir à la fois Fréjus et Saint-Tropez : la pointe des Issambres. Dans les années 1930, ce littoral devient un lieu touristique prestigieux grâce à l'implantation d'un grand hôtel, la résidence le Val-d'Esquières, refuge de célébrités de tous horizons. De nos jours, Les Issambres reste l'un des rares bords de mer privilégiés, où vous pouvez emprunter le sentier du littoral, un circuit pédestre et touristique de 4,8 kilomètres. À la plage de San Peïre, partez sur votre gauche et suivez le littoral, empruntez un étroit sentier en pierre, puis traversez plages et calanques.

HÔTEL LES CALANQUES €

Rue du nid au soleil
✆ 04 98 11 36 36
www.hotel-les-calanques.com
Ouvert du 1er février au 31 octobre. 12 chambres 100 % non fumeur de 69 € à 149 €. Restauration. Parking.

Le point fort de cet hôtel familial de charme, situé au bord des calanques, est son accès direct à la plage. Les chambres, insonorisées et climatisées, toutes personnalisées, bénéficient d'une terrasse ou d'un balcon, avec vue sur la mer Méditerranée, ou sur les collines. De nombreuses activités sportives ou de loisirs sont proposées à proximité de l'hôtel, plongée sous-marine, pêche, balades en mer, bouée, ski nautique, location de bateaux avec et sans permis, jet-ski, kayak de mer, paddle, planche à voile, catamaran, tennis, balades VTT et pédestres, golf...

HÔTEL RESTAURANT LA QUIÉTUDE*** €€

Avenue des Pins-Maritimes
✆ 04 94 96 94 34
www.hotel-laquietude.com
Ouvert de fin mars à fin octobre. 20 chambres 100 % non fumeur 66 € à 145 €. Demi-pension : 39 €. Restaurant. Parking.

On ne s'appelle pas « La quiétude » sans raison. En retrait de la route qui longe la Méditerranée, l'hôtel vous assure tout le calme désiré pour vos vacances. Les chambres, lumineuses, disposent d'un balcon ou d'une terrasse en rez-de-jardin. Les petits déjeuners, comme les déjeuners et les dîners, sont pris sur la vaste terrasse qui surplombe le jardin fleuri et arboré et la piscine. Le chef de cuisine propose une cuisine traditionnelle régionale.

CÔTE MER

HÔTEL LE PROVENÇAL*** €€

5100, RD 559
✆ 04 94 55 32 33
www.hotel-leprovencal.com
Fermé du 1er novembre au 15 mars. 27 chambres 100 % non fumeur, 89 € à 163 €. Restaurant Les mûriers. Menus 30 € à 50 €.

© HÔTEL LE PROVENÇAL LES ISSAMBRES

Cette maison familiale fondée par Madeleine Sauvan, qui a fêté ses 82 ans en 2020, vous accueille depuis 4 générations. Doté d'une terrasse ombragée de mûriers, avec la Méditerranée et le golfe de Saint-Tropez pour vis-à-vis, cet hôtel de charme bénéficie d'une plage de sable fin à ses pieds. Neuf chambres disposent de balcon et de vue sur la mer. Le chef vient compléter la sensation de bien-être avec ses deux espaces de restauration, le restaurant avec cuisine traditionnelle provençale et la brasserie, salon de thé, glacier.

MER DU MER €€

34, avenue de la Gaillarde
✆ 06 60 19 80 28
www.merdumer.com
Chambre double de 84 € à 200 €. Petit déjeuner 10 €. Lit supplémentaire 50 €. Parking fermé. Animaux acceptés 10 €.

La situation élevée de cette magnifique villa permet de découvrir un panorama exceptionnel sur la mer Méditerranée. Les chambres et suites, spacieuses, à la décoration raffinée, possèdent presque toutes la vue mer, et certaines une terrasse privée. Pour débuter votre journée dans les meilleures conditions, vos charmants hôtes Natacha et Johan, Belges de nationalité, vous invitent à prendre votre petit-déjeuner continental face à la mer. Piscine, sauna et jacuzzi invitent à des moments de détente, avant ou après être parti à la découverte des riches environs.

AU PARADIS DES CAMPEURS**** €€

RD 559 ✆ 04 94 96 93 55
www.campasun.eu/paradis-des-campeurs
Ouvert toute l'année. 200 emplacements. Gamme d'hébergements locatifs de 2 à 8 personnes. Animations.

Avec un accès direct à la plage de la Gaillarde et ses criques, ce camping familial et à taille humaine est ouvert toute l'année. Idéal pour les amateurs de baignade et de sports nautiques, mais aussi pour les randonneurs. Des voies semi-cyclables permettent de rejoindre les quartiers environnants tels que Saint Aygulf et San Peire, et à 15 minutes en navette directe en bateau, vous rejoindrez Saint-Tropez. Pour les enfants : des espaces de jeux et un club pour les 6-11 ans l'été.

VILLA TRICOLI €€

124, impasse du Temps-Perdu
✆ 04 94 49 65 32
https://lavillatricoli.com/
Ouvert toute l'année. Chambre double de 75 € à 160 € ; suite de 130 € à 230 €. Bain bouillonnant. Parking.

Cette villa blottie au flanc d'une colline, entouré d'un magnifique jardin fleuri en restanques, se situe à 700 mètres de la mer, des commerces, et bénéficie d'une superbe vue panoramique. Les chambres, avec accès indépendant, sont confortablement équipées, avec salle de bains et terrasse donnant directement sur la piscine. Une cuisine d'été commune, avec vaisselle, ainsi qu'un barbecue sont à votre disposition. Vous appréciez de prendre votre petit déjeuner gourmand sur la terrasse qui balaie le paysage, avant de profiter de la piscine à l'eau de mer.

CHEZ MANÙ CASTEL MADARY €€€

181, avenue de la frégate ✆ 0039 34 88 10 95 35
www.castelmadary.eu
Ouvert du 15 avril au 31 octobre. 3 chambres 100 % non fumeur 170 €. Parking. Table d'hôtes. Menu 25 € - 30 €.

C'est l'hospitalité à l'italienne d'un couple de Rome qui vous attend dans cette villa blottie sur les hauteurs des Issambres, à quelques pas d'une crique sauvage et de l'eau cristalline de la Méditerranée. Une atmosphère unique réussie grâce à leur savoir-faire, leur gentillesse, leur accueil chaleureux et à l'excellente cuisine transalpine de la maîtresse de maison, parmesane aux aubergines, lasagnes, poissons au four aux pommes de terre, tagliatelles aux langoustines, escalopes à la romaine, rôti de viande à la poêle..., c'est la *dolce vita* assurée !

CÔTÉ MER

LA RÉSERVE GAYRARD €€

3609, RD 559
✆ 04 94 96 35 39
www.lareservegayrard.com
Fermé de décembre à janvier. Menu 49 €. Carte : 60 € environ. Formule du midi : 28 €. Plat du jour 18 €. Terrasse.

Ici, vous déjeunez ou dînez en tête à tête avec la Méditerranée, les pieds dans l'eau, avec une superbe vue à 180°, projetée de la terrasse style paillote sur l'eau ou sur l'autre, plus moderne, toutes deux surplombant le golfe de Saint-Tropez. La cuisine servie, basée sur des produits frais et de saison, est traditionnelle et semi-gastronomique, croustillant de canard, encornet farci, épinard ricotta, sauce civet de homard, rocher gianduja, griottes à l'eau de vie… L'hiver, changement de décor, avec des dîners cocooning dans la villa, au coin de la cheminée.

ÉCOLE DE PLONGÉE DES ISSAMBRES

Port des Issambres ✆ 06 12 94 16 63
http://plongee-issambres.fr/
Ouvert toute l'année pour les groupes, d'avril à septembre pour les individuels. Ouvert tous les jours. Parking.

Ce club accueille des individuels et des groupes pour des plongées et des explorations sous-marines afin d'observer la faune et la flore du golfe de Saint-Tropez et de la baie de Saint-Raphaël. Les sites répertoriés s'étalent du Rubis au cap Camarat, face Ramatuelle, aux péniches d'Anthéor, à proximité d'Agay. Des sorties à la journée sont envisageables sur Port-Cros, pour plonger sur les épaves et la réserve de la Gabinière. Les non plongeurs peuvent découvrir le sentier sous-marin.

ENERGY FLY

Port des Issambres
✆ 06 07 87 76 95
www.parachuteascensionnel.com
Fermé du 15 octobre au 30 avril. Vol simple 1 personne 56 €. Vol double premium 2 personnes 43 € par personne. Parking.

Après un petit briefing destiné à vous initier aux pratiques et techniques du parachute ascensionnel, comme Icare, qui avait maintes fois rêvé de fendre les airs comme un oiseau, mais sans risquer la même mésaventure que le fils de Dédale, envolez-vous sous la voile d'un énorme parachute, en toute sécurité, seul, à deux ou à trois pour une virée panoramique en parachute ascensionnel nautique, d'une dizaine de minutes, pour découvrir, à 500 mètres environ du rivage, une vue unique de la baie de Saint-Tropez. De nouvelles sensations sont garanties.

KART JET ADVENTURE

Port des Issambres
✆ 06 60 14 64 45
www.kart-jet-adventure.com
Ouvert de mi-avril à mi-octobre. À partir de 20 minutes 60 € pour deux en jetski et 30 minutes 110 € pour une famille.

Le spécialiste de la randonnée en mer, crée par Patrice Liotier, formateur et jury d'examen au diplôme d'État de moniteur de jetski et engins tractés, vous propose de piloter un kart des mers, en exclusivité, un engin ou les sensations de pilotage se rapprochent de celles du karting ou de la monoplace. Dans cette structure, vous pouvez également piloter un jetski et pratiquer le Flyboard et, découvrir une nouveauté, le Flyride. Pour le kart des mers, la version en 110 CV est proposée sans permis côtier... Formules randonnée avec petit déjeuner ou repas du midi.

RESTAURANT LES MÛRIERS €€

5100, RD 559
✆ 04 94 55 32 33
www.hotel-leprovencal.com
Fermé du 1er novembre au 15 mars. Ouvert tous les jours de 12h à 14h30 et de 19h à 21h30. Menus de 30 € à 50 €.

© RESTAURANT LES MURIERS LES ISSAMBRES

Le restaurant de l'hôtel Le Provençal se dédouble avec une version où la cuisine traditionnelle méditerranéenne, faite maison», est régionale aux «Mûriers», bouillabaisse, poissons de pays grillés, soupe de poissons de roche, pêche locale, linguines aux langoustes et coulis de crustacés, ris de veau rôtis aux langoustines... et une version brasserie au «Bistrot» salon de thé, glacier, qui offre une restauration à déguster en toute décontraction sur la terrasse face au golf de Saint-Tropez, avec plats du jour, salades et gourmandises.

CÔTE MER

THALASSO SPA LES ISSAMBRES

Boulevard du Mérou ✆ 04 94 55 88 09
www.thalassoissambres.com
Fermeture annuelle de mi-novembre à mi-décembre. Forfait journée évasion marine 4 soins + 1 déjeuner 155 €.

Ce centre Thalgo, de 1 000 mètres carrés, est conçu dans l'esprit des thermes romains, pour rappeler à chacun la tradition de la mer et du bien-être méditerranéen. Une partie est dédiée aux soins en eau de mer, avec un bassin lumineux et chauffé qui dispose d'un espace de nage à contre-courant, mais également de nombreuses animations aquatiques extrêmement agréables, relaxantes et tonifiantes. L'autre partie concerne les massages et l'esthétique Thalgo.

SAINT-RAPHAËL ★★★

Trois épisodes importants de la vie de Napoléon Bonaparte se déroulèrent à Saint-Raphaël. En 1778, jeune boursier venu de Corse, il y débarque pour aller suivre les cours de l'école de Brienne d'où il sortit avec le grade de lieutenant en second. Le 9 octobre 1799, jeune général de retour de sa campagne d'Egypte, après avoir échappé aux poursuites de l'escadre anglaise, il pose le pied sur le sol de France à Saint-Raphaël. Un obélisque commémore cet événement à l'angle nord-est du port. Après son abdication, il quitte la France du port pour l'île d'Elbe en avril 1814. Port de pêche, Saint-Raphaël acquiert au XIXe siècle la notoriété d'une ville de villégiature grâce à la présence de nombreux artistes et écrivains. En 1878, son maire et polytechnicien Félix Martin lui donne son profil définitif de station balnéaire, conforté par l'arrivée du chemin de fer. Le quartier de Valescure accueille alors toute une société élégante et aisée, qui fit construire de nombreuses villas luxueuses dans le style palladien. Station balnéaire et touristique baignée par la Méditerranée, Saint-Raphaël se divise en différents quartiers qui offrent une grande diversité : la vieille ville, le centre-ville, les ports, Valescure, Boulouris, le Dramont, Agay, Anthéor, le Trayas. La cité s'étend sur 36 km de littoral et propose 30 plages.

BASILIQUE NOTRE-DAME-DE-LA-VICTOIRE ✝ ★

Boulevard Félix-Martin

Cet édifice de 950 m^2, construit de 1882 à 1889, dans un style romano-byzantin, par l'architecte Pierre Aublé à l'initiative de l'abbé Bernard, fait certainement référence à une victoire chrétienne, la bataille de Lépante (1571), une des plus grandes batailles navales de l'Histoire. L'église Notre-Dame fut inaugurée en 1887. Élevée au rang de basilique par le Vatican, en janvier 2004, elle montre en façade la représentation de l'archange Raphaël, emblème de la commune.

BOULOURIS ★

Appelé autrefois « Boulerie » ou « jeu de boules », ce quartier très résidentiel possède neuf plages de sable, toutes accessibles en suivant le sentier du littoral, au départ du port de Santa Lucia, des criques rocheuses et un petit port qui peut accueillir une soixantaine de bateaux. C'est également le lieu de rendez-vous des sportifs, avec le Creps, centre d'entraînement de nombreux athlètes, le Crapa (circuit rustique d'activités plein air) et le Cers qui accueille régulièrement des sportifs renommés pour leur rééducation.

LE CAP DRAMONT ★★

120 minutes de randonnée environ. Balisage jaune.

Ce promontoire, coiffé d'un sémaphore, construit en 1860 sur les ruines d'une tour de guet datant de 1562 et utilisé aujourd'hui par la Marine nationale pour la surveillance maritime, offre un magnifique point de vue sur le massif de l'Estérel, la Méditerranée et Saint-Raphaël. Le sentier de randonnée (dénivelé 151 mètres, longueur 3,8 kilomètres), qui part du parking de la plage de Camp-Long et qui serpente entre mer et roches rougeâtres du massif, avec vue sur l'île d'or, vous permet de rejoindre le petit port typique du Poussaï.

ÉGLISE SAN RAFEÙ ★

Rue des Templiers

Cet édifice religieux a longtemps été appelé à tort église des Templiers. Sur les fondations d'une construction antique s'est élevée une première église. De l'époque carolingienne sont visibles des vestiges particulièrement précieux pour ces périodes mal connues. Cette église est dotée d'une nef voûtée en berceau terminée par une abside en cul-de-four C'est autour de cette dernière église, fortifiée au début du XIVᵉ siècle et agrandie au XVIIᵉ siècle, que s'est organisé l'ancien village de Saint-Raphaël. Son presbytère abrite aujourd'hui le musée préhistorique.

LE MASSIF DE L'ESTEREL ★★★

Entre les rivages de la Méditerranée et la Provence calcaire, l'Estérel est un massif volcanique de 32 000 ha dont 14 000 sont classés. Ce massif est remarquable par son étonnante couleur rouge, due à la rhyolite, roche volcanique de l'ère primaire. Ses principales curiosités sont le pic de l'Ours, la pointe du cap Dramont, le rocher Saint-Barthélemy, la grotte de la Sainte-Baume, le belvédère du cap Roux, le mont Vinaigre, le ravin du Perthus et le ravin du Malinfernet. Il s'étend sur cinq communes, Fréjus, Les Adrets, Saint-Raphaël, Mandelieu et Théoule.

L'ÎLE D'OR

www.saint-raphael.com/fr/saint-raphael/mer/sites-remarquables/l-ile-d-or

La tour carrée et crénelée (d'inspiration sarrasine) en pierre rouge de l'Estérel, qui surmonte cet îlot rocheux a été construite en pierre rouge de l'Estérel, entre 1910 et 1913. Propriété privée, elle ne peut pas être visitée. Une anecdote circule concernant l'immortalisation de l'île d'Or par Hergé dans son album « L'île Noire ». Particularité démentie par les « tintinophiles » qui sont unanimes et affirment qu'Hergé n'est jamais venu à Saint-Raphaël, et qu'il s'est inspiré de châteaux écossais pour dessiner le château de Ben More.

MUSÉE ARCHÉOLOGIQUE

Rue de la Vieille Église

✆ 04 94 19 25 75

www.musee-saintraphael.com

Ouvert toute l'année du mardi au samedi. Entrée gratuite. Parkings du centre-ville (payants).

Ce musée installé dans le presbytère de l'ancienne église San Rafeù abonde d'objets rares de la Préhistoire, d'une remarquable collection d'amphores antiques et de mobilier provenant des fouilles sous-marines, enrichie régulièrement par de nouvelles découvertes. Vous pourrez également visiter l'église romane datant du XIIᵉ siècle ainsi que les cryptes. Du haut de la tour, haute de 30 m, le visiteur découvrira un panorama à 360°, des sommets de l'Estérel à la pointe de Saint-Tropez et une vue imprenable sur la basilique et ses dômes byzantins…

CÔTÉ MER

Massif de l'Estérel.

MUSÉE LOUIS DE FUNÈS

Rue Jules Barbier
✆ 04 98 11 25 80
museedefunes.fr
Visite guidée, incluant l'entrée du musée : 10 €. Gratuit pour les - de 18 ans

Inauguré le 31 juillet 2019, ce musée permet de découvrir toutes les facettes de celui qui occupa l'espace cinématographique français pendant plus de 30 ans. L'exposition présente des extraits de films et de musiques, des documents de l'INA et des collections de Gaumont, et, bien sûr, de nombreuses photographies, soit plus de 350 documents, des photographies personnelles, de tournages et de films, des dessins - notamment de Louis de Funès -, des lettres - comme celles de Jean Anouilh -, mais aussi des extraits de films, dont certains inconnus.

RANDONNÉES DANS L'ESTEREL ★★

Inscriptions à effectuer auprès de l'office de tourisme de Saint-Raphaël 04 94 19 52 52 - Agay 04 94 82 01 85.

Le massif est traversé par d'innombrables chemins, à la difficulté très variable. Il peut être traversé de part en part, à pied (45 kilomètres de sentiers pédestres), à vtt (100 kilomètres de circuits balisés), à cheval (100 kilomètres de pistes), en mini-moto et mini-quad. Des randonnées pédestres sont organisées toute l'année, guidées et accompagnées par les guides forestiers de l'ONF. D'autres organismes se proposent de vous emmener découvrir la faune, la flore et la géologie.

PLAGES DE SAINT-RAPHAËL ★

✆ 04 94 82 15 00

Le territoire de Saint-Raphaël s'étire sur 36 kilomètres de littoral, offrant quelque 30 plages très variées (sable, galets, ou graviers).

Les plages surveillées : Veillat, Beaurivage, Péguière, Débarquement, Agay, Lido.

Les plages certifiées eaux de baignade : plages du Veillat, Péguière, Arène Grosse, Boulouris, Dramont (débarquement), Camp Long, Pourousset, Agay, Baumette et Anthéor.

Les plages de sables : la Beaumette, Agay, Pourrousset, Anthéor, Arène Grosse, Péguière, Pescade, la Tortue, Val Fleury, Camp Long, et Veillat.

LA BERGERIE DE VAULONGUE €

1520, boulevard Jacques-Baudino
✆ 04 94 53 66 65 - www.bergerie-vaulongue.com
Ouvert toute l'année. 3 chambres 100 % non fumeur, de 65 € à 79 € suivant la saison. Parking gratuit dans la propriété.

Élisabeth vous accueille dans cette ancienne bergerie du début du XXe siècle, où tout un étage est réservé aux hôtes avec trois chambres, climatisées, spacieuses, baptisées de noms de fleurs, coquelicot, mimosa et lilas. Une pièce commune vous permet de regarder la télévision, de consulter des ouvrages dans la bibliothèque et de prendre vos petits-déjeuners, au coin du feu en hiver. Une terrasse, également commune, est dédiée au repos ou aux échanges avec les résidents présents. Profitez également du salon de jardin ensoleillé en été, au rez-de-chaussée.

LES BATEAUX DE SAINT-RAPHAËL

Quai Amiral-Nomy
✆ 04 94 95 17 46
www.bateauxsaintraphael.com
Ouvert d'avril à début novembre.

De nombreuses excursions et traversées vous sont proposées au départ du vieux port pour découvrir les roches rouges des calanques de l'Estérel, les îles de Lérins (île Sainte-Marguerite), l'île de Port-Cros, et vous permettent d'atteindre Saint-Tropez en 1 heure environ, en évitant les bouchons ! Le soir, un circuit d'une heure vous permet d'effectuer une promenade en « son et lumière » pour admirer les roches rouges du cap Dramont. Les sorties feu d'artifice sont très prisées.

HÔTEL LE THIMOTHÉE** €

375, boulevard Christian-Lafon
✆ 04 94 40 49 49
www.hotel-thimothee.com
Ouvert toute l'année.12 chambres 100 % non fumeur 55 € à 130 €. 5 studios 385 € à 1 000 € € la semaine. Restauration.

Christophe et Lydia s'occuperont de votre séjour avec la plus grande attention. Vous serez accueillis dans une villa de maître, bordée d'un parc méditerranéen aux arbres centenaires, le tout à 10 minutes de la plage et du centre-ville de Saint-Raphaël. Les chambres, confortables, réparties sur 2 étages, disposent, pour certaines, d'un balcon avec vue sur la Méditerranée. Ici, tout est propice à la détente : petit-déjeuner tranquille sur la terrasse ombragée, relaxation autour de la piscine, sieste dans le parc entre les arbres et les massifs fleuris.

HÔTEL LES AMANDIERS €

874, boulevard du Maréchal-Alphonse-Juin
✆ 04 94 19 85 30
www.les-amandiers.com
Ouvert toute l'année. 9 chambres 100 % non fumeur de 45 € à 100 € suivant la saison. Restauration. Piscine chauffée.

Toutes les spacieuses chambres et les studios meublés tout confort de cette ancienne maison de maître, située entre le port de plaisance Santa-Lucia et le centre européen de rééducation du sportif, à 200 mètres de la crique du Fournas et 800 mètres de la plage de la Péguière, sont climatisées et équipées de bains ou douche. La piscine et le jardin ombragé, ainsi que l'espace détente avec sauna et bain à remous (avec supplément), sont très appréciables, tout comme le très bon rapport qualité-prix et l'accueil très chaleureux.

HÔTEL PROVENÇAL*** €

195, rue de la Garonne
✆ 04 98 11 80 00
www.hotel-provencal.com
Ouvert toute l'année. 27 chambres non fumeur de 65 € à 175 €. Garage.

Idéalement situé, juste derrière le vieux port, entre les plages de Saint-Raphaël et Fréjus, face à un chemin piétonnier, à proximité du centre-ville et de tous ses commerces, de la gare ferroviaire, l'hôtel propose des chambres entièrement rénovées, climatisées, insonorisées, tout confort, classées en trois catégories (single, double et familiale), selon vos souhaits et votre budget. Le petit déjeuner, type buffet, est servi à volonté avec viennoiseries, pain, céréales, confitures, fruits frais, yaourts, salade de fruits, jus d'orange, café, thé, chocolat...

NOUVEL HÔTEL** €

66, avenue Henri-Vadon
✆ 04 94 95 23 30
www.nouvelhotel.net
Ouvert toute l'année. 12 chambres non fumeur de 60 € à 115 € suivant la saison. Demi-pension : 25 € (sur demande).

Cet hôtel familial est idéalement situé en centre-ville, entre la plage distante d'une minute à pied, le vieux port, situé à 5 minutes et les gares TGV et routière toutes proches. Les animations et les commerces, marchés, boutiques, restaurants, cinémas, casino de jeux, sont également à proximité. Les chambres, sur 3 niveaux, confortables, toutes décorées simplement et différemment, pleines d'authenticité, de charme, aux couleurs lumineuses du soleil et de la mer, sont toutes équipées de douche. et s'ouvrent côté mer ou côté cour.

LA POTINIÈRE €

169, avenue de la Gare
✆ 04 94 83 84 29
www.potiniere.fr
Gîtes de France. Ouvert toute l'année. 4 chambres à partir de 69 € pour deux. Petit déjeuner : 9 €. Parking.

Loin du bruit, cachée dans un quartier calme et résidentiel, la maison d'hôtes de Benjamin offre quatre chambres avec entrée indépendante, s'ouvrant sur une terrasse privée en rez-de-jardin, et sur la piscine nichée au cœur d'un jardin méditerranéen. Chaque unité offre un décor et une ambiance à part ; un duplex de 60 m² accueillant jusqu'à 6 personnes est également proposé à la location. Et côté détente, outre la piscine avec solarium, profitez du bain à remous privatif. Une belle adresse aux portes du massif de l'Estérel, entre Cannes et Saint-Tropez.

B&B LE CLOS DES VIGNES €€

571, chemin de la Lauve
✆ 04 94 95 00 31
www.bnb-chambredhotes83.com
Ouvert toute l'année. 5 chambres 100 % non fumeur de 110 € à 150 € suivant la saison. Table d'hôtes 60 € par personne.

Cette grande villa avec jardin arboré et fleuri, où le petit déjeuner est servi presque toute l'année sur la terrasse, est située en centre-ville à 15 minutes à pied des plages de sable et de toutes activités commerciales, sportives et culturelles. Pas besoin de voiture, accueil en gare TGV de Saint-Raphaël ou navettes en provenance de l'aéroport de Nice. Ensuite, tout peut s'effectuer à pédibus, en train, en bus ou en bateau. La table d'hôtes propose des spécialités régionales bio, arrosées de vins de domaines locaux, également bio.

LE BEAU SÉJOUR*** €€

149, promenade René-Coty
✆ 04 94 95 03 75
www.beausejour-hotel.com
Fermé de mi-décembre à mi-janvier. 34 chambres de 69 € à 159 €. Pension complète 55 €. Demi-pension 33 €. Restauration.

Cet hôtel calme et confortable, l'un des premiers et des plus anciens hôtels raphaëlois, idéalement situé face à la plage du Veillat et à quelques centaines de mètres du centre-ville, met à votre disposition des chambres avec double vitrage phonique, vue sur mer, et balcon aménagé d'une table et de chaises. Le bar-brasserie, avec une belle terrasse face à la mer, accueille la clientèle extérieure et propose une cuisine simple de produits frais, des spécialités méditerranéennes faites maison, l'aïoli maison du vendredi et un brunch le dimanche.

BEST WESTERN PLUS HÔTEL LA MARINA**** €€

30, place de la Marina ✆ 04 94 95 31 31
www.bestwestern.fr/fr/hotel-Saint-raphael-Best-Western-La-Marina-93520
Ouvert toute l'année. 97 chambres à partir de 92,65 €. Restauration. Animations.

Cet hôtel moderne est situé sur les quais, à l'extrémité est du port Santa-Lucia, près de la capitainerie, à proximité du palais des congrès. Les chambres climatisées donnent en majorité sur le port de plaisance ou sur la piscine. La lumineuse salle de restaurant, entièrement rénovée, ouverte à tous, bénéficie d'une vue sur les voiliers et les yachts et s'ouvre sur une petite terrasse cossue en bois exotique. Le chef de cuisine propose une cuisine traditionnelle, régionale et du monde.

BRISE DE MER HÔTEL ET SPA**** €€

45, avenue du Touring-Club ✆ 04 94 95 31 69
www.hotel-brisedemer.com
Fermé du 1er novembre au 31 mars. 56 chambres 100 % non fumeur, de 80 € à 160 € suivant la saison. Piscines chauffées.

Cet hôtel situé face à la mer, dans une rue parallèle en retrait, à proximité des plages (300 mètres), du centre nautique, du port Santa-Lucia, du palais des congrès et du centre-ville (800 mètres), avec ses nombreux équipements sportifs et son restaurant, ne manque pas d'atouts pour vous séduire et vous permettre de passer un agréable séjour. Un espace spa en accès illimité, avec piscines extérieure et intérieure, sauna et bain bouillonnant, est à votre disposition de 9h à 21h.

LE CONFIDENTIEL HÔTEL*** €€

1090, avenue du Colonel-Brooke
✆ 04 94 19 90 20
www.confidentiel-hotel.com
Fermé de mi-octobre à début décembre. 30 chambres 100 % non fumeur à partir de 149 €. Restaurant. Spa.

L'intérieur en pierre de ce boutique-hôtel, anciennement le San Pedro, avec sa cheminée et son imposant escalier à balustres, donne un aspect médiéval à cette luxueuse bastide érigée dans la pinède, entre les deux golfs de Valescure, à 3 kilomètres du centre-ville et surtout loin des nuisances sonores. Le restaurant vous accueille dans sa salle voûtée, toute de blanc vêtue, avec sa cheminée, ou prend ses quartiers d'été en terrasse au bord de la piscine où l'on déguste une cuisine méditerranéenne classique, de saison, et toujours faite maison.

GARRIGAE DOMAINE DE L'ESTÉREL*** €€

805, boulevard Darby ✆ 04 94 52 68 00
http://domaine-de-lesterel.fr
Ouvert du 12 février au 15 décembre 2021. 95 chambres 100 % non fumeur, de 90 € à 194 € suivant la saison. Spa 250 m2.

Entouré par les golfs de l'Estérel et de Valescure, au cœur d'un quartier résidentiel érigé au milieu d'une vaste pinède, cet hôtel bénéficie d'une situation idéale pour celui qui recherche la tranquillité. Si vous ne voulez pas rejoindre la mer et ses plages distantes de 4 kilomètres, piscine et nouveau spa de 250 m² avec sauna, hammam et bain bouillonnant qui vous tendent les bras. Poursuivez votre farniente au restaurant, où vous sera proposée une cuisine traditionnelle régionale.

HÔTEL CONTINENTAL**** €€

100, promenade René-Coty
✆ 04 94 83 87 87
www.hotels-continental.com
Ouvert toute l'année. 44 chambres 100 % non fumeur, de 90 € à 280 € suivant la saison. Garage avec recharge électrique.

Situé au premier étage d'une prestigieuse résidence face à la mer (rue à traverser pour accéder aux plages), en plein centre-ville de Saint Raphaël, près du casino des jeux, des bars, des restaurants et à proximité des gares ferroviaire et routière, cet hôtel moderne est au cœur de l'animation. Les chambres possèdent toutes les éléments de confort. L'hôtel dispose d'une salle climatisée, avec lumière du jour, pour les réunions ou séminaires. Un plus, l'hôtel dispose d'un garage privé souterrain, avec accès direct à la réception et recharge électrique.

HÔTEL DU SOLEIL** €€

47, boulevard du Domaine-du-Soleil
✆ 04 94 83 10 00
www.hotel-dusoleil.com
Ouvert toute l'année. 12 chambres 100 % non fumeur de 62 € à 120 €. 5 studios meublés. Parking extérieur, gratuit.

Propriété de Scandinaves, ce très joli hôtel-villa à l'ambiance familiale, romantique et tranquille, avec ses balcons à balustres et son grand perron, est situé dans un parc ombragé, avec portail automatisé par une serrure à code, au cœur d'un quartier résidentiel calme, à l'est de Saint-Raphaël. Les chambres sont confortables, claires, pour la plupart dotées d'un balcon. Des studios mezzanines et bungalows, avec terrasse privée, sont également disponibles. Les plages et le port de Santa-Lucia sont accessibles à pied pour les bons marcheurs.

HÔTEL LE 21** €€

21, place Maréchal-Galliéni
✆ 04 94 19 21 21
www.le21-hotel.com

Ouvert toute l'année. 28 chambres 100 % non fumeur à partir de 72 €. Parking public à proximité.

Créé en 1863 par Hilarion Sequier, l'ex-hôtel de France est l'un des plus anciens établissements de Saint-Raphaël. Entièrement rénové début 2011, il a l'avantage non négligeable d'être situé en centre-ville, à 200 mètres des plages de sable fin, du vieux port, du casino de jeux, de très nombreux restaurants, des gares SNCF et routière, et des parkings publics. À noter que les chambres situées au 4e étage bénéficient d'une vue sur les hauteurs de Saint-Raphaël ou sur la mer. Le petit-déjeuner est servi sous forme de buffet à volonté.

HÔTEL LE CORSAIRE DU VIEUX PORT*** €€

108, avenue du Commandant-Guilbaud
✆ 04 94 95 23 12
www.restaurant-saint-raphael.fr

Ouvert toute l'année. 10 chambres de 55 € à 250 €. Restauration.

Cet hôtel familial, situé juste en face du vieux-port de Saint-Raphaël, à deux pas de la gare routière et ferroviaire et du départ des bateaux pour Saint-Tropez, a été entièrement rénové. Il offre des chambres simples, spacieuses et confortables. Un restaurant au rez-de-chaussée vous offre la possibilité de séjours en demi-pension et pension complète. Au menu : pizzas cuites au feu de bois, fruits de mer et poissons, marmite du pêcheur, bourride, magret de canard, souris d'agneau...

HÔTEL LE VIREVENT*** €€

1247, boulevard de la 36e Di du Texas
✆ 04 94 82 80 20
www.hotel-levirevent.fr

Ouvert toute l'année. 27 chambres. Parking : 12 € par jour, souterrain sécurisé et et offert aux clients motards.

Ouvert en 2020, cet hôtel situé dans le quartier du Dramont, à 600 mètres de la gare, joue la carte de l'écologie, en s'inscrivant dans une démarche de préservation de l'environnement et du développement durable. Une démarche que l'on retrouve dans les produits d'accueil, les produits bio du petit déjeuner, les produits d'entretien... Les chambres à la décoration sobre et contemporaine, réparties sur 3 niveaux, sont toutes situées au calme, avec vue sur la mer ou sur la cour. Côté restauration, l'hôtel a noué un partenariat avec plusieurs restaurants.

HÔTEL RESTAURANT EXCELSIOR**** €€

193, boulevard Félix-Martin
✆ 04 94 95 02 42
www.excelsior-hotel.com

Ouvert toute l'année. 32 chambres 100 % non fumeur de 148 € à 224 €. Restaurant. Plat du jour 16,40 €. Menu 39 €.

Entre tradition et modernité, cet hôtel, dont 18 chambres confortables vue mer, bénéficie d'une position idéale sur le front de mer, à quelques mètres de la plage et du casino – une rue à traverser. Au restaurant, que vous optiez pour la salle élégante et climatisée ou pour sa terrasse ensoleillée face à la mer, vous dégustez une cuisine du sud traditionnelle et de qualité. À toute heure de la journée, profitez du pub cosy au cachet très *british*.

HÔTEL SANTA LUCIA*** €€

418, route de la Corniche
✆ 04 94 95 23 00
www.hotelsantalucia.fr

Ouvert toute l'année. 12 chambres non fumeur de 69 € à 169 €. Parking gratuit. Bain bouillonnant.

Les chambres de cet hôtel entièrement rénové et situé à proximité du centre de thalassothérapie de Boulouris, vous proposent douze destinations, de la Louisiane au Japon, en passant par les Antilles, l'Angleterre, le Maroc, l'Italie, la Grèce, l'Égypte, le Kenya, l'Inde, la Chine et Bali, meublées et décorées différemment. Vous pouvez accéder, en 2 minutes à pied, à une crique naturelle qui borde le sentier des douaniers, un chemin piétonnier qui est un bon prétexte pour effectuer une belle balade en bord de mer jusqu'au port de Santa-Lucia ou jusqu'au Dramont.

HÔTEL VILLA LA CHÊNERAIE**** €€

167, avenue des Gondins ✆ 04 94 44 48 84
www.lacheneraie.com

Fermé du 1er novembre au 10 décembre. 10 chambres 100 % non fumeur de 80 € à 250 €. Dîner, uniquement sur réservation.

Situé à la lisière du quartier verdoyant et paisible de Valescure, à proximité de deux golfs, cet hôtel construit en 1890, à la Belle Époque, a conservé un charme fou et son esprit romantique ! Niché dans un parc privé, avec piscine, il propose des chambres spacieuses et lumineuses. Le petit-déjeuner peut être servi dans l'une des salles à manger ou sur la terrasse, tout comme le dîner, qui est également ouvert à la clientèle extérieure. Yoga et certains massages offerts.

CÔTE MER

NAJETI GOLF HÔTEL DE VALESCURE**** €€

55, avenue Paul-L'Hermite
✆ 04 94 52 85 00
www.valescure.najeti.fr
Ouvert toute l'année. 62 chambres 100 % non fumeur. Prix sur demande. Restaurant traditionnel et brasserie. Spa. Golf.

Cette imposante bâtisse qui allie modernité, histoire et nature, est dressée au milieu des pins parasols et des greens. Elle offre des chambres lumineuses avec terrasses dont la vue donne sur les jardins de l'hôtel ou sur la piscine privée. Le restaurant Les Pins Parasols offre une cuisine traditionnelle de brasserie, à apprécier soit dans l'agréable et chic salle à manger, soit l'été sur la terrasse près de la piscine. Le déjeuner peut s'effectuer à la brasserie du club house.

UNIQUE HÔTEL & RÉSIDENCE**** €€

155, rue de la Garonne
✆ 04 94 82 03 13
www.unique-hotelsresidences.com
Ouvert toute l'année. 17 chambres 100 % à partir de 79 €. Studios 2 à 4 personnes à partir de 574 € la semaine.

Ce boutique-hôtel, ensemble de grand standing, est situé au cœur de la ville. Chaque espace a été conçu dans un style contemporain alliant modernité, raffinement et confort. Chaque chambre ou studio élaboré, est décorée et personnalisée de manière unique, sublimée par un thème différent selon l'étage. À l'accueil, chaque hôte trouvera les informations essentielles pour un séjour original réussi et bénéficiera des partenariats avec des acteurs locaux.

LE TOURING***** €€

1, quai Albert 1er
✆ 04 94 55 01 50
www.letouring.fr
Ouvert toute l'année. 10 chambres 100 % non fumeur de 190 € à 490 € suivant la saison. 3 restaurants.

Idéalement située en centre-ville, à proximité des gares ferroviaire, routière et maritime, face au vieux port, cette institution raphaëloise, connue depuis le début du siècle dernier, revit grâce à la famille Barbero. Dix chambres, dont neuf avec vue mer et port, élégantes, confortables et lumineuses, à la décoration raffinée, ont été aménagées et imaginées, dans un style Art déco actualisé. L'hôtel dispose également de trois restaurants, un bistrot-bar au rez-de-chaussée, un restaurant à sushis et fruits de mer et un restaurant italien à l'étage.

VILLA CHARME ET DÉTENTE €€

474, boulevard du Suveret ✆ 06 87 43 69 09
www.villa-charme-et-detente.com
Ouvert 1er avril au 1er novembre. 4 chambres 100 % non fumeur. Table d'hôtes sur demande. Piscine extérieure chauffée.

Le quartier de Valescure est renommé pour sa tranquillité, son environnement verdoyant et ses belles villas. Situé à quelques minutes des greens de trois golfs, ce mas provençal en est le parfait exemple. Les confortables chambres doubles, Perle, Gold, Rubis et la suite familiale Nacre, sont sobrement décorées. Les copieux petits déjeuners sont servis sur votre terrasse. Les plus sportifs s'entraîneront au tennis sur un mur de practice et joueront à la pétanque. Les plus gourmands mettront les pieds sous la table... d'hôtes (sur demande).

CÔTE MER

La plage du Veillat à Saint-Raphaël.

HÔTEL LES ROCHES ROUGES***** €€€

90, boulevard de la 36e-Division-du-Texas
✆ 04 89 81 40 60
www.hotellesrochesrouges.com
Ouvert de mai à octobre. 44 chambres de 290 € à 1 355 €. 2 restaurants, dont 1 étoilé Michelin. 2 piscines. Spa.

Cet hôtel à l'architecture moderniste, caractéristique de la fin des années 50, est situé dans un environnement protégé, face à l'île d'Or. L'omniprésence de la mer, le climat et la végétation en font un lieu privilégié, authentique et raffiné. Un spectacle dont on profite pleinement dans des chambres lumineuses et volontairement épurées. La recherche chromatique s'inspire du bleu de la mer et des roches rouges de l'Estérel. Une esthétique moderne, un luxe discret.

LA VILLA MAURESQUE***** €€€

1792, route de la Corniche ✆ 04 94 83 02 42
www.villa-mauresque.com
Ouvert de début mars au début novembre. 18 chambres de 189 € à 1 100 €. Restaurant gastronomique. Spa. 2 piscines.

Si vous cherchez le calme, la tranquillité et le prestige, cet hôtel de charme, composé de 2 villas indépendantes, préservé par une muraille crénelée, est fait pour vous. Entièrement rénovées et en grande partie redécorées, blotties au milieu d'un parc boisé de plus de 5 000 m² en bord de mer, elles disposent, toutes les deux, de piscines et de bains bouillonnants, avec vue sur la mer. Au restaurant gastronomique, où la vue est sublime, en terrasse ou dans la salle intérieure, le chef concocte une cuisine créative méditerranéenne.

VILLAGE CAP ESTÉREL €€

2501, boulevard de la 36e-Division-du-Texas
✆ 08 92 70 01 30
www.pierreetvacances.com
Fermé de novembre à janvier. 45 hébergements à partir de 495 € pour 7 nuits. 6 restaurants. Spa. Golf.

Sur les hauteurs de Saint-Raphaël, dans le quartier du Dramont, dominant la baie d'Agay, le village est une petite station à part entière, avec ses nombreux commerces et restaurants, au cœur de 210 hectares de nature préservée et de jardins. Les studios, appartements et maisons mitoyennes de 4 à 8 personnes, avec vue sur la mer, le lac, le golf ou le massif de l'Estérel, se répartissent dans 4 quartiers piétonniers au charme distinct. Les appartements offrent un intérieur chaleureux et sont prêts à vivre. La plage est distante de 700 mètres.

LE BISHOP €

84, rue Jean Aicard
✆ 04 94 95 04 63
https://le-bishop-restaurant.eatbu.com/?lang=fr
Ouvert toute l'année. Menus de 25 € à 35 €. Plat du jour de 18 € à 25 €. Terrasse.

Situé en plein centre-ville, entre gare et plage, ce restaurant à la décoration cosy propose une cuisine très traditionnelle, simple et régionale élaborée à base de produits frais : petite bourride, médaillon de lotte à l'américaine, foie de veau à la vénitienne, poulet farci à l'italienne, daube de sanglier, cassoulet toulousain, crème catalane, couscous royal et aïoli géant le vendredi. Le chef peut également vous préparer des plats végétariens et des plats sans gluten. L'accueil est chaleureux et le rapport qualité-prix intéressant.

RESTAURANT PIZZERIA BABBO €

1303, boulevard 36e-Division-Texas
✆ 04 94 82 08 11
https://babborestaurant.business.site/
Maître Restaurateur. Ouvert toute l'année. Menu du marché 14,50 €. Menu 20 €. Pizzas au feu de bois de 8 € à 13 €.

David et Stéphanie vous proposent une cuisine familiale traditionnelle franco-italienne, salades niçoise, italienne, chèvre chaud, soupe de poissons maison, loup entier frais grillé au feu de bois, souris d'agneau confite, et bien entendu des pâtes, spaghettis et tagliatelles, à toutes les sauces et des pizzas faites maison, cuites au feu de bois, prosciutto, Regina, Napolitana, Sicilia, Parma, quatre fromages, végétarienne, mesurant entre 35 cm et 40 cm...

LA BRASSERIE TRADITION ET GOURMANDISE €€

4-6, avenue de Valescure ✆ 04 94 95 25 00
www.labrasserietg83.fr
Fermé en mars et du 1er au 15 novembre. Menu 21 € déjeuner et 32 € dîner. Formule du midi : 18,20 €. Carte : 40 €.

Philippe Troncy continue à proposer une délicieuse restauration maison aux saveurs du Sud, dans l'air du temps, conviviale et abordable. La formule du midi à l'ardoise change journellement et la plupart des plats proposés, noix de Saint-Jacques et saumon fumé, lentilles du Puy, l'aïoli façon la brasserie, le dos de lieu jaune grillé sur sa peau, petit épeautre et asperge verte, le millefeuille tradition et gourmandises... sont travaillés dans un esprit brasserie méditerranéenne.

LA CANNE À SUCRE €€

2, place amiral Ortoli
✆ 04 94 83 82 49
Ouvert toute l'année. Plat du jour : 14 €. Menus de 24 € à 38 €. Carte : 30 € environ. Terrasse.

Sur la terrasse qui s'ouvre sur le port Santa Lucia, Sophie Marandjian, chef de cuisine, vous invite à goûter sa copieuse cuisine traditionnelle, qui vogue entre Provence et Arménie, à travers quelques spécialités, loup à la provençale, riz et petits légumes frais, homard rôti au beurre provençal, daurade royale cuite à la plancha dans son jus, magret de canard entier aux cerises noires, marmite du pêcheur, brochette géante de filet de bœuf à l'arménienne. Les pâtisseries sont maison. Le cadre coloré est agréable et l'accueil est chaleureux.

CHEZ GASTON €€

36, rue Charabois
✆ 04 94 53 77 13
Ouvert toute l'année. Formule du midi : 14 €. Entrées de 11 € à 15 €. Plats de 19 € à 26 €. Desserts de 7 € à 9 €.

Dans cette rue cachée derrière la mairie, cette adresse a toujours gardé, depuis 2013, une authenticité bistrotière et un décor adéquat. La saga des plats canailles continue, la fameuse andouillette du Haut-Var de la charcuterie artisanale Autran à Callian, moutarde à l'ancienne, os à moelle gratiné au four et ses mouillettes à la bordelaise, filet de bœuf charolais, sauce bordelaise, frites maison, le tout arrosé de bons petits vins à choisir parmi une bonne quarantaine de références en provenance de nombreuses régions de France...

CLOS SÉMÉRIA €€

54, rue de la Liberté
✆ 04 94 83 63 39
https://clossemeria1.wixsite.com/clossemeria
Ouvert toute l'année. Ouvert 7 jours sur 7 au mois d'août. Formule du midi : 26 €. Menu 33 € au déjeuner. Terrasse.

Depuis 1922 et la création de ce lieu gourmand par madame Pastorel, et dont le petit-fils Charly Floccia a assuré la continuité, ce restaurant connu pour son fameux aïoli du vendredi, a vu défiler de nombreux cuisiniers, le dernier en date étant Jean-Pierre Pailleret, aidée de son épouse Chantal qui effectue le service avec attention dans le long couloir et la cour intérieure, devenue jardin d'hiver ou agréable patio, suivant la saison. La cuisine, contemporaine, est élaborée à base de produits frais de saison et le plus souvent locaux.

LE JARDIN DE SÉBASTIEN €€

599, avenue des Golfs
✆ 04 94 44 66 56
www.jardinsebastien.canalblog.com
Ouvert toute l'année. Menus de 30 € à 50 €. Carte : 50 € environ. Formule du midi 24 € et 26,50 € avec un verre de vin.

Dans leur villa confortable nichée au cœur de la pinède de Valescure, avec jardin verdoyant et terrasse, Marilou Fortunato, en salle, souriante et disponible et Richard François, en cuisine, comblent une clientèle de fidèles épicuriens. La cuisine goûteuse de ce chef natif de Calais, reste traditionnelle, terrine de pintade fermière aux fruits du mendiant, salade et vinaigrette aux amandes, pavé de bar, poivrons doux confits, ananas et patate douce, filet de bœuf, réduction de vin rouge infusée au thym, crème brûlée chocolat et chartreuse...

LE CŒLACANTHE €€

2, place Ortolli
✆ 04 94 83 61 04
Fermé mi-décembre à mi-janvier. Plat du jour : 14 €. Menus de 24,50 € à 34,50 €. Carte : 40 € environ. Terrasse.

Ce restaurant, situé sur le port Santa Lucia, face aux bateaux, reste un des meilleurs endroits pour déguster une cuisine de la mer de qualité, aux cuissons parfaites, composée de produits d'extrême fraîcheur, plateau de fruits de mer, crustacés, poissons, loup farci aux noix de Saint-Jacques, poêlée de fruits de mer aux penne rigate (leur spécialité), couteaux et noix de Saint-Jacques, tajine de cabillaud, seiche grillée, bouillabaisse avec même une version mini pour une personne, et quelques plats pour les irréductibles de viande !

L'ÉTOILE €€

2170, route de la Corniche
✆ 04 94 83 10 44
Fermé du 15 novembre au 15 février. Formule du midi : 19,50 €. Menus de 12 € à 29 €. Plat du jour 12 €. Terrasse.

Ici vous déjeunez (ou dînez) face au petit port de Boulouris, sur une terrasse entourée de pins parasols et d'imposants palmiers, le long d'un chemin piétonnier, avec la mer comme voisine de table et un aperçu sur le golfe de Fréjus et les Maures. Ce restaurant vous sert une cuisine simple, à consonance méditerranéenne, ravioles au basilic, des suggestions selon le retour du marché, des poissons entiers suivant l'arrivage et toujours, le vendredi midi uniquement, la fameuse sardinade avec les sardines de Méditerranée, grillées au feu de bois.

LES PINS PARASOLS €€

55, avenue Paul-l'Hermite
✆ 04 94 52 85 00
www.valescure.najeti.fr
Ouvert tous les soirs pour le dîner du 1er avril au 30 septembre. Menus de 39 € à 58 €. Carte 40 € environ. Terrasse.

Dans le calme de la pinède de Valescure, en terrasse, au bord de la piscine ou dans la vaste salle, découvrez une carte qui évolue au fil des saisons. Le chef, qui travaille uniquement avec des produits frais, vous propose une cuisine du marché aux saveurs méditerranéennes, ceviche de loup mariné à la provençale et son émulsion citronnelle, médaillon de volaille garnie de sa duxelles de champignons, polenta à la lavande, l'esprit du calisson… Le midi, rendez-vous à quelques mètres, à la brasserie du club house du golf de Valescure. Ambiance lounge le soir.

TIKI PLAGE €€

Rue Marie-Louise-Robinson
✆ 04 94 82 87 88
www.letiki-plage.fr
Ouvert du 1er avril au 30 septembre. Carte 40 €. Pizzas de 10 € à 18 €. Salades de 5 € à 18 €. Woks de 18 € à 22 €.

Directement sur la plage, dans un décor exotique avec vue imprenable sur la mer, Fred et Damyenne vous attendent pour vous servir une cuisine méditerranéenne de produits locaux frais, nimbée de quelques touches asiatiques, frito misto, bourride provençale, poêlée de calamars au chorizo, pizzas, salades, grillades, woks thaï et poissons grillés, tarte tropézienne, fondant au chocolat et coco… Des soirées musicales sont organisées tout au long de la saison estivale. Quelques matelas et parasols sont installés devant la terrasse.

LE SIROCCO €€

35, quai Albert-Ier
✆ 04 94 95 39 99
www.lesirocco.fr
Ouvert du début février à fin décembre. Menus de 21,90 € à 49,90 €. Carte : 60 € environ. Terrasse.

Les menus et la carte annoncent une tendance marine en cuisine, gambas grillées à la provençale, bar grillé au fenouil et flambé au pastis, médaillons de lotte, sauce aux morilles et des suggestions, aïoli de morue sur fagot de légumes, filet de lingue grillé au basilic frais, bourride raphaëloise. Dans cette salle qui s'ouvre sur le vieux port, les amateurs de viande et d'abats préfèreront le filet de bœuf sauce au roquefort, les rognons de veau sauce aux girolles… avant de terminer par un dessert traditionnel, île flottante ou tarte aux pommes chaude.

TORTU PLAGE €€

2452, route de la corniche
✆ 04 94 40 71 19
https://tortu-plage.com
Fermé du 20 octobre au 1er avril. Ouvert tous les jours de 12h à 15h et de 19h à 22h30. Menus de 18 € à 40 €. Terrasse.

Située dans une crique à l'est de Saint-Raphaël, dans le quartier de Boulouris, la plage de la Tortue, bien connue des locaux et des vacanciers, a repris ses activités avec de nouveaux exploitants et un intitulé légèrement modifié. Gros point fort en arrivant à destination, il n'y a pas besoin de chercher une place pour vous garer, car un voiturier prend en charge votre véhicule. Sur la terrasse ou les pieds dans le sable, le chef grec vous entraîne dans un voyage gourmand afin de vous faire découvrir la cuisine de son pays, ses produits et quelques spécialités.

LA TABLE €€

47, rue Thiers
✆ 04 94 53 93 35
www.latablerestaurant.fr
Ouvert toute l'année. Formule du midi : 16,50 €. Plat du jour 12 €. Carte : 40 € environ. Terrasse en juillet et août.

Ce bistrot/cave à vins est conçu dans l'air du temps, avec sa longue table en bois d'un seul tenant et ses larges bancs, ses cinq tables hautes, ses murs blancs rehaussés de casiers rouges remplis de bouteilles de vins. Le chef propose une cuisine traditionnelle, une carte courte sur ardoise de spécialités françaises et asiatiques, avec des plats simples mais bons, nems de thon mi-cuit et salade, côte de bœuf 500 g et frites maison, magret de canard entier, purée et ratatouille, filet de daurade royale et risotto aux asperges, tiramisu de La table…

LE BOUGAINVILLIER €€€

1792, route de la Corniche
✆ 04 94 83 02 42
www.villa-mauresque.com
Ouvert du 1er mars au début novembre. Menu 45 €, le midi. Déjeuner samedi et dimanche et dîner menu 95 € et 125 €.

Rien que la vue sur la mer qui vous est offerte sur la terrasse du restaurant gastronomique de l'hôtel La villa mauresque, vaut le déplacement. Le chef apporte sa maîtrise technique, sublime les goûts et dresse des assiettes élégantes. La cuisine est méditerranéenne, les produits d'origine locale, de saison et de qualité sont privilégiés, les saveurs transalpines apparaissent en filigrane, risotto à la noisette du Piémont, crème de cèpes et gambas grillées, raviole ouverte au homard, émulsion crustacés, filet de bar de ligne…

LA TERRASSE €€€

90, boulevard de la 36e-Division-du-Texas
✆ 04 89 81 40 60
www.hotellesrochesrouges.com/fr/hotel/restaurants

Fermé d´octobre à mai. 1 étoile Michelin. Terrasse. Voiturier. Parking.

Le restaurant de l'hôtel Les Roches Rouges, auréolé d'une étoile au guide Michelin, offre une cuisine locale inventive, où le chef José Bailly travaille avec imagination les produits de la mer et du jardin, déclinés dans une carte inspirée des pages de *La Cuisine provençale de tradition populaire* de René Jouveau. Le second restaurant de l'hôtel, La Plage, propose, midi et soir, des saveurs provençales de saison, toutes issues de producteurs locaux. Une cuisine évocatrice, simple et conviviale, servie comme à la maison, dans de grands plats à partager.

LE PROVENÇAL

95, boulevard Félix-Martin ✆ 04 94 95 04 26
www.le-provencal.net

Ouvert toute l'année du mardi au samedi. Le Provençal café est ouvert du mardi au samedi de 8h45 à 18h. Formule du midi

Cette pâtisserie confiserie alsacienne, créée en 1928, connue pour le choix et la qualité des douceurs proposées, macarons, calissons de Provence, nougat, miel, pains d'épice, fruits confits... mais aussi toute une gamme de spécialités provençales salées, tapenade, anchoïade, sardinade..., s'est adjoint un café, dont la terrasse, avec transats, s'ouvre sur la place Coullet, véritable bar à gourmandises sucrées et salées, pour petites faims et à dévorer sur le pouce. La formule du midi propose du salé, du sucré, une boisson et un café pour un prix alléchant !

CALDERON

27, boulevard Félix-Martin
✆ 04 94 51 05 36
www.calderon-chocolatier.com

2 boutiques. Ouvert du lundi au samedi de 9h à 19h ; le dimanche de 9h à 18h30.

En plein cœur de la ville, dans une rue très commerçante, pour mieux servir les gourmands, cette pâtisserie-chocolaterie très design vend de délicieux macarons et des petits gâteaux traditionnels, opéra, Paris-Brest, saint-Honoré, savarin aux fruits, tartelette au citron, Trianon..., des ganaches au miel, à la lavande, au citron, au thé, au café, au caramel, à la framboise, au fruit de la passion, au lait…, des glaces. Et pour multiplier les plaisirs gourmands, une seconde adresse vous attend, au 89, place de la mairie, du mardi au samedi et le dimanche matin.

L'USINE CONCEPT STORE

260, avenue du Grand Defends
✆ 04 94 40 13 06
www.lusineconceptstore.com/

Ouvert toute l'année. Restauration. Animations. Concerts.

À proximité du centre ville de Saint-Raphaël, cet endroit chaleureux rassemble des univers divers mais complémentaires, le tout dans une ambiance garage vintage. On y vient déjeuner le midi pour son menu unique « retour du marché » et en soirée pour boire un verre ou manger un morceau, écouter de la musique et faire la fête entre amis, les week-ends ou après le boulot, le tout dans un cadre convivial et agréable. C'est également des boutiques sympas, un barbier-coiffeur et même un atelier de préparation de motos ! Bref, un lieu original à découvrir absolument.

LA CHOCOLATERIE DU ROCHER

70, rue Charles Gounod
✆ 04 94 40 40 09
www.lachocolateriedurocher.fr

Fermé du 20 janvier au 10 février. Ouvert du lundi au samedi.

Ce chocolatier, déjà installé à Roquebrune-sur-Argens, a ouvert un nouvel établissement dans le centre-ville de Saint-Raphaël. Il fabrique lui-même et commercialise de nombreuses confiseries, à commencer par des nougats et de succulents chocolats, dont la spécialité locale, le rocher de Roquebrune, nougat entouré de chocolat légèrement parfumé à l'orange. La chocolaterie propose également un bar à chocolat, avec plein de recettes de chocolat à boire chaud ou froid durant toute l'année.

CAVE JOCELYN DESBANDS

100, boulevard du Cerceron
✆ 09 67 20 05 26

Ouvert toute l'année du lundi au samedi. Expert caviste. Dégustation en boutique. Vieux millésimes. Alcools rares.

Ancien sommelier, puis directeur de restaurant, Jocelyn Desbands connaît bien le monde de la gastronomie et du vin. Installé à son compte depuis le printemps 2012, après 13 années à la tête de la boutique Nicolas de Saint-Raphaël, il propose une gamme de produits soigneusement sélectionnés accompagnés d'un conseil personnalisé. Son expertise se traduit par une recherche permanente de produits nichés, découverts lors de voyages à la rencontre de vignerons atypiques et réputés. Il organise également de nombreuses soirées autour du vin.

DOMAINE TERRES DESTEL

Rue Jean-Rostand

✆ 04 94 82 46 80

www.terresdestel.com

Ouvert du lundi au samedi. D'octobre à fin avril le caveau est ouvert uniquement sur rendez-vous.

Ce vignoble de 12 hectares, au-delà d'être l'unique domaine sur la commune de Saint-Raphaël, est un pur joyau, d'une beauté sans pareille et d'une vue à couper le souffle, surplombant la mer et le massif de l'Estérel. Ici, le sol est constitué d'une roche volcanique rouge et friable qui apporte finesse, originalité et minéralité aux cuvées produites, Ce terroir unique, subtile synergie entre sol volcanique et air marin, permet non seulement une culture raisonnée limitant les traitements, mais en plus donne toute sa typicité au vin du domaine Terres Destel.

MARCHÉS

- **Marchés alimentaires.** Tous les matins sauf lundi : vieille ville, place de la République et place Victor-Hugo
- **Marchés forains.** Lundi matin à Boulouris, esplanade Saint-Jean. Mercredi matin Agay, place Giannetti
- **Brocante.** Tous les mardis, centre-ville, place Coullet
- **Marchés artisanaux.** Tous les dimanches et jours fériés, sur le vieux port. Tous les mercredis en fin d'après-midi Cap-Estérel
- **Marchés nocturnes artisanaux** en juillet et août. Tous les soirs sur le bord de mer Saint-Raphaël. Samedis et dimanches soirs, bord de mer Agay

CENTRE DE PLONGÉE ÎLE D'OR

986, boulevard 36e-Division-du-Texas - D559

✆ 04 94 82 73 67

http://dive.fr/

Ouvert toute l'année. Haute saison : tous les jours de 8h à 20h. Plongées de 30 € à 45 € suivant le niveau.

Pierre Rambow, avec bientôt une trentaine d'années d'expérience, et son équipe, vous emmèneront découvrir des sites exceptionnels, les fonds marins autour de l'île d'Or jusqu'au Lion de Mer, notamment des épaves des péniches d'Anthéor ou du sous-marin Rubis. Le centre, situé sur le camping Campéole, ouvert dorénavant à l'année, est également accessible aux plongeurs non-résidents, qui pourront apprécier la diversité animale et la beauté des paysages.

CLUB SOUS L'EAU

101, quai Commandant-Le-Prieur

✆ 04 94 95 90 33

www.clubsousleau.fr

Ouvert toute l'année tous les jours. Moniteurs diplômés d'État. Matériel de plongée en location ou à la vente. Parking.

Toute l'équipe du club vous fera découvrir, du débutant aux plongeurs certifiés, plus de 30 sites de plongée de la baie de Saint-Raphaël jusqu'à la réserve d'Agay. Cette école de plongée sous-marine est équipée de 2 bateaux de plongée, d'un vestiaire, d'un magasin, d'une station de gonflage et d'une salle de cours. En juillet et août, tous les 15 jours, vous pourrez partager des moments conviviaux lors d'une plongée de nuit avec un feu d'artifice. Vous pourrez également tester les scooters sous-marins, qui ont déjà fait la joie de nombreux plongeurs.

ESTÉREL AVENTURES

964, boulevard de la 36e division du Texas

✆ 04 94 40 83 83

www.esterel-aventures.com

Ouvert de février à fin-octobre, sur réservation préalable. Jeux d'aventures outdoor à partir de 19 €. Dès 7 ans.

Vivez de nouvelles expériences en pratiquant des activités ludiques originales et inédites, balade en buggy entre terre et mer avec arrêt baignade en saison. Jouez les aventuriers à travers les rallyes style chasse au trésor ou escape game *outdoor*, ou encore le raid inspiré de Pékin express, avec course d'orientation, VTT, kayak et épreuve mystère. Depuis 2019, Estérel Aventures dispose d'une base nautique à Agay (Beach Club, sur la plage de l'Oratoire), et à Montauroux, pour profiter des joies du lac de Saint-Cassien. La promesse de belles expériences !

GOLF BLUE GREEN L'ESTEREL

745, boulevard Darby ✆ 04 94 52 68 30

https://bluegreen.fr/esterel/

Ouvert toute l'année. Green-fee de 71 € à 79 € selon la saison pour le 18-trous. Restauration. Boutique. Parking.

Ouvert depuis 1989, ce parcours très technique 18 trous de 5 585 mètres, ciselé au milieu des pins parasols par Robert Trent Jones Senior, au pied du massif de l'Estérel, bénéficie de jolies pièces d'eau dont le remarquable trou n° 6, le Lac des Dames, mais également de doglegs, de bunkers et de greens contrariés. Le golf Académie, parcours de 9 trous de 1 456 mètres, permet aux jeunes pratiquants de s'initier. Une halte s'impose au restaurant après votre partie de golf.

GOLF ET TENNIS CLUB DE VALESCURE

725, avenue des Golfs ✆ 04 94 82 40 46
www.golfdevalescure.com
Ouvert toute l'année, tous les jours de 8h à 18h et 19h en haute saison. Parcours 18 trous. Hôtel. 10 cours de tennis.

Créé en 1895 par des aristocrates britanniques, le golf de Valescure est le parcours le plus ancien du Var. D'une longueur de 5 019 mètres, sa conception présente la particularité d'offrir plusieurs trous relativement courts, ce qui peut le faire paraître facile à négocier. L'impression est trompeuse car, en fait, l'étroitesse des fairways, des roughs difficiles, de nombreux obstacles d'eau et des greens plutôt petits, sont autant d'éléments qui imposent une réflexion permanente.

CASINO BARRIÈRE DE SAINT-RAPHAËL

Square de Gand
✆ 04 98 11 17 77
www.casinosbarriere.com/fr/saint-raphael.html
Jeux de table, ouvert tous les jours. 175 machines à sous. Café Barrière. Pièce d'identité pour accès aux salles de jeux

Le Grand Casino, construit en 1881 mais maintes fois modernisé et rénové depuis, a su conserver le charme inaltérable de son époque. Il propose tous les soirs l'enfilade de ses salons de jeux classiques avec la roulette anglaise, la boule, le black-jack, les machines à sous, son ambiance feutrée, son univers de fièvre et de recueillement autour des tapis verts, tous les ingrédients pour passer une bonne soirée au bar ou au jeu pour décrocher peut-être le jackpot.

AGAY

Cette petite station balnéaire et quartier de Saint-Raphaël, s'enorgueillit d'une merveilleuse rade enserrée entre les pointes du cap Dramont et de la Baumette, avec les superbes falaises de porphyre rouge du Rastel d'Agay en arrière-plan. Cette baie protégée, appréciée des bateaux au mouillage, offre également plusieurs plages de sable. Autrefois, ce refuge naturel constituait un port militaire romain d'une grande importance stratégique, très abrité, donc apprécié des navigateurs. Cette rade fut prisée par de nombreux artistes notamment l'écrivain Albert Cohen, qui y a situé une partie de l'action de son roman « Belle du Seigneur ».

DÉCOUVERTE DE L'ESTÉREL

281, rue du 11-Novembre-1943
✆ 06 10 39 77 85
www.decouvertedelesterel.com
Ouvert toute l'année, tous les jours de 9h à 18h et de 9h à 21h en haute saison.

Joseph, partenaire de l'Office national des Forêts, et Yoann vous proposent une découverte originale de la forêt de l'Estérel. À bord de leurs véhicules, sur des routes forestières, leur objectif est de vous faire découvrir ce magnifique massif en apportant une information sur sa faune, sa flore, ses légendes et son historique. Vous pourrez, entre autres, admirer la grotte de la Sainte-Baume, le pic d'Aurelle, le pic de l'Ours, le mont Vinaigre, le lac du Grenouillet... En fin de balade, une dégustation de produits du terroir vous sera offerte.

AZUR RIVAGE €€

1785, boulevard des Lucioles - **ANTHÉOR**
✆ 04 94 44 83 12
www.camping-azur-rivage.com
Ouvert de fin avril à fin septembre. 25 emplacements. 52 mobile homes de 280 € à 1 162 € la semaine. Restaurant.

Ce camping familial se situe à 30 mètres de la plage d'Anthéor et des calanques, dans un site ombragé, au pied des roches rouges de l'Estérel, face à la mer. Un restaurant-pizzeria-brasserie et une alimentation libre-service complètent l'ensemble. Durant tout le mois de juillet et tout le mois d'août, en plus de pouvoir bénéficier de la piscine, des jeux et des animations sont proposés quotidiennement, à l'extérieur comme à l'intérieur. À pied ou en VTT, vous pouvez découvrir les splendeurs du massif de l'Estérel et des vues magnifiques sur la Méditerranée.

CAMPING LA VALLÉE DU PARADIS**** €€

995, avenue du Gratadis ✆ 04 94 82 16 00
http://camping-vallee-du-paradis.fr
Ouvert du 2 avril au 1er novembre 2021. 183 emplacements mobil-homes 47 € à 247 € la nuit selon saison. Restauration.

Idéalement situé le long de la rivière l'Agay, à 500 mètres de la plage et des loisirs nautiques et à quelques foulées du massif de l'Estérel, ce petit camping village, composé uniquement de mobile-homes, dispose d'un parc aquatique de 550 m² avec une pataugeoire, des cascades, un bain bouillonnant, des toboggans et une rivière sauvage chauffée de 40 mètres avec un courant rapide, d'un restaurant snack et d'une épicerie. De nombreuses animations sont organisées en juillet et août.

LES FLOTS BLEUS*** €€

83, route Saint-Barthélémy - **ANTHÉOR**
✆ 04 94 44 80 21
www.hotel-flots-bleus.com
Ouvert 1er avril au 1er octobre. 17 chambres doubles 86 € à 118 €. Formule ½ pension ou pension complète. Restaurant.

Les chambres à thèmes, imaginées et décorées par Carole d'Agostino, sont très agréables. Avec climatisation et terrasse privée, elles donnent directement sur la baie d'Anthéor et la plage située en contrebas. Au restaurant, dans sa salle avec vue panoramique ou sur la terrasse à l'ombre des platanes, vous apprécierez la cuisine moderne, originale, essentiellement méditerranéenne, aux étonnantes saveurs et multiples couleurs, carpaccio de poulpe, espuma tomate séchée, crumble de filet de dorade au basilic, tarte au citron meringuée, sorbet maison...

LOU GROUMANDIGE €€

234, rue François-Mauriac
✆ 06 28 69 74 09
Ouvert toute l'année. 2 chambres non fumeur, pour 4 personnes en 1 seule réservation, 1 seul et même client à la fois.

À quelques minutes des plages de sable d'Agay, cette maison d'hôtes, blottie dans une résidence de prestige, bénéficie d'une vue époustouflante sur l'Estérel. Son concept, qui est de n'accueillir qu'un seul client à la fois, soit 2 personnes soit 3 ou 4 personnes (amis, grands enfants), assure votre tranquillité, avec un accès indépendant, terrasse et un jardin entièrement équipés et dédiés à votre espace de vie. Les sportifs seront comblés avec les nombreuses randonnées possibles dans l'Estérel, à pied ou en VTT, les plaisirs nautiques en Méditerranée.

LE RELAIS D'AGAY*** €€

Boulevard de la Plage
✆ 04 94 82 78 20
www.relaisdagay.com
Ouvert mi-avril à mi-octobre. 34 chambres de 62 € à 170 €. Parking 6 € par jour, privé, fermé la nuit.

Érigé en plein centre de la baie d'Agay, cet hôtel de charme, dont les chambres sont réparties dans deux bâtiments différents, propose deux ambiances distinctes : les Acacias, avec des chambres climatisées à l'esprit bord de mer, situées à 5 mètres de la plage de sable fin ; et les Platanes, aux chambres modernes et fonctionnelles. La plupart des chambres disposent d'un balcon avec vue sur la mer. L'hôtel suggère également deux restaurants partenaires, Côté jardin et le snack-bar La belle vie, situés à proximité de l'établissement.

AUBERGE DE LA RADE €€

356, boulevard de la Plage
✆ 04 94 82 00 37
Ouvert tous les jours en saison. Restauration en continu à partir de mai. Plat du jour 14,50 €. Terrasse. Bar à vins.

Sur la plage privée, les pieds dans le sable, face à la baie d'Agay, le chef propose une cuisine de qualité, traditionnelle et familiale. Dans une ambiance conviviale, dégustez des coquillages et crustacés, appréciez la marmite du pêcheur, la noix d'entrecôte Angus d'Aberdeen grillée ou laissez-vous tenter par les plats du jour, paella, bourride façon provençale, couscous viande, choucroute de la mer, sardines grillées, choucroute de la mer. Dans l'espace bar à vin, dégustez, au verre, une sélection de vins conservés sous azote.

CÔTÉ JARDIN €€

Angle rue du 11-Novembre 1943 et avenue du Gratadis ✆ 04 94 40 46 75
www.cote-jardin-agay.com
Ouvert de mars à octobre. Formule du midi : 17 €. Menus de 29 € à 36 €. Carte : 40 € environ. Terrasse. Parking.

L'équipe du restaurant vous reçoit pour déjeuner ou dîner, soit sur la terrasse, soit dans la salle intérieure climatisée. Le chef, qui module sa carte et ses menus en fonction des saisons, travaille une cuisine à l'identité régionale, basée sur les produits de la mer, qui arrivent notamment du petit port du Poussaï au Dramont, assiette du pêcheur, cocotte de Saint-Jacques, pâtes fraîches aux fruits de mer, mais également de la viande avec un filet de bœuf grillé façon Rossini et pour clôturer votre repas, des pâtisseries faites maison.

MAOBI PLAGE €€

124, boulevard de la Plage
✆ 04 94 44 18 08
Ouvert de mi-avril à fin septembre. Ouvert tous les jours le midi et le soir. Grandes salades de 16 € à 19,50 €. Plage.

Avec ses parasols et son bar style paillote, le Maobi apporte un air d'exotisme agréable. Que ce soit pour se prélasser sur les transats, pour boire un verre ou pour se restaurer, on se sent bien, tout simplement. Les prix sont plutôt corrects pour le coin, et la cuisine, traditionnelle, à dominance méditerranéenne, est soignée et consistante. On se restaure de poissons et viandes grillés, salades composées, desserts maison, coupes de glace… avant de rejoindre la plage privée et ses matelas installés sur le sable, face à la mer.

PASSPORT

L'AIRE TOULONNAISE

L'aire toulonnaise est une destination qui a la « côte » depuis quelques années, marquée par le retour en grâce de Toulon. La ville, toujours en réhabilitation, a de nombreux atouts : côté ville (monuments historiques, musées, bar et restaurant) et côté mer (plages du Mourillon, anse Méjan, rade, port militaire...). Aux alentours, deux communes se distinguent par leur attractivité touristique forte : le Pradet et Carqueiranne. Les deux stations balnéaires vous offriront calme et repos avec de magnifiques sites face à la méditerranée. Avec plusieurs zones commerciales d'envergures, la destination permet de se divertir en dehors des activités nautiques. L'Avenue 83 (à ciel ouvert) à La Valette-du-Var en est l'illustration avec de nombreuses boutiques, restaurants et un cinéma dernière génération. On apprécie tout autant la quiétude de la ville du Revest-les-eaux et l'esprit pittoresque de la Garde avec son château.

L'aire toulonnaise
LE REVEST-LES-EAUX
Le Logis Neuf de Solliès-Ville
Solliès-Ville
Chemin de Sauvebonne
Route de Maraval
Rte. d. la Crau
Rte. de Pierrefeu
Pierrefeu
LA CRAU
Rte. d'Hyères
LA VALETTE-DU-VAR
Corn. Marius Escartefigue
Av. J. Louis Ortolan
Avenue Col. Picot
TOULON
LA GARDE
Avenue de la Résistance
LE PRADET
La Bayorre
Hyères les Palmiers
La Moutonne
Mont des Oiseaux
Parc National de Port-Cros
CARQUEIRANNE
Petite Rade
Grande Rade
Baie de la Garonne
La Garonne
Sainte-Baume
Av. d. l'Aérop
D662
D846
D62
262
D46
D446
D97
A57
D29
D58
D12
D98
A570
D554
D76
D276
D559
D42
A50

Le Pradet.

PASSEPORT

TOULON

© LRPHOTOGRAPHIES/ISTOCKPHOTO.COM

Ce port méditerranéen, capitale du département du Var, est une destination qui ne manque ni de charme ni de dynamisme. Côté mer ou côté ville (avec votre guide touristique dans la poche), c'est la même attractivité. Si la rade et son port attirent de nombreux touristes, le centre-ville est également très visité avec ses monuments historiques et ses nombreux musées. Pour le reste, les plages invitent à tous les plaisirs balnéaires et nautiques. Les plages du Mourillon, faciles d'accès, sont les plus populaires. Plus secrètes, les anses Méjean et Magaud sont typiques des côtes méditerranéennes avec leurs criques, leurs falaises et leurs pins parasols. Emportez votre guide touristique et vous ne manquerez pas les nombreux marchés de la ville aux stands pleins de fraîcheur, fleurs, fruits, légumes et poissons confondus. Incontournable : le téléphérique rouge du mont Faron avec une vue splendide sur la Méditerranée.

SE REPÉRER SE DÉPLACER

Comme dans toutes les grandes villes de France, la circulation à Toulon peut parfois s'avérer compliquée. Les heures de pointe sont malheureusement difficiles à jauger, fluctuantes en fonction des saisons. Rassurez-vous, plusieurs solutions s'offrent à vous pour vous déplacer à Toulon et aux alentours, la plus prisée des locaux restant la voiture individuelle. La ville a la particularité d'être tout en long, coincée entre mer et montagne. Les embouteillages aux entrées de la ville, côté est et côté ouest, sont fréquents, même si le tunnel de Toulon a depuis quelques années amélioré les choses. Pour plus de sérénité, optez pour le réseau de bus et bateaux-bus Mistral. Il vous permettra, via une application, de vous déplacer sur la terre, sur la mer (liaison vers Saint-Mandrier, Porquerolles...) et même dans les airs (avec le téléphérique du mont Faron). Et surtout, ne laissez pas quelques ralentissements gâcher votre séjour.

GARE SNCF

Boulevard de Tessé
✆ 36 35 034
www.voyages-sncf.com
Dépose-minute. Wi-fi. Auto-train. Locations voitures. Parking. Gare routière accolée.

C'est une gare flambant neuve qui vous accueille dorénavant à Toulon ! Outre la rénovation du plafond historique, la surface du hall de la gare a été agrandie, passant de 380 à 630 m². Vous pouvez désormais stationner votre véhicule dans un nouveau parking d'une capacité de plus de 200 places sur deux niveaux, ou bien au dépose-minute. Bordé d'oliviers, le parvis permet un accès simplifié aux gares ferroviaire et routière. Espace de vente, commerces et espaces d'attente intérieurs et extérieurs sont autant de services qui amélioreront votre voyage.

PORTS DE TOULON - VIEILLE DARSE

Quai du Petit Rang
✆ 04 94 42 27 65
www.portdetoulon.com
600 Postes à flots. Longueur maximum : 55 mètres. Tirant d'eau : 7 mètres.

Toulon dispose en tout de six ports de plaisance : Toulon Vieille Darse, Toulon Darse Nord, La Seyne-sur-Mer, Saint-Mandrier, Saint-Louis du Mourillon et port du Niel. Au total, plus de 2000 postes à flot, réservés aux bateaux de plaisance à voile et à moteur. Le port de Toulon Vieille Darse est situé au cœur de la ville, ce qui offre un accès immédiat aux commerces et aux infrastructures de la ville, situés à quelques minutes seulement des quais.

CORSICA FERRIES

2, avenue de l'Infanterie-Maritime
✆ 04 94 41 11 89
www.corsicaferries.com
Lignes vers la Corse, la Sicile, la Sardaigne et les Baléares. Chèque Vacances.

C'est le principal transporteur maritime qui assure près de 71 % des trafics avec près de 3 millions de passagers transportés. Depuis le port de Toulon, embarquez pour la Corse (Ajaccio, Bastia, Île-Rousse ou Porto Vecchio), la Sicile (Trapani), la Sardaigne (Golfo Aranci ou Porto Torres) ou encore les Baléares (Alcúdia à Majorque, et Minorque). Préférez un voyage de nuit en cabine pour optimiser votre temps de séjour sur place ! La compagnie applique une politique tarifaire agressive avec des offres alléchantes si l'on prend son billet bien à l'avance.

SIXT TOULON GARE

Place de l'Europe
✆ 04 22 07 00 47
www.sixt.fr
Ouvert du lundi au dimanche. Retour 24h/24.

Louer son véhicule pour visiter Toulon et ses alentours est possible dans l'une des antennes du fameux organisme de location. Berline, 4x4, minibus, cabriolet, monospace, break : pensez à réserver tôt en haute saison ! Renseignements par téléphone et devis possibles depuis le site Internet de l'agence. Un groupe très sérieux qui a largement fait ses preuves sur le territoire français comme à l'international. Sixt cumule les bons points : qualité de service, véhicule irréprochable, accueil souriant et disponibilité dans les agences...

À VOIR / À FAIRE

Toulon, la mal-aimée, tient sa revanche ! Le port militaire a connu sa révolution depuis une quinzaine d'année avec de nombreuses réhabilitations qui redonnent un coup de projecteur sur cette belle destination du sud-est de la France. La rade reste une attraction très prisée. Montez à bord d'un bateau d'excursion et laissez vous conter l'histoire de la ville. Moins connue, l'activité culturelle avec le Musée d'art de Toulon, le Musée national de la Marine, le Musée d'histoire de Toulon et de sa région ou encore la Maison de la photographie. On peut encore citer le Musée des Arts asiatiques et le Mémorial du débarquement. S'ajoute une vie culturelle autour de l'opéra, du théâtre, des concerts et autres spectacles vivants. Empruntez le petit train touristique des plages et du port, traversez la rade en bateau-bus ou embarquez pour une croisière qui relie l'île de Porquerolles. N'oubliez pas le sentier des douaniers, une petite merveille !

LES BATELIERS DE LA RADE

Quai Cronstadt
✆ 04 94 46 24 65
www.lesbateliersdelarade.com
Ouvert d'avril à fin octobre. Gratuit jusqu'à 4 ans. Visite de la rade : adulte 15 €, enfant jusqu'à 10 ans 10 €.

Créés en 1974 par le Monsieur Gonzales (Père), les Bateliers de la Rade de Toulon font partie des trois organismes proposant des excursions en bateau à la découverte de la rade et du port de Toulon. Entre mai et septembre, et en période de vacances scolaires toute l'année, un second bateau assure des rotations depuis Toulon ou Saint-Mandrier (billet vendu à l'Office de tourisme) vers les îles de Porquerolles et Port-Cros. Une balade agréable sur un bateau bien entretenu, qui vous permettra de profiter de l'air marin avant de fouler le sol des îles d'Or.

PETITS TRAINS DE TOULON

119, quai Cronstadt ✆ 06 20 77 44 43
www.traintoulon.com
Fermé de novembre à mars. Adulte : 7,50 €. Enfant (de 3 à 11 ans) : 4 €. Visites commentées de 45 à 50 minutes.

Rien de tel qu'un petit train pour découvrir une ville en douceur, son histoire, et apprendre des anecdotes sur les lieux et personnages, sans oublier les petits morceaux de musique d'époque. Le premier circuit, « City Tour », vous mène durant 50 minutes dans des lieux emblématiques de la ville tels que le stade Mayol, le port marchand et de plaisance, l'arsenal du Mourillon, la corniche du Mourillon, la place d'Armes, le boulevard de Strasbourg ou encore la Tour Carrée. Possibilité de descendre jusqu'aux plages du Mourillon et de remonter en centre-ville.

LE CIRCUIT DES FONTAINES ★

Place Louis-Blanc (en bas du cours Lafayette)
✆ 04 94 18 53 00
www.toulontourisme.com
Tarif unique : 11 € et gratuit pour les moins de 12 ans accompagnés d'un adulte. Réservation obligatoire.

Si vous désirez découvrir le circuit des fontaines dans une visite guidée et commentée, aucun problème : l'office de tourisme (en bas du cours Lafayette) vous mènera dans le centre ancien pour les découvrir. Cette visite guidée vous charmera et vous permettra de découvrir les lieux aux XVIIIe et XIXe siècles, quand la présence des fontaines valut à Toulon le surnom de « Ville des Fontaines » : fontaine-buffet, fontaine-chandelier ou encore fontaine-lavoir, elles sont un témoignage de l'histoire de l'art toulonnais. Fraîcheur assurée en été !

TOULON INSOLITE

Visites guidées sur Toulon, Aix-en-Provence, Marseille et Sanary ✆ 06 07 32 10 31
www.provence-insolite.org
Horaires et planning sur demande à l'office de tourisme. Réservation obligatoire. Adulte : 10 €. Visite guidée.

Découvrir ou redécouvrir Toulon accompagné du conteur de rue Jean-Pierre Cassely est la garantie de percer quelques secrets de la ville avec humour et talent. Au menu des anecdotes culturelles, l'évocation du bagne, de Pierre Puget, une dégustation de cade, l'une des spécialités de Toulon, à base de farine de pois chiches. Vous allez tout savoir de l'histoire du quartier Chicago et de la place du Pavé d'Amour, où les prostituées attendaient les marins. Jean-Pierre Cassely anime également des visites guidées insolites à Aix-en-Provence, Marseille et Sanary.

CATHÉDRALE NOTRE-DAME-DE-LA-SEDS ★

55, place de la Cathédrale
✆ 04 94 92 28 91
Ouverte tous les jours. Horaires variables : se renseigner. Illuminée en soirée.

Depuis le Ve siècle, plusieurs églises ont successivement été érigées à son emplacement. Devenue cathédrale romane au XIe siècle, elle présente aujourd'hui un mélange intéressant de styles, du classique au baroque. Particularité sans doute unique, la nouvelle église a été construite à angle droit par rapport à la précédente. Elle est surmontée d'un splendide campanile provençal en fer forgé. L'intérieur conserve une unité gothique. La cathédrale est classée aux monuments historiques.

COURS LAFAYETTE ★

Restauration. Boutique. Animations. Marché

Le cours Lafayette était surnommé « le pavé d'amour », car ici les gens venaient se conter fleurette. Il accueille du mardi au dimanche l'un des plus célèbres marchés de Provence, qui inspira à Gilbert Bécaud (toulonnais lui aussi) l'une de ses plus célèbres chansons. Tout un petit peuple vit intensément, s'interpelle, commente les nouvelles du jour. Son avantage, c'est qu'il est piétonnier ! Vous trouverez tout le long du cours des boutiques de toute sorte. Sur le bas, découvrez l'architecture baroque de l'église Saint-François de Paule.

HOMMAGE À RAIMU

Place Raimu, rue Racine, place des Trois-Dauphins et place du Théâtre (opéra)

Illustre Toulonnais parmi les Toulonnais, Jules Auguste Muraire dit Raimu méritait bien qu'on lui dédie plusieurs lieux ! Né le 18 décembre 1883 au 6 de la rue Anatole-France, Raimu était un artiste incroyable. Vous découvrirez son buste sur la place des Trois-Dauphins, une peinture murale en couleur où il est attablé avec son ami, dédiée « à Fanny » sur la place de l'Opéra. Dans la rue Racine, sa sculpture en pied est accolée à l'opéra. Sur la place Jules-Raimu, la superbe sculpture de bronze représente la célèbre partie de cartes !

HÔTEL DES ARTS ★

236, boulevard du Général-Leclerc
✆ 04 94 91 69 18
Ouvert tous les jours de 10h à 18h sauf le lundi. Gratuit. Accueil enfants. Visite guidée.

L'Hôtel des Arts s'attache à promouvoir l'art moderne, l'art contemporain, l'architecture et les arts numériques, tout en plaçant la culture méditerranéenne au centre. La collection est composée actuellement de prés de 500 œuvres essentiellement en photographie et peinture. Sa vocation est de soutenir la création et la diversité des modes de création artistique à travers des œuvres en gravure, peinture, photographie, installations, sculptures, vidéos... Chaque exposition donne lieu à des ateliers pratiques, inspirés du travail de l'artiste exposé.

JARDIN ALEXANDRE IER

11, rue Revel
Ouvert toute l'année. Gratuit. Petit parc à chiens séparé.

Toujours appelé « Jardin de la Ville » par les locaux, parsemé d'histoires et anecdotes, le jardin Alexandre 1er vient de subir une transformation radicale. Une nouvelle identité, particulièrement réussie, à la hauteur de l'attente et de la durée des travaux. Le jardin Alexandre 1er fait désormais partie intégrante du nouveau quartier de la Créativité et de la Connaissance de Chalucet. Aux habitants et aux touristes de passage, se joignent dans les allées repensées les étudiants des écoles nouvellement installées (Beaux-Arts, les écoles supérieures Kedge et Camondo). On y retrouve également une médiathèque bien fournie, une pépinière d'entreprises et des habitations. Le jardin Alexandre 1er reste un poumon vert de 20 000 m² (5 000 de plus qu'auparavant) avec plus de 300 plantes aquatiques, 350 arbres de différentes espèces (dont une orangeraie) et 5 000 essences méditerranéennes. Prenez le temps de découvrir ses petits trésors, dont son kiosque entièrement restauré (anciennement sur la place d'Armes) ou le bassin aux poissons. Bien que jalonné d'escaliers imposants, il est tout à fait adapté aux personnes à mobilité réduite. Une belle promenade, très agréable, qui va devenir un des incontournables de la ville de Toulon. Pour les plus curieux, des totems explicatifs ont été installés, également des QR code pour une visite augmentée sur le digital. Le jardin Alexandre 1er est ouvert du 1er septembre au 30 juin de 9h à 19h, jusqu'à 21h du 1er juillet au 30 août. L'entrée est totalement libre.

MAISON DE LA PHOTOGRAPHIE ★

Rue Nicolas-Laugier
✆ 04 94 93 07 59
Ouvert du mardi au samedi de 12h à 18h. Gratuit.

Installée dans un ancien hammam, la Maison de la Photographie est une institution muséale du centre ancien de Toulon. Ayant une double vocation, elle constitue d'une part un tremplin pour les artistes régionaux, et présente d'autre part des œuvres qui par leur envergure internationale influencent les différents courants de la photographie.Ce fond, riche de plus de 400 œuvres, possède des pièces de : Robert Doisneau, Walker Evans, Man Ray, Georges Rousse, Jean-Loup Sieff…

MUSEE D'HISTOIRE DE TOULON ET DE SA RÉGION ★

10, rue Saint-Andrieu
✆ 04 94 62 11 07
Ouvert du lundi au samedi de 14h à 18h. Gratuit. Visite guidée (sur rendez-vous au 04 94 62 11 07).

Sous l'impulsion de la « Société des Amis du vieux Toulon », association loi 1901 œuvrant pour la conservation du patrimoine historique de la Préfecture, ce musée conserve œuvres d'art et documents divers relatifs à l'histoire de la ville et de sa région. Au rez-de-chaussée, la salle lumineuse met en exergue plan-relief, carnets de croquis, bustes, peintures et autres aquarelles, tandis que le premier étage accueille une bibliothèque très fournie.

MUSÉE NATIONAL DE LA MARINE ★★

Place Monsenergue
✆ 04 94 02 02 01 - www.musee-marine.fr
Ouvert de 10h à 18h. De juin à août, ouvert tous les jours. Le reste du temps, fermé le mardi. Gratuit jusqu'à 26 ans.

Créé à la fin du Premier Empire, il est installé à l'entrée de la base navale ; l'ancienne porte royale de l'arsenal lui sert d'accès. Il propose de façon pédagogique une histoire humaine et technique accessible à tous. Parmi les incontournables présentées depuis 2010, un espace dédié à Vauban et au tout premier arsenal, le bagne à Toulon, l'alliance franco-russe et les cadeaux diplomatiques, un focus sur la Marine dans la Seconde Guerre mondiale, et enfin la Marine d'aujourd'hui.

OPÉRA - THÉÂTRE MUNICIPAL ★

Place Victor-Hugo
✆ 04 94 93 03 76
www.operadetoulon.fr
Parkings Peiresc, Place d'Armes et Place de la Liberté. Restauration (bar ouvert pendant les entractes).

Le Grand Théâtre de Toulon est inauguré le 1er octobre 1862 et remplace avantageusement l'ancienne Salle de la Comédie, pas encore centenaire (1770) mais très vétuste, exiguë et inconfortable, aux dires de la bonne société toulonnaise ! La construction d'une nouvelle salle est rendue possible par l'agrandissement de la ville, décrété en 1853, et le report de ses remparts plus au nord. Le Grand Théâtre, c'est ainsi qu'il est nommé, est le premier monument (1856-62) érigé dans le nouveau Toulon, dont la superficie est multipliée par trois. Admirablement situé au cœur de la nouvelle ville, le monument possède une façade monumentale ouverte sur une charmante place aménagée dès l'origine à cet effet. L'Opéra se situe le long de l'ex-rue Royale et sa façade, également « historiée » au Nord, habille remarquablement le tout nouveau boulevard Louis-Napoléon de l'époque. L'édifice de style néo-classique, avec ses arcs en plein cintre, ses colonnes grises et roses ainsi que son fronton, possède de nombreux détails intéressants, notamment des frises géométriques d'inspiration byzantine, style orientaliste qui sera très prisé à la fin du siècle. Le bâtiment, conçu par l'architecte Léon Feuchères occupe une surface au sol de 27 x 70 mètres, soit près de 2000 m^2. Il a une infrastructure en pierres maçonnées et poutres métalliques, selon les principes de construction de l'époque. Il est le plus grand opéra de province et est réputé pour la qualité de son acoustique.

PLACE DE LA LIBERTÉ ★

Parking souterrain payant sous la place.

La plus grande et la plus belle place de la ville est occupée en son centre par la magnifique fontaine de la Fédération, construite en 1890, avec son bassin ovale et son ensemble de statues allégoriques, dont la France, casquée, l'épée au côté, tenant les tables des Droits de l'Homme et du Citoyen et élevant la flamme de la liberté, entourée par la Justice et la Force. C'est ici également qu'ont lieu les animations durant les fêtes de Noël, et où vous pourrez assister au spectacle de la crèche animée et contée (payante). L'été quant à lui fait place aux concerts !

LA PROUE DE LA FLORE ★

Place Vatel

Partez à la recherche d'un sculpture insolite dans le centre ville de Toulon. Il s'agit d'une reproduction grandeur nature de la proue de la frédate La Flore, navire royal du XVIIIe siècle, dont la figure originale, qui représente Neptune, dieu romain de la mer, est exposée au Musée National de la Marine. Belle et imposante, adossée à un mur, cette œuvre monumentale offre un ornement magnifique et insolite à la petite place Vatel, perdue au milieu des petites ruelles piétonnières de Toulon, entre la rue Vezzani et le passage des Capucins.

QUAI CRONSTADT - PORT DE TOULON ★

Port de Toulon

Restauration.

Il doit son nom à la visite de la flotte impériale russe en 1898. Entièrement démoli en 1944, il a fait place à des bâtiments des années 1950 peu charmants. Les célèbres *Atlantes* de Pierre Puget soutiennent le balcon de la mairie d'honneur. Le génie de la mer y trône, le regard vers l'horizon. Une statue surnommée l'Amiral de Cuverville. En 2013, une toute nouvelle gare maritime moderne y est installée. On y trouve aussi une multitude de restaurants, bars et boutiques face à la mer.

LA RADE ★★

De nombreux bateliers sur le quai Cronstadt proposent des visites de la rade commentées. Ludique, le circuit comprend l'arsenal militaire et les bâtiments de la Marine nationale, le cimetière marin, dernier mouillage des navires en fin de vie, le port de La Seyne-sur-Mer et les anciens chantiers navals, la corniche balnéaire de Tamaris, la baie du Lazaret et ses parcs à moules, les Sablettes, la presqu'île de Saint-Mandier, la digue, et les fortifications – Eyguillette, Balaguier, Saint-Louis, Napoléon, Lamalgue, tour Royale.

VIEILLE VILLE ★★

Restauration. Boutique. Animations.

▶ **Rue d'Alger.** Peut-être l'artère la plus célèbre de Toulon, tortueuse à souhait, elle descend de la place Puget jusqu'au port et se borde de mille commerces en tout genre : les boutiques franchisées des accros du shopping, des petites boutiques pas chères, sans oublier les bijoux, les bars, les chausseurs... Elle s'entrecoupe d'une multitude de petites ruelles piétonnes, placettes et traverses pour passer d'une rue à l'autre – ouvrez bien vos yeux pour les découvrir ! Elle aboutit sur le port, face à la gare maritime qui dessert en bateau-bus Saint-Mandrier, la Seyne-sur-Mer, les Sablettes et Tamaris. A deux pas sur votre gauche, découvrez la splendide sculpture de bronze du Génie de la Navigation de Louis Daumas.

▶ **Places piétonnes du centre-ville.** La place Puget, où trône la fontaine des Trois-Dauphins – œuvre du sculpteur Chastel –, tellement luxuriante et couverte de mousse, que vous aurez du mal à deviner les fameux dauphins ! La place Saint-Vincent et sa fontaine du XVIIe siècle. La place à l'Huile et la maison des Têtes, ornée de vingt-sept visages aux expressions différentes. Sur la place Raimu, un ensemble de statues de bronze représente la célèbre partie de cartes de César, de Marcel Pagnol, avec Raimu dans son propre rôle.

▶ **Cours Lafayette.** Le cours Lafayette, entièrement piétonnier, était surnommé « le pavé d'amour » car les couples venaient ici se conter fleurette. Il accueille du mardi au dimanche l'un des plus célèbres marchés de Provence, qui inspira à Gilbert Bécaud, né à Toulon, l'une de ses plus célèbres chansons. Vous trouverez tout le long du cours des restaurants, cafés, épiceries et boutiques de toute sorte... Sur la rue Paul Lendrin, surnommée le petit cours, vous dégusterez la meilleure cade de la ville chez Cademan ; ça ne s'invente pas ! Sur le bas du cours, à l'angle de la rue de la République, découvrez l'architecture baroque de l'église Saint-François de Paule, dont la première pierre fut posée en 1744.

▶ **Rue Pierre Sémard, nouvelle rue des arts.** Un air nouveau souffle sur la rue Pierre Sémard ! Inauguré début 2017, cet axe majeur de la vieille ville dévoile depuis un tout nouveau visage. Les galeries d'art et autres ateliers-boutiques d'artistes ont pris possession des lieux : ce petit coin du cœur de Toulon a repris ses lettres de noblesse en devenant un pôle culturel majeur.

▶ **La place de l'Equerre**, attenante, a elle aussi fait peau neuve : elle accueille depuis 2017 un joli panel de cafés, bars, boutiques et restaurants conceptuels, et est régulièrement le théâtre de manifestations culturelles et musicales.

La Fontaine de la Fédération, place de la Liberté.

FORT SAINT-LOUIS ★★

Littoral Frédéric-Mistral

Fermé au public.

Cette tour bâtie en 1692 sur les ordres de Vauban fut tout d'abord nommée « Tour des Vignettes ». Elle était chargée de prévenir toute présence ennemie. Elle connut ses heures de gloire en 1707 lors du siège de Toulon par les navires de la coalition anglo-espagnole, à l'occasion des guerres de succession au trône d'Espagne auquel le roi Louis XIV prétendait. Totalement détruite, elle fut reconstruite dans sa forme initiale et rebaptisée « Fort Saint-Louis ». Son embrasement est célébré le 15 août par un magnifique feu d'artifice.

MUSÉE DES ARTS ASIATIQUES ★

106, boulevard Pelletan

✆ 04 94 36 83 10

Ouvert du mardi au samedi de 12h à 18h. Visites guidées sur rendez-vous. Gratuit.

Dans cette villa ayant appartenu à la famille de Jules Verne sont présentés des objets d'art venus d'Extrême-Orient, du XVIIe au XXe siècle. Des collections acquises en Extrême-Orient, en Inde, au Tibet et dans le Sud-Est asiatique par des collectionneurs (souvent des marins toulonnais), léguées au fil du temps à la ville de Toulon. Dans les étages, les collections permanentes, le rez-de-chaussée est quant à lui réservé aux expositions temporaires et animations.

SENTIER DES DOUANIERS ★★

Balade en famille avec quelques passages délicats. Déconseillé aux enfants en bas âge.

Toulonnais d'adoption ou du cru sont unanimes, le sentier des douaniers est un incontournable pour qui souhaite découvrir Toulon. Il doit son nom à l'administration des Douanes qui l'a créé en 1791 afin d'assurer la surveillance des côtes. Le sentier débute au pied de la Tour Royale et offre une jolie balade (1h30 aller-retour) longeant la mer jusqu'au fort Saint-Louis dans le quartier du Mourillon. Plus loin, la plage de sable de Pipady donne une perspective enjôleuse sur sa longue digue. En passant les petites roches de cette pointe, le chemin mène aux petites criques d'eau azur et cristalline. Un chemin sécurisé contourne la roche pour déboucher sur la plage de la Mitre, et son rocher si caractéristique. Vous découvrirez le petit port du Mourillon et son fort Saint-Louis, ainsi que les nombreuses anses artificielles offrant des plages bordées de palmiers, terrasses et restaurants, et de larges pelouses pour les jeux ou un pique-nique estival. Près de la base nautique débute le sentier du littoral vers le cap Brun et ses anses magiques. Partez de l'anse Tabarly vers l'est, en longeant le bord de mer jusqu'à l'anse Méjean et les criques. Pins, liserons en fleurs, acanthes, cinéraires, centranthes et plantes exogènes colorent votre parcours, et à la Batterie basse, empruntez l'escalier pour descendre parmi les cabanons. Longez le quai et la grève jusqu'à l'anse et le petit port de Méjean, puis l'anse de Magaud : elles sont serties de cabanons de pêcheurs qui vous charmeront ! Vous serez étonné de découvrir un si bel endroit.

LES PLAGES DU MOURILLON ★

Littoral Frédéric-Mistral

www.toulontourisme.com

1 300 places gratuites toute l'année. Label Tourisme & Handicap. Restauration. Base nautique, manège, jeux.

Si les plages du Mourillon ne sont pas les plus belles du littoral varois, elles offrent l'avantage évident de leur proximité avec la ville. À l'exception de la plage du Lido, la seule à être naturelle, toutes ont été aménagées. Ses quatre anses totalisent plus de 7 hectares de plage de sable, 9 hectares de verdure et d'aires de jeux, 1 300 places de parking, une base nautique, des bars, glaciers et restaurants. De quoi pique-niquer à l'ombre des arbres, courir ou faire des sorties en famille ou entre amis. La vue est admirable sur la presqu'île de Saint-Mandrier.

TOUR ROYALE ★

Avenue de la Tour-Royale

✆ 04 94 36 30 18

Ouverte à la visite du public du 1er juillet au 30 septembre. Visites guidées à 10h30 et 15h30. Gratuit jusqu'à 6 ans.

Construite de 1514 à 1524 par l'ingénieur italien Jean-Antoine de la Porta sur l'ordre de Louis XII pour protéger des instrusions ennemies. La « grosse tour » à canons, avec ses 60 mètres de diamètre et ses murs de 7 mètres d'épaisseur, fut le premier ouvrage de défense érigé en bord de rade. Occupée en 1942 par les Allemands, elle a failli être détruite par les bombardements américains. Elle est d'ailleurs classée Monument Historique depuis 1947. Elle est ouverte au public en été seulement, mais consolez-vous avec la balade autour du site et une vue sur la rade.

MÉMORIAL DU DÉBARQUEMENT ET LIBÉRATION DE PROVENCE ★★★

Route communale du Faron
✆ 04 94 88 08 09
Tarif plein : 5 €. Tarif réduit : 2 €. Visite guidée (sous réservation).

Installé dans les locaux d'un ancien fortin militaire, ce mémorial fait partie des neuf hauts lieux de la mémoire nationale du ministère de la Défense. Inauguré par le général de Gaulle le 15 août 1964, sa nouvelle version a été inaugurée par le président de la République le 16 mars 2017. A travers des supports multimédia interactifs, et grâce à de nombreux témoignages de soldats, de résistants et de civils, l'exposition transporte littéralement le visiteur au cœur de l'été 1944.

MUSEUM D'HISTOIRE NATURELLE DE TOULON ET DU VAR ★

737, chemin du Jonquet
✆ 04 83 95 44 30
https://museum.var.fr
Ouvert du mardi au dimanche, de 9h à 17h de décembre à février et de 9h à 18h de mars à novembre. Gratuit.

Après 120 ans en cœur de ville, le Museum d'histoire naturelle de Toulon et du Var a déménagé en 2011 dans le Jardin départemental du Las, dans la Villa Burnett. Aujourd'hui, à travers son exposition permanente et des expositions temporaires, il aborde de façon relativement complète les thèmes de la minéralogie, ou encore de la paléontologie, de la Préhistoire, de la zoologie, de la botanique et aussi de l'ethno-sociologie. Une visite à ne pas rater !

LE MONT FARON ET SON TÉLÉPHÉRIQUE ★★

Boulevard Amiral-Vence ✆ 04 94 92 68 25
https://www.telepherique-faron.fr
Fermeture annuelle de mi-novembre à début février. Aller-retour : 7,80 € par adulte et 5,70 € par enfant (4-10 ans).

La montagne de Toulon ! Il culmine à 584 mètres et son nom vient du provençal « faro », phare. Pour y accéder, vos pieds, une petite route en lacets ou un trajet de 6 minutes à bord du téléphérique. Il propose un trajet mer-montagne unique en France avec une seule équivalence dans le monde à... Rio de Janeiro. Ses cabines rouges ont été renouvelées en 2016. En haut, vous découvrirez bar et restaurants, ainsi que le Mémorial du Débarquement de Provence et une petite chapelle.

LE VALLON DES BONNES HERBES

Classé espace naturel sensible et Natura 2000, au pied du Baou des 4 Oure, entre Toulon et Ollioules. Durée : 2 heures.

À l'ouest de Toulon, le vallon des Bonnes Herbes est un site à découvrir pour les amoureux de pleine nature. Le site a un côté sauvage et verdoyant assez surprenant, puisque non éloigné de la ville. La faune et la flore y sont diversifiées, les panoramas sur la mer et le mont Faron saisissants. Peut-être l'une des plus belles pinèdes de la région. Le lieu est idéal pour les adeptes de la marche nordique. Particulièrement idyllique au printemps avec la floraison de la végétation.

Téléphérique du mont Faron à Toulon.

SE LOGER

L'offre d'hébergement dans la préfecture varoise était jusqu'alors relativement limitée, si bien que la ville peinait à s'imposer comme destination de villégiature. Comme pour le reste, les choses évoluent et la capacité hôtelière s'est récemment développée. Aujourd'hui, que vous séjourniez à Toulon en mode soirée-étape, que vous y envisagiez un séjour touristique, ou que vous y veniez à l'occasion d'un voyage d'affaires, vous trouverez sans mal un établissement pour poser vos valises !

Outre les incontournables Hôtel de la Corniche et Hôtel des Voiles au Mourillon, et le Grand Hôtel Dauphiné en cœur de ville, offrant un style boutique avec roof top et piscine, le cœur de ville a récemment assisté à l'ouverture de deux belles adresses : l'Eautel, un 4-étoiles avec table bistronomique donnant d'un côté sur la place de l'Equerre, et de l'autre sur l'Arsenal ; et l'OKKO Hôtel, 4 étoiles également, situé à deux pas de la Place de la Liberté.

GRAND HÔTEL DE LA GARE*** €€

14, boulevard Tesse
✆ 04 94 24 10 00
www.grandhotelgare.com

The Originals. Accueil 24h/24. 39 chambres. Chambre double à partir de 65 €. Animaux acceptés (7 € par jour). Wifi.

Situé en face de la gare de Toulon, les voyageurs auront donc peu de chemin à faire avec leurs bagages. Les chambres ont été décorées par le photographe et styliste Gil Frechet. Insonorisées et climatisées, elles se déclinent en trois catégories : standard, classique ou supérieure – chambres triples et quadruples sont également disponibles. L'établissement fait partie de The Originals, un groupement d'hôteliers indépendants. Possibilité d'accéder à la piscine du Grand Hôtel Dauphiné (à 5 minutes à pied) tenu par la même famille.

HÔTEL LES VOILES*** €€

124, rue Gubler
✆ 04 94 41 36 23
https://hotel-voiles.com

Ouvert toute l'année. 16 chambres. Chambre double à partir de 70 €. Petit déjeuner : 14 € (buffet). Parking.

Un boutique-hôtel avec des chambres toutes singulières et une décoration inspirée de la course au large La Giraglia. Membre des Hôtels Toulon Bord de Mer, l'établissement est idéalement placé à deux minutes à pied des plages du Mourillon. Au dernier niveau, le toit-terrasse aménagé tombe à point nommé pour déguster son café aux premiers rayons du soleil, pour siroter un cocktail à la tombée du jour, et venir profiter du restaurant éphémère le dimanche soir en été. Accueil frais et souriant. Une excellente adresse dans sa catégorie.

HÔTEL TOULON AMIRAUTÉ*** €€

4, rue Adolphe-Guiol
✆ 04 94 22 19 67
www.hotel-toulon-amiraute.com

Ouvert toute l'année. 58 chambres (à partir de 55 euros). Petit déjeuner buffet : 10 € (servi à partir de 5h30).

Situé non loin de la place de la Liberté, du boulevard de Strasbourg et de la gare SNCF, l'hôtel a été entièrement rénové et avec goût en 2017. Tout beau, tout neuf, avec une décoration bien pensée, il offre une qualité d'accueil et de confort tout à fait remarquable pour les prix pratiqués. Dans un immeuble haussmannien, avec une belle hauteur sous plafond, place donc aujourd'hui à une déco contemporaine et à des tons modernes. Pour les voyageurs contraints de prendre leur transport tôt, le service petit-déjeuner est disponible à partir de 5h30.

BEST WESTERN PLUS HÔTEL LA CORNICHE**** €€€

17, littoral Frédéric-Mistral ✆ 04 94 41 35 12
www.hotels-toulon-mer.com

Ouvert toute l'année. 29 chambres. Chambre double à partir de 119 €. Parking 9 € (extérieur, privé et sur réservation).

L'hôtel est récemment monté en gamme en devenant Best Western Plus. Très bon rapport qualité-prix pour un établissement face à la mer, avec un service personnalisé et des événements spéciaux toute l'année (soirées cocktails en été et les brunchs du dimanche en hiver). La salle de petit déjeuner offre un superbe panorama sur le port du Mourillon. Bien appréciable également : le charmant patio de l'entrée. Une adresse comme on les aime, à la fois charme et tendance.

SE RÉGALER

A ceux qui craignent de s'attabler «n'importe où» de peur de tomber dans un restaurant «attrape-touristes», rassurez-vous ! Les adresses affairistes à la courte longévité ont nettement diminué à Toulon, au profit d'établissements sérieux, respectueux à la fois de leurs clients et de leurs produits. Du Mourillon au port de plaisance, en passant par le cœur de ville et les incontournables rue des Arts et place de l'Équerre, les jolies tables et restos-concepts se multiplient. D'une manière générale, le quartier du Mourillon reste encore le plus animé pour sortir en soirée. Le cœur de ville, quant à lui, réserve de bien belles surprises aux visiteurs en quête d'adresses atypiques et de placettes provençales pour déjeuner à midi. Enfin sur le port, le Saint-Gabriel, la Magnifica et Gaëtano restent des valeurs sûres, midi et soir ! Alors, bon appétit !

© MIMON - FOTOLIA

Ingrédients pour une soupe au pistou.

L'AROMATE PROVENÇAL €€

32, rue Gimelli
✆ 04 94 29 73 87
www.aromate-provencal.fr
Ouvert du mardi au samedi midi et soir. Menu : 30 €. Plat : 12-17 € à midi et 15-25 € le soir. Plat du jour : 14 €.

Martial Merlino et Pierre Andreini, très impliqués dans le véritable fait maison, dorlotent leurs invités avec une cuisine provençale bien mitonnée. Au gré d'une carte renouvelée chaque saison, on y déguste une cuisine traditionnelle et méditerranéenne, avec des spécialités telles que les farcis provençaux (incontournables !), la souris d'agneau confite et sa polenta crémeuse au parmesan, le Saint-Marcelin au piment d'Espelette et sa confiture d'olives noires, ou encore le loup en croûte de sel. À (re) découvrir d'urgence, été comme hiver !

LE BARON PERCHÉ €

3, rue de la poissonnerie
✆ 09 87 71 89 72
Ouvert tous les jours, midi et soir à partir du mois de mai. Réservation recommandée. Carte : 20 € environ. Terrasse.

Le Baron Perché... de Toulon (à ne pas confondre avec celui de la ville de Marseille) est à découvrir sans attendre sur la jolie place de la poissonnerie. Une équipe d'expert à la direction, une déco soignée avec du meuble chiné en veux-tu en voilà et surtout de la bonne cuisine. Le marché du cours Lafayette étant à quelques pas, inutile de vous indiquer où se situe le garde manger du resto ! Mentions spéciales (au pluriel) pour la daube de poulpe, le couscous, le pot-au-feu et les gnocchis à la truffe, signe de nos multiples visites.

LE BISTROK €€

19, rue Picot
✆ 06 23 53 65 71
www.lebistrok.com
Ouvert du lundi au samedi le midi ; du jeudi au samedi le soir. Plats de 15 à 20 € en moyenne. Chèques non acceptés.

Guillaume et Yohann mettent du cœur à l'ouvrage pour régaler leurs convives ! En pénétrant au Bistrok, c'est d'abord la déco qui nous a séduits : un style industriel où tous les meubles et objets sont à vendre ! On déguste ici une cuisine française aux saveurs du monde, mitonnée avec 100 % de produits frais et à peu près autant d'amour. À la carte notamment, foie gras au gingembre infusé au merlot ; bao burger de Chateaubriand dans son pain coréen parfumé à la noix de coco ; banoffee à la banane. Une adresse toujours aussi séduisante.

CARRÉ 2 VIGNE €€

14, rue de Pomet
✆ 04 94 92 98 21
www.carre2vigne.com
Fermé de juillet à la mi août. Ouvert du mardi au samedi le midi et le soir. Fermé les jours fériés.

Saison après saison, Julien Bazzano et son épouse Céline régalent leurs clients avec tous les codes du « grand » restaurant. Vaisselle fine (superbes couteaux du coutelier varois le Foyer Ardent), sélection pertinente des vins, service impeccable et assiette sans faute de l'amuse-bouche aux mignardises. Le rapport qualité-prix du menu Carignan en 6 services est incroyable. Au Carré de Vigne, vous déjeunerez ou dînerez dans la salle principale ou au sous-sol dans une ambiance cave voûtée, mais repartirez avec des étoiles dans les yeux.

L'ÉTOILE DE L'INDE €€

3, rue Dumont-Durville
✆ 04 94 89 29 68
www.restaurant-indien.net
Ouvert toute l'année. Du lundi au samedi de 12h à 14h et de 19h à 23h30 ; le dimanche de 19h à 23h30.

Tandoori, curry, basmati, pakora... l'indien est dans la ville... de Toulon ! Une adresse *world food* que l'on s'échange entre amateur de cuisine traditionnelle indienne. Accueil bienveillant, jolie décoration traditionnelle, plats savoureux avec choix végétarien, prix modeste, les atouts de l'Etoile de l'Inde sont plus que nombreux. Si vous rencontrez des difficultés à choisir, n'hésitez pas à demander conseil. Pour les indécis, les menus et plateaux dégustation (le midi seulement) sont de vraies bonnes options. Vente à emporter possible.

TOULON

LA FABBRICA DI MARCO €€

27, rue Paul-Lendrin ✆ 04 94 62 99 95
https://www.lafabbricadimarco.com
Ouvert du mardi au samedi le midi ; le jeudi, vendredi et samedi le soir à partir de 20h. Pizza à partir de 10,90 €.

La Fabbrica di Marco, ce sont deux établissements situés à seulement quelques mètres l'un de l'autre, proches des nouvelles Halles gourmandes de Toulon. Déco fraîche et travaillée, cuisine 100 % transalpine avec une pizza napolitaine adoubée par l'association de la *Vera Pizza Napoletane*. Le voyage en Italie ne s'arrête pas là : charcuterie et fromages, pâtes ou notre préféré le *vitello tonnato* ! Côté douceurs, du fait maison fidèle aux grands classiques italiens. Les amoureux des saveurs italiennes pourront acheter sur place les produits qu'ils auront dégustés.

CHEZ LE BRASSEUR €€

20, rue Peiresc
✆ 04 94 09 62 39
http://chezlebrasseur.com
Ouvert toute l'année. Ouvert 7j/7 de 10h à 00h. Réservation recommandée. Menus de 14,90 à 23,50 €.

Une nouvelle adresse au cœur de Toulon, petite sœur de l'établissement du même nom installé à l'Avenue 83, centre commercial à ciel ouvert (La Valette-du-Var). La carte est identique avec les incontournables de la brasserie : choucroutes, flammekueches, salades, burgers, tartines, pâtes bio, moules-frites, viandes, andouillettes, fish and chips. Le tout accompagné, avec modération, des bières de la maison : blanche, brune, framboise et figue. À ne pas manquer, les cocktails à base de bière, originaux et parfaitement délicieux.

FEEL FOOD €

8, rue bon pasteur
✆ 06 09 99 08 23
Ouvert mardi et mercredi midi. Jeudi, vendredi, samedi midi et après-midi.

Une nouvelle adresse qui nous a déjà conquis, où les veggies, végans, flexis, sans gluten... trouveront leur bonheur à la même table ! Ah la tolérance, c'est la vie. Une carte courte, gage de fraîcheur, et de la variété dans les propositions. Petite salle et grande terrasse, parfait en toute saison, on apprécie la cuisine et l'accueil du binôme Morgane (en cuisine) et Thomas (en salle). Que vous recommander tant tout est sain, gourmand, coloré et entièrement maison. Peut-être les tacos falafels ou bœuf, accompagné d'une belle mousse au chocolat.

JEAN GRAINE CAFÉ €

2, place Gustave Lambert
✆ 04 22 80 26 30
Ouvert de 10h à 17h du mardi au samedi. Fermeture à 16h le dimanche.

Une adresse que nous affectionnons particulièrement et pour plusieurs raisons : son emplacement légèrement retiré mais proche du centre et du port, son ambiance paisible en terrasse ou à l'intérieur (et à l'étage) et la cuisine savoureuse, fraîche, renouvelée et à tendance végétale. Oui, chez Jean Graine c'est aussi le paradis des veggies, qu'ils soient modérés ou non. La salade végane change par exemple toutes les semaines ! On apprécie également les collaborations avec des établissements des alentours, comme avec le Pain de Rade (nouveauté).

PIZZERIA GAËTANO FILS €€

4, place Amiral-Victor-Senès
✆ 04 94 92 36 72
www.gaetano-pizza.com
Ouvert à midi du mardi au vendredi, et le soir du lundi au samedi. Pas de menu, comptez 20 € en moyenne à la carte.

La voilà, l'institution italo-toulonnaise par excellence ! Depuis plus de 65 ans, la famille Gaëtano s'appuie sur le savoir-faire de quatre générations, garantes d'une cuisine authentique et d'une ambiance véritablement unique ! Vous demandez à voir ? Attablez-vous en salle ou en extérieur sur la vaste terrasse de la place Senès : trois générations s'affairent encore quotidiennement au service ! Au menu, des pizzas traditionnelles cuites au feu de bois, et d'autres plats délicieux typiquement transalpins. Deuxième adresse sur le port et livraisons possibles !

MANOFICA €€

304, Quai Cronstadt
✆ 06 40 31 70 42
Ouvert toute l'année. Tous les jours le midi et le soir. Pizza de 15 à 23 €. Accueil des groupes.

Sur le port de Toulon, voici la toute nouvelle adresse de l'équipe qui a brillamment conduit le restaurant voisin le Saint-Gabriel au succès. Cette fois-ci direction l'Italie avec une trattoria avec tout ce que l'Italie fait de meilleur, à commencer par la véritable pizza et bien évidemment la pasta. Pour les aventuriers du palais, allez tranquillement vers la daurade à la sicilienne, un pur régal. On termine avec les desserts, tiramisu et café gourmand en tête. Carte des vins transalpine sympathique, service efficace. On valide !

SANTA ROSALIA €

36, rue Charles-Poncy
✆ 04 94 64 11 58
www.santa-rosalia.fr
Ouvert du mardi au samedi de 11h30 à 14h. Click & collect : du mercredi au samedi 11h-18h. Vegan-friendly.

Santa Rosalia garde toute notre confiance tant l'adresse nous régale encore et toujours. Une cuisine mexicaine revisitée, savamment concoctée avec des tacos bio et locaux. Pour les tortillas par exemple, farine de Bras, pour les desserts, œufs du Pradet, et dans le verre, au choix : bière de la Rade ou vin de Correns. L'ardoise est renouvelée quasi quotidiennement, et l'on dégustera tout ça dans la charmante petite salle ou sur la jolie terrasse ombragée à l'extérieur, tout en se régalant d'une délicieuse citronnade 100 % maison.

LE MAZ' €

1, place Jules Mazarin
✆ 09 72 88 04 82
Ouvert du lundi au vendredi de 10h à 1h. Restauration midi et soir. Plat du jour : 12 € (formule du midi : 14 €).

Une adresse comme il en manquait dans le quartier de la gare ! Depuis qu'elle a repris le local, Claire a mis tout son cœur à redonner une âme à ce qui fut, disons-le, une institution toulonnaise il y a quelques décennies ! Atmosphère rétro, déco vintage au possible : on dirait même qu'un petit air berlinois a soufflé par ici ! *Fish & chips*, burgers (classiques ou gourmets), tartares de bœuf au couteau et autres, camembert au four sucré-salé sont à déguster en terrasse ou en intérieur, dans une ambiance amicale histoire de se sentir comme à la maison !

LES TÊTES D'AIL €€

22, rue des Bonnetières
✆ 04 94 62 07 64
Gluten-free friendly. Ouvert toute l'année. 7j/7 midi et soir de juin à septembre. Réservation recommandée.

Les Têtes d'ail ou l'amour des bons produits du terroir avec les fruits et légumes majoritairement bio et locavores. Les viandes et les poissons sont issus d'élevages du coin et de la pêche locale. Une démarche très sérieuse, engagée, avec une carte renouvelée tous les 15 jours. Posé sur la terrasse ombragée bordée d'oliviers centenaires, on se laisse volontiers dorloter par la sympathique équipe et séduire par l'excellent rapport qualité-prix. Mention particulière pour les frites de panisse et leur pistou de roquette. Un must !

LE SAINT GABRIEL €€

334, avenue de la République
✆ 04 94 09 32 82
Haute saison : ouvert tous les jours le midi et le soir. Contacter le restaurant pour les ouvertures en basse saison.

Le Saint-Gabriel se pose sur le port dans une atmosphère chaleureuse et avec une charmante décoration. Affiches de Monsieur Z au mur, à la gloire de Toulon, démarche écoresponsable et carte aux mille facettes pour des assiettes très réussies. Après quelques *antipasti* maison, on se laisse séduire par la spécialité, les fameuses tentacules et encornets en persillade avec des pommes de terre nouvelles rôties à tomber. L'accueil est souriant, décontracté, avec une bonne humeur communicative. Et n'oubliez pas... le vendredi c'est aïoli !

LA TRIBUNE €€

478, avenue de la République
✆ 04 94 05 77 10
Ouvert du lundi au samedi le midi. Ouvert le soir lors des matchs à domicile du RCT. Réservation recommandée.

En face du Stade Mayol et à proximité du port de Toulon, la brasserie revendique son identité toulonnaise. Au plafond des ballons de rugby, et sur les murs (et les menus) des dessins de l'artiste varoise ASO.P. L'espace est lumineux, le service pro, la cuisine de qualité. Des assiettes gourmandes et goûteuses : salade César, le wok de poulet, la côte de cochon rustique ou la daube de poulpe. Et vous ne bouderez pas votre plaisir face aux desserts maison. On valide la Tribune, du petit-déjeuner jusqu'aux fins de soirées les soirs de match du Rugby Club Toulonnais.

DAKOTA MOURILLON €€

37, rue Castillon

✆ 04 94 42 27 13

www.dakota-mourillon.fr

Ouvert toute l'année. Vegan Friendly. Événementiel du mardi au samedi soir.

Envie de changer de cap ? De troquer la traditionnelle bouillabaisse ou la plus branchée assiette de tapas pour des saveurs un peu plus exotiques ? Direction le Dakota ! Ici, daubes de kangourou et autres civets de chevreuil, sont de véritables *must*, tout comme l'assiette du trappeur, que l'on déguste dans un décor saloon et dans une ambiance animée toujours très bon enfant. Karaoké ou soirée concert, laissez-vous tenter par l'un des bons cocktails de Monsieur Jean ; quelque chose nous dit que vous ne serez pas rentrés de si tôt...

L'ESCALE €€

Chemin de la batterie basse

✆ 04 94 36 06 64

Du lundi au dimanche en saison de 10h à 23h. Réservation conseillée.

Toulon à son paradis et ce paradis a un nom... L'Anse Méjéan. Un lieu atypique qui n'a rien à envier aux petits ports de pêche grecs ou sardes. Après avoir cheminé de la route jusqu'à la mer en contrebas, vous trouverez posé sur sa solide dalle de béton le restaurant l'Escale, les pieds au sec, mais les yeux plongés dans le bleu de la Méditerranée. L'adresse a été reprise par une ancienne gloire du rugby club toulonnais, Pierre Mignoni. Dire qu'elle attire une pléiade d'habitués est un euphémisme. Bonne cuisine, mais répétons-le, cadre à couper le souffle !

IL PARASOLE DI MARCO €€

Anse des Pins

✆ 04 94 31 27 87

www.ilparasoledimarco.com

Tous les jours au déjeuner et au diner. Horaires modifiables hors saison. Réservation conseillée.

En centre-ville, comme sur les plages du Mourillon, Marco Casolla fait rayonner son Italie natale avec grand talent. Il Parasole di Marco c'est un peu de Dolce Vita importée à Toulon. La carte fait toujours la part belle aux pizzas du chef (dont la fameuse pizza au rosé de Léoube), avec quelques suggestions méditerranéennes parfaitement adaptées au lieu (antipasti, gnocchis, milanese, caharcuterie transalpine...). C'est aussi l'ambiance et la jolie décoration qui nous séduisent, sans oublier le service toujours souriant et rapide.

LE LIDO €€€

Corniche Frédéric-Mistral

✆ 04 94 03 38 18

www.le-lido-de-toulon.fr

Ouvert toute l'année. Tous les jours le midi et le soir. Plage aménagée de juin à septembre. Réservation recommandée.

Idéalement placé à l'entrée des plages du Mourillon, voici un restaurant qui saura vous réjouir, idéal pour une pause culinaire les pieds dans l'eau ! Dans un joli décor façon cabine de bateau, Jean-Claude Grandmanche et son équipe se mettent en quatre pour vous satisfaire, avec une cuisine méditerranéenne de poisson et de bons plats régionaux. La carte est renouvelée chaque trimestre ; parmi les fidèles toute l'année, le filet de bœuf Rossini, le mi-cuit de thon et le fondant au chocolat ! Belle sélection de vins. Addition un peu salée toutefois.

LE LOCAL €€

455, littoral Frédéric-Mistral

✆ 04 94 20 61 32

www.restaurant-lelocal.fr

Ouvert du mardi soir au samedi soir 12h00 - 13h30, 20h00 - 21h30. Menu unique à 37 € (entrée, plat, dessert).

Le Local a fait son trou et sa réputation a déjà dépassé les frontières toulonnaises. Les ingrédients des nouveaux codes de la cuisine sont là avec une belle exigence et la proximité en clé de voûte. Félicitations au chef Thibaud Durix et son épouse Caroline pour ce démarrage en fanfare. À la carte, pas plus de deux plats par poste, et quelques suggestions ! Velouté de lentilles au lard fumé en entrée ; râble de lapin, polenta à la népita et chlorophylle d'épinards en plat ; et en dessert crémeux et mousse à la pistache de Bronte. Un joli travail.

TABLES ET COMPTOIR €€

3, boulevard Eugène-Pelletan

✆ 04 94 10 83 29

Maître Restaurateur. Fermé 3 semaines en juin. Ouvert du lundi au samedi le soir. Réservation recommandée.

A quelques pas du marché, cette petite adresse va vous ravir. De son parcours gastronomique, notre maître restaurateur Serge Vaz élabore sa cuisine tout en finesse, et ne conçoit que le tout fait maison, jusqu'à la confection de son pain à base de farine bio, et de ses glaces ! On privilégie ici les produits français, et locaux tant que possible. Accueil des plus sympathiques, mille petites attentions, quelque 120 références de vins ! L'addition n'est pas donnée, mais c'est tout à fait justifié aux vues de la qualité des produits et du service.

FAIRE UNE PAUSE

Entre deux visites, deux boutiques, ou même entre deux rendez-vous pendant une harassante journée de travail, faites une pause ! Direction l'une des belles adresses toulonnaises pour vous requinquer d'un café, vous régaler d'une douce pâtisserie, et siroter un cocktail sous le soleil varois (ou en intérieur dans un décor de plus en plus branché-décalé).

Vous recherchez le parfum du sable, le clapotis des vagues et la fraîcheur (toute relative) des embruns (tout aussi relatifs !) ? Optez pour les plages du Mourillon ; vous vous y sentirez en vacances 365 jours par an ! A toute heure, tous les restaurants vous accepteront pour boire un verre ou avaler un café. Dans une ambiance plutôt chic et branché, découvrez les petites perles bien cachées du cœur de ville, notamment autour de la rue des Arts. Si vous avez le temps pour une pause prolongée, faites aussi un tour du côté du Télégraphe, rue Hippolyte Duprat...

LE BAR À THYM

32, boulevard Docteur-Cunéo
✆ 04 94 41 90 10
www.barathym.net

Ouvert tous les jours à partir de 18h. Happy hours tous les jours de 18h à 20h30. Restauration. Animations. Concerts.

Dans une ambiance atypique, on se croirait chez Amélie Poulain reconvertie en hipster fan d'électro ! Sous ses airs faussement sages, le Bar à Thym propose un véritable tour du monde des alcools et des saveurs. Le « Labo » est quant à lui une réserve surprenante d'inventivité où les shots se disputent la place aux nombreuses recettes de cocktails avec ou sans alcool. Pour les affamés, planches de charcuteries et autres burgers sont proposés. L'une des premières adresses festives du Mourillon reste encore aujourd'hui un lieu à découvrir.

CAFÉ DE LA GARE

31, place Albert Ier
✆ 04 94 91 46 34

Ouvert toute l'année. Haute saison : tous les jours de 5h à 1h. CB et chèques non acceptés.

Dans un décor moderne, aux tons gris, noir et vert, ce café ne manque pas de surprises. Situé juste en face de la gare, à droite quand on en sort, l'établissement n'a rien d'un vieux bistrot ! Son allure séduit tous les visiteurs, voyageurs seuls ou en famille. Avec son plat du jour à 9,50€ (sauf en été), ou la formule « pizza-dessert » à 12 €, le café se transforme en brasserie à petits prix. Il propose également une formule « petit déjeuner » à 5 €, ainsi que des produits à emporter (pizzas, sandwichs chauds ou froids et salades).

LE CAFÉ CULTURE

24, rue Paul-Lendrin ✆ 04 94 62 44 52
www.cultures-et-communication.org

Ouvert du mardi au vendredi de 9h à 13h et de 14h à 19h, le samedi de 8h à 13h et de 16h à 18h. Wifi gratuit.

L'association Cultures et Communication propose toute l'année une programmation d'activités pour tous pour 1 € symbolique. Cinés, lecture, conférences, ateliers, visites guidées sur l'aire toulonnaise, conversations en langues étrangères, ateliers jeux… Une fois par mois, un grand événement est organisé par les membres : un après-midi cirque et spectacles de rue par exemple, un concert, ou encore une soupe aux livres. Mais outre cet agenda enthousiasmant, le Café Culture, c'est aussi un lieu convivial d'échange, d'expression autour d'une boisson chaude ou froide.

LE CHANTILLY

5, place Pierre-Puget
✆ 04 94 09 32 92
www.le-chantilly-toulon.eatbu.com

Ouvert toute l'année. Du lundi au samedi de 7h30 à 20h. Fermé dimanche et jours fériés.

Entièrement refait par ses nouveaux propriétaires, le restaurant est devenu incontournable en centre-ville. Une vraie brasserie, avec sa grande terrasse ouverte sur la fontaine de la place Puget. Ouvert pour le petit déjeuner, le déjeuner et l'*afterwork*, l'établissement propose une cuisine de bistrot simple et goûteuse. Au menu : saucisse de Toulouse et gratin dauphinois, poulet tandoori, salade niçoise ou le traditionnel aïoli. Gardez aussi de la place pour les desserts maison. L'adresse est idéale pour une pause à l'heure du thé. Très belle salle à l'étage.

CÔTÉ JARDIN

237, littoral Frédéric-Mistral
✆ 04 94 41 38 33
Ouvert tous les jours de 7h à 1h toute l'année, et jusqu'à 2h en été.

Une véritable institution posée face aux plages du Mourillon. On aime s'y arrêter pour boire son café le matin, grignoter un en-cas tout au long de la journée, ou prendre l'apéro le soir entre amis, comme toute la clientèle d'habitués. La terrasse bien ombragée, chauffée l'hiver et rafraichie l'été, est propice aux discussions intimistes à toute heure de la journée en sirotant un cocktail. L'établissement propose aussi des soirées musicales le jeudi soir ainsi que la diffusion des événements sportifs. Wifi gratuit et belle vue mer.

HAVANA CAFÉ

35, rue Muiron
✆ 04 94 31 25 55
Ouvert tous les jours de 7h à 2h, et jusqu'à 3h pendant les vacances scolaires.

Idéalement situé en plein cœur du Mourillon, le Havana Café demeure une référence pour bien des Toulonnais. Si vous habitez dans le coin, nul doute même que vous y croiserez des visages connus ! Installé sur une jolie placette, l'ambiance y est décontractée et l'on y sert de bons cocktails. Victime de son succès, le service peut être un peu lent certains soirs ; qu'à cela ne tienne, les conversations animées feront rapidement passer le temps ! Un pub incontournable dans le paysage nocturne de la ville avec grignotage et plat du jour midi et soir.

MIO GELATO

48, rue d'Alger
Mio Gelato est ouvert de 12h à 20h 7j/7 en saison. Hors saison, se renseigner.

Mio Gelato, quel beau nom, plein de promesses, pour cette toute nouvelle boutique de glaces artisanales au cœur de Toulon ! Située en face de la station maritime, elle propose une vingtaine de parfums servis en cornet ou en pot, mais également des crêpes, des gaufres, des donuts, des boissons... On apprécie la qualité des produits, notamment les pâtisseries et les formules économiques, petit déjeuner et pause goûter. Mention spéciale pour les glaces à la forêt-noire et à la tropézienne ! De quoi se régaler avant l'embarquement ou au débarquement...

OLD COUCOU

Boulevard Cuneo
✆ 04 89 09 90 46
Ouvert du lundi au mercredi de 18h à 1h ; du jeudi au samedi de 18h à 2h. Le dimanche de 18h à 1h. Petite restauration.

Un bar / pub typique qui attire son petit monde sur le boulevard Cunéo, quartier du Mourillon. Le décor est industriel, les murs en pierres apparentes, la terrasse sur la rue mais surtout un comptoir équipé de 12 tireuses à bière... Et oui, ça dépote ! En *afterwork*, à l'apéro ou en soirée, l'ambiance bat son plein notamment les soirs de match, que ce soit le foot ou le rugby, avec la retransmission des rencontres. Le lieu est parfait pour décompresser et partager de bons moments entre amis. N'oubliez pas l'Happy hour tous les jours de 18h à 20h.

LE PETIT BISCUITIER

8, rue Pierre-Sémard
✆ 09 86 38 01 91
www.lepetitbiscuitier.fr
Ouvert du mardi au samedi de 10h à 19h.

Le petit biscuitier ici, c'est Romain ! Ancien chef pâtissier au Petit Nice (3-étoiles au compteur), il a choisi la jolie Rue des Arts pour s'installer en 2017 et régaler les toulonnais et touristes de passage de ses tuiles, damiers, diamants, rochers et autres guimauves maison. Tout est réalisé ici de façon traditionnelle et le choix des produits est fait rigoureusement. Pour compléter la gamme de l'enseigne, on trouvera aussi un beau rayon d'épicerie fine locale et régionale. Enfin, beau projet pour les prochains mois : les gâteaux et entremets revisités !

LE STREET BAR

12, rue Dr Camille Auban
✆ 06 64 27 24 22
Horaires d'ouverture variables selon les saisons. Se renseigner.

L'endroit est très prisé de la jeunesse locale, mais pas que. Voici un véritable bar-pub au style industriel et au son plutôt à tendance électro. Sur la récente place de l'Equerre, au cœur de la ville de Toulon, le Street Bar propose des soirées DJ avec une multitude de talents et de styles. Côté petites faims, planches de charcuteries et fromages, bruschettas, tartares de saumon et autres grignotages sucrés à prix doux et à toute heure...Et bien sûr des cocktails à consommer avec modération même lors des chaudes soirées d'été.

(SE) FAIRE PLAISIR

Au fil des rues, découvrez les trésors de la cité portuaire. Toulon offre de nombreux commerces en tout genre pour rapporter un souvenir ou goûter les différentes spécialités : sur le port, place de la Liberté, place de l'Équerre ou rue Pierre Sémard, et maintenant dans la rue des arts pour les amateurs de photo et art contemporain, ateliers d'artistes et galeries d'expositions. Côté spécialités culinaires : cade toulonnaise, artichaut en barigoule, poivrons marinés, daubes, etc. De nombreuses épiceries, bio ou non, et des marchés, que vous aurez plaisir à retrouver dans chaque quartier : tous les jours (sauf le lundi) avec celui du cours Lafayette (le plus typique), au Mourillon (aliments et textiles), le marché du Pont-du-Las place Martin Bidouré, le marché des producteurs de pays sur le Petit Cours rue Paul-Lendrin le vendredi et samedi et le marché des Routes (provençal) place Macé le mardi, jeudi et samedi.

BOUTIQUE 12

16, rue Lamalgue
✆ 04 94 41 46 44
Ouvert du mardi au samedi de 9h à 12h30 et de 15h à 19h30.

Depuis plus de 50 ans, de mère en filles, la Boutique 12 est un concept store familial, devenu la référence toulonnaise pour la décoration d'intérieur, d'extérieur et de plaisir. Vous y retrouverez un large choix pour décorer votre maison et vos tables avec les marques telles que : Pylones, Jardin d'Ulysse, Côté Table, Bougies la Française, Durance, Lucky Team... Des objets et des gadgets classiques ou plus colorés, et souvent illustrés ou estampillés Toulon / Mourillon. Idéal pour trouver une idée cadeau pour lui, pour elle, pour bébé... pour tout le monde !

LE PETIT BAZAR

22, rue Paul-Lendrin
✆ 04 94 98 75 44
Ouvert du mardi au samedi de 10h à 19h, et le lundi en été.

Une très intéressante boutique de décoration comme il est agréable d'en trouver dans un centre-ville. Une véritable différence avec la décoration parfois trop standardisée des grandes enseignes. Couplée à un espace de mini restauration fraîche et savoureuse (poke bowl, croque-monsieur...), elle propose de nombreux objets de décoration et de curiosités, suivant les dernières tendances, presque avant-gardiste. Du simple bibelot aux pièces de mobiliers plus cossues... de quoi rendre votre intérieur absolument et irrésistiblement unique.

CHARLEMAGNE AUTOGRAPHE

27, boulevard de Strasbourg
✆ 04 94 94 21 71
www.librairiecharlemagne.com
Ouvert du lundi au samedi de 9h30 à 19h.

Charlemagne Autographe vous permettra d'avoir une plume de qualité grâce à une multitude de grandes marques de stylos, Montblanc, Dupont, Faber Castell, Montegrappa, Waterman, Parker, Filofax, Le Tanneur, Caran d'Ache, Pilot, Recife, etc. ainsi que de la maroquinerie tout en élégance avec des organiseurs, petits cartables, conférenciers, serviettes et sous-mains de ces marques, mais également de Mignon et Maroquinerie de France. Une excellente adresse, 100 % toulonnaise, pour se faire plaisir ou pour faire un cadeau de choix.

BIÈRE DE LA RADE

300, rue Amiral-Nomy
www.bieredelarade.com
Horaires : se renseigner sur le site web. Ateliers brassage sur réservation : 100 € (repas compris).

Charles et Simon ont été les premiers à oser une bière 100 % toulonnaise avec une démarche en bio, de proximité et de festivité ! Chaque année la gamme s'étoffe avec des bières de saison, de multiples collaborations et des bières en canettes. Les incontournables et historiques demeurent la daurade, la murène et la rascasse. L'espace de 120 m² permet d'accueillir une micro-brasserie et un espace apéros pour déguster (avec modération) l'ensemble de la gamme. Retrouvez l'agenda de la Bière de la Rade sur leur site Internet et page Facebook.

COMPTOIR DES FROMAGES

5, rue de la Paix
✆ 04 83 42 48 69
Ouvert du mardi au samedi de 10h à 19h30.

Amandine Tarpi est une passionnée de fromages ! Depuis 2015, elle dynamise la petite rue de la Paix avec sa jolie boutique, quelques chaises et tables en terrasse, mais surtout un large choix de fromages fermiers, de la charcuterie artisanale, une belle sélection de vins bio et beaucoup de savoir-faire. Ici on ne rigole pas avec la qualité des produits ; les professionnels du coin d'ailleurs, ne s'y trompent pas, si bien qu'Amandine fournit à peu de choses près tous les lieux de sortie de Toulon ! À déguster sur place ou à emporter...

BOUCHARA

40-42, boulevard de Strasbourg
✆ 04 94 91 66 66
www.eurodif.com
Ouvert du lundi au samedi de 9h30 à 19h.

Dans ce très grand magasin sur deux niveaux, vous trouverez toute une gamme de prêt-à-porter pour femmes ainsi que des accessoires, des vêtements pour enfants et de la layette, des nappes, rideaux et voilages, draps et parures de bain, tout pour la cuisine avec la vaisselle, des accessoires et tabliers, de la décoration pour la maison (cuisine, salon et salle de bains), du petit ameublement, du tissu et de la mercerie. Un univers aux prix raisonnables. C'est simple, il nous est impossible d'en sortir sans y avoir acheté quelque chose !

EPICERY & CO

1, place Camille-Ledeau
https://www.epiceryco.fr
Ouvert du mardi au samedi de 10h à 19h. Le lundi de 13h30 à 19h. Fermé le dimanche.

Après une première vie d'artisan-glacier, Pascal Dumoulin a fait le pari d'installer son Epicery & Co au cœur de Toulon. Séduit par le dynamisme de la ville, il propose sa sélection de produits du terroir, principalement issus d'une production locale ou régionale. Minutieusement agencée, la boutique recèle quelques pépites ! Côté rayon frais, de l'authentique charcuterie ibérique et corse. Toujours à la recherche des bons producteurs, notamment en bio, Monsieur l'épicier saura parfaitement vous orienter dans vos choix épicuriens.

ESPACE CASTILLON

22, rue Paul-Lendrin
✆ 04 94 93 47 33
http://espacecastillon.fr/
Ouvert du mardi au samedi de 10h à 13h et de 15h à 19h. Parking Peyresc, sortie Fougassière.

Une galerie dynamique dans laquelle vous découvrirez de nombreux artistes et l'art représenté sous toutes ses formes : figuratif, abstrait ainsi que des sculptures, du travail de verrier, de céramiste, et quelques meubles d'artistes contemporains. Pas moins de 800 œuvres exposées en permanence pour le plus grand plaisir des visiteurs et des acheteurs. Chaque mois, un thème dicte l'organisation de la galerie, renouvelant ainsi les expos au fil de l'année. Politique de prix attractive pour permettre l'accès à l'art avec des œuvres originales à moins de 150 euros.

PALAIS DES THÉS

10, rue Berthelot
✆ 04 94 06 70 39
Ouvert du lundi au samedi de 10h à 19h.

Et si nous vous promettions les meilleurs thés du monde, au cœur de la ville de Toulon... C'est une réalité depuis 2018 ! Dans la boutique de Julien et Guangping, son épouse chinoise, rien ne manque : infusions, thés aromatisés, préparation pour thés glacés, accessoires et bien-sûr Grands Crus. Ici, la pédagogie, la passion et le sourire priment pour guider au mieux le chaland, qu'il soit expert ou néophyte.Des dégustations et animations sont proposées tout au long de l'année. Le programme est à retrouver sur la page Facebook du magasin.

GALERIE LISA - YELLOW KORNER

23, rue Pierre-Sémard
✆ 06 09 69 06 81
www.galerielisa.com
Ouvert du mardi au samedi de 11h à 19h. Œuvres à partir de 50 €. 7j/7 sur rdv.

YellowKorner propose un « Shop in Shop » au sein de la Galerie Lisa et cohabite avec les œuvres d'artistes sélectionnés (Monsieur Z, Editions de la Capte, Atelier Contemporain, Image républic...) qui exposent trente œuvres chacun, toujours en petits formats et à des prix plafonnés ; deux samedis par mois, le public peut venir en rencontrer certains. Tous les trois mois, la galerie présente un artiste grand format. Une véritable passerelle entre le grand public et l'art contemporain !

BOUGER & BULLER

La plage du Mourillon est fortement appréciée par les familles (avec gazon, base nautique, location de kayak, etc.), de nombreuses activités pour les enfants donc, tout ça au bord de l'eau et avec un parking gratuit s'il vous plaît ! Pour les jeunes, un parc de trampoline a récemment vu le jour à La Garde. Le port du Levant offre également diverses options sportives, de l'escalade par exemple sur des sites réputés, au niveau du massif du Faron où l'on compte pas moins de 75 voies, pour tous les niveaux du 3a au 7b. Pour la randonnée, le massif du Faron fait également parti des must du département, on marche sur de larges pistes pour être récompensé par une vue superbe depuis le Mont Faron sur la rade. L'une des plus belles randonnées du Var ! Compter 5h au départ du parking au Fort Saint-Antoine. Pendant le championnat de rugby, plongez dans les entrailles du Stade Mayol pour vibrer avec les rouges et noirs.

STADE MAYOL

Avenue de la République

Snacking et buvette.

Un lieu incontournable et emblématique de la ville de Toulon, construit en 1919 en plein cœur de ville, face à la mer. L'enceinte, partiellement rénovée au cours des années, comporte aujourd'hui 18 000 places. Elle doit son nom à Félix Mayol, chanteur toulonnais, et grand amoureux du rugby. Nous vous conseillons bien évidemment d'assister à une rencontre du Rugby Club Toulonnais, l'un des clubs de rugby les plus titrés de France et d'Europe. Vous ressentirez toute la ferveur du peuple rouge et noir dans une ambiance chaude mais bon enfant.

BARBCLUB

10, rue Anatole France

✆ 04 94 27 02 65

Ouvert du mardi au samedi de 9h à 19h.

Les hommes vont être heureux de découvrir ce lieu qui leur est entièrement dédié. Résolument lounge et contemporain, ce salon vous offrira une multitude de petits plaisirs pour créer votre look branché ou vous détendre : coiffure, esthétique et rasage. Sous fond de musique jazz, la coiffure se travaille dans le souci du détail et de la finition, à moins que vous ne préféreriez les massages et soins du visage et du corps. Pour compléter votre look tendance, rien de tel qu'un rasage alliant tradition d'autrefois et confort d'aujourd'hui avec un soin après-rasage.

YACHT CLUB DE TOULON

Anse Tabarly

✆ 04 94 46 63 18

www.yctoulon.fr

Toute l'année, ouvert tous les jours de 9h à 12h et de 13h30 à 17h. En juillet-août : tous les jours de 9h à 19h.

Auréolé du titre de « Meilleure École de Sport, Prix du Développement Sportif » décerné en 2019 par la FFVoile, le Yacht Club de Toulon c'est toute l'année une solution économique pour vos activités nautiques enfants et adultes. Kayak, paddle, catamaran, planche à voile, wind-foil : un très bon plan pour se perfectionner via l'école, ou pour se faire plaisir en location ou par le biais de sorties encadrées (pourquoi pas au coucher de soleil). Son emplacement est parfait avec le grand parking du Mourillon à proximité immédiate.

FITNESS PARK TOULON

rue du Murier

✆ 04 94 90 40 87

https://www.fitnesspark.fr/club/toulon-mayol/

Ouvert du lundi au samedi de 6h à 22h, et dimanche de 8h à 22h.

Avec ses 1 300 m² d'espace, le Fitness Park met à votre disposition une belle dose d'équipements pour votre remise en forme. Moderne et récent, il mêle tapis de course, haltères, banc de musculation, cardio training, musculation et fitness, rameur, biking, stepper, entraîneur elliptique ainsi que d'autres appareils vous aidant à être au top de votre forme. Sportifs et amateurs trouvent leur bonheur dans cet endroit animé et agréable. Plus d'une vingtaine d'activités y sont programmées : des cours collectifs dans une ambiance musicale.

SORTIR

Toulon et ses différents quartiers offrent un large choix d'activités, de divertissements et de culture : cinémas, musée d'Art, bibliothèque centrale... L'Opéra de Toulon Provence Méditerranée offre toute l'année des spectacles lyriques et de danse. Côté concert et spectacle, le Zénith Omega propose également des événements toute l'année. Place de la Liberté, le théâtre éponyme labellisé "scène nationale" complète l'offre culturelle. Pour boire un verre entre amis, les adresses sympas sont concentrées au Mourillon : le Havana Café (the place to be), les pubs-concerts Old Coucou et Barathym, entre autres. En centre-ville, c'est plutôt animé en journée mais quelques adresses tirent leur épingle du jeu comme le Télégraphe. La Place de l'Équerre proche de la place d'Armes nous dévoile aussi quelques bars pour festoyer, notamment le Street Bar qui fait l'unanimité. Pour les amateurs de Casino, il faut vous rendre à Seyne-sur-Mer.

ESPACE COMEDIA

10, rue Orves
✆ 04 94 42 71 01
www.espacecomedia.com
Plein tarif : 17 €, réduit : 15 €, adhérent : 13 €, jeunes : 8 €. Pour les cours se renseigner pour les tarifs.

Pour la petite histoire, l'Espace Comedia a été créé en 1991 par la transformation de l'un des plus anciens cinémas de la ville et... de France. Il est géré et animé par le Théâtre de la Méditerranée. Il est doté de deux salles : l'une de 230 places comportant un plateau de 13 m sur 8 m (ouverture 10 m), l'autre de 50 places pouvant accueillir des spectacles intimistes. Vous trouverez tout le programme des pièces sur le site Internet. L'atelier théâtre est destiné aux adultes. Les cours ont lieu tous les mercredis de 19h à 22h. Tous les samedis de 10h à 13h.

PATHÉ TOULON - LIBERTÉ

265, boulevard Général Leclerc
www.cinemasgaumontpathe.com
14,40 € ; - de 12 ans : 6.4 € ; étudiants et - 18 ans : 10.40 € ; seniors de + de 60 ans : 11.90 €.

Adepte des grosses productions américaines ou des grands films français voici votre cinéma avec un large choix de programme à travers 9 salles au son Dolby numérique et plus de 250 séances hebdomadaires. Disposées en gradins, toutes les salles sont climatisées et accessibles aux personnes à mobilité réduite. À deux pas de la place de la Liberté rien de tel que de venir à pied, et pour votre véhicule pensez aux parkings situés sous la place et sous le palais Liberté. Très pratique, ce cinéma est en plus ouvert 365 jours sur 365 !

LE TÉLÉGRAPHE - BEAM !

2, rue Hippolyte-Duprat ✆ 04 94 01 22 61
www.letelegraphe.org
Ouvert du mardi au samedi de 10h à 1h. Renseignements et programmation sur le site letelegraphe.org

Partiellement racheté à la Poste par un entrepreneur toulonnais, ce splendide bâtiment du XIXe siècle a retrouvé son cachet d'antan ! Poutres, faïences, murs en pierre : le cadre est prodigieux. Quant à l'identité du lieu, elle est multiple mais résolument humaniste. Au rez-de-chaussée, Beam ! un nouveau restaurant avec le chef Arnaud Tabarec aux manettes. Au premier étage, un espace très lumineux de 450 mètres carrés accueille une proposition : théâtre, danse, concert, cuisine, poésie, conférences thématiques. Un bouillon de culture dans l'hypercentre toulonnais.

THÉÂTRE LIBERTÉ ★★★

Place de la Liberté
✆ 04 98 00 56 76
www.theatre-liberte.fr
Label Tourisme & Handicap. Labelisé « scène nationale » en 2015.

Labellisé « scène nationale », le lieu culturel co-dirigé par le comédien Charles Berling est installé au cœur du carré haussmannien de la Haute-Ville de Toulon, en bordure de la place de la Liberté, dans l'ancien Grand Hôtel - l'un des plus beaux immeubles de Toulon. Il se compose de quatre espaces distints. Un lieu pluridisciplinaire de création artistique, proposant un vaste panel d'œuvres. Théâtre, danse, musique, cirque, cinéma, lectures, expositions, conférences et art numériques y sont à l'honneur. Nous avons hâte de pouvoir à nouveau nous y rendre !

LA VALETTE-DU-VAR

Peuplée dès le Néolithique, la commune est occupée plus tard par les Romains qui la nomment Vallis Læta et, dès le XIe siècle, le centre-ville se trouve à son emplacement actuel. Bien connue actuellement pour son parc tertiaire de Valgora, son centre commercial de Grand Var et sa toute récente Avenue 83 ouverte en avril 2016, la ville de La Valette était autrefois un petit village rural qui, bénéficiant de bonnes conditions climatiques et d'une eau abondante, s'était spécialisé dans le maraîchage et l'horticulture. Dès le XVIIe siècle, les fraises de La Valette acquièrent une grande renommée. Suivront les asperges, les violettes, le cresson ainsi que des cultures provençales traditionnelles, vignes, oliviers. Depuis, un investissement ambitieux a permis de rénover le centre historique et de renouer avec l'identité provençale des lieux. Il a aussi conduit à la création de nouveaux équipements – espace d'art contemporain, parking souterrain gratuit, mobilier urbain de qualité – et provoqué la réhabilitation des façades du centre selon la charte Cœur de ville, et l'arrivée d'enseignes et de services de proximité dans le centre valettois. Le marché hebdomadaire se tient le lundi sur la place du Général-de-Gaulle.

JARDIN REMARQUABLE DE BAUDOUVIN

Rue des Gibelins ✆ 06 07 30 65 23
www.lavalette83.fr/ma-ville/patrimoine-naturel/baudouvin

Jardin remarquable. Fermé tous les lundis. Gratuit jusqu'à 12 ans. Adulte : 2 €. Enfant (de 12 à 18 ans) : 1 €.

Classé Jardin Remarquable par les services de l'État, le Jardin de Baudouvin est un lieu d'exception avec une philosophie toute singulière, fierté des Valettois. Une bâtisse, une chapelle, des fontaines, un moulin ainsi qu'un belvédère, témoignages des jardins provençaux du XVIIIe siècle. Le parc a récemment été réaménagé par la Ville avec un potager et une alimentation en eau omniprésente, provenant de la source de la Foux. Tout au long de l'année, le Jardin accueille des animations.

HOTEL TRIOTEL €

Avenue Eugène-Blanc
✆ 04 94 61 24 25
www.hotel-triotel.com

Ouvert toute l'année. Accueil 24h/24. 51 chambres à partir de 40 €. Connexion Internet. Tv satellite, Canal +.

Situé à proximité du parc tertiaire Valgora, du pôle commercial de Grand Var, de l'Avenue 83, de l'université de Toulon, entre l'aéroport de Toulon Hyères et la gare SNCF de Toulon, cet hôtel moderne offre un bon rapport qualité/prix. La cinquantaine de chambres de 2 à 4 personnes, offrent le confort nécessaire pour un court séjour. Les voyageurs peuvent facilement se garer sur le parking de la copropriété. L'établissement propose des tarifs spéciaux pour les étudiants et les militaires. Un hôtel idéal pour les petits budgets.

L'ÉTOILE CORSE €€

Place Jean-Jaurès
✆ 04 94 61 28 49

Ouvert du lundi au samedi de 7h00 à 20h (service midi uniquement) ; dimanche matin de 7h à 14h (pas de restauration).

Au fil d'une carte renouvelée tous les deux mois en moyenne, cette table du centre de La Valette propose une cuisine corse traditionnelle et revisitée. Aubergine à la bonifacienne, filet mignon de porc au lonzu, pavé de saumon à la crème de cédrat. La brousse, les aromates et les légumes méditerranéens ne sont jamais bien loin. En dessert, optez par exemple pour le fameux fiadone. Le vin corse est lui aussi mis à l'honneur, et des soirées «Corse» sont organisées le samedi, une fois par mois. Un samedi sur deux, ambiance karaoké.

THE NOON €€

rue Ambroise-Paré
https://the-noon-restaurant.business.site

Ouvert du lundi au samedi le midi. Réservation recommandée. Menu enfant : 10 €. Formule du midi : 13 €.

Une cantine du midi chic et local, avec un accès facile, un grand parking, un service rapide et une cuisine maitrisée. Équation simple qui explique le succès de The Noon. Du poke bowl au burger en passant par l'excellent filet de saint-pierre (petits légumes, pesto et *Grana Padano*), tout est réalisé avec un maximum de produits locaux et de saison. La salle est joliment décorée et la terrasse est idéale pour profiter des belles journées. Possibilité de réserver le restaurant pour vos soirées privatives (séminaires, conférence, anniversaires...).

UNE HISTOIRE DE FAMILLE

300, avenue de l'Université
✆ 04 98 04 38 80
www.unehistoiredefamille.fr
Ouvert du lundi au samedi de 10h à 20h.

Yannick et Steve proposent une sélection de produits réalisés majoritairement par des artisans locaux. Des tapenades et des tartinables variés, des terrines, etc… bref, tout pour faire un apéro provençal réussi ou pour offrir des paniers gourmands varois. On y trouve également une large gamme de thé mais aussi de belles références de vins introuvables en grande distribution et vendues au prix du caveau. Depuis octobre 2018, Une Histoire de Famille c'est également une seconde boutique au sein du centre commercial Grand Var Est sur la commune voisine de La Garde.

INFINIVIN LA CAVE

444, RD 98
✆ 04 94 23 68 35
www.infinivin.com
Ouvert du lundi au vendredi de 9h30 à 12h30 et de 14h30 à 19h30 ; le samedi de 10h à 19h30.

Une équipe d'amis et d'épicuriens avant tout, voilà l'idée de base d'infinivin, toujours au service des amateurs de bonnes quilles ! L'équipe d'Infinivin propose un joli panel de nectars de France et de Navarre, champagne et spiritueux. La région Provence est bien représentée, les vins bio également. Une adresse à retenir, proche des grands centres commerciaux, pour faire de belles découvertes ou pour offrir. L'accès est facilité par un grand parking. La possibilité de se faire livrer sa commande est un véritable service en plus.

EIGHT ROOF TOP

Allée de la Lavande
✆ 06 14 26 92 10
www.eightrooftop.fr
Ouvert d'avril à octobre, du mardi au samedi de 19h à minuit.

© EIGHT ROOF TOP

Vous voilà au défi de trouver plus atypique ! Au beau milieu d'une zone commerciale, à l'étage d'un cuisiniste, le Eight Roof Top est une vraie bonne surprise. Parfaitement aménagé et arboré, joliment décoré par un artiste toulonnais, ce bar à cocktails promet de bons moments de détente en fin de journée avec en prime, le coucher de soleil derrière le Mont Faron ! Pour les petites faims, des assiettes et suggestions froides accompagneront à merveille vos cocktails. Une adresse intimiste à souhait, qui reste ouverte hors saison pour des soirées à thèmes.

CINÉMA PATHÉ LA VALETTE

300, avenue de l'Université
www.cinemaspathegaumont.com/cinemas/cinema-pathe-la-valette
Ouvert toute l'année tous les jours avec salle 3D, IMAX et 4DX. Restauration. Boutique.

Depuis avril 2016, la cinéma Pathé - La Valette est l'une des attractions du nouveau centre commercial L'Avenue 83. Un complexe ultramoderne avec une salle VIP, une salle Imax, une salle 4DX. La structure accueille chaque année de nombreuses avant-premières en présence d'équipes de films et propose des projections hors cinéma (ballets, événements sportifs, concerts…). Le site Internet et l'application vous permettent d'accéder aux bandes-annonces, aux horaires, au programme de fidélité, sans oublier la sélection de votre siège dans la salle.

VIRTUAL ROOM TOULON

Avenue Georges Pompidou
✆ 04 94 33 97 94
https://toulon.virtual-room.com
Ouvert toute l'année. Tous les jours et les jours fériés de 9h à 22h. Entrée : 30 € (25 euros entre 9h et 16h).

À deux pas de l'Avenue83, le premier Escape Game virtuel du Var accueille les joueurs à partir de 10 ans pour des expériences uniques de réalité virtuelle. Enfilez casque et contrôleurs VR avant de plonger en immersion totale dans l'un des trois scénarios proposés par Fabien et Denis. Pour remporter votre mission, prenez le temps de réfléchir, de vous coordonner, et surtout de penser en équipe (de 2 à 4 joueurs). En famille, entre amis ou à l'occasion d'une soirée team building, vous ne repartirez pas déçu de Virtual Room Toulon. Testé et approuvé !

© CHEZ LE BRASSEUR VAR

© CHEZ LE BRASSEUR VAR

CHEZ LE BRASSEUR €€

300, avenue de l'Université
✆ 04 94 01 28 88 - www.chezlebrasseur.com
Ouvert toute l'année. Ouvert 7j/7 de 10h à 00h. Réservation recommandée. Chèques non acceptés.

Direction l'Alsace et ses célèbres usines de brassage – en témoignent les deux Fenwicks d'époque, trônant fièrement entre les tables - avec une carte type brasserie et son large choix pour contenter tout le monde : des flammekueches, des salades, des burgers, des tartines, des choucroutes avec du chou Label Rouge, des pâtes bio, des moules frites, des viandes. À découvrir pour les gros mangeurs, des soirées à volonté : carpaccio frites, flammekueches, entrecôte... Chaque mardi après-midi, brassage de la bière maison devant les yeux des clients. Un véritable show !

© CHEZ LE BRASSEUR VAR

© CHEZ LE BRASSEUR VAR

© CHEZ LE BRASSEUR VAR

LA GARDE ★

Accrochée à un piton rocheux qui flirte avec les 80 m d'altitude, une chapelle romane du XIIe siècle surplombe la cité et le vieux village, qui a su conserver son cachet d'antan. S'étendant sur 3 km, le littoral gardéen est lui préservé de l'affluence touristique. Un trésor avec un petit port de pêche et une plage quasi confidentielle. Dans le centre ancien, un circuit parcourt ruelles et placettes pittoresques. Chaque année au mois d'août, les Nocturnes Médiévales bâtissent une « cité dans la cité » le temps de quelques nuits, tandis qu'au mois de décembre, les Hivernales prennent place dans le centre-ville de La Garde, avec son lot de chalets et d'animations.

MUSÉE JEAN AICARD - PAULIN BERTRAND

705, avenue du 8-Mai-1945

✆ 04 94 14 33 78

Ouvert toute l'année. Visite libre du mardi au samedi de 12h à 18h. Gratuit. Visite guidée (sur rendez-vous).

La maison du poète écrivain Jean Aicard, une belle bâtisse provençale plantée au cœur d'un parc de 6 ha arboré, accueille aujourd'hui l'atelier du peintre Paulin Bertrand, ainsi qu'une collection de céramiques de Clément Massier. Un seul et même lieu donc pour découvrir des œuvres artistiques et évoquer le souvenir de l'ancien propriétaire des lieux. La demeure renferme de nombreux objets de son quotidien, ainsi que des pièces plus exotiques témoignant de son intérêt pour le voyage.

MAISON DU TOURISME

2, place de la République

✆ 04 94 08 99 78

www.ville-lagarde.fr

Ouvert du mardi au vendredi de 9h à 12h30 et de 14h30 à 17h30 ; le samedi de 9h à 12h30.

Avec sa belle devanture ocre, impossible de passer devant la Maison du Tourisme sans y prêter attention. Un savant mélange entre une architecture contemporaine et le style provençal. Située en plein cœur de ville, la Maison du Tourisme vous procurera toutes les informations indispensables pour découvrir la cité lors de votre séjour à La Garde ! Le lieu a été pensé comme une vitrine de la commune. Gardéens et visiteurs s'y retrouvent pour apprécier le programme des festivités à venir et se renseigner sur les nombreuses activités proposées.

DOMAINE DE LA BARATONNE - CHAMBRE D'HÔTES €€

1640, RD 98

✆ 04 94 30 31 59

www.labaratonne.com

Chambre double de 120 € à 140 €. Petit déjeuner inclus. Lit supplémentaire : 20 € (enfant jusqu'à 12 ans).

Blottie au cœur d'un domaine de 18 hectares, avec vignoble et oliveraie, cette maison de maître construite en 1735, entièrement rénovée dans la pure tradition provençale, dispose de chambres d'hôtes décorées avec goût et raffinement, qui bénéficient toutes d'une vue sur le jardin paysager, la fontaine Louis XIV et les vignes qui s'étendent au loin. Une belle piscine est accessible. Sur place, vous bénéficierez de dégustations de vins autour de moments festifs.

LE DIJO €

15, avenue Baptistin-Autran

✆ 09 86 67 32 56

Ouvert toute l'année. Réservation recommandée. Chèques non acceptés. Chèque Restaurant. Accueil des groupes. Terrasse.

Une affaire de famille, celle de Dimitri et Jonathan, deux frères d'origine lyonnaise, passés par l'Angleterre et l'Île de Saint-Martin. Depuis trois ans, nous continuons d'apprécier l'excellent rapport qualité-prix et l'accueil tout en décontraction. À l'intérieur : salle avec voûtes en pierre et deux terrasses (dont une fumeur) pour profiter au maximum de la douceur du climat varois. Dans les assiettes, on ne manque pas d'idée pour contenter tout le monde, avec des propositions végétariennes et sans gluten, régulièrement renouvelées. Que du bonheur !

LE LUTIN

64, rue Vincent-Raspail

✆ 04 94 08 20 60

Ouvert du mardi au samedi de 9h à 12h30 et de 15h30 à 19h. Terrasse. Boutique.

Le Lutin c'est l'art du café dans toute sa splendeur avec un maître artisan torréfacteur qui torréfie directement sur place. Les amateurs seront conquis. Cette charmante boutique de centre-ville propose également des thés du monde entier, des produits du terroir varois ainsi que quelques ustensiles et objets déco autour notamment du café et du thé. Dès que le temps le permet, et c'est souvent le cas dans le Var, on adore s'installer sur la jolie terrasse pour apprécier une savoureuse infusion dans cette charmante rue provençale !

THE ROAD'S RIDERS

15, avenue Baptistin-Autran
✆ 06 15 88 23 83
Ouvert du mardi au samedi de 17h à 1h. Wifi. Restauration. Animations. Concerts. Retransmissions sportives.

The Road's Riders, c'est un pur décor rock, résolument american biker, imaginé par Stéphane, le maître des lieux. Avec toute son équipe, il propose autour d'une carte tapas, bières du monde, vins et cave à cigare, un calendrier particulièrement riche en concerts et soirées à thèmes (karaoké, blind test). En fil rouge, la musique avec du bon son rock et ses nombreuses variantes. On l'écoute et on en joue sur la scène ouverte. Le lieu est également idéal pour venir assister aux retransmissions d'événements sportifs en tous genres.

L'ENTREPÔT DU VIN

495, avenue Robespierre
✆ 04 94 14 49 30
https://www.lentrepotduvin.fr/
Ouvert du lundi au vendredi de 9h à 12h30 et de 15h à 19h30 ; le samedi de 9h à 19h30.

Depuis sa création, l'adresse ne nous a jamais déçus avec une haute qualité de conseil et une diversité conséquente de références (boissons, vins, champagnes, alcools, bières d'ici et d'ailleurs, coffrets cadeaux, paniers garnis, accessoires, carafes...). De quoi combler les envies des amateurs de plaisirs bachiques de la région ! Le véritable plus : les prix domaines ! On trouve ici des bouteilles pour tous les budgets, l'esprit de la cave de l'Entrepôt n'étant pas élitiste pour un sou, mais bien orienté vers le partage et la découverte.

CULTURA TOULON

1215, chemin des Plantades
✆ 04 83 69 14 00
www.cultura.com
Ouvert du lundi au samedi de 9h à 20h.

Le magasin Cultura Toulon, plus précisément à La Garde, s'est installé depuis 2019 en lieu et place de l'ancien Décathlon. L'offre est large : livres, jouets, instruments de musique, vinyles, vidéo, jeux vidéo, loisirs numériques et créatifs, papeterie : la culture sous tous ses aspects y est déployée sur 3 500 m² de superficie ! Pratiques également, le kiosque à journaux, le bureau de billetterie et l'espace photo. Trois salles d'académie de musique, une académie artistique et un atelier créatif sont aussi à votre disposition.

GOLF DE VALGARDE

Chemin de Rabasson
✆ 04 94 14 01 05
www.golf-valgarde.com
Ouvert toute l'année. Practice - 3 seaux : 9,50 €. Green fees Adulte 18 trous : 82 € / 9 trous : 59 €. Restauration.

Le golf de Valgarde est situé dans la plaine de la Garde, et s'étend sur plus de 60 ha. Un véritable havre de tranquillité pour se concentrer sur son *swing*. À vous le practice de 50 postes, le *pitch and putt*, et le *putting green* ! Le parcours compte 18 trous, avec pour votre détente, un club house et le nouveau restaurant Moma inauguré en décembre 2019. Le week-end, à certaines périodes de l'année, des soirées festives y sont également organisées. N'hésitez pas à vous renseigner pour un cours particulier auprès de Philippe et Emilien.

DOMAINE DE LA BARATONNE - DOMAINE VITICOLE

1640, D98
✆ 04 94 03 31 59
https://www.labaratonne.com
Ouvert du lundi au vendredi de 9h30 à 12h30 et de 14h30 à 18h30 ; le samedi de 10h à 17h.

Une propriété située aux portes de Toulon, qui doit son nom aux trois frères qui s'y installèrent au début du XVIIIe siècle : Paul, Laurent et Pierre-Alexandre... Baraton. Depuis 2011, la famille Bessudo a su redonner au Domaine de La Baratonne une identité forte, notamment au travers la production de vins en IGP Vin de Pays du Var d'une belle tenue. 7 cépages sont cultivés en agriculture biologique sur les 10,5 hectares du vignoble. On aime également le miel et l'huile d'olive maison.

ROLLER GLISS

375, avenue Saint Just
✆ 04 94 28 10 75
www.rollergliss.fr
Entrée : 6 €. Chèques non acceptés. Snacking possible. Wifi gratuit.

Après la mode des rollers en ligne, les rollers quad (4 roues) sont de retour pour toucher une nouvelle génération. Importé des États-Unis, ce renouveau débarque dans le Var avec le concept imaginé par l'équipe de Roller Gliss. Un espace dédié pour pratiquer seul, en famille ou entre amis avec la possibilité de privatiser les lieux pour des événements d'entreprise ou d'organiser un anniversaire d'enfant. Quoi qu'il en soit... Faites comme nous, chaussez vos rollers et lancez-vous au rythme de la musique dans une ambiance résolument festive !

LE PRADET ★

Autrefois rattaché à la commune de La Garde, le village est remarquable par la beauté de ses sites naturels. La station balnéaire se caractérise par ses 7 km de côte, sa nature préservée, ses multiples plages en criques naturelles. En cœur de ville, la place Paul Flamencq est un lieu de vie particulièrement animé. Le Pradet accueille chaque mardi matin un marché des producteurs de pays, en plus de son marché hebdomadaire du vendredi. Depuis 2018, la commune organise le Mondial de la moule, consacré au mollusque et ses nombreuses déclinaisons culinaires. Une fête populaire dont l'édition 2019 a battu des records d'affluence.

SENTIER SOUS-MARIN DE L'ANSE MAGAUD

Anse Magaud
✆ 07 69 78 33 49
Accessible de juin à août. Entrée : 5 €. Randonnée palmée accompagnée d'un guide. Matériel fourni.

Le sentier sous-marin permet de découvrir la richesse de la faune et de la flore de fonds marins, encore préservés. De juin à septembre, munissez-vous de votre masque et de votre tuba, et suivez les bouées, équipées d'un panneau descriptif. Il est conseillé de faire cette randonnée à deux ou en groupe. Il est obligatoire de savoir nager. Faites ensuite encore quelques mètres à pied pour explorer le village de San Peyre, avec ses maisons de pêcheurs et sa Grotte des amoureux.

LE SPA GOURMAND

1110, chemin des plantades ✆ 04 94 20 38 27
www.lespagourmand.fr
Ouvert le lundi et du mercredi au samedi de 10h à 19h. De 19h à 20h sur rendez-vous. Massage du monde à partir de 75 €.

Un Spa Gourmand mais pas que ! Si l'enveloppement au chocolat a fait la réputation du lieu, l'orientation bio, vegan et locale (Fées en Provence, Senteurs du Sud, Indemne) engagée par la Direction n'est pas pour nous déplaire. Au Spa Gourmand, prendre soin de soi, c'est aussi prendre soin de la planète. Épilation, maquillage, pédicure, soin du visage, massage du corps, sauna et bientôt hammam et bain à bouillonnant... L'offre est large avec une volonté de pratiquer du sur-mesure pour chaque client(e). Messieurs, vous êtes la bienvenue, seul ou en séance duo.

ÉGLISE SAINT-RAYMOND

Ouvert toute l'année. Tous les jours et les jours fériés.

Datant du XIXe siècle, cet édifice de style Renaissance romaine, dont le plan est en croix latine, a précisément été inauguré le 19 avril 1864 après avoir été béni 9 jours plus tôt. Il possède 4 cloches, 3 historiques datant de 1876, une dernière installée en septembre 2001. À l'intérieur, vous aurez le loisir de découvrir de remarquables peintures murales et de nombreux tableaux réalisés par Michel Deguil, Daniel Ballay et Monica Périn. De nombreuses messes y sont célébrées, notamment en latin les dimanches matin à 8h30, 10h et 11h15.

BOWLING DE PROVENCE

563, chemin des Plantades ✆ 04 94 75 20 20
www.bowlingprovence.com
Ouvert toute l'année. Bowling à partir de 2,50 € la partie par joueur. Location des chaussures 2 €. Restauration.

32 pistes vous attendent dans le plus grand bowling de la région, où différentes formules sont proposées en journée comme en soirée. Vous pourrez également vous adonner au billard, pool et américain, au baby-foot, vous mesurer, jusqu'à 8 pilotes, sur des simulateurs dynamiques automobiles de dernière génération et jouer au shoot soccer, en famille ou entre amis. Possibilité d'organiser des anniversaires d'enfants. Nouveauté depuis 2019 : des formules repas en snacking ou à table avec 3h de bowling inclus (à partir 15 euros / personne - minimum 5 personnes).

JARDIN FOREVER

177, chemin de la Carraire
✆ 06 16 48 12 11
www.energieforever.org
Ouvert tout l'année sur réservation. Entrée 5 €. Organisation d'anniversaires (7 €/enfant). Visite libre (2h).

Ouvert depuis 2010, ce jardin écologique et animalier géré par l'association Energie Forever déploie ses 5 000 m² d'espace pédagogique aux groupes scolaires, établissements spécialisés et familles. Labyrinthe, sentier des insectes, cabane d'observation des oiseaux, tunnel dans les branches, chemin des sens (pieds nus), volière, mare, éolienne ; au fil d'une visite de 2 heures 30 environ, vous y découvrirez des espaces consacrés au développement durable, pour sensibiliser les plus jeunes à la protection de l'environnement et à la gestion du jardin.

MUSÉE DE LA MINE DE CAP GARONNE ★

1000, chemin du Baou-Rouge
✆ 04 94 08 32 46
www.mine-capgaronne.fr
Fermé en janvier. Ouvert toute l'année les mercredis, samedis et dimanches, de 14h30 à 16h.

© MUSÉE DE LA MINE

Découvrez l'endroit magique où bat le cœur de la Terre, sa légende provençale, ses minéraux (azurite, malachite...), son patrimoine remarquable et ses balades « nature ». Mettez votre casque et pénétrez dans les entrailles de la terre, dans les galeries des anciennes mines de cuivre exploitées de 1857 à 1917. La température intérieure est de 15 °C, pensez à vous couvrir. Des visites sont également proposées en anglais. Non adapté aux enfants en bas âge.

LES PLAGES ★★

Gratuit. Parkings.

Découvrez les 5 plages de la commune avec pour chacune quelques spécificités. La plage de la Garonne offre un remarquable panorama sur la rade de Toulon. La plage des Oursinières jouit d'un petit port sympathique. La plage des Bonnettes se présente quant à elle comme un petit paradis pour les surfeurs, même si nous ne sommes pas à Hossegor pour autant. La plage du Monaco, intimiste, figure parmi les plus tranquilles (zone naturiste). La plage du Pin de Galle, enfin, ne manquera pas de séduire le promeneur, été comme hiver, avec ses petites maisons de pêcheur.

HÔTEL ESCAPADE*** €€

1, rue de la Tartane
✆ 04 94 08 39 39
www.hotel-escapade.com
10 chambres. Basse saison : à partir de 129 €. Haute saison : à partir de 169 €. Wifi gratuit. Restauration.

Jardin méditerranéen, piscine, vue mer, restaurant gastronomique... Ce charmant hôtel a de nombreux atouts. Vous apprécierez à coup sûr les chambres grand confort, aux ambiances différentes, avec vue sur la mer, le jardin ou la piscine. Le petit-déjeuner avec un large choix est servi autour de la piscine. En parallèle de l'hôtel, le restaurant La Chanterelle propose une cuisine traditionnelle de saison. Vous y appréciez un dîner ou déjeuner dans la salle à manger, sous la lumineuse verrière, soit sur la terrasse ombragée et fleurie.

DOMAINE DE LA NAVICELLE €€€

1617, chemin de la Cibonne ✆ 04 94 21 79 99
www.domainelanavicelle.com
7 gîtes de 4 à 9 personnes, de 370 à 1 575 € la semaine selon le gîte et la saison. Piscine extérieure chauffée.

En arrivant au Domaine de la Navicelle, le charme opère immédiatement. Un véritable havre de paix lové entre mer et collines, au pied du sublime massif de la Colle Noire. Les 7 gîtes se présentent sous forme de jolies maisonnettes au milieu des vignes ; terriblement charmant ! Les 21 hectares de vignes produisent d'excellents vins rosé, rouge et blanc en AOC Côtes-de-Provence, à découvrir directement au caveau du domaine. Des visites simples ou plus approfondies sont organisées tout au long de l'année, à partir de 10 € / personne.

LE PALAIS DU PATA NEGRA €€

133, avenue des Pins ✆ 04 94 21 37 53
www.lepalaisdupatanegra.com
Vente auprès des professionnels et des particuliers.

Un *food truck* pas comme les autres, qui porte particulièrement bien son nom... Et pour cause : Gabino Fernandez est importateur exclusif pour la distribution et la vente de produits Pedro Nieto, le nec plus ultra de la charcuterie ibérique ! Leurs produits sont élaborés de façon artisanale à partir de porcs élevés dans la province de Caceres ou en Andalousie, entre chênes verts et chênes lièges, et dont l'alimentation de base se compose de *bellotas* (glands). Un vrai régal pour les amateurs en quête de produits d'une grande authenticité.

L'HÉRITAGE €€

1264, avenue du général Brosset
✆ 06 34 23 05 92
Ouvert du mardi au jeudi et le samedi le midi ; le vendredi midi et soir. Pour les horaires d'été se renseigner.

À la sortie du Pradet, en direction de Toulon Est, l'Héritage nous a conquis depuis son ouverture. Nous sommes tombés sous le charme de ce concept de restaurant / cave à vin. Installée en partie dans une ancienne boutique de décoration, l'affaire à belle allure. Un déjeuner (pour nous en terrasse) surprenant d'efficacité, où l'on sent immédiatement la patte d'un véritable cuisinier en arrière-salle. Carte hebdomadaire, toujours dans la saison, service assuré en douceur par Chloé (la gérante). Cave à vin avec droit de bouchon.

L'OURSINADO €€

Chemin du Pas-dei-Garden
✆ 04 94 21 77 06
www.oursinado.com
Fermé de mi-novembre à mi-février. Haute saison : du mardi au dimanche le midi et le soir. Menus de 32 € à 75 €.

Un restaurant de poissons, de coquillages et de crustacés mythique au Pradet, niché dans les rochers avec une vue à couper le souffle. La terrasse ombragée et la salle panoramique n'ont pas d'égale sur la commune. Selon la pêche du jour, régalez-vous de pagre, de rougets, de loup, d'une marmite du pêcheur ou de linguini aux fruits de mer. Belle sélection d'huîtres et de coquillages. Sur commande, bouillabaisse, pâtes aux langoustes, langouste et homard grillés... Addition un peu salée, cohérente compte tenu de l'emplacement face à la Grande Bleue.

ESCARGOT LA DOMINETTE

995, chemin des Clapiers
✆ 06 65 58 49 34
https://www.escargot-ladominette.fr
Ouvert du mardi au samedi de 8h30 à 12h. Également sur rendez-vous. Livraison possible.

Venir à la Dominette, c'est découvrir l'héliciculture, l'élevage d'escargots. Mis au point par Christine Wattelier, ancienne opticienne reconvertie, l'élevage comporte près de 120 000 sujets (Gros Gris et Petits Gris) transformés sur place dans un laboratoire aux normes CE. Nature, au beurre persillé, en suçarelle (sauce provençale), en bocaux... Les recettes sont multiples pour qui aime les escargots bien sûr ! Des visites pédagogiques, parfois en nocturnes, sont proposées sur rendez-vous et en période estivale. N'hésitez pas vous renseigner.

MOULIN DE L'ESQUIROL

1227, avenue Ganzin
✆ 04 94 08 28 20
www.moulinesquirol-oliveraie.com
Ouvert tous les jours de 9h à 12h et de 14h30 à 19h.

Autour d'une ancienne bâtisse du XVIIe siècle, la famille Martini cultive 2 000 arbres dont certains ont résisté au gel de 1956. Cultivées en agriculture raisonnée, les parcelles sont enherbées avec une récolte entièrement à la main ou à l'aide de peignes. Les olives sont portées au moulin, le bien nommé l'Esquirol du provençal *esquiraù*, écureuil, car il n'est pas rare d'en voir sur la propriété ! Ce moulin produit une huile AOC Provence, une huile d'olive de France ainsi que des olives de table, vertes ou noires, et des pâtes d'olives.

CARQUEIRANNE

Une station balnéaire bien agréable entre Toulon et Hyères. La tulipe, emblème de la ville, fleurit dans les champs des alentours dès qu'arrive le printemps. Le petit port est une halte agréable pour un rafraîchissement : c'est là que bat le cœur de la ville l'été venu. Tout au long de l'année, ne manquez pas non plus le charmant centre-ville ; le marché hebdomadaire s'y tient le jeudi matin. Côté détente, les plages de Peno et du Pradon, comme les plus confidentielles Pins penchés et Beau Rivage, invitent au farniente. Chaque été en août, le festival « Théâtre In Situ » au fort de la Bayarde est un fort moment de culture.

CARQUEIRANNE

Place de la République
www.carqueiranne.fr

Plage naturiste de 200 mètres officiellement autorisée du 30 juin 1977. La plage des Bau Rouges de Carqueiranne est située à l'ouest de la station balnéaire en prenant la direction du Pradet. C'est l'unique plage naturiste de Carqueiranne. Elle est composée de rochers (lisses) permettant facilement de trouver une place pour se bronzer. Le cadre est magnifique avec une eau translucide mais l'accès est difficile. Des escaliers sont aménagés mais la pente est très importante. La vue depuis le sommet est extraordinaire.

LE BEAU VEZÉ**** €€

750, route de la Moutonne
✆ 04 94 57 65 30
www.camping-beauveze.com
Camping Qualité. Ouvert de mai à mi-septembre. Réservation impérative. Terrain de 5 ha. 150 emplacements.

Situé à 3 km des premières plages de sable, ce camping 4-étoiles est divisé en quatre parties. Un large choix d'animations vous est proposé, ainsi qu'un bel espace aquatique pour petits et grands, ouvert dès le mois de mai. Club enfants, cours d'aquagym, soirées variées au restaurant : les animations sont au rendez-vous tout au long de l'été. Très bonne adresse pour un séjour en famille avec possibilité d'une offre en demi-pension. Depuis 2019, de nouveaux *eco-lodge* tout confort ont fait leur apparition pour un esprit *glamping* !

VAL D'AZUR €€

3, impasse de la Valérane
✆ 04 94 48 07 16
www.valdazur.com
Ouvert toute l'année. Chambre double de 129 € à 179 €. Petit déjeuner inclus. Gîte T2 à partir de 179 € la nuitée.

L'exotisme règne dans cette belle villa moderne située à seulement 5 minutes de la plage de l'Almanarre, où 5 chambres aux différentes atmosphères sont mises à votre disposition. Bali, Maldives, Macao, Margarita et Lagon ; leur nom incite déjà à un grand dépaysement. Une cuisine extérieure vous permet également de préparer vos repas en toute liberté, entre deux bains dans la piscine extérieure chauffée. Les propriétaires proposent aussi à la location un gîte T2 à l'ambiance tropicale, avec une baignoire balnéo pour 2 personnes.

MAISON MARIÉLIE €€

Chemin de la Brise-Marine
✆ 04 94 58 53 67
https://www.hotel-brise-marine.com/
Ouvert de mi-mai à septembre. 13 chambres (modulables en appartements). Chambre double à partir de 190 €.

L'hôtel Brise Marine change d'identié et s'appelle désormais la Maison Mariélie. Situé au bord de la plage de sable du Pradon, directement accessible par un chemin privé, l'établissement ocre aux volets lavande, tenu depuis trois générations par la famille Paoli, offre des chambres et des suites familiales toutes différentes, décorées avec goût, et qui disposent toutes d'une vue sur la mer et d'une belle terrasse privée. Comble du luxe, une piscine à débordement surplombe la mer et le petit restaurant de plage apaisera avec gourmandise les petites faims.

FREDOUILLE €

52, Avenue du Général de Gaulle
✆ 07 77 34 36 10
Ouvert du mercredi au samedi le soir. Tous les jours en saison. Accueil des groupes. Terrasse.

Chez Fredouille, c'est le rendez-vous des vrais épicuriens, des amoureux de la vie, des bons produits et bien évidemment du bon vin. Directement face à la mer, sur le port de Carqueiranne, le cadre est parfait pour des apéritifs festifs et conviviaux autour des fameux tapas de Fredouille. Pois chiches au cumin, tortilla de pommes de terre et oignons, croquetas, panisse, cannelloni, tartine de chèvre, charcuterie. Liste non exhaustive pour vous laisser le soin d'aller tout goûter... comme nous l'avons déjà fait plusieurs fois !

MILEADE CARQUEIRANNE*** €€

600, avenue de la Valérane ✆ 04 94 58 70 87
https://www.mileade.com/destinations/mer/carqueiranne/
Ouvert de mars à novembre. Accueil 24h/24. Pension complète. Demi-pension. Parking fermé. Club enfants.

Récemment rénové, l'Hôtel Club Miléade (anciennement Vacanciel) bénéficie désormais d'une aire aqualudique de 1 000 mètres carré (toboggan, piscine chauffée, chemin massant et bain à remous), de nouvelles villas privées (solarium ou pinède), d'une salle de sport ultra-moderne. Implanté dans un parc ombragé face à la mer, il permet un accès rapide à une petite crique en contrebas et reste proche du centre-ville carqueirannais et des plages d'Hyères. L'idée futée : des séjours thématiques hors saison autour de la danse (country, tango, salsa, rock...).

LA BARBAK €€

52, avenue du Général-de-Gaulle
✆ 09 87 18 42 88
Ouvert le lundi, le mardi et du jeudi au samedi le soir ; le dimanche midi et soir. Réservation recommandée.

Ici, pas de mystère sur les intentions, avec une sélection de viandes, bruts ou plus travaillés, à faire trembler les papilles de n'importe quel amateur de la chose. Bœuf, cochon, poulet, agneau, kangourou, zèbre, la palette est multiples, les accompagnements maison d'une belle qualité (ratatouille, écrasé de pommes de terre, frites...). Pour les plus petits appétits et les non-carnivores, une jolie salade de chèvre pané, un steak de soja ou le demi-camembert aux oignons confits. Et toujours le tournebroche pour particuliers et professionnels. Futé !

L'ÉCAILLER DU PORT €€

32, av. Général-de-Gaulle
✆ 06 13 62 45 55
https://restaurant-lecailler-carqueiranne.fr
Ouvert tous les jours de 10h à 14h et de 17h30 à 22hCommande : 06 13 62 45 55. Plateaux à emporter.

Depuis 2015, Nicolas et son équipe sont toujours prêts à régaler les résidents et les touristes estivaux. Sur place, à emporter et désormais en livraison à domicile, les fruits de mer et coquillages sont ici les rois de la table avec des propositions pour tous les budgets et tous les appétits. Huitres, moules, palourdes, bulots, crevettes, oursins, crabes, amandes... Particulièrement agréable à l'heure de l'apéro avec la formule six huîtres et un verre de vin. On apprécie également les pâtes aux langoustes ou aux palourdes !

L'AVENTURE €€

Plage Peno ✆ 04 94 58 82 08
www.resto-plage-laventure.fr
Ouvert de mi-février à novembre. Haute saison : tous les jours le midi et le soir. Bouillabaisse sur commande.

Un établissement historique de Carqueiranne, implanté sur la plage Peno, comme qui dirait les pieds dans l'eau ! Le restaurant est connu pour sa pêche locale, ses plateaux d'oursins (en saison) et sa bouillabaisse au feu de bois : chapon, rascasse, vive, Saint-Pierre, congre, gallinette (rouget grondin), seiches, moules et autres pommes de terre sont servis sur des *faoúc* traditionnels (sur commande). Moins tradi mais tout aussi bon, les burgers, risotto et salades de l'Aventure. Une adresse que l'on vous recommande pour un déjeuner ou un diner face à la mer.

VIOLETTE LES GLACES

52, avenue du Général de Gaulle
✆ 04 83 42 93 21
Basse saison : ouvert du mardi au dimanche de 11h à 19h. Haute saison : tous les jours de 10h à 0h. Wifi gratuit.

Installé sur le port de Carqueiranne, voici peut-être le meilleur glacier dans un rayon de 20 kilomètres ! De la glace haut de gamme avec pas moins d'une trentaine de parfums proposés. L'offre snacking est également à la hauteur avec des produits de qualité et locavore pour certains. Hot-dog, panini, salade, wrap... tout est fait sur place par les équipes de Gregory et Margaux. Succombez aussi à leurs délicieuses gaufres, crêpes et smoothies maison. On en salive encore... Accueil dynamique et agréable, même en pleine saison.

LA CRAU

L'histoire de La Crau est liée à celle de la ville d'Hyères à laquelle elle fut rattachée jusqu'en 1853. Indépendante depuis la promulgation cette année-là d'un édit de Napoléon III, elle est devenue une grande commune agricole dans une plaine alluviale, encadrée par le mont Fenouillet et le Coudon. Irriguées largement par les eaux du Gapeau – jolie promenade sur ses berges – et du Réal-Martin, ses terres fertiles permettent des cultures horticole et viticole qui ont amplement contribué à sa notoriété. Aujourd'hui encore, les producteurs de La Crau sont largement représentés sur les marchés du coin ; celui du village, d'ailleurs, se tient le mercredi et le dimanche matin.

ÉGLISE NOTRE-DAME-DE-LA-VISITATION

Le prieuré Notre Dame devenant trop exigu, Louis Toucas demanda en 1845 l'édification d'un nouveau lieu de recueillement. C'est le curé Martel qui officia pour la première fois en l'église de Notre Dame de la Visitation en 1849. Lorsque La Crau se sépara de la ville d'Hyères, elle devint une paroisse à part entière reconnue par l'évêque de Fréjus-Toulon, qui consacra l'église le 12 février 1857. À l'occasion de ses 150 ans, un majestueux campanile est venu orner son clocher.

LE MONT FENOUILLET

En toutes saisons, c'est la balade pour recharger les batteries. Ce mont s'élève entre La Crau et Hyères et fait partie de la chaîne montagneuse Les Maurettes qui se trouve entre les deux communes. Au sommet (291 mètres), une chapelle et une vue à 360° époustouflante. Les îles d'Or, la ville de Hyères, le massif des Maures, La Crau, La Garde, Toulon... rien ne vous échappera. L'origine de son nom semble venir du mot fenouil, une plante autrefois cultivée à La Crau. En 1840, une distillerie commença à produire une liqueur dite « du Fenouillet » et ce jusqu'en 1918.

DA LUIGI €

11, rue du Thym
✆ 04 94 27 16 65
https://www.pizza-da-luigi.com
Ouvert toute l'année. Du mardi au vendredi le midi et le soir ; le week-end le soir. Réservation recommandée.

Une valeur sûre qui nous réconcilie avec les pizzas, burgers et autres grillades. La recette du succès est simple : une salle bien tenue, dans son époque (mur en brique, mange-debout, banquette), des ingrédients frais et de qualité, le tour de main des cuisiniers et beaucoup d'amour. Sur place, à emporter ou en livraison, la carte est variée avec un excellent rapport qualité/prix. Notre préférée… la pizza Luigi avec une bonne mozzarella di bufala et quelques feuilles basilic. Da Luigi, un établissement qui sait faire plaisir à ses clients.

LA CABANE €€

214, avenue Edouard-Aiguier
✆ 04 94 57 47 19
Ouvert toute l'année. Du mardi au dimanche le soir. Plat à la carte : 26-28 €.

La Cabane est un incontournable de la ville, voire du département et ça dure depuis longtemps ! Renouvelée tous les deux mois, la carte à l'ardoise ne permet pas de se lasser. Au menu : burger de homard, carpaccio de courgettes, canard IGP aux noisettes et petits légumes, Saint-Pierre rôti et aubergine confite… Si possible, réservez la table « la cabane » pour une expérience intimiste des plus dépaysante. La carte des vins est plutôt intéressante. Avant de partir, faites vous conseiller et ne manquez pas de goûter à un bon rhum arrangé…

AVENTURE CHEVAL

35, Chemin des Muletiers
✆ 06 87 69 70 15
http://aventurecheval.com
Réservation obligatoire au 06 87 69 70 15. Randonnée d'1h à partir de 20 euros (juillet - août uniquement).

De la simple balade de 1h pour les grands débutants à la randonnée de 3 jours pour les cavaliers les plus aguerris (avec nuitées et repas dans un gîte), Bruno et son équipe se chargeront de tout pour vous faire passer un moment fabuleux, quasiment inoubliable. Toutes les sorties sont formellement encadrées par des moniteurs diplômés de la Fédération Française d'Equitation. Aventure Cheval, c'est le partenaire idéal pour découvrir le Var autrement. À l'année, le poney ranch accueille également les enfants désireux d'apprendre à monter.

FUN CITY

125, avenue Louis-Breguet
✆ 04 94 91 36 69
www.fun-city.fr
Ouvert le mercredi, le samedi, le dimanche et les jours fériés de 10h à 19h. Et tous les jours pendant les vacances.

Un petit paradis à taille d'enfant sur pas moins de 1 100 m² de jeux pour amuser les 1-12 ans. La grande salle fermée est chauffée en hiver et climatisée en été. Une idée plus que futée pour les jours de mauvais temps, comme pour surprendre vos bambins avec un anniversaire parfaitement orchestré entre copains ! L'espace café et *snacking* est à la disposition des parents avec de nombreuses tables et chaises. Une petite boutique à l'entrée vous permettra, si vous le désirez, de rentrer à la maison avec un souvenir de votre passage à Fun City !

LE REVEST-LES-EAUX

Surnommé la Suisse varoise au début du siècle en raison de ses nombreuses sources, de son lac aménagé et de sa végétation, Le Revest se trouve au centre d'un cercle de collines, entre le mont Caume à l'ouest, le Grand Cap au nord, et le Coudon à l'est – ne manquez pas d'y grimper, à pied ou en voiture : superbe panorama depuis son (presque) sommet, des îles d'Or à la presqu'île de Saint-Mandrier. Le village possède aussi quelques vestiges du passé, une tour, ruine médiévale du castrum de Revesto du XIIe siècle, un château du XVIe siècle et une église dédiée à saint Christophe – du XVIIe siècle – abritant de nombreux tableaux du XVIIIe siècle.

BRASSERIE LA FONTAINE €€

2, Rue Maréchal Foch,
✆ 09 51 52 02 48
Du lundi au samedi tous les midis, vendredi et samedi soir. Plat du jour 10,50 €, jusqu'à 25 € plat et dessert.

Au cœur de ce village pittoresque et ses places ombragées, La Fontaine est la nouvelle adresse courue de Nicolas et Alexandre Fantoni, qui propose une cuisine méditerranéenne des quatre saisons et une Bowlfood tendance. L'ambiance provençale se retrouve dans l'assiette : les seiches grillées, la daube de poulpe, l'aïoli, les gnocchis maison avec sa crème de lard et reblochon, les côtes de porc fermier à la truffe. Les variantes asiatiques de la tendance bowlfood viennent compléter une carte créée par le chef Florent Bachelot, l'enfant du village.

CÔTÉ TERRE

Plutôt éloignée des sentiers battus touristiques, cette région est très certainement l'une des plus authentiques du fait de ses traditions et de ses nombreux villages mais aussi en raison de sa nature omniprésente et fertile où les terrains agricoles sont nombreux. Sur place, sont cultivés de nombreux produits du terroir varois : vignobles, oliviers, châtaignes... Certaines villes organisent d'ailleurs régulièrement des fêtes, ou des festivals, pour célébrer la récolte de ces produits. Si vous êtes en vacances dans le Var en automne, on vous recommande par exemple de participer à la fête de la châtaigne, qui a lieu généralement au mois d'octobre, et où vous pourrez déguster des châtaignes délicieusement grillées. La région est également prisée par les chasseurs donc le gibier est souvent au menu des restaurants des villages de la région, ce qui change un peu des fruits de mer et poissons, souvent servis dans les restaurants du littoral.

P.N.R. du Luberon
P.N.R. du Verdon
P.N.R. de la Sainte-Baume
BARGÈME
COMPS-SUR-ARTUBY
MONS
Saint-Vallier-de-Thiey
La Gaude
Vence
Le Rouret
Grasse
Spéracèdes
Cagnes-sur-Mer
Jouques
Rians
Aups
Tavernes
SEILLANS
TOURRETTES
CALLIAN
MONTFERRAT
BARGEMON
FAYENCE
MONTAUROUX
AMPUS
CLAVIERS
TANNERON
TOURTOUR
CHÂTEAUDOUBLE
CALLAS
Antibes
SILLANS-LA-CASCADE
SALERNES
FIGANIÈRES
SAINT-PAUL-EN-FORÊT
Le Cannet
Barjols
Bagnols-en-Forêt
BAGNOLS-EN-FORÊT
Cannes
FLAYOSC
DRAGUIGNAN
Puyloubier
Cotignac
LA BASTIDE
Pourrières
Seillons-Source-d'Argens
SAINT-ANTONIN-DU-VAR
Les Adrets-de-l'Estérel
TRANS-EN-PROVENCE
Rousset
LORGUES
LA MOTTE
TARADEAU
LE MUY
LE THORONET
FRÉJUS
Agay
Saint-Raphaël
CABASSE
Le Val
VIDAUBAN
Saint-Zacharie
LE LUC
LE CANNET-DES-MAURES
FLASSANS-SUR-ISSOLE
Rougiers
Les Issambres
BESSE-SUR-ISSOLE
La Roquebrussanne
GONFARON
La Garde-Freinet
Cuges-les-Pins
CARNOULES
Sainte-Maxime
Mer Méditerranée
Côté terre
SIGNES
MÉOUNES-LÈS-MONTRIEUX
Cogolin
BELGENTIER
CUERS
PIERREFEU-DU-VAR
COLLOBRIÈRES
LE CASTELLET
SOLLIÈS-TOUCAS
SOLLIÈS-PONT
LE BEAUSSET
LA CADIÈRE-D'AZUR
SOLLIÈS-VILLE
Le Canadel
ÉVENOS
Cavalaire-sur-Mer
LA FARLÈDE
Hyères les Port
15 Km

248

PAGES

LA FARLÈDE

Au pied du Coudon, celle qui s'appela jusqu'en 1880 Solliès-Farlède se démarqua de ses voisines en s'affranchissant complètement de sa première partie, pour devenir simplement La Farlède. L'église Notre-Dame, construite de 1751 à 1755, de style roman, abrite un retable datant de sa construction. Située aux portes de Toulon, de La Garde et de La Valette, la commune connaît depuis une trentaine d'années une forte expansion industrielle. Malgré tout, son marché provençal demeure une belle escapade avec également le 3ème dimanche de chaque mois, le marché bio et local de la cerise de 9h à 14h, placette du Moulin de La Capelle avec Animations, artisans et restauration bio.

CHAMBRE D'HÔTES LE VIEUX LOGIS €€

33, rue Carnot
✆ 06 46 69 57 42
www.levieuxlogis-lafarlede.com

Ouvert toute l'année. 3 chambres. Chambre double à partir de 95 €. CB non acceptée. Label Fleur de Soleil.

Une chambre d'hôtes alliant cachet d'antan et modernité, tenue par Marie-Hélène et Éric, qui ont su faire de cette bastide familiale, une maison accueillante. Les trois chambres – Lavande, Citron et Olivier – bénéficient de tout le confort nécessaire : literie de qualité, climatisation, wi-fi, et même télévision. Le matin le petit déjeuner est servi sur la terrasse, dans la véranda ou en intérieur, avec des produits maisons. La piscine extérieure est appréciable aux beaux jours.

CHAMBRES D'HÔTES DU PARTEGAL €€

975, chemin du Rollier ✆ 06 09 21 65 10
www.chambre-hote-partegal.com

Ouvert de février à décembre. Chambre double 115 € ; suite 165 €. Petit déjeuner inclus. Parking fermé.

Une villa moderne aux grands volumes, proposant 3 chambres, 1 suite familiale, une piscine extérieure dans un jardin et chose rare, un salon de massage et un spa en intérieur avec bain à remous, jets de massage et nage à contre courant. Les propriétaires sont aux petits soins pour contenter leurs convives ! Accès à la cuisine pour les repas du midi et du soir, ainsi qu'au Pool House avec barbecue. De temps à autre, Bernadette organise des journées à thème (pâtisserie, visites...).

VILLA OMA €€

311, chemin des Fourniers
✆ 06 99 44 01 54
www.villaoma.fr

Ouvert toute l'année. 1 chambre (et une suite jusqu'à 4 personnes). Chambre double à partir de 130 €. CB non acceptée.

La dernière arrivée des maisons d'hôtes de La Farlède est une demeure de la fin du XIXe siècle, rénovée, agrandie et décorée avec un goût certain et un audacieux souffle contemporain. En toute intimité, Marianne et Olivier proposent deux unités seulement : 1 chambre double donnant sur le village, et 1 vaste suite aménagée dans un esprit loft, pouvant accueillir jusqu'à quatre personnes. Les beaux extérieurs et le bassin de nage chauffé ne sont ainsi jamais surchargés, et l'on peut en profiter en toute quiétude. Une bien belle adresse à découvrir.

LE DÉTOUR €€

124, avenue de la République
✆ 04 94 03 28 06

Ouvert toute l'année. Du mardi au samedi le midi et le soir ; le dimanche midi. Plat du jour : 11 €.

Une petite adresse qui ne paye pas forcément de mine, et pourtant. Véronique, qui a œuvré dans la pâtisserie au Maroc et au Canada, vous réserve un accueil authentique et attentionné, et s'applique à vous cuisiner minute quelques bons plats traditionnels et provençaux. A part les frites, tout est fait maison ! Cuisine vegan sur demande, avec velouté de potimarron, chips de panais et dessert avec chantilly vegan (crème de noix de coco). Une table assez confidentielle, qui gagne à être connue, notamment pour sa proposition de plat du jour à petits prix.

59 MINUTES CHRONO

Rue Gay-Lussac
✆ 09 54 51 37 83
www.escape-game-toulon.fr

Minimum 10 ans. Ouvert 7J/7 de 10h à minuit. Session toutes les 2 heures. Tarif de 18 € à 30 € par personne.

« 59 minutes Chrono », l'escape game qui nous a le plus bluffé de l'aire toulonnaise ! Évadez-vous de la cellule d'un prisonnier avec « Prison Break » ; évitez le crash ultime de votre avion et déjouez les pièges diaboliques du traître le plus redouté du MI-6 avec « Spectre » ; retrouvez grâce aux indices dévoilés par votre aïeul le chevalier Hugues de Payns le « Trésor des Templiers », disparu en 1314... Les décors et les mécanismes sont vraiment à la hauteur des 3 scénarios proposés ! À terme, l'espace devrait devenir le plus grand escape game de France.

VIEUX MOULIN À HUILE DU PARTEGAL

159, chemin des Laures ✆ 04 94 48 48 85
http://moulindupartegal.fr
Fév., mars, oct. et nov : 9h-12h et 14h-18h (sauf dimanche). D'avr. à sept : tous les jours (9h-12h30 et 14h-18h30).

Dans ce moulin à huile du XIVe siècle toujours en activité, vous découvrirez une meule en pierre entraînée par des engrenages en bois qui tourne dans sa « mare », des bassins de décantation, ainsi que des outils anciens, toujours utilisés. La visite guidée et sa dégustation (gratuites) vous apprendront à reconnaître les saveurs, arômes et odeurs des huiles de Provence. La boutique vous permet de découvrir un grand choix d'huiles d'olives artisanales et de produits du moulin.

SOLLIÈS-VILLE

L'église Saint-Michel, construite au XIIe siècle, abrite un retable de Saint-Roch du XVIe siècle, un remarquable buffet d'orgue de 1499, et un Christ en bois du XIIIe siècle. Les promenades au fil des petites rues pavées sont agréables, et sur la place du village, un platane centenaire dispense son ombre bienveillante pour un moment de repos. Chaque année au mois de décembre, un petit vent de magie souffle sur Solliès-Ville lors du circuit des crèches : les particuliers exhibent leurs trouvailles ou créations les plus originales, cela mérite le détour. Dans le même temps au musée du Vêtement provençal, la foire aux santons attire elle aussi son lot de curieux.

LE MUSÉE DU VÊTEMENT PROVENÇAL ★

Avenue Jules-Ferry
✆ 04 94 33 72 02
Fermé le mercredi après-midi. Ouvert du mardi au samedi. Visite libre, ou visites guidées sur rendez-vous. Gratuit.

A l'intérieur d'un ancien moulin à huile du XVIIIe siècle, ce musée expose plus de deux cents vêtements féminins, masculins, d'enfants, ainsi que de nombreux accessoires de la vie quotidienne des années 1800 à 1920. Sa visite est le point de départ d'un circuit guidé proposé par l'équipe du musée, et qui mènera ensuite le promeneur à l'Eglise Saint-Michel et au musée Jean Aicard. Chaque année, de la fin novembre jusqu'à Noël, le musée accueille une foire aux santons à ne pas manquer.

MUSÉE JEAN-AICARD

Place Eugène-Sylvain
✆ 04 94 33 72 02
Ouvert du mardi au samedi. Visite libre, ou visites guidées sur rendez-vous. Gratuit.

Ce musée est consacré à la vie du célèbre poète, romancier et académicien Jean Aicard. Natif de Toulon en 1848, exilé à Paris pour raisons professionnelles, il choisit de résider à Solliès-Ville dès 1916, avant de devenir maire de la commune de 1919 à 1921. Sa maison, accolée presque blottie à l'église, renferme aujourd'hui de très nombreux souvenirs et effets du personnage (meubles, tableaux, bougeoirs...). C'est dans cette maison qu'il écrira « Gaspard de Besse » ou encore « Forbin de Solliès ou le Testament du Roi René ».

ECO PARK DE LA CASTILLE

RD554 route de la Farlède
✆ 07 60 29 67 89
www.ecopark-adventures.com/fr
Ouvert de mi-février à mi-novembre. Ouverture dès 10h pendant les vacances d'été. À partir de 5 €.

Au cœur du Domaine de La Castille, entre vignoble et rivière, l'EcoPark abrite 10 parcours d'accrobranche, classés selon le niveau de difficulté, avec un accès à partir de 2 ans. Idéal pour une sortie en famille ou entre amis, à l'ombre de majestueux platanes. Le domaine est aussi un terrain de jeu propice pour les joggers et autres adeptes du VTT. Possibilité vous est offert de déjeuner au restaurant du Château de La Castille (sur réservation). Nouveauté : l'Explor Games, une aventure entre le jeu de piste numérique et l'Escape Game en extérieur.

SOLLIÈS-PONT

Au XVIIIe siècle, le bourg « Solliès-le-Pont » commence à se développer. L'agglomération prend une importance stratégique, grâce à la construction de plusieurs barrages qui rendront possible le fonctionnement de nombreux moulins à huile, à blé, ou à tan. Grâce à un important réseau de canaux, favorisant l'irrigation de plus de 400 ha de plaine agricole, Solliès-Pont deviendra peu à peu la capitale de la cerise, puis de la figue. Aujourd'hui encore, la figue de Solliès représente 75 % de la production française commercialisée ; depuis 2011, elle est même reconnue AOP au niveau européen. Chaque été, le village s'anime au rythme du Festival du Château.

LE CHÂTEAU DE SOLLIÈS-PONT

1, rue de la République
Ouvert toute l'année. Gratuit.

Si deux circuits sont proposés pour découvrir la commune en déambulant dans ses petites rues, l'incontournable reste le château de Forbins. Rénové en 2007, il se caractérise par ses quatre tours (deux rondes et deux carrées), ainsi qu'un plaquage en briques et une toiture en ardoise d'Angers. Ses intérieurs abritent la mairie et l'office de tourisme. Le parc avec sa pelouse, son petit lac et ses nombreuses essences reste un lieu de balade reposant.

OFFICE DE TOURISME DE LA VALLÉE DU GAPEAU

1, rue République
✆ 04 94 28 92 35
www.valleegapeau-tourisme.fr
Toutes les infos sur www.valleegapeau-tourisme.fr

Les bureaux de l'office de tourisme de la Vallée du Gapeau sont installés au cœur du magnifique château de Forbins et son grand parc arboré. Vous y retrouverez toutes informations utiles et pratiques pour découvrir les nombreux atouts de cette région du Var située à l'entrée du Parc Naturel de Sainte-Baume et non loin des sublimes plages du littoral varois. Où loger ? Où se restaurer ? Quoi faire ? Quoi visiter ? Vous aurez toutes les réponses à vos questions.

LES CHAMBRES DE SOLLIÈS €

5, avenue du 6e-RTS
✆ 06 62 80 73 21
www.leschambresdesollies.com
Ouvert toute l'année. 5 chambres. 35 €. Petit déjeuner : 5,50 €. Cuisine à disposition au tarif de 3,50 € par jour.

Bénédicte et Philippe vous accueillent dans leur maison de village, à quelques mètres du château des Forbins. Avec la convivialité propre aux gens du Nord, vous vous y sentirez comme à la maison. Sur 3 étages, la maison d'hôtes propose 5 chambres climatisées et équipées de TV, celles situées à l'arrière disposent d'une vue sur le château, le pigeonnier et la terrasse, avec son bain bouillonnant (de mai à octobre). Avec des prix si doux et un accueil si sympa, on accepte aisément le fait de devoir partager les sanitaires avec les autres chambres.

SOLLIÈS-TOUCAS

Solliès-Toucas doit son nom aux frères Tocasso, immigrés italiens en 1501 et considérés comme les fondateurs du village. Aujourd'hui, Solliès-Toucas offre aux promeneurs divers oratoires et fontaines, ainsi que la belle église Saint-Christophe. Achevée en 1701, elle recèle un magnifique retable et un campanile dont la cloche, datée de 1759, figure à l'inventaire des mobiliers historiques. Le visiteur peut aussi admirer le hameau de Valaury et sa charmante chapelle construite en 1668 à l'occasion du passage de Louis XIV, qui se rendait à Belgentier puis à Cotignac. Un (tout) petit marché de producteurs anime le village toute l'année le samedi matin.

LA BASTIDE ENCHANTÉE €€

RD 554 ✆ 04 94 48 95 55

www.restaurant-labastideenchantee.com

Ouvert toute l'année. Réservation recommandée. Menus de 19,50 € à 39,50 €. Carte : 40 € environ. Menu enfant : 9,50 €.

Située en bordure du Gapeau, bien rafraîchissant en été, le cadre de cette bastide est déjà un enchantement en lui-même. Mais attendez un peu d'ouvrir la carte et de découvrir votre assiette. Au fil de quatre menus et d'une carte ensoleillée, le chef régale ses convives d'un cuisine colorée et typiquement provençale. La carte évolue au gré des saisons avec de vraies bonnes surprises. Il y en a pour tous les goûts et pour toutes les bourses. Un bon point pour les terrasses ombragées, particulièrement appréciables aux beaux jours.

LE MOULIN DU GAPEAU €€

Place Édouard-Granet ✆ 04 94 48 98 68

https://lemoulindugapeau.com

Ouvert dimanche, mardi et mercredi midi + midi et soir du jeudi au samedi. Menu à 29 € entrée, plat, dessert.

La famille Bart, père, mère et fille a repris depuis janvier 2019 le Moulin du Gapeau pour le plus grand bonheur des habitués de cette belle maison. Leurs origines du sud-ouest se retrouvent dans l'accueil, les assiettes et l'accent ! Le cassoulet est un must avec cassoles d'une fabrique artisanale de Toulouse, lingots de Castelnaudary. On se régale aussi des magrets et confits de la ferme du Puntoun dans le Gers (Saint-Martin), qui sert notamment plusieurs restaurants étoilés. La Provence n'est pas oubliée avec la daube provençale et la truite aux amandes.

BELGENTIER

Le village le plus au nord de la vallée est bâti sur les rives du Gapeau, au pied des aiguilles de Valbelle. Entouré de collines plantées d'oliviers, de pins, de chênes, il dégage tout le charme d'un petit bourg de Provence, animé chaque lundi matin par un modeste marché de producteurs. Au centre du village, l'église Notre-Dame de l'Assomption, construite en 1686, possède un dôme de style Renaissance italienne ainsi qu'une fresque sur son chevet, qui relate le passage de Louis XIV et de sa cour se rendant en pèlerinage à Notre-Dame-des-Grâces de Cotignac en 1660. Pour l'anecdote, Mathieu Teisseire, fondateur du sirop éponyme, est né à Belgentier en 1688.

RESTAURANT DES ARCADES €€

Route départementale 554 ✆ 06 17 68 09 29

www.restaurantlesarcadesdugapeau.fr

Réservation recommandée. Menus de 17 € à 40 €. Accueil des groupes. Terrasse.

Déjà trois années d'exploitation pour Christine Foucou, néo cuisinière (après une reconversion professionnelle) à l'enthousiasme communicatif. Sa carte est renouvelée à chaque trimestre et sent bon le terroir. Le Petit Futé s'est régalé d'un foie gras maison, poisson entier rôti au four avant de finir comme chaque année sur la pastilla aux pommes, caramel beurre salé et glace vanille... Un pur régal ! L'adresse colle parfaitement avec l'esprit village de Belgentier et bénéficie d'une grande salle lumineuse et d'une belle terrasse avec vue sur la colline.

OLIVERAIE DES ESCAVALINS - GÎTE €€

Les Escavalins

✆ 06 24 69 45 91

www.olives-en-provence.com

Gîtes de France (3 épis). Ouvert toute l'année. De 680 € à 1 320 € la semaine selon saison.

Le paradis se mérite, dit-on ? La preuve en est avec l'Oliveraie des Escavalins ! Au coeur d'un domaine de 40 hectares, planté de quelque 2 000 oliviers et de truffières en éco-pâturage (les brebis et les chèvres laitières retraitées ne sont en effet jamais bien loin), Géraldine et Mark ont retapé avec un goût inouï cette belle bastide provençale. Le gîte, qui peut accueillir au maximum 7 personnes (deux grandes chambres et une chambre montagne en alcôve) se trouve au niveau supérieur.

DOMAINE DES ESCAVALINS - MOULIN

✆ 06 16 52 43 83

http://www.olives-en-provence.com

Vente sur place au domaine ou achat direct en ligne sur leur e-boutique du site internet. Agriculture biologique.

Outre leur activité de gîte, Géraldine et Mark ont planté dans leur parc de 40 ha une oliveraie de quelque 2 000 arbres. Équipés de leur propre moulin, ils fabriquent depuis 2015 une huile d'olive de Provence bio (labellisée) aux arômes fruités verts. En véritables passionnés, ils se réjouiront de faire partager leur savoir-faire aux visiteurs de passage : passez un coup de fil, ça vaut le détour ! Depuis 2019, brebis et chèvres évoluent en éco-pâturage.

COLLOBRIÈRES ★★

La commune tirerait son nom d'une déformation du mot latin *collubreira*, la couleuvre, à rapprocher du mot provençal *colobreira* qui désigne le même animal, lequel figure d'ailleurs en bonne place sur les armoiries de la ville. Collobrières est également la cité varoise où a été recensé le plus grand nombre de sites mégalithiques. Elle est traversée par un petit cours d'eau, le Réal Collobrier, que l'on franchit sur un vieux pont de pierre du XIIe siècle, et est entourée au sud par le col du Babaou, à l'est par la chartreuse de Verne et au nord par Notre-Dame-des-Anges. Collobrières est surtout connue pour ses châtaignes, ses marrons glacés et ses bouchons de liège. Les castanéiculteurs – producteurs de marrons – vendent l'essentiel de leur production en fruits de bouche : marrons glacés, marrons à l'alcool ou confits au sirop, crème, miel, liqueur, confiture et purée de châtaignes. Depuis une trentaine d'années, la fête de la châtaigne anime la bourgade les trois derniers dimanches d'octobre. Elle propose un marché traditionnel avec plus de 100 exposants, artisans et artistes. De nombreuses animations gratuites sont proposées aux enfants et aux parents. Les deux marchés hebdomadaires se tiennent toute l'année les jeudis et dimanches matin sur la place de la Libération.

LE MONASTÈRE DE LA VERNE ★★

✆ 04 94 48 08 00

Fermé en janvier. En été, ouverture selon carte des risques incendie. Gratuit jusqu'à 12 ans. Adulte : 6 €.

© DAVID EVISON - SHUTTERSTOCK.COM

Cet admirable vaisseau de pierre, niché au cœur d'une forêt de châtaigniers, a connu une histoire mouvementée. Construite en 1170, elle fut écrasée d'impôts en 1416 et confisquée, saccagée pendant les guerres de Religion, en partie détruite par des incendies de forêt vendue comme Bien national sous la Révolution, abandonnée, pillée, partiellement tombée en ruines jusqu'en 1982, puis restaurée. Elle héberge depuis 1983 une communauté monastique de Bethléem. On visite le cloître, l'ancien réfectoire, les bâtiments claustraux, le scriptorium, les communs.

HÔTEL-RESTAURANT DES MAURES 🛏 €

19, boulevard Lazare-Carnot ✆ 04 94 48 07 10

www.hoteldesmaures.fr

Ouvert toute l'année. 15 chambres. Chambre double de 60 € à 85 €. Pension complète : 35 €. Demi-pension : 20 €.

Cet établissement de caractère est dirigé depuis plusieurs décennies par la famille Borello, les premiers aubergistes et restaurateurs de Collobrières. Calme et convivial, il possède une grande salle de restaurant et une terrasse ombragée surplombant la rivière. Aux fourneaux, Sébastien Borello, 5e génération, mitonne de savoureux mets de terroir aux accents provençaux. Côté nuit, les 15 chambres réparties sur deux niveaux ont été intégralement reconstruites en 2017.

CHEZ PA' 🍴 €

7, place Général de Gaulle

✆ 04 94 03 16 78

Plat : 7,50-15 €. Sandwich dès 5,50 €. Plat du jour : 10 € (environ).

Alexandra et Chico ont pris possession des lieux en janvier 2017 et voici depuis l'adresse la moins chère du village ! Loin des tables traditionnelles qui déjà fleurissent par ici (et que l'on adore au demeurant), ils se démarquent par un concept resto-snack, avec une carte simple faisant la part belles aux kebabs, burgers et à de bons incontournables tels que le camembert au four, l'entrecôte ou encore l'assiette des copains. Accueil chaleureux et ambiance conviviale ; les *aficionados* aiment notamment se retrouver autour du billard et du babyfoot.

LA PETITE FONTAINE €€

6, place de la République
✆ 04 94 48 00 12
Basse saison : ouvert du mardi au dimanche le midi. Haute saison : du mardi au dimanche le midi et le soir.

Une véritable institution du village, presque mythique ! Authentique et généreuse, La Petite Fontaine est une charmante petite adresse. Attablé au rez-de-chaussée ou en hauteur sur la mezzanine, l'ambiance joviale est toujours au rendez-vous. Dans l'assiette, le terroir s'inspire à plein tube, sans fioriture : fromage de tête, terrine maison, daube de bœuf à la provençale, lapin chasseur, pintade fermière au chou et autres civets de sangliers. Une cuisine massive et très goûteuse qui colle tout à fait au lieu. On en redemande !

CONFISERIE AZURÉENNE

Boulevard du Général-Kœning
✆ 04 94 48 07 20
www.confiserieazureenne.com
Ouvert toute l'année. Parking public accolé à l'usine. Entrée gratuite au musée, et dégustation en fin de visite.

Les gourmands ne manqueront pas de visiter cette confiserie, spécialiste du marron glacé, et de faire le plein de douceurs préparées à base de ses propres châtaignes par des maîtres artisans, qui perpétuent les traditions et le savoir-faire ancestraux depuis plus d'un demi-siècle, du marron glacé à la crème de marron, en passant par la glace au marron au vrai goût d'autrefois. À découvrir également : le musée du marron qui regroupe l'ensemble des outils et des machines d'antan qui transforment le fruit en merveilleux joyaux confits à souhait.

DOMAINE DE LA PORTANIÈRE

790, route des Maures
✆ 04 94 48 05 24
Ouvert du mardi au dimanche de 11h à 19h. Cueillette de pommes de fin-août à octobre (week-ends). Parking. Dégustation.

Ce domaine familial de 13 hectares de vignes, crée vers 1858, est situé sur un terroir exceptionnel exposé sud et sud-ouest, entre Pierrefeu et Collobrières, dans l'aire de l'appellation des Côtes-de-Provence Pierrefeu. Philippe et Pascale Blancard, dynamiques vignerons, y organisent régulièrement des animations, pique-niques, journées portes ouvertes, pour faire connaître leurs vins. Ils possèdent également une pommeraie avec 8 variétés de pomme, ouverte à la cueillette chaque année, les week-ends à partir de fin-août et produisent un jus de pomme 100 % pur jus.

PIERREFEU-DU-VAR ★

A l'époque romaine, une tour de guet servait de relais pour l'acheminement des messages de l'Empire. Accroché au flanc d'un piton rocheux, le village de Pierrefeu est entouré de vignes qui produisent un vin réputé en AOC terroir. Des vins célébrés le troisième week-end de mai avec Les Balades Gourmandes en terroir Pierrefeu ! Une promenade à son rythme au fil d'un itinéraire de 6 kilomètres ponctué d'étapes gastro-œnologiques. Les amoureux de la nature ne manqueront pas de visiter l'arboretum, situé en bordure de la CD14 en direction de Collobrières... Au cœur du village, un imposant monument de pierre fut érigé à la mémoire des cinquante disparus du dirigeable Dixmude (type zeppelin). Parti de la base aéronavale de Pierrefeu-du-Var, il fut touché par la foudre, avant de s'abimer en mer le 21 décembre 1923 au large des côtes siciliennes. Le souvenir de la tragédie du Dixmude est lié à jamais à Pierrefeu et à l'aéronautique navale.

▸ Le marché de Pierrefeu se tient chaque samedi matin, place Gambetta. Il est complété de mai à septembre par un marché bio tous les mercredis de 17 h à 20 heures au niveau du rond-point des Harkis.

ARBORETUM ET SENTIER BOTANIQUE ★

Ouvert toute l'année. Libre d'accès.

Créé en 1990, l'arboretum s'étend sur près de 12 000 m² et le sentier botanique compte plus de 300 espèces d'arbres et arbustes ornementaux, forestiers et fruitiers, dont une magnifique collection de conifères, pour le plus grand bonheur des botanistes en herbe. Une aire de pique-nique dotée d'un point d'eau potable est à votre entière disposition. Il s'agit là aussi du point de départ de plusieurs sentiers de randonnées, tous parfaitement balisés.

CHAPELLE SAINTE-CROIX ET TABLE D'ORIENTATION

Gratuit.

Voilà un bon prétexte de balade ! On accède à la chapelle par un nouveau chemin depuis le parking de la place Jean Jaurès, et l'on profite en haut d'un beau panorama sur Pierrefeu, Cuers et les vignobles. Pour vous repérer, la table d'orientation tombe à point nommé. De retour au parking, avant de ne rejoindre votre véhicule, faites un crochet du côté du Bon Puits, tout au bout : il a fait l'objet d'une récente rénovation et se montre désormais sous son plus beau visage.

JARDIN DE LA GRAVIÈRE

74, avenue des anciens combatants d'AFN
✆ 06 86 52 50 32

Jardin remarquable. Ouvert d'avril à décembre. Gratuit jusqu'à 12 ans. Adulte : 6 €. Groupe (10 personnes) : 5 €.

Le jardin privé de M. et Mme L'Honoré est classé jardin remarquable et on comprend pourquoi quand on à la chance de le visiter. Organisé en zone (humide, aride, ombre...), vous y découvrirez des bananiers, cannas, palmiers, mimosas, cordylines, cactées, graminées, yuccas, fougères dont certaines arborescentes. Deux étangs entourent la maison avec des collections de plantes diverses, dont des bambous et des érables. Prévoir au moins 2 heures pour une visite complète. Des visites guidées sont possibles. Se renseigner en amont.

LES SANTONS DU CHÂTEAU DE L'AUMERADE

route de Puget-Ville
✆ 04 94 28 20 31

Ouvert toute l'année. Horaires : se renseigner. Gratuit. Boutique.

Une exposition qui fait la fierté de la famille Fabre-Grimaldi ! Installée dans une salle jouxtant la grande boutique du Château de L'Aumerade, cette sublime collection privée regroupe plus de 1 800 santons, en provenance de France, d'Europe et d'ailleurs, du 18e siècle à nos jours. C'est unique dans le Var. Entièrement gratuite, la visite vous plongera dans l'histoire des crèches provençales. Vous pourrez aussi admirer des pièces en bois, en verre, en plâtre... Sublime.

DOMAINE DE LA BROQUIÈRE €€

124, chemin du Plan
✆ 06 05 19 23 68
www.domaine-la-broquiere.com

Chambre double 95 € ; suite 150 €. Petit-déjeuner inclus. Table d'hôtes tous les soirs (35 €, vin compris).

Situé au milieu des vignes d'un domaine viticole en conversion bio, bordé d'une rivière, ce petit mas provençal propose des chambres et suites entièrement rénovées ainsi que deux roulottes. En pleine nature et au calme, il peut être un point de départ idéal pour les excursions de l'arrière-pays varois, les plages et les îles d'Or. Les gourmets n'hésiteront pas à s'installer à la table d'hôtes, pour déguster les spécialités régionales comme la soupe de poissons, la daube provençale, le poisson au four ou grillé, les tomates à la provençale ou encore la ratatouille.

CHÂTEAU DE L'AUMÉRADE

Route de Puget-Ville
✆ 04 94 28 20 31
https://www.winetourbooking.com

Parking. Visite de la cave sur rendez-vous (fermé en septembre). Visite et dégustation à partir de 15 €.

Fief de la famille Fabre depuis 6 générations, le Château de l'Aumérade est l'une des plus célèbres maisons de Provence. Son vignoble, situé sur le riche terroir de Pierrefeu du var, s'étend sur 330 hectares d'un seul tenant dont 80 hectares sont en Crus Classé. La cuvée Marie-Christine rosé, véritable icône de la maison, vous est présentée dans un flacon unique et original imaginé par Charlotte Fabre en 1956 et modernisé en 2019 par son arrière petit fille Caroline Grimaldi Demey. Ne manquez pas de visiter l'exposition de santons, avec près de 2 000 pièces.

CHÂTEAU LA GORDONNE

Route de Cuers ✆ 04 94 33 48 52
www.lagordonne.com

Basse saison : de 9h30 à 12h30 et de 13h30 à 18h. Haute saison : de 9h30 à 12h30 et de 13h30 à 19h. Fermé le dimanche.

Ce domaine est l'une des plus grandes propriétés de Provence, avec plus de 350 hectares, dont 300 de vignes. Une grande variété de cépages est présente, grenache, cinsault, cabernet-sauvignon, mourvèdre, tibouren, clairette, sémillon, syrah, qui permettent d'élaborer d'excellents vins AOP Côtes de Provence et Côtes de Provence Pierrefeu dans les trois couleurs. Outre les vins, le caveau propose une huile d'olive très fruitée, fabriquée avec les fruits du domaine qui possède 450 oliviers en production, situés sur les communes de Puget-Ville et de Pierrefeu.

CHÂTEAU LA TOUR DE L'ÉVÊQUE

Route de Cuers
✆ 04 94 28 20 17
www.toureveque.com
Basse saison : ouvert du lundi au samedi de 9h à 17h. Haute saison : du lundi au samedi de 9h à 18h. Parking.

Propriété de la famille Sumeire, cette ancienne résidence d'été des évêques de Toulon, offre la particularité de porter deux noms, château La Tour de l'Evêque et Château La Tour Sainte Anne. Les 89 hectares de vignoble, en A.O.P. Côtes-de-Provence, sont cultivés dans le respect du mode de production biologique, sous la responsabilité de Régine Sumeire. Les vins, dans les trois couleurs, sont régulièrement distingués dans les concours. Soirées musicales en été.

CUERS ★

Le village a conservé un important centre médiéval avec des petites rues aux noms évocateurs : rue des Quatre-Coins, avec son lavoir, rue rompi-cul, rue Nationale, bordée de maisons du XVIIe siècle, ses fontaines et quelques vestiges des remparts. N'hésitez pas à entreprendre une visite du vieux Cuers et monter jusqu'à la chapelle Notre-Dame-de-Santé pour en admirer le point de vue. À 4 km du centre, le hameau de Valcros est niché au creux d'un petit vallon verdoyant. Cuers accueille son marché hebdomadaire le vendredi matin en centre-ville. De mai à octobre, il est complété par un marché des producteurs de pays les jeudis et vendredis après-midi.

LE VERGER DES KOUROS €€

768, route de Solliès-Pont ✆ 04 94 28 50 17
www.levergerdeskouros.fr
Maître Restaurateur. Menus de 22 € à 48 €. Terrasse.

Les trois frères, d'origine grecque (Alain et Serge en cuisine, Gérard en salle) conçoivent depuis 1991 une cuisine qui respecte le terroir, les saisons et le client. Des menus renouvelés quasi quotidiennement, une maitrise des cuissons et des accompagnements, de la créativité, le tout rehaussé par un service souriant d'une belle rigueur. Dès le menu à 22 € avec plat / dessert, on se laisse paisiblement guider par les choix du chef. La fratrie tient également L'Hôtellerie Kouros, un hôtel de 14 chambres, avec salle de séminaire et son restaurant « Le Bistrot K ».

L'HÔTELLERIE KOUROS €€

Impasse des Roitelets
✆ 04 94 66 69 25
www.hotelleriekouros.fr
Qualité Tourisme. Ouvert toute l'année. Chambre double de 85 € à 110 €. Petit déjeuner : 9,50 €. Lit bébé offert.

Les frères Kouros, en plus de leur restaurant gastronomique situé à quelques encablures, tiennent un hôtel à l'architecture contemporaine qui s'ouvrent sur le village de Pierrefeu et le massif des Maures. Erigée sur 2 ha d'oliviers bicentenaires, cette demeure vous propose quelques chambres de charme climatisées, joliment décorées avec douches à l'italienne, jardin ou terrasse privatif. Pour déjeuner et dîner, le Bistrot K vous déroule une carte alléchante renouvelée mensuellement. Pour varier les plaisirs, direction le verger des Kouros, à 5 minutes de là.

© LE VERGER DES KOUROS

© LE VERGER DES KOUROS

CHAPELLE SAINT PHILOMÈNE

PUGET-VILLE

C'est l'église du vieux village aujourd'hui disparu. Érigée à la fin du XIe, elle fut remaniée au XIVe, puis de nouveau agrandie au XVIIe juste avant que le Vieux-Puget ne soit abandonné pour le village de plaine actuel. Preuve de ces maints remaniements : son architecture insolite composée de deux nefs se terminant chacune par une abside en cul-de-four, et surtout la double présence du plein-cintre et de l'ogive, symboles de deux époques bien distinctes. Aujourd'hui, elle est inscrite à l'Inventaire supplémentaire des Monuments historiques.

ÉGLISE NOTRE-DAME-DE-L'ASSOMPTION

Cette église est le résultat de l'agrandissement, au XVIe siècle, d'un édifice roman dédié à Saint-Pierre. Elle fut érigée en collégiale en 1653, par Monseigneur Danès de Marly, alors évêque de Toulon. Elle renferme un maître-autel du XVIIIe siècle en marbre polychrome, de grandes orgues de style flamand réalisées par le facteur Charles Royer en 1668, ainsi que des reliquaires. Son beau campanile en fer forgé date de 1626 et la cloche des heures de 1667.

LE MAS DU LINGOUSTO**** €€

934, avenue Eugénie et Henri Majastre

✆ 04 94 28 69 10

www.lingousto.fr

Qualité Tourisme. Ouvert toute l'année. 13 chambres (dont 2 suites familiales, et 1 chambre PMR).

Située au milieu des vignes, cette villa provençale a fait l'objet de remarquables travaux de restauration. Dans deux bâtiments, elle propose 21 chambres de standing délicieusement décorées. dans l'ancienne bastide, les chambres classiques, entièrement rénovées en 2011. Dans le Nouveau Mas, des chambres supérieures et suites avec terrasse ou rez-de-jardin. Le restaurant gastronomique est un véritable plus. Le spa, la piscine extérieure chauffée, la salle de fitness et l'espace massage, complètent une offre bien-être pour des escapades réconfortantes.

LE 7ÈME CIEL €€

3, avenue Adjudant Hourcade

✆ 04 94 48 63 90

https://7[eme]ciel.jimdofree.com

Ouvert du mardi au vendredi le midi et le soir ; le samedi soir. Réservation recommandée. Accueil des groupes. Terrasse.

C'est dans cette maison où est né Nelson Pommier Bertrand, pilote d'avion, ancien commandant de la base aéronavale de Cuers-Pierrefeu, et véritable figure locale, que l'équipe de ce bistro-resto-expo à la décoration voyageuse, a trouvé refuge. À la carte, une cuisine du monde, inventive, évoluant au fil des saisons avec des woks, des grillades, des tartares, des burgers, des plats méditerranéens... L'équipe du 7ème ciel a ouvert en 2018 L'usine à Gaz, un bar à bières qui déménage avec live music et grignotage (fermé en été).

LE MAS DU LINGOUSTO €€€

934, avenue Eugénie et Henri Majastre

✆ 04 94 28 69 10

www.lingousto.fr

Ouvert toute l'année. Restaurant fermé le dimanche soir. Menus de 39 € à 51 €. Accueil des groupes. Terrasse.

Le Mas du Lingousto, ou l'assurance d'une douce déconnexion en périphérie proche de Toulon. Propriété de Rocco Briglia, l'hôtel-restaurant bénéficie de nombreux atouts, à commencer par le restaurant gastronomique. Le chef y propose une cuisine assurément créative, s'appuyant sur des producteurs locaux et le potager maison. On y retrouvera des plats savoureux comme une bavaroise de courge Butternut, coulis de poivrons jaunes et jeunes pousses, ou un cochon basse température, écrasé de pommes de terre légèrement truffé et jus court de Porto.

DOMAINE DES PEIRECÈDES

1201, Chemin de la Mué

✆ 04 94 48 67 15

www.peirecedes.com

Visite accompagnée de la cave et dégustation commentée des vins du domaine. Vente sur place de produits du terroir.

Peirecèdes, c'est une histoire de famille depuis 1900. Le domaine, situé sur l'appellation Côtes-de-Provence Pierrefeu, respectueux de l'environnement, s'inscrit aujourd'hui dans la démarche de l'agriculture biologique. Dans son caveau de dégustation, la famille Baccino propose des cuvées traditionnelles en bouteilles, mais aussi des cuvées vieillies en barriques, des magnums et des idées cadeaux. Une visite de cave commentée, avec initiation à la dégustation, est régulièrement organisée par Audrey Baccino, œnologue, la 5e génération.

MOULIN DES CINQ PONTS

Quartier Saint-Pierre
✆ 04 94 48 64 70
www.moulindescinqponts.fr
Ouvert de mars à octobre le jeudi matin de 9h à 12h. Parking. 20 € / litre.

Cette coopérative oléicole, fondée en 1920 sous le nom de La Laborieuse, est appelée aujourd'hui Moulin des Cinq Ponts, en référence à l'aqueduc qui est situé juste à proximité. Elle produit de l'huile d'olive du Var (avec les variétés locales cayon de Cuers, bouteillan, brun et picholine), une huile vierge extra catégorie fruité mûr. Sa grande particularité ? Elle a été obtenue après dénoyautage des olives... et oui ! Le Moulin des Cinq Ponts propose également des dérivés de l'olive comme des olives en saumure et pâte d'olives en conserve.

BESSE-SUR-ISSOLE ★★

La notoriété de ce village est surtout due à son enfant terrible, Gaspard, un émule de Mandrin et de Cartouche, bandits d'honneur. En 1757, tout le pays bessois est enveloppé d'un parfum de légende, Gaspard Bouis dit Gaspard de Besse prend le maquis pour devenir le Robin des bois des garrigues ! Il fut capturé et roué à Aix, à 24 ans. Le petit lac en forme de cœur et sept fontaines au centre du village font de Besse une cité aquatique. Certains essais de navigation d'une barque en béton armé furent effectués sur le lac en 1847 par Joseph Lambot, l'inventeur du béton armé. Ne manquez pas l'église, construite au XVIIe siècle sur des fondations du XIe siècle.

L'ABRI DU POÈTE €€

3, rue du Docteur Roux
✆ 06 76 61 26 63
Chambre double de 110 € à 120 € ; suite à partir de 150 €. Petit déjeuner inclus. Lit supplémentaire : 15 €.

De la poésie, de la quiétude et une bonne dose d'humanité, voici résumé en quelques mots l'esprit de l'Abri du Poète, lieu de charme imaginé par Gilles et Violaine. Ancienne maison de vigneron du XIXe siècle, la bastide en pierre a un cachet fou. Les chambres, aménagées dans l'ancien grenier à foin, ont conservé pierres apparentes et mansardes ; la suite indépendante fait face à la piscine, renaissance de l'ancien pigeonnier. Ici vous pourrez totalement vous déconnecter et vous laisser porter par la douceur de vivre provençale, en prenant votre temps.

L'OUSTAOU €€

Le Fougou, route de Sainte-Anastasie
✆ 04 94 86 14 85
www.chambre-d-hote-oustaou.com
Chambre double 78 €. Petit déjeuner inclus. Personne supplémentaire 18 €. Animaux acceptés.

Fanny et Olivier se feront un plaisir de vous accueillir dans leur villa récente, à l'esprit provençal jusque dans le moindre détail, matériaux, décoration. Les trois chambres, toutes de plain-pied avec chacune une entrée indépendante, arborent des tons différents, parme pour la chambre lavande, jaune pour la chambre citron et vert pour la chambre olivier avec spa privatif. Les petits déjeuners sont servis sur la terrasse côté sud, à l'ombre de la tonnelle. Une belle adresse, décontractée, pour un séjour revigorant en centre Var.

LES PIERRES SAUVAGES €€

Molin - Chemin Magnau ✆ 04 94 80 18 73
www.lespierressauvages.com
Ouvert toute l'année. Accueil 24h/24. 5 chambres. Petit déjeuner inclus. CB non acceptée. Table d'hôtes.

Les jolies chambres d'hôtes de Gabrielle Choisy, diplômée en œnologie, et Gilles Bader, évoquent, par leurs décorations, les abbayes provençales du Thoronet, de Sénanque, de Silvacane, et rendent hommage au travail monastique. La table d'hôtes prend ses quartiers, soit dans la verrière, soit dans le patio, au bord de la piscine ou encore à la guinguette du potager, merveilleux. On y déguste des plats maison élaborés à partir de produits locaux et de saison. Un enchantement pour les papilles. Un menu unique servi à la table familiale (28€ et 18€ pour les enfants).

LA REMISE €€

4, avenue de la Libération
✆ 04 94 59 66 93
Fermé le dimanche soir et lundi hors saison, le lundi en saison. Réservation recommandée. Menus de 20 € à 29 €.

Les avis sont quasi unanimes, la Remise c'est du sérieux. L'adresse est prisée des locaux avec une équipe qui assure vraiment en salle et derrière les fourneaux. Plats délicats, mêlant tradition et créativité. Délicieuse daube de bœuf à la Provençale, moules gratinées, magret de canard aux morilles, dorade royale grillée au fenouil, de bonnes salades et autres desserts maison... À déguster tranquillement dans la petite cour terrasse, derrière le restaurant ou paisiblement dans la belle salle feutrée. La réservation est fortement recommandée.

LE CELLIER DE GASPARD

26, avenue Victor-Hugo
✆ 04 94 80 55 80
www.lacavedegasparddebesse.com
Parking. Dégustation gratuite.

Le Cellier de Gaspard de Besse est une cave qui cultive le bon vin à prix doux. Situé sur les collines du cœur du Var, ses vignobles bénéficient d'un ensoleillement idéal profitant d'un micro climat aux nuances légèrement continentales, apportant une typicité appréciée des consommateurs avertis. Son terroir argilo-calcaire offre une grande variété de vins d'appellation : des Côtes de Provence Rouges subtiles, une gamme de Rosé de Provence (fruité, minéral..), sans oublier les blancs caractérisés par un nez évoquant la pêche et l'acacia.

CINEMA LE MARYLIN

11, place Noël-Blache
✆ 04 94 69 32 41
www.cinema-lemarilyn.fr
Ouvert toute l'année. Entrée : 6,50 €. Enfant : 4,50 €. CB non acceptée.

Rouvert en septembre 2016 par Pierre Leroy et rénové à l'été 2018, voici un cinéma à échelle humaine qui nous reconnecte avec la première fonction du cinéma : pas de pub, un plafond étoilé, et une capacité de «83» places. La première projection daterait de 1935... Il était donc temps de renouer avec ce passé artistique même si aujourd'hui le numérique a remplacé les films à bobines. Lentement mais sûrement, il s'approche des 10 000 entrées par an : pas mal pour une petite salle de village ! La programmation est disponible sur leur site internet.

FLASSANS-SUR-ISSOLE

Flassans-sur-Issole, petit village rural, qui culmine à plus de 320 mètres, doit son nom à une déformation de flatus sanus, air sain. Le village est constitué de deux quartiers, répartis de part et d'autre de l'Issole. On y voit les ruines du château de Pontevès, actuellement en rénovation – des visites y sont organisées lors des journées du patrimoine. Le marché hebdomadaire de Flassans-sur-Issole se tient le vendredi matin, place Jean-Jaurès. Des fouilles ont prouvé la présence humaine à divers endroits du territoire avec des vestiges préhistoriques. L'empreinte religieuse est également puissante avec de nombreuses églises et chapelles.

AOUBRÉ PARC DECOUVERTE NATURE

✆ 0612580226
www.aoubre.fr/
Tarif parc nature seul : 9 €, 7 € (de 4 a 11 ans), 5€ (3 ans), option accrobranche possible.

Connu pour ses parcours d'accrobranche, Aoubre se visite aussi à pied avec la possibilité de découvrir un parc animalier accueillant petite ferme, ânes de Provence, baudet du Poitou, chèvres, sangliers et autres daims, de nombreux sentiers pédagogiques avec 3 km de promenade, ainsi qu'un remarquable jardin des papillons. Ce vaste espace de 7 000 m² à ciel ouvert accueille pas moins de 50 espèces différentes : la visite guidée est chaudement recommandée pour les passionnés.

DOMAINE DU LAC €€

Nationale 7 ✆ 04 94 80 10 10
www.hotel-domaine-du-lac.com
Base double 98 € à 242 € (suite junior jacuzzi). Petit déj 12 €. Menus de 29 € à 39 €. Table du potager en été.

Authentique et romantique à souhait, on est ici dans une véritable institution au cœur de la Provence. Depuis 1959, cet hôtel 3* restaurant est une affaire de famille, aujourd'hui dirigée par Charles-Emmanuel et Keiko, un jeune couple charmant et professionnel. Expérience recommandée dans un écrin de nature, terrasses ombragées, piscine chauffée, grand parc arboré, en cuisine une cheffe qui fait des merveilles et respecte les filières, et même des produits du potager. Le Livre d'or témoigne avec un dessin de Picasso, un mot de Brigitte Bardot ou du roi des Belges.

DOMAINE SAINT MARTIN €€

Saint-Martin
✆ 07 83 65 51 54
www.ldsm.fr
Ouvert toute l'année. Accueil jusqu'à 19h. 3 chambres à partir de 140 € la nuit. Parking. Excursions.

Magali et Patrice, frère et sœur, avec Carole et Manu leurs conjoints, vous invitent à une halte bienfaisante dans leur domaine posé dans un parc boisé de 21 ha, ancienne propriété de Louis VI Henri de Bourbon-Condé, cousin du roi de France. Ils se feront également plaisir à vous recevoir à leur table d'hôtes afin de partager une cuisine familiale de terroir, velouté de potimarron du potager, méli-mélo de tomates du jardin en carpaccio, lasagnes de ma grand-mère, parmentier de canard à la crème de parmesan, farcis à la provençale...

CHÂTEAU TERREBONNE

Route de Cabasse
✆ 04 94 59 68 65
www.chateau-terrebonne.fr
Ouvert du lundi au vendredi de 9h à 12h et de 13h à 17h. Parking. Dégustation gratuite.

La rivière l'Issole traverse ce domaine vinicole d'un seul tenant, qui s'étend sur 140 ha, dont 56 de vignes. Une cave datant de 1896 est complétée d'un nouveau chai sorti de terre en 2012. Les cépages typiques des côtes-de-provence : cinsault, grenache, syrah, cabernet-sauvignon, ugni blanc et rolle assurent des vins de grande qualité AOP côtes-de-provence et IGP vin de pays des Maures, que vous pouvez déguster dans le caveau de vente, aménagé dans un local moyenâgeux, ainsi que dans deux anciennes cuves à carreaux de céramique du XIXe siècle.

COMMANDERIE DE PEYRASSOL

RD N7 ✆ 04 94 69 71 02
www.peyrassol.com
Parking et accès bus. Chambres d'hôtes. Table d'hôtes d'avril à octobre. Possibilité de séjour orienté «chasse».

Ce lieu d'histoire, vieux de 8 siècles, propriété de l'Ordre des chevaliers de Malte jusqu'en 1789, s'étend sur plus de 850 hectares, dont 80 de vignes. C'est également l'un des plus beaux parc de sculptures monumentales contemporaines, ouvert au public, où cinquante œuvres sont essaimées au milieu des vignes et des bois. Le domaine produit de grands vins en AOP Côtes de Provence et IGP, un vieux marc de rosé et de l'huile d'olive. De Pâques à mi-octobre, une halte à la table d'hôtes s'impose. Le domaine dispose également d'une maison d'hôtes à l'abri des regards.

LE COMPTOIR DES VINS DE FLASSANS

Avenue du Général-de-Gaulle ✆ 04 94 69 71 01
www.comptoirdesvinsflassans.fr
Ouvert du lundi au samedi de 9h30 à 12h30 et de 15h à 19h. Dégustation gratuite. Visite sur demande.

La cave de Flassans associée avec la cave de Cabasse depuis 2004, apporte une dimension humaine et technique qui en fait l'une des structures les plus importantes du Var. Le vignoble de 900 ha est réparti sur 9 communes, dont la moitié est classée en AOP côtes-de-provence. Plus de 100 viticulteurs apportent environ 6 000 tonnes de raisin par an à la cave équipée à la pointe de la technologie. Le comptoir des vins de Flassans propose une large gamme de bouteilles et de BIB.

AOUBRÉ L'AVENTURE NATURE

Parc des Cèdres
✆ 06 12 58 02 26
www.aoubre.fr
Ouvert toute l'année (sauf de janvier à mi-février), les week-ends, jours fériés et vacances scolaires.

Entre Brignoles et Le Luc, amusez-vous à vous promener dans les arbres dans un parc de 30 hectares ! Ponts de singes, balançoires, étriers, poutres, sauts, grandes tyroliennes ; 150 ateliers d'accrobranche vous attendent pour un moment d'aventure-nature en toute sécurité. Pour les moins téméraires, et les plus petits, les « filets de la découverte » offrent une alternative pour profiter d'une balade nature en hauteur. À découvrir : le parc animalier, les sentiers pédagogiques et sensoriels, 3 km de promenade et le remarquable jardin des papillons !

© PARC AOUBRE

© PAC AOUBRE

CÔTÉ TERRE

CABASSE

De nombreux mégalithes ont été découverts dans les environs de ce village implanté dans la verdoyante vallée de l'Issole. La cité, appelée initialement Matavo, était sur le trajet de la voie aurélienne qui reliait l'Italie à l'Espagne. Dépendance du comté de Fréjus au Moyen Age, elle prit le nom de Castrum de Cabassa. Il reste aujourd'hui à découvrir les ruelles étroites restées intactes, les remparts, les portes et la poterne nord. L'hiver les températures peuvent chuter jusqu'à -15 degrés. Des conditions rudes pour les agricultures et viticultures avec parfois des pertes massives de récolte. Le marché se tient le mardi, place Dotto.

AU DOLMEN PROVENÇAL €

Chemin du dolmen
✆ 09 52 68 03 02

1 chambre + 2 roulottes 100 % non fumeur. Petit déjeuner inclus. Parking (extérieur, gratuit). CB non acceptée.

Patricia et Christophe vous proposent une chambre à la décoration sobre, ouvrant sur une véranda et une terrasse attenante, qui permet un accès indépendant. L'originalité réside dans la présence de deux roulottes installées au cœur de la nature. Sur place, tout pour la détente, hamacs, transats, trampoline, pétanque, palet et bien entendu une piscine pour entretenir la forme et vous ouvrir l'appétit, avant de vous rendre à la table d'hôtes où Christophe vous cuisinera ses spécialités, daube, filet mignon au safran, poulet farci provençal, joue de bœuf, paella.

ÉGLISE SAINT-PONS ★

Visites commentées ou libres de l'église Saint-Pons possibles sur rendez-vous au 06 74 11 29 16.

Edifiée entre 1528 et 1532 sur l'emplacement d'une église plus ancienne, l'église Saint-Pons abrite un petit musée de pierres antiques, des culs-de-lampe sculptés datant du XVIe siècle, ainsi que deux beaux retables en bois doré. Le portail d'entrée appartient à l'époque du gothique flamboyant. Le linteau porte en son centre le socle d'une statue disparue, ornée d'un suppliant aux mains jointes. Le clocher mérite lui aussi que l'on s'y attarde : vestige du premier clocher du XIe, il fut rehaussé d'un étage en 1712 pour accueillir l'horloge du village.

DOMAINE GAVOTY

Le Grand Campdumy
✆ 04 94 69 72 39
www.gavoty.com

Ouvert toute l'année. Parking. Gîte meublé de charme de 10 chambres pour 20 personnes, disponible toute l'année.

Depuis 1806, six générations se sont succédé à la tête de ce domaine, qui a la spécificité de collectionner de vieux millésimes en blanc et en rouge. La demeure principale comporte une partie voûtée du XVIe siècle et la cave, construite fin du XVIIIe, a conservé sa charpente d'origine. Les excellents vins AOP Côtes-de-Provence sont produits dans les trois couleurs, notamment les têtes de cuvées de la gamme Clarendon. Roselyne Gavoty, la propriétaire vigneronne, reçoit, sur rendez-vous, les groupes d'œnophiles pour des séances de dégustations thématiques.

NOTRE-DAME DU GLAIVE

Point de vue.

Au nord du village, cette tranquille colline est propice aux promenades. Depuis son sommet, les points de vue se multiplient : gorges de l'Issole, les massifs environnants, les friches des mines de bauxite, l'imposant Trou aux Fées d'un côté et le village de l'autre. Sur place, la chapelle éponyme rebâtie en 1621 a été plus tard rallongée d'une travée de nef. Un lundi de Pâques de l'an 760, la Vierge Marie y serait apparu pour sauver les habitants de Cabasse assiégés par les Sarrasins. Pour la remercier, les Cabassois bâtirent ce sanctuaire sur le site.

CARNOULES

Théâtre d'une bataille entre Henri IV et le duc de Savoie en 1592, le village conserve encore quelques traces de son passé. Devenu la bourgade des cheminots au temps fabuleux de la traction à vapeur, le seul dépôt de locomotives entre Marseille et Nice en recensait une centaine. Aujourd'hui encore, une locomotive de type 4B-9 est exposée à l'entrée du village avec son tender de 1893, et chaque été, comme en souvenir de cette époque, le train touristique du centre-Var offre de belles perspectives de balades au fil des rails. Toute l'année, le village s'anime autour de son marché hebdomadaire le vendredi matin, cours Victor Hugo.

VILLAGE DES TORTUES ★

1065, route du Luc
✆ 04 89 29 14 10
www.villagedestortues.fr

Haute saison ouvert tous les jours de 10h à 18h. Adulte : 15 €. Enfant de 3 à 10 ans : 10 €.

Ce parc animalier installé depuis 1988 à Gonfaron a migré à Carnoules depuis le 1er juin 2017, toujours dans un lieu naturel où l'on étudie, recueille et protège toutes les tortues, particulièrement la tortue d'Hermann. Le parcours vous permet de découvrir la clinique des tortues, les écloseries et les nurseries, les différentes espèces de tous les pays, plus de 1 000 tortues du monde entier (Chine, Brésil, Afrique, Madagascar, Australie...) et de participer à de nombreuses animations. Une visite à faire sans tarder avec toute la famille.

TRAIN TOURISTIQUE DU CENTRE-VAR ★

✆ 06 07 98 03 09
www.attcv.fr

Circulation tous les dimanches d'avril à octobre (également le mercredi en juillet-août). Gratuit jusqu'à 3 ans.

© TRAIN TOURISTIQUE DU CENTRE-VAR

Un must des activités touristiques en cœur du Var. Une opportunité de remonter le temps afin de découvrir les voyages en train d'autrefois. Reliez Carnoules à Brignoles en une escapade de 2h30 environ aller-retour. En été, sur le chemin retour, ceux qui le souhaitent pourront profiter de plus de deux heures d'escales à Sainte-Anastasie. Tout au long des trajet, des commentaires sont dispensés sur les aspects ferroviaire, historique et culturel de la ligne.

AUBERGE LA TUILIÈRE €€

1956, route de Toulon ✆ 04 94 48 32 39
www.aubergedelatuiliere.fr

Maître Restaurateur. Ouvert toute l'année. Réservation recommandée. Terrasse. Vente à emporter. Boutique.

Guillaume Astesiano, propriétaire des lieux, veille sur cette jolie bastide familiale de 1838. Service traiteur, cours de cuisine et sympathique table au calme. En cuisine, du traditionnel et du rigoureux avec un chef formé chez Paul Bocuse. La carte à l'ardoise mise sur la production locale et la saisonnalité. L'auberge vous propose un hébergement de qualité avec 3 chambres ainsi que des formules plus atypiques les unes que les autres : cabane perchée, bateau dans les vignes, bus hôtel transformé en dortoir, ou encore chambre bulle pour dormir à la belle étoile !

GONFARON

Au pied du massif des Maures, adossé aux terres rouges de la Roquette, ce village est connu pour être le pays de l'âne qui vole, une légende singulière qui remonte à plus de deux siècles. A partir du XIXe siècle, Gonfaron connu un certain développement industriel. Le village devint en effet un centre actif de fabrication des bouchons en liège : celui-ci provenait des subéraies des Maures, toutes proches. Durant son âge d'Or, Gonfaron comptait dix ateliers de liège, employant près de neuf cents ouvriers. Le marché hebdomadaire a lieu tous les jeudis matin, place de la Victoire.

LES RUCHERS DES MAURES

Quartier les Jardins
LES MAYONS
✆ 04 98 11 49 52

Pas d'heures d'ouverture fixes. Merci de téléphoner à l'avance.

Marc Lamoine et Monique Ksourah vous accueillent dans leur miellerie tout au long de l'année. En vente, le produit de leurs ruches avec neuf variétés de miels différentes, dont cinq miels monofloraux rares et de faible production. Parmi les autres produits gourmands, on retrouve aussi du nougat noir, du pain d'épice pur miel, ou encore de la confiture de châtaignes du massif des Maures, élaborée d'après une recette locale avec les meilleurs fruits du massif des Maures. Vous pouvez également retrouver tous ses produits sur les marchés alentours.

CÔTÉ TERRE

VIGNERONS DE GONFARON

DN 97

✆ 04 94 59 63 72

www.vignerons-gonfaron.com

Horaires : se renseigner. Parking. Ouvert le dimanche en saison.

Les vignerons de Gonfaron ont créé « Inverso », un concept qui donne les clés pour permettre aux consommateurs de choisir et de déguster leurs vins d'une façon originale et fournit des repères visuels pour leur faire vivre l'expérience du vin. Avec trois niveaux de lecture, échelle numérique, nom du produit et design de la bouteille, les vins de Gonfaron deviennent plus accessibles et plus compréhensibles. Pour découvrir ce concept, la cave de Gonfaron, située à l'entrée du village, organise des ateliers de découverte et d'initiation.

LE CANNET-DES-MAURES

Le Vieux-Cannet, petit village perché sur un nid d'aigle, domine toute la plaine des Maures au sud, et regarde au loin, côté nord, jusqu'aux montagnes du Haut-Var et des Alpes. En flânant dans le vieux village, on découvre les portes de l'enceinte, la place centrale avec sa citerne et son église romane du XIe siècle du Vieux-Cannet, classée monument historique depuis 1862, le moulin à huile banal et les ruines du château. De la minuscule placette qui couronne le village on aperçoit le village moderne et commercial qui s'étend le long de l'ancienne nationale 7. Son marché a lieu le samedi matin, devant la gare.

RÉSERVE NATURELLE NATIONALE PLAINE DES MAURES ★★

www.conservatoire-du-littoral.fr

Réserve Naturelle Nationale.

Au pied du versant nord du Massif des Maures s'étend un paysage de « savane arborée » où affleurent de grandes dalles rocheuses ocre. Sur plus de 5 000 hectares classés Réserve Naturelle Nationale la Plaine des Maures est essentiellement couverte de maquis, de chênes-lièges et de majestueux pins parasols. 911 hectares sont situés au cœur même de la Réserve et appartiennent au Conservatoire du littoral. On y trouve deux lacs artificiels : le lac des Aurèdes et le lac des Escarcets.

ZOOPARC DU CANNET-DES-MAURES

268, chemin Ancienne-Route-d'Italie

✆ 04 94 73 48 80

www.zoo-cannet.com

Haute saison ouvert tous les jours de 10h à 19h. Adulte : 8,50 €. Enfant de 3 à 12 ans : 6,50 €.

Ce conservatoire varois des animaux de basse-cour est devenu un vrai petit zoo de 4 hectares déployés dans le massif des Maures, contribuant à la reproduction d'espèces en voie d'extinction. C'est aussi de vastes étendues où vivent buffles d'eau, yacks tibétains, chevaux tarpan, et une volière d'immersion avec plus de 500 oiseaux. Une mini-ferme de plus de 150 races anciennes et un parc aux câlins. Animations pédagogiques. Histoires des alpagas. Goûter des buffles. Balade à poney.

DOMAINE DE LA CIGALIÈRE*** €€

4345, route du Thoronet - D17 ✆ 04 94 73 81 06

www.domaine-lacigaliere.com

Piscines. Fermé du 31 octobre au 31 mars. Réservation recommandée. Accueil jusqu'à 20h. Gardé 24h/24.

Ce camping familial s'étend au pied de la vaste plaine des Maures, entre Le Thoronet et Le Cannet-des-Maures, dans un domaine ombragé de plus de 5 ha. Pour respecter l'authenticité provençale, les emplacements, particulièrement spacieux, sont séparés par des jolis petits murets en pierres. Sur place, diverses animations sportives vous seront proposées, du basket et du ping-pong. Récemment, un espace convivial avec spa extérieur, bain bouillonnant avec fonctions de massage dorsal et geysers a été mis en place par la direction, toujours à l'écoute des clients.

ECCE TERRA €

Chemin de Causserène

✆ 04 94 99 46 72

Ouvert toute l'année. Jours et horaires : se renseigner. Réservation recommandée. Parking.

Plus qu'un restaurant, ce café-resto écoresponsable et culturel propose une cuisine faite maison, saine et équilibrée, à base de produits essentiellement locaux et en partie bio. En fonction des arrivages, les propositions varient avec de l'agneau du Var, du bœuf du Luc, des truites de Bauduen et loups de Tamaris, des fruits et légumes d'Hyères... Également des menus végétariens et végétaliens et plats sans gluten. Des événements culturels, expos, concerts, ateliers adultes et enfants, espace lecture, thérapeutes et projection sont régulièrement programmés.

CHÂTEAU DES BERTRANDS

Route de La Garde-Freinet
© 04 94 50 44 39
www.chateaudesbertrands.com
Horaires : se renseigner. Centre équestre : ouvert tous les jours de 8h à 18h.

Véritable petit bijou provençal, le château des Bertrands offre une vue imprenable sur le majestueux décor du massif des Maures. Ancien relais de chasse de Colbert, la propriété s'étend sur 200 ha au cœur de la zone protégée Natura 2000. Les couleurs orangées du ciel et les pins parasol qui parsèment le paysage, reflètent ici la Provence sauvage par excellence. Entièrement conçu à partir de 1964, le vignoble représente aujourd'hui 77 ha de vignes dont l'encépagement a été méticuleusement choisi au fil des plantations. Dégustation et visite possibles.

CHÂTEAU SAINT-ROUX

Route de la Garde-Freinet
© 04 98 10 02 61
www.chateausaintroux.com
Basse saison : ouvert du mercredi au dimanche de 10h à 17h30. Horaires susceptibles de changer en saison estivale.

Le château Saint-Roux est situé au cœur de la réserve naturelle des Maures. La propriété s'étend sur 40 ha de vignes, d'oliviers et de différents arbres fruitiers. Les vignes du château Saint-Roux puisent leurs forces dans les terres argilo-calcaires, créant ainsi des vins aux arômes uniques. Son paysage demeure authentique, mêlant vieilles pierres, arbres centenaires et bâtisses anciennes offrant à ce domaine une lumière et un charme particuliers. Le château Saint-Roux, c'est également une table d'hôtes et une véritable ferme vivante.

LE LUC ★

Du mot latin lucus, « bois sacré », la ville était traversée par la voie aurélienne, une position qui lui donnait une importance stratégique certaine. La mise en bouteilles de l'eau Pioule, ancêtre des eaux minérales, a fait vivre une partie de la ville jusqu'à la 1re guerre mondiale. Dans les rues de la vieille ville, vous découvrirez la tour de l'Horloge, du XIIe siècle, coiffée d'un campanile de fer forgé, la tour hexagonale, haute de 27 mètres, construite entre 1517 et 1546, ou encore la chapelle Notre-Dame-du-Mont-Carmel, du XVe et de style gothique provençal, et le château des Vintimille, dont la construction a débutée vers 1600.

CHÂTEAU DEMONPÈRE

Route des Mayons
© 04 94 60 07 78
www.chateau.demonpere.com
Ouvert du lundi au samedi (horaires variables selon la saison). Dégustation gratuite. Visite du domaine sur rendez-vous.

« Je suis venu ici pour cultiver l'AUTHENTIQUE... » écrivait Marcel Pagnol ; un slogan parfait ! La propriété de 144 ha dont 32 de vignes, 17 d'oliveraie et 95 de forêt méditerranéenne, est située dans la plaine des Maures, sur un site protégé pour sa faune et sa flore exceptionnelles. Une bergerie du XVe siècle transformée en chai, qui constitue désormais le caveau de vente. Le domaine produit des vins certifiés Bio depuis 2015 en AOP Côtes de Provence et Côtes de Provence Notre-Dame des Anges, dans la lignée de ses huiles d'olive certifiées Bio depuis l'origine.

© DR

© DR

MUSÉE MUNICIPAL DU TIMBRE ET DE LA PHILATÉLIE ★

3, bis rue du Ravelet
✆ 04 94 39 04 54
Horaires : se renseigner. Parking. Gratuit.

Municipal depuis 2015 et installé dans un ancien moulin, le Moulin du Ravelet, ce musée est exclusivement consacré à l'univers du timbre et à la pratique de la philatélie. Philatéliste émérite ou simple curieux, chacun en apprendra beaucoup sur la fabrication des timbres avec la reconstitution d'un atelier de gravure. De quoi se replonger dans une époque passée avec des vitrines garnies d'objets anciens. Des expositions et ateliers sont régulièrement organisés par les équipes du musée.

OFFICE DE TOURISME COEUR DU VAR

Boulevard Charles Gaudin ✆ 04 89 26 03 80
www.coeurduvartourisme.com
Ouvert du mardi au vendredi de 9h30 à 12h30 et de 13h30 à 16h30 ; le samedi de 9h30 à 12h30. Wifi gratuit.

Un office de tourisme très dynamique qui regroupe les communes de Besse s/Issole, Cabasse s/Issole, Le Cannet des Maures, Carnoules, Flassans s/Issole, Gonfaron, Le Luc-en-Provence, Les Mayons, Pignans, Puget-Ville et Le Thoronet. Toute l'année, l'équipe est à votre écoute pour répondre à vos demandes et vous donner des idées pour enrichir votre séjour. Visites guidées gratuites des villages et conditions préférentielles sur une multitude d'activités : Aoubré, train touristique...

RESTAURANT L'OLIVADE €€

RD N7
✆ 04 94 60 08 81
www.restaurant-olivade-leluc.fr
Fermeture 15 jours en hiver, 15 jours en été. Réservation recommandée. Menus de 20 € à 49 €. Carte : 25 € environ.

En moins de 10 ans, le chef Jean-Philippe Grandvoinet et sa compagne Mélanie ont installé leur Olivade comme l'une des tables sérieuses du Cœur du Var. En bordure de la Nationale 7, à qui il faut reconnaitre une certaine praticité, le restaurant affiche un rapport qualité-prix remarquable. Cuisine de saison à l'ardoise, renouvelée quasi quotidiennement et l'assurance de manger frais et bon. Seiche et calamar comme un tableau de maître, dôme en chocolat façon fondue... ou l'incontournable poisson en croûte de sel et ratatouille du soleil ! Coup de cœur assuré.

SENTIERS DU CASTELLAS ★

Trois itinéraires possibles : 10, 20 ou 30 minutes. Départ du sentier depuis la Tour de l'Horloge.

Mentionné dès le XIIe siècle, le Castellas constitue le centre historique de la ville. Réhabilité en 2014 grâce à un chantier d'insertion mené par l'association Vega et l'ONF, il est notamment composé de 19 panneaux sur la faune et la flore. Sous la végétation, on distingue les ruines du village moyenâgeux. Ses ruelles en escalier s'étirent jusqu'au sommet de la colline, occupé par la demeure seigneuriale appelée Château des Mascs. Ses derniers vestiges furent malheureusement détruits en 1971 lors de la construction de l'autoroute.

CAVE LES VIGNERONS DU LUC

Rue de l'Ormeau
✆ 04 94 60 70 25
www.lesvigneronsduluc.com
Horaires : se renseigner. Parking. Dégustation gratuite.

Cette coopérative centenaire produit des AOP côtes-de-provence et des vins IGP des Maures. Le vignoble est constitué de 350 hectares dont 250 hectares de côtes-de-provence, d'où sont issues quatre cuvées A.O.P. en rosé et rouge, et deux cuvées en IGP : « Lou Castellas » dans les trois couleurs, et « L'inattendue » en rosé. Le caveau de la coopérative propose également des produits du terroir, des huiles d'olive produites localement, des accessoires œnologiques et des coffrets cadeaux.

DRAGUIGNAN ★★

La ville porte le nom du riche Romain Draconius à l'époque où Draguignan constituait un nœud routier important, au croisement de deux voies reliant Fréjus à Riez, et Aix à Grasse. Une importante garnison militaire y contrôlait toute la contrée. Autour de la cité comtale, la ville s'est développée en étoile avec ses chemins menant aux remparts et aux portes de la ville. En 1797, Draguignan obtient la préfecture du Var, refusée à Toulon pour s'être livrée aux Anglais en 1793. Cela lui valut la construction d'un grand théâtre, du palais de justice, d'une prison. Avec le camp militaire de Canjuers, Draguignan est la plus grande garnison de France.

LA CHAPELLE DE L'OBSERVANCE

Place de l'Observance
✆ 04 94 84 54 31
www.ville-draguignan.fr
Ouvert en haute-saison de 10 h à 18 h du mardi au samedi (fermé les jours fériés). Entrée libre.

Construite au XVIe siècle par l'ordre des Observantins, la nef de cette vaste église restaurée de style gothique comporte 4 travées. Seul et unique rescapé des cinq couvents de la ville de Draguignan parvenu jusqu'à nous aujourd'hui dans son intégralité, il accueille désormais toute l'année un espace d'art et d'exposition de haut niveau, des apéritifs littéraires, et autres animations culturelles gratuites. Un lieu commémorant le riche passé de la ville.

ARCHIVES DÉPARTEMENTALES DU VAR

660, boulevard John Kennedy
✆ 04 83 95 83 83
https://archives.var.fr/article.php?larub=11&
Ouvert du mardi au dimanche de 8h30 à 17h. Gratuit.

Une plongée passionnante dans l'histoire du Var à travers ses archives. Dans cet élégant bâtiment moderne, vous accéderez à des cartes et documents précieux qui racontent la vie des siècles passés à travers tout ce que nos ancêtres avaient noté et préservé durant des générations. Des expositions temporaires y sont organisées et un programme de conférences disponible en ligne décripte aussi l'histoire varoise. Une manière originale de découvrir l'histoire varoise.

CIMETIÈRE AMÉRICAIN

553, boulevard John Kennedy
✆ 04 94 68 03 62
Ouvert tous les jours de 9h à 17h. Gratuit.

Le Cimetière américain et Mémorial du Rhône (Rhone American Cemetery and Memorial) est l'unique nécropole américaine dans le Sud de la France. Il a été créé par le Dr Angelin German, grand résistant varois, lors de la Libération de Draguignan par le 551e Bataillon américain. Il honore le débarquement allié du 15 août 1944 appelé « opération Anvil Dragoon », relaté sur une impressionnante carte de bronze en relief, réalisée par Bruno Béarzi. Y sont rassemblées les sépultures de 861 soldats américains, dont 62 inconnus, morts durant les combats de 1944.

CÔTÉ TERRE

Draguignan.

MUSÉE DE L'ARTILLERIE ★

Avenue de la Grande-Armée
✆ 04 83 08 13 85
www.musee.artillerie.asso.fr
Ouvert du dimanche au mercredi de 9h à 12h et de 13h30 à 17h30. Ouvert le jeudi exclusivement pour les groupes. Gratuit.

Situé dans l'école d'artillerie, ce musée militaire présente de façon très riche et complète l'histoire de l'artillerie française du XVe siècle à nos jours. Classé musée de France, il montre l'évolution des techniques de ce type d'armes à travers les âges. On y découvre une importante collection de canons anciens du XVe au XXe siècle, d'armes diverses, d'uniformes et d'œuvres d'art sur le sujet. Des expositions temporaires renouvellent tous les six mois le quotidien du musée. Des pièces provenant du Japon, des Etats-Unis et de Russie complètent les collections.

MUSÉE DES ARTS ET TRADITIONS POPULAIRES ★

15, rue Joseph-Roumanille ✆ 04 94 47 05 72
www.dracenie.com
Ouvert du mardi au samedi de 9h à 12h et de 14h à 18h. Ouvert le dimanche de 14h à 18h. Adulte : 3,50 € (réduit : 2 €).

Ce musée présente un panorama détaillé des coutumes provençales. De la vie quotidienne, des activités artisanales, de l'agriculture, culture de la vigne et procédés de vinification, culture de l'olive, l'apiculture et la bouchonnerie ou encore la transhumance. Des vitrines présentent des reconstitutions d'intérieurs, d'ateliers d'artisans, de fermes, des collections d'objets usuels et professionnels. Le musée accueille aussi de très belles expositions ponctuelles. A découvrir.

MUSÉE MUNICIPAL D'ART ET D'HISTOIRE

9, rue de la République
✆ 04 98 10 26 85
Ouvert du mardi au samedi de 10h à 18h. Fermé dimanche et jours fériés. Gratuit.

Situé au cœur de la ville piétonnière, aménagé dans l'ancienne résidence d'été de monseigneur du Bellay, archevêque de Fréjus, le lieu classé Musée de France abrite de riches collections. Des salles de peinture et sculpture présentent des œuvres de Rubens, Renoir... Une riche bibliothèque présente des incunables, dont la fameuse Bible en latin de Nüremberg (1493) et un exemplaire du Roman de la Rose (XIVe siècle). Modernisé et réaménagé, le musée a réouvert ses portes en 2020.

LA TOUR DE L'HORLOGE ★

Montée de l'Horloge
✆ 04 98 10 51 05
Visite du 1er juin au 30 septembre. Gratuit.

Cette magnifique tour impossible à rater tant elle est imposante a été érigée pour remplacer en 1662 le donjon du XVe siècle, rasé sur l'ordre de Mazarin. Ce beffroi massif et haut de 18 mètres, construit sur un éperon rocheux, comporte quatre échauguettes d'angle et supporte un campanile de fer forgé du XVIIe siècle. Elle fait partie des principaux monuments historiques de la ville. À ses pieds, le très agréable théâtre de verdure accueille en saison estivale, des festivals et concerts dans un cadre bucolique et historique à la fois.

OFFICE DE TOURISME INTERCOMMUNAL DE LA DRACÉNIE

2, avenue Lazare-Carnot ✆ 04 98 10 51 05
www.tourisme-dracenie.com
Du lundi au vendredi de 9h à 12h30 et de 13h30 à 17h ; le samedi matin. Horaires étendus en haute-saison. Parking.

Cet office de tourisme est situé dans le centre de Draguignan, chef-lieu de la région. Vous y trouverez toutes les informations nécessaires à votre séjour ainsi qu'à vos visites en Dracénie. L'équipe est accueillante et vous renseignera volontiers sur les excursions, randonnées, sentiers VTT et possibilités d'hébergements. Une multitude de dépliants pourront également vous inspirer. Bien que bon nombre d'informations soient désormais en ligne, l'office de tourisme reste incontournable.

CAMPING CARAVANING LA FOUX** €

933, chemin Saint-Jean-de-la-Foux
✆ 04 94 68 18 27
www.camping-lafoux.com
Ouvert de juin à septembre. Accueil jusqu'à 20h. Terrain de 6 ha. 180 emplacements (130 emplacements et 50 locations).

Ce camping, ouvert depuis 1962, est situé à la périphérie de la ville, au cœur d'une pinède, ce qui lui permet d'offrir des emplacements ombragés. Sur place, rien ne manque : piscine, bar-restaurant de type brasserie (ouvert en juillet et août), pizzeria, terrains de pétanque, de volley, de basket, minigolf, ping-pong, jeux d'enfants, discothèque de plein air, soirées dansantes, spectacles, pêche dans la rivière bordant le camping. Et à 100 m de là, court de tennis et équitation.

HÔTEL DU PARC & RESTAURANT Ô PETIT PARC** €

21, boulevard de la Liberté ✆ 04 98 10 14 50
www.hotel-duparc.fr
Ouvert toute l'année. Accueil jusqu'à 21h. 18 chambres. Chambre double de 71 € à 85 € ; chambre triple de 83 € à 99 €.

Idéalement situé, cet hôtel restaurant abrite des chambres confortables à la décoration sobre et aux beaux volumes. Au rez-de-chaussée, le restaurant offre un cadre moderne proposant une cuisine traditionnelle, dont un plat du jour quotidien préparé avec des produits frais de saison. L'œuf cocotte au foie gras et à la truffe est un incontournable de la maison. La terrasse sous l'ombre des grands platanes est une oasis de fraîcheur où déjeuner et se détendre à votre retour de balade.

HÔTEL LES OLIVIERS** €

815, chemin du Baguier
✆ 06 09 76 12 73
www.lesoliviershotel.com
Accueil jusqu'à 20h30. Chambre double de 61 € à 83 €. Piscine extérieure. Parking. Wifi.

Gaëlle et Aaron, un jeune couple franco-américain arrivé de New York, sont les propriétaires de cette villa construite sur les hauteurs de la ville, à l'écart du tumulte et dans un cadre reposant à souhait. Après avoir franchi le col de l'Ange en direction de Flayosc, dans un écrin de verdure, l'hotel offre des chambres de plain-pied, rénovées, donnant sur le jardin fleuri et une belle piscine qui n'attend que vous. Le soir, en haute saison, une petite restauration, planche de charcuterie, fromages et vins locaux. Bel accueil.

HÔTEL PROVENCE*** €€

11, boulevard Georges-Clémenceau
✆ 04 94 50 95 09
http://hotel-provence83.com
Réception ouverte 24h/24. 38 chambres. Chambre simple de 68 € à 118 € ; double de 80 € à 130 €. Petit déjeuner inclus.

© HOTEL PROVENCE

Cet établissement, entièrement insonorisé, situé proche du théâtre au cœur de Draguignan, est idéalement placé pour explorer la vieille ville. Après 18 ans sous l'enseigne du Groupe Accor, l'Ibis Styles a retrouvé son nom d'origine : Hôtel Provence. Les 38 chambres climatisées sont confortables, avec minibar, télévision, elles sont toutes dotées du wifi gratuit. Le petit déjeuner est servi sous forme de buffet. Un accueil souriant et professionnel. Les gros travaux effectués sur le boulevard principal, viennent offrir encore plus de cachet à cet établissement.

LA VUE DES ANGES €

491, chemin du Coutelet
✆ 06 69 39 03 68
www.la-vue-des-anges.com
Gîtes de France (3 épis). Ouvert toute l'année. Chambre double de 80 € à 90 €. Petit déjeuner inclus.

Si vous cherchez la tranquillité, optez pour un séjour dans cette maison contemporaine située au calme sur les hauteurs de Draguignan, et qui bénéficie d'une vue panoramique sur la ville et les collines aux alentours. L'unique chambre, en rez-de-chaussée, dispose d'un accès direct sur la vaste terrasse, où sont servis les petits-déjeuners selon la saison, et sur la piscine agrémentée de transats. Durant votre séjour, ne manquez pas de visiter Draguignan et ses merveilles : la Cité du Dragon, le marché local, les points d'eau, les grottes…

CHÂTEAU DES SALLES €€

1350, Avenue de Montferrat ✆ 06 52 68 87 05
www.chateaudessalles.fr
Chambre double de 110 € à 140 € ; studio / appartement à partir de 1 400 € la semaine. Petit déjeuner inclus.

Cette belle bastide provençale datant du XIXe siècle est située au cœur d'une exploitation agricole de 6 ha labellisée AB. Ses 5 chambres peuvent accueillir jusqu'à 15 personnes. Entièrement rénovée avec goût, les propriétaires ont su marier contemporain et style provençal pour garder le cachet de l'endroit. Après une partie de pétanque, l'apéritif se partage au patio en dégustant un verre de vin du domaine. Outre la piscine au sel, un grand bassin romain entouré de vieux cyprès et une fontaine plus petite font chanter l'eau sur la propriété. Une étape de charme.

HÔTEL LE VICTORIA*** €€

52, avenue Lazare-Carnot
✆ 04 94 47 24 12
www.hotel-victoria-draguignan.com
Ouvert toute l'année. Accueil jusqu'à 21h. 17 chambres. Tarifs préférentiels sur le site web. Petit-déjeuner 8 €. Wifi.

Construit sous Napoléon III, cet hôtel particulier d'époque victorienne propose de belles chambres climatisées tout confort et modernes. Aux beaux jours, les petits déjeuners sont servis à l'ombre du cèdre centenaire du jardin. Le centre-ville avec ses commerces et ses animations est à quelques minutes à pied seulement. Un ordinateur est mis à disposition dans un grand espace réunissant le bar et le salon et une salle de réunion peut accueillir environ 14 personnes sur réservation. Si vous souhaitez réserver le jour même, privilégiez le téléphone.

LA SOURCE SAINT-MICHEL €€

299, chemin du Seyran
✆ 04 94 84 59 05
www.lasourcesaintmichel.com
4 chambres. Chambre double de 145 € à 210 €. Petit déjeuner inclus. Lit supplémentaire 25 €. Parking extérieur gratuit.

Cette imposante demeure du XIXe siècle est érigée à l'orée de la ville sur un vaste domaine de 2 ha. Ces 4 chambres orientées sud bénéficient d'une magnifique vue au loin sur les toits de la ville de Draguignan et sur le massif des Maures. Depuis 2020, des cours de cuisine avec le chef Philippe Rousselot réunissent de nombreux apprentis cuisiniers, se transformant ensuite en convives le temps d'un moment très convivial. Une table d'hôtes a étoffé l'offre des lieux avec des repas en accord mets vins grâce à la cave du club œnologique.

KANTIN €

11, rue Frederic Mireur
✆ 04 89 53 46 83
Du lundi au samedi de 9h à 15h et de 17h30 à 23h30. Carte : 20 €. Brunch le dimanche 25 €. Vente à emporter.

Nouvelle adresse gourmande dracénoise, ce petit restaurant asiatique est tenu par deux couples d'amis amoureux de l'Asie. Ils proposent une cuisine d'inspiration thaïlandaise, Indonésienne et Cambodgienne. Avec une formule simple, généreuse, abordable et savoureuse, des produits frais cuisinés sur place et un accueil chaleureux. A la carte 6 entrées (Sapi, Tempura...), 8 plats (Pad Thaï, Nasi Goreng, Bobun, Pho, Hokkien Mee, et un délicieux Green Curry qui a mijoté 6 heures) et 5 desserts. Une Kantin où on prendrait bien ses quartiers !

LE MALYCAN €

50, boulevard de la Liberté
✆ 04 94 76 27 57
Du mardi au samedi de 12h à 14h et de 19h à 22h. Formule du midi : 15 € (plat + verre de vin). Terrasse.

Mathieu et Lydie Cassin ont repris et complètement revu l'ancien Bouffon, institution dracénoise, pour créer un grand espace à la décoration soignée et conviviale. Grandes tablées familiales ou tête-à-tête, chacun trouve sa place. Côté cuisine la carte d'inspiration italienne est courte et actualisée au fil des saisons. Les risottos sont crémeux à souhait et déclinés aux coquilles Saint-Jacques et pistou, gambas et chorizo, fleurs de courgette tomates et olives, ou boudin noir sauce américaine. Les pâtes et les pizzas sont inventives et goûteuses.

LA PETITE AGEROLA €

14, rue des Marchands
✆ 04 94 68 29 16
Du mardi au dimanche et les jours fériés de 10h30 à 14h30 et de 18h15 à 23h30. Carte : 15 € environ.

Véritable trattoria italienne au cœur du centre ancien, ce restaurant propose les meilleures pizzas de Draguignan. La pâte est croustillante jusque sous la garniture, le fromage est fondant et le choix d'une incroyable variété. Coup de cœur pour la spécialité de Matino : « *nonna rosinella* aux *cime di rapa* » aux feuilles de navet et fromage fumé ! Quant aux pâtes, elles sont parfumées, gourmandes, copieuses et cuisinées à la minute, coup de cœur pour la *pasta alle vongole*. Pour finir goûtez la crémeuse panna cotta ou la glace à la bergamote artisanale.

TAJ MAHAL €

8, avenue lazare carnot
✆ 06 22 57 02 27
www.restaurant-draguignan.fr
Ouvert tous les jours et les jours fériés midi et soir. 23 € environ. Formule du midi : 12 €.

Seul restaurant indien de la Dracénie, le Taj Mahal propose de nombreuses spécialités épicées : samossas à la viande, grillades au four indien, agneau Tikka servis sur assiette en fonte, gambas massala ou poulet tandoori, biryani Taj, Kashirimi pilao, matar piloa, saumon makhani, crevette korna ou curry, agneau vindalou aux multiples épices, dal et naan parfumés, les plats peuvent être plus ou moins doux ou épicés en fonction des goûts de chacun. Une invitation au voyage à travers la cuisine extraordinaire du lointain pays des maharadjas. A découvrir !

L'ANDROUNO €€

11, rue des Endronnes ✆ 09 82 28 83 10
www.landrouno.fr

Ouvert du mardi au dimanche de 12h à 14h ; du mercredi au samedi de 19h30 à 21h. Menus de 25 € à 34 €. Carte : 35 €.

Le jeune couple propriétaire de ce restaurant vous propose une cuisine méditerranéenne inventive. Le chef s'inspire des saisons et des produits frais pour livrer une délicieuse cuisine maison. La carte évolue régulièrement et un plat du jour est proposé chaque midi. Fricassée de gnocchis et escargots, risotto aux truffes ou de gambas et citron, parmentier de volaille sauce foie gras, saumon fumé maison pour la fin d'année, moelleux au chocolat et café très gourmand... Une adresse idéale pour déjeuner en terrasse ou dîner avant de vous rendre au théâtre voisin.

LE BISTRO DU THÉÂTRE €€

32, boulevard Clemenceau
✆ 04 94 50 85 91

Au bistro, du mardi au dimanche, ouvert de 7h30 à 20h. Au restaurant, du jeudi au dimanche de 12h à 13h30. Terrasse.

Vocations multiples pour ce restaurant, café, bistro, qui vous accueille tout au long de la journée. Pour ne pas tomber dans la monotonie, le chef change la carte chaque semaine, au gré du marché, et propose une cuisine simple à l'esprit brasserie, élaborée à base de produits frais, tarte fine de gambas, surprise de volaille fermière aux truffes d'Ampus, daurade royale en croûte de sel, foie de veau persillade... Les clients plébiscitent l'accueil de la patronne, le plat du jour et le café gourmand. Des soirées musicales aux beaux jours.

LE DOMINO €€

28, avenue Lazare-Carnot ✆ 04 94 67 15 33
www.ledomino.fr

Restaurant fermé le samedi midi, dimanche et lundi toute la journée. Carte : 40 € environ. Formule du midi : 17 €.

Cette belle demeure bourgeoise de ville abrite 4 jolies chambres d'hôtes au-dessus d'un restaurant dont la cuisine reflète le goût des voyages des propriétaires. La carte propose des plats inspirés de la cuisine provençale ou mexicaine. On peut aussi s'y régaler de copieuses raclettes comme à la montagne (sur réservation). Du coté du bar, de profonds fauteuils vous permettent de siroter tranquillement les cocktails minute de Jean-Marc. Avec ses trois salles et son jardin-terrasse intime, le lieu se prête volontiers aux grandes tablées comme aux tête-à-tête.

LES MILLE COLONNES €€

2, place aux Herbes
✆ 04 94 68 52 58

Ouvert du mardi au samedi de 10h30 à 15h ; du mercredi au samedi de 18h à 22h30. Carte : 30 € environ. Terrasse.

Ce café historique au décor sculpté du XIXe siècle, 3e plus vieux café de France, propose une cuisine traditionnelle de brasserie : gratinée à l'oignon, escargots de Bourgogne, marbré de foie gras maison à la figue, tartare de bœuf à la provençale, filets de saint-pierre sauce vierge, tartare de thon à la japonaise... Si, en saison, on profite de la terrasse ombragée pour écouter les concerts de l'été au cœur de la vieille ville, l'hiver on pousse les tables pour danser au son des soirées vinyles du disquaire voisin, Cosmic Trip.

LE RENDEZ-VOUS €€

14, rue du Cros
✆ 04 94 70 24 65

Ouvert du jeudi au samedi de 12h à 14h et de 19h à 21h. Et lundi, mardi et mercredi de 12h à 14 h. Carte : 25 € environ.

Comme son nom l'indique, ici tout est au « rendez-vous » : l'accueil avec bienveillance et gentillesse, le service parfait, la présentation élégante des assiettes et les saveurs qui enchantent nos papilles pour un prix somme toute très raisonnable devant la qualité des produits servis. Christophe et Gladys suivent l'inspiration au fil des saisons et proposent une cuisine maison pleine de belles surprises enchanteresses. L'endroit est petit, il est donc recommandé de réserver car la clientèle fidèle est elle aussi au « rendez-vous ».

RESTAURANT CAPPELLO €€

3, boulevard Gabriel-Péri ✆ 04 94 47 26 75
www.restaurant-cappello.fr

Ouvert du mardi au samedi le midi ; le mardi et du jeudi au samedi le soir. Formule : 17 € (« Cappello express »).

Installé depuis 1989 dans le centre de Draguignan, ce restaurant propose une cuisine traditionnelle méditerranéenne ensoleillée et italienne maison, mitonnée avec des produits frais transformés sur place par Henri Billeton, sommelier de formation et chef de cuisine. Si vous êtes pressés, optez pour la formule rapide composée de la planche de saumon ou de la grillade de bœuf, plats accompagnés d'une salade mixte. Sinon, dégustez une pizza au feu de bois, des lasagnes, des scampis grillés, une saltimbocca à la Romana, le tout accompagné de vins de la région.

LE SAINT PIERRE €€

30, rue de la République

✆ 04 94 85 88 37

www.le-saint-pierre-draguignan.fr

Ouvert du lundi au samedi le midi de 11h à 14h et de 19h à 22h. Menu unique à 19,90 €. Plat du jour : 11,90 € (le midi).

Patrice Bassof et Laurent Matis ont une longue expérience de la restauration. Anciens charcutiers tripiers, mais aussi spécialistes des poissons et fruits de mer, ils ont ouvert cette brasserie où la carte marie habillement la terre et la mer. De généreuses planches et des plateaux à partager, les grillades de poissons, la bouillabaisse, faouque du pêcheur ou le sartant aux pennes pour 2 personnes invitent à la convivialité. Rognons, andouillette tatin et pièces de bœuf os à moelle raviront les amateurs. Une belle adresse en centre-ville.

TARTINES ET CHOCOLAT €€

13, rue des Endronnes

✆ 07 69 60 43 40

Du jeudi au mardi de 9h à 16h. Menu unique à 16 € (plat + dessert le midi en semaine). Carte : 27 € environ.

Ancienne pâtissière des restaurants étoilés Terre Blanche et les Gorges de Pennafort, Nina Maloyan laisse éclater sa créativité en cuisine, tandis que son compagnon Matthias Luck assure le service souriant de cette belle adresse dracénoise. La table est inventive et la cuisine s'inspire de celles du monde dans toutes ses saveurs. Quant aux desserts, ne faites surtout pas l'impasse, ce sont de véritables péchés de gourmandise. Brunch un dimanche sur deux et café culturel au théâtre, ouvert avant et après les spectacles. Il est préférable de réserver.

LES TROIS GARÇONS €€

10, Boulevard du Maréchal Joffre

✆ 04 94 47 78 55

www.les-trois-garcons.fr

Tous les jours et les jours fériés de 9h à 0h. Carte : 32 € environ. Vin au verre. Terrasse. Parking.

Les Trois Garçons ont pour noms Clément Bruno, mythique chef lorguais étoilé spécialiste incontournable de la truffe, et deux de ses anciens chefs : son bras droit Dominique Saugnac et en cuisine Hugo Carmona, tous deux formés chez Ducasse. Entre la brasserie parisienne et le bistrot décomplexé, l'endroit est chaleureux, le service souriant et le savoir-faire ne s'encombre pas de chichis inutiles. Dans l'assiette, une vraie saisonnalité cuisinée avec générosité, des jus gourmands, des plats qui sentent bon le terroir local, dans un bel esprit bistronomique.

LA BIÈRE DRACÉNOISE

2, rue Marx Dormoy

✆ 06 14 16 08 24

www.bieredracenoise.fr

Ouvert du lundi au vendredi de 7h à 13h et de 17h à 1h ; le samedi de 17h à 1h. Terrasse. Animations. Restauration.

Voilà un des nouveaux lieux de convivialité dracénois. Sam et son épouse ont complètement transformé cet ancien troquet de quartier pour en faire un bar à bière branché. Ils brassent leur propre bière, la Graouli, très rafraîchissante, aromatique avec une belle amertume et des notes d'agrumes. Ils proposent des bières locales, artisanales et à la pression, quelques vins choisis et des planches à partager. Les week-ends, concerts, karaokés ou films mythiques avec repas dans le thème. Que ce soit pour l'accueil du patron ou l'ambiance conviviale, on adore.

LE GAMBRINUS

17, rue d'Arménie

✆ 06 62 69 54 23

Ouvert toute l'année. Du lundi au samedi de 17h à 1h. Animations, concerts et soirées à thèmes.

Ce petit bar offre une ambiance de pub irlandais avec une programmation de concerts de groupes locaux en fin de semaine. Situé dans une rue piétonne du centre-ville, c'est un endroit sympa pour profiter d'un after-work ou d'une soirée entre amis en dégustant une des nombreuses bières à la pression ou en bouteille de la carte. La Saint Patrick y est une institution, mais pas seulement, toutes les raisons sont bonnes pour y faire la fête : Oktoberfest, Halloween, Prohibition day... Retransmissions sportives et possibilité d'organiser des événements privés.

WHY NOT BY ZYW

17, Place du Marché

✆ 06 67 72 95 91

Ouvert toute l'année. Du mardi au samedi de 9h30 à 14h et de 18h à 23h. Terrasse. Planches à partager.

Idéalement situé sur la place du marché fermée à la circulation depuis sa réhabilitation, le Why not a tout de suite trouvé sa clientèle. La grande terrasse ensoleillée, meublée de confortables salons en bois et rotin dépareillés et pourvus de plaids en hiver, est idéale pour se poser entre amis. Vins à découvrir et grandes planches de produits locaux, Alexis a su créer une atmosphère propice à la détente en soirée. Un des nouveaux lieux chouchou des soirées dracénoises. Certains en ont déjà fait leur QG comme l'indique la grande ardoise murale à messages.

Draguignan.

CAVE LE DIT VIN

121, avenue du Maréchal-Juin
✆ 04 94 47 22 19
www.lescotesdeprovence.fr
Du mardi au jeudi de 9h à 12h30 et de 14h à 19h30, le vendredi de 9h à 19h30, le samedi de 9h à 20h. Ouvert le dimanche.

Depuis septembre dernier, dans cette dynamique cave (également épicerie fine) tenue par Patricia et Stéphane, où les vins Côtes-de-Provence – dans les trois couleurs – tiennent la vedette, un bar à fromages et charcuterie, unique en son genre à Draguignan, est ouvert avec des produits frais provenant de la fromagerie Bertin à Taradeau et de la fromagerie La Pastourelle à Châteaudouble, l'huile d'olive du domaine Taurenne, des pains spéciaux et pain sans gluten de la boulangerie gourmande... Des produits locaux de qualité pour une vraie convivialité.

LE COMPTOIR DE MAURICE

186, rue Jean Aicard
www.lcd-maurice.fr
Ouvert le lundi de 12h à 20h ; du mardi au samedi de 8h à 20h ; le dimanche de 8h à 13h. Menu à moins de 10 €.

Draguignan accueille une épicerie fine d'un nouveau genre. Résolument moderne, s'appuyant sur une passion familiale courant sur 3 générations, ce lieu installé dans les anciens abattoirs de la ville propose 4 000 références sur 450 m² de convivialité. Poursuivant la sage familiale Michèle et Romain Fabre lancent Le Comptoir de Maurice. S'engageant auprès de partenaires bio et régionaux, ils proposent des produits de saison, locavores, avec du goût, et respectant pour la majorité le cahier des charges de l'agriculture biologique.

CÔTES DE PROVENCE DRACÉNIE

Infos dans les offices de tourisme. Vente et dégustation dans les domaines de production.

Au cœur du Var et de la zone AOC des côtes-de-provence, la Dracénie est une terre d'exception pour les vignobles. Elle offre une diversité de terroirs qui participent à la richesse des vins que l'on y produit. Le Comité interprofessionnel et syndicat des côtes-de-provence y a élu domicile à Arcs-sur-Argens. Labellisée Vignobles et découvertes en 2017, la Dracénie mise sur l'œnotourisme. Découvrez une multitude de domaines à la hauteur de la réputation de la région.

LES FONDUS DE FROMAGES

2, place du Marché
✆ 04 94 39 62 76
Ouvert du mardi au vendredi de 9h à 13h et de 15h à 19h ; le samedi de 7h30 à 13h et de 15h à 19h.

Travaillant les fromages de saison, avec un large choix de produits locaux, ce fromager propose des fondues sur mesure, des plateaux de raclettes nature, fumée, au vin blanc, à la truffe, des assortiments de fromages surprenants sortant totalement des sentiers battus pour des plateaux savoureux pour toutes les occasions. Et pour les amateurs qui aiment les découvertes et être surpris comme avec un beaufort chalet d'alpage de Courchevel, 18 mois d'affinage, ou le persillé de Tignes fermier, fromage de montagne mi-vache mi-chèvre. Gourmandise assurée !

MIELLERIE MANDARD

Chemin de Saint-Michel
✆ 04 94 68 05 10
www.mielmandard.com
Visite possible de la miellerie sur réservation préalable. Vente sur place et en ligne.

Installé depuis 1983, Jean-Philippe Mandard vit pleinement sa passion d'apiculteur et vous la fait partager en vous faisant visiter sa miellerie (sur rendez-vous). Sa production artisanale est riche de nombreuses variétés dont deux Label Rouge lavande et Provence toutes fleurs, mais aussi romarin, châtaigniers, Alpes toutes fleurs, tilleul, bruyère blanche, acacia, forêt, sapin, sans oublier le pollen. Des miels dont la qualité est l'aboutissement d'un savoir-faire artisanal hérité de la transmission de plusieurs générations d'apiculteurs.

MOULIN À HUILE DE SAINT-CASSIEN

3 bis, rue de l'Observance
✆ 04 94 67 13 50
http://moulinahuilesaintcassien.business.site
Ouvert du lundi au samedi de 8h à 12h30.

Des 10 moulins qui existaient au XVIIe siècle à Draguignan, ce moulin est le seul à avoir traversé les siècles. Fabrice Godet, propriétaire depuis 1982, triture les olives de ses 700 apporteurs (il ne possède pas d'oliviers) à l'ancienne : le broyage se fait grâce à des meules en granit, la pâte est pressée à l'aide de scourtins. Puis le liquide obtenu est placé dans des bacs de décantation et l'huile est ramassée à la feuille. La boutique du moulin propose huiles et savons artisanaux.

MOULIN À HUILE DU FLAYOSQUET

1227, chemin de Coulombe - RD 57
✆ 04 94 70 41 45
Haute saison : du lundi au samedi de 9h30 à 12h30 et de 14h30 à 19h. Visite guidée gratuite.

C'est le plus vieux moulin de France encore en activité. Datant du XIIIe siècle, il est aujourd'hui tenu par Max Doleatto, représentant la 5e génération de la famille. Sept huiles différentes sont produites à partir d'olives mûres, stockées pendant 4 à 6 jours. La « tradition » est un assemblage classique dans lequel domine la variété cayet roux. « L'authentique », en revanche, est une huile singulière, recueillie directement à la sortie de la meule. Passez goûter !

LE PALAIS DU CAFÉ

8, rue Pierre-Clément
✆ 04 94 47 04 47
www.lepalaisducafe.fr
Ouvert du lundi au vendredi de 7h30 à 18h ; le samedi de 7h30 à 13h.

Gaëlle et Lionel Lartigalot tiennent cette torréfaction artisanale avec convivialité et le savoir-faire des gens passionnés par ce qu'ils font. Dans cette boutique odoriférante, vous trouvez une quinzaine de cafés différents venant du Brésil, du Kenya, de Colombie... et torréfiés sur place. Ils proposent aussi un choix incroyable de près de cinquante sortes de thés à emporter ou à déguster sur place dans leur salon de thés. A savoir : pour tout sachet de café rapporté, Lionel reverse aux associations locales le prix du sachet.

EURO VÉLO 8 [EV8]

fr.eurovelo8.com
Ouvert toute l'année. Accès libre aux 2 roues. Gratuit.

La voie Euro Vélo 8, aussi nommée « la Méditerranée à vélo » traverse la Dracénie et ses communes en partant de Draguignan jusqu'à Sillans la Cascade. L'EV8 est un itinéraire cyclable européen en cours d'aménagement qui reliera à terme Cadix en Espagne à Athènes en Grèce. Il traverse le terroir dracénien à travers vignes et forêts et propose actuellement aux amateurs de la petite reine ce premier tronçon qui suit en partie le tracé de l'ancienne voie ferrée depuis longtemps désaffectée. Un itinéraire en voie d'expansion et une activité en plein essor en Dracénie.

BOWLING DRAGUIGNAN

42, impasse des Géraniums
✆ 04 94 68 70 33
www.bowling-draguignan.fr
Du mardi au dimanche, horaires variables à consulter en ligne. De 4 € à 6,50 € pour 1 partie jouée par personne.

Le bowling est équipé de 8 pistes synthétiques AMF de dernière génération et dispose d'une boutique spécialisée dans le matériel et le perçage. Les mordus des quilles et des grosses boules s'y retrouvent pour tenter des strikes du mardi au dimanche, avec des horaires principalement en après-midi et en soirée. Afin de varier les plaisirs, 8 billards de type 8 pool (billes jaune et rouge) sont également disponibles. Un bar-snack, pour les petites faims (crêpes, quiche lorraine, croque-monsieur) est aussi à votre disposition. Un plaisir pour petits et grands.

LORGUES ★

Pour découvrir le cœur de la ville, il suffit de suivre le boulevard de la République jusqu'à la place Clemenceau où se dresse la fameuse fontaine de la Noix, dédiée à Louis II, comte de Provence, roi de Naples, qui permit à Lorgues d'accéder au statut de ville libre. Lorgues fut au Moyen Âge un lieu de passage des pèlerins sur la route de Compostelle. Les remparts ont disparu à l'exception de deux portes, la porte Sarrasine, à l'est, et la porte Trébari, au sud-ouest. Le vieux village mérite assurément un coup d'oeil si d'aventure vos pas vous mènent à Lorgues. Patrimoine historique et charme provençale, les atouts ne manquent pas.

CHAPELLES NOTRE DAME DE BEN VA ET DE SAINT FERRÉOL ★

Route de Saint-Antonin et colline de Saint-Ferréol
Visites sur réservation à la Maison du tourisme de Lorgues.

Proches de la ville, deux jolies chapelles méritent le détour. Datant du XVIIe siècle, Saint-Ferréol est posée sur la colline surplombant Lorgues. Avec son chemin de croix éponyme, elle abrite le saint patron du village et un très beau musée d'arts sacrés. Quant à Notre-Dame-de Ben-Va (bon voyage), entièrement décorée de fresques peintes au Moyen Age par un peintre italien itinérant, cette ravissante petite chapelle est émouvante dans sa simplicité.

CÔTE TERRE

CHEMINS DE RANDONNÉE

Trois chemins de randonnée sont à découvrir depuis Lorgues : l'un partant notamment du village et rejoignant la colline et l'ermitage Saint-Ferréol par le chemin de croix du XIXe siècle. Le second sentier est au départ du hameau de Saint-Jaume, pour découvrir le dolmen de Pey-Cervier. Et enfin l'EV8, piste cyclable reliant Lorgues, Flayosc, Salernes et Sillan-la-Cascade. Les possibilités de randonner sont donc nombreuses sur la commune de Lorgues, chacune d'elles offrant de beaux points de vue et des points d'intérêt non négligeables.

COLLÉGIALE SAINT MARTIN ★

Ouvert toute l'année.

Construite à partir de 1704, à l'initiative de l'évêque de Fréjus, futur cardinal Fleury, elle comporte trois nefs et une abside en cul-de-four. Le clocher n'a jamais été achevé, faute sans doute de crédits. Le mobilier intérieur, du XVIIIe siècle, est superbe avec un très beau maître-autel baroque, une chaire sculptée, desservie par un escalier à double révolution. Le grand orgue – deux mille tuyaux – est l'œuvre du facteur alsacien Augustin Zeiger en 1837. D'une grande qualité musicale, il permet l'organisation de nombreux concerts.

© BRIGITTE GRIVET - XILOPIX

Le campanile de Lorgues.

POINT INFO TOURISME

12, rue du 8-Mai
✆ 04 94 73 92 37
www.w3.tourisme-dracenie.com

Ouvert toute l'année. Parking. En été, du lundi au samedi de 9h à 12h30 et 14h30 à 18h. Dimanche de 9h30 à 12h30.

En périphérie du village de Lorgues, impossible de louper ce bâtiment pastel flanqué de l'inscription Maison de tourisme sur sa façade. Très pratique, un grand parking d'une centaine de places pour vous arrêter facilement. Services classiques d'un office de tourisme. Informations pratiques sur les visites, randonnées des environs. Accueil souriant et bienveillant. C'est ici que se font les réservations pour la visite des deux chapelles de Lorgues. Les horaires varient selon la saison mais le point info est ouvert toute l'année.

LA BASTIDE DU PIN €€

1017, route de Salernes
✆ 04 94 73 90 38
www.bastidedupin.com

6 chambres. Chambre double de 100 € à 165 €. Petit déjeuner inclus. Piscine. Parking. Wifi. Excursions.

La vaste et authentique bastide varoise de Pierre Gissinger, a été construite au XVIIIe siècle au milieu d'un parc de 11 000 m², à 1 km du centre du village. Elle a été restaurée avec goût dans l'esprit de son époque. Cette belle demeure bénéficie d'une magnifique vue sur le massif des Maures. Elle offre de vastes chambres à la décoration soignée, avec soies, boutis, meubles anciens, et murs patinés. Trois gîtes de séjour sont également proposés à la location, pour deux à trois personnes, ou pour des familles de quatre à cinq personnes.

L'ENCLOS €€

13, rue de la Résistance
✆ 04 98 10 13 31
www.enclos.net

Chambre double de 140 € à 150 €. Petit déjeuner inclus. Parking (extérieur gratuit). Animaux acceptés. Wifi.

Bâtie dans un parc de 800 m², cette magnifique bastide provençale du XVIIIe siècle, propriété de Colette et Michel Blanchard, surplombe le village. Avec leur cheminée individuelle, les chambres et suites sont grandes et confortables, équipées de lits doubles ou séparés et donnent sur le jardin. Le petit-déjeuner est servi sur la grande terrasse solarium d'où l'on peut admirer le panorama sur la collégiale et le massif des Maures ou dans la salle à manger avec cheminée hors saison. Le couple se fera un plaisir de vous donner des conseils !

COTÉ TERRE

LE MAS DES CADES €€

1662, chemin Sainte-Anne
✆ 04 98 10 41 48
www.masdescades.com
Chambre double de 76 € à 100 € ; studio / appartement de 390 € à 660 € la semaine. Petit déjeuner inclus. Terrasses.

Sur un domaine de 9 000 m² de verdure et de calme, Marie-Catherine et Philippe La Ravoire vous accueillent dans leur mas situé à 3 kilomètres de Lorgues, entre les gorges du Verdon aux nombreuses activités sportives et Saint-Tropez la dynamique. Chaque chambre offre une ambiance différente, locale ou exotique et dispose d'une terrasse privée. Le lieu rêvé pour toutes les personnes aspirant à la douceur de vivre. La Provence Verte, Fréjus, Saint Maxime sont également des possibilités d'excursions depuis le gîte. Piscine et terrain de pétanque.

LE MAS PINÈDE €€

2629, route de Saint-Antonin
✆ 04 94 73 83 40
www.lemaspinede.fr
Chambre double de 90 € à 120 € ; chambre triple de 115 € à 145 €. Petit déjeuner inclus. Table d'hôtes sur demande.

À la lisière d'une forêt de pins et de chênes verts, cette maison à l'architecture contemporaine propose des chambres d'hôtes aux noms évocateurs des cépages du vignoble de Provence. L'hébergement en rez-de-jardin possède un accès direct et indépendant du côté terrasse. Les chambres à l'étage s'ouvrent sur la piscine. Pour un séjour insolite, découvrez également le concept d'une roulotte-gîte, située dans la propriété en bordure de la forêt et en retrait du mas. Belle table d'hôtes aux accents régionaux dans votre assiette. Superbe adresse.

PRIVATE ROOM & SPA €€

Quartier de Fourques
✆ 07 78 10 17 13
https://var.private-room.fr
Studio / appartement de 199 € à 299 €. Forfait Après Midi : 140 € pour 2h30. Bain bouillonnant, sauna. Wifi.

Cette ancienne petite bergerie a été entièrement redécorée avec goût pour offrir une ambiance à la fois romantique et tendance. Dans les chambres, alors que le grand lit recouvert de sa couverture de fourrure fait face à la baie vitrée, le canapé est posé devant la cheminée. Le clou de ce logement est sans conteste l'espace bien-être spa privatif : un grand bain à remous de deux places, un sauna infrarouge et une large douche à jets nordique hydromassage avec lame d'eau et brumisateur, promettent des moments de détente absolue en toute intimité.

LE MAS DES CANDELIERS €€€

4216, Route de Draguignan - RD 562
✆ 04 94 85 94 94
Studio / appartement 150 € la semaine. Parking (extérieur ouvert, gratuit). De 150 à 350 € la nuit. Animaux acceptés.

Cette ancienne ferme, totalement rénovée et décorée avec goût dans un style provençal, se dresse au cœur du vignoble Château Roubine, 72 ha de vignes cultivées en bio et biodynamie aux crus classés. Pour un séjour d'exception en plein centre Var, ce mas gîte rural de charme est entouré de vignes et d'un jardin méditerranéen agrémenté d'un bassin romain rafraîchissant lors des chaudes journées d'été. Il est idéalement situé pour découvrir l'arrière-pays aux nombreuses propositions œnotouristiques, gastronomiques et liées à la découverte du terroir.

PEGASE €€€

RD 117
✆ 07 49 43 92 72
www.pegase-web.com
Tarifs chambre d'hôtes pour un couple comprenant la nuitée, petit-déjeuner et accès aux installations à partir de 130 €.

Le mas provençal de Christine et Patrick proposent un havre de paix libertin et naturiste tout juste troublé par le chant entêtant des cigales. Pour l'hébergement, il y a cinq chambres d'hôtes spacieuses et agréables à vivre. En journée vous pouvez bénéficier de toutes les infrastructures dans le parc bien à l'abri des regards indiscrets. Là, vous avez une belle et grande piscine chauffée à 28°, un bain à bulles chauffé à 37° ainsi que des box confortablement équipés qui vous permettront de vivre vos fantasmes en toute quiétude.

VILLA DE LORGUES €€€

7, rue de la Bourgade ✆ 06 61 47 67 02
www.villadelorgues.com
Basse saison : chambre double de 150 € à 190 €. Haute saison : chambre double de 160 € à 200 €. Petit déjeuner inclus.

En plein cœur du village, cette demeure de caractère date du XVIIIe siècle. Entièrement rénovée, elle a gardé tout le cachet de son passé avec son escalier central avec rampes en fer forgé, ses caves voûtées, son mobilier ancien, sa cuisine et verrière d'époque s'ouvrant sur un jardin d'agrément arboré... A l'étage, les chambres vastes et lumineuses, ont une décoration individualisée et raffinée : contemporaine, provençale, glamour. C'est le cocooning assuré, avec en plus un spa pour vous détendre et les restaurants nombreux aux alentours pour vous régaler.

ANTRE NOUS €€

7, Avenue Allongue
✆ 04 94 67 63 80
www.antrenous-lorgues.eatbu.com
Ouvert du vendredi au mercredi le midi et le soir. Menus de 37 à 55 €. Carte : 39 € environ. Formule du midi : 20 €.

L'Antre Nous est une histoire d'amitié entre Etienne Colliard, un jeune chef talentueux, et Stéphanie Barbe qui gère la salle avec bonne humeur et une véritable attention pour chaque convive. Etienne mise sur une carte centrée sur le produit, toute en fraîcheur et saisonnalité. Tout est fait maison avec un véritable talent d'alchimiste du goût. Foie gras en raviole, salade d'herbes fraîches, bouillon de céleri ; canette en filet, déclinaison de fenouil, condiment citron piquillos et un extraordinaire soufflé aux fruits de la passion et praliné noisette.

LE CHRISSANDIER €€

18, cours de la République
✆ 04 94 67 67 15
www.lechrissandier.com
Ouvert tous les jours sauf mardi et mercredi hors saison, 7 jours sur 7 en saison estivale. Menus de 34 € à 66 €.

En plein centre du village, ce restaurant à la décoration cossue avec ses couleurs chaleureuses et ses vieilles poutres, est tenu de main de maître par Sandra, à l'accueil, et Christophe Chabredier, au piano. Disciple de Roger Vergé, il élabore une cuisine de saison et de marché, croustillant de pigeon aux champignons des bois, miroir porto, turbot tout simplement grillé, effiloché d'endive aux herbes fraîches façon carbonara, cœur de filet de bœuf Rossini, crêpes au Nutella tiède, parfumées à la liqueur d'abricot, glace vanille...

LA TABLE DE PÔL €€

18, boulevard Georges-Clémenceau
✆ 04 94 47 08 41
Maître Restaurateur. Ouvert toute l'année. Réservation recommandée. Menus de 27 € à 41 €. Carte : 35 € environ.

Avec sa décoration contemporaine et sa belle terrasse été comme hiver, la table de Raphaël Revalor est le rendez-vous des amateurs de bonne chère. Le chef de cuisine régale avec une cuisine du marché et de saison : bourride de poissons, petit farcis, andouillette de Callian et toujours le fameux burger de Pôl, une viande hachée de race Aubrac, contisée au foie gras, tomme de vache de la ferme Bertin de Taradeau, speck Trentino alto Adige, le tout réuni dans un pain bio aux graines, spécialement confectionné par le boulanger Julien Oudard.

CHEZ BRUNO €€€

2350, route des Arcs ✆ 04 94 85 93 93
www.restaurantbruno.com
Du 15 septembre au 15 juin, ouvert du mardi au dimanche midi. Ouvert 7j/7 le reste de l'année. Menus de 78 € à 195 €.

Derrière les fourneaux, Benjamin perpétue cette cuisine simple, généreuse et authentique qui a fait la réputation de son père Clément Bruno. Le plat d'anthologie de la maison est une pomme de terre moelleuse et fondante, tout simplement cuite au four accompagnée d'une crème de truffe tuber brumale et râpée de truffe noire. Un plat qui a sa place dans le menu dégustation avec tous les grands classiques de la maison ! On profite du cadre magnifique de cette bastide provençale familiale entourée d'oliviers. Les lieux disposent aussi d'élégantes chambres et suites.

LA BULLE SUCRÉE

1, place de l'Eglise ✆ 04 94 73 96 28
www.la-bulle-sucree.e-monsite.com
Ouvert le mardi, le mercredi et du vendredi au dimanche de 8h30 à 13h et de 15h30 à 19h ; le jeudi de 8h30 à 13h.

Située face à la collégiale Saint-Martin, ne passez pas à côté de cette jolie pâtisserie-salon de thé tenue par Ingrid Girault et Nathalie Maby qui ont fait leurs classes à l'école Bocuse et hôtelière d'Avignon avant de se perfectionner à l'hôtel de Paris à Monaco et chez M. Rigolot à Annecy. Dans le patio ombragé, on commande un thé de la maison Collection T et on déguste les spécialités de gâteaux au cœur coulant comme le mont-blanc marron mandarine et le palet framboise, mais aussi le paris-brest, les brioches aériennes aux pralines roses, et le tout chocolat.

LORGUES TERRE DE VINS

2086, chemin de Saint-Louis
✆ 04 94 85 94 94
www.lorguesterredevins.com/
Actualités à retrouver sur le site internet.

«Lorgues Terre de Vins», c'est l'association de 12 domaines prestigieux qui exercent avec excellence la haute viticulture provençale. Ils se sont associés afin de faire de ce village, véritable petit « Beaune de Provence », une destination incontournable du tourisme œnologique au cœur de la Dracénie. C'est un bijou pour les amateurs de vins car, si ici le rosé est une évidence, à Lorgues les rouges et les blancs y sont tout aussi exceptionnels. Ayant trouvé un terroir à leur mesure, ils s'y font déjà une belle réputation. Dégustations et visites de caves.

L'ARNAUDE AVENTURES

Route de Vidauban
✆ 06 21 81 71 45
www.larnaude-aventures.com

Adultes, tarif individuel 20 € (consulter pour tarifs de groupe). Jeune 7 à 15 ans, tarif individuel 15 €.

Pour tous ceux qui aiment les sensations fortes et les montées d'adrénaline, ce parc situé dans un domaine viticole, au cœur d'une forêt de chênes et de pins, propose près de 60 ateliers répartis sur 6 parcours de difficultés variés dont le premier est accessible aux tout-petits dès 18 mois et le plus long propose une tyrolienne exceptionnelle de 200 m au-dessus des vignes. Chaque parcours accrobranche est composé d'ateliers suspendus en hauteur qui utilisent les atouts naturels du site comme support. Profitez de votre visite, pour découvrir la cave viticole.

FLAYOSC ★

Bâti en escargot, Flayosc est un joli village situé aux portes du parc naturel du Verdon. En empruntant la rue des Fainéants on découvre la très jolie place de la Reinesse avec son vieux lavoir, sa fontaine, sa porte médiévale, les façades préservées des maisons anciennes qui la bordent et ses platanes plusieurs fois centenaire. On peut aussi descendre la rue «Rompe cul» pour rejoindre la place centrale très animée l'été avec ses terrasses de café et restaurants. Enfin, en suivant le circuit de l'eau on longe le canal avec ses fontaines et lavoirs, avant de cheminer en pleine nature en une agréable balade.

MONASTÈRE SAINT-MICHEL DU VAR ✝ ★

1909, route de Lorgues
✆ 04 94 73 75 75
www.eof.fr

Visite de l'église et du monastère, du mardi au dimanche de 9h30 à 11h et de 14h30 à 17h (sauf dimanche matin). Parking.

Installé depuis 30 ans au cœur de la garrigue provençale, ce monastère orthodoxe, bâti près d'un étang aménagé, abrite une église de style byzantin. Les magnifiques fresques intérieures vous feront voyager en Europe orientale. Elles ont été créées par le peintre iconographe Vadim Garine et valent à elles seules le détour. Les lieux sont empreints de solennité. Depuis 2015, s'est ajoutée la paroisse Saint-Michel du Var. Petite hostellerie pour une vingtaine de personnes.

LES CABANES DU VARON €€

3029, route de Salernes
✆ 06 77 85 10 70
www.cabanesduvaron.com

6 cabanes et 2 tanières 100 % non fumeur de 140 € à 225 €, petit déjeuner compris. Paniers pique-nique.

Ces hébergements sont résolument insolites, de conception écologique et respectueux de l'environnement, perchés entre 5 et 9 mètres du sol environ, dans des chênes et entourés de pins. Ils sont situés au cœur d'un élevage d'ânes miniatures américains, avec un accès gratuit aux parcs des animaux (alpagas, moutons du Cameroun, poneys...) et au plan d'eau (cygnes, bernaches...). Un environnement familial idéal donc, étonnant pour les petits et grands. Le lieu idéal pour vivre une aventure en parfaite harmonie avec la nature omniprésente sur place.

LA VIEILLE BASTIDE €€

306, route du Peyron
✆ 04 98 10 62 62
www.lavieillebastide.fr

Ouvert toute l'année. Chambre double : 59-100 €. Petit déjeuner buffet : 14 €. Au restaurant, menus à 23 et 29 €. Carte.

L'accueil d'Isabelle et Alain d'Aubreby, les propriétaires de cette bastide provençale de pierres blondes située en contrebas du village, est toujours charmant. Les chambres, décorées avec goût aux couleurs de la Provence, sont vraiment confortables. La vaste terrasse ombragée de mûriers platanes et chênes verts centenaires sert d'écrin pour le petit déjeuner et accueille aux beaux jours un bon restaurant de spécialités régionales. Le parc est verdoyant, la piscine avec solarium offre quant à elle un beau panorama sur le village. Bref, tout y est !

LA VILLA AUX OLIVIERS €€

489, chemin du Ginesté ✆ 06 28 78 49 89
www.lavillaauxoliviers.fr

Chambre double de 90 à 133 €. Petit déjeuner inclus. Pas d'enfants de moins de 16 ans. Wifi gratuit. Restauration.

Fabien et Valérie Vallée vous accueillent dans cette jolie villa où tout a été conçu pour le confort et la tranquillité de ses hôtes. Les 3 grandes chambres de 24 m² ont une terrasse et un accès indépendant. Les chambres ont un accès direct à la piscine privative joliment paysagée, au patio, au boulodrome, et aux espaces de repos sous les oliviers. Une salle de petit-déjeuner est prévue lorsque le temps ne permet pas de déguster dehors, les confitures maison accompagnant ce premier repas. Idéalement situé entre mer et Verdon, une étape chaleureuse à découvrir.

CHÂTEAU DE BERNE••••• €€€

Route de Salernes ✆ 04 94 60 48 88
www.chateauberne.com

Relais & Châteaux. Ecolabel européen. 27 chambres. Gastronomie et vins. Spa. Chambre double de 330 € à 1 140 €.

Cet établissement d'exception a été imaginé dans l'esprit des grandes maisons provençales. Les chambres sont sublimes et décorées avec caractère. Le spa est doté d'une piscine intérieure avec nage à contrecourant et col de cygne, bains bouillonnants, sauna, hammam, espace de massage et terrasse solarium. Quant à la restauration de ce Relais & Châteaux, « Le Jardin de Berne » sous les commandes du Chef Louis Rameau sublime les légumes du potager et les fruits du domaine. Autre espace gourmand, le bistrot de Berne pour un repas plus simple mais délicieux.

LE CAFÉ DU MIDI €

1 place Bremond
✆ +33 4 94 76 05 61

Service midi et vendredi/samedi soir (tous les soirs l'été). Plat du jour : 11,50 € (13,50€ vendredi poisson).

Le Café du Midi a été repris en 2019 par Estelle et Bruno, qui mettent un point d'honneur à satisfaire chacun de leurs clients. Une clientèle d'habitués apprécie la terrasse ensoleillée et la cuisine fraîche de David Ignoffo, chef talentueux. Tout est maison, les plats sont bien présentés, dans de belles assiettes noires. On aime l'esprit brasserie de ce bistrot gourmand. Une cave à charcuterie pour se partager de belles planches, une carte variée et une carte de vin équilibrée. De belles surprises en dessert : baba au rhum, pavlova... A (re) découvrir !

LE CIGALON €€

5, boulevard du Grand-Chemin
✆ 04 94 68 69 65
www.lecigalonflayosc.wix.com/site

Ouvert tous les jours midi et soir sauf mercredi et jeudi. Menus de 33 à 57 €. Terrasse. Service traiteur.

Hervé Gély, ancien chef de La Bastide de Tourtour, a repris ce restaurant familial. Son épouse, Laurence, s'occupe de l'accueil et du service. Leurs enfants œuvrent en cuisine. Professionnel expérimenté, Hervé dévoile une délicieuse cuisine de saison, bien maîtrisée, qui respire la Méditerranée : gambas rôties au piment d'Espelette, tartare de tomates, fenouil cru, légumes d'été grillés, puis montés en terrine, au basilic, olives concassées, canette rôtie aux amandes et olives. En automne, ses menus autour des champignons valent à eux seuls le détour.

LA FLEUR DE THYM €€

3, boulevard Jean-Moulin
✆ 04 94 50 31 53
www.lafleurdethym.org

Ouvert du vendredi au mardi de 12h à 14h et de 19h à 21h. Carte : 55 € environ. Formule du midi : 24 €.

Ce petit restaurant réserve de belles découvertes dans l'assiette. Depuis 15 ans, Cédric Cottrel propose une cuisine traditionnelle travaillée en semi-gastronomique et fait chanter les palais. Il choisit des fournisseurs locaux, fait confectionner son pain en fonction de ses recettes... Mille-feuille en lasagnes de chair de tourteau et de crabe au corail d'oursin avec céleri façon rémoulade aux agrumes sur bouquet de feuilles ou quasi de veau juste rôti au jus à la sarriette au parfum de raifort... Le plus dur sera de choisir !

LE JARDIN DE BERNE €€

Route de Salernes ✆ 04 94 60 49 79
www.chateauberne.com

Réservation recommandée. Menus de 120 € à 150 € (séquence 5 ou 7 actes). Accords mets et vins de 210 à 260 €.

Le talentueux Chef Benjamin Colombat et son étoile obtenue en 2017 et conservée jusqu'en 2021, a passé la main en mars 2019 à son Chef exécutif, Louis Rameau, arrivé accompagné du Chef Pâtissier Eric Raynal (lauréat en 2020 dans la sélection «Passion Dessert» du Michelin). Outre la grande salle aux tables rondes posées sous une lumineuse verrière, deux salons cosy et chaleureux offrent une ambiance néoclassique plus intime pour déguster la superbe cuisine des lieux. Les chefs vous proposent une superbe séquence au fil des saisons, composée de 5 ou 7 actes.

L'OUSTAOU €€

5, place Joseph-Brémond
✆ 04 94 70 42 69
https://restaurantloustaou.wixsite.com/flayosc

Du jeudi au dimanche midi et soir. En été ouvert tous les soirs uniquement 7/7. Menu unique à 33 €. Carte : 45 €.

En mars 2017, à 30 ans, Clément Euvrard et Pauline Le Gall ont repris ce restaurant installé dans un ancien relais de poste datant de 1732. Clément élabore une cuisine mijotée inspirée des saisons. Une carte courte garantit la fraîcheur des produits cuisinés maison. Superbe foie gras fumé au foin avec éclat de châtaignes et crème de marron ; réconfortant mont-d'or rôti à la truffe à partager ; risotto aux Saint-Jacques et brisure de truffe. Une cuisine gourmande à prix raisonnable. A apprécier aussi aux beaux jours sur la terrasse ombragée au centre du village.

CÔTE TERRE

LE NID €€

37, boulevard Jean-Moulin ✆ 04 94 68 09 96
www.restaurantlenid-flayosc.fr

Du mardi au samedi le soir ; du mercredi au samedi le midi. Réservation impérative. Menus de 33 €/55 €. Menu midi 21 €.

« Cuisine du marché au fil des saisons », c'est le leitmotiv de Davy et Emilie Jobard. Tous deux ont travaillé chez le chef étoilé Jacques Chibois de La bastide Saint Antoine à Grasse. Davy se concentre sur une carte courte, pour une cuisine faite minute, bien tournée, juste, savoureuse, élaborée avec la collaboration des petits producteurs locaux. Plusieurs types de menus vous permettront de découvrir toute l'ampleur du talent du chef. Les plats peuvent être adaptés aux régimes végétariens et vegans. Une belle découverte labellisée Collège Culinaire de France.

LE TROIS 2 €€

480, Chemin de Coulombe
✆ 06 63 81 83 90

Du lundi au jeudi de 10h à 15h ; le vendredi et le samedi de 10h à 15h et de 18h à 0h. Menu unique à 14,50 €. Terrasse.

Situé au Flayosquet, c'est le restaurant du tennis club local. Cuisine simple et bonne, plats du jours gourmands préparés sur place : bavette de taureau purée maison, ballotine de volaille sauce chorizo avec gratin dauphinois, cabillaud sauce vierge et spécialités de burger très demandées avec une dizaine de déclinaisons, dont des burgers à la truffe, au foie gras ou Corse au figatelli. Côté desserts tiramisu, panna cotta et crème caramel. Ici le service est souriant et amical, et les soirées festives. Une adresse où il fait bon déjeuner à l'ombre de la pergola.

FIGANIÈRES

Selon la légende, on raconte que l'origine du nom de ce petit village, Figa Néra – la fuite noire –, remonterait à l'an 950, lorsque les Sarrasins furent mis en déroute par les habitants. Pour commémorer cet événement, les moines cisterciens y firent ériger la chapelle votive Notre-Dame-des-Oliviers. Le centre du vieux village comporte de nombreuses ruelles étroites pittoresques qui conduisent à l'église Saint-Michel, construite sur l'ancien emplacement du château des comtes de Vintimille, à l'ancien lavoir municipal ou encore au jardin des senteurs. Le nom provençal de la ville, Figaniero, a donné son nom à une variété d'oliviers, le plant de Figaniero.

LE MOULIN DE MONTÉOU

Domaine de Montéou
✆ 04 94 50 76 22

Ouvert du lundi au mercredi et le vendredi de 8h à 20h ; le samedi de 14h à 20h ; le dimanche de 9h à 20h. Entrée libre.

Plus d'un millier d'oliviers poussent sur ce domaine familial exploité depuis 1934 situé sur un plateau argilo-calcaire à 320 mètres d'altitude. Jocelyne et Jean-Louis vous feront découvrir leurs huiles d'olives, plusieurs fois médaillées d'or, vierge extra-fruitée et verte fruitée, extraites à froid par une chaîne continue conditionnée. L'entrée sur le domaine est libre et nous vous conseillons de prendre le temps de découvrir à la dégustation les différentes nuances de ce nectar très provençal. Pour cela, vous êtes au bon endroit.

CALLAS ★★

Avec la présence d'un oppidum de l'époque ligure, situé sur la colline de Piol, on peut affirmer que l'origine du village remonte certainement à l'Antiquité. Dès la première moitié du XIe siècle, le pouvoir est partagé entre différents sires. En 1579, le seigneur de Callas, Jean-Baptiste de Pontevès, qui règne en dictateur sur ses sujets, y est assassiné et son château est incendié. Il ne reste plus qu'un pan du donjon et l'abside de la chapelle – domaine privé. Aujourd'hui, ce petit village du Haut-Var, accroché à 398 mètres d'altitude, a retrouvé sa sérénité, avec ses ruelles agrémentées de calades, de passages couverts, d'immenses oliveraies avec un moulin en activité et l'ancien moulin communal restauré, son église Notre-Dame-de-l'Assomption qui abrite des retables et tableaux de l'école de Bréa, ses multiples chapelles, la chapelle de la Trinité, du XIe siècle, la chapelle romane Saint-Auxile, la chapelle Notre-Dame-de-Pennafort, vestige d'une ancienne communauté médiévale. En contrebas de la chapelle, les superbes gorges de Pennafort, composées d'une roche volcanique, la rhyolite, caractérisée par sa couleur rouge, dite aussi « porphyre rouge », sont impressionnantes et débouchent sur une belle cascade de 6 mètres de chute – des éboulements récents en empêchent l'accès facile.

CÔTÉ TERRE

ANCIEN MOULIN À HUILE COMMUNAL

Chemin des Moulins
✆ 04 94 39 06 77
Visite le dimanche de 14h30 à 18h et sur rendez-vous les autres jours de la semaine. Gratuit.

Restauré en 2008, cet ancien moulin communal retrace l'histoire et les techniques liées à la culture de l'olivier. Bâti au XVIIIe siècle, il est devenu communal en 1932, avant de cesser son activité à la suite du terrible gel des oliviers en Provence pendant l'hiver 1956. La visite du moulin vous permet de découvrir tout le matériel, la roue à augets, les presses installées dans leurs chapelles en pierre de taille, les engrenages en bois, la meule de pierre, la chaudière et les enfers.

LA CHAPELLE SAINT-AUXILE ★

Située à seulement 1,5 kilomètre au sud-est, au sommet d'une colline dominant le joli village de Callas, la chapelle est flanquée d'un petit prieuré en ruine. Datant du XIIe siècle, elle a fait l'objet d'une restauration en 1998 par la commune, aidée du Conseil général et de l'État. On peut aussi choisir d'y accéder par une belle et longue randonnée de 9 kilomètres fléchée (3 heures environ), au départ du village, place du 18 juin 1940. On peut également choisir de s'y rendre en véhicule en empruntant les petites routes depuis le centre du village.

LES GORGES DE PENNAFORT

Pennafort

Ce site remarquable, au paysage sauvage et tourmenté, présente un grand intérêt géologique. Un sentier permet d'atteindre une jolie cascade tombant entre 2 falaises. Par un petit chemin, on atteint également la chapelle Notre-Dame de Pennafort située sur son éperon, au confluent de 2 vallons. Elle est coiffée d'un dôme édifié en 1855 sur les restes d'une chapelle plus ancienne. La vierge honorée dans cette chapelle fait toujours l'objet d'une vénération des callassiens perpétuant la tradition pieuse des pèlerinages, en l'occurrence celui du dimanche de Pentecôte.

CAMPING LES BLIMOUSES** €€

Quartier les Blimouses
✆ 04 94 47 83 41
www.campinglesblimouses.com
De mars à octobre. Emplacement + véhicule + 2 personnes de 14 € à 28 €. Chalets pour 5 pers de 299 € à 687 € la semaine.

Idéalement situé sur un domaine paysager de 5,5 hectares, à mi-chemin entre la mer et les gorges du Verdon, ce camping à l'ambiance familiale respire le calme et la sérénité. 176 emplacements dont 65 mobil-homes et chalets. Ce camping offre un espace aquatique privilégié ainsi qu'un restaurant convivial qui accueille des soirées thématiques, deux fois par semaine. Seize nouveaux mobil-homes « Super Luxe » de 32 m² ont été installés récemment pour encore plus de confort. La garantie d'un séjour confortable en camping bien placé dans la région.

HOSTELLERIE LES GORGES DE PENNAFORT**** €€

8660, RD 25 ✆ 04 94 76 66 51
www.hostellerie-pennafort.com
Chambre double de 230 à 290 €. Pension complète : 305 € (à partir de 2 nuits). Restaurant 1 étoile Michelin. Wellness.

Un restaurant d'exception, sacré « meilleur restaurant d'Europe 2011 » au prix Villégiatures, et un chef exceptionnel, Philippe Da Silva, récemment disparu. Le lieu est également un bel hôtel de charme, dans un véritable joyau naturel, aux prestations haut de gamme. Les chambres allient modernité et sobriété. Confort exceptionnel avec des chambres récemment rénovées, superbes salles de bain. 13 chambres et suites junior pour un séjour d'exception. Vue sur le parc ou les collines.

LA FONTAINE €

9, place Georges-Clemenceau
✆ 04 94 67 04 97
https://www.facebook.com/Restaurant-La-Fontaine-1950139241744882/
Haute saison : tous les jours de 12h à 14h30 et de 19h à 21h30. Formule du midi : 16,90 €. Plat du jour 14€.

Après avoir pas mal bourlingué dans les Alpes-Maritimes et le Var, Joël Bach, cuisinier confirmé, a repris ce restaurant avec sa femme. Sa carte, élaborée avec des produits frais, change 3 fois par an. Sa cuisine est traditionnelle comme le prouve les plats proposés : terrine de queue de bœuf, foie gras et truffes, œufs pochés en meurette, croûtons et sa garniture, ravioles de foie gras aux truffes, vol au vent de ris d'agneau, poêlée de champignons du moment, tarte Tatin avec sa glace vanille, soufflé chaud à la liqueur...

CÔTÉ TERRE

CLOTILDE PÂTISSERIE

13, rue Saint-Eloi
✆ 06 47 81 57 05
www.clotilde-patisserie.com
Ouvert du mardi au samedi de 9h30 à 12h30 et de 16h à 19h ; le dimanche de 9h30 à 12h30.

Après avoir débuté chez Philippe Da silva aux Gorges de Pennafort, Clotilde Lebecouvre sa pâtisserie au cœur de son village pour le plus grand plaisir des gourmands. Elle crée avec passion confiseries, gourmandises, et gâteaux sur mesure pour toutes les occasions. Goûtez son inimitable cake aux pommes, noisettes et raisins, ses cookies noisettes-chocolat, ses mini pavlova aux fruits ou baba au rhum à partager. Clotilde a aussi repris la boulangerie du village avec son compagnon. Délicieux pains et de viennoiseries goûteuses.

HARAS DE PENNAFORT ÉCURIES ELODIE TADON

Les 4 chemins
www.harasdepennafort.fr
Du mardi au dimanche de 9h à 19h. Cours particulier pour les cavaliers de passage 30 € le cours d'une 1/2 heure.

Elodie Tadon invite débutants et cavaliers confirmés à venir vivre leur passion et les attend avec énergie, afin de leur faire partager ce sport. Deux enseignants diplômés d'État vous permettent de progresser à cheval ou à poney, de l'initiation à la compétition. De nombreuses animations sont mises en place régulièrement, comme des journées découvertes de disciplines. Le centre propose aussi des séances de bio kinésiologie pour cavaliers et chevaux.

LE CLOS SAINT-ANTOINE VINAIGRERIE

26, chemin des Costes
✆ 06 11 74 83 74
www.leclossaintantoine.com
Ouvert le lundi et le samedi de 10h à 12h et de 14h30 à 17h30. A partir de 11€. CB non acceptée.

Au royaume de l'huile d'olive, le vinaigre est roi, et ceux de David Doczekalski sont de véritables pépites issues de recettes ancestrales, et fabriqués dans le respect de la tradition. Véritables créations à base de rosé ou de blanc de Provence, ils ont un goût inimitable. 15 ans d'âge, thym citronné, noix vertes, safran et la star de la maison, le « trois bois » vieilli 3 ans en fût de chêne puis 2 ans encore en dame-jeanne de verre en plein air.

CLAVIERS

Les habitants du village initial, basés à Méaulx, vinrent s'installer sur ce site au XVIIe siècle et créèrent ainsi Claviers, bâti sur une arête rocheuse, dans un paysage de forêts de chênes et de pins. Le château qui se trouvait au-dessus du village fut rasé pendant les guerres de religion. A son emplacement a été érigée la chapelle Saint-Sylvestre en 1636. La chapelle Sainte-Anne a été bâtie au XVIIe siècle sur le sommet du Puy, à 600 mètres d'altitude. De son parvis, on jouit d'un superbe panorama. Ce village est l'un des plus beaux de la région. Pour le découvrir, déambulez dans la myriade de ruelles, aujourd'hui royaumes des chats.

LE MOULIN DE CALLAS

Quartier Les Ferrages
✆ 04 94 39 03 20
www.moulindecallas.com
Ouvert du mardi au samedi de 10h à 12h et de 15h à 19h. Entrée gratuite. Groupe : sur réservation.

La famille Berenguier élabore des huiles d'olive de choix : la cuvée familiale « Cœur de Culture » maintes fois récompensée à Paris au concours général agricole, une huile monovariétale Ribier (appelé également Plant de Callas, emblématique du bassin). Le savoir-faire se transmet depuis 4 générations pour perpétuer la tradition au pays de l'olivier, toujours dans le respect du terroir et de l'environnement. Des arômes, des senteurs et des couleurs à découvrir dans la boutique ouverte toute l'année ainsi qu'une vidéo sur les différentes étapes de la fabrication.

L'OLIVIER €

7, rue de la Tour
✆ 04 94 76 62 79
www.restaurant-l-olivier.fr
Du vendredi au lundi le midi, du mercredi au lundi le soir. De 13 € à 19 € pour une entrée, et de 15 € à 29 € le plat.

Petits pots d'escargots au beurre d'ail, ravioles aux deux saumons, daurade grillée, parfait à l'anis... le chef cuisine de façon originale les produits de saison, mais élabore également des plats familiaux traditionnels savoureux, servis dans de belles assiettes généreuses, à découvir dans l'agréable salle à manger aux murs blancs et poutres au plafond ou sur la verdoyante terrasse fleurie. La terrasse aux grands parasols est également agréable aux beaux jours. Accueil parfait où l'on se sent très vite bien. Une adresse recommandée encore et toujours.

BARGEMON ★

Sur ce site d'une altitude de 480 mètres s'élevaient de nombreuses villas romaines, sans doute attirées par les sources. Le charme de Bargemon, cerné au nord par les barres de Blaque-Mayenne et le col du Bel-Homme et au sud-est par la colline de Sainte-Anne, tient en grande partie à ses ruelles tortueuses, aux placettes insolites, à ses petits jardins, à ses maisons de village étroites et hautes – dites maisons en chandelle – et surtout à ses lavoirs et ses multiples fontaines, dont l'eau dispense en permanence un bruissement significatif et où les troupeaux venaient boire autrefois, à l'heure du coucher du soleil…

MUSÉE DES FOSSILES ET DES MINÉRAUX ★

Place de la Mairie
✆ 04 94 67 61 44

Le mercredi et le vendredi de 14h à 18h ; le jeudi, le samedi et le dimanche de 10h à 12h et de 14h à 18h. Gratuit.

Issu de la collection particulière – devenue aujourd'hui municipale – de Jacques Henricy, ce musée aménagé dans une maison ancienne, en plein centre de Bargemon, ravira les amateurs par la richesse et la diversité des trois mille pièces exposées, ammonites, oursins, poissons, améthystes, béryls, géodes… La plupart de ces pièces ont été trouvées dans la région. Un voyage passionnant et unique dans le temps. A l'entrée, le moulage du fossile du plus petit dinosaure connu au monde.

CHAPELLE NOTRE-DAME-DE-MONTAIGU

Edifiée en 1610, mais achevée que 24 ans plus tard pour les pénitents blancs, la chapelle abrite deux retables. Le tabernacle contient une statue de la Vierge, taillée dans un arbre de la forêt de Montaigu – Belgique –, à laquelle on attribue des miracles. La statue est fabriquée du bois d'un chêne où était apparue la Vierge selon les croyances locales. Le site devint un lieu de pèlerinage très important au fil des siècles et le roi Louis XIII dut même organiser les pèlerinages.

MUSÉE DES MACHINES À ÉCRIRE

Rue de la Prison ✆ 04 94 70 65 77
www.bargemon.fr/28-espace-culturel/36-musee-de-la-mecanographie

Ouvert toute l'année. Avril à septembre mercredi au samedi 14h-18h, dimanche 10h-12h et 14h-18h. Entrée gratuite.

Passionnés de mécanographie ou simples curieux, voilà un étonnant musée. Accueillant plus de 250 pièces de collection, on y découvre des machines à calculer, des caisses enregistreuses et des machines à écrire datant de 1867 à 1955. Ayant appartenu à M. Préjean qui a réparé ces centaines de machines, elles s'exposent dans leur plus bel appareil. Les plus anciennes datent du XIXe siècle, tant pour les calculatrices brevetées dès 1820, que pour les machines à écrire.

ÉGLISE SAINT-ÉTIENNE

Appuyée à une ancienne porte fortifiée, cette église est dotée d'un clocher en forme de tour carrée, du XVIIe siècle. Les têtes d'anges du maître-autel sont attribuées à des élèves de Pierre Puget. Sa construction débuta en 1400 avant que l'église ne soit consacrée 27 ans plus tard. Le portail gothique est impressionnant et mérite le coup d'œil. Animal emblématique du village de Bargemon, on aperçoit le bélier sur le clocher de l'église. Notez sur la façade, un repère officiel du réseau Bourdalouë qui indique l'altitude de 463 mètres au-dessus de la mer.

MUSÉE DU FLACON À PARFUM

1, placette Saint-Etienne ✆ 06 75 71 38 60
www.autour-d-sens.fr

Ouvert toute l'année. Jeudi matin et dimanche après-midi sur rendez-vous. 2 €.

Ce musée privé présente une magnifique exposition de flacons de parfum. Née de l'association de collectionneurs passionnés (appelé lécythiophiles), cette collection « Autour du Sens » revisite un siècle d'histoire du parfum, de la fin du XIXe à la fin du XXe siècle, accompagnée d'anecdotes choisies. Les 2 000 flacons se confondent du plus rare au plus classique. Ici se côtoient le prestigieux, l'atypique, le conventionnel, le roccoco, le minuscule et le géant, tous œuvres d'art de leur époque, et messager de notre patrimoine créatif, culturel et émotionnel.

MUSÉE DU GARDE CHAMPÊTRE

Place de la Mairie ✆ 04 94 67 61 44

Du 1er avril au 30 septembre, jeudi, samedi et dimanche de 10h à 12h et de 14h à 18h. Mercredi et vendredi 14h-18h.

Initiateur du projet et lui-même garde champêtre de Bargemon, Hedi Zahaf rend ici hommage à ces professionnels de l'ordre public en milieu rural dans le 1er musée au monde consacré à ce métier apparu au XVIIIe siècle. Une plongée dans l'histoire populaire qui commence ici par l'accueil de Martin à l'entrée du musée. Arborant son chapeau bicorne, une plaque de brassard avec l'aigle impérial du 1er Empire et son sabre, ce mannequin « garde champêtre » du premier Empire porte l'habit que l'on retrouvait de 1791 jusque dans les années 1950.

MUSÉE GALERIE CAMOS ★

Place Saint-Étienne

✆ 04 94 76 72 88

Haute saison : du mercredi au dimanche de 10h à 12h30 et de 15h30 à 19h. Gratuit.

Au cœur du village, l'ancienne chapelle Saint-Étienne abrite un musée consacré à l'histoire de Bargemon, où s'illustra pendant plusieurs générations la famille de Villeneuve-Bargemon, et au peintre Honoré Camos, peintre animalier, ami de Pablo Picasso, dont le buste en cire réalisé par le musée Grévin est présenté, à côté de certaines de ses œuvres. Ce musée-galerie est géré aujourd'hui par la communauté d'agglomération. Le rez-de-chaussée de la chapelle accueille régulièrement des expositions temporaires d'artistes, des expositions à thèmes et un marché de Noël.

LA TABLE D'ORIENTATION

À la sortie du village par le haut, garer la voiture à l'entrée du chemin dit de «Campaoure» à environ 2,5 km.

Après un parcours de 9 kilomètres, cette balade vous fera découvrir, depuis la table d'orientation, un panorama exceptionnel qui embrasse majestueusement le département du Var, du massif de l'Estérel, avec le mont Vinaigre et le pic de l'Ours au Sud-Est au mont Coudon à l'Ouest, en passant par la baie de Fréjus, le rocher de Roquebrune-sur-Argens, le massif des Maures, le golfe de Saint-Tropez ainsi que devant vous les villages de Bargemon et de Claviers. Un panorama divin, unique dans la région et à ne pas rater si vous passez par Bargemon.

MAS LA JAÏNA €€

Les Espourounes

✆ 06 88 99 79 93

www.maslajaina.com

Chambre double de 80 € à 180 €. Petit déjeuner inclus. Lit supplémentaire : 30 €. Animaux acceptés (sur demande).

Les chambres et les suites sont chaleureusement décorées dans le style sud-amérindien, africain, antillais, avec des objets artisanaux provenant de projets humanitaires. Si vous n'optez pas pour la piscine intérieure (chauffée en hiver), vous pouvez vous baigner dans un plan d'eau de plus de 800 m^3, comprenant en son sein une grande piscine immergée, où vous apprécierez une eau naturellement limpide. Ici on profite de plaisirs simples comme la présence de nombreux animaux dans le parc et d'une délicieuse table d'hôtes avec des produits frais.

CÔTÉ TERRE

© BENJAMIN CABASSOT - FOTOLIA

Vue aérienne de Bargemon.

LA PESCALUNE €

13, rue de la Résistance ✆ 06 29 94 66 64
www.la-pescalune.fr

Ouvert de mi-mars à mi-novembre. Jeudi midi, dimanche midi et le soir du mercredi au dimanche. Réservation recommandée.

Dans sa cuisine ouverte, Virginie Martinetti élabore devant vous un *one woman show* composé de plats aux saveurs du monde et de la Provence, avec des produits frais, locaux de qualité et de saison. Dans un esprit bistrot, vous composez votre menu parmi les 3 à 5 entrées, 3 à 5 plats et 3 à 5 desserts écrits à la main sur l'ardoise, *pastilla de poulet aux épices marocaines*, salade vietnamienne avec des nems maison, *tourte de faisan aux légumes, carré d'agneau farci aux dattes et pignons, carpaccio d'ananas frais mariné rhum-gingembre*. Du goût et de la passion !

LE CLOS PIERREPONT €€

56, route de Draguignan ✆ 04 94 50 21 30
www.clospierrepont.fr/fr

Restaurant fermé lundi et mardi. Menus de 32 € à 76 €. Formule du midi : 22 €. Réceptions et mariages.

Magali et son époux Julien Lepine, élu jeune talent 2017, sont aux commandes de ce restaurant, installé dans un bâtiment du XVIIe siècle. Ici on parle gastronomie avec une cuisine de saison très proche des producteurs locaux. Huile d'olive de Callas, pain bio de la boulangerie Oudard à Figanières et les légumes de chez Philippe Auda, agrumes de Philippe Carra... La carte est inventive : homard breton avec foie gras poché au vin rouge et jambon d'agneau légèrement fumé, gibier d'hiver avec ravioles de daguet sauce chocolat... Une adresse déjà plébiscitée.

MONTFERRAT

Ce charmant petit village aux hautes façades, qui tire son nom de monte ferrato, d'une montagne de fer – le sous-sol était riche de ce minerai –, est bâti dans un amphithéâtre de collines, le long des rives de la rivière Nartuby. Un sentier caladé permet de faire sur place l'inventaire des oratoires et chapelles de campagne. La chapelle Notre-Dame-de-Beauvoir notamment, qui domine le village, a été restaurée avec les matériaux tirés des ruines d'un ermitage de montagne. Un nouveau village a été bâti à proximité de l'antique voie romaine. Sur cette commune se trouvent également les sites naturels remarquables de la cascade et du gouffre de Pierrepont.

COMPS-SUR-ARTUBY ★

Ancien village fortifié, initialement construit sur un rocher, Comps a conservé de nombreux vestiges de l'époque des Templiers, notamment la chapelle fortifiée Saint-André. Une plongée dans le passé médiéval du village est réalisable en parcourant le circuit des chapelles. C'est le point de départ idéal pour visiter les gorges du Verdon. Non loin du village se trouve également le lac de Sainte-Croix, point d'eau parfait pour se rafraîchir en plein été. En résumé, un lieu qui allie patrimoine et nature, idéal pour les amateurs de vieilles pierres et de virées nature. Insolite, ne ratez pas la grande fresque en trompe-l'œil représentant Fernandel.

ÉGLISE PAROISSIALE ST-ROCH ✝

L'église St-Roch, Saint Patron de la commune, fut construite en 1414. Elle abrita la confrérie des pénitents blancs fondée en 1646. A l'intérieur, de nombreux objets classés sont à découvrir : un bénitier en marbre blanc ainsi qu'une sculpture en bois de St-Roch avec son chien datant tous deux du XVIe siècle. La grille de séparation en bois tourné et sculpté du XVIIe siècle et le retable du XVIIIe siècle complètent l'ensemble et offrent un ensemble artistique de première importance.

GRAND HÔTEL BAIN** €

Avenue de Fayet
✆ 04 94 76 90 06
www.grand-hotel-bain.fr

Chambre double 70 € ; chambre triple 90 €. Pension complète : 174 € (2 personnes). Restauration. Wifi. Terrasse.

Vous ne pourrez pas rater cette bâtisse aux murs jaune et volets lavande et sa diligence peinte sur la façade, rappelant la création du relais de poste en 1737. Aujourd'hui, c'est Arnaud Bain qui exploite l'établissement et a adapté cette auberge au goût du jour, en gardant l'authenticité et le charme d'une vieille maison. Egalement aux fourneaux, il joue la carte du terroir avec le pâté de lièvre au romarin et ses sanguins du Pays, l'omelette aux truffes, l'andouillette du haut Var au four, le magret de canard au miel de Trigance, le sauté d'agneau aux olives...

LE PRADON €

Hameau de Jabron
✆ 06 83 22 22 13
www.chambredhote-pradon.com

Chambre simple 64 € ; chambre double 69 €. Petit déjeuner inclus. Lit supplémentaire : 23 €.

Corinne et Michel vous reçoivent dans leur bastide rénovée du XIXe siècle, située à proximité des gorges du Verdon et de ses nombreuses activités pédestres et nautiques. Les chambres sont assez simples mais confortables, avec une décoration sobre. L'un d'elles peut accueillir quatre personnes. Après une journée bien remplie, une table d'hôtes vous attend, le soir, sur demande, où vous pourrez apprécier une cuisine maison, simple, régionale et familiale, réalisée avec des produits frais locaux. Le petit déjeuner est de la même veine, excellent.

BARGÈME

Pierre précieuse sertie dans le roc perchée à près de 1 100 m d'altitude, Bargème est le plus haut village du Var. Sur fond de falaises d'Artuby, ce site classé « plus beau village de France » offre un panorama inoubliable. Dominé par la silhouette d'une église romane et les ruines d'un château, ce village de caractère tout en pierre ocre a conservé tout son cachet. De beaux sentiers de randonnée offrent le loisir de découvrir la nature qui l'entoure. Son intégration au périmètre de protection de la Réserve naturelle géologique de Haute-Provence témoigne de l'intérêt écologique, faunistique, floristique et de la qualité de l'environnement de la commune.

LA FERME DE SAINT PIERRE €€

✆ 04 94 84 21 55 - www.fermesaintpierre.net

800 à 1000€ la semaine pour 4 personnes. 600 à 800€ la semaine pour deux. Emplacement tente 210€ la semaine.

Cette éco-ferme bio, restaurée et exploitée avec amour par Carina et Berté depuis plus de 18 ans, sous le merveilleux Château de Bargème et son village classé comme l'un des plus beaux de France est un site exceptionnel de 80 ha classé WWF-Gîte PANDA-refuge LPO dans le merveilleux Parc régional du Verdon. Les hébergements proposés sont très variés : tipis, roulottes, yourtes, gîtes, chambres d'hôte, camping à la ferme... Vous pouvez venir avec votre monture, participer à la vie de la ferme, soigner les animaux et même partir randonner avec des ânes.

LA BASTIDE ★

Située au pied du Mont Lachens, plus haut sommet du Var et haut lieu du vol libre culminant à 1 715 m, La Bastide se niche dans une vallée exiguë et verdoyante où s'élèvent des chênes séculaires. Entre montagne et forêts, la nature exulte. On ne se croirait déjà plus dans le Var. Outre les ruelles du village, de beaux sentiers de promenade en pleine nature offrent une vue sur les montagnes et la vallée qu'on ne se lasse pas d'admirer. Côté monuments, notons l'église, la vieille poste ou encore une belle demeure datant du XVIIe siècle, aux faux airs de château avec ses tourelles d'angle, ses fenêtres à meneaux et qui abrite aujourd'hui la mairie.

LE MONT LACHENS ★

Surnommé le «toit du Var» avec son emprise sur trois communes, La Bastide, La Roque-Esclapon et Mons, le mont varois culmine à 1 714 mètres d'altitude et offre un panorama exceptionnel à 360° sur la région (et même jusqu'à la Corse quand les conditions météo le permettent). Terrain d'évolution idéal pour les parapentistes, il accueille une faune très diverse de mammifères et de rapaces. Le ballet aérien de ces derniers est d'ailleurs spectaculaire lorsque l'on prend le temps de l'admirer. Le lieu est également prisé des VTTistes.

LA BASTIDE DES PINS €

Chemin de la Pinède
✆ 04 93 60 37 10
www.labastidedespins-83.com

Chambre double de 75 € à 80 € ; chambre triple de 85 € à 115 €. Demi-pension : 80 € (100 € par couple).

Cette demeure provençale, datant de la fin du XVIIIe siècle, située à 1 000 m d'altitude. La propriété de 1,6 ha invite à la détente dans un esprit familial, les chambres sont confortables, équipées d'une salle de bains privées avec toilettes. La Bastide propose également à la location un gîte indépendant, à la déco rustique, avec salon, télé et cheminée, coin repas et une cuisine indépendante entièrement équipée. Eric propose des produits frais et faits maison, même le pain, au petit déjeuner comme à la table d'hôtes.

LE BOIS FAÉ €

553, chemin du Touant-Grangon
© 06 61 77 56 21
www.leboisfae.com
Chambre double 80 €. Petit déjeuner inclus. Lit supplémentaire : 15 €. Yourte 85 € la nuit.

Dormir dans une yourte ? C'est possible au pied des monts Lachens et du Brouis, à 1 000 mètres d'altitude, dans cette petite structure familiale qui a implanté deux habitats nomades venus de Mongolie. Les petits déjeuners sont servis dans des petits paniers d'osier et sont composés de brioches et confitures maison, boissons chaudes au choix, jus d'orange et d'un délicieux pain réalisé par un artisan boulanger. Une chambre d'hôtes plutôt classique est également proposée, très lumineuse avec entrée indépendante, coin détente, salle de bain privative et grand lit.

HÔTEL DU LACHENS*** €€

Chemin des Bailes © 04 94 67 14 43
www.hotel-du-lachens.fr
Chambre simple à partir de 58 €, double de 65 € à 69 € ; chambre triple à partir de 85 €. Petit déjeuner : 8 €. Parking

Situé en pleine nature, au pied du mont Lachens, à plus de 1 000 mètres d'altitude, cette ancienne ferme construite en 1846 et entièrement rénovée est une bonne halte pour ceux qui sont à la recherche de calme et d'air pur. Au restaurant, les propriétaires mitonnent une bonne cuisine provençale de terroir : terrine de gibier, cassolette d'escargot au pistou, gnocchi maison, raviolis à la daube, pièce de bœuf sauce forestière, et l'incontournable civet de joues de porc du chef. C'est le point de départ de nombreuses balades et activités sportives dans la région.

CLUB LACHENS VOL LIBRE

Quartier Plarion
LA ROQUE-ESCLAPON
© 06 51 29 49 55
www.lachens.com
Fête du club le dernier samedi de juin.

Découverte, initiation, perfectionnement, loisir, compétition, biplace, tout pour découvrir ou pratiquer au mieux le vol libre. Culminant à 1714 m, le Mont Lachens offre un panorama exceptionnel sur 360°. Sur ce site remarquable, en un coup d'œil on embrasse la Corse, le Mercantour, les Alpes de Haute-Provence, le Verdon et ses gorges, la Sainte-Baume... Et cerise sur le gâteau, enrouler avec les vautours n'a jamais été aussi simple, ici ils sont de toutes les sorties. Ceux qui connaissent le site vous le confirmeront : voler au Lachens est une expérience unique.

LE THORONET ★★★

Le Thoronet, lieu-dit dont le nom est d'origine celto-ligure est un lieu consacré au dieu Thor. Il a été mis en valeur dès l'époque gallo-romaine. Niché au cœur du département du Var bénéficiant d'une nature totalement préservée, le village du Thoronet, typiquement provençal, est entouré de collines où règnent le chêne vert, le pin, les oliviers et les vignes. Avec sa superbe abbaye cistercienne du XIIe siècle et son environnement, c'est un lieu de villégiature idéal pour les passionnés d'histoire, de patrimoine et de randonnées. Son marché se tient chaque mardi matin sur le parking Rainaud.

MAISON DU TOURISME DU THORONET

Parking Louis-Rainaud
© 04 94 60 10 94
www.tourisme-lethoronet.com
Du mardi au samedi de 9h à 12h30 et de 14h à 17h30. Langues étrangères parlées : anglais, néerlandais.

Cette petite structure permet un accueil adapté selon vos désirs et vos envies de visite dans la région. Bien évidemment, se trouvant au Thoronet, l'accent sera mis sur la visite de l'abbaye toute proche, site le plus visité de la région. Vous pourrez y trouver toutes les informations nécessaires si vous souhaitez vous loger dans les environs. Nombreuses informations sur les événements en saison, ainsi que les expositions organisées dans la commune.

SŒURS DE BETHLÉEM

Monastère Notre-Dame-du-Torrent-de-Vie
© 04 94 85 92 05
Ouvert tous les jours de 10h à 17h (parfois plus tard en été), sauf le dimanche.

A 300 mètres de la célèbre abbaye du Thoronet, au sein du monastère, cet atelier propose de nombreux objets d'artisanat et d'art sacré, fabriqués par les moines et les moniales de Bethléem, de l'Assomption de la Vierge et de saint Bruno, des sculptures en bois polychrome, des services complets en faïence peinte et décorée à la main, des icônes peintes ainsi que divers produits naturels à base de plantes. Des objets réalisés avec soin, idéals pour ramener avec vous un souvenir de votre séjour au Thoronet, voire d'en faire cadeau.

ABBAYE DU THORONET ★★★★

✆ 04 94 60 43 96

www.le-thoronet.fr

Basse saison : 10h-13h/14h-17h. Haute-saison : 10h-13h/14h-18h30. Adulte : 8 €. Label Tourisme & Handicap. Visite guidée

L'abbaye du Thoronet est le site le plus visité du Var. Elle forme avec les deux autres abbayes cisterciennes de Provence, Sénanque et Silvacane, cette trilogie à qui le joli nom de « nos trois petites sœurs provençales » a été décerné. C'est en 1146 que des moines venus de Tourtour pour trouver de l'eau, découvrirent ce site. La règle de saint Benoît leur imposait de vivre dans un état d'humilité, de pauvreté et d'équilibre entre le travail et la prière. Sous la Révolution, ils sont chassés, l'abbaye est laissée à l'abandon et sert de carrière de pierres aux villageois. Prosper Mérimée sauve l'abbaye en la signalant à l'architecte des Monuments historiques. Certains bâtiments ont complètement disparu. Fort heureusement, l'église, le cloître, la salle capitulaire, le cellier et le dortoir des moines sont intacts. L'église, en forme de croix latine à une nef, possède une acoustique exceptionnelle, adaptée à la mise en valeur de la voix humaine et à la résonance du chant grégorien. L'abbaye constitue le plus bel exemple de l'architecture romane provençale à son apogée, par l'harmonie de ses proportions, l'équilibre des masses, la perfection de l'ajustage des pierres assemblées avec soin. La forme trapézoïdale du cloître a suscité bien des interrogations. S'agit-il d'une simple adaptation à la topographie du terrain, ou doit-on y voir une configuration chargée de symboles, une signification ésotérique ? Dans le jardin, le lavatorium, bassin de pierre hexagonal alimenté par seize becs, servait aux ablutions des moines.

© SEB HOVAGUIMIAN - FOTOLIA

SAINT-ANTONIN-DU-VAR ★

Situé en pleine nature, entre Carcès et Lorgues, Saint-Antonin-du-Var est souvent considéré comme le paradis des randonneurs. De nombreux sentiers sont conçus et aménagés pour les balades à pied et à VTT à travers de vastes étendues de vignes, de champs d'oliviers, dans une nature restée intacte. Nombreuses activités sportives dans la région telles que parapente, canyoning et escalade. Saint-Antonin-du-Var compte également de nombreux domaines viticoles qui vous permettront de découvrir et déguster le terroir local. Le village, très calme, est agréable, joli à voir, ronronnant comme un village provençal en plein été. On y trouve quelques commerces.

CHÂTEAU MENTONE €€

401, chemin de Mentone

✆ 04 94 04 42 00

www.chateaumentone.com

Chambre double de 115 € à 235 € la nuit, de 230 € à 470 € le week-end. Petit déjeuner buffet inclus.

Château Mentone incarne un art de vivre dédié à la nature, au bien-être et à l'œnologie. Pionnier dans le développement œnotouristique dans le Var, le domaine propose en plus de ces chambres d'hôtes de deux gîtes. Le Lodge bénéficie d'un bilan carbone minimal, avec 3 appartements, en duplex de 45 m² environ chacun et Le Sévigné est composé de trois petites suites d'hôtes en duplex. N'hésitez pas à profiter de la table d'hôtes et de ses recettes délicieuses et locales, mettant en valeur les produits de la région et bien sûr les vins du domaine.

HÔTEL RESTAURANT LOU CIGALOUN*** €€

93, chemin de la Caravane

✆ 04 94 04 42 67

www.hotel-restaurant-loucigaloun.com

Chambre double de 75 € à 85 €. Petit déjeuner : 7 €. Wifi gratuit. Restaurant.

Ce petit hôtel restaurant dispose d'un parc agrémenté d'une piscine, d'un terrain de tennis et d'un espace de jeux pour les enfants. Au restaurant, la cuisine traditionnelle est faite maison et valorise le terroir de la région. Une belle terrasse permet de profiter de l'été à l'ombre des arbres. Au bar, labellisé Bistrot de Pays®, des concours de pétanque, de belote, des soirées musicales et des barbecues sont régulièrement organisés. Bonne ambiance garantie.

CÔTE TERRE

LA BASTIDE DU CLOS D'ALARI €€€

717, route de Mappe ✆ 04 94 04 46 74
www.leclosdalari.com
5 chambres (certaines fumeurs). Chambre double 80 € ; suite 160 €. Petit-déjeuner inclus. Table d'hôtes sur réservation.

Située au cœur de son domaine viticole, la Bastide du Clos d'Alari garde sa vocation de maison de famille et vous propose ses chambres et sa table d'hôtes, dans la quiétude d'un écrin de verdure entre vignes, forêt et restanques d'oliviers. Sieste sous les mûriers, promenades, dégustation et pique-nique dans les vignobles du domaine, pétanque, baignades au bassin, randonnées au Verdon, cours de cuisine, visites culturelles au programme. Séjour proposé sur le thème du vin.

SALERNES

Ce village du haut pays varois, situé sur l'ancienne route préhistorique du sel, surplombe la vallée de la Bresque. Au cœur de son histoire, une tradition, celle du travail de l'argile. Plus de vingt ateliers de céramiques vous proposent leurs collections uniques issues de ce savoir-faire ancestral. Les fameuses tomettes de Salernes ont fait la renommée du village et ont été exportées jusqu'en Amérique par les ports de Marseille et Toulon. Le superbe et riche musée Terra Rossa, maison de la céramique, est un magnifique hommage aux créateurs passés et contemporains. Salernes propose également un grand marché hebdomadaire le dimanche matin.

ÉGLISE SAINT-PIERRE

Accès libre.

Cette église romane de style cistercien date du XIIIe siècle. Sa relative petite taille et sa simplicité d'apparence extérieure ne doivent pas vous décourager, les détails remarquables ne manquent pas. Voyez la devise républicaine au-dessus du portail de l'église, un détail étonnant pour un édifice religieux. Hormis cela, on peut apprécier le magnifique campanile, le très beau cadran solaire et le transept intérieur très équilibré. Les visites sont autorisées le matin, à l'exception des moments de culte bien sûr (dimanche matin).

TERRA ROSSA ★

Quartier les Launes ✆ 04 98 10 43 90
www.terrarossasalernes.fr
Haute saison : du lundi au dimanche de 10h à 13h et de 15h à 19h (sauf mardi, jour de fermeture). Adulte : 4 €.

Cette ancienne fabrique, revisitée dans un esprit contemporain par le cabinet Wilmotte & Associés, renaît sous la forme d'un espace musée entièrement dédié à la céramique. Dans ce bâtiment d'une surprenante modernité, mêlant histoire, traditions et expositions d'artistes contemporains, c'est un véritable parcours initiatique qui vous emmène à la découverte de la céramique dans toutes ses nuances. Les expositions permanentes et temporaires ont de quoi ravir les amateurs comme les néophytes. Au rez-de-chaussée, un atelier de production de tomettes est reconstitué.

LE MAS DES OLIVIERS €

1133, route de Sillans ✆ 04 94 70 75 20
www.masdesoliviers-salernes.com
Label Tourisme & Handicap. Gîtes de France (3 épis). Chambre simple 69 € ; chambre double 76 €. Petit déjeuner inclus.

Marie-Claire et Yvon vous accueillent dans leur maison, nichée au milieu d'une végétation luxuriante, sur 8 000 m² de terrain. Les chambres ont des noms évoquant la Provence, les olives, la lavande, les tournesols, les cyprès. Deux d'entre elles ont un accès indépendant et une est même accessible aux personnes à mobilité réduite. La décoration est simple, colorée et sobre. Le soir, vous apprécierez la convivialité du salon avec télévision satellite, bibliothèque et salle de billard. Cet hébergement est un nid douillet idéal pour vos excursions dans le Verdon.

LE BOUT DU MONDE €€

Route de Draguignan
✆ 09 86 68 13 76
Ouvert le mercredi, le jeudi et le dimanche de 12h à 13h30 ; le vendredi et le samedi de 12h à 13h30 et de 19h à 21h.

Situé en campagne, ce petit restaurant réserve une belle surprise. Un accueil chaleureux, un cadre bucolique, et Sébastien en cuisine qui prépare des jolis plats généreux avec des produits frais de qualité, font le succès de cette table un rien confidentielle. Tournedos de cabillaud en duo avec des St Jacques fraîches, andouillette du haut Var et petits légumes braisés, tartare de filet de bœuf au couteau, la cuisine est savoureuse et l'ambiance conviviale. On profite de la douceur du feu de cheminé dès l'automne et de la terrasse ombragée l'été.

LA CHOCOLATERIE LISANDRE

1614, route de Draguignan

✆ 09 53 26 29 80

www.fondue-de-chocolat.fr

Ouvert du mardi au samedi de 9h à 12h et de 15h à 18h30. Livraison possible.

Avis à tous les fondus de chocolat ! Dans cette chocolaterie artisanale, le chocolat se décline sous toutes ses formes pour notre plus grand bonheur : bonbons, sucettes, tablettes, et des fondues au chocolat noir, lait, caramel, blanc, mandarine, menthe, passion ou noisettes. Prêtes à l'emploi, elles se dégustent jusqu'à la dernière goutte. La chocolaterie Lisandre propose aussi des ateliers Choco de créations chocolatées pour petits et grands à partir de 2 ans. Une vraie belle adresse gourmande où dénicher des cadeaux originaux.

ANGÈLE CONFISERIE

ZA la Combe

✆ 04 94 50 69 25

www.angele-confiserie.fr

Ouvert du lundi au vendredi de 9h à 17h30. Livraison possible.

C'est l'adresse gourmande de Salernes ! Véritable antre épicurien, ce sont d'abord les odeurs de miel et d'amande qui accueillent le visiteur. En créant Angèle en 2016 à partir de l'ancienne Confiserie des Garrigues, Stéphanie et Guillaume, ont fait perdurer le savoir-faire ancestrale de cette vénérable maison, tout en lui donnant un coup de jeune. Aujourd'hui, tous leurs produits sont 100% bio certifiés AB, fabriqués avec des matières premières choisies et une éthique saine et naturelle. Nougats, calissons, pâtes d'amande, biscuits sucrés et salés...

CATRICE GOURMET

Z.A. la Combe

✆ 04 94 70 56 18

www.catricegourmet.com/

Haute saison : du lundi au vendredi de 9h à 12h30 et de 14h à 18h30. Parking. Entrée libre.

Depuis plus de trente ans, cette entreprise familiale et artisanale crée et fabrique une large gamme de spécialités de Provence et méditerranéennes, tapenade, anchoïade, terrines,,... mais également des huiles d'olives aromatisées, des vinaigres à la pulpe de fruits, et des mélanges de gros sel aux baies, herbes ou épices. Innovation et tradition culinaire provençale, avec une bonne dose d'imagination et de gourmandise. Une combinaison qui donne naissance à des recettes originales et festives, reflétant un certain art de vivre.

LA COMPAGNIE DES SAVEURS

La Combe

✆ 04 94 70 60 68

www.soleou.fr

Du lundi au vendredi de 9h à 12h30 et de 14h à 16h30. Fermé 3 semaines en août.

Comme son nom l'indique, ici tout est question de saveurs, celles de la Méditerranée. Depuis 1965, l'aromatiseur Soléou de Salernes fait chanter la cuisine et propose ses assemblages subtils d'huile d'olive, d'huile de colza, et de noix. Les condiments sont aromatiques et les tartinades goûteuses. Coups de cœur pour l'huile d'olive bio « Caractère », les huiles spéciale wok et spéciale pizza, mais aussi pour la moutarde à l'ancienne aux fruits confits et au miel qui fond sur les viandes blanches. Pour accompagner toutes les cuisines, en vente directe à emporter.

LA PAUSE CÉRAMIQUE DE VÉRO VAGH

12, cours Théodore Bouge

✆ 06 64 19 46 73

www.verovagh.com

Haute saison : le lundi de 10h à 12h30 et de 16h à 19h. Fermé une semaine en février.

Dans cette petite boutique atelier s'expose toute la fantaisie créative de sa propriétaire Véro Vagh. Appartenant à la famille d'Alain Vagh, célèbre artiste céramiste de Salernes, elle crée des carreaux et objets de décoration intérieur et extérieur en céramique colorée, des petits meubles, des accessoires de mode à partir de tissus chinés et de motifs originaux. Elle a été invitée à exposer ses œuvres au musée Terra Rossa de Salernes et sur le salon Côté Sud.

LES PRODUCTEURS SALERNOIS

www.salernes.com

A partir de l'argile de Salernes, les producteurs de céramique salernois laissent libre cour à leur immense créativité, reconnue depuis des générations. Outre les terres cuites et carreaux de céramiques (les fameuses tomettes exportées dans le monde entier), ils proposent une infinie déclinaison de créations originales et d'œuvres d'art à découvrir dans leur showroom. Ils travaillent aussi sur mesure et sur commande et réalisent les décors de vos rêves dans la couleur de votre choix...

CIRCUITS PÉDESTRES

Du vieux village aux vestiges du château qui surplombent le village, nombreux sentiers de randonnées pédestres balisés : source légendaire de Salernes le site de Saint-Barthélemy est une vallée remarquable en pleine nature où il fait bon pique-niquer ; point de baignade de La Muie ; grottes du grand parc avec aire de pique-nique. Points de vue – chapelles, tombe mégalithique. Lavoir. Baignade sur la Bresque dans un bassin de 3 000 mètres carrés avec plage ombragée. Enfin l'EV8, piste cyclable reliant Salernes, Lorgues, Flayosc, Draguignan et Sillans-la-Cascade

SILLANS-LA-CASCADE ★★

L'ancien château des comtes de Castellane – XVIIIe siècle – abrite de nos jours la mairie et des salles d'expositions. Les remparts ont conservé leurs belles tours crénelées du XIe siècle. Mais ce qui fait le principal intérêt du village, une curiosité naturelle, est sa très belle cascade de 42 mètres de hauteur sur le cours de la Bresque, qui termine sa chute dans un petit lac de couleur turquoise. En amont de la cascade, juste à côté du village, un site de baignade est ouvert au public : « La Plagette ». Et pour les amoureux des deux roues, L'EV8, circuit de la Méditerranée à vélo n°8, passe par le village. Fête du Safran le 3e dimanche de Juillet.

CASCADE DE SILLANS

Accès libre. Parking payant.

© ISTOCKPHOTOS.COM - SOLDT

Propriété du conseil départemental du Var, cette chute d'eau de 42 mètres est la visite incontournable à Sillans-la-Cascade et l'un des plus beaux sites naturels de la région. Au terme d'une petite marche assez facile depuis le parking, un belvédère permet de contempler ce paysage unique et grandiose, digne d'un décor tropical. La plagette, en amont, offre un joli site de baignade ouvert au public. La baignade est interdite dans le bassin de la cascade. En saison, il y a beaucoup de visiteurs et photographes de tout poil. Privilégiez une balade hors saison.

LONGO MAÏ €

1, ancien Chemin-d'Aups ✆ 06 22 27 46 49
www.chambres-table-longomai-sillans-la-cascade.com

Haute saison : chambre double de 90 € à 115 €. Petit déjeuner inclus. Animaux acceptés. Wifi gratuit.

Aux portes du Verdon, Victoria et Julian, vos hôtes, vous accueillent comme de vrais amis dans leur maison blottie dans un décor verdoyant et fleuri et qui offre 2 chambres douillettes, 1 au rez-de-chaussée donnant sur un petit jardin ombragé et l'autre à l'étage. L'ambiance est familiale et la bonne humeur qui règne se prolonge à la table d'hôtes, autour de bons petits plats mijotés par la maîtresse de maison, brouillade de truffe, Saint-Jacques au chorizo et fondue de poireaux, souris d'agneau confite au miel et thym, daube de sanglier, loup à la provençale...

AUBERGE DU GRAND CHÊNE €€

RD 560 - Route de Barjols
✆ 04 94 04 63 65
www.legrandchene.eu

Maître Restaurateur. Du mardi au dimanche. Menus de 23 € à 33 €. Carte : 40 € environ. Chambres d'hôtes.

Située à environ 2 kilomètres du village et de sa célèbre cascade, cet agréable et chaleureux hôtel tout confort et climatisé dispose de nombreux atouts, un cadre bucolique, une jolie terrasse en été et une agréable salle où crépite un réconfortant feu de bois en hiver. Mais cette auberge, c'est aussi la cuisine de Jeff Courtoy, maître restaurateur, mi-cuit de foie gras en terrine aux pruneaux, civet de sanglier accompagné de spätzle, souris d'agneau confite au romarin et gousse d'ail, gambas sauvages à la provençale, les desserts et pain maison.

LES PINS €€

1, Grande-Rue
✆ 04 28 31 71 21
www.restaurant-lespins.com
Maître Restaurateur. Fermé le lundi. Menus de 28 € à 55 €. Carte : 50 € environ. Formule du midi : 20 €. Terrasse.

La cuisine est faite maison et chaque midi, un menu complet élaboré selon le marché, est présenté à l'ardoise. La carte recèle de bons petits plats tels le foie gras de canard au muscat du domaine de Sainte Croix, le chou farci au faisan et jus perlé, l'épaule d'agneau confite, purée au basilic et légumes de saison, et, sur commande, les spaghettis grillés aux gambas, cuits façon risotto dans un bouillon de crustacés et surtout le fameux pot-au-feu des mers au pistou et safran, harmonieux mariage de filets de poissons. Belle table !

TOURTOUR ★★

Surnommé le « village dans le ciel de Provence », Tourtour est un site classé parmi les plus beaux villages de France. Perché à 635 m d'altitude, c'est un village médiéval qui conserve des vestiges de ses fortifications, des ruelles étroites, des passages couverts, de nombreuses fontaines où l'eau chante, des façades anciennes, la tour de l'Horloge et son campanile. Le château du XVIIe siècle, encadré de quatre tours d'angle (dont certaines en poivrières), abrite aujourd'hui la mairie, l'office de tourisme et la poste. Devant la mairie sont exposées deux sculptures du peintre Bernard Buffet, qui a longtemps vécu à Tourtour et y a fini ses jours.

LE MAS DES COLLINES €

241, chemin des Collines ✆ 04 94 70 59 30
www.lemasdescollines.fr
Haute saison : chambre double de 105 € à 140 €. Petit déjeuner buffet ou en chambre : 10 €. Accès PMR. Wifi.

La maison de famille de Laurence vous propose des chambres pimpantes et lumineuses, à la décoration épurée, avec une vue époustouflante sur les massifs environnants, dont le massif des Maures. Le restaurant à la salle décorée dans un style néo-provençal, est ouvert à tous, et propose des mets aux accents traditionnels, inspirés par le terroir provençal, salade du berger, gratin provençal, lapin aux olives, sauté d'agneau aux légumes, crème brûlée à la lavande. Lors de votre séjour, votre hôte se fera un plaisir de vous conseiller pour organiser vos visites.

AUBERGE SAINT-PIERRE*** €€€

534, chemin de Fonfiguière
✆ 04 94 50 00 50
www.aubergesaintpierre.com
Chambre double de 90 € à 138 € ; chambre triple de 119 € à 133 €. Petit déjeuner : 13,50 €. Restauration.

Niché dans un écrin de verdure, cette demeure du XVIe siècle, propriété de la famille Marcellin, dispose de tous les atouts pour un séjour relaxant. Les chambres d'un grand confort sont dotées d'une terrasse avec vue sur la prairie. Piscines intérieure et extérieure, spa, bain bouillonnant, salle de sport... bien-être et détente au programme. Tous les soirs, René Marcellin, chef disciple d'Escoffier, vous régale d'une cuisine traditionnelle provençale. Rapport qualité-prix exceptionnel pour cet hôtel 3 étoiles. Pour un séjour atypique, essayez la roulotte !

LA BASTIDE DE TOURTOUR**** €€€

Montée Saint-Denis ✆ 04 98 10 54 20
www.bastidedetourtour.com
Chambre double de 154 € à 247 €. Demi-pension : 109 € (par jour et pour 2 personnes et 113 en été). De 19,50€ à 21,50 €.

Cet hôtel-restaurant est connu pour son parc arboré, sa terrasse ombragée par des mûriers platanes, sa vue panoramique sur les paysages environnants, sans oublier ses chambres climatisées et raffinées. Des nouveautés complètent cette offre : une piscine intérieure chauffée avec nage à contre-courant, un bain bouillonnant, une cabine de massage et une nouvelle extension de 100 m² du restaurant, l'Orangeraie. En cuisine, les chefs Stephan Martinot et Patrick Rivière.

LA FARIGOULETTE €

7, place des Ormeaux
✆ 04 94 70 57 37
De 8h à 23h. Carte : 22 €. Menu enfant : 11 €. Glacier - bar - tabac - point presse - Sert du petit déjeuner au dîner.

Avec sa cuisine familiale, ce restaurant propose une jolie carte où l'entrecôte du boucher est tendre à souhait et les plats du jour goûteux. Histoire de famille, l'établissement est tenu par les deux fils du moulinier de Tourtour, Jean-Marc Simon, avec leur mère en cuisine. Passionné par les vins de Provence, Max a constitué une très belle carte régionale. On commence par boire un verre en terrasse où le pastis est allongé à l'eau de la fontaine, avant de continuer par un déjeuner face à l'exceptionnelle et imprenable vue panoramique de la terrasse sud.

LA MIMOUNIA €€

6, rue Grande
✆ 04 94 47 67 89

Ouvert toute l'année. Du mardi au dimanche de 12h à 14h et le soir de 19h à 21h. Réservation recommandée. Terrasse.

Ici c'est la mama, Cécile, qui cuisine le couscous, et il est délicieux ! Ou plutôt, ils sont délicieux car il y en a plusieurs ! Tout comme les tajines, les keftas, et tous les plats qu'elle prépare. Parfois elle cuisine sa pastilla, un délice de saveurs comme on en déguste rarement. Ses gâteaux au miel sont à eux seuls une invitation au voyage. Outre la terrasse en bois abritée le long du restaurant, il y a une toute petite terrasse suspendue qui n'accueille qu'une table pour deux, avec une vue extraordinaire sur la plaine des Maures. Chaleureux et convivial !

RESTAURANT LA TABLE €€

1, traverse du Jas ✆ 04 94 70 55 95
www.latable.fr

Fermé le mardi. En hiver fermé le lundi et le mardi. Menus de 29 € à 78 € (menu truffe en hiver). Carte : 65 € environ.

Meia, en salle et Laurent Guyon, en cuisine, continuent à chouchouter et régaler leurs convives par une cuisine de produits, juste, goûteuse, teintée d'exotisme, à des prix très raisonnables. Un menu végétarien tout en finesse est proposée. Le menu truffe est toujours aussi prisé avec notamment le désossé de pigeon rôti et son escalopine de foie gras de canard poêlé sur un parmentier à la râpée de truffe noire, sauce vin rouge et petits légumes glacés et la sphère au chocolat noir et mousseline de chocolat blanc truffée, perles de pomme à la vanille en gousse.

LES CHÊNES VERTS €€€

Route de Villecroze
✆ 04 94 70 55 06
www.leschenesverts-tourtour.fr

Ouvert le lundi et du jeudi au samedi le soir ; du jeudi au lundi le midi. Menus de 59 € à 145 € (le menu truffes).

Le maître incontesté de la truffe noire, Paul Bajade, qui a fait un faux et bref départ à la retraite est toujours derrière ses fourneaux. Qui s'en plaindrait ! On recommence comme avant, en s'installant dans ce restaurant mythique aux murs blancs décorés de tableaux de Bernard Buffet et des dessins satiriques de Ronald Searle, accueilli avec sourire et courtoisie par le fidèle William, le maître de salle, pour déguster religieusement les plats d'anthologie du maître ès truffe ! Une adresse bien évidemment incontournable de la région.

AMPUS ★

Situé à 630 mètres d'altitude, cet ancien bourg fortifié, a su conserver son caractère médiéval. Ses petites ruelles s'entourent en colimaçon autour de son église du XIe siècle dédiée à saint Michel. Un beau porche datant du XIe siècle, où les glissières de sa herse sont encore visibles, un aqueduc, des fontaines et lavoirs donnent à ce village un charme particulier. Le dolmen de Marencq atteste de la présence d'ancêtres depuis plus de quatre mille ans. Depuis plus de 30 ans, lors du dernier weekend de juin, Ampus offre une Balade Gourmande, une occasion originale de découvrir le village en dégustant des mets préparés par ses habitants.

© RICHARD SEMIK - SHUTTERSTOCK.COM

Ampus.

LA CHAPELLE DE NOTRE-DAME-DE-SPÉLUQUE ✝

La chapelle est accessible aux groupes après accord avec sœur Marie du Saint-Esprit (06 28 92 91 16).

Au cœur de ce village de caractère, cette chapelle romane construite au XIe siècle et classée Monument historique, se compose d'une nef unique couverte d'un arceau brisé et d'une abside en cul-de-four. Son autel repose sur cinq colonnettes hexagonales dont les chapiteaux sont sculptés en forme de feuillages ou d'animaux. Seule, en haut dans une niche, face à la porte d'entrée principale, une statue miraculeuse de la Vierge Marie (Xe siècle) accueille le visiteur.

CHÂTEAUDOUBLE

Le village doit son nom aux deux châteaux présents sur la commune. L'un est situé au sommet du village, l'autre sur la falaise qui surplombe les gorges de la Nartuby. L'entrée de la vallée était ainsi solidement verrouillée. Les vestiges de l'ancien donjon sont visibles sur une plate-forme qui domine le village. L'église Notre-Dame, construite en 1550, abrite un chœur de forme pentagonale et un retable en bois doré du XVIIe siècle. A quelques encablures du village, des grottes préhistoriques offrent de belles possibilités d'exploration aux spéléologues – grotte des chèvres et grotte de Mouret. Belles activités nature et patrimoine riche.

CHEMIN DE CROIX ★

Réalisé sur les ruines de l'ancien château seigneurial, on a reconstitué ici un chemin de croix dont les 14 stations sont décorées de céramiques émaillées contemporaines. Que l'on ait l'âme pieuse ou non, ce sentier est agréable, dans un cadre des plus charmants. Les céramiques sont finement réalisées et valent le coup d'œil. La marche vous conduira au sommet du rocher, offrant un très beau point de vue panoramique. Le chemin de croix a été réalisé en deux ans par l'artiste Geoff, de 1965 à 1967. Point final de ce chemin, la découverte de la grotte.

LE CHEMIN DE L'EAU

Le village a réhabilité son « circuit de l'eau », avec la mise en exergue du canal de Fontigon et son réseau d'aqueduc, de fontaines, de lavoirs, de roubines – petits ruisseaux d'irrigation au débit modulable –, de moulin, de puits. Ce circuit d'une haute valeur pédagogique permet également de découvrir un « tournaou », appareil utilisé pour aiguiser les outils domestiques et agricoles, fonctionnant grâce à une meule – d'origine – mue par la force de l'eau. Une très agréable façon de visiter ce superbe village au fil de l'eau.

GÎTES DE FONTEYE €€

Fonteye

✆ 04 94 85 61 06

www.les-chevaux-de-suleiman.com

Gîtes de France (2 épis). Pour 10 personnes (80 m², 5 chambres). De 350 à 550 € la semaine selon saison. Wifi.

Un gîte de séjour et un gîte rural mitoyen sont à votre disposition dans une belle bâtisse historique rénovée du XVIIe siècle, érigée au sein d'un élevage de chevaux arabes, sur un beau domaine de 100 hectares. Les randonneurs équestres, pédestres, les vététistes, les grimpeurs et les familles sont tous les bienvenus. Sur place, table de ping-pong, terrain de foot, grand espace de verdure et organisation de randonnées équestres pour tous niveaux. Un lieu agréable où se ressourcer et faire de belles rencontres. Accueil sympathique et arrangeant.

LES BRACONNIERS €

6, boulevard Clemenceau

✆ 04 94 68 34 85

Basse saison : du jeudi au mardi ; du jeudi au dimanche le soir. Haute saison : du jeudi au mardi. Carte : 28 € environ.

Un décor soigné, un accueil souriant et une ambiance chaleureuse, au centre du village médiéval, dont c'est une adresse emblématique reprise par Bertrand Urtado. Pizzas savoureuses, salades fraîches, plats du jour cuisinés au fil des saisons, quelques recettes provençales incontournables et de très bonnes viandes sont au menu de cette étape sur les sentiers de Dracénie. Les petits plus : les petits bonbons italiens qui accompagnent l'addition, la bière Pilsner rafraîchissante à la pression, et le vin du château Thuerry. À découvrir.

LE CHÂTEAU €€

Pace Vieille

✆ 04 94 70 90 05

Ouvert toute l'année. Du mercredi au dimanche de 10h30 à 15h ; le vendredi et le samedi de 18h30 à 21h30.

Ici, ce que l'on préfère, c'est manger sur la grande terrasse, les yeux plongés dans la vue vraiment spectaculaire sur les gorges de Chateaudouble. Il faut dire que le restaurant est sur le belvédère, idéalement placé. L'accueil est sympathique et dynamique, la cuisine du jour, et très copieuse. Le chef aime travailler les produits locaux, notamment les fromages Pastourelle, la fromagerie du village. La vue à couper le souffle ne vous détournera pas de plats savoureux et généreux. Une adresse familiale sur un site absolument unique.

FERME FROMAGÈRE LA PASTOURELLE

Le Plan
✆ 04 94 70 90 00
www.la-pastourelle.wifeo.com
Bergerie et fromagerie ouvertes tous les jours de 8h30 à 13h et de 15h à 19h.

Catherine Fleury vous invite à la découverte de son exploitation. Vous pourrez contempler les chèvres, assister à la traite, à la fabrication des fromages... Et bien entendu de déguster les produits de la ferme, tourtes salées ou sucrées, fromages, accompagnés d'une boisson. Vente de 19 variétés de fromages fermiers à la ferme : fromages au lait de chèvre, tommes, truffettes, aux herbes, pâtes molles, mais aussi fromages au lait de vache ou au lait de brebis.

TERRES DES NUS

Quartier le Plan
✆ 06 08 04 51 25
Sur rendez-vous.

Photographe diplômé, Bruno Debon a choisi de réaliser son rêve en devenant agriculteur bio il y a une dizaine d'années, et aujourd'hui viticulteur. Devant sa maison située au fond d'un canyon calcaire proche des gorges de Chateaudouble, il commence par planter 2 500 pommiers de six variétés, dont il vend la production sur les marchés voisins et dans les AMAP locales. Il a ensuite réhabilité ses 2 ha de vieilles vignes aux 5 cépages, pour produire un vin vigneron très personnel, bio bien sûr et sans intrants. Un domaine encore confidentiel et des vins coup de cœur.

SITES D'ESCALADE

✆ 06 10 49 51 92

A l'intérieur des gorges de la Nartuby, plus de 400 voies d'escalade sportive labellisées de niveau 3 et 8b+ sont aménagées et réparties sur 7 sites différents. Plusieurs fois par semaine, des cours d'escalade, des sorties « aventure verticale » pour apprendre les techniques et pratiquer, en cours particulier, en petits groupes ou encore en famille, sont organisés par Philippe Bugada, La Corditelle, moniteur d'escalade breveté d'Etat. Pour atteindre ces sites, emprunter la départementale D955 direction ouest, le long de la rivière.

LA MOTTE

Le premier village libéré de Provence le 15 août 1944, lors du débarquement et du parachutage des troupes aéroportées au hameau du Mitan, a su conserver son caractère typiquement provençal avec ses ruelles, ses places ombragées et ses fontaines.
Avec ses 12 domaines viticoles et sa cave coopérative, la commune est résolument engagée dans une démarche de qualité pour la sauvegarde de l'environnement. Dans les environs, quelques sites touristiques de premier ordre comme la cascade du saut de Capelan, le Musée de l'Histoire et des traditions mottoises installé dans l'ancien moulin à huile communal, ou encore de jolis parcs comme celui du château d'Esclans.

LA CASCADE DU SAUT DU CAPELAN

Site naturel. Accès libre.

Depuis le village pittoresque de La Motte, suivez les panneaux fléchés. Au terme d'une petite marche champêtre bien agréable d'une quinzaine de minutes, vous atteignez une superbe cascade de 22 mètres, en pleine verdure. Un site rafraîchissant en plein été. La chute est spectaculaire à observer, tout comme la nature sauvage tout autour de vous. C'est la rivière Nartuby qui se jette par le saut du Capelan avant de continuer son cours vers le village.

LES DOMAINES DE SAINT-ENDREOL GOLF & SPA RESORT*** €€

4300, route de Bagnols-en-Forêt
✆ 04 94 51 89 80 - www.st-endreol.com
Hôtels & Préférence. Fermé 3 semaines en janvier. Accueil 24h/24. De 150 à 210 €. Parking (extérieur gratuit).

Cette résidence de tourisme, alliant esprit design provençal et confort moderne, située au cœur d'un site préservé et d'un golf de 18 trous de renommée internationale, est un véritable havre de paix. Elle dispose d'un service hôtelier haut de gamme, composé d'une résidence de standing, pour une formule séjour d'une nuit ou plus. Elle offre aussi un hébergement locatif en villas individuelles avec piscine, maisons de hameau ou appartements, pour un séjour d'une semaine minimum.

LES LODGES**** €€€

✆ 09 52 57 09 11

www.leslodges.fr

3 chambres. De 340 € à 930 € la semaine selon saison. Excursions.

La maxime *Carpe Diem* prend toute sa dimension dans Les Lodges, où se répartissent trois gîtes haut de gamme. Dans une villa jouissant d'un jardin de 3 000 m² avec piscine au cœur des paysages provençaux, vous passerez en couple ou en groupe (jusqu'à 6 personnes) un pur moment de détente en harmonie avec la nature. Sous le soleil radieux de la Côte d'Azur, les plages naturistes sont à un battement d'ailes, les gorges du Verdon vous attendent, Tourtour la cité perchée va vous surprendre. Une adresse idoine pour vivre en liberté et arpenter les beautés voisines.

RESTAURANT DE LA MAURETTE €€

Route de Callas

✆ 04 94 45 92 82

www.restaurant-lamaurette.com

Tous les jours le midi et le soir. Menus de 29,50 à 38 €. Menu enfant : 10 €. Formule midi : 17,50 €.

Situé aux confins du Muy, à l'entrée du Domaine viticole de la Maurette, ce restaurant bénéficie d'une vaste surface d'accueil intérieure et de 3 agréables terrasses où vous pourrez vous régaler d'une cuisine variée à partir de produits locaux de saison. Entièrement réaménagé récemment, le cadre marie contemporain et tradition vinicole, avec des équipements de cuisine hightech. Des mets à accompagner des vins de la région et, bien entendu, des crus du Domaine de la Maurette.

RESTAURANT LE SAINT-ENDRÉOL €€

4300, route de Bagnols-en-Forêt

✆ 04 94 51 89 88

www.st-endreol.com

Tous les jours midi et soir. Menu unique du soir à 35 €. Formule du midi : 25 € (et 29 €). Terrasse.

Dans une ambiance détendue, en salle ou sur la terrasse avec une superbe vue panoramique, goûtez la cuisine bistronomique régionale aux saveurs saisonnières de Marc Wynen. Les menus varient chaque semaine pour le déjeuner et la carte raffinée se déguste en soirée, roulade de magret et de foie gras de canard, salade d'endives et pommes granny, caramel de vin, rôti de lotte en barde de lard, gnocchis, garniture cocotte et sauce de vin rouge de Provence...

CHÂTEAU DES DEMOISELLES

2040, route de Callas ✆ 04 94 70 28 78

www.chateaudesdemoiselles.com

Accès libre au domaine toute l'année. Haute saison, ouvert tous les jours de 10h à 13h et de 14h à 18h.

La propriété d'Aurélie Teillaud, s'étend sur 300 ha, dont 72 ha en vignes. Ayant appartenu à la famille Grimaldi, ancêtres des princes de Monaco, elle a été rachetée en 2005 par son père Bernard Teillaud. Les apports techniques et œnologiques du Château Sainte-Roseline (autre propriété de Mme Teillaud) ont rapidement porté leurs fruits. Deux cuvées très gourmandes se déclinent dans les trois couleurs. Chaque année, les cuvées remportent leur lot de récompenses. La maison d'hôtes de charme a remporté la médaille d'argent en 2019 aux Trophées de l'Oenotourisme..

DOMAINE DE L'ÉOUVE

4, boulevard André-Bouis

✆ 04 94 70 27 80

www.eouve-vin-bio.fr

Ouvert du lundi au samedi de 9h à 12h15 et de 15h à 17h30. Visite du domaine sur rendez-vous. Vente de miels.

Dans ce domaine viticole de 10 hectares AOP Côtes de Provence, Serge et Sébastien Ramella s'appliquent à cultiver l'authentique, dans le plus pur respect de la charte bio. Leurs vins, dans les trois couleurs, sont à déguster dans leur magasin situé au centre-ville du village. La Famille Ramella est également une famille d'apiculteurs depuis 3 générations, qui vous propose de découvrir ses miels de romarin, acacia, bruyère, châtaignier, thym, lavande, arbousier et sarriette. L'Éouve est le nom provençal donné au chêne vert ancestral. Un terroir d'exception.

GOLF DE SAINT-ENDRÉOL GOLF & SPA RESORT

4300, route de Bagnols-en-Forêt

✆ 04 94 51 89 89

www.st-endreol.com

Cours et stages. Le lundi et du mercredi au samedi de 10h à 19h ; le mardi de 14h à 19h ; le dimanche de 10h à 18h.

Ce golf de 18 trous de 6 169 mètres, façonné dans un site naturel et sauvage, le long de l'Endre et sous le regard de l'imposant rocher de Roquebrune, est l'un des plus beaux de la région. Chaque fairway a une personnalité qui lui est propre, mais le plus impressionnant est le trou n° 13, posé sur un green entouré d'eau. Ce parcours, qui épouse les formes capricieuses de la région, est prévu pour des joueurs de tous niveaux et ravira tous les golfeurs.

TRANS-EN-PROVENCE

La commune de Trans-en-Provence est issue du regroupement de différents noyaux villageois répartis historiquement le long de la rivière Nartuby qui traverse le village. Ce cours d'eau a creusé de spectaculaires « marmites » dans la roche de tuf, autrefois aménagées pour faire tourner les roues des moulins et visibles du haut du pont Bertrand, qui surplombe les cascades. Un cadre naturel spectaculaire donc qui n'enlève rien au charme des ruelles de Trans et de son riche patrimoine. L'ancien hôtel de ville du 18ème siècle, la fontaine de la place de l'Eglise et l'étonnant puits aérien de Knappen (1930) sont tous trois inscrits comme monuments historiques.

RESTAURANT LA GROTTE €€

Place des Moulins
✆ 04 28 31 69 63
www.restaurantlagrotte.fr
Menus de 34 € à 58 €. Carte : 45 € environ. Mardi soir, du mercredi au samedi midi et soir. Dimanche midi.

La salle du restaurant de l'Auberge du vieux moulin occupe une authentique grotte, jadis grotte Sainte-Catherine, dont les concrétions millénaires déroulent leurs volutes au-dessus de vos têtes. Les propriétaires sont Olivier Pupin et José Maréchal, chef connu pour ses livres de cuisine sur les verrines édités chez Marabout. Un autre restaurant bistronomique, Studio 887, installé dans une nouvelle salle sous La grotte, concept de repas-spectacle unique, propose 2h de spectacle interactif, un voyage numérique à 360° à travers des mondes fantastiques.

PUITS AÉRIEN ★

Montée de l'Hermitage

En 1931, un ingénieur belge, Achille Knapen, eut l'idée d'inventer ce curieux puits pour recueillir de l'eau de condensation dans les zones arides. Il s'agit d'une cloche en appareil de roche calcaire de 12 m de diamètre et 12 m de hauteur. Sous la cloche, une sorte de condenseur muni de tubes poreux achemine l'eau dans une citerne. Selon le principe de la condensation, due à la différence de température entre le jour et la nuit, des gouttelettes de rosée se forment à l'intérieur du puits pour être ensuite acheminées dans la citerne. Ingénieux !

TARADEAU ★

Le village était blotti autour de l'église Saint-Martin, l'actuelle chapelle abritée derrière le castrum, l'actuelle tour de Taradeau. Mais ceci n'empêcha pas les troupes de Raymond de Turenne de détruire le village. Les habitants fuyèrent en abandonnant le territoire à la ville de Draguignan et trouvèrent refuge au village voisin des Arcs pendant plus de 100 ans. Ce village a conservé une tour de guet de l'époque sarrasine et une chapelle romane du XIIe siècle. Plusieurs sites gallo-romains ont été découverts sur place. Une fête du vin avec dégustation, défilé de machines agricoles anciennes, foire artisanale, se déroule chaque année en novembre.

JUST N FRED €€

2, place de l'Hotel de ville
✆ 04 94 76 31 87
Du jeudi au lundi midi et soir. Menus de 25 à 30 € (plat du jour 13,50 €). Carte : 34 € env. Formule du midi : 17,50 €.

Ce restaurant propose une cuisine familiale gourmande. Tenu par Fred et Justine Garcia, ici c'est madame qui œuvre en cuisine tandis que monsieur s'occupe de la salle. Inspirée des produits de saison, la carte est volontairement courte avec chaque jour un plat du jour différent. Justine a su fidéliser une clientèle d'habitués avec ses recettes maitrisées et ses jus gourmands. Les desserts valent le détour, jolis, inventifs, elle sait les rendre pâtissiers. Quant à la carte des vins, elle fait la part belle aux vignerons de Provence dans les trois couleurs.

LIQUOSTORIES

614, Route des Arcs
✆ 04 94 99 76 76
www.liquoristerie-de-provence.com
Ouvert novembre à fin mars du lundi au samedi de 10h-13h et 14h-18h. Avril à octobre tous les jours 10h-19h. Parking.

Un site unique en région Sud avec diverses expériences pour découvrir l'univers des vins et spiritueux par des parcours interactifs et ludiques : jardin des plantes, distillerie, cave de vinification et de mise en bouteille ; Vinoscénies dans la cave souterraine autour de l'histoire de la Provence de Jules César à aujourd'hui ; musée interactif avec parcours libre pour vivre une expérience multisensorielle sur la grande aventure des spiritueux de Provence et d'ailleurs. Une véritable expérience à 360° valorisant les patrimoines culturels des vins et spiritueux.

CHAMBRES D'HÔTES DU CHÂTEAU DE SAINT MARTIN €€

Route des Arcs ✆ 04 94 99 76 76
www.chateaudesaintmartin.com
Ouvert du 1er avril au 30 septembre, comptez de 120 à 160 € la chambre pour 2, petit-déjeuner à la française compris.

Situé dans un parc au cœur du vignoble, 5 chambres d'hôtes de caractère décorées dans l'esprit châtelain de différentes époques, piscine extérieure en saison, dégustations de vins et spiritueux et une palette d'activités sur la propriété et aux alentours. Découvrez la chambre Juigné, où des scènes du film « Lady Chaterley » ont été tournées, la chambre Meursault et son mobilier Charles X, ou encore la chambre Marquis et son lit à baldaquin. Un lieu original et hors du temps.

DOMAINE L'HÉLION***** €€

1878, route de Lorgues
✆ 06 67 63 50 95
www.domaineleslions.fr
Chambre double dès 100 €, suite dès 120 €. Consulter tarifs préférentiels en ligne. Parking gratuit. Piscine extérieure.

Cette magnifique bastide en pierre, qui domine la vallée de la Florieye, est posée dans un cadre verdoyant et arboré de 7 ha. Pour votre repos et votre détente, vous pouvez profiter de la piscine et son pool house, et des nombreuses terrasses avec vue. 5 chambres et une ancienne bergerie pour 4 à 8 personnes. Outre les nombreux chemins de randonnées à fouler et les innombrables domaines viticoles, présents dans les alentours, les producteurs d'huile d'olive, de fromages de chèvre et de miel, foisonnent dans la région et méritent d'être découverts.

LA BASTIDE DU CHÂTEAU RASQUE €€€

2897, route de Flayosc ✆ 04 94 99 52 20
www.chateau-rasque.com
Chambre double de 180 à 250 €. Petit déjeuner inclus. Animaux acceptés. Babysitting, coaching, paniers pique-nique.

L'art de vivre en Provence, cher au Château Rasque, se retrouve jusque dans les moindres détails des quatre magnifiques chambres d'hôtes du domaine. Chacune s'ouvre sur un balcon embrassant la vue panoramique de cet océan de verdure qui fait écrin au Château Rasque. Un havre de paix où il fait bon profiter de la piscine, chauffée d'avril à octobre. Les petits déjeuners se prennent dans le salon aux murs de pierre ou sur la terrasse. Nombreux services proposés.

DOMAINES OTT - CHÂTEAU DE SELLE

5093, route de Flayosc ✆ 04 94 47 57 57
www.domaines-ott.com
Ouvert toute l'année. Disponibilité pour les groupes privés. Parking. Visite du domaine et découverte des crus Ott.

Plus ancienne des trois propriétés des Domaines Ott*, le château de Selle s'est doté en 2017 d'un nouveau chai qui constitue à lui seul une visite œnotouristique. Constitué de parcelles en restanques et en terrasses, le vignoble produit un rosé cristallin et hautement aromatique, ainsi qu'un rouge racé et élégant. Sur place, vous allez pouvoir découvrir les vins des deux autres propriétés des Domaines Ott* : le Clos Mireille à la Londe-les-Maures et le château Romassan au Castellet.

CHÂTEAU DE SAINT-MARTIN

Route des Arcs ✆ 04 94 99 76 76
www.chateaudesaintmartin.com
Ouvert du lundi au samedi, et tous les jours d'avril à octobre. Dégustation gratuite et visite. Chambres d'hôtes.

Du Xe au XVIIIe siècle, les moines de Lérins construisirent une cave souterraine dans laquelle les vins mûrissent encore aujourd'hui. Cru Classé en Côtes-de-Provence le domaine produit des vins complexes et raffinés, propriété de la même famille depuis 1740, il a presque toujours été dirigé par des femmes, aujourd'hui par la Comtesse Adeline de Barry. Ne ratez pas le festival Rires en vigne en juillet et dans la cave souterraine, un voyage à travers le temps grâce aux Vinoscénies.

FERME DE BELVESET

1800, chemin de Belveset
✆ 04 94 73 67 52
Ouvert tous les jours de 9h à 12h. Ouvert du 1er février au 30 novembre. Parking.

Connus pour leur qualité, les fromages de Florence et Philippe Bertin sont présents sur les meilleures tables de la région. Ils élèvent vaches et chèvres sur les collines de Taradeau et fabriquent leurs excellents fromages dont la réputation n'est plus à faire. Frais, crémeux, en brique, crottin, cendré, parfumé, leur camembert de chèvre s'arrache, tout comme leur goûteuse tomme vieillie six mois en cave. A découvrir dans leur mas provençal du XVIIe siècle, niché sur les hauteurs du village ou sur les marchés de Draguignan et de Lorgues.

LES VIGNERONS DE TARADEAU

204, avenue des Arcs
✆ 04 94 73 02 03
www.taradeau.com
Haute saison : du lundi au samedi de 9h à 12h30 et de 14h30 à 19h. Parking. Dégustation gratuite.

Cette cave coopérative, créée en 1925, est solidement enracinée sur le terroir de Taradeau. Tous les vins, élaborés avec une douzaine de cépages, sont classés AOP et expriment pleinement la richesse et la typicité des terroirs. Réputées, chaque année leurs cuvées remportent leur lot de médailles dans les grands concours viticoles, et ce dans les trois couleurs. Le caveau propose aussi une épicerie fine avec des produits issus de producteurs locaux. Deuxième point de vente à Cogolin.

OPPIDUM DU FORT

Ouvert toute l'année.

La commune de Taradeau compte sur son territoire un habitat celto-ligure occupé dès le Ier siècle avant J.-C., comme l'attestent les fouilles effectuées sur le site archéologique. Ces fortifications au sommet du village ont été découvertes en 1969 sur le promontoire surplombant le village. Le site est peu à peu dégagé et mis en valeur par une association locale. Il offre un superbe point vue du Taradel et de sa table d'orientation. C'est aussi le point de départ de belles randonnées pédestres. En vous rendant sur le site, veillez à respecter le site historique.

VIDAUBAN

Vidauban, dont le sens étymologique signifie « la vigne blanche », est situé au pied du massif des Maures. La cité abrite le centre d'étude et de recherche sur le vin rosé, au cœur du vignoble de la vallée de l'Argens. Son terroir et ses coteaux permettent la production d'un vin de qualité dont la plus grande partie est classée en appellation AOC et vins de Pays. Nombreux domaines et châteaux vous inviteront pour une dégustation et visite des caves.
Côté loisirs, le fleuve l'Argens vous emportera, en canoë-kayak, au fil de l'eau pour une balade découverte de la faune et de la flore. Il est aussi un lieu de pêche agréable et ombragé.

POINT INFO TOURISME

56, avenue Président-Wilson
✆ 04 94 73 10 28
www.tourisme-dracenie.com

Point d'information très utile situé sur la commune de Vidauban. Vous y trouverez toutes les informations nécessaires à votre séjour dans la région ainsi que les activités proposées par la commune. Les renseignements concernant les hébergements et offres de restauration vous seront bien évidemment délivrés par une équipe disponible et avenante. Vidauban présente quelques points d'intérêt et le meilleur moyen de les découvrir est de franchir le pas de la porte de ce point info tourisme bien aménagé. Une sélection de brochures est à votre disposition.

VEREZ MINUTY GUEST HOUSE €€

5192, chemin de la Verrerie-Neuve
✆ 06 48 65 37 43 - www.chateau-verez.com
Basse saison : de 150 € à 400 €. Haute saison : de 170 € à 450 €. Wifi. TV satellite. Bain bouillonnant, sauna.

Lovée au cœur d'un site de pins parasols et des vignes du domaine, cette magnifique maison d'hôtes est décorée avec goût dans le style des grandes demeures provençales. Claires et chaleureuses, les chambres sont confortables et invitent à la détente. Pouvant accueillir de 2 à 6 personnes, elles offrent un cadre de villégiature parfait pour une escapade en Provence. De nombreuses balades aux alentours, un personnel au petit soin, un petit déjeuner copieux, le spectacle du travail de la vigne au fil des saisons contribuent au charme de cette adresse varoise.

LA BASTIDE DES MAGNANS €€

32, avenue Galliéni ✆ 04 94 99 43 91
www.bastidedesmagnans.com
Maître Restaurateur. Réservation recommandée. Menu : 39 € à 85 €. 5 chambres : 90 € à 120 €. Jardin, Terrasse, Parking.

Depuis 1999, l'équipe de cette belle bastide en pierre de taille, deux fois centenaire, n'a guère changé et est composée de fidèles de Christian Bœuf. Vous y dégusterez une belle cuisine de terroir où les produits de la région, notamment la truffe du Haut-Var, trouvent place dans des assiettes agréablement présentées. C'est aussi une étape de charme pour les gourmands, car après avoir apprécié l'un ou l'autre des menus et dégusté les excellents vins de la région, cinq chambres d'hôtes douillettes, toutes décorées sur des thèmes différents vous attendent à l'étage.

CHEZ LIZZA €€

3, avenue Maximin Martin
✆ 09 50 19 19 99

Ouvert du lundi au samedi de 12h à 14h ; le lundi, le mardi et le jeudi soir ; le vendredi et le samedi de 19h à 22h.

Dans ce petit restaurant qui ne paye pas de mine on trouve une cheffe exceptionnelle en cuisine. Ilham Souini est compagnon du Tour de France des toques gourmandes. Ici les effluves précèdent le bonheur des papilles. Escargots à la nage en persillade, filets de hareng de chalut fumés au bois de hêtre, sans oublier un merveilleux gâteau à l'ananas flambé au rhum brun, la carte change avec les saisons, tout est fait maison, les pizzas sont elles aussi excellentes… et le sourire de la patronne est aussi chaleureux que sa cuisine. Une belle adresse.

ASTROS

Route de Lorgues
✆ 04 94 99 73 00
www.astros.fr

Ouvert tous les jours de 10h à 12h30 et de 14h à 17h30. Juillet et août 7j/7 10h-12h30 et 13h30-19h. Parking.

La Commanderie d'Astros, édifiée au XIIe siècle par les Templiers, a été occupée par ses bâtisseurs, puis par les chevaliers de Malte, avant que le domaine soit vendu en 1802 à la famille Maurel. Le vieux château d'Astros et le château d'Astros, grande demeure à l'italienne construit en 1862, ont servi au tournage du film « Le château de ma mère ». Le vignoble donne naissance à des vins IGP et AOC Côtes-de-Provence, élégants et chaleureux. Chaque année, les vergers du domaine, soit plus de 10 000 pommiers sont ouverts à la cueillette.

CENTRE DU ROSÉ

70, avenue Wilson
✆ 04 94 99 74 00
www.centredurose.fr

Les vignerons provençaux ont compris l'importance de l'expérimentation et de la recherche pour leur production. À Vidauban, le Centre du rosé multiplie ses efforts de diffusion pour promouvoir la consommation de vin rosé en France et dans le monde : conférences (soirées du rosé, rencontres internationales du rosé), bulletins d'informations, formations intra et inter entreprises, publications scientifiques, organisation de dégustations, articles techniques et interviews dans différents media… et bien sûr le site Internet !

DOMAINE DE JALE

Chemin des Fenouils
✆ 04 94 73 51 50
www.domainedejale.com

Horaires : se renseigner. Ouvert 7/7 en juillet août. Visite de cave et dégustation.

Au pied de la réserve naturelle du Massif des Maures, Anne et Dimitri produisent en couple, avec passion et humilité, des vins aux senteurs de Provence. La dégustation des breuvages du domaine se fait au pied de l'immense et majestueux platane centenaire. Les vins estampillés Jale, sont le résultat d'une culture raisonnée adaptée à la complexité des sols, en accord avec la nature, dans un schéma qui se veut «biologique décloisonné». AOP Côtes de Provence, les blancs et rosés sont fins, élégants, aromatiques. Les rouges sont des rouges de garde, sans lourdeur.

DOMAINE DES FÉRAUD

3590, route de Saint Tropez (D48)
✆ 04 94 73 03 12
www.domainedesferaud.com

Ouvert du lundi au samedi de 10h à 18h.

Ancien trompettiste, le propriétaire Marcus Conrad, a choisi l'œnologue Jérôme Dufour pour l'accompagner et créer de superbes cuvées AOP Cotes de Provence et IGP Pays des Maures dans les 3 couleurs. Il vinifie aussi 2 cuvées de vins Nature sans intrant, en rouge et rosé. Des cuvées très réussies, déjà repérés par les journalistes spécialisés et guides de vins. Sur le domaine, un sentier Nature et vigneron serpente à travers bois et vignes, proposant de découvrir la riche faune et flore des lieux en une très jolie balade à l'ombre des immenses pins parasols.

CHEMINS DE RANDONNÉE

Le circuit pédestre de la chapelle Sainte-Brigitte, située au sommet d'un piton rocheux de 185 mètres vous permettra de rejoindre un point de vue remarquable dominant toute la plaine des Maures. Le circuit du bois du Rouquan, forêt de pins parasols, où, comme caché à l'abri des regards, vous y découvrirez un four à poix (ou four à goudron). De mars à début mai, vous pourrez également y admirer de magnifiques orchidées sauvages. Sans oublier la cascade du pont de l'aille (chemin du rey d'Agneou), un très bel endroit pour les amateurs de photos.

PARC LOISIRS DRACÉNIE PROVENCE

Avenue du Président-Wilson ✆ 06 82 23 74 96
https://dropinwaterjump.fr/fr/
Ouvert toute l'année. Accès libre permanent et gratuit au parc. Le Drop-In Dracénie, lui est payant, tarifs de 6 à 32 €.

Situé à deux pas du centre-ville de Vidauban, cet espace de 8 hectares comprenant deux plans d'eau, propose une foule d'activités ludico-sportives pour toute la famille. Jeux aqualudiques, aire de jeux, terrain de pétanque, aire de pique-nique, tables de ping-pong, pistes de promenades… sont en accès libre permanent et gratuit pour passer un très agréable moment. En parallèle à tous ces équipements, « le Drop-In Dracénie » propose des activités de plein air payantes et sécurisée.

PIZZERIA LA PINÈDE

Quartier Roque-Rousse - RD N7
83460 LES ARCS SUR ARGENS
✆ 04 94 45 91 92 - 06 64 68 91 92
www.pizzerialapinede.fr
pizzerialapinede@gmail.com
Ouvert toute l'année, midi et soir. Carte : 20 €. Formule du midi : 15 €. Formules pizzas 15,50 à 17,50 € le midi.

© PIZZERIA RESTAURANT LA PINÈDE

Impossible de rater cette fameuse pizzeria familiale créée en 1986 ! Elle excelle dans la fabrication des pizzas cuites au feu de bois avec plus de 30 propositions. « La pâte fine » n'a plus aucun secret pour les pizzaiolos. Essayez la pizza aux fruits de mer et persillade, tout comme les plats de la carte, salades, pâtes, lasagnes maison, viandes, tartare de bœuf, andouillette panée, et steak provençal… servis en hiver, dans la salle ou en été sur la grande terrasse ombragée. Difficile de faire mieux niveau rapport qualité-prix.

LE MUY

Le Muy se trouve au cœur d'un massif forestier de 5 000 hectares irrigué par de nombreux cours d'eau. La ville a vécu longtemps sur l'exploitation de ses ressources naturelles, récolte du liège, coupe du bois. Les machines des anciennes industries utilisaient l'énergie fournie par les ressources hydrauliques acheminées le long des canaux – le plus ancien a été creusé sous le règne de François Ier.
Tous les dimanches matin, le marché du cœur du village est l'un des plus grands de la région. Il est complété par celui du jeudi matin, plus petit.

ÉGLISE SAINT-JOSEPH

https://lemuy.frejustoulon.fr
Cette église gothique du XVIe siècle, site classé, est constituée d'une nef unique à trois travées. Elle était adossée aux murs extérieurs, puisqu'on distingue encore, sur l'un de ses murs, des vestiges de mâchicoulis. Le clocher a été bâti sur une ancienne porte du village. Une des deux chapelles latérales possède, sur sa clef de voute, les armoiries d'une des familles seigneuriales qui a fait construire l'église, les Rascas. De nombreux tableaux et statues classés aux monuments historiques, sont visibles dans la nef et le chœur.

TOUR CHARLES QUINT ★

RD N7
La tour ronde Notre-Dame, dite tour Charles-Quint, et son castelet, située à l'entrée Est de la ville, était la pièce maîtresse du système de défense de la commune en l'an 1526. Elle a été édifié au XIIIe siècle. C'est dans cette tour que des habitants du Muy tentèrent d'assassiner Charles Quint lors de son envahissement de la Provence. Ils se trompèrent d'homme et blessèrent par erreur le poète Garcilaso de la Véga qui mourut un peu plus tard à Nice. Attention, pour trouver la porte de la tour, il faut monter au premier étage !

POINT INFO TOURISME

Route Nationale 7
✆ 04 94 50 07 01
www.tourisme-dracenie.com
Juillet et août 7j/7 du lundi au samedi 9h-12h30 et 14h30-18h, dimanche et jours fériés 9h30-12h30.

A deux pas du centre du Muy, sur la mythique Nationale 7 qui traverse la commune, le Point info tourisme vous attend pour tout renseignement utile à votre visite. Les horaires varient selon les saisons mais restent très pratiques tout au long de l'année. Vous y trouverez notamment les informations primordiales pour de belles balades à vélo, randonnées VTT et promenades à faire dans la région. Dépliants, accès wifi et accueil souriant. Campings, locations saisonnières et chambres d'hôtes, tous les renseignements pour votre séjour se trouvent ici.

LE RELAIS DES LAVANDINS** €

2477, RD N7 ✆ 04 94 19 31 31
www.lerelaisdeslavandins.com
Ouvert toute l'année. Accueil 24h/24 (langues étrangères parlées à l'accueil : anglais, italien). 17 chambres.

Dans un parc boisé, l'établissement offre des chambres et des suites familiales simples et confortables. Au restaurant, en plus d'une cuisine traditionnelle méditerranéenne (Saint-Pierre rôti, Dorade royale grillée), quelques incontournables de la cuisine internationale (salade César, hamburger). Vous bénéficiez également d'un vue panoramique sur l'imposant rocher de Roquebrune. Un chapiteau, pouvant accueillir jusqu'à 100 personnes, peut être mis à votre disposition pour toutes vos réceptions.

CAMPING LES CIGALES**** €€

4, rue de Jas-de-la-Paro
✆ 04 94 45 12 08
www.les-cigales.com
Ouvert d'avril à octobre. Réservation recommandée. Langues parlées : anglais, néerlandais, allemand. Terrain de 21 ha.

Un camping situé au sein d'un très beau parc de plus de 20 hectares, au milieu des pins centenaires, des oliviers, des palmiers, des mimosas, ainsi que de nombreuses autres essences méditerranéennes. Répartis sur l'ensemble de la superficie, les emplacements sont bien intégrés et délimités avec une classification jusqu'à 4 étoiles. Six bâtiments sanitaires, une laverie, un espace repassage, une alimentation, un dépôt de pains, un bar et un restaurant complètent l'ensemble. Point fort du camping, son vaste complexe aquatique avec 16 000 m².

LE PETIT ATELIER €

26, allée de Vaugrenier
✆ 04 94 55 27 74
Ouvert du lundi au vendredi de 6h30 à 17h. Menu enfant : 6 €. Plat du jour : 9,50 €. Vin au verre. Petit-déjeuner.

© LE PETIT ATELIER LE MUY

Le Petit Atelier c'est plus qu'un simple snack. Tout est fait sur place et à base de produits frais avec un service des 6h30 du matin pour les lève-tôt ! Café, thé, viennoiseries, jus de fruits frais, muffins... le choix est important. Dès 10 heures, et non-stop jusqu'à 16h30, on mange sur le pouce ou à table avec un service à l'assiette. Au menu : pizza, quiche, sandwich, salade, burger, plat du jour, rougail saucisse, pâtes fraîches maison (vendues également à la pizzeria La pinède aux Arcs-sur-Argens). L'endroit fait aussi office de dépôt Française des Jeux.

DOMAINE CHÂTEAU DU ROUET €€

quart Rouet ✆ 04 94 99 21 10
www.chateau-du-rouet.com
Ouvert toute l'année. De 520 € à 3 750 € la semaine selon saison. 3 maisons d'hôtes louées à la semaine. Mariage.

Abrité des vents du nord par le massif de l'Estérel, ces trois maisons entièrement restaurées sont situées dans un hameau habité depuis l'Antiquité, au cœur du domaine viticole. Entre chênes, oliviers et vignes, ces maisons bénéficient d'un parc, d'un bassin datant de 1876, de cours de tennis et d'une grande piscine, le tout avec une magnifique vue sur le site classé du rocher de Roquebrune sur Argens. Avec sa décoration digne d'une maison de maître et ses 300 m², la Grande maison semble tout droit sortie d'un tableau d'époque victorienne.

CÔTE TERRE

LES PALMIERS €€

1890, route de La Motte
✆ 04 94 45 34 67
www.les-palmiers.fr
Chambre double de 93 € à 100 €. Petit déjeuner inclus. Lit supplémentaire : 15 €.

A la périphérie du village, la belle maison contemporaine d'Yvette et Stéphane, édifiée sur un parc arboré de 3 500 m², avec sa piscine entourée de transats et de parasols, promet de longs moments de farniente et des baignades bienvenues. Les chambres, aux noms de peintres célèbres, Cézanne, Matisse, qui donnent sur la piscine, et Degas, disposent de terrasses couvertes.Les petits déjeuners sont servis sur la terrasse ou dans la salle à manger selon le temps et la saison. Pour vos véhicules, motos ou autos, un garage est à disposition.

CANTIN [A] €€

7 bis, avenue Louis-Cavalier
✆ 04 94 52 82 42
www.cantin-a.fr
Fermeture de fin décembre à fin janvier. Se renseigner pour plus de précisions sur les dates. Terrasse. Parking gratuit.

La Cantin [a], c'est une belle affaire qui ne cesse de faire de nouveaux adeptes ! Installé en centre-ville du Muy, l'établissement a trouvé sa clientèle. En cuisine, Thierry Florens propose une cuisine maison de saison, simple mais goûteuse avec de superbes pièces de viande très bien accompagnées notamment d'une subtile et excellente sauce aux anchois, une délicieuse sole meunière, brochette de magret de canard au miel, crêpes Suzette, tarte au citron, panna cota maison. Service soigné tout en douceur et jolie façade en pierre.

CHÂTEAU DU ROUËT

Route de Bagnols-en-Forêt - RD 47
✆ 04 94 99 21 10
www.rouet.com
Horaires : se renseigner. Parking. Trois gîtes d'étape de 2 à 14 personnes. Visite et dégustation.

Le vignoble est situé sur les premiers contreforts de l'Estérel. Ici, la vigne est l'affaire de la famille Savatier depuis cinq générations. Le domaine propose une gamme de plusieurs cuvées, dont la fameuse cuvée belle-poule, du nom du bateau qui rapatria en 1840 les cendres de Napoléon Bonaparte, de l'île de Sainte-Hélène, et dont deux de ses portes, ornent toujours la chapelle du château. Une maison de maître pour 12 personnes, 2 gîtes de vacances – 2 et 4 personnes – et 1 chambre d'hôtes pour 2 personnes – sont également proposées.

BASE NAUTIQUE LOUIS GO

Ancienne route de Sainte-Maxime / D25
✆ 06 77 67 09 51
Ouvert du 1er avril au 31 octobre. Location à partir de 8 € / h. Animaux acceptés.

La base nautique Louis GO se trouve dans un cadre exceptionnel et particulièrement protégé, au milieu de falaises abruptes du rocher de Roquebrune. Cette base nautique municipale de canoë-kayak et paddle board est encadrée par des moniteurs d'État, un véritable plus. Différentes formules de locations de canoës-kayaks, de paddle boards sont possibles, il est en revanche conseillé de réserver 3 ou 4 jours à l'avance. Seule condition, mais de taille pour ce type d'activité, savoir nager ! Une aire de pique-nique ombragée est à votre disposition.

CHEMINS DE RANDONNÉE

Préparez votre sac à doc, vos chaussures à crampons, vos gourdes remplies d'eau et c'est parti ! De la plaine de l'Argens aux contreforts de la barre du Rouët, de très nombreuses randonnées pédestres ou à VTT vous attendent, notamment dans les 2 sites classés Natura 2000 : celui de la forêt de Palayson, bois du Rouet de 5 060 ha et celui de la Colle du Rouet de 11 600 ha au titre de la directive « Oiseaux ». Des sorties en pleine nature, pour tous les niveaux, avec des paysages typiques de la région pour d'intenses moments de randonnée.

EXOLOISIRS

D 52 [ancienne route de Sainte-Maxime]
✆ 06 30 07 84 78
www.exoloisirs.com
Ouvert tous les jours d'avril à fin octobre. Entrée : 23 € [carte 1h de téléski nautique]. Enfant : 20 €.

Cette base est devenue un lieu incontournable pour les amateurs de glisse. Vous pourrez y pratiquer le téléski nautique [bi ou mono], mais aussi le kneeboard [vous êtes à genoux sur une planche et vous vous laissez tracter par le câble du téléski], ou bien le wakeboard ou mieux encore le wakeskate [comme une planche de skateboard, debout, les pieds libres]... Cinq hectares d'eau dans un cadre verdoyant, tranquille et agréable, avec vue superbe sur la tour Charles-Quint et le vieux village du Muy, mais aussi sur le rocher de Roquebrune.

FAYENCE ★

L'origine de son nom viendrait du mot latin faventia, qui signifie « lieu favorable ». Au Moyen Âge, Fayence appartenait aux évêques de Fréjus qui venaient s'y retirer en été pour fuir la canicule du littoral. En 1710, le cardinal Fleury fit démolir le château. À la Révolution, l'évêché abandonna ses droits seigneuriaux aux habitants qui vivaient de la culture du blé, de la vigne, de l'huile d'olive et jusqu'au XIXe siècle de la culture et de la cueillette des fleurs pour l'industrie du parfum. Aujourd'hui, le tourisme a pris le relais. La présence de courants ascensionnels dans le ciel de Fayence a favorisé l'implantation du centre de vol à voile.

ÉCOMUSÉE DE FAYENCE

541 B, chemin de Seillans
✆ 09 82 25 39 45
Ouvert en principe le jeudi après-midi, et sur rendez-vous. Adulte : 4 €. Gratuit jusqu'à 12 ans.
Dans le cadre d'un ancien moulin à huile et à farine du XVIIIe siècle parfaitement restauré, cette sorte de conservatoire de l'outil abrite une importante collection d'instruments aratoires et d'outils manuels en usage jusqu'au siècle dernier pour l'agriculture, la culture de la vigne, l'apiculture, dans une évocation des vieux métiers disparus tels que forgeron et maréchal-ferrant. En intérieur et sur l'esplanade, deux parcours découverte (enfant et adultes) vous sont proposés pour ne rien oublier. Sur place également, un jardin vous attend pour pique-niquer.

LA CHAPELLE DE NOTRE-DAME-DES-CYPRES ✞

A 2 kilomètres du centre sur la D19
Visible de l'extérieur uniquement. Ouverte pour les journées du patrimoine.
Cette chapelle romane du XIe siècle dédiée à la vierge Marie offre un paysage presque florentin, avec son cadre doux et ses cyprès. Construite par les frères de l'abbaye de Lérins, elle observe une forme trapue avec son clocher roman et son assemblage de pierres particulièrement harmonieux. Sa nef unique, fermée à l'est par le chœur voûté en cul-de-four, dégage une impression de grande sérénité. A l'intérieur, attardez-vous sur l'autel en marbre et le tabernacle en bois doré du XVIe.

ÉGLISE SAINT-JEAN-BAPTISTE ✞ ★

1, chemin des Thermes
L'ancienne église Saint-Jean-Baptiste (1346) devenant trop étroite, il fallut envisager au début du XVIIIe siècle la construction d'un nouvel édifice. De style baroque, celle-ci fut donc érigée de 1738 à 1750 sous Mgr du Bellay. Aujourd'hui troisième plus grande église du Var après celles de Saint-Maximin et de Lorgues – 50 m de long sur 20 m en croix latine ; 25 m de haut, et un clocher extérieur de 37 m – elle est dotée de trois nefs, quatre travées et d'une abside semi-circulaire.

Fayence.

LE FOUR DU MITAN

5, rue du Mitan
✆ 06 81 03 59 51
www.four-du-mitan.fr

Ouvert en principe tous les jours de 10h30 à 19h. Entrée libre.

Construit en 1522 sous l'évêque de Fréjus Nicolas de Fiesque, ce four d'abord banal, puis communal à la Révolution, a été sauvé de la démolition en 1997 par des Fayençois. Grâce à l'association « Les amis du four du Mitan », aidée par le Conseil général et la municipalité, il a été restauré et transformé en musée. Une scène de la vie courante avec des personnages en costume 1900 et des objets d'époque a été reconstituée. Les années impaires, le premier dimanche de juillet, l'association organise la Fête du Pain, qui rassemble plus de 250 participants costumés !

OFFICE DE TOURISME DU PAYS DE FAYENCE

Place Léon-Roux
✆ 04 94 76 20 08
www.paysdefayence.com

Ouvert toute l'année du lundi au samedi, et tous les jours en saison.

Il s'agit du principal office de tourisme du Pays de Fayence, et l'un des seuls avec la Maison du Lac de Tanneron, à rester ouvert toute l'année. Ainsi, bien que chaque commune ou presque dispose de ton propre petit office (ouvert en saison uniquement), il rassemble toutes les informations touristiques de Fayence, Tourrettes, Seillans, Mons, Callian, Montauroux, Saint-Paul-en-Forêt, Bagnols-en-Forêt et Tanneron. Le personnel saura répondre à toutes vos questions !

LA BÉGUDE DU PASCOUREN €€

74, chemin de la Bane ✆ 04 94 68 63 03
www.chambres-hotes-labegudedupascouren.fr

Ouvert d'avril à septembre. 5 chambres. De 145 € à 200 €. Petit déjeuner inclus (en supplément pour les cottages).

Cet établissement de charme et de standing bénéficie d'une situation idéale et d'une vue panoramique exceptionnelle sur les Pré-Alpes. Toutes les unités sont situées de plain-pied, déco chic et soignée, les cottages sont spacieux avec dressing et toilettes indépendantes. Les chambres avec terrasse privative donnent sur un très beau jardin fleuri et arboré. Une cuisine d'été, entièrement équipée, est également à votre disposition. Le farniente au bord de la piscine chauffée est vivement conseillé. Une myriade d'activités est possible au départ de la Bégude.

DOMAINE DE LA BÉGUDE €€

4876, RD 562
✆ 06 08 06 72 34
www.domainedelabegude.com

Ouvert toute l'année. Gîtes et villa de 2 à 6 personnes. De 50 € la nuitée à 1 200 € la semaine.

14 mazets, petites maisons meublées de 30 m² climatisées, regroupées par 4, sont implantés dans un environnement paysagé de 3 hectares, orientées sud-est, face à un plan d'eau de 2 500 m². Tout est prévu pour votre détente et votre farniente, piscine, parasols, chaises longues, ping-pong, badminton, volley-ball, et même une aire de jeux aménagée de 600 m² avec tables de pique-nique pour vos chères têtes blondes. Deux formules vous sont proposées : chambres d'hôtes à la nuitée de septembre à juin, et résidence avec des gîtes à la semaine en juillet-août.

HÔTEL LES OLIVIERS*** €€

18, avenue Saint-Christophe
✆ 04 94 76 13 12
www.lesoliviersfayence.fr

Chambre simple de 75 € à 92 € ; chambre double de 79 € à 102 €. Petit déjeuner buffet : 10 €. Lit supplémentaire : 20 €

Au bas du village médiéval, face à la plaine et au centre de vol à voile, cet hôtel familial, simple mais confortable, dispose de 22 chambres bien équipées (wifi gratuit et mini-bar notamment), climatisées et insonorisées. Le petit déjeuner buffet est servi sur l'agréable terrasse de la piscine, ou bien dans la salle à manger. Hélène, la maitresse des lieux, assure un accueil aux petits oignons. Le village est facilement accessible à pied qui plus est. Bref, une option de choix dans sa catégorie pour découvrir Fayence, *farnienter* et sillonner l'arrière-pays !

MAS DE LA COSTE €€

315, chemin du Ray
✆ 04 83 11 82 31
www.lemasdelacoste.com

Ouvert de Pâques à fin septembre. 5 chambres de 128 € à 179 € avec petit déjeuner. Enfants non acceptés.

Cette belle et vaste bastide provençale est érigée sur les hauteurs de Fayence, à 300 mètres du village. Elle abrite cinq chambres aux beaux volumes et à la décoration raffinée, et toutes jouissent d'une terrasse privative pour profiter de la superbe vue panoramique. Côté confort et détente, une piscine chauffée et un spa d'intérieur sont mis à votre disposition ; les sportifs quant à eux, pourront profiter des multiples activités de plein air à découvrir à proximité. Jackie et Louis proposent enfin une maison pour 8 personnes en location intégrale à Seillans.

MOULIN DE LA CAMANDOULE*** €€

159, chemin de Notre-Dame ✆ 04 94 76 00 84
www.camandoule.com

Ouvert toute l'année. 10 chambres. Chambre double de 60 € à 178 € selon la saison. Restaurant L'Escourtin.

Des chambres climatisées aux décors différents, meublées avec goût et personnalité, au milieu d'un parc de 4 hectares arboré d'un verger et enrichi d'un aqueduc gallo-romain qui autrefois amenait l'eau de la Camandre. Bref, cadre bucolique à souhait pour cette maison de charme unique dans la région ! Pour parfaire l'ensemble, le moulin se targue d'un restaurant aménagé au cœur d'un ancien moulin à huile du XVIIe siècle au milieu des presses et des meules : le chef, Philippe Choisy, vous régalera d'une cuisine gastronomique et du terroir.

AUBERGE DU CHÂTEAU €€

1, rue Saint-Pierre
✆ 04 94 76 01 06
www.aubergeduchateau83.com

Ouvert toute l'année du mercredi au dimanche midi et soir, ainsi que le lundi en été. Plats : 13-29 €. Menu enfant.

Depuis qu'ils en ont repris les rênes en juin 2018, Lisa et Xavier mettent à l'honneur à l'Auberge du Château une cuisine bistronomique traditionnelle, avec des plats de saison toujours élaborés à base de produits frais. En intérieur ou sur la vaste terrasse extérieure donnant sur les terrains de pétanque (la Provence dans toute sa splendeur !), leurs suggestions du jour comme leurs spécialités sont particulièrement appréciées. Le rapport qualité-prix pour ne rien gâcher, est honorable ; bref, une belle adresse à tous points de vue !

L'AUBERGE FLEURIE €

16, rue de l'Aérodrome
✆ 04 94 84 76 64
www.auberge-fleurie-fayence.fr

Ouvert tous les jours midi et soir sauf lundi. Menus de 25 € à 40 € environ. Menu enfant et plat du jour (env. 15 €).

Situé au pied du village, cette table propose surtout une carte iodée, où les poissons, avec arrivage journalier suivant la saison, de sole (cuisinée à la meunière), raie, rouget, loup, dorade, cabillaud (pour confectionner le fameux aïoli provençal) côtoient les crustacés et fruits de mer. Les amateurs de produits carnés ne sont pas oubliés avec le magret de canard, la souris d'agneau, les pieds et paquets, l'andouillette 3A, et la spécialité maison, la tête de veau ravigote. Très belle carte de vins et spiritueux, avec de nombreuses références.

LA FARIGOULETTE €€

1, place du Château
✆ 04 94 84 10 49

Ouvert du jeudi au lundi midi et soir. Menus de 31 € à 41 € (environ). Formule du midi et plat du jour.

Le chef Hervé Quesnel a imposé ses marques dans cette ancienne bergerie toute en pierres, rochers et meubles rustiques en bois. Son épatante formule du midi et son menu-carte, qui évolue chaque quinzaine, avec les produits de saison, réservent de purs moments de plaisir : ce jour-là par exemple, pain perdu de foie gras aux girolles, émulsion truffe ; paleron en deux cuissons, légumes, miel, citron ; loup rôti aux figues et speck, jus anisé ; et en dessert parfait glacé au gingembre, poires rôties, ou encore mi-cuit choco-framboise...

LE HUIT €

Placette de l'Olivier
✆ 04 94 76 04 38

Fermé en début d'année, et toute l'année dimanche soir et lundi. Plat : 20 € en moyenne. Formule du midi : 16,50 €.

Avec un décor intérieur rural et cosy, une terrasse verdoyante et fleurie, ce lieu des délices tenu par Jean-Louis et Nathalie Herbelot, toujours de bonne humeur, propose des recettes de saison faites maison avec des produits du marché et un doux parfum d'ailleurs : ces deux-là rapportent régulièrement dans leur valise des épices indiennes qu'ils maîtrisent à merveille... L'épicerie fine a disparu, mais Jean-Louis propose pour compenser un joli petit rayon de spécialités maison à emporter, ainsi que de bons sandwichs en journée.

RESTAURANT L'ESCOURTIN €€

159, chemin Notre-Dame-des-Cyprès
✆ 04 94 76 00 84
www.camandoule.com

Ouvert toutes l'année, tous les jours midi et soir sauf mercredi. Menus de 39 € à 56 €. Formule du midi : 26,50 €.

Le restaurant du Moulin de la Camandoule est aménagé au cœur d'un ancien moulin à huile d'olive. Depuis 1995, le chef Philippe Choisy élabore une délicieuse cuisine méditerranéenne. Au gré des saisons, on retrouvera ainsi des mets tels que le risotto de noix de Saint Jacques au riz noir et son émulsion à la senteur de truffe, le foie gras de canard mi-cuit en bouchon, brioche et chutney de poire à la graine de coriandre, la cassolette de gamberoni sauvages, pomme cocotte et émulsion de jus de carapace, ou encore en dessert le soufflé ananas et son sorbet passion.

RESTAURANT LA TABLE D'YVES €€

1357, route de Fréjus ✆ 04 94 76 08 44
www.latabledyves.com
Maître Restaurateur. Ouvert du vendredi au mardi hors saison et dès le jeudi en été. Menus de 33 € à 49 €. Plats 24-38 €

Le restaurant d'Isabelle et Yves Merville poursuit sa route gourmande, avec toujours le même amour de faire plaisir et l'envie de bien recevoir ses clients. Située au calme dans la plaine de Fayence, au milieu des vignes avec une magnifique vue panoramique sur le village, c'est une des meilleures adresses de la région. Installé dans l'agréable salle à manger ou sur la jolie terrasse ombragée près du bassin, vous y dégusterez une cuisine gastronomique du marché, faite maison.

LE SUD €€

Place de l'Église
✆ 04 94 76 14 60
Ouvert toute l'année, tous les jours sauf dimanche hors saison. Menus de 19,90 € à 30 €. Plat du jour 14 €. Menu enfant.

Installé dans l'agréable salle du XVIIIe aux pierres et poutres apparentes, sur la terrasse en podium qui surplombe le marché ou sur celle ombragée par les platanes au pied de l'église, vous apprécierez ici une cuisine traditionnelle où les senteurs de l'Italie rejoignent celles de la Provence. L'ardoise change régulièrement selon l'humeur du marché. En été, laissez-vous tenter par les viandes et poissons à la plancha ; en hiver, découvrez les gibiers et autres plats cuisinés aux accents italiens, à l'instar des *linguines* aux gambas.

LE CASTELLARAS €€€

461, chemin de Peymeyan
✆ 04 94 76 13 80
www.restaurant-castellaras.com
Maître Restaurateur. Ouverture variable selon la saison. Menus de 47 € à 97 €. Hébergement de 120 à 300 €.

Hermance a retrouvé la maison de son enfance où son mari Quentin Joplet, qui officie en cuisine (100% ouverte sur la salle), travaille dans un esprit terroir avec des produits frais du marché quotidien, le plus souvent bio, en puisant essentiellement dans la manne locale. Entre deux coup d'œil sur le jardin et le village Fayence, vous pourrez l'admirer dans son élément. Des soirées jazz se tiennent régulièrement de juin à septembre. Chambres d'hôtes avec piscine et bain bouillonnant, appartement, chalet, et Cabanon du Berger sont aussi à votre disposition.

LA CAVE DE FAYENCE

1, place Léon-Roux
✆ 04 94 76 14 20
www.cave-de-fayence.com
Ouvert toute l'année de 9h30 à 12h30 et de 14h30 à 19h. Fermé dimanche, voire lundi hors saison.

Au cœur du village, voici une véritable caverne d'Ali Baba ! En plus de vins fins, liqueurs, spiritueux et alcools rares de Provence et d'ailleurs, on y déniche plus de mille produits régionaux rassemblés par Laurent Leurs, à l'instar d'huiles d'olive nature et aromatisées, de vinaigres aromatisés, de confitures, miels, tapenade, nougats, calissons, olives, moutardes, et autres savons parfumés. Les paniers composés et les bons cadeaux sont aussi de belles formules pour offrir en variant les plaisirs. Une belle adresse emplettes en somme !

AQUAROMA

566, boulevard des Claux
✆ 04 98 10 49 71
www.domainedefayence.com
Ouvert tous les jours. Fermé de début janvier à début février.

Aménagé sur 600 m² dans un cadre relaxant et raffiné, l'espace spa et bien-être du Domaine de Fayence propose sauna, hammam, fitness, bassin aquatique couvert avec ateliers d'hydrothérapie, nage à contre-courant, aquagym, aquabike, aquafitness, mais également une carte de soins du corps très complète avec massages, enveloppements, gommages et autres soins du visage. Plusieurs formules sont à votre disposition pour vous permettre d'allier détente et gastronomie au restaurant du domaine. Des nocturnes, enfin, sont proposées les mercredi et vendredi de 19h à 21h.

LES PLANEURS DE FAYENCE - AAPCA

254, Chemin de l'Aérodrome Nord
✆ 04 94 76 00 68
www.aapca.net
Secrétariat ouvert tous les jours de 9h à 12h et de 13h30 à 17h.

Le premier centre de formation de pilotes de planeurs en France ! 365 jours par an, il offre la possibilité de voler dans l'une des régions les plus favorisées au niveau de l'aérologie. Une école départementale de vol à voile offre aux jeunes de moins de 25 ans la possibilité de se former et d'obtenir des brevets. Baptêmes de l'air, vols d'initiation de 20 à 30 minutes, formation et perfectionnement, brevets, complètent les activités du club. Restaurant « Le vol à voile » à découvrir.

TOURRETTES ★★

Ce petit village bâti au XIe siècle, à 400 mètres d'altitude, à mi-chemin entre mer et montagne, pour se défendre des envahisseurs, est reconnaissable de loin par son château érigé vers 1830. Sur la place de l'Horloge, point culminant, vous pourrez admirer depuis la table d'orientation le panorama sur fond de massifs des Maures et de l'Estérel et la Méditerranée à l'horizon. Au pied du village coule un ruisseau, le Chautard. Dans un incroyable labyrinthe de ruelles, sonnant encore du pas des mulets, portes anciennes, porches rustiques et vieilles pierres chargées d'histoire et de légendes vous proposent un étonnant itinéraire. Au cœur du village, dans un décor unique, quelque 80 œuvres d'artistes ornent les façades, les portes ou les volets des maisons, créant ainsi une galerie insolite à ciel ouvert. Paysages lumineux, portraits malicieux, chats facétieux, jeux d'ombres, lumières et silhouettes, mosaïques chatoyantes, sculptures métalliques ou portes aux reflets de bronze ; du réalisme à l'abstraction et au surréalisme, toutes les disciplines artistiques sont au rendez-vous pour le plus grand bonheur du visiteur. Au gré de vos envies ou en suivant le parcours proposé par l'office de tourisme de Fayence, le village voisin, ne manquez donc pas de déambuler dans les ruelles de Tourrettes.

ÉGLISE SAINT-ANDRÉ

Rue de l'Église

Clés disponibles à la mairie.

Érigée en 1010 et entièrement reconstruite en 1546, l'église Saint-André est consacrée à saint André de Saint-Martial, dont la fête votive est célébrée l'avant-dernier dimanche de juillet. L'édifice ne possède qu'une seule nef voûtée de style Renaissance provençale, étayée par de massifs contreforts entre lesquels s'ouvre sa grande porte dans le mur du midi, surmontée d'une haute fenêtre laissant pénétrer la lumière. Aujourd'hui, le lieu de culte renferme un ex-voto, une maquette de bateau datée de 1830. S'il est fermé, adressez-vous à la mairie pour le visiter.

TOUR DE L'HORLOGE ★

Ne se visite pas.

Démolie en 1590 par des boulets de canons tirés depuis Fayence, cette tour constitue aujourd'hui l'unique vestige du premier château de la famille des comtes de Villeneuve, seigneurs du village, huguenots et loyaux sujets du Roi Henri IV. Située sur la Place de l'Horloge, le point culminant du village à laquelle elle a donné son nom, c'est d'ici que se dévoile le plus beau panorama de Tourrettes, avec les massifs des Maures et de l'Estérel en toile de fond, et la Méditerranée à l'horizon. Une table d'orientation permet de vous repérer si besoin.

CHÂTEAU DU PUY ★

Ne se visite pas.

Natif de Tourrettes, le général Alexandre Fabre, l'un des premiers polytechniciens de France, fut envoyé par Napoléon auprès du tsar Alexandre Ier pour tracer les routes de l'Empire russe. À son retour, il fit construire ce château, la réplique fidèle, dit-on, de l'école des cadets de Saint-Pétersbourg... Quelque peu tombé en ruines depuis, il fut restauré en 1970 et revendu en appartements. Aujourd'hui, l'imposant et original édifice ne se visite pas, mais une petite grimpette mérite le détour pour son extraordinaire panorama !

AUBERGE DES PINS** €

1391, chemin du Vieux-Moulin - D 19

✆ 04 94 76 06 36

www.aubergedespins.com

Ouvert toute l'année. 17 chambres. Double de 60 € à 81 €, studio-appartement de 75 € à 128 €, suite de 110 € à 130 €.

Dans un parc d'un hectare au cadre verdoyant et reposant, cet hôtel offre huit chambres, sept studios et une junior suite avec terrasses de plain-pied, ainsi qu'une chambre à l'étage (sans terrasse). Côté nuit comme en cuisine et à l'ardoise du restaurant, la Provence tient ici une place maîtresse. Les deux piscines et leurs transats invitent quant à elles au repos et au plaisir de la baignade. Il ne vous reste plus qu'à vous défouler avec une belle partie de pétanque à l'ombre des pins, pour connaître celui qui va payer l'apéritif !

CAMPING LE GRILLON***

2542, RD 562 ✆ 04 94 76 09 36
www.campinglegrillon.com

Ouvert toute l'année. 138 emplacements de 16 € à 22 € pour deux. Mobil-homes 4-8 personnes de 350 € à 750 € la semaine.

Situé à 5 minutes du lac de Saint-Cassien et de toutes ses nombreuses activités nautiques et halieutiques, ce camping familial, blotti dans un écrin de verdure, bénéficie d'un terrain plat et ombragé. Une piscine – équipée d'une rampe d'accès pour les personnes à mobilité réduite –, des tables de ping-pong, des terrains de pétanque, des baby-foot, des aires de jeux pour enfants, sont à votre disposition pour votre temps libre. Des animations sont par ailleurs proposées de mai à septembre, et un snack accueillera les petites et grosses faims sur cette même période.

L'ESCALE PROVENÇALE €€

682, route de Tourrettes
D219
✆ 04 94 50 49 57
www.chambresdhotes-provence.com

3 chambres. Chambre double 109 € la nuit, 89 € la nuit. Petit déjeuner inclus. Parking inclus.

Située au pied du village de Tourrettes et à une dizaine de minutes du lac de Saint-Cassien, cette bâtisse en pierre du XIXe siècle, édifiée au milieu d'un verdoyant jardin de 3 500 m², avec plans d'eau paysagés, a été entièrement restaurée en respectant la charte des Bâtiments de France. Les chambres, très spacieuses et lumineuses, jouissent toutes d'une vue sur le jardin et la piscine. Ghislaine, la maîtresse de maison, se fera un plaisir de vous servir un copieux petit déjeuner avec confitures maison et autres salades de fruits frais.

TERRE BLANCHE HÔTEL SPA GOLF RESORT***** €€€

3100, route de Bagnols-en-Forêt
✆ 04 94 39 90 00
www.terre-blanche.com

Fermé de mi-novembre à début mars. 115 suites à partir de 300 € petit déjeuner inclus.

Dans un écrin de 300 hectares clos et sécurisé, un *resort* très grand luxe avec suites de 60 m² minimum, distribuées dans des villas de plain-pied et s'ouvrant sur des terrasses ou des balcons privatifs, une vaste piscine à débordement de 600 m² avec vue panoramique, un spa sur deux niveaux totalisant 3 200 m² (l'un des plus beaux du Var, réservé aux adultes en juillet-août), quatre restaurants dont un gastronomique étoilé, et deux parcours de golf 18 trous se fondant dans la nature.

FAVENTIA €€€

3100, route de Bagnols-en-Forêt
✆ 04 94 39 90 00
www.terre-blanche.com

Ouvert de fin avril à début octobre. Ouvert du mardi au samedi soir. Réservation recommandée. Menus de 75 à 185 €.

Depuis 2020, le chef Christophe Schmitt, qui a notamment fait ses armes dans les cuisines du Meilleur Ouvrier de France Jean-Yves Leuranguer, a pris la suite de Philippe Jourdin dont il était jusqu'alors le second. Son amour des produits l'amène à travailler directement avec les producteurs locaux ; il fait par ailleurs la part belle aux légumes cultivés en permaculture. Le chef est aussi en charge du Gaudina Lounge, des Caroubiers, le restaurant et lounge bar du club house, et du Tousco et ses cabanas, aux abords de la piscine à débordement.

DOMAINE GRANDE BASTIDE

397, route de la Grande-Bastide
✆ 04 94 76 00 74
www.grandebastide.fr

Ouvert du lundi au samedi. Dégustation gratuite.

Depuis la reprise du domaine en 2001 par un propriétaire suédois et une nouvelle équipe, d'importants investissements matériels ont été entrepris au Domaine Grande Bastide. Le long travail de développement de la qualité des vins a également permis l'attribution de médailles régulières au concours des Féminalises et au concours des vignerons indépendants notamment. Sur place, belle boutique d'épicerie fine vous attend, et outre les vins du domaine, vous pourrez vous offrir des vins d'autres grandes régions viticoles françaises.

MARCHÉ PAYSAN DE LA FERME DU LAQUET

Titrebœuf
✆ 04 94 47 68 07

Ouvert toute l'année, jours et horaires variables selon la saison.

Ce marché paysan, installé dans un vaste hangar, regroupe une dizaine d'étals de producteurs varois et régionaux qui proposent leurs produits (fruits, légumes, volailles de ferme, miel, confitures, fleurs, conserves provençales, produits biologiques et produits naturels, poissons et produits de la mer, vin, fleurs…). Les prix sont parfois jugés un peu élevés, mais quel régal que d'acheter directement aux producteurs des produits d'une telle qualité !

GOLF DE TERRE BLANCHE

3100, route de Bagnols-en-Forêt
✆ 04 94 39 36 93
www.terre-blanche.com/golf/parcours.html
Ouvert tous les jours. Vestiaire gardé. Restauration.

Le golf de Terre-Blanche est situé dans le magnifique complexe hôtelier du même nom. Deux parcours de 18 trous aux caractéristiques bien distinctes sont proposés ici : le parcours du Château et le parcours du Riou. Côté installations, Terre-Blanche propose tous les services que l'on peut attendre d'un établissement de ce standing : restaurants, hôtel, spa... En 2018, pour la deuxième année consécutive, Terre Blanche s'est hissé en pôle position du podium des 100 Meilleurs Resorts Golfiques en Europe Continentale, publié par le célèbre magazine *Golf World*.

SEILLANS ★★

Les maisons de cette commune consacrée « l'un des plus beaux villages de France », accrochées sur les pentes du mont Malay, paraissent sortir tout droit du Moyen Âge. Les petites ruelles pavées montent vers le château dominant la plaine de sa masse imposante. Vous pourrez d'ailleurs les arpenter au fil d'une visite libre intitulée « Au fil des ruelles », mise en place par l'office de tourisme du Pays de Fayence. À noter d'ailleurs aussi qu'une visite commentée du village est proposée par l'office de tourisme chaque jeudi matin à 10h sur réservation (comptez 3 € par personne, avec un minimum de cinq personnes). Un modeste marché se tient le mercredi matin.

CHAPELLE NOTRE-DAME-DE-L'ORMEAU ✝ ★

Visite commentée sur rendez-vous auprès de l'office de tourisme. 5 personnes minimum. Adulte : 3 €.

Situé à 2 kilomètres du village, cet édifice cistercien provençal construit au XIIe siècle renferme des trésors inattendus tels que l'un des plus beaux retables d'inspiration baroque de Provence. Conçu en bois de noyer, polychrome de 1539, dont la pièce maîtresse est taillée dans le tronc d'un seul noyer, il représente l'Arbre de Jessé et raconte divers épisodes de la vie de la Vierge. Pour en savoir davantage, ne manquez pas la visite commentée proposée par l'office de tourisme.

CHÂTEAU FÉODAL DE SEILLANS ★

Ne se visite pas.

Remanié et transformé à différentes époques, ce château féodal possède plusieurs styles. Le beau donjon du XIe siècle a été flanqué d'un nouveau bâtiment au XIIe siècle. L'autre partie quant à elle, datant du XVe, a été remaniée au XVIIIe siècle et porte le nom de Castel Jeanne d'Arc. Aujourd'hui propriété privée, l'édifice ne se visite pas, mais l'admirer depuis l'extérieur est déjà intéressant. Le site en lui-même aurait été habité dès la Protohistoire.

ÉGLISE SAINT-LÉGER ✝

Édifice roman du XIIe siècle, l'église Saint-Léger possède une large nef couverte d'une voûte à croisée d'ogives qui se termine par une large abside en hémicycle recouverte d'une voûte en cul-de-four. Remaniée au cours des siècles, elle conserve un bénitier du XVe siècle, des peintures des XVIe et XIXe siècles, ainsi que deux retables du XVIIe siècle. Elle abrite aussi un triptyque en bois représentant le couronnement de la Vierge. Portant le nom du martyr Léger (471), évêque d'Autun, elle n'est devenue le réel centre religieux du village qu'au XVIIe siècle.

MUSÉE MAX ERNST ET DONATION STAN APPENZELLER

Place du Thouron
✆ 04 94 76 85 91
www.paysdefayence.com
Ouvert du mardi au samedi en été, et seulement le jeudi le reste de l'année. Adulte : 3 €.

Le peintre-sculpteur Max Ernst (1891-1976) a passé les douze dernières années de sa vie à Seillans avec son épouse Dorothea Tanning. Aujourd'hui, ce musée présente une centaine de lithographies et gravures de l'artiste, ainsi qu'une trentaine d'estampes de sa veuve, des photographies et des documents relatifs à leur séjour seillanais. Vous y admirerez aussi le fameux « lit-cage ». L'espace accueille enfin la dotation Appenzeller et des expositions thématiques.

MAGNANERIE DE SEILLANS €€

12, ancien chemin de Fayence ✆ 06 20 13 73 67
www.lamagnaneriedeseillans.fr

3 chambres, 2 suites et 2 appartements avec cuisine équipée. Cours de cuisine avec l'Institut gastronomie Riviera.

Le bâtiment de cette ancienne exploitation de vers à soie a été entièrement restauré et soigneusement décoré, alliant le contemporain et l'ancien. Les chambres, avec entrées indépendantes, bénéficient d'une vue magnifique sur la vallée et le massif de l'Estérel. Dans un cadre rustique et agréable, la Magnanerie met également à votre disposition une salle de réception avec terrasse, pour tout événement festif, ainsi qu'une salle dédiée aux séminaires. En partenariat avec l'Institut gastronomie Riviera, vous pourrez enfin participer à des événements culinaires.

LA GLOIRE DE MON PÈRE €€

1, place du Thouron
✆ 04 94 60 18 65
www.lagloiredemonpere.fr

Ouvert toute l'année midi et soir, du jeudi au mardi en été et du vendredi au mardi hors saison. Menus de 32 € à 42 €.

C'est une véritable histoire à la Pagnol qu'Éric Brunel, ancien bijoutier, se fait un plaisir à vous narrer ! Cette histoire, c'est aussi celle de la boulangerie de ses parents avec son four à pain remplacé en 2005 par les fourneaux de la première version du restaurant, jusqu'à la reprise de l'ancien hôtel de France Clariond devenu plus tard Le relais. Aujourd'hui, l'établissement jouit de la quasi-totalité de la jolie place, agrémentée d'une belle fontaine et ombragée de platanes centenaires. Les clients s'y pressent pour découvrir une cuisine semi-gastronomique.

DOMAINE STALENQ

543, route de Fayence
✆ 06 51 88 75 17
www.domainestalenq.fr

Ouvert vendredi et samedi hors saison (10h-18h), et du lundi au samedi en été (10h-19h). Dégustation et explications.

Chez les Stalenq, les oliviers, c'est une histoire de famille depuis... 1593 ! Aujourd'hui, c'est Gilles Stalenq qui en est aux commandes. « Je n'utilise aucun désherbant chimique, je traite au cuivre deux fois par an et l'engrais provient de mes trois ânes et cinq chevaux. Je veux que mes sols vivent ! ». Une éthique qui se retrouve à la dégustation : ses deux huiles (un fruité vert très intense de picholine et petit ribier) et un fruité mûr d'araban (une variété endémique de Seillans) et de cailletier sont régulièrement primées.

MOULIN À HUILE COMMUNAL DE SEILLANS

Quartier La Fabrique
✆ 04 94 76 85 11
www.seillans.fr

Ouvert de fin octobre à mi-janvier. Visites sur rendez-vous.

De tous les moulins du village, c'est le seul qui soit encore en activité. Propriété de la commune depuis les années 1830, il a fait peau neuve il y a une dizaine d'années. La mairie a souhaité garder un système « à l'ancienne » avec la meule et les scourtins. Ici, on n'est pas très regardant sur la quantité : avec 10 kg d'olives, on peut repartir avec sa bouteille d'huile ! Il se visite sur rendez-vous et pendant la Fête de l'olive, organisée tous les derniers dimanches de novembre.

Seillans.

CÔTÉ TERRE

MONS ★

On se sent un peu au bout du monde dans cet adorable petit village perché sur un éperon rocheux. Le plus élevé des villages de la région culmine à 814 mètres d'altitude et permet de jouir d'une vue superbe sur toute la région, et même jusqu'à la mer, pourtant distante de 30 kilomètres. La grande peste de 1348 ayant décimé la population du village, le seigneur de Mons, Antoine de Villeneuve, encouragea l'implantation de familles venues de Ligurie. Les remparts et portes fortifiées sont bien conservés. Les petites rues intimes et fraîches sont délicieuses à parcourir en été, pour admirer les arcades, porches et linteaux ouvragés. Un Circuit des Enseignes d'ailleurs a été mis en place par l'office de tourisme : 35 enseignes en fer forgé racontent l'histoire des vieux métiers de Mons. Parmi les autres points d'intérêt du village, outres ceux détaillés ci-après, ne manquez pas la chapelle des Pénitents Blancs, le Château Vieux ou encore l'ancienne église romane Sancti Victoris. Faites aussi un tour du côté de la place Saint-Sébastien pour admirer le panorama qui s'offre à vous. Une table d'orientation, équipée d'une lunette grossissante orientable, vous permet de découvrir la région d'ouest en est, de la montagne du Coudon, près de Toulon, aux montagnes italiennes, en passant par Cannes et les îles de Lérins.

ÉCO-MUSÉE LOU FOURNAS

Ouverture sur rendez-vous auprès de l'office de tourisme.

Le grand four à l'origine de cet immeuble appartenait à la commune de Mons. L'acte d'habitation datant de 1468 évoque le don du four à pain par le seigneur de la communauté, Antoine de Villeneuve, en échange du prélèvement d'un pain ou d'un gâteau sur 40, au titre du droit de fournage. Ayant cessé de fonctionner à la fin de la Grande Guerre, le bâtiment a depuis été réhabilité et présente un modeste éco-musée. Renseignez-vous auprès du bureau d'information touristique de Mons, ou de l'office de tourisme du Pays de Fayence, si vous souhaitez le visiter.

ÉGLISE NOTRE-DAME

Commencée en 1260, l'église Notre-Dame de l'Assomption fut par la suite agrandie au XVe siècle par l'adjonction d'une grande chapelle latérale, puis de nouveau au XVIIe siècle. Le campanile et les cloches de l'édifice figurent parmi les plus anciennes du département, datant de 1488 (Vénus), 1501 (Marie-Anne Sauveterre) et 1535 (Musane). Aujourd'hui, l'église abrite six magnifiques retables baroques, dont trois sont d'ailleurs classés aux Monuments historiques, ainsi qu'une belle exposition de près d'une centaine de santons.

MAISON MONSOISE

11, rue Pierre-Porre
✆ 04 94 76 39 54
www.paysdefayence.com

Adulte : 3 €. Ouverture sur rendez-vous auprès de l'office de tourisme.

Une visite intéressante pour s'immerger dans la vie traditionnelle monsoise d'antan, et pour cause : il s'agit de l'une des rares maisons du village à avoir conservé tous les éléments architecturaux de la vie d'autrefois. On y retrouve le potager, le bugadier (une grande jarre utilisée comme lessiveuse), ou encore la vieille cheminée et son foyer en pierres. Fruit de la collaboration des villageois, l'édifice se présente comme un véritable lieu de sauvegarde du patrimoine, de mémoire et d'échange sur la vie provençale. A découvrir.

MUSÉE MARINE ET MONSTAGNE

✆ 06 24 14 86 19

Basse saison : ouvert le vendredi de 9h à 12h30 et de 14h à 17h30. Haute-saison : se renseigner.

Saisissant ! Le passionné et non moins passionnant Robert Audibert expose ici l'ensemble des maquettes de bateaux qu'il a réalisées en allumettes tout au long de sa vie. Parmi les pièces les plus incroyables, ne manquez pas Soleil Royal, avec ses voiles et ses canons : il a en tout nécessité quelque 5 000 heures de travail et 32 000 allumettes ! Autre superbe réalisation : la reconstruction du village de Mons, avec toutes ses maisons, ses ruelles, et même son éclairage public !

CÔTÉ TERRE

CALLIAN

Autrefois la capitale d'un immense domaine, dont le seigneur était surnommé le prince de Callian, ce village est remarquable par sa forme « en escargot » typiquement provençale, les rues étant enroulées autour du château. Près de la mairie vous attend un groin de cochon, porte-bonheur si l'on en croit sa mention : « À toi qui vient de loin, si tu touches mon groin, grand bien sera tien »... Outre les lieux de visite mentionnés ci-après, jetez aussi un œil du côté de la tour de l'Horloge et du château Goerg, petit castel du XIXe siècle tout près du centre-village.

LA SOURCE DE LA SIAGNOLE ★

Elle se trouve en contrebas du village de Mons, là où commençait le tracé de l'aqueduc de la Rochetaillée, construit par les Romains nantis d'une technologie avant-gardiste et qui devait conduire les eaux de la Siagnole jusqu'à Foum Julii – Fréjus. Les Romains ont creusé en pleine pierre une tranchée de 50 mètres de longueur, de 12 mètres de profondeur et de 3 mètres de largeur, parfaitement conservée, pour surmonter le franchissement d'une falaise surplombant la vallée de la Siagnole, située à 2 kilomètres en aval de la source.

L'AUBERGE PROVENÇALE €

7, rue du Rempart-du-Midi
✆ 04 94 76 38 33

Ouvert du jeudi au mardi midi et soir (uniquement le midi hors saison). Menus de 28 € à 38 €. Carte 20 € environ.

La table d'Alain Grondin et de son épouse Régine, résolument tournée autour des produits de la région comme en témoignent le gâteau de courgettes au coulis de tomates et parmesan, la selle d'agneau à la crème d'ail, la tartelette de chèvre au confit de figues ou encore la tarte aux myrtille, fait également salon de thé tout au long de la journée. De quoi profiter même sans y déjeuner du panorama exceptionnel sur les collines du Pays de Fayence et du massif de l'Estérel, et sur la Méditerranée. Par temps clair, vous pourrez même contempler la Corse !

LA GRUPIE

7, rue du Costillon
✆ 04 94 50 36 35

Basse saison : ouvert le week-end. Haute saison : tous les jours de 9h à 19h.

Marjorie et Jean-Sébastien Gros, apiculteurs et gastronomes, inventent et étoffent leur gamme de produits jour après jour. Dans leur boutique, venez goûter leurs recettes du terroir, toutes faites maison : miels de lavande, de sapin et d'acacia, truffes au chocolat noir, au cognac, au piment d'Espelette, caramels au beurre salé, anis réglisse, au chocolat, confits de poivrons au miel, d'échalotes, nougats blanc, aux noix et café, aux amandes, noisettes et pistaches, cacao guanaja, pain d'épices, caviar d'aubergine, pesto, pesto rosso, huile d'olive...

CASCADE, FONTAINES ET LAVOIRS

Place Honoré-Bourguignon

De tout temps, de nombreuses sources alimentent en eau le château de Caillian et ses quartiers alentour. Mais dès le XVIe siècle, le bourg compléta ses ressources avec les eaux de la source de la Gargatte, puis au XIXe siècle, la remise en fonction du canal romain et l'adduction des eaux de la Signole permirent d'alimenter les nombreuses fontaines et lavoirs du village. Depuis 1874, la fameuse Cascade, monumentale fontaine baroque, a été installée sur la place Honoré-Bourguignon.

CHAPELLE DES PÉNITENTS BLANCS

Appuyée sur le rocher, elle fut au départ une chapelle castrale, avant de devenir l'église paroissiale avec le développement du village. Devenue rapidement trop exiguë, l'église actuelle fut construite, et la jolie chapelle perdit son rôle en 1685. Elle demeura toutefois l'oratoire des Pénitents blancs jusqu'à la disparition de la confrérie à la Révolution. Aujourd'hui, elle est un lieu de rencontre, d'expositions et d'animations variées ; des concerts y sont régulièrement organisés.

LE CHÂTEAU MÉDIÉVAL ★

Construit à partir du XIe siècle et ordonnancé sur un plan en forme de quadrilatère autour de la cour principale, il est caractéristique par ses tours rondes des XIIe et XIIIe siècles qui le flanquent côté nord ouest et sud est, contrastant avec la longue façade sud, percée de baies à croisillons. Il fut restauré par Louis de Grasse au XVIe siècle, dans un style Renaissance provençale et appartint à diverses familles nobles de la région, aux seigneurs de Grasse, aux Villeneuve, aux Raffélis-Brovès, aux Lyle-Taulanne. Propriété privée, il ne se visite pas.

ÉGLISE NOTRE-DAME-DE-L'ASSOMPTION

Construite à partir de 1675 et inaugurée en 1685, elle abrite les reliques de Sainte-Maxime, patronne du village. Elle contient des retables en bois sculpté doré, de 1762, des tableaux, des ex-voto, une statue de saint Donat en bois doré peint, de la fin du XVIe siècle. L'abside est ornée d'un maître-autel monumental. Des vitraux anciens, fidèlement restaurés dans les ateliers Fernand Léger de Biot, l'éclairent. Le clocher, de style roman, est revêtu de tuiles vernissées multicolores.

CARPE DIEM €€

810, chemin des Touars
✆ 04 94 70 71 29
www.carpediem-provence.com

La Clef Verte. 3 chambres de 89 € à 99 € avec petit déjeuner. Table d'hôtes sur réservation et selon dispo : 29 €.

Bienvenue chez Anne et Olivier, deux hôtes charmants et aux petits oignons, par ailleurs très attachés à l'environnement. Leur maison d'hôtes, labellisée « La Clef Verte », compte trois chambres enduites à la chaux et joliment décorées. L'eau chaude provient de l'énergie solaire et l'eau de pluie est récupérée. À la table d'hôtes, la cuisine est régionale, gourmande, et surtout élaborée à base de produits bio et locaux. Autre option bienvenue pour les familles et budgets serrés : la cuisine d'été en accès libre. Une belle adresse pour sillonner le Pays de Fayence.

LE CLOS DE CALLIAN

377, chemin des Crotons
https://le-clos-de-callian.business.site

Ouvert lors de journées portes ouvertes (fin mai et fin août : dates annoncées sur Facebook).

Armelle Janody et Rémy Foltête ont créé en 2011 cette exploitation de roses centifolia (ou roses de mai) et de tubéreuses (Polianthes tuberosa) ; depuis, ils sont devenus les fournisseurs exclusifs des parfums Christian Dior ! S'ils n'ouvrent les portes de leur paradis fleuri qu'à l'occasion de journées portes ouvertes, ils fabriquent par ailleurs de délicieux sirops et confits, en vente au marché paysan de la Ferme du Laquet (Tourrettes), au Café des Arts (Tourrettes), ainsi qu'à la Maison du Lac (Tanneron). À bon entendeur !

LA FERME ALLEXANDRE

RD 562
✆ 04 94 47 72 75
www.ferme-allexandre.com

Ouvert du mardi au samedi de 8h30 à 12h30, du jeudi au samedi de 15h à 19h, et tous les jours en décembre (8h30-19h).

Depuis 1990, cette exploitation familiale de canards gras se consacre à la production artisanale et familiale de foie gras de canard et de toute la gamme issue de ce palmipède, en conserves et produits frais. En vente directe à la ferme, vous retrouverez ici pâté de canard aux cèpes, rillettes de canard, magrets salés, séchés, magrets frais, gésiers confits, raviolis au canard, foie gras de canard entier mi-cuit, foie cru, poulets de grain, pintades, chapons, ainsi que quelques pâtés et plats cuisinés : cassoulet de canard, cou de canard farci au foie gras.

MOULIN COMMUNAL DE CALLIAN

Chemin des Moulins
✆ 04 94 68 99 14

De mi-novembre à janvier, certaines années seulement. Visites possibles sur réservation.

Ce moulin communal, géré par l'association des oléiculteurs de Callians, qui date du milieu du XIXe siècle, a été remis en service en 1976. Chaque année, de mi-novembre à fin janvier, ce sont une centaine de membres qui viennent y faire triturer leurs olives. A l'ancienne : avec le broyage à la meule, et le pressage aux scourtins. A partir de 200 kg, on peut repartir avec sa propre huile, en fruité vert ou fruité mûr. Visites sur réservation et selon disponibilité.

MONTAUROUX ★

Perché à 364 mètres d'altitude, Montauroux n'était au XIe siècle qu'une place forte militaire autour de laquelle, au fil des siècles, la population est venue s'installer. Au XIIIe siècle, le village s'implante au sommet de la colline pour se protéger des invasions. Ici se déroula la célèbre bataille de Montauroux, qui opposa en 1592 l'armée d'Henri IV, commandée par le duc d'Epernon, aux troupes du duc de Savoie. On en perpétue le souvenir chaque année le 24 août pour la Saint-Barthélemy. De cette époque demeure encore un ensemble de ravissantes petites ruelles piétonnières. Coiffée d'un campanile datant de 1878, la mairie est une curiosité architecturale rarissime. Le grand lavoir communal de la Barricade, situé juste au-dessous de l'office de tourisme, mérite également un détour, comme les nombreuses fontaines qui coulent dans le village. Lors de votre visite, attardez-vous aussi sur la forteresse, le prieuré du XVIe siècle, ou encore la rue des Marchands, première rue du village avec ses maisons troglodytes. Une table d'orientation joliment nommée Balcon de l'Estérel délivre aussi une vue panoramique sur les massifs alentour. Enfin, le lac de Saint-Cassien, qui s'étend entre les communes de Montauroux, Callian et Tanneron, figure parmi les attraits majeurs de Montauroux.

CHAPELLE SAINT-BARTHÉLEMY ✝

Aire Saint Barthélémy

En principe ouverte certains matins en saison estivale. Visite sur réservation : 04 94 47 75 90.

Construite en 1638 sur l'emplacement d'une forteresse du XIIe siècle, transformée en salle publique de réunions pendant la Révolution, puis en grenier à foin pendant les guerres de l'Empire, elle devint plus tard la propriété de Christian Dior, qui en fit don à la commune en 1953. Restaurée, elle est classée Monument historique depuis 1958 grâce à ses murs et à sa voûte en berceau recouverts de fresques sur bois. La nef abrite la galerie des apôtres et les armoiries de Montauroux.

ÉGLISE SAINT-BARTHÉLEMY ✝

Construite au XIIe siècle, l'église Saint-Barthélémy présente en son sein un chœur orné d'une fresque à ciel ouvert, exécutée en 1859 par deux peintres niçois, Galli et Coste, et représentant les quatre évangélistes et Saint-Barthélemy. Elle renferme également plusieurs retables signés Van Loo, un baptistère surmonté d'une coquille de gypse (signe que Montauroux marqua une étape importante sur les chemins de Saint-Jacques de Compostelle), le tableau de l'Assomption, la statue de saint Barthélemy, ainsi qu'un orgue italien restauré datant de 1870.

LES BAMBOUS DU MANDARIN ★

5600, route de Draguignan - RD 562

✆ 04 93 66 12 94

Ouvert de Pâques à la Toussaint, en principe les samedis et 1er dimanche du mois de 8h à 18h. Adulte 5 €, enfant 2,50 €.

Un petit air d'Asie pour le moins inattendu ! Sur le domaine d'un ancien moulin à farine aujourd'hui restauré, découvrez la plus exotique des bambouseraies de Provence, dotée d'une centaine de variétés de bambous, nichées au cœur des gorges de Siagne, dans un parc de 2 hectares aux confins du Var et des Alpes-Maritimes. Comptez environ 1h30 de visite pour vous imprégner pleinement de la magie du site ; votre escapade sera même accompagnée du chant d'un shakuhachi, une flûte japonaise en bambou. Dépaysement garanti ! Une découverte à la fois ludique et instructive.

LAC DE SAINT-CASSIEN ★

Lac de Saint-Cassien

Aménagé en 1964 sur le cours du Biançon, par une digue de 66 mètres qui retient 60 millions de mètres cubes d'eau, ce lac artificiel de 5 kilomètres de long s'étend sur les communes de Montauroux, Tanneron et Callian. Il alimente une usine hydroélectrique et permet de fournir en eau les zones cultivées du littoral. Une base nautique s'est installée sur ses rives et permet la pratique de tous les sports nautiques sans moteur, dont la pêche (très prisée). Pour l'anecdote, un pêcheur anglais a capturé durant l'été 2011 une carpe commune de 30,8 kg !

DÉCOUVERTE NATURE - AUTRES REGARDS

✆ 06 08 33 00 68

www.autresregards.info

Ouvert toute l'année.

Grâce à Marjorie Ughetto, la culture, la nature et les loisirs ne font plus qu'un ! Provençale et guide naturaliste, elle vous présente la nature comme vous ne l'avez jamais vue ! Découvrez les volcans de l'Estérel, les chênes très rares du lac de Saint-Cassien, les fruits, les orchidées et les salades sauvages des Maures, l'histoire de la mer Méditerranée et allez-y en famille ! De belles et enrichissantes sorties à partager en famille ou entre amis.

VILLA THOCHA €

2465, boulevard du Belvédère

✆ 04 94 67 62 73

www.villa-thocha.wix.com/villathocha

Gîtes de France (3 épis). Ouvert toute l'année. 3 chambres. Petit déjeuner inclus. Lit supplémentaire : 20 €.

Dominique vous accueille dans sa villa moderne blottie dans un environnement verdoyant de 5 000 m² et idéalement située à 10 minutes du lac de Saint-Cassien et de toutes ses activités nautiques. Spacieuses, les chambres de plain-pied disposent d'une terrasse et d'une entrée indépendante. Le matin au petit-déjeuner, la maîtresse de maison se fera un plaisir de vous faire goûter ses confitures et viennoiseries maison. Une cuisine équipée est aussi à votre disposition. Bon point enfin pour la jolie piscine, bien agréable aux beaux jours !

BULLE D'AMOUR €€

81, traverse de la Gâchette

✆ 06 14 32 98 17

www.bulle-damour.com

Ouvert de mars à décembre. Chambre double 189 €. Espace douche et toilette privatif dans la bulle. Spa extérieur.

Dormir dans une bulle à la belle étoile avec tout le confort d'une chambre d'hôtel (salle de bains privative attenante notamment), le tout au cœur de la nature ; c'est que vous offre la famille Prestat. Cet hébergement insolite, transparent et tout en rondeur, posé dans une propriété privée, vous assure une expérience unique et dépaysante sous la voûte céleste. Pour parfaire l'expérience, offrez-vous aussi un dîner romantique sur la terrasse au bord du spa : c'est le chef Eric Maio du Bô M, ancien chef étoilé, qui vous régale...

CAMP DE LOISIRS DU LAC - CAMPING DU LAC*** €€

RD 562 ✆ 04 94 76 46 26

www.campingdulac.fr

Ouvert toute l'année. 197 emplacements à partir de 23,30 €. Mobil-homes de 400 à 1 000 € la semaine environ.

Situés à proximité du lac de Saint-Cassien, que l'on rejoint à pied par un sentier en 20 minutes environ, les 9 ha de parc ombragé de ce camping grand confort attirent de nombreux vacanciers. On peut y planter sa tente, y poser sa caravane, ou louer un mobile home. Vos hôtes Evelyne et Christine Boselli proposent des forfaits à l'année adaptés à chacun. A la mi-saison notamment, les pêcheurs apprécieront de louer un mobile home pour une semaine et aller taquiner le poisson au lac.

LE CHAMP D'EYSSON*** €€

485, chemin Chambarot

✆ 04 94 85 70 00

www.champdeysson.fr

Fermé du 15 novembre au 15 décembre. 22 appartements à partir de 65 € par nuit et de 400 à 1 350 € la semaine.

Cette très agréable résidence de tourisme trois étoiles, implantée sur une ancienne exploitation agricole, regroupe une vingtaine de petites maisons traditionnelles de style provençal, aux façades rosées et aux toits de tuiles rondes, qui offrent des logements climatisés du studio au 3 pièces à la décoration contemporaine. Tous sont dotés de terrasse ou balcon. Le Champ d'Eysson est situé dans un environnement paisible, au pied du village de Montauroux, à 1,5 kilomètre du lac de Saint-Cassien, dans un parc fleuri et arboré de 1,35 hectare.

LES GÎTES DU LAC €€

410, chemin du Gabinet

✆ 06 16 48 61 44

www.lesgitesdulac.com

Ouvert toute l'année. 3 gîtes de 360 à 560 € et 4 chambres d'hôtes de 75 à 110 €.

A 5 minutes à pied du lac de Saint-Cassien, ce mas provençal situé dans un parc de plus de 2 hectares avec vue sur le massif de l'Estérel, propose des gîtes indépendants entièrement équipés, ainsi que des chambres d'hôtes avec cuisine commune. De nombreuses activités de loisir sont possibles à proximité du domaine, de la pêche aux randonnées pédestres et équestres, en passant par le hobbie-cat. Le golf de Tourrettes, avec ses deux parcours de 18 trous, est situé à une dizaine de minutes de voiture. Une adresse sympa pour sillonner les environs.

LE VALLON DES OLIVIERS €€

2005, chemin des Adrechs-de-Valcros
✆ 09 83 89 32 54
www.levallondesoliviers.fr

Ouvert toute l'année. 5 chambres. Double de 82 € à 127 €, petit déjeuner inclus. Table d'hôtes à 35 € par adulte.

Nichée dans un vallon calme et boisé, dans un environnement fleuri au pied de Montauroux, cette maison d'hôte facile d'accès (15 minutes depuis la sortie 39 de l'autoroute A8 La Provençale), offre de grandes chambres disposant chacune de sa salle de bains et de toilettes séparées. Une cuisine d'été équipée permet de préparer repas et collations en toute indépendance. Sinon, la table d'hôtes vous attend : vous sera alors servi selon disponibilité, un repas complet mitonné avec les produits du marché et du jardin, selon approvisionnement et saison.

LE BÔ M €

RD 562
✆ 04 94 99 13 10
www.eric-maio.com

Ouvert du lundi au mercredi midi, et du jeudi au samedi midi et soir. En été du mardi au samedi midi et soir. Menu 32 €.

On ne se lasse pas de cette adresse d'Eric Maio, passé il y a quelques années de la gastronomie étoilée de son auberge, à la bistronomie dans cette zone commerciale. Le chef n'a pas perdu son amour pour le terroir et ses mets truffés. Les produits locaux et les plats canailles, gourmands et joliment dressés, ne sont jamais bien loin avec par exemple l'onglet de veau, le cabillaud rôti au chorizo, la fameuse andouillette de chez Autran à Callian (champion du monde de l'andouillette !), et le filet de bœuf et foie gras poêlé à la truffe. À emporter.

LA BÉCASSIÈRE €€

RD 562
✆ 04 94 76 43 96
www.restaurantbecassiere.fr

Ouvert du mardi au samedi midi et soir, et le dimanche midi. Menu 30 €. Plats 16-26 €. Formule du jour et menu enfant.

Située à 5 minutes du lac de Saint-Cassien, cette auberge dispose de deux salles, l'une rustique avec sa grande cheminée, l'autre avec de grandes baies vitrées donnant sur la terrasse et le jardin, un cadre de verdure ombragé bienvenue à la belle saison. La cuisine traditionnelle et régionale, faite maison, est mitonnée par le chef Joël Ricco : tartare de saumon aux fines herbes, tagliatelles aux cèpes et foie gras chaud, civet de lièvre, magret de canard au poivre vert, escalope de foie gras poêlé, crumble aux pommes à la cannelle ou encore coulant au chocolat...

LE CARRÉ D'ANGE €€

2169, quartier Narbonne
✆ 04 94 47 71 65
www.restaurant-carredange.fr

Fermé le lundi. Menus de 41 € à 95 €. Plats de 23 € à 45 €. Réservation recommandée.

David Carré propose une cuisine qu'il qualifie de « classique et moderne à la fois ». Le jeune chef bourguignon n'hésite pas à se lever dès potron-minet pour travailler, rencontrer des producteurs locaux, cuisiner de nouvelles recettes au fil d'une carte qui évolue toutes les 5 à 6 semaines environ. Dernièrement par exemple, œuf de poule bio frit aux senteurs des sous-bois, l'épaule d'agneau de la ferme de la Barrière à Montauroux, sélection de la fromagerie « La Pastourelle » à Châteaudouble, et déclinaison de chocolat pour les amateurs !

BACK TO THE TREE - CANYONING & SPÉLÉO

Gilles Jovet ✆ 06 12 03 76 80
www.backtothetree.fr

Ouvert d'avril à octobre, sur réservation et selon conditions météo. Comptez 45-70 € par adulte et 40-65 € par enfant.

Canyoning ou spéléo pour les plus téméraires, douce balade aquatique pour les autres, Gilles Jovet vous invite à découvrir le pays de Fayence au fil de l'eau et des grottes ! Équipé de combinaison isotherme, dévalez de petites cascades, sautez dans les vasques d'eau claire et glissez le long de toboggans naturels... Une belle façon de redécouvrir la faune et la flore locales. Balades naturalistes et parcours aventures mobiles (pour vos événements privés) sont également disponibles.

LES POUN'S EN HERBE

Chemin de Fondurane
✆ 06 76 80 00 89
www.centre-equestre-montauroux.fr

Ouvert toute l'année. Balades de 25 € à 90 €. Tarifs réduits pour les moins de 7 ans.

Ce centre équestre de pleine nature dispose de 40 chevaux et poneys pour les balades et les randonnées, qui sont effectuées dans la réserve de Fondurane et à la découverte des rives du lac de Saint-Cassien. Des randonnées à la demi-journée (vers les crêtes), à la journée (incluant pique-nique et baignade dans le lac), et même au coucher du soleil, sont également organisées. Extra pour un moment de détente en famille, d'autant que tous les niveaux sont bienvenus ! Le centre propose aussi des cours toute l'année et des stages pendant les vacances scolaires.

SAINT-PAUL-EN-FORÊT ★

De nombreux artisans verriers s'étaient établis dans les forêts environnantes, la fabrication du verre étant grande consommatrice de charbon de bois. Saint-Paul-en-Forêt est le départ de nombreuses balades vers les lacs de Méaulx et du Rioutard, les ruines du moulin de l'Endre, l'oliveraie de Trestaure et la forêt méditerranéenne et ses nombreuses essences d'arbres complantées dans le massif de l'Estérel. Au sein du village, découvrez la place du Champ de Foire, où se tenait autrefois la foire de janvier, l'église Saint-Paul du XVIIIe siècle, la chapelle Saint-Joseph ou encore le cimetière, où repose le cinéaste et réalisateur français Michel Auclair.

CAMPING LE PARC**** €€

408, quartier de Trestaure
✆ 04 94 76 15 35
www.campingleparc.com
Ouvert d'avril à octobre. 110 emplacements de 18 € à 37 € pour 2. Locations 4-6 personnes de 220 € à 930 € la semaine.

Ce camping calme et familial est niché sous les pins et les chênes au cœur d'un domaine de 3,5 hectares. En saison estivale, une animation simple et conviviale est proposée avec des soirées variées, karaoké, loto, disco, tournoi de pétanque, tandis que les journées sont ponctuées de tournois sportifs, jeux, aquagym... Le snack-bar ouvert en saison, proche de la piscine et du boulodrome, propose un service le soir, ainsi que des pizzas au choix à emporter et une fois par semaine une soirée spéciale : couscous, paella, moules...

DOMAINE ÉQUESTRE DE SAINT PAUL

1572, les moulières - ancienne route de Fayence
✆ 06 38 42 67 73
Ouvert toute l'année du lundi au samedi. Label Cheval Qualité France et Poney Qualité France. Affilié FFE.

Situé sur un domaine de 7 hectares en pleine forêt, ce domaine est le paradis des chevaux et des cavaliers, que vous soyez débutant, amateur ou initié. Au programme, des leçons sur cavalerie adaptée et dressée, des promenades et randonnées à cheval tous niveaux pour découvrir Saint-Paul-en-Forêt et ses environs, ainsi que des promenades à poney accessibles dès 2 ans, et des cours baby poney à partir de 4 ans. Le cadre est extra et l'accueil bienveillant.

BAGNOLS-EN-FORÊT ★

Ce charmant village situé à 18 km de Fréjus, est construit au-dessus du cours de la Vauloube. Dès le paléolithique, nos lointains ancêtres ont occupé les grottes naturelles des collines alentour. Une importante colonie romaine s'est installée sur le territoire, quelques vestiges de leurs villas ont donné lieu à de nombreuses fouilles. L'église située en haut du village est dédiée à saint Antonin, et sa construction remonte au tout début du XVIIIe siècle. La chapelle Notre-Dame-de-la-Pitié fut quant à elle construite sur les ruines d'une villa gallo-romaine en 1560, tout comme la chapelle Saint-Denis – XIe siècle, classée sur la liste des Monuments historiques et qui abrite des fresques du XVe siècle. A voir également, les chapelles Saint-Antoine – 1660 – et Saint-Anne – 1654. Vous pourrez vous rendre sur les lieux des anciennes tailleries de meules, qui ont fonctionné depuis la Préhistoire jusqu'au milieu du XVIIIe siècle, sur les oppida de la forteresse et du castel Diaou, avec leurs merveilleux panoramas, ou encore aux gorges du Blavet et la grotte préhistorique du Mueron. Des circuits avec guide naturaliste vous font par ailleurs découvrir les insectes de Provence, les plantes médicinales, la géologie de l'Estérel, les plantes aromatiques et leurs huiles essentielles, l'eau en Provence. Le « Chemin de notre mémoire », créé à partir de photos datant de la fin du XIXe - début du XXe siècle, vous guide quant à lui dans les ruelles du village.

AU RELAIS PROVENÇAL €

10, route de Fréjus - RD4
✆ 04 94 40 60 24
www.aurelaisprovencal.com
11 chambres. Chambre double de 55 € à 120 € selon la saison et la catégorie. Petit déjeuner : 10 €.

Ce charmant hôtel familial à l'esprit chambre d'hôte est situé à l'entrée du village et fait face au massif de l'Estérel. Les chambres coquettes présentent chacune une décoration différente avec vue sur le village ou sur les collines verdoyantes. Certaines se targuent d'une terrasse privative. Les petits déjeuners sont servis dans la salle panoramique en hiver, ou sur la terrasse en été. La récente piscine vous rafraîchira à la belle saison. Un garage à vélo est aussi à disposition des cyclistes. Restaurants à 5 minutes à pied sur la place du village.

CÔTE TERRE

LES GORGES DU BLAVET

À 6 km de Bagnols-en-Forêt

450 voies équipées du niveau 3a au 8b.

Sur la côte ouest du massif de l'Esterel, à 6 km de Bagnols-en-Forêt, voici l'un des hauts-lieux de la grimpe varoise. Petit canyon aux parois rouges de 80 m de haut, ce superbe site boisé surplombe un paisible ruisseau ; certains le compareraient avec les paysages sauvages de l'île de Beauté ! Côté point de vue, le panorama s'étend du massif de l'Estérel à Saint-Raphaël en passant par le rocher de Roquebrune et des Maures, tout cela bien sûr, avec la Méditerranée en toile de fond... Conseil aux débutants : orientez-vous plutôt sur le secteur de Colle Rousse.

BERNARD VIAL - APICULTEUR MIMOSISTE

235, les Carreiros

✆ 06 10 29 51 80

www.vial-tanneron.com

Fermé en novembre. Fermé le dimanche d'avril à juin et en septembre-octobre. Boutique en ligne.

Venez découvrir dans un cadre panoramique le travail du mimosa de cette exploitation familiale, qui œuvre depuis depuis quatre générations, au rythme de la nature et des saisons : forcerie, bouquets, plants, divers souvenirs au mimosa (de janvier à mars). La visite se poursuit dans la serre afin de découvrir les agrumes, et dans la miellerie pour y déguster tout au long de l'année, du miel et du sirop au mimosa. Instructif, pour ne pas dire passionnant !

TANNERON

C'est la commune varoise la plus orientale du canton, située à la limite des Alpes Maritimes. Elle est constituée de vingt-deux hameaux nichés au cœur du massif du même nom. C'est en France le plus vaste territoire arboré de mimosa, tant cultivé que sauvage (soit deux cents hectares !) : de véritables « forêts jaunes » avec ses milliards de petites boules duveteuses, douces au toucher, délicieuses au nez et si belle à voir dans leur environnement naturel. De janvier à mars, leur abondante floraison vous réservera une surprise parfumée et grisante, une surprise d'or et de lumière : un enchantement en somme... Au sein du village, flânez un peu sur la place de la mairie et profitez de la vue panoramique qu'elle dévoile sur les Alpes-Maritimes : elle s'étend de Grasse jusqu'à la Baie de Cannes. Autres curiosités : le quartier des Carreiros et l'église Notre-Dame de Peygros, située au sommet de la colline. Là encore le panorama sur le lac de Saint-Cassien, le Mont Lachens, Grasse et Tanneron, est remarquable. Enfin, les crêtes de Tanneron, offrent aux marcheurs de superbes opportunités de randonnées. Le massif se caractérise en effet par une succession de collines à la végétation dense. La route d'accès, taillée dans le gneiss, se faufile entre les chênes-lièges sur l'adret (versant ensoleillé), les châtaignes sur l'ubac (versant à l'ombre), la bruyère, les pins et les mimosas sauvages. En hiver, vous pourrez partir à la découverte des plus belles plantations de mimosas et d'eucalyptus de toute la Côte-d'Azur !

FORCERIE MIMOSA AUGIER

1401, RD 38 - Route de Pégomas

✆ 04 93 60 68 01

www.mimosa-augier.com

Ouvert d'octobre à mai. Fermé dimanche de décembre à février, et samedi-dimanche sinon. Expédition de mimosa en France.

Créée en 1926 par Augustin Augier, dont le but était de faire découvrir à l'Europe du nord cette fleur originale, la Forcerie de Mimosa ne se visite pas, mais vous reçoit pour la vente de ses produits. L'exploitation, qui s'étend sur une vingtaine d'hectares, dont 5 à la production de mimosas (soit environ 25 tonnes), est aujourd'hui dirigée par Benoît Augier. Les deux variétés « mirandole » et « gaulois » permettent d'échelonner la production de mimosa sur trois mois, de décembre jusqu'à fin février. Une belle adresse pour emplettes colorées et parfumées !

MAISON DU LAC DE SAINT-CASSIEN

RD 37

✆ 07 86 11 69 83

www.paysdefayence.com

Fermé en janvier et le lundi de février à mars. Ouvert tous les jours sinon, horaires variables selon la saison.

Surplombant le lac de Saint-Cassien, cet office de tourisme intercommunal comprend aussi un espace muséal et une maison de pays. Outre les conseils prodigués par l'équipe pour découvrir ou redécouvrir le Pays de Fayence, vous pourrez donc faire le plein de victuailles : vins, confitures, conserves, huiles d'olive, parfums, savons, confiseries, miels, sirops et autres produits de maroquinerie, céramique et verre soufflé de la région. Une belle structure.

LE CASTELLET ★★★

Le village s'est fortifié à l'époque médiévale et garde encore aujourd'hui de nombreux vestiges et remparts. Mais ce n'est qu'au milieu du XIIe siècle, en 1153, qu'apparaît le toponyme Castelletum désignant le village actuel. On y accède aujourd'hui par deux portes fortifiées : le Grand Portail, au sud, surmonté d'un blason et où les vestiges de son appareil de défense sont encore visibles, et le Portalet, à l'est. Au sommet du village se dresse l'ancien château, occupé en partie depuis 1969 par l'hôtel de ville. On peut y admirer une impressionnante salle des gardes. En haut du village, un balcon de pierre, accessible par une poterne, le Trou de Madame, permet d'admirer le panorama des vallées environnantes. À l'ouest du château, l'église Saint-Sauveur, construite au XIIe siècle, possède des embrasures en forme de créneaux. Les petites ruelles tortueuses, bordées de vieilles demeures dont l'une d'elles appartint au bailli de Suffren et une autre aux Templiers, sont occupées aujourd'hui par de nombreuses boutiques d'artisans, d'artistes et de galeries de peinture qui exposent leurs productions. L'aspect typique de ce village a inspiré des cinéastes. Marcel Pagnol y tourna La Femme du boulanger, l'un des grands triomphes de Raimu. Si vous visitez Le Castellet durant l'été, ne manquez pas les fêtes votives à Sainte-Anne, au Brûlat et au Plan du Castellet. A noter enfin que Le Castellet compte depuis 2018 un restaurant triplement étoilé : celui de Christophe Bacquié à l'Hôtel & Spa du Castellet.

ESPACE TOURISTIQUE GABRIEL TAMBON

2, rue de la Poste
✆ 04 94 32 79 13
www.ville-lecastellet.fr

Haute saison : tous les jours de 10h à 13h et de 14h30 à 18h30.

L'office de tourisme est installé dans le bâtiment de l'ancienne poste. L'équipe répondra à vos questions toute l'année, et vous proposera notamment un dépliant sur le circuit découverte et l'historique du village. Toute la documentation est gratuite.Vous pourrez également récupérer différentes brochures touristiques sur le Castellet et la région mais aussi connaître le programme exact des évènements qui s'y déroulent lors de votre séjour sur place.

LES GRANDS PINS*** €

3 084, montée du Vieux-Camp
✆ 04 94 90 71 44
www.grandpin.com

Emplacement + véhicule + 2 personnes de 19 € à 26 €. Mobil-homes de 340 € à 815 € la semaine.

Sous le soleil de la Provence, à la fraîcheur de ces 450 mètres d'altitude, ce camping-caravaning*** offre des emplacements à l'ombre des pins, sur 5 hectares aménagés. En saison, une animation journalière est organisée pour les enfants. Un très bel espace aquatique avec solarium est ouvert de début juin à mi-septembre. Petits et grands peuvent s'adonner aux joies du ping-pong, du volley-ball... Un restaurant pizzeria avec plats à emporter, ouvert du 1er juillet au 31 août, comble toutes les faims et 5 barbecues au feu de bois sont à votre disposition.

GRAND PRIX HÔTEL & RESTAURANT*** €€

3100, route des Hauts-du-Camp
✆ 04 94 88 80 80
www.grandprixhotel.fr

Chambre double de 113 € à 170 €. Petit déjeuner buffet inclus.

Un hôtel 3-étoiles au confort honorable, avec piscine extérieure, salle de jeux, bar, hammam, salle de sport et autres terrains de pétanque. Les 117 chambres de l'établissement sont adaptées aussi bien à la clientèle loisirs qu'à l'accueil de groupes et de séminaires. Evidemment, elles tombent aussi à point nommé pour les clients et spectateurs du circuit Paul Ricard ! Côté restauration, le Pitlane propose une carte variée et raffinée. Bon rapport qualité-prix.

HÔTEL & SPA DU CASTELLET***** €€€

3001, route des Hauts-du-Camp
✆ 04 94 98 37 77
www.hotelducastellet.com

Chambre double de 210 € à 630 € ; studio / appartement de 550 € à 1 300 € ; suite de 435 € à 1 035 €.

Luxe, discrétion et élégance sont les maîtres mots de ce Relais & Châteaux aux allures très méditerranéennes. Bâti à proximité du circuit Paul-Ricard, en position dominante dans un parc de plusieurs hectares, il offre une vue imprenable sur le village du Castellet et sur la baie de Bandol. Orientées au sud, les 42 chambres disposent toutes d'une terrasse privative. Pour la gastronomie, découvrez le restaurant Christophe Bacquié, du nom de son chef triplement étoilé. Une belle adresse !

MAS DU GALANTIN €€

✆ 04 94 48 94 40

www.mas-du-galantin.com

Tarifs des appartements : César de 890 à 1490 €, Marius de 785 à 1280€, Fanny de 690 à 1080 €.

Posée sur une propriété de 3 000 m², au milieu du vignoble de Bandol, dans un environnement calme et préservé, ce mas provençal du XVIe siècle situé au pied du village médiéval du Castellet, à 6 km de Bandol et de ses plages, offre tous les ingrédients de la douceur de vivre. César, Marius et Fanny, tels ont été nommés les trois appartements confortablement équipés, avec terrasses privées sans vis-à-vis et entrées indépendantes. La maisonnette de charme quant à elle, dénommée Panisse, donne directement sur la grande piscine commune.

LE PIED DE NEZ €€

8, rue montée Saint-Eloi

✆ 04 94 29 72 26

www.lepieddenez.com

Haute saison : du vendredi au mercredi de 12h à 14h et de 19h à 21h30. Menu unique à 35 €. Carte : 38 € environ.

Cette petite adresse du vieux village fait la part belle à la cuisine provençale. Des plats élaborés avec de bons produits – la carte peut d'ailleurs changer pendant le service en fonction de la découpe de la viande et du poisson ! Car quand les veaux et cochons sont reçus entiers, les poissons eux, proviennent directement du pêcheur. Parmi les spécialités de la maison, l'andouillette de Caillan cuite au feu de bois tirée a la ficelle, l'entrecôte de Salers bien maturée coupée devant vos yeux sont des grands classiques. On recommande !

LE SAINT ELOI €€

13, rue de l'Aube

✆ 04 94 26 14 42

www.le-saint-eloi.fr

Basse saison : ouvert de 12h à 14h30 et de 19h à 22h. Haute saison : de 12h à 15h et de 19h à 22h30. A la carte : 45 €.

Au cœur du village du Castellet, le restaurant Le Saint Eloi offre une cuisine française de qualité entièrement faite maison, moderne et subtile. Dans un cadre très agréable et une décoration originale, au sein d'un espace entièrement rénové, on a en prime une magnifique vue panoramique surplombant les vignobles bandolais et la mer. Du poisson frais et sauvage à la sélection des pièces de boucher en passant par les suggestions du jour, une expérience culinaire réussie vous y attend sur place... A tester quand vous êtes au Castellet !

RESTAURANT CHRISTOPHE BACQUIÉ €€€

Hôtel & Spa du Castellet ✆ 04 94 98 29 69

www.hotelducastellet.net

Ouvert du mardi au samedi le soir de 19h30 à 21h30 ; vendredi et le samedi le midi. Menus à partir de 135 €.

Ce restaurant se présente comme une formidable invitation à s'évader, avec une carte méditerranéenne alliant avec délicatesse et juste équilibre une cuisine simple et technique à la fois. Le menu « Mes plats au fil du temps » offre tout d'abord avec une pointe de nostalgie une sélection des plats affectifs du chef, imaginés et conçus au fil du temps et de ses expériences. La « Promenade en Mer » invite quant à elle à une échappée iodée en 7 ou 8 escales. Une excellente table.

DOMAINE MARIE BÉRÉNICE

1826, route du Grand-Vallat

✆ 09 50 67 59 59

www.domainemarieberenice.com

Agriculture biologique.

Situé au cœur de l'appellation Bandol entre le village de La Cadière et du Castellet, le domaine Marie Bérénice compte 12 ha de vignes en restanques intégralement classées en AOP Bandol. Au-delà de la certification bio, son propriétaire Damien Roux est très sensible à la culture en biodynamie. Les vendanges sont ainsi faites à la main, et le raisin est sélectionné trois fois depuis le foulage jusqu'à la mise en bouteille. Coup de cœur enfin pour le rouge, composé de mourvèdre à 80 %, qui dépasse souvent les 18 mois d'élevage en bois.

DOMAINES OTT - CHÂTEAU ROMASSAN

601, route des Mourvèdres

✆ 04 94 98 71 91

www.domaines-ott.com

Haute saison : du lundi au samedi de 9h à 13h et de 14h à 19h.

Artisans de grands vins en Provence, les Domaines Ott* ont acquis le château Romassan en 1956. La bâtisse du XVIIIe siècle, entièrement restaurée, veille sur 74 ha de vigne, au cœur de l'appellation Bandol. A l'instar des crus des deux autres propriétés (Le Clos Mireille à La Londe-les-Maures et le Château de Selle à Taradeau), ceux du Château Romassan sont présents sur les plus grandes tables, reconnaissables à la forme singulière de leur bouteille.

LA MAISON DES BOUGIES

7, rue du Jeu-de-Paume
✆ 04 94 32 61 46
Ouvert tous les jours et les jours fériés de 9h30 à 18h30. Fermeture le 25 décembre et le 1er janvier uniquement.

Un des temples de la bougie artisanale dans le Var. Les parfums sont très variés et on a bien du mal à choisir sa fragrance dès lors qu'on commence à sentir les bougies une à une. Orange cannelle, orange impériale, rose ancienne, marine, ou acacia ; toutes décorées de motifs différents, elles côtoient de délicats parfums d'ambiance destinés à diffuser, avec des galets imprégnés, de suaves fragrances dans tout votre intérieur. Un délice pour les sens et un bon rapport qualité-prix. Le souvenir idéal pour se détendre à son retour de vacances !

MAISON DES VINS DE BANDOL

238, chemin de la Ferrage
✆ 04 94 90 27 38
www.vinsdebandol.com
Ouvert du mardi au samedi de 9h30 à 13h et de 14h30 à 18h. Visite de caves. Vignoble et Découverte.

L'appellation Bandol couvre aujourd'hui 8 communes ; les premières vignes remontent à 1917. Situé à l'entrée du village du Castellet, en surplomb de restanques et de champs de vignes, la Maison des Vins de Bandol est un lieu bioclimatique de vie et de travail pour les vignerons de l'appellation, qui ont ouvert une cave en 2015. En été, ils aménagent par ailleurs un espace de dégustation-vente dédié à l'accueil du public. Un bon plan pour les amateurs de vins !

MIELLERIE DE L'ORATOIRE

987, chemin de l'Estagnol
✆ 04 94 32 65 78
www.miel2lor.com
Ouvert mardi, jeudi, vendredi et dimanche de 15h30 à 18h30 ; mercredi et samedi de 10h30 à 12h30 et de 15h30 à 18h30.

Une miellerie familiale établie ici en 1972 par Eliane et Jean-Louis Paxé, et gérée aujourd'hui par Olivier, le fils et son épouse Virginie. Apiculteurs passionnés, ils font partager à leurs visiteurs leur amour des abeilles, des ruches, et de leur délicieux métier. Renseignez-vous si vous souhaitez visiter leur exploitation ; en attendant, leur boutique présente miels, pollen frais et gelée royale, pâtisseries et confiseries, bougies, savons, vinaigre de miel et plein d'idées pour des cadeaux 100 % locaux. Une belle adresse gourmande !

THE TOAD STUDIO

710, Chemin du Cas
✆ 06 88 62 03 61
www.thetoadstudio.com
Rencontre à l'atelier uniquement sur rendez-vous.

Bijoutière de formation, Fanny Paoli travaille les métaux précieux (or, argent et platine) dans son atelier de fabrication. Formée selon les savoir-faire traditionnels de la bijouterie, elle apporte à chacune de ses pièces une démarche personnelle et contemporaine. Elle imagine, dessine, conçoit et fabrique chaque modèle entièrement à la main, sans moulage, à la cheville de son établi. Ses créations allient le travail des métaux précieux, du design à des formes nouvelles, déstructurées, élégantes. Pour des pièces uniques et du sur-mesure, c'est la bonne adresse.

LA CADIÈRE-D'AZUR ★★

Le village provençal typique de La Cadière-d'Azur a su garder intacte son architecture médiévale à travers les siècles. Il mérite d'être visité à pied, en entrant dans le bourg à l'est par la porte Mazarine (ouverte en 1657 avec l'autorisation de Mazarin). Au gré de ses petites ruelles et placettes fleuries chargées d'histoire, vous découvrirez à côté de la mairie, la porte Saint-Jean, datant du XVIe siècle, et ses lourds vantaux en bois cloutés de fer, la chapelle Sainte-Magdeleine, en pierres apparentes, édifiée sur les ruines du château féodal, devenu résidence privée, la porte de la Colle à l'ouest, avant d'atteindre sur la barre rocheuse la place des Pénitents-Blancs, pour découvrir la table d'orientation en pierre et céramique (création d'Anne-Marie Surlier, potière du village), la plaine des Paluns, ses vignobles et le panorama sur la montagne de la Sainte-Baume. L'église Saint-André mérite elle aussi que l'on s'y attarde. Reconstruite en 1508 sur les ruines d'une église du XIIe siècle, de style flamboyant, elle abrite la plus ancienne cloche d'église datée du Var (1458). Son abside pentagonale est éclairée par des vitraux des XVIe et XVIIe siècles. Intégrée aux remparts, c'est une véritable curiosité architecturale.Aujourd'hui, l'activité viticole est prédominante à La Cadière-d'Azur ; la visite de ses domaines est quasi obligatoire pour en saisir l'importance. L'artisanat aussi occupe une place majeure dans le village, avec ses nombreux artisans et leurs ateliers-boutiques. Le marché hebdomadaire les met à l'honneur tous les jeudis matin, place Jean-Jaurès.

OFFICE DE TOURISME DE LA CADIÈRE-D'AZUR

Place Charles-de-Gaulle
✆ 04 94 90 12 56
www.ot-lacadieredazur.fr

Ouvert du mardi au samedi. Ouvert toute l'année. Horaires variables selon la saison.

Vous trouverez dans cet office de tourisme toutes les informations nécessaires pour vos vacances à la Cadière et dans les environs, notamment la liste complète des évènements et festivals qui ont lieu sur place et dans la région pendant votre séjour. On vous communiquera aussi des informations sur la visite du village, les balades à faire à La Cadière et ses environs (celle des fours à cade notamment), le circuit VTT et le parcours sportif. Alors n'hésitez pas à pousser la porte !

HOSTELLERIE BÉRARD & SPA**** €€

6, rue Gabriel-Péri ✆ 04 94 90 11 43
www.hotel-berard.com

En base double, chambre classique de 109 à 174 €, chambre charme 171 à 225 €, Junior Suites 285 à 399 €. Petit-dej 19 €.

Cette hostellerie du bonheur de la famille Bérard (Danielle, Sandra, René et Jean-François), un ensemble de maisons de caractère et couvent du XIe siècle situé en plein village, apporte une attention particulière au bien-être des résidents, avec spa et centre d'aromathérapie, bistrot gourmand, espace lumineux abrité sous une véranda, qui propose une formule simple à prix doux et un restaurant gastronomique étoilé où la partition gourmande est interprétée par Jean-François.

LE REGAIN €€

39, avenue Marx-Dormoy
✆ 04 94 98 32 68
www.regain-cadiere.fr

Du mardi au jeudi et le dimanche à midi, le vendredi et le samedi midi et soir. 30 € le repas environ.

Amélie et Nicolas, propriétaires depuis 2013 de ce petit restaurant niché au cœur du village, ont su faire leur place en pratiquant une cuisine provençale simple et goûteuse, et surtout une cuisine à la cheminée tout au long de l'année ! Dans leur petite salle d'une quarantaine de couverts, ils vous proposent une entrecôte grillée avec frites maison, filet de daurade royale grillée, soupe de poisson maison avec rouille et croutons. Aux beaux jours, on préfère la jolie terrasse. Une des meilleures adresses de la Cadière-d'Azur.

HOSTELLERIE BÉRARD & SPA

6, rue Gabriel-Péri
✆ 04 94 90 11 43
www.hotel-berard.com

1 étoile Michelin. Ateliers cuisine à la journée : 155 €.

A la journée ou en escapade prolongée pour allier les plaisirs de la bouche avec ceux d'un dépaysant séjour en Provence, René Bérard, le chef étoilé Michelin de l'Hostellerie Bérard, vous initie à la cuisine provençale lors de cours pratiques ponctués d'achats sur le marché, de la découverte des saveurs et des senteurs, de visites d'un moulin à huile et de domaines viticoles, de la cueillette d'herbes dans la garrigue et de déjeuners préparés pendant le cours. Un très bon moment pour les cordons bleus et les amateurs de Provence.

LE BEAUSSET ★

Le premier village du Beausset se trouvait au sommet de la colline-mère, à l'emplacement actuel de la chapelle Notre-Dame-du-Beausset-Vieux. En 1510, l'évêque de Marseille, propriétaire du site, autorisa les habitants à descendre dans la plaine, où se trouve l'agglomération actuelle. Seule subsiste la chapelle romane du XIIe siècle. Ce lieu abrite une très belle statue de la Vierge, en bois doré, attribuée à l'atelier toulonnais de Pierre Puget, et une galerie attenante où sont exposés une centaine d'ex-voto dédiés à la céleste protectrice. A côté de l'édifice, une table d'orientation permet d'admirer une vue circulaire complète de la région.

CHAPELLE NOTRE-DAME-DU-BEAUSSET-VIEUX ★

Ouvert toute l'année. À priori, tous les après-midi (en janvier, le week-end uniquement).

Pour vous rendre prendre à cette chapelle romane du XIIe siècle culminant à 380 mètres d'altitude, qui fait partie d'un site inscrit aux Monuments historiques depuis le 20 février 1970, prendre la route entre les écoles et le stade, à environ 200 mètres, puis à gauche le chemin piéton dit « des Oratoires ». Vous y découvrirez la collection d'ex-voto, datant des XVIIIe et XIXe siècles, qui est classée aux Monuments historiques depuis le 11 septembre 1995.

MAISON DE LA NATURE DES QUATRE FRÈRES

2466, chemin de Signes-à-Ollioules
✆ 04 94 05 33 90
www.var.fr
Fermé du 30 juillet au 2 septembre. Ouvert du lundi au vendredi de 9h à 17h. Et certains week-ends : se renseigner.

Nichée entre Signes et Le Beausset dans un véritable écrin de verdure, la Maison de la Nature des Quatre Frères est un lieu dédié à la sensibilisation à l'environnement. Dotée d'une salle d'exposition, d'un espace de réunion et d'une belle oliveraie, elle organise des balades gratuites accompagnées de guides naturalistes, des ateliers pour les enfants et des manifestations variées tout au long de l'année. La bastide en elle-même mérite le coup d'œil.

POTERIE BEAUSSET-VIEUX

560, chemin de Cambeiron
✆ 04 94 98 64 03
www.poteriebeaussetvieux.com
Ouvert toute l'année. Horaires variables : mieux vaut téléphoner (sur le fixe) avant de se déplacer. Gratuit.

Fabien Comte, formé aux Beaux Arts à Toulon, vous accueille avec plaisir dans son atelier-exposition labellisé Découverte des Métiers d'Arts. Toutes les pièces en grès et en porcelaine sont uniques. Les émaux y sont fabriqués artisanalement. Les pièces sont tournées à la main, cuites à haute température (1 280 °C) et vendues sur place. Les poteries sont toutes exemptes de plomb, elles sont donc propres à l'utilisation quotidienne, à la cuisson au four ménager et supportent bien le lave-vaisselle ! Voilà de l'artisanat de qualité à n'en pas douter.

MAS LEI BANCAU €€

834, chemin de Maran
✆ 06 06 89 01 30
www.mas-lei-bancau.com
Chambre double de 125 € à 165 € ; suite de 175 € à 200 €. Petit déjeuner inclus.

Au milieu d'un parc arboré de 1,3 ha avec piscine, terrasses, aire de sport en extérieur et salon de lecture dans la pinède, cette maison d'hôtes comporte 3 chambres et 2 suites aux atmosphères très éclectiques : ambiance marine dans la chambre Nautique, végétale dans la suite Santoline, feutrée dans la suite Muscade, ensoleillée dans la chambre Mimosa, et orientale dans la suite Grand Sud. Toutes sont tournées vers la piscine et sont équipées de la climatisation réversible et d'écrans plats. Une belle adresse et un accueil charmant pour couronner le tout.

EVENOS

La commune est formée de trois hameaux : Evenos, Le Broussan et Sainte-Anne-d'Evenos. Le village du vieil Evenos, juché sur un piton rocheux possède une belle église romane, récemment rénovée, ainsi que les ruines du château de Nèbre, datant du XIe siècle. Du chemin de ronde du château, on peut apprécier un panorama superbe depuis le port de La Ciotat jusqu'à la rade de Toulon, ainsi qu'une vue vertigineuse sur les gorges d'Ollioules. Les amateurs d'activités pédestres pourront descendre à pied ce canyon creusé par les rivières Reppe et Destel, superbe site d'une grande beauté sauvage, ayant servi d'habitat à l'époque néolithique.

SIGNES ★

Ce village situé dans la plaine, sur le versant sud de la Sainte-Baume, conserve quelques vestiges de son passé, l'église Saint-Pierre (classée) du XIe siècle, la chapelle Saint-Jean, bâtie en 1669 de style gothique, la tour de l'Horloge et la fontaine aux Sorcières, également classée aux Monuments de France. C'est également la commune la plus boisée du Var avec plus de 11 000 ha de forêts. Le cœur du village de Signes est ponctué de places chargées d'histoire, de calades (petites ruelles en pente), de fontaines et de lavoirs. Sur la place du marché Alphonse-Rousset, trônent la fontaine aux Sorcières (classée) et la fontaine Saint-Jean (1767) ; sur la place Garnier se tient la fontaine de la Salière (XVIIe siècle) ; tandis que dans la rue Ferrayette, on peut admirer le lavoir (toujours utilisé : prendre le temps de lire le règlement affiché) et la tour de l'Horloge. Signes possède également un patrimoine religieux exceptionnel. En effet, le village fut longtemps propriété et lieu de villégiature des évêques de Marseille. Vous y découvrirez l'église Saint-Pierre (classée), les chapelles Saint-Jean (ex-voto), Notre-Dame-de-la-Nativité dite Chateauvieux ou encore l'Eloignée, Notre-Dame-de-l'Annonciation dite La Proche, Saint-Clair, Saint-Nom-de-Jésus (actuelle salle de la Congrégation). En suivant les trois itinéraires des « Balades des oratoires », vous ferez connaissance avec onze oratoires et trois calvaires.

CHÂTEAU DE CANCERILLES

1400, route de Belgentier
✆ 04 94 90 83 93
www.chateaudecancerilles.com

5 gîtes de 2 à 5 personnes (à partir de 95 €/nuit ou 300 €/semaine).

Les familles Garcia et Lefèvre gèrent à merveille leur paradis bien complet : Cyril Garcia, le fils, a repris la gestion des vignes et du vin en 2015, Stéphanie et Yann Lefèvre s'affairent quant à eux au restaurant, tandis que Chantal Garcia a pris la charge des gîtes et chambres d'hôtes de caractère aménagés dans leur superbe mas provençal avec piscine, aquabike et autres tables de ping-pong. Après vous être renseigné sur le programme gastronomique, attablez-vous donc autour d'un repas vigneron, et découvrez, avant de les acheter, les nectars du domaine.

LA GROTTE DES RAMPINS

Accès par le plateau de plane selves, sortie nord du village de Méounes direction le plateau de Plane Selves.

Avis aux amateurs d'aventure et de spéléologie, vous allez adorer cette visite à Méounes-lès-Montrieux. Située à trois kilomètres environ au sud-est de Méounes, il s'agit d'une grotte souterraine formée de stalactites et de stalagmites en mica et silex notamment. Véritable caverne des mille et une nuits, le site est prisé des adeptes de spéléologie et des amoureux de cascades. Il ne faut pas moins de trois heures pour en faire le tour. Attention toutefois : l'endroit requiert toute votre prudence, renseignez-vous avant de vous y rendre.

MÉOUNES-LÈS-MONTRIEUX

Il faut remonter à l'époque gallo-romaine pour découvrir les origines de Méounes-lès-Montrieux, village de la Sainte-Baume. Ce sont les représentants d'anciennes peuplades liguriennes qui, auteurs de l'implantation de plusieurs « villas », sont en réalité les authentiques fondateurs du village. Au nord de la vallée du Gapeau, petite commune est le point de départ de nombreuses randonnées telles que le calvaire avec vue caractéristique sur le village, les aiguilles de Valbelle, la grotte des Rampins ou encore l'aqueduc.

LA TRINITÉ €€

1800, route de Toulon
✆ 04 94 48 98 49
www.la-trinite.com

Ouvert d'avril à septembre. 3 chambres (2 triples et 1 quadruple). Chambre double 85 €. Petit déjeuner inclus.

En activité jusqu'en 1968, cette ancienne papeterie de Méounes est désormais la propriété d'Amélie et Marc, qui d'avril à octobre, ouvrent les portes de leur maison aux touristes en quête d'un point de chute nature. Si leurs trois chambres offrent tout ce que l'on attend d'une maison d'hôtes : la salle commune colorée offrant thé et café à n'importe quelle heure du jour et de la nuit, le petit déjeuner mettant à l'honneur les produits bio, le vaste parc, la piscine extérieure, l'espace lecture au milieu d'une bambouseraie...

LA CHARTREUSE DE MONTRIEUX ★

Fermé au public : visible de l'extérieur uniquement.

Bâtie sur les contreforts est du massif de la Sainte-Baume, cernée d'une grande forêt domaniale, la Chartreuse de Montrieux vit le jour au XIIe siècle. Malgré quelques interruptions provoquées par les guerres, les pillages, les destructions et autres adversités, le monastère est encore en activité aujourd'hui. S'il ne reste rien des bâtiments primitifs, une douzaine de moines y vivent encore. Le monument n'est donc visible que de l'extérieur mais il fait l'objet d'une belle promenade.

BAINS DE FORÊT AU JAS DE MELNA

quartier Farine
✆ 06 52 25 29 67
https://jas-de-melna.com/

De 597 € à 897 € la semaine dans le gîte du Jas de Melna.

Optez pour un week-end ou une cure de forêt dans ce gîte provençal de charme sur son plateau boisé, dans un parc de 6 ha avec chênes et aliboufiers au bois dur dont on confectionnait les chapelets, thym et origan. Vos hôtes, férus de sylvothérapie (bains de forêt), le Shinrin-yoku enseigné dans les écoles de médecine au Japon, ont conçu un parcours découverte dans le parc pour que vous bénéficiez de ce ressourcement bienfaisant qui booste votre moral et vos défenses immunitaires.

LA PROVENCE VERTE

La Provence verte compte une quarantaine de communes et se trouve à l'intérieur des terres varoises, et non en bord de mer, même s'il est vrai que le littoral n'est jamais très loin. Comme le dit bien son nom, c'est un territoire très nature, avec des massifs comme celui de la Sainte-Baume et des sentiers de randonnée aménagés qui font le bonheur des amateurs de marche et de nature. La Provence verte n'est pas seulement réputée pour sa nature sauvage, c'est également une région au beau patrimoine bâti avec de belles visites culturelles à faire. Et ce n'est pas par hasard si la Provence verte a obtenu le label «Pays d'art et d'histoire»... Au-delà de ses paysages splendides, la région est en effet riche de cités historiques intéressantes comme Brignoles dont le centre ancien est superbe avec ses ruelles médiévales aux beaux hôtels particuliers et aux multiples fontaines. En somme, la Provence verte est vraiment à voir !

La Provence Verte
RIANS
ARTIGUES
Esparron
VARAGES
Tavernes
FOX-AMPHOUX
Aups
Saint-Pierre de Tourtour
Tourtour
Villecroze
Ampus
PONTEVÈS
BARJOLS
Sillans-la-Cascade
COTIGNAC
Cotignac
ENTRECASTEAUX
BRUE-AURIAC
CHÂTEAUVERT
Saint-Antonin-du-Var
Lorgues
Puyloubier
POURRIÈRES
SEILLONS-SOURCE-D'ARGENS
CORRENS
MONTFORT-SUR-ARGENS
CARCÈS
Rousset
OLLIÈRES
BRAS
POURCIEUX
SAINT-MAXIMIN-LA-SAINTE-BAUME
Peynier
Trets
Le Thoronet
Taradeau
LE VAL
VINS-SUR-CARAMY
Cabasse
Vidauban
TOURVES
BRIGNOLES
La Bouilladisse
ROUGIERS
SAINT-ZACHARIE
LA CELLE
Le Cannet-des-Maures
Le Luc
La Destrousse
Moulin de Redon
Rougiers
NANS-LES-PINS
Nans-les-Pins
Flassans-sur-Issole
Besse-sur-Issole
MAZAUGUES
SAINTE-ANASTASIE-SUR-ISSOLE
LA ROQUEBRUSSANNE
PLAN-D'AUPS-SAINTE-BAUME
P.N.R. de la Sainte-Baume
GARÉOULT
ROCBARON
Néoules
Carnoules
Pignans
La Verdière

PAGES

●● LE NORD

●● LE SUD

Promenade dans le village de Brignoles.

BRIGNOLES ★

Brignoles est implanté au cœur des terres les plus fertiles du Var. Dès l'Antiquité, la production de prunes et d'olives assure sa renommée. On dit même que son nom viendrait de « brin » qui signifie « prune » et de « on », « bonne ». Aujourd'hui encore, le fruit est mis à l'honneur chaque année début septembre lors de la Fête de la Prune : la ville vit alors au rythme de défilés de confréries, d'animations variées, de danses de groupes folkloriques, et autres dégustations et démonstrations culinaires. Sous l'Empire romain, Brignoles est un oppidum parmi beaucoup d'autres sur la Via Aurelia. Au XIIe siècle, le pays passe entre les mains du comte de Provence qui en fait sa résidence d'été et fait bâtir un premier château, à côté de l'emplacement de l'église paroissiale actuelle. Brignoles verra la naissance de saint Louis – Louis d'Anjou (1274-1297) –, fils de Charles II et de Marie de Hongrie, neveu de Louis IX. Saint-Louis est le patron de la ville : il y est fêté le 19 août, jour anniversaire de sa mort. En 1245, le frère de saint Louis, Charles Ier d'Anjou, devient comte de Provence par son mariage avec Béatrice, héritière de Raymond Béranger V. La région souffre des guerres qui opposent François Ier à Charles Quint. Brignoles repousse à plusieurs reprises les troupes espagnoles, mais elle est finalement vaincue en 1536, occupée par l'ennemi et même débaptisée. Elle reçoit le nom de Nicopolis, ville de la Victoire. Les guerres de Religion ouvrent un nouveau chapitre de malheurs : la ville est conquise en 1589 par les troupes catholiques. Au XVIIe siècle, Louis XIV, Anne d'Autriche et Mazarin viennent successivement visiter Brignoles. Au XIXe siècle, l'ouverture des mines de bauxite, le développement des activités de tannerie et de teinturerie apportent à la ville une réelle prospérité. La dernière mine fermera ses portes le 31 décembre 1990.

CŒUR HISTORIQUE DE LA VILLE ★

Visite libre grâce à la brochure gratuite délivrée par l'Office de tourisme.

Au gré d'un itinéraire libre, arpentez les ruelles médiévales avec des fenêtres à meneaux, et admirez portes anciennes et hôtels particuliers cossus... Pas à pas, dirigez-vous vers les remparts de la ville, le relais des Templiers, les nombreuses fontaines ou encore le palais comtal, actuel Musée du Pays Brignolais et véritable fleuron du patrimoine de la ville. L'été, l'Office de tourisme propose aux enfants des visites animées avec un guide conférencier du Pays d'art et d'histoire.

DOLMEN DES ADRETS

Situé à l'extérieur de Brignoles, sur une colline dominant la plaine du Val, au sommet d'un tumulus de quelques mètres de diamètre, ce dolmen chalcolithique a été restauré dans les années 1980 et est aujourd'hui classé Monument Historique. S'ouvrant sur deux piliers, il possède une chambre sépulcrale rectangulaire, limitée à l'est par une dalle. La dalle de couverture pèse environ 10 tonnes et repose en partie sur le tumulus par l'arrière. Le monument a subi de nombreuses agressions dans le passé du fait de sa structure en abri.

ÉGLISE SAINT-SAUVEUR ★

Ouverte uniquement lors des cultes religieux, le samedi soir ou le dimanche matin.

Construite au XIe siècle, elle a été agrandie au XVe siècle. Le transept et une abside ont été ajoutés au XVIe siècle. Il faut franchir le portail en pierre blanche, dont les colonnes sont couronnées de chapiteaux dits « à goutte d'eau ». Le médaillon de gauche représente saint Paul portant une bible et l'instrument de son supplice, celui de droite, saint Pierre tenant les clés du paradis. Cette église abrite un retable de Balthazar Lomelin, La Crucifixion – 1587. Près de la sacristie subsiste une descente de croix de Barthélemy Parrocel.

HÔTEL DE CLAVIER

Cet hôtel particulier du XVIIe siècle, transformé en bureaux municipaux dans un souci de conservation de nombreux témoignages des époques passées, abrite aujourd'hui dans ses caves, un lieu d'exposition qui offre de nombreux témoignages architecturaux. Sans cesse remanié au cours des siècles, il conserve l'empreinte de tous les styles successifs. Au premier étage, l'étage noble, on remarque les beaux volumes, les plafonds à la française, les moulures des murs. Dans les sous-sols voûtés du XIIIe siècle coule une source naturelle.

MUSÉE DES COMTES DE PROVENCE ★

Palais des Comtes-de-Provence
✆ 04 94 69 45 18

Fermé du 23 décembre au 10 février. Gratuit jusqu'à 6 ans. Adulte : 4 €. Réduit : 2 €. Parkings à proximité.

Ce palais devient en 1945 le musée du Pays brignolais, aujourd'hui devenu le musée des Comtes de Provence, et présente l'histoire de la ville, ses mœurs, ses traditions et ses activités économiques disparues, ainsi que quelques productions artistiques locales. Sa collection, labellisée musée de France, est d'une grande diversité ; on y retrouvera notamment le sarcophage de la Gayolle, une importante collection d'ex-voto, ainsi que des œuvres des peintres J. Parrocel et F. Montenard.

SANDRINE BARBIER

Chemin du Val de Camps
✆ 06 78 96 87 28

Ouvert toute l'année. Visite guidée.

Au départ de Brignoles, Sandrine, guide conférencière indépendante, vous accompagnera, toute l'année sur réservation, à votre rythme, dans des visites guidées à pied de communes, de 1 heure à 3 heures maximum suivant le site, des circuits à thème et accompagnés, pour la découverte de plusieurs petits villages authentiques de la Provence Verte. Son expérience et sa connaissance du terrain vous permettront de découvrir ou redécouvrir les plus beaux sites culturels varois et le patrimoine culturel de la Provence Verte et du Var.

HÔTEL THE ORIGINALS BRIGNOLES LA BELLE ÉTAPE*** €

22, rue Antoine Albalat ✆ 04 94 69 30 30
www.theoriginalshotels.com/hotels/brignoles-la-belle-etape

Ouvert toute l'année. 37 chambres 100 % non fumeur. Chambre double à partir de 79 €. Restaurant fermé le dimanche.

L'hôtel de Sébastien, ex-Inter-Hôtel, idéalement placé à proximité de l'autoroute A8, permet de sillonner aisément dans le Var, soit dans l'arrière-pays jusqu'aux gorges du Verdon, soit vers Toulon et la Méditerranée. Si vous préférez vous détendre au bord de la piscine, après votre déjeuner au restaurant où vous apprécierez une cuisine traditionnelle et familiale, à picorer dans un buffet à volonté, de l'entrée au dessert. Les transats vous tendent les bras.

HÔTEL MERCURE BARBAROUX GOLF & SPA**** €€

Route de Cabasse
✆ 04 94 69 63 63
www.barbaroux.com

Ouvert toute l'année. 52 chambres. Parking privé. Brasserie le midi et le soir, restaurant semi-gastronomique le soir.

Le calme et la détente sont de rigueur dans ce paysage boisé de 87 hectares où s'étale le golf. Les chambres climatisées, modernes et très confortables bénéficient d'une terrasse et d'une entrée indépendante. Le restaurant, avec une vue magnifique sur le parcours de golf, les vignes et la forêt, propose deux styles de restauration : brasserie le midi et le soir et semi gastronomique le soir, où le chef travaille une cuisine à l'esprit méditerranéen.

LE MAS DE CHANTILLY €€

406, route de Marseille
✆ 06 66 53 67 97
https://le-mas-de-chantilly.webnode.fr/

Ouvert toute l'année. Compter 105 € la nuit et 595 € la location «gîte» à la semaine en été. Table d'hôtes : 35 €.

Un domaine extra, tenu par Stéphanie et Olivier, amoureux du grand air, de la nature, et des chevaux bien sûr ! Posée sur 4 hectares, entre vignes et prairies, leur belle yourte mongole à l'intérieur chaleureux peut accueillir jusqu'à 6 personnes. Si le dépaysement n'a pas pu être poussé jusqu'à l'ameublement, la décoration est soignée et colorée. En véritables passionnés d'équidés, vos hôtes vous proposent des randonnées au cœur de la Provence verte, ainsi que de temps à autres des bodegas et de ravissants spectacles équestres.

EL COCHINO €€

11, place Caramy
✆ 04 94 78 33 07

Ouvert toute l'anné, du mardi au samedi, midi et soir. Menu 25 €. Carte. Soirées à thèmes avec concert live.

Ici, le concept de restaurant-bar à vins est poussé du sol au plafond, en passant évidemment par l'assiette et le verre : pas moins de 33 références de vins y sont proposées ! Au rez-de chaussée, la salle aux tons rouges fait la part belle à la pierre et au bois ; les tonneaux sont bienvenus pour manger un rapide morceau. Mais si le temps vous le permet, c'est au sous-sol que vous attend la pépite du resto : la « cave à vins », une très belle salle voûtée en pierres, a été aménagée avec tables, canapés, et vue directe sur la réserve de bouteilles !

AU VIEUX PRESSOIR €€

Le Plan
✆ 04 94 69 97 49
www.restaurantauvieuxpressoir-brignoles.fr/

Ouvert toute l'année. Tous les jours de 12h à 14h et de 19h30 à 22h. Menu du jour 17,70 €. Carte : 40 € environ.

Situé juste à la sortie de Brignoles, en direction de Marseille, une halte s'impose pour déguster la cuisine traditionnelle aux saveurs provençales de Yoan, le chef, qui vous concocte des pieds paquets à la marseillaise, une soupe de poissons traditionnelle avec sa rouille et ses croûtons, et des poissons grillés. Les desserts sont fabrication maison. En été, l'agréable terrasse et l'espace brumisé font le bonheur de tous. L'accueil sans faute de Laurent-Luc et le bon rapport qualité/prix font les beaux jours de cette maison.

LAFITAU FRERES

31, avenue Dréo
✆ 04 94 69 22 83
www.lafitau.fr

Ouvert tous les jours de 6h à 20h. Deux autres boutiques sont à votre disposition à Garéoult et à Rocbaron.

Quatre magasins sont à votre disposition à Brignoles, avenue Dréo, place Carami, quartiers Saint-Lazare et Saint-Jean, où vous pourrez déguster la fameuse spécialité brignolaise, la brinonia, tarte à la prune créée il y a une quinzaine d'années par les frères Lafitau, boulangers, pâtissiers, chocolatiers et glaciers. Les plus gourmands ne manqueront pas de goûter aussi aux brignolles, spécialité de bonbon à la prune, le Monaco Brignoles, pâte à choux fourrée de crème pralinée onctueuse, ou encore le Saint-Quinis, un gâteau sablé.

CHÂTEAU LA LIEUE

Route de Cabasse
✆ 04 94 69 00 12

Ouvert toute l'année. Dégustation gratuite et vente de vins au caveau familial. Parking.

Le savoir-faire de viticulteurs de la famille Vial se transmet depuis cinq générations. Ici, la culture biologique est reine, ce qui permet de mettre en valeur les qualités naturelles d'un terroir de caractère, où les raisins sont vinifiés avec le plus grand soin. Sur un domaine de 300 hectares, le vignoble de 70 hectares en AOP Coteaux varois en Provence, produit d'excellents vins rouges, les cuvées Tradition, Carignan et Batilde Philomène, mais également des crus en blanc et rosé, ainsi qu'un I.G.P. Var, dans les trois couleurs.

CHÂTEAU MARGILLIÈRE

2125, RD79 route de Cabasse
✆ 04 94 69 05 34
www.chateau-margilliere.com

Vente et dégustation au caveau. Retrouvez également les vins au golf de Barbaroux aux mêmes tarifs.

La famille Bunan a rejoint l'activité du Château Margillière depuis mars 2016. Cette bastide du XVIIe siècle restaurée par la famille Caternet, érigée sur une propriété de 90 hectares dont 25 de vignes, est bordée d'une rivière alimentée par une source millénaire. Dans sa boutique, vous pouvez déguster les vins AOP Coteaux-varois-en-Provence dans les trois couleurs, dont la cuvée Bastide et la cuvée Hautes Terres en vins biologiques, et découvrir également miels, safran, huiles de truffes noires et blanches et produits régionaux.

DOMAINE DES ANNIBALS

Route de Bras - RD35 ✆ 04 94 69 30 36
www.annibals.com

Visite de cave sur rendez-vous. Vigneron indépendant. Certifié Vin Bio ECOCERT. Label Haute Valeur Environnementale.

Nathalie Coquelle et Henri De Wulf produisent des vins en AOP Coteaux Varois en Provence dans les trois couleurs, ainsi que des IGP du Var en rouge et rosé. Les 30 hectares de vignoble sont conduits en agriculture biologique, et ceci dans le plus pur respect de l'environnement. Les cuvées portent le nom d'expressions disparues telles que « Fesse-Mathieux », « Ribote », « La Jouvencelle » ou encore « Suivez-moi-jeune-homme »... Pour l'anecdote, la signature du décret de l'appellation Coteaux Varois en Provence en 1993 a eu dans la belle cave du XIIe siècle.

LA PROVENCE VERTE

DOMAINE LA GRAND' VIGNE

Route de Cabasse
✆ 06 13 10 89 99
www.lagrandvigne.com
Ouvert du lundi au vendredi de 9h à 12h et de 14h à 18h. Téléphoner le week-end. Parking.

Voilà cinq générations que le Domaine la Grand' Vigne se transmet de père en fils. C'est aujourd'hui Roland Mistre, par ailleurs œnologue, qui en est le chef d'orchestre. Dès 2003, il a relancé la vinification au domaine après plusieurs décennies passées en coopérative. Epaulé de ses fils, il gère ainsi 15 hectares en AOP coteaux-varois-en-provence. Sa cuvée « La Grand' Vigne » se décline dans les trois couleurs, tandis que la cuvée « Fournerys », issue d'une sélection de parcelle et d'une vinification en barriques, dévoile des arômes plus gastronomiques encore.

BRIGNOLES KARTING LOISIR

642, chemin de ceinture
✆ 04 94 69 20 12
www.bkl.fr/
Ouvert toute l'année tous les jours, basse saison 9h à 12h et 14h à 18h ; haute saison 9h à 12h et 14h à 19h30.

Ce circuit est spécialisé dans la location de kart loisir pour petits et grands (dès 4 ans) ou l'organisation de challenge type grand prix pour les groupes d'amis, anniversaires, comités d'entreprises, séminaires, incentives, team building ou encore en afterwork. Le circuit mesure près d'un kilomètre de long et est équipé d'un système de chronométrage, d'écrans géants, d'un système d'éclairage et d'une technologie de sécurité Tecpro type F1. Bénéficiez également sur place, d'un club house de 400 m², avec un bar et une salle de restauration-réunion.

GOLF DE BARBAROUX

Route de Cabasse
✆ 04 94 69 63 63
www.barbaroux.com/fr
Ouvert toute l'année. Fermé du 24 décembre au 26 décembre. Practice, putting green. Hôtel. Spa. Restaurants. Parking.

Le golf de Barbaroux – 18 trous, 6 068 mètres par 72 – situé sur les communes de Brignoles et de Flassans, a été dessiné par de célèbres architectes de golfs américains, Pete Dye et PB Dye, dans un environnement naturel de vignes et de pins. Il est notamment agrémenté de six vastes plans d'eau. Classé dans le top 50 des parcours européens par le fameux magazine *Golf world*, il bénéficie de la présence d'un hôtel Mercure aux prestations haut de gamme, d'un spa propice à la relaxation, d'une brasserie et d'un restaurant semi-gastronomique.

LE VAL

Construit sur la colline de Paracol, ce village fortifié daté de 300 ans avant notre ère, sera occupé jusqu'au Xe siècle. Il reste encore aujourd'hui quelques vestiges de remparts, des passages voûtés, la tour de l'Horloge, ancien beffroi médiéval coiffé d'un campanile de 1754, des fontaines et un vieux lavoir communal. Ce village provençal, animé par de nombreuses fêtes traditionnelles, comme la fête de la Saint-Cyriaque (fin juillet-début août), ou la foire à la saucisse (le premier week-end de septembre), s'enorgueillit aussi de sept musées – le dernier en date, la Maison Rossellini, ayant ouvert ses portes courant 2016.

CRÊCHE ANIMÉE EN SON ET LUMIÈRE

Place Pasteur
✆ 04 94 37 02 21
Ouvert toute l'année sur rendez-vous. Gratuit jusqu'à 6 ans. Adulte : 2 €. Enfant (de 6 à 12 ans) : 1,50 €.

Installé dans l'ancien four à pain au centre du village, le musée offre un joli spectacle de sons et lumières, qui anime tout au long de l'année la salle Marcel Pagnol. Pendant une vingtaine de minutes, il retranscrit l'histoire pastorale provençale d'autrefois, contée et chantée autour d'un grand décor représentant Le Val au siècle dernier, en mettant en scène de superbes tableaux avec des santons habillés, réunis pour fêter Noël, le temps d'un spectacle.

ÉGLISE NOTRE-DAME-DE-L'ASSOMPTION

D'architecture romane, consacrée en 1068 par Guillaume, évêque de Carpentras, et Guillaume, évêque de Toulon, qui placèrent ce lieu saint sous les vocables de Sainte-Marie, Saint-Jean, Saint-Étienne et Sainte-Victoire, l'église est constituée d'une voûte en arc brisé. On y découvre des fresques du XVIIe siècle et des vitraux du XIXe siècle. Les peintures du cœur ont été réalisées en 1995 par Marcel Le Couedic, élève de Dali. En 1989, l'orgue de 1861 des frères Stierh a été restauré.

LA MAISON DE L'OLIVIER

Place Louis-Fournier

✆ 04 94 37 02 21

Ouvert toute l'année. Du lundi au vendredi. Gratuit jusqu'à 6 ans. Adulte : 2 €. Enfant (de 6 à 12 ans) : 1,50 €.

La commune a créé dans un ancien moulin à huile, une exposition permanente, véritable musée entièrement consacré à l'olivier. Une collection de photos couleurs agrémentée de textes, permet de découvrir les différentes étapes de la culture de l'olivier, les travaux du moulin, etc. Une maquette, reproduite à l'échelle exacte de l'ancien moulin fait revivre aux visiteurs le travail des mouliniers. De nombreux ustensiles d'époque sont présentés. Sur la façade du moulin d'à côté, une grande carte routière du Var en céramique peinte recense les 38 moulins du Var.

MUSÉE DU JOUET ANCIEN ET DE LA FIGURINE HISTORIQUE

Chemin des Tanneries

✆ 04 94 37 02 21

Ouvert toute l'année. Du lundi au vendredi. Gratuit jusqu'à 6 ans. Adulte : 2 €. Enfant (de 6 à 12 ans) : 1,50 €.

Cette rétrospective a été créée en décembre 1989 dans le centre du village et a été transférée dans d'anciennes tanneries. On y découvre sur deux étages des robes de mariées et des personnages historiques en costumes reconstitués. De vieux jouets d'antan, des soldats de plomb, chevaux de bois, cirque, poupées, jouets mécaniques et des créations personnelles de M. et Mme. Autissier, feront tous le bonheur des petits, toujours émerveillés, et des grands, bien souvent nostalgiques.

MUSÉE DU SANTON

Rue des Fours

✆ 04 94 37 02 21

Ouvert toute l'année. Du lundi au vendredi. Gratuit jusqu'à 6 ans. Adulte : 2 €. Enfant (de 6 à 12 ans) : 1,50 €.

Dans l'ancien four à pain banal du XIIe siècle, découvrez une belle exposition de santons provençaux et de crèches provenant de différents pays du monde, notamment d'Espagne, d'Italie, d'Israël, d'Amérique du Sud, d'Angleterre... Cette collection de santons provençaux en terre cuite et crue, de santons habillés illustrant les vieux métiers d'autrefois, ainsi que des crèches internationales en bois, en verre, en cire... est un voyage qui vous transporte depuis l'origine du santon d'argile, à l'évolution moderne des crèches.

SERVICE EVENEMENTIEL PATRIMOINE VIE ASSOCIATIVE

5, place de la Libération

✆ 04 94 37 02 22

www.mairie-leval.fr

Ouvert toute l'année. Langues étrangères parlées à l'accueil : anglais.

Le Val se situe sur le territoire de la Provence verte, à moins d'une heure des plus grands sites de la région Sud Provence-Alpes-Côte d'Azur. Les conseillères en séjours de Le Val, vous offrent la possibilité de réserver vos activités, vos concerts, votre location de vacances sans supplément de coût. À noter que depuis plus de 30 ans, chaque 1er week-end de septembre, est célébrée la foire à la saucisse, qui perpétue un privilège de plus de 350 ans.

LA FONTAINE €

2, place du consul Debergue

✆ 04 94 80 75 18

http://restaurant-lafontaine-leval.fr/

Fermé 1 semaine en automne, 1 semaine en hiver et 1 semaine au printemps. Formule du midi 18,50 €. Menu 28 €. Terrasse.

Rillettes de sanglier à l'ancienne et son pain de campagne grillé, suprême de pintade à la crème de bacon et ses champignons farcis, tiramisu à la crème de châtaigne et ses éclats de cookie, ce sont quelques plats vraiment faits maison avec des produits de saison, frais et locaux, et qui mettent l'eau à la bouche, que le chef Christian Longuet vous propose et que vous pouvez déguster aux beaux jours sur la terrasse qui entoure l'une des 18 fontaines du village. Les plus mordus apprécient également les soirées à thème, organisées régulièrement.

DOMAINE FONTAINEBLEAU EN PROVENCE

Route de Montfort-sur-Argens

✆ 04 94 59 59 09

www.domainefontainebleauenprovence.com/

Cave de vente et dégustation ouverte au public de juin à septembre.

En plein cœur de la Provence verte, ce domaine s'étend sur 160 hectares, dont 30 de vignes plantées dans un sol d'une rare diversité. Ce terroir si singulier confère au vin une complexité et un caractère unique, que l'œnologue Valérie Courrèges entretient activement depuis son arrivée en 2013, et l'adoption par le domaine d'une viticulture en biodynamie. Le domaine produit des vins dans les trois couleurs en AOP coteaux-varois-en-provence et en AOP côtes-de-provence.

VINS-SUR-CARAMY

Les Grecs, puis les Romains, furent les premiers à occuper la vallée du Carami. De nombreuses invasions barbares et sarrasines obligèrent ensuite les occupants à se réfugier au sommet de la colline Sainte-Suzanne qui domine au nord la vallée du Carami. Une forteresse, le Castrum Vincinis, y est érigée en 1060. En 1471, le village perché est entièrement évacué et une vingtaine de familles s'établissent dans la plaine, près de la rivière, où sera fondé en 1511 un nouveau village Vincinis. Le château, construit en 1543, sera gardé intact jusqu'en 1930 avant d'être vandalisé et abandonné, puis rénové par un propriétaire privé.

CHÂTEAU DE VINS

2, les Prés du Château
✆ 04 94 72 50 40
https://chateaudevins.fr/

Ouvert au public d'avril à octobre. Gratuit jusqu'à 12 ans. Adulte 6 € (visite commentée). Groupe (10 personnes) 5 €.

Les origines de ce château, forteresse d'Hubert de Vins, remontent à la première moitié du XVIe siècle, où la célèbre famille provençale Garde en fit sa résidence principale. Sa construction est un compromis entre la forteresse médiévale et l'habitation d'agrément typique de la Renaissance. Aujourd'hui les nombreuses salles de ce château inscrit à l'Inventaire supplémentaire des Monuments historiques, accueillent régulièrement des réceptions, des stages de musique et des manifestations culturelles variées. Sachez enfin qu'il comprend 3 chambres d'hôtes.

LES ADRETS €€

2, quartier des Vignons ✆ 04 94 72 55 84
www.lesadrets.com

Ouvert toute l'année. 4 chambres 100 % non fumeur, dont une suite et un studio de 65 € à 95 €, petit-déjeuner inclus.

Dans cette agréable maison d'hôtes de charme, vous bénéficierez d'une superbe vue dominante sur le village, le pont médiéval et le château de Vins-sur-Caramy. Des chambres spacieuses et tout confort, ou de la terrasse avec piscine, vous jouirez de la quiétude et de la douceur de vivre en Provence verte. Cet environnement enchanteur sera le cadre privilégié pour le service en terrasse du copieux petit déjeuner, avec des confitures maison, ainsi que des repas en table d'hôtes avec des menus d'inspiration provençale servis dans une ambiance conviviale et chaleureuse.

CHÂTEAU DE VINS €€

2, les Prés du Château
✆ 04 94 72 50 40
https://chateaudevins.fr/

Fermé de novembre à mars. 5 chambres doubles non fumeur de 90 € à 150 €. Petit déjeuner inclus. Piscine extérieure.

Dans le merveilleux cadre du château de Vins, forteresse médiévale au raffinement de la Renaissance qui domine la vallée du Caramy, ces chambres d'hôtes de charme, avec vues sur le jardin, la cour d'honneur ou le village, vous permettent de vous retrouver, le temps d'une nuit ou plus, dans l'époque Renaissance. La chambre Lully aux couleurs chatoyantes et sa vaste superficie de 30 m², avec lit à baldaquin, est vraiment grandiose ! Le petit-déjeuner est servi soit dans la salle de chasse, soit dans la cour d'honneur... si le temps le permet.

MONTFORT-SUR-ARGENS

La cité médiévale, ceinturée de remparts, est une ancienne commanderie des Templiers. Après les grands procès de l'Ordre du Temple en 1308, l'édifice, aujourd'hui propriété privée, fut repris par les hospitaliers qui l'ont remanié aux XIVe et XVIe siècles. Il fut transformé en prison pendant la Révolution. Montfort est le village natal de Joseph-Louis Lambot, inventeur du ciment armé. C'est lui qui le 1er eut l'idée d'incorporer une armature de fer dans l'épaisseur du béton pour lui donner une plus grande résistance aux déformations. Sa 1ère réalisation, une barque en béton armé, est visible aujourd'hui au musée du Pays brignolais, à Brignoles.

LE CHAT LUTHIER €

4, rue du Barri
✆ 04 94 59 51 01
http://le.chat.luthier.pagesperso-orange.fr

Ouvert toute l'année. Chambres de 45 € à 65 € suivant la saison. Table d'hôtes, dîner sur réservation : 25 €.

Cette maison de maître de 1783, aux larges volumes, située au cœur du village médiéval, dispose de grandes chambres aux décorations personnalisées, la Récamier, style Ier Empire, la Pompadour, style Louis XV-XVI et une plus petite, l'Astrolabe, style voyageur. Une ancienne cave voûtée, agrémentée d'une fontaine intérieure et d'un bassin avec poissons, est destinée à vous accueillir pour les petits déjeuners et les dîners, composés de spécialités traditionnelles et familiales aux saveurs provençales, sauté d'agneau, crumble de ratatouille, sorbets maison...

CARCÈS

Le premier seigneur de Carcès fut Eldebert de Châteaurenard. Ensuite, la seigneurie a appartenu à Guillaume de Cotignac, puis passa dans les familles de Pontevès, de Simiane, de Rohan-Soubise et de Condé. Le château eut le privilège de recevoir Louis XIV et sa cour en 1660. Détruit après la Seconde Guerre mondiale, il a récemment été restauré pour partie. Avec son lac de 100 ha et les six rivières qui s'y déversent, Carcès est devenu le lieu de rencontres privilégié des pêcheurs en eau douce, et pour l'anecdote depuis 1889, la 3e ville de France éclairée à l'électricité. Le marché se tient le samedi matin, et est complété par un marché nocturne le jeudi en été.

CIRCUIT DU VILLAGE - CŒUR MÉDIÉVAL ET CHÂTEAU ★

Visite guidée en saison : se renseigner à l'office de tourisme.

Avec ses maisons, aux superbes façades revêtues de tuiles vernissées, bâties en colimaçon autour de ses ruelles étroites, la cité médiévale offre encore quelques curiosités à découvrir comme les ruines du château, l'église Sainte-Marguerite, l'ancienne chapelle des observantins, la chapelle Notre-Dame-de-Bon-Secours, les anciennes fontaines – en particulier la fontaine des Quatre Saisons –, la tour de l'Horloge, construite au XVIIIe siècle et les anciens moulins à huile.

CHUTES DU CARAMY ★★

Hautes de deux fois sept mètres, ces cascades constituent l'une des perles du patrimoine naturel de Carcès. Cette rivière, qui prend sa source dans le massif de la Sainte-Baume, traverse la Provence Verte d'ouest en est pour se jeter dans le fleuve Argens à Carcès. On accède aux chutes par un sentier balisé jaune au départ du village (près de la maison de retraite) en quelques quarante minutes de marche. Cette promenade vous permet d'emprunter le chemin de Saint-Jacques de Compostelle. Si besoin, n'hésitez pas à vous renseigner auprès de l'office de tourisme.

LAC DE CARCÈS

Alimentée par six rivières, ce lac artificiel de 100 ha, créé par un barrage en aval du confluent du Caramy et de l'Issole, a été aménagé pour alimenter Toulon en eau potable. Véritable paradis pour les pêcheurs en eau douce, il regorge de poissons, brochets, perches, carpes, sandres, brèmes et gardons... lorsqu'il est en eau, ce qui n'est pas toujours le cas, avec la sécheresse qui règne dans la région. Il est également interdit à la baignade et à la navigation. Grâce à ses rives aménagées, cette étendue d'eau est très prisée pour les pique-niques.

CIRCUIT DES FRESQUES ET FONTAINES ★

Temps de visite estimé : 1h30 (visite à pied).

Un bel itinéraire au fil des peintures en trompe-l'œil, fresques murales décorant les façades de boutiques, de l'office de tourisme ou de bâtiments communaux (une dizaine tout de même !), et des fontaines et lavoirs du village (pas moins de 20 au total). Une visite au fil de panneaux explicatifs et numérotés et d'un guide papier. Un nouveau plongeon dans la découverte du patrimoine de Carcès ; n'hésitez pas non plus à sortir de l'itinéraire balisé...

LA MAISON DE CAMPAGNE €€

130, impasse des Cadenières
✆ 07 70 12 27 14
http://lamaison-de-campagne.com/

Ouvert toute l'année. 4 chambres de 80 € à 90 €. Suite familiale à partir de 130 €. Table d'hôtes 25 €.

La Provence dans toute sa splendeur ! Dans cette belle bastide d'antan composée de quatre chambres d'hôtes et d'une suite familiale composée de deux chambres, la charmante Claudine et son mari vous réservent un accueil des plus sympathiques. Toute l'année, Claudine veille au grain au bon déroulement du séjour de chacun, et n'hésite pas à passer derrière les fourneaux pour mitonner dans sa cuisine de bons repas ensoleillés. Une piscine vient agrémenter le tout en été ; en hiver, ce sera plutôt veillées champêtres avec théâtre au coin du feu.

LA PROVENCE VERTE

LA GUINGUETTE DU LAC €€

Route du Lac
✆ 04 94 04 51 02
www.guinguettedulac.com/
Fermé du début novembre à mi-février. Ouvert du mardi au dimanche. Formule du midi 19 €. Menus de 19 € à 29 €.

Ce restaurant-brasserie séduit d'abord par son emplacement face au plan d'eau – dommage que la route ne nous y sépare – et sa terrasse ombragée avec brumisateur. Le cadre est bucolique à souhait, l'esprit familial et décontracté, tandis que dans l'assiette, on nous propose une cuisine simple et traditionnelle plutôt bien mitonnée, à l'instar notamment de la succulente daube provençale. Le tiramisu en dessert nous a lui aussi laissé un bien bon souvenir, tout comme les glaces artisanales. Pour terminer, l'accueil est sympathique.

DOMAINE CLOS GAUTIER

800, chemin des Bastides
✆ 04 94 80 05 05
www.closgautier.fr
Ouvert du lundi au vendredi 9h à 12h30 et 13h30 à 17h. Dégustation gratuite. Visite de cave uniquement sur rendez-vous.

Créée en 2003, cette magnifique propriété viticole du cœur de la Provence verte est, depuis 2011, la propriété de Gilles Pedini, niçois d'origine et surtout un épicurien amoureux de la région. Épaulé par son talentueux maître de chai, il a su redonner au domaine ses lettres de noblesse : arrachage et replantation qualitative toujours en constante évolution, rigueur accrue dans le travail de la vigne et des vinifications, limitation de l'empreinte environnementale. À noter l'obtention de la certification en haute valeur environnementale (HVE) de niveau 3.

DOMAINE DE L'ESTAN

174, les clos de Gérin
✆ 04 94 04 31 73
http://domainedelestan.fr/
Ouvert le lundi et le mercredi de 8h à 12h ; le mardi et le jeudi de 14h à 17h. Vendredi et samedi sur rendez-vous.

Étendu sur 42 hectares de terres argilo-calcaires en coteaux, d'un seul tenant, entre Carcès et Montfort-sur-Argens, le Domaine de l'Estan, travaillé en agriculture raisonnée et certifié haute valeur environnementale (HVE), est géré de façon familiale depuis quatre générations. La famille Bataille, Vigneron indépendant, produit des vins typiques de la région en AOP Côtes de Provence rouges, rosés et blancs, issus de six cépages, grenache, cinsault, syrah, cabernet-sauvignon, vermentino et carignan, qui bénéficient d'une exposition privilégiée plein sud.

FERME ÉQUESTRE LES CHEVAUX DU BESSILLON

862, vieux chemin d'Entrecasteaux
✆ 06 15 86 58 16
https://chevauxdubessillon.monsite-orange.fr/
Ouvert toute l'année. Sur réservation. Randonnée équestre, pensions. Parking.

Dans un cadre champêtre au milieu des pins, et dans une ambiance conviviale et décontractée, les amateurs de balades équestres en pleine nature, dans les forêts, au milieu des vignes, seront comblés. Possibilité de randonnée découverte de 1h30, de randonnée à la 1/2 journée ou à la journée, de randonnée à thème et balade à poney pour les plus petits, tenue en main par les parents. Toutes les randonnées sont sur rendez-vous. Pension à la carte pour chevaux ou poneys.

CORRENS ★

En 1997, une poignée d'agriculteurs décide de se diriger collectivement vers une culture et un élevage dans le respect de l'environnement : ils convertissent leur production en agriculture biologique, et font passer le mot aux voisins façon « qui m'aime me suive ». Vingt ans plus tard, un apiculteur, un maraîcher, trois domaines viticoles ainsi que la coopérative vigneronne, qui en regroupent bien davantage, bénéficient du label Agriculture Biologique. Aujourd'hui, Correns est ainsi devenue « Premier Village Bio de France ». Alors certes, certains lui reprocheront ce slogan autoproclamé, mais il n'empêche : pour une bourgade de moins de 900 âmes, cette concentration est tout de même admirable. Pour célébrer cette spécificité, c'est tout naturellement (et c'est le cas de le dire !), que Correns accueille chaque année sa Fête de la bio et du naturel le troisième week-end d'août. Sur place, il vaut la peine de grimper au sommet du village pour découvrir le Fort-Gibron, imposant château abbatial édifié au XIIIe siècle et totalement restauré. L'église Notre-Dame-de-Correns, construite au XVIIIe siècle, abrite quant à elle un superbe retable ainsi qu'un maître-autel baroque en bois doré, surmonté d'un tabernacle cylindrique : une pièce unique dans toute la Provence.

AUBERGE DE CORRENS €€

34, place du Général-de-Gaulle
✆ 04 94 59 53 52
www.aubergedecorrens.fr

Fermé du 1er janvier au 15 février. 5 chambres 90 € à 100 € suivant la saison. Restaurant plat du jour 17 €. Terrasse.

Nathalie et Jacques vous accueillent dans cette bastide du XVIIIe siècle au décor atypique. Les chambres, spacieuses, sont toutes dotées de lits « king size ». Côté restaurant, une cuisine plutôt classique avec des plats faits maison qui changent régulièrement en fonction du marché avec des produits de saison, régionaux et le plus souvent issus de l'agriculture biologique, chèvre frais bio de Correns en salade, gâteau d'aubergines et son coulis de tomate-basilic, œuf bio mollet ou agneau bio de Sisteron à l'infusion de romarin.

LA MAISON HILARION €€

14, Grand'rue
✆ 07 83 40 82 48
www.lamaisonhilarion.fr

Ouvert toute l'année. 3 chambres de 65 à 110 € selon la saison. Table d'hôtes 25 € (repas complet hors vin).

Sans conteste l'un de nos coups de cœur cette année ! C'est sur un véritable coup de foudre que Laurence, historienne de l'art, et son mari Laurent, conservateur au Musée d'Histoire Maritime de Saint-Tropez, se sont lancés dans l'achat de cette bâtisse du centre de Correns. Et l'on comprend vite pourquoi ! Sur 450 m², elle est en fait composée de quatre maisons réunies à la fin du XIXe siècle. Réinventée comme une maison d'amis, elle dispose de quatre chambres à l'histoire et au décor singuliers ; ajoutez à cela une convivialité sans faille, et le charme opère !

DOMAINE DES ASPRAS

Quartier des Aspras
✆ 04 94 59 59 70
www.aspras.com

Ouvert basse saison, lundi au samedi 10h à 12h et 14h30 à 17h ; haute saison lundi au samedi 10h à 12h et 14h30 à 19h.

Situé à Correns, 1er village bio de France, le domaine familial s'étend sur 25 hectares de vignes d'une moyenne d'âge de 20 ans. Certifié Écocert depuis 1996, les vins biologiques respectent la biodiversité environnementale et ont été labellisés HVE récemment. Les cuvées sont à découvrir et à déguster au caveau du domaine, où l'on pourra compléter ses achats par d'autres produits biologiques et locaux, à l'instar de l'huile d'olive bio et autres tartinables, confitures ou bien du miel d'apiculteur de Correns. À la location en gîte, la «Maison du vigneron».

DOMAINE SAINT-ANDRIEU

Chemin Saint-Andrieu ✆ 04 94 59 52 42
www.domaine-saint-andrieu.com

Ouvert du lundi au vendredi de 9h à 17h. Parking. Visite du domaine et de la cave uniquement sur rendez-vous.

Ce territoire de 600 ha, dont 12 hectares d'oliviers et 26 hectares de vignes, s'étend sur les deux appellations, coteaux-varois-en-provence et côtes-de-provence. Le domaine produit des vins régulièrement primés dans les trois couleurs, à l'image du côtes-de-provence rosé, avec sa jolie couleur rose pâle et un nez délicat d'agrumes mêlés à des notes épicées, sa bouche ronde et fraîche marquée par un très bel équilibre et de subtiles saveurs de fruits blancs, et du côteaux-varois-en-Provence rosé. Le domaine produit et vend également son huile d'olive vierge extra.

L'OUSTAOU BIO

29, rue Notre-Dame
✆ 06 28 89 47 48

Ouvert du lundi au jeudi de 9h à 13h ; le vendredi et le samedi de 9h à 13h et de 16h à 19h.

Dans un cadre bien agréable, un magasin bio associatif parfaitement bien implanté à Correns, tenue par l'association Sol'O Bio. Ici, l'essentiel (légumes, miel, olives, huiles d'olive, vin...) provient de la production locale et les circuits courts sont clairement favorisés, légumes de Correns et Barjols, fromage de chèvre de La Celle, confiseries de Salernes, fromage de brebis de Sillans-la-cascade, farine de Bras... Une large sélection de produits en vrac également. Tout au long de l'année, accueil charmant des vendeuses. Vraiment de bons produits !

K NOE

Place du jeu de boules
✆ 06 85 73 38 07
www.k-noe.com

Ouvert de mi-avril à mi-octobre, tous les jours selon conditions météo.

Un maillot, des tennis, un tee-shirt et vous voilà équipé pour découvrir le charme de Correns et de ses alentours. Dans une alcôve de verdure vous descendrez le fleuve Argens, pendant les sept kilomètres qui séparent Vallon-Sourn de Correns, avec une écluse à passer, quelques mini-rapides, un slalom entre les arbres. Vous vous baignerez dans des bassins de nature sauvage, vous bronzerez dans les puits de lumière, enfin vous découvrirez la faune et la flore si particulières du premier village bio de France. La durée de la descente est d'environ 2h30.

CHÂTEAUVERT ★

Le village s'est constitué autour du château, aujourd'hui en ruine, et sera administré par diverses familles, les seigneuries de Bertrand de Châteauvert, des Villeneuvois et de Flayosc. Puis la peste fera fuir tous les habitants de la région. Aujourd'hui les quelques maisons de ce minuscule village d'une centaine d'habitants sont regroupées autour de l'église de la Transfiguration, surmontée de son campanile du XVIIe, à l'orée du vallon Sourn. Avec 4 domaines exploités sur la commune, la viticulture constitue l'essentiel de l'activité agricole de Châteauvert. Depuis 2016, le village s'enorgueillit d'un nouveau centre d'Art Contemporain.

VALLON SOURN ★★

Traversé par l'Argens sur 4 kilomètres, ce site relativement méconnu est réputé pour ses qualités écologiques. C'est en effet un véritable paradis pour de nombreuses espèces végétales et animales, dont certaines trouvent là leur dernier refuge mondial. Rainette méridionale, salamandre tachetée, couleuvre de Montpellier, couleuvre d'Esculape, insectes, chauve-souris, faucon pèlerin, cingle plongeur… Si le promeneur ne peut que rarement les observer, le cadre lui-même est un enchantement pour la balade, la baignade et l'escalade.

CENTRE D'ART CONTEMPORAIN ★

460, chemin de la Réparade

✆ 07 81 02 04 66

www.caprovenceverte.fr/culture/centre-art-chateauvert/

Fermé du 30 novembre 2020 au 11 février 2021, les 1er mai, 1er et 11 novembre. Parking.

Ce centre invite à la promenade et à la rêverie entre les sculptures qui peuplent son jardin, bordé par l'Argens. Au rythme de ce fleuve, le centre d'art fait vibrer la création contemporaine dans un esprit de découverte et de partage. Les projets y bourgeonnent à l'occasion des résidences d'artistes, qui composent des œuvres sur place, en harmonie avec l'environnement du parc. L'art fleurit aussi entre les murs du centre, au détour d'expositions temporaires.

LE JARDIN DE SCULPTURES

Accès libre.

Si vous êtes amateur d'art contemporain, arrêtez-vous au pied des ruines du château de Châteauvert pour admirer des sculptures monumentales, œuvres diverses d'artistes comme Richard Herr et ses figures en marbre, Jean-Pierre Rives et sa grande figure rugbystique des années 70 ou ses poutres métalliques enchevêtrées, ou bien encore Gérard Moncollin et ses pièces en acier brut... Un jardin original en somme, conçu comme une promenade en pleine nature, imaginé par Hubert Garnier, ancien maire de la commune, mais aussi peintre et sculpteur de renommée internationale.

GÎTES DE LA RÉPARADE**** €€

Domaine de la Réparade

✆ 04 94 80 97 15

www.gites-la-reparade.com

Ouvert toute l'année, sauf entre Noël et début janvier. 7 gîtes de 2 à 12 personnes 350€ à 2156€ la semaine selon saison

À quelques minutes seulement du vallon Sourn, installé dans l'un des plus anciens domaines viticoles de la région, ce domaine propose 7 gîtes de standing entièrement équipés, décorés et meublés dans le respect le plus total des lieux, qui bénéficient d'une terrasse privative, barbecue et mobilier de jardin. Pour les soirées d'hiver, on pourra, pourquoi pas, se laisser tenter par la TV satellite et le lecteur DVD. En été, en revanche, il y a bien mieux à faire dehors ! Chaudement recommandé pour des vacances au vert, et au calme !

CHÂTEAU MARGÜI

✆ 09 77 90 23 18

www.chateaumargui.com

Ouvert toute l'année. Accueil boutique d'octobre à avril sur rendez-vous. Parking. Dégustation vins et huile d'olive.

Depuis 2017, le domaine composé de 15 hectares de vignes, 5 hectares d'oliviers et 65 hectares de forêt, a été acquis par le groupe Skywalker vineyards, déjà propriétaire de plusieurs vignobles en Californie et en Italie, dont le principal actionnaire est George Lucas, le créateur de la saga *Star Wars*. La cave a été entièrement rénovée en 2018 et organisée sur trois niveaux. Les vins en appellation Coteaux varois en Provence, qui se déclinent dans les trois couleurs, sont proposés dans deux gammes, l'emblématique Château et la plus confidentielle, La bastide.

ENTRECASTEAUX

Ce village est situé dans la vallée de la Bresque, affluent de l'Argens. Ce fief fut successivement la propriété des Castellane, des comtes de Provence, puis des Grignan, et enfin de l'amiral Bruni d'Entrecasteaux. Le grand château à 4 niveaux, aujourd'hui privé, remplace une construction fortifiée du XIe. Les jardins à la française qui ornent le devant de la façade sud ont été dessinés par Le Nôtre. Sur la façade nord, une glacière, chargée pendant l'hiver, servait à alimenter en glace les habitants du village. Elle était approvisionnée par l'eau gelée sur les prés bordant la Bresque et probablement par l'apport de neige venant du massif des Bessillons.

CHÂTEAU D'ENTRECASTEAUX ★

Le Château

✆ 04 94 04 43 95

www.chateau-entrecasteaux.com/fr

Ouvert de Pâques à fin septembre. Adulte : 10 €. Enfant : 5 € (étudiants et enfants). Groupe (20 personnes) : 8 €.

L'ancienne forteresse du XIe siècle, détruite et reconstruite au XIIIe, puis maintes fois remaniée entre les XVIe et XVIIe siècles, a été entièrement restaurée et remeublée d'objets d'époque par son propriétaire, qui l'habite et en assure la maintenance. Au fil de la visite, se dévoilent sous nos yeux le salon Louis XIV, le salon Empire, le salon de musique baroque, la suite orientale, la cuisine ancienne, les cabinets de curiosités et les oubliettes... Son superbe jardin à la Française, dessiné par Le Nôtre, est à ne pas manquer.

LA BASTIDE NOTRE-DAME €€

137, Montée Notre Dame

✆ 04 94 04 45 63

http://bastidenotredame.free.fr/

Ouvert toute l'année. 5 chambres doubles de 87 € à 145 €. Petit déjeuner inclus. Parking gratuit. Piscine extérieure.

Dans cette vaste et chaleureuse maison d'hôtes familiale située au cœur de la Provence verte, à proximité de jolis villages et aux portes des pittoresques gorges du Verdon, c'est avec plaisir que Thierry et Marie-Thé vous accueillent dans l'une des 5 chambres, décorée avec simplicité et bon goût. On apprécie l'endroit pour sa situation, au calme, pour ses extérieurs bien entretenus, pour son jardin ombragé, pour sa grande piscine en contrebas et sa vue dégagée sur la campagne environnante, véritable invitation à la détente et au repos.

LES BASTIDES PROVENÇALES €€€

2043, route de Saint Antonin ✆ 06 25 27 38 66

www.bastides-provencales.com

Ouvert toute l'année. De 7 à 9 personnes par gîte. De 450 € à 1 650 € la semaine selon saison.

Cathy et Philippe Rolland louent des maisons de vacances bien équipées, avec un aménagement intérieur de style provençal, situées sur la colline qui surplombe le village d'Entrecasteaux, avec une magnifique vue panoramique. Du côté des loisirs sur place, vous êtes assurés de passer des moments ludiques dans la belle piscine à débordement (chauffée à 28° C d'avril à octobre), sur le terrain de pétanque ou de badminton, à la table de ping-pong... Les petits n'ont pas été oubliés avec la création d'un bassin pour patauger et d'une cabane perchée.

LA BASTIDE DE FANGOUSE €€

284, chemin de la Marouine ✆ 06 07 90 58 56

www.labastidedefangouse.fr

Ouvert toute l'année. Menus de 32 € à 64 €. Carte : 44 € environ. Jardin. Terrasse. Parking. Soirées à thème.

Surtout reconnu pour l'organisation de mariages grandioses avec des prestations haut de gamme, cette bastide en pierre du 18e siècle blottie au milieu d'un océan de 10 hectares de verdure, de vignes, d'oliviers, de bois, propose également des prestations gastronomiques, de mi-octobre à fin mars en intérieur, avec une cuisine entièrement faite maison avec des produits frais, une formule barbecue gastronomique en extérieur sur la terrasse de mi-avril à mi-octobre et une nouvelle carte de burgers gastronomiques. À votre disposition, chambres d'hôtes et gîtes.

LES CAVES DE L'AMIRAL

Route de Saint-Antonin

✆ 04 94 04 42 68

www.cave-amiral.com

Ouvert toute l'année du lundi au samedi. Parking. Dégustation gratuite. Visite de la coopérative sur rendez-vous.

Le vignoble des coopérateurs viticulteurs du village s'étend sur un terroir principalement argilo-calcaire de 186 hectares en AOC Côtes de Provence et 50 hectares en Indication géographique protégée vin de Pays du Var. Les principaux cépages sont la syrah, le grenache, le cinsault pour les rosés, le mourvèdre, le cabernet, le carignan et le merlot pour les rouges et le rolle et l'ugni blanc pour les blancs. Le rosé représente 80 % de la production, le rouge 15 % et le blanc 5 %. Des produits du terroir sont également en vente au caveau.

LA PROVENCE VERTE

ÉTANG DE PÊCHE

Quartier Coste Longue
✆ 04 94 04 41 42
Ouvert toute l'année, sauf juillet et août, tous les jours de 7h à 19h.
Deux zones de pêche, l'une pour taquiner les truites et l'autre les carpes (prises illimitées), sont à votre disposition tout au long de l'année, sauf juillet, août. Et le must, c'est que vous ne repartez jamais bredouille, puisque l'on vous offre trois truites. Cette journée de détente au grand air, dans un cadre verdoyant calme et agréable, peut être complétée par un pique-nique (tables, chaises et barbecue sur place) ou par un déjeuner au restaurant snack buvette posé au bord du lac, où la cuisine est familiale et les plats sont faits maison.

COTIGNAC ★★

Aux portes du parc naturel régional du Verdon, quasiment à égale distance entre Aups au nord et Brignoles au sud, Cotignac se trouve lové au pied d'une falaise de tuf de 80 m de hauteur et de 400 m de largeur : un monument naturel creusé de multiples grottes, et qui fait toute sa spécificité. D'avril à septembre, son ascension est ouverte au public : dans les jardins du rocher, un ancien hospice de 1314, désaffecté depuis 1653, sert d'accueil aux visiteurs. Un escalier en rampe conduit ensuite au « balcon », où vous attend une terrasse aménagée en table d'orientation : d'en haut, le panorama sur les collines en restanques est saisissant ! Et pour terminer la visite, on pourra même faire un tour dans un habitat troglodytique ! En contrebas, en déambulant dans le village et ses ruelles ornées de fontaines, les amateurs de vieilles pierres pourront apprécier les deux tours médiévales, les vestiges de l'ancien château des Castellane, la chapelle Saint-Martin du IXe siècle, l'église Saint-Pierre du XIIe, la tour de l'Horloge et la maison du prince de Condé, toutes deux bâties au XVe siècle, ou encore la porte de la Puade, l'unique porte conservée sur les huit que comptaient les remparts du XVIe siècle. Prenez enfin le temps de flâner le long du cours Gambetta, l'artère centrale du village et théâtre chaque mardi matin du marché hebdomadaire. Bordé de platanes, de cafés et de restaurants, il y règne une atmosphère sans nulle autre pareille.

CASCADE DU GOUFFRE ★

Baignade interdite.
Si l'on ne s'y baigne pas, cette belle cascade d'une dizaine de mètres de hauteur sur la Cassole constitue un agréable lieu de balade très facile d'accès, très agréable et ombragée. On y accède à pied, environ une quinzaine de minutes, au départ de l'office de tourisme, en empruntant le pont enjambant la rivière, puis en suivant les indications « Vallon Gai » le long du cours d'eau. Pour la petite histoire, cette cascade est née d'une déviation vers l'ouest au Moyen Âge, pour profiter des cavités et de la roche facile à creuser.

COURS GAMBETTA ★

Un village provençal, ses ruelles étroites, ses maisons bien entretenues... Et son cœur animé, en toutes saisons, été comme hiver ! À Cotignac, l'artère centrale, c'est le cours Gambetta. Bordé de platanes, planté au centre par sa traditionnelle fontaine, il est le lieu chic où il fait bon déambuler, s'installer à un café ou se restaurer dans un des nombreux établissements. Une ambiance particulière se dégage de cet endroit : c'est là que se tiennent la plupart des événements estivaux, ainsi que le marché hebdomadaire, les brocantes.

LE ROCHER ★★

Fermé d´octobre à mars. Visite 2 € - gratuit pour les -10ans.
Véritable symbole, la falaise de tuf de Cotignac, que tout le monde appelle *Le Rocher*, haute de 80 mètres et longue de 400 mètres, surplombe le village. Son ascension permet de découvrir, dans les jardins du rocher, un ancien hospice de 1314, désaffecté depuis 1653, qui sert aujourd'hui d'accueil aux visiteurs. Un escalier en rampe vous conduit au « balcon » où se trouve une terrasse aménagée en table d'orientation, et vers un habitat troglodyte que l'on peut encore visiter ! Attention, le sentier est étroit : pas de poussette donc...

SANCTUAIRE NOTRE-DAME-DE-GRÂCES ★

1785, chemin de Notre-Dame
www.nd-de-graces.com
Ouvert tous les jours de 7h30 à 19h.

Au sud-ouest de Cotignac, sur le mont Verdaille, cette chapelle, construite en 1519 siècle pour commémorer l'apparition de la Vierge et qui fut plus tard le siège de l'oratoire, renferme notamment un ex-voto de marbre en souvenir du voyage d'action de grâce d'Anne d'Autriche et de Louis XIV. C'est également le théâtre d'importants pèlerinages, dont celui du 8 septembre, qui commémore la nativité de la Vierge Marie. Une boutique est à votre disposition.

CAMPAGNE DE LA SOURCE SAINT MARTIN €

Chemin de la source Saint Martin
✆ 04 94 04 66 50
www.campagne-st-martin.com
Ouvert toute l'année. 5 chambres 65 € ; suite familiale 110 €. Table d'hôtes, dîner à la demande. 23 €.

Ancienne magnanerie du XIXe siècle, cette belle bâtisse provençale, propriété familiale depuis un siècle de Sonia et Laurence, édifiée en pleine nature, au calme, sur les hauteurs du village, offre une vue magnifique jusqu'au massif des Maures. Les chambres sont simples, spacieuses, le petit déjeuner copieux, avec des confitures maison. Le soir, sur réservation, vos hôtes vous proposent, en table d'hôtes, des plats locaux, daube, ratatouille, flan à la lavande, tarte aux figues.

APÎGITES €€

Route d'Entrecasteaux
✆ 04 94 04 60 39
https://apigites.jimdofree.com/
3 gîtes de 2 à 5 personnes ouverts de mi-avril à fin-octobre. 300 € par semaine pour le studio.

Fabienne, Vincent et Fabrice, apiculteurs et viticulteur « stars » de Cotignac, vous accueillent dans trois gîtes au charme authentique, à proximité immédiate de leur exploitation viticole et apicole. Studio ou appartement pour cinq, vous voilà légèrement à l'écart du centre-village. Véritables passionnés, ils répondront avec plaisir à toutes les questions qui vous taraudent sur leur beau métier. Leur boutique « Les Ruchers du Bessillon » est attenante, inutile de préciser que leur miel est chaudement recommandé aux gourmands !

LA BASTIDE DU MÛRIER €€

3359, chemin Bellevue
✆ 06 84 60 89 97
www.location-bastidedumurier.com/bastide
Ouvert toute l'année. 3 chambres 100 % non fumeur de 85 € à 100 €. Location saisonnière à la semaine 1 300 € à 2 200 €.

A 2,5 kilomètres du village, Dany et Jean-Luc mettent à disposition une belle bastide de plain pied, arborée d'oliviers et d'arbres fruitiers, pour les familles en quête d'indépendance. Climatisées, toutes les chambres sont décorées différemment ; l'une jouit d'une terrasse privée. Une véranda s'ouvre sur la piscine, qui est des plus appréciable par beau temps ! Une cuisine d'été entièrement équipée, avec cuisinière Gaudin, micro-ondes, plancha, réfrigérateur, congélateur, table et chaises, est aménagée pour vivre dehors agréablement.

Le village de Cotignac.

CHÂTEAU NESTUBY €€

4540, route de Montfort
✆ 04 94 04 60 02
www.nestuby.com

Ouvert toute l'année. 5 chambres non fumeur 99 € à 190 € suivant la saison. Dîner, tous les jours, 35 € par personne.

La bastide du XIXe siècle de la famille Roubaud, propriété familiale depuis 1949, toujours exploitée de père en fils depuis plusieurs générations, est située au cœur du domaine de Nestuby, une exploitation viticole de 88 hectares classés en AOP côtes-de-provence, qui allie tradition et modernité. Les chambres, pimpantes, aux tons pastel et baptisées aux noms de cépages du domaine, assurent la quiétude, alors que le spa et l'espace aquatique apportent le bien-être et la fraîcheur. La plus vaste unité se targue même de son bain à remous privatif.

LOU CALEN €€

1, cours Gambetta
✆ 04 98 14 15 29
www.loucalen.com

Fermé du 1er novembre 2021 au 1er mars 2022. 12 chambres non fumeur de 180 € à 850 € suivant la saison. Restaurant.

Avec l'acquisition de la bastide historique d'Huguette Caren, l'ancienne propriétaire, par un homme d'affaires canadien, c'est la renaissance de ce lieu qui a notamment accueilli le mariage de Joe Dassin le 14 janvier 1978. Après d'importants travaux de rénovation, l'hôtel propose dans un premier temps 12 chambres, avant de passer à 35 en 2022, tout en gardant l'esprit initial de Lou Calen. L'autre bonne nouvelle est l'arrivée au restaurant de Benoît Witz, chef étoilé Michelin, qui vient proposer sa cuisine contemporaine provençale.

MAISON GONZAGUES €€

9, rue Léon-Gérard
✆ 04 94 72 85 40

Ouvert toute l'année. 5 chambres 95 € à 115 € suivant la saison. Table d'hôtes dîner sur réservation 35 €.

Cette maison de caractère est « un rêve ou un musée », sans doute les deux. Il s'agit d'un hôtel particulier du XVIIIe siècle « rénové dans son jus de l'époque mais avec tout le confort moderne », rempli de meubles anciens et d'époque et d'œuvres d'art de toute beauté. Les chambres raffinées aux noms révélateurs, Jouy, Louis-XIV, Marseillaise, Marie-Louise et Monacale évoquent toute l'Histoire de France. La table d'hôtes met en valeur les produits locaux et bio, filet de dorade à la provençale, carré d'agneau de Sisteron en croûte de tapenade...

MAS DE L'OLIVETTE €€

1779, chemin de Blain
✆ 04 94 80 28 73
www.masdelolivette.com

Ouvert toute l'année. 2 chambres 105 € et 120 € suivant la saison et un bastidon. Parking gratuit, privé et fermé.

Le mas de Yannick et Jean-Claude a été construit à flanc de coteau dans la plus pure tradition provençale. À peine arrivé, déjà, l'impeccable façade ocre ne présage que du bon, et cela ne se dément pas ! L'intérieur lumineux fait la part belle aux matériaux nobles et naturels, travertin et terre cuite en tête. Cuisine, salon, chambres, salles de bains : l'ensemble est irréprochable de goût et de propreté. À l'extérieur, le jardin planté d'oliviers et de lavande ne dénote pas, et l'on se délecte de la piscine extérieure, chauffée dès le mois d'avril.

LES OLIVIERS €€

1162, route de Carcès
✆ 04 94 04 71 34
www.lesoliviers-provence.com

Ouvert toute l'année. 2 chambres 100% non fumeur de 69 € à 90 € suivant la saison. Table d'hôtes sur réservation 30 €.

À l'entrée de Cotignac, sur la route de Carcès, bienvenue chez Yolande et Jean-Claude. Derrière l'entrée indépendante de chacune des deux chambres se dévoile un intérieur soigné au parfum de Provence. Draps brodés, vaisselle du petit déjeuner en porcelaine, argenterie : chaque détail compte pour conférer aux lieux une atmosphère d'antan. Chambre « Lauriers roses » ou « Romarins » ? Préférez peut-être la première, au niveau de la piscine, ou la deuxième de plain-pied. Chacune, en tout cas, jouit d'une terrasse privative ombragée.

CLOS DE L'OURS €€€

4776, chemin du Clos-de-Ruou
✆ 04 94 04 77 69
www.closdelours.com

Fermé du 15 octobre au 1er avril. Chambres non fumeur de 215 € à 235 € ; suite de 245 € à 275 €.

Ce vaste mas, rénové récemment, posé au cœur d'un domaine viticole, abrite des chambres de charme aux superficies XXL, de 30 à 50 m², en rez-de-jardin, orientées plein sud, avec terrasse privative, une vue imprenable sur les vignes et des junior suites, à l'étage, spacieuses avec de belles superficies, également orientées plein sud, dotées d'une grande hauteur sous plafond et de la même vue idyllique sur le vignoble. Le tout avec une décoration et un équipement dernier cri. À noter qu'aucune chambre ne dispose de télévision.

LES 3 MARCHES €€

11, cours Gambetta
✆ 04 94 04 65 99
www.les3marches.com
Ouvert toute l'année. Du jeudi au lundi le midi et le soir ; le mardi midi. Formule du midi 19 €. Menu 25 €. Terrasse.

Antony Dos Santos, le chef de ce restaurant de cuisine traditionnelle et méditerranéenne, joue la carte du naturel en servant des légumes locaux et issus de l'agriculture biologique. Tous les jours, il propose une suggestion à l'ardoise et une carte bienvenue, renouvelée évidemment au fil des saisons, terrine de sanglier maison parfumée au romarin de la colline, bonbon de chèvre chaud et tomate confite, magret de canard rôti, frites fraîches et légumes du moment, gambas sauvages flambées au rhum. Quant à ses pizzas, elles sont cuites au feu de bois.

LE CLOS DES VIGNES €€

Route de Montfort - RD 22
✆ 04 94 04 72 19
https://restaurant-leclosdesvignes.com/
Fermé 2 semaines en novembre et 2 semaines en janvier. Formule du midi : 16 €. Plat du jour 10 €. Carte : 45 € environ.

Le chef Nicolas Picard vous emmène découvrir une cuisine savoureuse des terroirs de Provence et d'Italie, qu'il élabore avec des produits de qualité et de première fraîcheur choisis en fonction des saisons, palourdes bulhão pato, pressé d'agneau de Sisteron en croûte confit 7 heures, ris de veau arancini au jambon cru, mozzarella et truffe et légumes confits de saison, saint-pierre lardé à la ventrèche de porc noir de Bigorre, petit Banon rôti... Leur credo : cuisiner, recevoir, et partager pour votre plus grand plaisir et le leur.

JARDIN SECRET €€

13, rue de l'Araignée
✆ 04 94 78 30 51
www.loucalen.com
Ouvert toute l'année du vendredi au mardi. Menus de 36 € à 95 €. Carte : 45 € environ. Formule du midi : 36 €. Terrasse.

Benoît Witz, chef étoilé, disciple d'Alain Ducasse, revient dans le Var pour distiller sa belle cuisine contemporaine provençale, en imposant une carte courte qui privilégie les circuits courts et les produits locaux issus du jardin de Lou Calen et des producteurs de la région, tendres légumes de printemps au naturel, caillé de la ferme des Jovents, condiments aux herbes ; bouillabaisse printanière, œuf de caille d'ici, roustide à l'huile d'olive mûre «Lou Calen» ; fraises de plein champ, glace au miel de nos ruches et sacristains...

LA TABLE DES COQUELICOTS €€

10, cours Gambetta
✆ 04 94 69 46 07
Formule du midi : 15,50 €. Menus de 30 € à 45 €. Terrasse.

Une bonne table sur le cours Gambetta, où Marc Taine et son chef imaginent une cuisine simple et proche du terroir, comme en témoignent la terrine de foie gras maison et sa compotée d'oignons, le délice de volaille fermière mariné à l'huile d'argan, olives vertes et citrons confits, la paupiette de sole aux scampis, le magret de canard aux pommes et figues, parfumé au miel et romarin, la côte de bœuf grillée sauce au poivre, les médaillons de veau aux cèpes, plat devenu un classique de la maison, la brochette de la mer ou la tarte aux pommes maison.

CLOS DE L'OURS

4776, chemin du Clos-de-Ruou
✆ 04 94 04 77 69
www.closdelours.com
Ouvert du lundi au samedi. Parking. Visite du domaine et de la cave. Maison d'hôtes.

Le vignoble de Fabienne et Michel Brotons, propriétaires depuis 2012, se répartit sur 13 ha en AOP Côtes de Provence, et forme un clos entouré d'une végétation typiquement provençale, en coteaux exposés plein sud. L'encépagement a été soigneusement réfléchi en fonction de la nature du sol. Les techniques de culture traditionnelles et modernes sont associées pour obtenir une récolte de grande qualité. Depuis 2003, la culture du vignoble est certifiée agriculture biologique. Nous découvrons ainsi avec d'autant plus de plaisir les nectars en blanc, rouge et rosé.

LES RUCHERS DU BESSILLON

3252, route d'Entrecasteaux
✆ 04 94 04 60 39
www.lesruchersdubessillon.com
Haute saison : ouvert du mardi au dimanche de 10h à 12h45 ; le vendredi et le samedi de 16h à 18h30.

Cette affaire de famille continue à produire une dizaine de miels différents (l'arrière-grand-père récoltait déjà le miel en 1890 !), acacia, bruyère, châtaignier, lavande, montagne, Provence, romarin, sapin, thym, tilleul, toutes fleurs, arbousier, tournesol, de la gelée royale, de la propolis, du pollen, et propose à la boutique de nombreux produits dérivés, hydromel, barres de nougats, pâtisserie, savons... Avis aux gourmands ! À noter enfin que Fabienne et Vincent gèrent aussi sur l'exploitation et la location des gîtes Apigîtes.

FOX-AMPHOUX

Fox-Amphoux, pittoresque village perché à 540 mètres d'altitude, que l'on distingue de très loin, est formé par la réunion de deux sites moyenâgeux, Castrum de Fossis et Castrum d'Anfossis. Aujourd'hui, il reste à découvrir quelques vestiges des anciens remparts et du château des Blacas, qui attestent des origines très anciennes, des maisons des XVIe et XVIIe siècles, celle de Barras, enfant du village, général, homme politique et l'une des figures de la Révolution française, la chapelle Notre-Dame-du-Bon-Secours, aménagée dans une grotte et le vieux micocoulier du village, dont la date estimée de sa naissance est 1550, planté sur la place de l'église.

POINT INFORMATION TOURISME

Hôtel de ville

✆ 04 94 77 11 41

www.la-provence-verte.net

Ouvert le lundi, le mardi et du jeudi au samedi de 9h à 12h.

Au sein de la mairie, un animateur tourisme vous accueille tout au long de l'année. Il vous conseillera par exemple de partir à la conquête du circuit du patrimoine au sein du village, menant tour à tour à l'ancien moulin à huile du XVIIe siècle, aux vestiges du château et son panorama depuis l'esplanade, et sur les traces de l'ancien rempart dans le quartier Saint-Marc. Autre option plus bucolique : le sentier botanique et patrimoine des Frégourières à proximité du village.

LE VALLON DES PALOMBES €€

La Grande Jonqueirole

✆ 06 86 32 14 54

www.levallondespalombes.com

Ouvert du 2 avril au 14 novembre 2021. Gîte pour 6 personnes 200 € la semaine.

Les chambres d'hôtes de cette bâtisse traditionnelle de 1850, perchée au beau milieu d'un domaine forestier de 200 hectares ont été transformées en gîte. Les meubles de famille trônent encore fièrement au milieu du salon, tandis que la maîtresse des lieux a su ajouter çà et là de judicieux objets de déco pour mettre encore plus en valeur le charme de l'ancien. Côté extérieurs, la belle piscine n'attend que vous ! Manon et Olivier, agriculteurs céréaliers et exploitants forestiers, demeurent disponibles pour leurs convives, ils sont des hôtes charmants.

LE ROUGE-GORGE €

Quartier les Costes

✆ 04 94 77 03 97

www.chambresdhotes-ponteves.com

Fermé de janvier à mars. 5 chambres 90 € à 130 €. Table d'hôtes : 23 €. Menus 28 € - 36 € pour la clientèle extérieure.

Cet ancien hôtel de charme situé à proximité du centre ancien est une adresse idéale pour les amateurs de repos et de calme. Les chambres à décoration provençale sont coquettes et confortables, les tons clairs apaisants. En journée, entre deux excursions pour découvrir les alentours, la belle piscine et l'agréable jardin planté d'oliviers tombent à point nommé. À la table d'hôtes, ouverte à tous, on vous concocte une cuisine traditionnelle provençale raffinée, évoluant chaque jour selon l'inspiration et suivant les produits dénichés au marché.

PONTEVÈS

Perché sur un rocher à 424 m d'altitude, ce village était, dès le début du XIe siècle, le fief de la célèbre famille provençale des Pontevès. En 1650, François de Pontevès vend la seigneurie à Pierre Maurel, homme d'affaires et financier aixois, qui entreprend un réaménagement complet du site. Mais petit à petit la bâtisse tombe à l'abandon. Depuis l'esplanade du château en tous cas, le panorama embrasse le massif de la Sainte-Baume au sud, la montagne Sainte-Victoire à l'ouest et le Verdon au nord. Les traces du réaménagement du XVIIe siècle sont encore visibles. Aujourd'hui, le village s'anime chaque vendredi matin au rythme du marché hebdomadaire.

DOMAINE DE SAINT-FERREOL €€

✆ 04 94 77 10 42

www.domaine-de-saint-ferreol.fr

2 gîtes en location toute l'année, de 390 à 690 € la semaine selon la saison. Parking. Piscine.

Au pied des Bessillons, sur un domaine viticole d'une centaine d'hectares adossé à la colline, Armelle et Guillaume de Jerphanion, héritiers d'une famille de vignerons profondément attachée à la Provence, vous accueillent dans deux gîtes ruraux, une maison indépendante aménagée dans un ancien moulin à eau et un gîte donnant sur des vignes en terrasses. Vous pourrez apprécier sur place les vins en appellation coteaux-varois-en-Provence (rosé et rouge), IGP Verdon et IGP Var, légers et fruités, produits sur les 22 hectares du vignoble.

CHÂTEAU LA CALISSE

RD 560 ✆ 04 94 77 24 71
www.chateau-la-calisse.fr

Ouvert du lundi au samedi de 9h à 12h et de 14h à 18h. Dégustation pour les groupes sur demande.

Patricia Ortelli a entièrement reconstitué le vignoble en 1991, situé sur des terres aux textures équilibrées calcaires, et s'étendent sur des terrasses bien ensoleillées. L'encépagement correspond à l'AOP coteaux-varois : rolle, grenache blanc et clairette pour les blancs, syrah, grenache et cabernet sauvignon pour les rouges. Le vignoble bénéficie de la qualification agriculture biologique (EcoCert). La vinification s'effectue selon les méthodes les plus modernes. Un savoir-faire au féminin, régulier, que l'on apprécie beaucoup.

BARJOLS ★

Barjols, dont le nom vient de ses racines provençales – barre : collines, et jouls : jolies – est né aux environs du XIIe siècle, grâce à la présence de l'eau. Le village aux 32 fontaines et 13 lavoirs, tous alimentés par une source d'eau potable, a longtemps vécu de ses tanneries qui assurèrent sa prospérité. Au XIXe siècle, Barjols était encore la capitale du cuir et ne comptait pas moins de 24 tanneries et 19 moulins à tan. Hélas, la concurrence a progressivement fait péricliter cette industrie et la dernière tannerie a fermé en 1983. Il reste encore quelques bâtiments des Tanneries Fassy, Planchud et Vaillant fondées en 1608 et fermées en 1981.

LA COLLÉGIALE NOTRE-DAME-DE-L'ASSOMPTION ★

Fondée en 1014, élevée au rang de collégiale en 1060, remaniée en 1550, agrandie au XVIIe siècle après la démolition du cloître, elle abrite de nombreuses reliques : une vasque en pierre de 1595 qui accueille les fonds baptismaux, une chaire Renaissance, un buffet d'orgues de 1656, un bas-relief du tombeau de saint Marcel et un buste reliquaire en bois sculpté contenant une phalange du saint précité, fêté chaque année le week-end proche du 16 janvier, lors de la fête des Tripettes.

FONTAINE DU CHAMPIGNON

Barjols dispose d'énormément de fontaines. Cette présence est due au nombre incroyable de sources et de cours d'eau. Il faut effectuer le tour des 19 fontaines qui parsèment le village et découvrir notamment cette fontaine dont on ne connaît pas la forme originale, qui est la plus célèbre de Barjols. Elle est reconnaissable à cette masse impressionnante de tuf qui grandit sans cesse, envahie par un amas de mousse et de plantes. Une taille régulière s'impose tous les quatre ans environ, afin de ne pas compromettre l'équilibre de la fontaine.

MAISON REGIONALE DE L'EAU

Boulevard Grisolle
✆ 04 94 77 15 83

Ouvert du lundi au vendredi de 9h à 12h et de 13h à 17h. Visite libre ou guidée.

Centre d'études sur les milieux aquatiques créé à l'initiative de plusieurs scientifiques appuyés par les collectivités territoriales. Il consacre son activité à l'exécution d'études sur le fonctionnement et l'écologie des biotopes d'eau douce montagnarde et des écosystèmes dulçaquicoles méditerranéens. Sorties pédagogiques et ludiques de plusieurs jours, dans des sites spécifiques en contact avec l'eau. De Fontaine-de-Vaucluse aux lacs, en passant par les barrages et les rivières.

LE VALLON DES CARMES ★★★

Ce superbe site naturel, situé à proximité du village au bord de la rivière du Fauvery, a été aménagé en 1996 par le conseil général, et réhabilité il y a quelques années pour être plus plaisant encore que ce qu'il n'était. Ruisseaux, trous d'eau, cascades : c'est au gré d'un circuit bucolique tracé dans un environnement rafraîchissant et escarpé, que l'on découvre cette aire naturelle de 3 ha et son patrimoine historique inédit. Nous sommes ici sur les vestiges du couvent des carmes du XVIIe siècle. Un lieu de balade et de baignade dont on ne se lasse pas !

LE CAFÉ DE L'EUROPE €

38, boulevard Grisolle

✆ 04 94 77 00 33

Ouvert toute l'année tous les jours à midi, et midi soir en été. Formule du jour : 15 €. Nouveau : pizzas !

© CAFÉ DE L'EUROPE - BARJOLS

Depuis plus de 30 ans, le Café de l'Europe est une institution à Barjols ! Sponsor sportif du village, siège des boulomanes barjolais dont Éric est d'ailleurs président ; on ne vient pas ici que pour se restaurer mais pour passer un vrai moment de convivialité ! Carole et Éric, la seconde génération, vous accueillent avec une grande gentillesse sur la belle terrasse ombragée, ou bien dans la grande salle fraîchement rénovée. Côté cuisine, un nouveau chef a intégré l'équipe et fait la part belle aux produits frais ! Les soirées d'été méritent elles aussi le détour.

CIRCUIT DU VILLAGE ★

✆ 04 94 77 20 01

www.la-provence-verte.net

Comptez 1h30 à 2h de visite à pied.

Munissez-vous du petit guide distribué par l'office de tourisme et partez à la découverte du Tivoli de la Provence. À travers ses fontaines bien sûr, ses anciennes tanneries tout aussi incontournables, la collégiale, la porte du marquis de Pontevès, le cloître Saint-Joseph, le quartier des Carmes, mais également par le biais d'histoires pittoresques, telles que celle des fameuses Tripettes de Barjols (Saint Marcel), mêlez la promenade nature à l'enrichissement personnel. Le parcours est en effet jalonné de nombreux panneaux explicatifs.

LA CABANE DES K'HAUTS PINS €€

498, chemin des Marreliers

✆ 06 14 91 06 99

www.cabanedeskhautspins.com

Ouvert toute l'année. Chambre double à partir de 129 €. Panier repas 65 € pour 2 personnes.

Christelle et Johann, tous deux issus de l'école hôtelière, ont réalisé début 2016 ce rêve de gosse : une douillette cabane en bois, perchée sur les hauteurs de Barjols. Depuis la terrasse, la vue sur la Provence Verte, la Sainte Baume et les Bessillons est extra, tandis qu'à l'intérieur, on profite tout le confort moderne : mini bar fourni, bouilloire, climatisation, télévision 23 chaînes, ou encore toilettes indépendants. Une belle escale insolite en somme.

DOMAINE DES ROSEAUX ET SA MAISON DE PAYS

Route de Tavernes

✆ 04 94 37 74 54

www.domainedesroseaux.fr

D'avril à octobre, ouvert du lundi au samedi ; de novembre à mars, ouvert du mardi au samedi.

Hélène et André Sabatier, producteurs de vins et d'huile d'olive en agriculture biologique depuis 2000, ont créé cette belle Maison de Pays associative pour mettre à l'honneur les producteurs et les savoir-faire des villages environnants. Aujourd'hui, leur fils Arnaud a repris les rênes et poursuit avec passion le travail entrepris par ses parents. Outre les vins dans les trois couleurs, la maison de pays propose des produits de l'artisanal local et du terroir bio.

LA PROVENCE VERTE

LA FERME DE MARIE - LE PIC DE L'AIGLE €€

Chemin de la Verdière
✆ 06 87 46 66 93
Ouvert toute l'année. De 98 à 140 € la chambre double. Restauration. Menu 35 €. Vente de produits de la ferme.

Sur un domaine de 5 hectares de forêt, ressourcez-vous auprès des animaux de la ferme (jars, poules, truies naines, brebis, lapins...), participez aux soins et goûtez la cuisine régionale, originale, soignée, du terroir et de leur production, donc en bio, végétarienne, végétalienne et macrobiotique sur commande. Dans la ferme auberge de cette exploitation agricole, tout ce que vous dégustez est confectionné avec passion sur la base des produits de la ferme du jardin et du terroir.

CABANE DES AMOUREUX €€€

111, chemin des Prés Quartiers ✆ 06 09 34 22 34
www.cabanedesamoureux.jimdo.com
Ouvert toute l'année. Chambre double. Tarif du vendredi au dimanche 169 €. Panier dîner 27 €/ personne.

Bercé par le bruit des feuilles et le craquement du bois, puis réveillé en douceur au chant des oiseaux et à la chaleur des premiers rayons, c'est la promesse d'une parenthèse en pleine nature et d'un formidable retour aux sources sans compromis de confort. Douche, toilettes, eau et électricité sont bien sûr opérationnels, tout comme la climatisation et la télévision, pour les plus inconditionnels des technologies modernes dans ces cabanes perchées sur pilotis au milieu de chênes verts avec une sublime terrasse panoramique où l'on prend le temps de se reposer.

LE PONT D'OR €

2, rue Eugène-Payan
✆ 04 94 77 05 23
www.hotel-barjols.com
Fermé du 1er au 15 janvier. Ouvert midi et soir du mardi au samedi et dimanche midi. Formule du midi 14,50 €. Chambres.

Situé en plein cœur du village, cet hôtel-restaurant familial, ancien relais de poste du XVIIIe siècle, dirigé depuis plus de trente ans par Nelly Gros, a su conserver son charme d'antan. En salle ou sur la petite terrasse aux 10 couverts, on y déguste une cuisine traditionnelle de terroir, mitonnée par le chef Joël Gros : terrine de gibier maison, pieds et paquets, truite du vivier, sans oublier les cannellonis à la crème (la spécialité) et l'aïoli du vendredi, toute l'année ! Les chambres sont très simples, mais conviendront pour une soirée étape.

COOPÉRATIVE OLÉICOLE LA TAVERNAISE

53, chemin des Rayères
TAVERNES
✆ 09 67 83 11 67
www.huile-d-olive-en-provence.com
Ouvert le mercredi, le vendredi et le samedi de 10h à 12h. Parking.

Cette coopérative oléicole traite une centaine de tonnes d'olives par an. Depuis 2009, elle est certifiée Bio par Ecocert. On s'y rend donc pour s'y approvisionner en huile d'olive de Pays et AOC Provence, disponible en spray, en bouteilles ou en bidons. Chaque année, la Tarvernaise s'enorgueillit d'un riche palmarès. Lors de la « journado de l'oli » le premier week-end de septembre, la Tavernaise ouvre ses portes au public pour des visites et pour la vente.

VARAGES ★★

Discrète par sa situation, aux portes du Verdon et au cœur de la Provence verte, Varages jouit d'un climat unique et se décline en une profusion de couleurs et de senteurs. Bâti sur une barrière naturelle de tuf, le village domine un paysage boisé de chênes verts. La région, fort argileuse, est généreusement desservie en eau par quatorze fontaines ainsi que par les canaux d'irrigation : le parfait combiné pour faire de la poterie une activité maitresse ! Et c'est en effet dès la fin du XVIIe siècle que la céramique prit ici une ampleur considérable ; en 1789, la bourgade pouvait s'enorgueillir de 8 importantes fabriques. Aujourd'hui, si beaucoup ont fermé leurs portes, la fameuse faïencerie de Varages et trois ateliers perpétuent encore avec brio ce savoir-faire de plus de 300 ans. Pour en apprendre davantage sur l'histoire de la production et les techniques de fabrication et de décoration de la faïence, le musée des faïences est lui non plus à ne pas manquer. Non loin du village, face à elle, au cœur des anciennes restanques d'oliviers, se dresse la chapelle Saint-Photin, mentionnée pour la première fois en 1278 et rénovée il y a une dizaine d'années. Un véritable rendez-vous bucolique avec le passé et le présent, avec la Provence et ses traditions. De cette période reste le mur de l'ancien donjon et l'église du castrum, l'actuelle chapelle.

ÉGLISE NOTRE-DAME-DE-NAZARETH

Primitivement dédiée à saint Étienne, elle a été consacrée en 1062. Sa dédicace à Notre Dame de Nazareth est effectuée en 1545. Son clocher carré, classé à l'Inventaire des Monuments historiques, est coiffé d'un toit en tuiles vernissées. L'intérieur renferme de nombreuses œuvres d'art, sept retables baroques en bois doré du XVIIe siècle, des fonts baptismaux du XVe siècle, une Vierge à l'Enfant du XVe siècle. Un des autels est dédié à saint Claude, patron des faïenciers.

DOMAINE DE LA BLAQUE €€

Quartier la Blaque ✆ 04 94 77 86 91
www.lablaque.com

Ouvert toute l'année. 2 chambres de 100 € à 105 € suivant la saison. Piscine extérieure chauffée. Parking.

Cette superbe bastide du XVIIIe siècle, rénovée dans l'esprit de la Provence et dans une démarche d'écotourisme, en total respect de l'environnement, est blottie au milieu de 300 hectares de forêt et de champs. Dans cette oasis de verdure, Caroline et Jean-Luc Plouvier vous proposent deux chambres d'hôtes de charme indépendantes, trois gîtes (de 3 à 6 personnes), ainsi qu'une maison familiale située à 800 mètres de la bastide principale. Jean-Luc fera partager sa passion de l'astronomie aux amateurs, depuis son observatoire équipé de lunettes et d'un télescope.

MUSÉE DES FAÏENCES ★

12, place de la Libération
✆ 04 94 77 60 39
www.musee-faience-varages.fr

Fermé du 23 décembre au 31 janvier. Le premier week-end de juin et la semaine qui le précède. Adulte : 2,50 €.

Ce musée, créé en 1976 à la maison Gassendi, demeure du général d'Empire, retrace l'histoire de la production et les techniques de fabrication et de décoration de la faïence. Il se veut un lieu de conservation, mais également un lieu de recherches et de transmission, à la fois de la tradition stylistique et décorative, mais surtout du savoir-faire, du métier et du mode de vie des faïenciers de Varages. Des nombreuses pièces exposées, il faut remarquer deux plats fabriqués par Étienne Armand, les toutes premières œuvres de faïence connues à Varages !

LE PROVENCE « CHEZ NICOLE » €

1, place de la Libération
✆ 04 94 77 85 81

Fermé 3 semaines en octobre. Menus de 17 € à 27 €. Plat : 10-20 €. Formule du jour : 13,50 € en semaine. Terrasse.

Pieds et paquets, daube provençale, aïoli... La cuisine traditionnelle provençale et familiale n'a plus de secret pour Nicole, un personnage haut en couleurs dont il ne faut se fier à la première impression. Secondée en cuisine par sa fille Valérie, elle vous reçoit tous les jours pour déjeuner dans une atmosphère des plus conviviales. L'ombre d'un platane est la bienvenue sur la grande terrasse. Un bon rapport qualité-prix qui plus est pour le seul restaurant de la commune !

AU BOIS DE LUNE €€

Quartier La Serre
✆ 04 94 77 82 58
www.au-bois-de-lune.com

Ouvert toute l'année. 1 chambre 90 € et 1 gîte 410 € à 890 € la semaine suivant la saison. Table d'hôtes 30 €.

Claudia vous reçoit dans sa bastide au milieu d'une magnifique pinède, endroit idyllique, au calme absolu, où vous serez accueilli par un pot de bienvenue dès votre arrivée. La chambre d'hôtes jouit d'un mobilier et d'une décoration unique, en harmonie avec la disposition des lieux. Les petits-déjeuners gourmands sont servis, suivant la saison, sur la terrasse au bord de la piscine ou dans la salle à manger devant la cheminée. N'oubliez pas lors de la préparation de votre séjour, de réserver votre massage aux huiles essentielles bio.

COOPÉRATIVE OLÉICOLE LA VARAGEOISE

Place de la Libération
✆ 04 94 77 86 07

Visite gratuite et dégustation sur rendez-vous.

Les huiles d'olive de la coopérative sont fabriquées dans un moulin traditionnel de 1924, avec un broyage des olives par meule et un pressage de la pâte obtenue par des scourtins. Un matériel artisanal qui triture tout de même environ une centaine de tonnes d'olives par an. Ici, c'est donc le fruité noir qui prime. La vente de l'huile d'olive s'effectue sur place et dans les commerces du village. Il est également possible de visiter le moulin sur rendez-vous pendant la saison oléicole.

LA FAÏENCERIE DE VARAGES

28, rue du Général de Gaulle ✆ 04 94 80 73 06
www.varages.com
Basse saison : ouvert tous les jours de 9h à 17h30. Haute saison : tous les jours de 9h à 18h.

Ce magasin offre une importante gamme de pièces de faïence fabriquées à Varages. Assiettes, coupelles, saladiers, plats et accessoires : les formes sont inspirées de grands classiques provençaux d'autrefois, et déclinées en une riche variété de teintes. Les prix pratiqués y sont plutôt doux, de quoi s'autoriser l'achat coup de cœur ou le complément de soleil qui égaiera votre intérieur ! Depuis 2017, la faïencerie de Varages a relancé sa collection « pétales », qui avait déjà remporté un franc succès une dizaine d'années auparavant.

RIANS ★

A 335 mètres d'altitude, le village fortifié du Moyen Âge est lové autour de sa tour de l'Horloge – seuls subsistent de l'époque médiévale le portail et la tour carrée. L'hospice Saint-Jean, mérite une visite des amateurs d'art pour sa galerie de portraits du XVIe siècle. La collégiale Saint-Laurent, du XIXe siècle, a remplacé l'église bâtie au XIIIe siècle. Elle abrite de très beaux vitraux et à l'intérieur de beaux autels en bois sculpté et doré ainsi qu'une Vierge taillée dans un bloc d'olivier datant de 1340. Aujourd'hui, Rians vit essentiellement de son agriculture et de sa vigne, classée en appellation coteaux-d'Aix-en-Provence.

ARTIGUES

Petit village de 230 âmes, Artigues est situé en pleine nature au bas d'une colline verdoyante sur laquelle se trouvent les vestiges de l'ancien bourg médiéval. C'est dans ce petit village qu'auraient été découverts les plus anciens foyers d'Europe (40 000 ans avant notre ère). La grotte préhistorique de la Rigabe, découverte dans la colline, prouve l'existence d'habitants ayant vécu 60 000 ans av. J.-C. Depuis 2013, Artigues s'enorgueillit d'une ferme bio d'escargots : la ferme Escalagau élève plus de 120 000 gros escargots gris en parfaite harmonie avec la nature.

HÔTELLERIE L'ESPLANADE** €

9, place du Colombier
✆ 04 94 80 31 12
www.hotellerie-esplanade.com
Ouvert toute l'année. 9 chambres de 69 € à 79 €. Chambre famliliale 134 € à 154 €. Restaurant. Terrasse l'été.

Au centre du village, un tout petit hôtel bien sympathique, implanté depuis 1941, avec des chambres agréables, où vous passerez un séjour au calme et dans une ambiance familiale. La cuisine est faite à partir de produits frais, à l'image de la soupe de poissons avec sa rouille et ses croûtons, ou de la cuisse de canard à l'orange et tapenade de pommes de terre. En saison de chasse, un menu dédié vous propose chausson de faisan et son méli-mélo de salade, terrine de gibier maison, civet de sanglier ou encore parmentier de lièvre.

LE PASSE TANT €€

435, chemin de la Chênais
✆ 06 87 49 83 36
www.lepassetant.fr
Ouvert toute l'année. Fermeture le mercredi et jeudi. 3 chambres. Table d'hôtes : 18 €.

Une escapade cocooning et gourmande ! Josiane, petite dame adorable aux mille casquettes, vous accueille aux petits oignons dans son chaleureux cabanon donnant sur la piscine, dans sa nouvelle cabane insolite, ou bien dans sa coquette chambrette. Midi et soir, sur réservation, votre hôte passe derrière les fourneaux pour vous concocter un repas « comme chez mémé », comme elle aime à le dire : pizzas au feu de bois, daubes, ou pâtes italiennes maison. Une belle rencontre et un beau moment à passer en sa compagnie, que l'on séjourne ou pas au Passe Tant.

LES GALINES €€

266, chemin de la Huppe Dorée
✆ 04 94 80 13 06
www.les-galines.fr
Ouvert d'avril à mi-octobre. 4 chambres 75 €. Piscine.

Coquelicot, Lavande, Orchidée ou Mimosa, bienvenue dans la maison fleurie et chaleureuse de Nicole et Gérard, charmant couple de retraités finalement bien actifs ! De plain pied, leurs 4 chambres d'hôtes jouissent d'un accès direct sur l'extérieur, une aubaine pour profiter du jardin arboré (1 hectare tout de même) et de la piscine couverte. Vous voilà au calme, il ne vous reste plus qu'à profiter du chant des oiseaux, du copieux petit déjeuner du matin, voire de la bonne table d'hôtes de Madame, cuisinière hors pair, en soirée !

LE MOULIN DE VARRIANS €€

Route de Ginasservis
✆ 04 94 59 39 32
www.le-moulin-de-varrians.com

Ouvert toute l'année. 5 chambres à partir de 79 €. Table d'hôtes sur réservation à l'avance 39 € par personne.

Cette belle maison d'hôtes a investi les murs d'un ancien moulin à vent du XIXe siècle ! Dans un cadre de toute beauté, sur une colline arborée de 3,3 ha faisant face au village, Stéphanie et Jérôme accueillent leurs convives dans cinq chambres aux ambiances uniques. Au matin, le petit déjeuner est servi en intérieur, ou sur la terrasse ombragée donnant sur le jardin bien entretenu. La piscine extérieure, en contrebas d'une restanque, est bienvenue pour un plouf détente. À noter enfin qu'une table d'hôtes aussi coquette que savoureuse est proposée au dîner.

LA TABLE DE CUPIDON €€

Chemin de Saint-Marc ✆ 04 89 67 91 71
www.la-table-de-cupidon-restaurant-rians.com/

Ouvert toute l'année. Du mardi au samedi de 12h à 14h et de 19h30 à 21h30 ; le dimanche de 12h à 14h. Carte.

Une table des plus conviviales et des plus atypiques, et pour cause : Michaël, ancien chef pâtissier, et Hervé vous accueillent chez eux. Attablé sur la terrasse, scrutant le jardin, la piscine et le village au loin, on y déguste une cuisine bien d'ici, accompagnée de vins de Rians exclusivement. L'unique ardoise, renouvelée chaque jour, comprend tout de même 3 à 5 suggestions par poste : ce jour-là notamment, une souris d'agneau confite longuement, arrosée au miel, accompagnée de légumes méridionaux, une brioche en forme de bouchon ouverte, rhum et chantilly.

CHÂTEAU PIGOUDET

289, chemin de Pigoudet
✆ 04 94 80 31 78
www.pigoudet.com

Ouvert toute l'année du lundi au jeudi 8h30 à 12h et 13h30 à 17h ; vendredi 8h30 à 12h. Dégustation gratuite. Parking.

Ancienne résidence d'été de l'archevêché d'Aix-en-Provence, le domaine de 110 hectares, dont 40 de vignes exposées plein sud à 400 mètres d'altitude et cultivées en agriculture raisonnée, est situé à la limite septentrionale de l'appellation Coteaux-d'Aix-en-Provence. Les sols argilo-calcaire sont plantés des cépages syrah, cabernet, grenache et cinsault pour le vin rouge et le rosé, sauvignon, grenache blanc et rolle pour le vin blanc. De nombreuses nouvelles médailles d'or et d'argent ont été obtenues en 2020 pour le millésime 2019.

CHÂTEAU VIGNELAURE

Route de Jouques
✆ 04 94 37 21 10
www.vignelaure.com

Ouvert du lundi au samedi de 10h à 18h. Haute saison : le dimanche de 10h à 18h. Parking.

Située à 400 m d'altitude, au pied de la montagne Sainte-Victoire, cette propriété s'étend sur plus de 200 hectares, dont 55 hectares de vignoble. Dans un respect du terroir et des sols, le vignoble est conduit en Agriculture Biologique. Le château produit d'excellents rosés, mais il s'est spécialisé dans les vins rouges de longue garde à base de cabernet-sauvignon. Syrah et grenache participent aussi à la complexité des assemblages. Les caves souterraines du Château Vignelaure renferment une fascinante collection d'art moderne.

DOMAINE DE LA RÉALTIÈRE

Route de Jouques
✆ 04 94 80 32 56

Ouvert toute l'année du lundi au samedi. Parking. Dégustation gratuite.

Le domaine est situé dans un lieu paradisiaque entre Jouques et Rians, à quatre cents mètres d'altitude. Lové au pied de la Vautubière, le vignoble fait face à la Sainte-Victoire et s'étend sur 10 hectares, sur un sol argilo-calcaire, et bénéficie d'une exposition plein sud. Ce domaine, exploité par Pierre Michelland, nous livre des vins aux arômes les plus complexes, dans le cadre d'une agriculture biologique. Dans cette partie septentrionale de l'appellation des Coteaux-d'Aix-en-Provence, les vendanges sont tardives, et réalisées à la main pour chaque cépage.

DOMAINE LES TOULONS

Route de Jouques
✆ 04 94 80 37 88

Ouvert du lundi au samedi de 9h à 12h et de 14h à 18h. Visite gratuite de la cave et du domaine. Dégustation gratuite.

Ce domaine de 23 hectares en AOP Coteaux-d'Aix-en-Provence, propriété de Denis Alibert, a été construit sur les ruines de la deuxième plus grande villa viticole romaine connue à ce jour (elle devait, à l'époque, atteindre les 8 000 m^2). Y sont produits des vins blancs, rouges et rosés (trois cuvées pour chaque couleur), plus ou moins secs, plus ou moins fruités, plus ou moins moelleux : dégustez et faites votre choix ! Le domaine est l'une des étapes du raid « Vélo tout terroir », circuit VTT accessible à tous, qui serpente entre Rians et Jouques,

TOUS EN SELLE

309, chemin de la grande bastide
✆ 06 37 59 38 13
http://tousenselle.net/
Ouvert toute l'année. Promenade de 2h avec la préparation du poney ou cheval : 25 € ; minimum 2 cavaliers.

Le temps d'une balade, d'un cours ou d'une randonnée à la journée, Laure et Marie, toutes deux diplômées BPJEPS, se feront un plaisir de vous faire partager leur passion ! Cheval ou poney, toutes les montures sont douces et dociles. Pour prolonger l'escapade, sachez que le centre met à disposition trois types de logement dont une yourte façon hébergement insolite ! La table d'hôtes, sur réservation, est concoctée par Laure en personne. Le gîte et le couvert vous sont donc proposés à vous et à votre monture. Des stages à la semaine sont également proposés.

SAINT-MAXIMIN-LA-SAINTE-BAUME ★★

Troisième tombeau de la chrétienté, Saint-Maximin se présente aujourd'hui comme un gros bourg provençal. Son principal attrait demeure sa magnifique basilique, édifiée selon la légende sur la crypte de sainte Marie-Madeleine, ensevelie en ce lieu au Ier siècle de notre ère. Dominant la ville, la basilique est considérée comme le plus grand édifice gothique de toute la Provence. À l'intérieur, on peut voir la crypte gallo-romaine du VIe siècle, la sarcophage de Sainte Marie, ainsi que plusieurs œuvres d'art et le grand orgue du XVIIIe siècle.
Au niveau des animations, un marché s'installe tous les mercredis matin, sur les places et les rues principales.

BASILIQUE ROYALE SAINTE-MARIE-MADELEINE ★★★

Place de l'Hôtel-de-Ville
✆ 04 94 78 00 19
www.paroissesaintmaximin.fr
Ouvert toute l'année. Tous les jours. Gratuit.

© GÉRARD CORPET - FOTOLIA

Sa construction a été décidée en 1295 par le comte de Provence, Charles II d'Anjou. Les travaux durèrent jusqu'en 1532, pourtant cette énorme construction n'a jamais été terminée. La nef principale a tout simplement été murée – il n'y a pas de rosace, de portail ni de clocher. Au Moyen Âge, l'endroit où se trouvent les reliques de sainte Marie-Madeleine devint un lieu de pèlerinage intensif. Saint-Maximin fut alors une étape incontournable sur la route de Saint-Jacques-de-Compostelle.

BALADE HISTORIQUE EN CŒUR DE VILLE ★

✆ 04 94 59 84 59
Parcours libre. Brochure « Laissez-vous conter Saint-Maximin » disponible gratuitement à l'office de tourisme.

« Laissez-vous conter Saint-Maximin » ! Après vous êtes procuré la brochure correspondante à l'office de tourisme, suivez l'itinéraire rouge et les 17 panneaux explicatifs qui jalonnent le cœur historique de la ville. Du couvent royal à la place Malherbe, en passant par l'emplacement de la basilique primitive et du baptistère, les anciens remparts, le quartier juif ou encore la place Martin Bidouré, Saint-Maximin n'aura bientôt plus de secret pour vous...

LE COUVENT ROYAL ★★★★

Ouvert toute l'année. Visite du cloître uniquement (accès par l'office de tourisme). Gratuit.

La construction du couvent royal, anciennement dénommé couvent des Dominicains, a débuté en 1295. Il subira des travaux d'agrandissement et de restauration jusqu'au XVIIIe siècle. Les moines dominicains en furent chassés à la Révolution. Une partie du couvent devint une prison sous la Terreur. Les dominicains y revinrent sous l'Empire. Ils ont définitivement quitté Saint-Maximin en 1959. On admirera particulièrement le très beau cloître. Le couvent royal est classé au titre des monuments historiques depuis le 3 juillet 1969.

© OLEG BOGACHENKO - SHUTTERSTOCK.COM

MASSIF DE LA SAINTE-BAUME ★★

À cheval sur le Var et les Bouches-du-Rhône, il est recouvert d'une forêt exceptionnelle, remarquable par sa double orientation. Cette forêt recouvre 140 hectares à une altitude comprise entre 680 et 1 000 mètres. Plus de cent dix espèces d'oiseaux nichent dans les bois. Cette forêt considérée comme une « relique » est aujourd'hui classée en réserve biologique domaniale. Elle est donc « hors de coupe », on n'y abat des arbres que pour assurer sa régénération.

LE CLOS GERALDY €€

135, chemin de Font-Trouvade
✆ 04 94 72 03 69
www.leclosgeraldy.com
Ouvert toute l'année. 3 chambres non fumeur 124 € la nuit, petit déjeuner inclus. Piscine. Spa et hammam privatifs.

Bienvenue chez Thierry et Myane, vos hôtes attentionnés ! Si le Clos Geraldy est une belle maison d'hôtes avec vaste jardin de 1 hectare, petit vignoble privé, piscine extérieure et espace bien-être intérieur (hammam, sauna et bain à remous, et éléments de fitness sont au rendez-vous... gratuitement !), c'est aussi et surtout l'accueil de monsieur et ses gentilles attentions qui marqueront votre séjour. Idées de visites, conseils gourmands, il saura vous aviser personnellement et vous épauler si besoin pendant la durée de votre escapade.

L'ARDOISE D'AUDREY ET NICO €€

29, rue Gutemberg ✆ 04 94 77 40 89
www.lardoisedaudreyetnico.fr
Ouvert du mardi au samedi. Formule du midi : 16 €. Plat du jour 11 €. Prix moyen à la carte : 30 € à 40 €. Terrasse.

Depuis plus de 10 ans qu'ils travaillent ensemble, Audrey et Nicolas partagent les mêmes valeurs en cuisine : part belle aux circuits courts, valorisation des produits locaux et respect de la saisonnalité. Ici pas de menu, mais une ardoise bistronomique gourmande et inventive qui évolue en fonction de ces trois aspects, et de l'humeur de la chef. En cœur de ville, vous pourrez vous attabler en terrasse sur la rue, ou bien en intérieur dans la charmante petite salle au décor soigné.

LA COURTESIE €€

LA COURTESIE, Quartier Courtoise (Ollieres)
✆ 06 75 03 31 41
www.la-courtesie.com
Ouvert toute l'année. 2 chambres 100% non fumeur 105 €. Table d'hôtes dîner sur réservation la veille 50 € par personne.

Tout le charme de la Provence dans ce qu'elle a de plus authentique dans cette maison d'hôtes où l'on est assuré de passer un séjour heureux. La Courtesie, c'est aussi une base idéale pour partir à la découverte de la région. Dans un cadre de nature préservée, on se détend au bord de la piscine protégée par un toit amovible. Ce mas propose des chambres spacieuses avec une salle de bains privative et de grandes terrasses pour pratiquer le farniente tout en savourant un bon verre. La table d'hôtes permet de découvrir une cuisine traditionnelle.

LE NIGHTFALL €€

12, place Malherbe
✆ 04 89 21 36 25
www.lenightfall.fr
Ouvert du mardi au dimanche midi ; vendredi et samedi soir. Et en saison tous les jours midi et soir. Plats 14-26 €.

Idéalement situé sur la place Malherbe, théâtre du grand marché hebdomadaire chaque mercredi et du petit marché de producteurs locaux le samedi, ce restaurant de famille à l'intérieur moderne et contemporain met à l'honneur une cuisine brasserie et provençale. Parmi les plats à découvrir, le *fish & chips*, l'entrecôte charolaise du boucher, et tout un tas de salades généreuses à souhait. Très appréciés également : la découpe en *live* de côte de bœuf et de poisson d'arrivage, et le cocktail «mixture du Nighfall» pour une belle entrée en matière.

HÔTEL DE FRANCE / ANNEXE PLAISANCE*** €€

3 et 5, avenue Albert-Ier ✆ 04 94 37 01 30
www.hotelsaintmaximin.com
Ouvert toute l'année. 33 chambres 54 € à 124 €, dont 13 dans l'annexe Plaisance 44 € à 64 €. Restaurant Côté Jardin.

L'hôtel de France vous accueille dans une ambiance intime et chaleureuse au cœur du village de Saint-Maximin. Au sein du bâtiment principal, 20 chambres confortables et toutes équipées vous attendent, tandis que place Malherbe, 13 chambres sont proposées en annexe depuis 2017 en lieu et place de l'ancien hôtel Plaisance. Côté restauration, le Côté Jardin, vous propose une cuisine provençale de qualité, daube de joue de bœuf, pieds et paquets,... évoluant au fil des saisons.

LA TABLE DE BRUNO €€

32, avenue du Maréchal-Foch
✆ 04 94 80 50 39
Ouvert du mardi au samedi le midi et le soir ; le dimanche midi. Menu du marché au déjeuner (du mardi au samedi) : 28 €.

Bruno Gazagnaire, ancien élève de Ducasse qui a fait les beaux jours du Château de Nans durant de très nombreuses années, s'est installé à son compte avec son épouse Sylvie qui s'occupe du service. Dans ce restaurant de qualité affilié au Collège Culinaire de France, la carte est courte, la cuisine maison et le menu du marché garantit la fraîcheur des plats, avec par exemple un risotto arborio aux champignons des bois, un mignon de cochon à la graine de moutarde, un gratin de framboises, une poire rôtie à la vanille Bourbon et sorbet poire.

LE CELLIER DE LA SAINTE-BAUME

Route de Barjols
✆ 04 94 78 03 97
https://celliersaintebaume.fr

Ouvert toute l'année, sauf 25 décembre, 1er janvier et 1er mai. Parking. Dégustation gratuite.

Les caves coopératives de Saint-Maximin et de Tourves, qui produisent, en agriculture biologique, des AOP, des vins IGP Var Sainte-Baume et des effervescents, se sont regroupées en 1997. Leur terroir, situé dans l'aire de production des AOP Coteaux-varois-en-Provence, s'étend dans un rayon de 15 kilomètres autour de Saint-Maximin-la-Sainte-Baume, au pied du massif de la Sainte-Baume et de la colline de Saint-Probace, jusqu'aux contreforts du mont Aurélien.

DOMAINE SAINT-MITRE

1782, Chemin de Saint-Mitre
✆ 04 94 78 07 54
www.domainesaintmitre.com

Ouvert le lundi, le mercredi et le vendredi de 9h à 12h et de 14h à 17h. Dégustation gratuite. Parking.

Domaine familial de 35 hectares détenu par des vignerons originaires de Champagne, cette propriété très ancienne (bastide datant de 1817 et cave de 1898 !) a été entièrement rénovée : la bastide a retrouvé son lustre, le chai a été modernisé et équipé avec des outils et des équipements ultra modernes pour y vinifier de façon optimum les jus de raisins. En outre, le vignoble a connu une vague de plantations nouvelles. Le domaine propose une production de vins en AOP Coteaux varois en Provence et en IGP vin de Pays du Var sur les 3 couleurs.

VIGNOBLE ARNAUD

Quartier les Suies ✆ 04 94 72 14 82
www.routedesvinsdeprovence.com/domaines/vignoble-arnaud/

Ouvert toute l'année. Parking. Dégustation gratuite, sauf pour les groupes de plus de 10 personnes.

Fondée par Jean Luc Arnaud et son épouse, cette propriété viticole avec sa cave flambant neuve et parfaitement équipée, est aujourd'hui entre les mains de leurs enfants, Anne et Nicolas – frères et sœurs – et ici, à chacun sa mission ! Lui sur le terrain et à la vinification, elle au conditionnement et à la vente ; c'est ainsi que se poursuit aujourd'hui l'exploitation des 50 hectares du vignoble. En AOP Coteaux Varois en Provence ou en IGP du Var, les quelques 2 800 hectolitres annuels ont toujours autant de succès auprès des connaisseurs.

BRAS

Arrosé par les eaux de l'Argens et de la rivière Cauron, Bras est un petit village typique. Sur la colline Saint-Pierre se dressent les ruines du castrum médiéval, permettant d'apprécier un joli panorama sur les alentours. La chapelle romane des Templiers date du XIIe siècle, elle est dédiée à Notre Dame de Bethléem. Les amateurs de mystères iront sûrement visiter à l'ouest du village le site des Gourds Bénis, gouffres d'origine volcanique remplis d'eau cristalline – la baignade est (très) fortement déconseillée en raison des risques de noyades. Cette même eau serait devenue rouge sang lors du tremblement de terre qui ravagea Lisbonne en 1754, et le 22 juillet, lors de la procession, on raconte que des lamentations se font entendre, si celle-ci n'a pas lieu autour du lac, et que le village risquerait d'être anéanti par des flammes jaillissant du gouffre. Parmi les points d'intérêt majeurs de la commune, notons la chapelle des Templiers où était installée la commanderie de l'Ordre du XIIe, le pigeonnier se trouvant près du Cauron, la cascade du Tombereau, et la chapelle Saint-Pierre. Ces deux derniers sites sont privés, mais valent malgré tout le détour pour les opportunités de randonnées qu'ils procurent et le point de vue qu'ils dévoilent. Enfin, chaque année depuis 1993, Bras accueille fin septembre un festival de bandes-dessinées fort sympathique. Pour se restaurer, le petit village compte tout de même deux bons restaurants, La Petite Maison de Bras et l'Aoutée. Chaudement recommandés par les gens du coin !

LA BASTIDE DES TEMPLIERS €€

730, chemin du Rail-sur-le-Chemin
✆ 04 94 77 61 97
www.bastide-des-templiers.com

5 chambres de 70 € à 90 € suivant la saison, petit déjeuner inclus. Piscine. 2 studios-appartements également.

Magnifiquement perchée dans un décor méridional de forêts, vignes et champs d'oliviers, entre les gorges du Verdon et la Côte d'Azur, au cœur de la Provence verte, cette demeure de caractère offre une oasis de paix et la nature dans toute sa splendeur. C'est un petit coin de paradis, idéal pour s'évader du bruit de la ville et des plages bondées, apprécier le charme de l'arrière-pays, se retirer à deux, profiter de l'espace bien-être. Ici, Harald et Joël vous accueillent en famille et vous feront découvrir avec passion l'art de vivre en Provence.

UNE CAMPAGNE EN PROVENCE €€

757, chemin grand temple ✆ 04 98 05 10 20
www.provence4u.com/fr/

Ouvert toute l'année. 5 chambres de 108 € à 129 € suivant la saison. Table d'hôtes dîner 35 €. Piscine chauffée.

Martina et Claude Fussler vous accueillent dans leur vaste ferme templière du XIIe siècle, pour un séjour nature au milieu des vignes et des chevaux. Sur place, des randonnées équestres sont proposées, ainsi que des cours de cuisine provençale. À la table d'hôtes, le terroir provençal et les produits du jardin sont à l'honneur. Après un apéritif de vins locaux, le repas qui vous attend est des plus complets. Quelques exemples de mets pour vous mettre l'eau à la bouche : aïoli avec légumes, daube provençale avec pâtes fraîches, grand buffet provençal...

LES FARINES DE BERTRAND

Domaine de la Rouvière Plane
✆ 04 94 69 97 32

L'adresse authentique et gourmande par excellence ! Installé à Bras depuis 1977, Betrand Allais propose du pain directement du pré à la bouche ! Explications : à la fois céréalier, meunier et boulanger, il assure lui-même l'intégralité de sa chaine de production. Et comme si le 100% local ne lui suffisait pas, il a également dit adieu à tout pesticide et fongicide, au profit de compost à base de fumier, qu'il échange contre de la paille avec des éleveurs bio. Bref, vous l'aurez compris : déguster un pain de Monsieur est à la fois délicieux et pleinement engagé !

FERME DE LA CABRETO

Lieu-dit Lourtaud
✆ 04 94 69 90 53
http://ferme.cabreto.free.fr/

Ouvert tous les jours de 9h à 12h30 et de 15h à 19h du 15 février au 15 novembre. Parking.

Cette petite exploitation familiale d'élevage caprin est perdue en pleine nature. Sur place, visitez la chèvrerie et la fromagerie, avant d'acheter vos fromages de chèvre fermier, frais, crémeux, secs, moulés à la louche (tome, crémeux nature, sarriette ou poivre, ail-basilic), plus ou moins fort en goût suivant le temps d'affinage. Également apiculteur vous pourrez aussi vous fournir en miel de châtaigne, de lavande, de romarin ou toutes fleurs : un délice, directement produit à la ferme. À retrouver sur les marchés de Saint-Maximin le mercredi matin.

BRUE-AURIAC

Entouré de vignes, de pins, d'oliviers et de chênes, les deux villages de Brue et Auriac ne sont définitivement rattachés qu'en 1840, union deux cités Brusa et Auriacum, tenues par la famille de Pontevès pour les comtes de Provence. Le village se targue de posséder le pigeonnier le plus haut d'Europe du XVIIIe siècle, emblème du village construit par Roux de Corse dans les années 1754-1758, entré en 1996 au Guinness des records, avec 22,50 mètres de haut et 12,43 mètres de diamètre. De forme cylindrique, le pigeonnier qui domine tout le village a été rénové par la commune. Il est visible de loin lorsqu'on arrive à Brue par la route de Saint-Maximin.

CHAPELLE DE NOTRE-DAME DE BRUE

Erigée sur un mamelon, au sud du village, la charmante chapelle, qui daterait du XIe siècle, jouxte les ruines d'un prieuré du XVIe siècle. Inscrite aux Monuments historiques, elle comporte une nef à trois travées avec chapelle latérale voûtée demi-berceau, un bel oculus, un Christ sculpté sur un linteau, une cloche arcade à deux baies... Les restes de Georges Roux, riche armateur marseillais qui a racheté les terres de Brue en 1735, reposent sous l'autel.

LE PIGEONNIER

Ce pigeonnier, le plus haut d'Europe avec une tour cylindrique de 22,50 mètres de haut et un diamètre de 12,43 mètres, a été construit en 1750 par Georges Roux, armateur marseillais qui élevait des pigeons voyageurs pour satisfaire la passion colombophile de son épouse. Il pouvait contenir jusqu'à 1 500 pigeons. Des pilastres soutiennent et décorent la toiture. Les pigeonniers étaient un élément essentiel de la vie quotidienne provençale, car ils constituaient un garde-manger de grand intérêt et permettaient la constitution d'un engrais très appréciable.

BASTIDE COLLOMBE €€

Chemin de Collombe ✆ 04 94 80 93 23
www.bastide-collombe.com
Ouvert du 15 avril au 30 septembre. 2 chambres, suites avec salon. Dîner 30 € par personne sur réservation.

Une superbe bastide en pierres du XVIIe siècle, retapée et meublée avec soin et grand goût par Catherine et son mari. Ancienne professeure de littérature et d'histoire de l'art, cette passionnée de déco a mis du cœur à l'ouvrage pour créer un cocon confortable pour ses convives, tout en respectant parfaitement le cachet d'antan de cet ensemble familial. Dans les deux suites indépendantes, l'atmosphère maison de campagne règne du sol au plafond. Dehors, la piscine est fort appréciable aux beaux jours. Sur réservation, Catherine propose également une table d'hôtes.

BELLONE EN PROVENCE €€

Ancienne route de Brue-Auriac à Barjols
✆ 06 11 57 92 51
http://belloneprovence.com/
Ouvert toute l'année. 4 chambres de 100 € à 130 € suivant la saison. Dîner en table d'hôtes sur réservation : 30 €.

Perchée au sommet d'un oasis verdoyant, cette bastide en pierres vous est ouverte par vos hôtes qui vous feront partager les secrets de la Provence. Les quatre chambres spacieuses et colorées affichent un savant décor mêlant fantaisie et élégance, avec une touche de modernité, jusque dans les salles de bains et toilettes assorties. La literie est de grande qualité. Ode aux saveurs du terroir méditerranéen, le repas servi le soir, sur demande, et partagé avec Sylvie et Thierry, s'applique à révéler la manne des produits locaux.

BASTIDE SAINT ESTÈVE €€€

Hameau de Saint-Esteve ✆ 07 86 90 33 22
www.bastidesaintesteve.com
Ouvert toute l'année. 4 chambres en suite à partir de 140€ /basse saison et 240€/haute saison. Hammam, sauna, massage.

Cette bastide provençale du XVIIe siècle est une étape privilégiée nichée au cœur d'un hameau dans un écrin de verdure, de vignes, d'oliviers et de pinèdes. À l'étage, 400 m² ont été aménagés pour accueillir 9 personnes. Les 4 suites spacieuses avec salon et salle de bain privative ont été rénovées et décorées avec beaucoup de goût par Alissa et Cédric. Une cuisine très fonctionnelle et une salle à manger avec cheminée sont à disposition au même étage. Pour votre bien-être : piscine, terrain de pétanque, hammam et sauna et 2 solex en location pour balade vintage.

DOMAINE DE CANTARELLE

Route de Varages
✆ 04 94 80 96 01
www.cantarelle.net
Ouvert toute l'année du lundi au samedi 9h à 12h et 14h à 18h. (19h en été). Dégustation gratuite. Visite du domaine.

Le domaine, créé en 1974, situé aux portes du parc national du Verdon, étend son vignoble de 145 hectares dans un cirque naturel somptueux. Développé par la famille Dieudonné dans les années 2000, il est devenu le plus grand domaine de l'appellation AOC Côteaux Varois en Provence. En 2017, Pascal Debon prend la suite et investit dans du matériel dernier cri pour l'élaboration de vins gourmands et délicats. À noter que depuis juillet 2019, Cantarelle gin de Provence est distillé au domaine à partir de raisins de Provence exclusivement.

SEILLONS-SOURCE-D'ARGENS

C'est dans ce charmant village que l'Argens prend son cours (d'où son nom). Jusqu'alors inaccessible, la source a fait l'objet courant 2016 de travaux de rénovations, si bien que l'on peut aujourd'hui y accéder. Sur les hauteurs de la bourgade, la ruine perchée mérite un détour pour le panorama qu'elle dévoile. A partir de cette commune, plusieurs randonnées s'offrent à vous. Au cœur du village, vous pourrez voir l'église Saint-Pierre et un lavoir. Enfin, si vous séjournez dans le coin, sachez enfin que le Café de la Source propose dorénavant une restauration midi et soir en été, ou à midi uniquement le reste de l'année.

DOMAINE SAINT-DOMINIQUE €€

Quartier de Paris ✆ 04 94 72 13 06
www.domainesaintdominique.fr
Ouvert toute l'année. 5 chambres de 95 € à 160 €. Parking.

Situé en plein cœur d'un domaine viticole de Seillons-Source-d'Argens, cette vaste demeure familiale provençale est aujourd'hui entre les mains de Patricia et Nicolas, qui mettent du cœur à l'ouvrage pour recevoir leurs convives dans un esprit chaleureux de grande maison familiale au joyeux décor de brocante. Les cinq chambres, aux étages supérieurs, sont vastes et chaleureusement décorées. Tant qu'il fait encore frais, le petit déjeuner est servi dans la belle cuisine d'antan avec sa cheminée ouverte toute en longueur : quel charme !

OLLIÈRES

La première mention d'Ollières apparaît dans le cartulaire Saint Victor sous le nom 'villa Ollarias'. Ce petit village, blotti autour d'un château médiéval, dont la première édification, sur un éperon rocheux, date de 940, tient sa réputation de l'exploitation de l'argile. Niché entre les collines boisées, il est caractéristique par ses ruelles typiques, étroites, pavées et pentues, rue du Portail (vieux portail), rue du Four (ancien four communal), rue Basse, rue du Cercle, place du Marronnier, place de l'Ormeau, place de l'Église, boulevard de l'Aire... À découvrir également l'église Sainte-Anne, édifice de style roman restauré au XIXe siècle.

LES TERRES DE SAINT HILAIRE

Route de Rians

✆ 04 98 05 40 10

https://terresdesainthilaire.com/

Ouvert toute l'année. 15 gîtes (de 2 à 11 personnes) et 15 chambres. Studio 315 € à 497,30 € la semaine suivant saison.

Avec un domaine agricole et viticole de plus de 130 hectares de vignes, 15 chambres et 15 appartements de charme du studio au T6, 320 m² d'espaces réceptifs et un centre équestre, les terres de Saint Hilaire se mettent en quatre pour vous accueillir. Pendant votre séjour dans cet ancien mas provençal de caractère entièrement rénové, une visite du domaine viticole s'impose pour déguster les différentes cuvées : le bois du Marquisat, Oppidum, Sagesse et Tentation.

CHÂTEAU D'OLLIÈRES

Le Château

✆ 04 94 59 85 57

www.chateau-ollieres.com

Ouvert du lundi au vendredi (au samedi en été) de 9h à 12h30 et de 14h à 17h30. Visite du domaine. Dégustation.

Propriété de la famille Rouy, ce vignoble niché entre la Sainte-Victoire et la Sainte-Baume applique des des méthodes de culture très rigoureuses pour en tirer le meilleur parti. L'encépagement est diversifié, grenache, cinsault, syrah, cabernet-sauvignon, vermentino, ugni blanc. C'est également un château qui domine le village, posé sur un éperon rocheux à près de 400 mètres d'altitude. Ses salons, sa cave voûtée du Moyen Âge et ses jardins se prêtent à des réceptions. La visite du domaine, suivie d'une dégustation à la cave est également possible.

LES TERRES DE SAINT HILAIRE

Route de Rians

✆ 04 98 05 40 10

https://terresdesainthilaire.com/

Ouvert toute l'année. Parking. Dégustation gratuite. Hébergement possible sur place, 15 chambres et 15 gîtes.

Si les ermites occupant l'abbaye des Terres de Saint Hilaire au XVIIe siècle pratiquaient déjà la viticulture pour leur propre consommation, le travail de la vigne semble ne jamais avoir cessé depuis. Cette culture ancestrale a pris un nouvel essor en 2002, lorsque la famille Burel acquiert le domaine. Attaché aux notions d'authenticité et de partage (label Terra Vitis), l'équipe du domaine élabore des produits qui séduisent tout autant les novices que les initiés.

POURCIEUX

Au pied du mont Aurélien, entre vignes et forêts qui couvrent les neuf dixièmes du territoire, ce village est situé sur l'antique voie Aurélienne. Les rues vous mèneront au château, édifié en 1764 par le dernier seigneur de Pourcieux, Jules Symphorien Pazery de Thorame, inscrit à l'inventaire des Monuments historiques depuis 1993 et toujours propriété des descendants des anciens seigneurs du lieu. À découvrir aussi le lavoir public, à l'origine du village, la fontaine de la place Victor Chavet, l'église Notre Dame de l'Assomption, remaniée de nombreuses fois depuis le Moyen Âge, et à côté, les ruines d'un couvent de Minimes abandonné en 1771.

CHÂTEAU DE POURCIEUX

1, rue de la Croix

✆ 04 94 59 78 90

www.chateau-de-pourcieux.com

Ouvert toute l'année. Dégustation gratuite et payante pour les groupes. Parking.

Entre mont Aurélien et Sainte-Victoire, le château de Pourcieux, ensemble architectural du XVIIIe siècle, appartient depuis son origine à la famille du marquis d'Espagnet. La vocation viticole est maintenue depuis 1986 par Michel d'Espagnet, rejoint d'abord par son fils Rémi à la vinification puis tout récemment par sa fille Alix à la commercialisation. Disposant d'environ 30 hectares, le domaine, certifié Haute valeur environnementale (HVE), cultive un lien entre tradition et modernité de ses vins grâce notamment à la création d'une nouvelle cuverie en 2017.

CHÂTEAU DES FERRAGES 🍷

RD N7
✆ 04 94 59 45 53
www.chateaudesferrages.com

Basse saison : ouvert du mardi au samedi. Haute saison : ouvert tous les jours.

Le Château des Ferrages est l'un des quatre lieux fortifiés qui ont marqué l'histoire de Pourcieux. Typique des constructions de la Renaissance, flanqué d'un grand parc arboré, il dominait le village. Mais aujourd'hui son trésor le plus précieux reste sans doute le domaine vinicole qui porte son nom. De ces 28 hectares sont issues quatre cuvées, précieusement élevées dans la cave du Château des Ferrages. Cette cave, d'une superficie de plus de 1000 m^2, allie les techniques modernes de vinification et le vieillissement traditionnel.

POURRIÈRES

Bâti sur un éperon rocheux, entre la montagne Sainte-Victoire et le mont Aurélien, ce village a été le théâtre d'une bataille extrêmement sanglante contre les Teutons, en 102 avant Jésus-Christ, gagnée par Marius Caïus, général et homme politique romain. Avec près de 10 000 morts, cet affrontement va marquer l'histoire du village de Pourrières et pourrait être à l'origine du nom du village 'champs pourris'.

C'est un terroir de plus de 1 200 hectares à découvrir avec la vitalité de sa viticulture et de ses vins AOC Côtes-de-Provence-Sainte-Victoire, où trois cépages dominants, syrah, grenache et cinsault lui apportent un caractère et un goût unique.

CELLIER MARIUS CAÏUS 🍷

47, Grand'Rue
✆ 04 94 78 43 29
www.cellier-marius-caius.fr

Ouvert toute l'année, du mardi au samedi de 9h à 12h et de 15h30 à 19h. Label Vignobles & Découvertes.

Fondée en 1912, voici aujourd'hui la plus grosse cave coopérative du Var en termes de production : ses 130 viticulteurs, quasiment tous implantés à Pourrières, produisent en moyenne 50 000 hectolitres de vin par an (label HVE). Côtes de Provence, Côtes de Provence Sainte-Victoire et IGP Var y sont déclinés dans les trois couleurs ; les cuvées Terres d'Histoires et 1912 notamment, sont régulièrement primés. Attenante à la cave, la boutique propose un beau panel de bouteilles et vins en vrac, ainsi qu'un alléchant rayon épicerie fine valorisant le terroir varois.

DOMAINE JACOURETTE 🍷

Route de Trets RD 23
✆ 04 94 78 54 60
www.jacourette.com

Ouvert le vendredi et le samedi de 9h30 à 12h et de 15h30 à 18h30 ou sur rendez-vous par téléphone.

Cette exploitation familiale, aujourd'hui animée par Hélène Dragon et son époux Frédéric Arnaud, est certifiée en haute valeur environnementale depuis 2019 (HVE). Elle produit 4 cuvées AOP Côtes-de-Provence, Côtes-de-Provence-Sainte-Victoire et IGP Var sur une vingtaine d'hectares. Sur des parcelles hors AOP, des cépages atypiques pour la Provence ont été plantés ; vinifiés en mono-cépage, ils expriment leur originalité dans des cuvées de vin de Pays du Var. Le domaine propose également son huile d'olive et des produits régionaux en vente au caveau.

DOMAINE PINCHINAT 🍷

RD6
✆ 04 42 29 29 92
www.domainepinchinat.com

Ouvert du lundi au samedi de 8h à 12h et de 14h à 18h. Dégustation gratuite. Visite du domaine.

Propriété familiale depuis plus de deux siècles, le vignoble de 30 hectares, situé au pied de la célèbre montagne Sainte-Victoire, cultivé en agriculture biologique depuis 1990 est aujourd'hui dirigé par Alain de Welle. Deux gammes de vins, en A.O.C. Côtes de Provence et IGP vin de pays du Var, sont disponibles dans les trois couleurs, blanc, rouge et rosé. L'IGP vin de pays du Var rosé offre un nez fruité et une bouche bien structurée, alors que le Côtes de Provence se distingue par sa fraîcheur, sa rondeur et sa souplesse.

GARÉOULT

Spécialisé dans le sylvopastoralisme, moyen qui permet d'entretenir le patrimoine forestier tout en luttant contre l'incendie, ce gros bourg arrosé par l'Issole, est surtout connu par sa production de fromages de chèvre, très prisés des gastronomes. Son passé romain a été mis au jour en 1988, suite à un coup de pioche d'un jardinier qui trouva des sarcophages gallo-romains à la nécropole Louis-Cauvin. La mairie abrite une salle d'exposition avec le mobilier découvert, un coffrage de tuiles d'une inhumation gallo-romaine et divers objets : on peut la visiter librement du lundi au samedi matin, aux heures d'ouverture de la mairie. La commune jouit d'une intéressante programmation culturelle : les représentations théâtrales sont relativement nombreuses tout au long de l'année à la Maison de Garéoult. Deux marchés hebdomadaires se tiennent à l'année à Garéoult : le marché provençal chaque mardi matin dans les rues du village, et le petit marché des producteurs locaux, chaque samedi matin sur la place du Général-de-Gaulle (devant la poste). Une fête du terroir anime également le village chaque jeudi de l'Ascension, la Fête du village se tient quant à elle le premier week-end d'août (avec feu d'artifice le samedi soir !), tandis qu'à la mi-décembre, une journée est consacrée au marché de Noël (le four communal est alors allumé, pour le plus grand plaisir des gourmands !).

NÉCROPOLE LOUIS CAUVIN

Mairie de Garéoult
✆ 04 94 04 94 72
Ouvert toute l'année. Visite libre.

En 1988, tandis que des Garéoultais creusent la future piscine de leur domicile, ils font la découverte inopinée de vestiges anciens. Ils font alors appel à des archéologues et des fouilles sont lancées. Au total, pas moins de 90 sépultures sont découvertes : les plus anciennes remonteraient à l'époque gallo-romaine et les plus récentes dateraient du Moyen Âge. Les premiers résidents de la commune étaient donc déjà là au Ier siècle ! Aujourd'hui, c'est à l'hôtel de ville que vous pourrez admirer l'essentiel des objets récupérés lors des fouilles.

ROCBARON

Ce petit village situé à 340 mètres d'altitude offre une vue panoramique sur les montagnes des Alpes du Sud et au loin sur les îles d'Or ainsi que sur la presqu'île de Giens. Au-delà de son style pittoresque, le village est classé 1ère réserve étoilée de France : sur le site de La Verrerie sont installées des lunettes astronomiques permettant l'observation du soleil, de la lune et des étoiles. Autre visite à faire : les ruines Saint-Sauveur qui sont celles d'un ancien château féodal; on peut encore y observer les meurtrières mais il ne reste vraiment pas grand chose du château... Le site offre surtout un beau panorama sur la région.

LA MAISON DE ROCBARON €€

3, rue Saint-Sauveur ✆ 04 94 04 24 03
Chambre double de 120 € à 130 €. Petit déjeuner inclus. Lit supplémentaire : 30 €. Table d'hôtes le samedi soir : 40€.

Jeanne et Guy vous accueillent dans leur ancienne bergerie, authentique bâtisse du XIXe siècle, rénovée avec goût et passion et confortablement équipée. Les chambres sont bien décorées et très confortables, notamment avec la climatisation, très appréciable en été. Un jardin clos et ombragé ainsi qu'une vaste piscine raviront les amateurs de farniente. Pour ceux qui souhaitent bénéficier de la table d'hôtes, la maîtresse de maison mitonne le samedi soir une cuisine de marché privilégiant le poisson et les produits locaux issus de l'agriculture biologique.

SAINTE-ANASTASIE-SUR-ISSOLE

Ce petit village bâti sur le flanc sud d'une colline, en bordure de l'Issole, a été reconstruit en grande partie sous le Second Empire. Plein de charme, avec ses maisons hautes, ses portes anciennes, ses ruelles étroites et ses fontaines, il possède vraiment toutes les caractéristiques d'un village provençal. Un petit train touristique passe par le village Sainte-Anastasie-sur-Issole et emmène les voyageurs à la découverte de la Provence verte et du Verdon sur un trajet Carnoules/Brignoles. En somme, ne manquez pas de faire une halte dans ce petit village qui vous permettra de faire une pause régénérante pendant vos vacances dans le Var.

LA ROQUEBRUSSANNE

Charmant village provençal situé sur les contreforts de la Sainte-Baume, au pied du massif de la Loube, le site de La Roquebrussanne était autrefois occupé par un important oppidum romain. Parmi les points d'intérêt de la commune, la cavité du grand Laoutien est à ne pas manquer. On pourra aussi faire jeter un œil à l'église paroissiale, qui abrite deux beaux bénitiers en marbre et une transfiguration du XVIe siècle ; le château féodal de La Roque, quant à lui, a été détruit par les troupes piémontaises en 1707. A l'extérieur du village, sur la route de Brignoles, la chapelle Notre-Dame-d'Inspiration du XVe siècle mérite également le détour.

LES LAOUTIENS

Accès par la D64 en direction de Garéoult

Source de légendes séculaires, curiosités géologiques uniques en Europe, ces deux lacs d'effondrement karstiques se présentent comme un plaisant lieu de promenade, même si la baignade y est interdite. Des deux cavités, le Grand Laoutien, dont le diamètre avoisine les 130 mètres, se place sans nul doute comme le plus spectaculaire : au fond d'un cratère aux parois plus ou moins verticales, un lac aux eaux vertes semble dormir d'un sommeil plusieurs fois millénaire. Le Petit Laoutien quant à lui est situé à quelques centaines de mètres de là.

VILLA LOOU

La découverte de cette ferme gallo-romaine en 1977 a encouragé l'organisation d'une fouille de sauvetage entre 1978 et 1983. On y découvrit alors un vaste ensemble de bâtiments. La Villa Loou constituait en fait le centre d'un vaste domaine vinicole et agricole où l'on cultivait la vigne mais aussi l'olivier et les légumineuses. Aujourd'hui, on peut la voir sur le chemin du domaine viticole du Loou, qui a joliment fait honneur à son histoire en se nommant ainsi. Les fouilles de l'époque ont également mis au jour une quantité importante de matériel archéologique.

MAZAUGUES

Au XVIe siècle, le massif de la Sainte-Baume était le siège d'une activité très appréciée: la fabrication de la glace. A défaut d'un procédé industriel, l'eau des ruisseaux et des sources était stockée dans des bacs de ciment. Lorsqu'elle était gelée, elle était ensuite stockée dans des glacières, vastes fosses de 10 à 20 mètres de profondeur creusées dans la terre ou dans le roc et surmontées en surface d'une construction de pierre recouverte d'un toit de tuiles posées sur une couche de terre. En été, la glace était débitée et transportée nuitamment. Parmi les glacières encore visibles aujourd'hui, la plus remarquable demeure la glacière de Pivaut.

GLACIÈRE DE PIVAUT ★

Visite libre de l'extérieur.

Dès le XVIIe siècle au moins, le massif de la Sainte-Baume accueillait une activité originale : la fabrication de glace. L'eau des sources et des ruisseaux était captée, canalisée et mise à geler sur des terrasses ou bassins bordés de murets. Elle était ensuite stockée dans des glacières, vastes puits de 10 à 20 mètres de profondeur creusés dans le roc, dépassant du sol sur un quart de leur hauteur et recouverts d'un toit de tuiles posées sur une couche de terre. En été, les blocs étaient débités et transportés par charroi nocturne. Les glacières de la Sainte-Baume orientale ont approvisionné Toulon jusqu'en 1789 ; quelques réservoirs de la partie sud-ouest étaient destinés à Marseille. Une vingtaine de ces édifices subsistent à l'extrémité est du massif. Mais avec ses 23 mètres de hauteur, son diamètre de 17,6 mètres, et sa capacité de stockage et de conservation de quelque 3 100 m^3 de glace, la glacière de Pivaut est de toutes la plus spectaculaire. On dit toutefois qu'elle n'aurait servi que deux fois... Restaurée dans les années 1990, on peut aujourd'hui admirer l'extérieur de la tour de stockage, des bassins de décantation et de congélation, des chemins de desserte, des murets de soutènement en pierre sèche, des restanques construites pour la retenue des eaux, ainsi que la conduite d'évacuation des eaux de fusion. Quelques panneaux explicatifs guident le visiteur, mais pour y pénétrer et tout comprendre, rien de tel qu'une visite guidée (à réserver auprès de l'office de tourisme de la Provence verte à Brignoles)

LA CELLE

Ce petit village traversé par la rivière le Caramy, blotti au pied du roc de Candelon et dominé par la montagne de la Loube, attire les visiteurs par son patrimoine historique et culturel, ses ruelles étroites, ses fontaines, son lavoir et sa maison des vins des Coteaux-varois-en-Provence. Localisé en pays de Brignoles, dans le comté de Provence, ce domaine rural a été marqué au VIe siècle par de violentes invasions lombardes, un envahissement par les Sarrasins au VIIIe siècle et une destruction totale. Il faudra patienter jusqu'à l'an mil pour que les comtes de Provence chassent les envahisseurs et rétablissent la paix en Provence.

BASTIDE SAINT JULIEN €€€

600, route de Tourves - RD 205

✆ 04 94 86 26 60

www.bastide-saint-julien.com

Chambre double de 190 € à 330 €. Petit déjeuner inclus.

Ouverte depuis juillet 2017, cette bastide érigée au cœur de la Provence verte, face à la montagne de la Loube, prolongée par une terrasse de 150 m^2, encerclée par un jardin de 2 500 m^2 planté d'oliviers, d'amandiers, de cyprès, de lavandes, de roseraies, agrémentée d'une piscine et d'un pool house, a été transformée en maison d'hôtes haut de gamme avec 5 vastes chambres, décorées avec raffinement. La bastide vous ouvre également les portes de ses deux salles événementielles et vous invite à découvrir le caveau du Château Saint Julien, qui jouxte la demeure.

ABBAYE DE LA CELLE ★★★

Place des Ormeaux

✆ 04 98 05 05 05

Ouvert du mardi au dimanche de 10h30 à 12h30 et de 13h30 à 17h30. Entrée gratuite.

Après une longue restauration, l'abbaye de la Celle a rouvert en mai 2021 ! Cachée au cœur du village provençal de La Celle, cette abbaye médiévale classée monument historique vous séduira par son architecture romane et son histoire. En 1011, l'abbaye Saint-Victor de Marseille reçoit en donation une église près de Brignoles. Les moines s'y installent, fondent un prieuré masculin, puis édifient un important monastère féminin, l'abbaye de la Celle. Pendant plus de 500 ans ce monastère abrite des bénédictines issues de grandes familles de Provence et du Languedoc.

TOURVES

Tourves est un charmant village niché aux creux de collines verdoyantes de la Provence. Il se trouve à proximité des Gorges de Caramy où on peut faire de très belles balades. Le village s'étend au pied des ruines du château de Valbelle, que le dernier comte embellit au XVIIIe siècle d'une obélisque et d'un majestueux portique à colonnes. Il est traversé par la rivière Caramy sur plusieurs kilomètres ce qui lui apporte un air plutôt agréable pendant les grosses chaleurs estivales. De passage à Tourves, ne manquez pas, non plus, l'église Saint-Probace et son panorama. Voilà un village à ne pas manquer pendant votre découverte de la Provence verte !

CHAPELLE DE LA GAYOLLE

RD N7

✆ 09 66 81 18 28

www.domaine-la-gayolle.com

Pour toute visite contacter le propriétaire Monsieur Paul.

Cette chapelle rurale d'origine mérovingienne, située sur le domaine viticole de la Gayolle a été construite au XIe siècle, sur des vestiges du Ve siècle. Son passé historique, son architecture, les sépultures et les sarcophages mis au jour, dont le plus connu est le sarcophage de Syagria, exposé au musée de Brignoles, ont suscité l'intérêt de nombreux chercheurs et archéologues. Voilà une visite culturelle, plutôt insolite ; qui vous plongera dans une époque assez méconnue de l'histoire de la région. A voir quand vous êtes sur Gayolle.

MUSÉE DES GUEULES ROUGES ★★★

Avenue de la Libération

✆ 04 94 86 19 63

www.museedesgueulesrouges.fr

Ouvert toute l'année. Fermé le matin. Adulte : 6 €.

Ce musée, créé à l'initiative de l'association des Gueules rouges, évoque, sur 1 300 m^2 d'exposition, au long d'un parcours ludique et éducatif, un siècle d'exploitation de la bauxite rouge dans le centre Var. Il présente plus de 500 objets de collection, machines, outils et documents. Deux niveaux sont en visite libre ; ils vous permettent grâce aux bornes interactives de découvrir l'origine de la bauxite, les techniques de transformation de ce minerai en aluminium ainsi que les utilisations contemporaines de ce métal. Visites guidées jusqu'à la mine.

ROUGIERS

Un village typique au charme incontestable, dont le nom raisonnera sans doute dans la tête des connaisseurs et amateurs de pois chiches. La terre volcanique sur lequel il est cultivé lui confère en effet des qualités gustatives propres, si bien qu'une fête lui est spécialement consacrée chaque deuxième week-end de septembre. Une journée originale et un peu folle, rythmée par un joli marché, des défilés, des intronisations, des jeux et concours de soufflé du pois chiches, et un incontournable repas gastronomique. Parmi les autres points d'intérêt du village, vous pourrez observer une magnifique fenêtre à meneaux de style Renaissance.

CHEZ FANY €€

10, rue Jean-Jaurès

✆ 04 42 83 18 14

Du lundi au samedi le midi ; le vendredi et le samedi le soir. Menus de 22 € à 27 €. Plat : 14-20 €

Situé en centre ville, ce petit restaurant est idéal après une escape en Pays d'Aubagne ! Le chef y mitonne une cuisine de saison, évolutive au gré des caprices du marché. Côté plat du jour, on trouve du traditionnel comme on aime avec blanquette, vol-au-vent, souris d'agneau.... et un toujours excellent tiramisu maison pour les gourmands. Service gracieux et réservation conseillée. Voici une bonne petite adresse qui gagne à être connue à Saint-Zacharie. Le rapport qualité-prix est très honnête ce qui est d'autant plus appréciable !

NANS-LES-PINS

Ce petit village ravira les amateurs de randonnées en pleine nature. Dominé par les ruines d'un château féodal du XIIe siècle, il est entouré de plusieurs collines que traversent de multiples chemins. Le chemin des Roys a toujours été l'itinéraire traditionnel de pèlerinages des nombreux monarques se rendant à la Sainte-Baume – comme en font foi les sept oratoires jalonnés ça et là, dont l'oratoire de Miette, datant de 1516. Aujourd'hui, ce chemin de randonnée est balisé, et fait l'objet d'un itinéraire agréable à parcourir en famille ou entre amis au fil des panneaux explicatifs, voire d'un guide papier mis a disposition par l'office de tourisme.

PLAN-D'AUPS-SAINTE-BAUME ★

Ce très joli petit village est situé à 686 mètres d'altitude, au cœur du massif de la Sainte-Baume. Son église romane a été construite au XIe siècle pour servir de lieu de culte suite à la destruction d'un monastère par les Sarrasins. Le sol primitif en terre battue a servi de cimetière jusqu'au XVIIIe siècle. La grotte de Marie-Madeleine, ouverte dans la falaise, servit de refuge à la sainte qui s'y retira pour finir ses jours dans la prière. De la crête, on peut admirer un panorama grandiose, des confins des Alpes du sud jusqu'à la mer. Autour du village, la forêt séculaire de la Sainte-Baume, d'une majestueuse beauté, mérite une visite approfondie.

SAINT-ZACHARIE

Situé au pied de la Sainte-Baume, à une trentaine de kilomètres de Marseille, ce village charmant aux seize fontaines était célèbre jadis pour ses poteries et son industrie céramique, où l'on comptait jusqu'à vingt-quatre usines. Le chanteur d'opérette Reda Caire, vedette des années 50, repose au petit cimetière. Louis-Auguste Cézanne, le père du peintre Paul Cézanne y est né. Le marché hebdomadaire se tient le mercredi matin sur le cours Marceau. Saint-Zacharie fait partie de ces jolis villages attachants de la Provence verte, une région décidément méconnue par rapport au littoral varois bien plus fréquenté que l'intérieur des terres.

SENTIER DE RANDONNÉE DE LA VOIE ROYALE ★★★

Office National des Forêts

✆ 04 42 04 50 29

Label Tourisme & Handicap.

Vous êtes ici au cœur de l'une des plus belles forêts domaniales du Var. Gérée par l'Office nationale des forêts (ONF), des animations sont régulièrement mises en place par les guides forestiers pour découvrir et protéger la nature. Le site est ouvert à tous avec ses sentiers aménagés et sa signalétique adaptée. C'est vraiment une jolie promenade à faire pour s'aérer pendant vos vacances dans le Var. Et la forêt n'est pas trop fréquentée ce qui rend la marche d'autant plus agréable !

LE VERDON

Avec ses paysages grandioses et spectaculaires, le Verdon est sans conteste une des régions varoises incontournables. C'est là que se trouvent les célèbres Gorges du Verdon qui sont à la fois le plus grand canyon français et le plus grand canyon d'Europe. Ce site naturel époustouflant est propice à la randonnée, à l'escalade mais aussi au canyoning ou au rafting grâce à sa rivière. Le lac de Sainte-Croix, un lac artificiel qui n'en a pas l'air, possède des eaux d'un bleu turquoise intense et on peut s'y baigner sans risques puis faire bronzette sur une des plages aménagées. Le Verdon est aussi connu pour ses villages authentiques et son terroir local si riche en bons produits. Aups est le village à découvrir, notamment pour y déguster la truffe, une spécialité locale bien connue. Ne manquez pas la journée de la truffe à Aups en janvier ; vous allez vous régaler avec des spécialités à base de truffes fraîches.

Le Verdon
Manosque
Valensole
Puimoisson
RIEZ
MOUSTIERS-SAINTE-MARIE
CASTELLANE
Soleilhas
LA PALUD-SUR-VERDON
LA MARTRE
TRIGANCE
Allemagne-en-Provence
Montagnac
Saint-Martin-de-Brômes
LES SALLES-SUR-VERDON
AIGUINES
SAINTE-CROIX-DU-VERDON
GRÉOUX-LES-BAINS
VINON-SUR-VERDON
Esparron-de-Verdon
BAUDUEN
BAUDINARD-SUR-VERDON
ARTIGNOSC-SUR-VERDON
P.N.R. du Verdon
SAINT-JULIEN
QUINSON
Saint-Pierre
GINASSERVIS
RÉGUSSE
Montmeyan
MOISSAC-BELLEVUE
La Verdière
AUPS
Seillans
Bargemon
Saint-Pierre de Tourtour
Ampus
Châteaudouble
Montferrat
Callas
Claviers
Tourtour
VILLECROZE
Tavernes
Varages
Esparron
Barjols
Pontevès
Sillans-la-Cascade
Figanières
Draguignan
5 Km
D13
D115
D8
D953
D955
D15
D56
D102
D4085
D952
D6
E712
D15
D952
D102
D4085
D6
D8
D82
D111
D952
D52
D11
D211
D111
D957
D19
D952
D82
D15
D71
D21
D554
D69
D69
D71
D9
D955
D554
D23
D30
D25
D70
D30
D60
D77
D49
D19
D55
D71
D561
D554
D31
D25
D562
D22
D557
D77
D35
D560
D13
D3
D70
D560
D557
D31

PAGES

●● PARC NATUREL RÉGIONAL DU VERDON

●● LE VERDON [CÔTÉ ALPES-DE-HAUTE-PROVENCE]

Niché entre le Luberon et le Verdon, ce petit village provençal est un lieu chargé d'histoire. En plus de son environnement exceptionnel et son rang de troisième station thermale de France, Gréoux possède un patrimoine architectural très varié.

© RICHARD SEMIK - STOCK.ADOBE.COM

Gréoux-les-Bains.

Moustiers-Sainte-Marie.

AUPS ★★

Porte sud des gorges du Verdon, l'histoire de ce village de caractère remonte au VIe siècle avant notre ère, avec l'implantation sur le plateau Saint-Marc, à proximité des grottes, d'une peuplade celto-ligure, les Verrucini. Aujourd'hui, le village est surtout connu pour son marché aux truffes, ouvert chaque année le dernier jeudi du mois de novembre par le président du syndicat des trufficulteurs du Var, et où les amateurs se donnent rendez-vous tous les jeudis matin de fin novembre à début mars, de 9h30 à 12h sur la place Mistral, pour constater l'évolution du cours et de la qualité de la truffe noire.

MAISON DE LA TRUFFE D'AUPS ET DU VERDON

Place Martin-Bidouré
✆ 04 94 84 00 69
www.maisondelatruffe-verdon.fr
Haute saison : du lundi au samedi de 9h à 12h30 et de 14h30 à 18h30.

Une plongée souterraine au cœur de l'un des secrets les mieux gardés de la gastronomie française... Située sur la route des gorges du Verdon, cette maison-musée inaugurée à l'occasion du premier marché aux truffes de la saison 2015, vous accueille, au cœur du village d'Aups, dans un ancien hospice du XVIIe siècle. Elle propose pour les experts, ou néophytes, une plongée ludique dans l'atmosphère souterraine et mystérieuse du diamant noir, autour de la visite de plusieurs espaces.

MUSÉE DE FAYKOD

3366, route de Tourtour
✆ 04 94 70 03 94
www.musee-de-faykod.com
De juillet à août : ouvert tous les jours, sauf le mardi, de 15h à 19h. Adulte : 6,50 €.

Ce musée à ciel ouvert abrite des sculptures de Maria Faykod, intégrées à un parc arboré. C'est ainsi qu'une cinquantaine d'œuvres en marbre blanc habitent les lieux que l'on découvre au fil d'une promenade. Une exposition à ciel ouvert décidément originale avec des œuvres figées dans leur élan, comme prêtes à se mettre elles aussi en mouvement... Chaque personnage raconte son histoire et l'artiste transcende le marbre blanc dans un style très personnel mais totalement fascinant. Une halte incontournable et que d'œuvres artistiques passionnantes !

HÔTEL RESTAURANT LE PROVENÇAL €

Place Martin-Bidouré
✆ 04 94 70 00 24
www.hotelrestaurantleprovencal.fr
Chambre double de 60 € à 74 €. Pension complète : 61 € (par jour et par personne).

Depuis plus de 20 ans, cet hôtel, situé au centre du village, vous propose des chambres simples, douillettes et confortables. L'été, profitez de la terrasse ombragée par un mûrier bicentenaire, de la véranda entièrement rénovée, pour apprécier une bonne cuisine essentiellement provençale : salade de chèvre chaud au miel et pignons, terrine maison, tarte au citron meringuée... Aux premiers frimas, régalez-vous des spécialités de gibier et de truffes, brouillade de truffes par exemple.

© LAURENT BOSCHERO

© LAURENT BOSCHERO

LE VERDON

LE GRAND HÔTEL** €

2, place du Gendarme-Duchatel
✆ 04 94 70 10 82
www.grand-hotel-aups.com
Chambre double de 56 € à 72 € ; chambre triple de 74 € à 82 €. Pension complète : 65 € (à 75 €).

© LE GRAND HOTEL AUPS

Vous apprécierez l'accueil soigné de la famille Meissel, dans cet ancien relais du XIXe siècle chargé d'histoire. Les chambres sont coquettes, et très bien tenues et la maison pratique une cuisine authentique à déguster sur la terrasse ombragée par un platane centenaire ou au coin de la cheminée en hiver, brouillade de truffes noires en hiver (nous sommes dans le fief de la tuber melanosporum !), œuf cocotte aux girolles et foie gras, pieds et paquets à la provençale… Un délice ! Une bonne adresse à tous points de vue. On recommande !

MUSÉE SIMON-SEGAL ★

Avenue Albert-Ier
✆ 04 94 70 01 95
Ouverture du 1er juin au troisième dimanche de septembre. Fermé le mardi. Ouvert de 11h à 13h et de 16h à 19h. Gratuit.

Installé dans l'ancienne chapelle des Ursulines, construite par le duc de Blacas en 1629, ce musée présente une collection de peintures contemporaines – école toulonnaise, école de Paris, école de Bourges. Une grande partie des peintures, gouaches, aquarelles et dessins, est due à la donation faite à la ville par Bruno Bassano, en reconnaissance à la France qui lui avait accordé le droit d'asile en 1923.

A noter que le gisant qui repose au-dessus de la belle porte d'entrée d'époque en bois, représente Sainte-Thérèse de Lisieux.

AUBERGE DE LA TOUR** €

Rue Jean-Pierre-Aloisi
✆ 04 94 70 00 30
www.aubergedelatour.net
Chambre double de 60 € à 65 € ; chambre triple de 70 € à 77 €. Petit déjeuner inclus.

Cet établissement, situé au cœur du village d'Aups, a beaucoup de charme. Il dispose de chambres bien tenues et offre un accueil sans faute. Le restaurant-pizzeria, ouvert à tous, a une terrasse très agréable, ombragée par des mûriers platanes, qui permet d'apprécier la cuisine traditionnelle simple et goûteuse de Jean-Marc et Cyril : grillades, spécialités provençales, menu truffes et sa fameuse « salade aupsoise » (foie gras maison et truffes). Un régal ! Cette adresse est une valeur sûre d'Aups et du Verdon en général. Vous ne serez pas déçu.

RESTAURANT DES GOURMETS €€

5, rue Voltaire ✆ 04 94 70 14 97
www.restaurantdesgourmets.fr
Ouvert de 12h à 13h30 et de 19h à 21h ; le dimanche de 12h à 14h. Carte : 50 € environ.

Le cadre joliment provençal vous incite à découvrir une belle cuisine respectueuse des saisons, composée exclusivement de produits frais, où les cannellonis de queue de bœuf confite, la noix de ris de veau braisée sauce truffe, l'ananas frais à la liqueur de mangue et son sorbet ananas, prennent une place de choix sur la carte, sans oublier, bien entendu, durant la saison de la truffe, les mets à base de truffes, brouillade aux truffes du Pays d'Aups, chaud-froid de risotto au safran, ou l'œuf poché au caviar de truffe. Une valeur sûre à Aups.

CHERRY'S

10a, Rue Maréchal Foch
✆ 04 94 67 02 41
Du mer au dim. Bubble tea, coffe & cake. Formule snacking 15€ (Aups dog, gâteau et bubble tea). Sur place ou à emporter.

Derrière sa façade rose bonbon, Nadine Quinonez propose un voyage de Taïwan au Verdon mais pas que. Chaud ou froid le Bubble tea c'est du thé, des fruits frais et des sirops. Voisin du restaurant la Truffe dont Nadine est gérante avec son mari, le cherry's propose une invention maison qui cartonne «le Aups Dog», une chipo à la truffe avec oignons confits et mayo à la truffe, accompagné de patates mitrailles et sauce fromagère truffée. Côté douceur, cette ex-finaliste de l'émission « les rois du Gâteau » vend des portions de gâteau, pratique et raisonnable !

CAVE A VIN LE SAINT-MARC

7, rue Jean-Pierre Aloïsi
✆ 04 94 70 06 08
Du mercredi au samedi 10h-12h30 et 15h30-18h. Lieu de dégustation, de partage et de rencontre avec les vignerons.

La cave du Saint-Marc propose 230 références de vins et spiritueux, plus de 100 domaines ! De Provence bien sûr mais également des vins d'autres régions, certains issus de l'agriculture biologique, des vins natures, vins italiens et des alcools référencés avec soin et passion. La cave est soignée, avec un agréable espace de dégustation. C'est la carte des vins grandeur nature du restaurant éponyme attenant, où le chef Alexandre Dimitch, amoureux de la nature et des bons produits, vous propose une cuisine de terroir, du fait maison revisité avec inventivité.

LE SAINT MARC €€

Rue Jean-Pierre-Aloisi
✆ 04 94 70 06 08
http://lesaintmarc.com
En saison : tous les jours midi et soir. Hors saison : fermé lundi soir et mardi. Menus de 28€ à 36€. Formule midi : 12€

© LE SAINT MARC

Dans un ancien moulin à huile, cet hôtel-restaurant vous accueille dans un cadre typiquement provençal. La cuisine du chef Alexandre Dimitch, réalisée avec des produits frais, rend hommage au terroir : poulpe à la plancha et son risotto au pesto de roquette et poivrons marinés ; pavé d'espadon à la plancha, caviar d'aubergine et émulsion mozzarella di bufala et basilic ; magret de canard poêlé, mousseline de céleri à l'huile de truffe et poire pochée... mais aussi tarte Tatin et glace yaourt. Aups étant capitale de la truffe, vous la retrouverez aussi au menu !

LA TRUFFE €€

10-12, rue du Maréchal-Foch
✆ 04 94 67 02 41
www.restaurantlatruffe.com
Ouvert du mer au dim 12h-14h30 et 19h-21h30. Carte de saison, cuisine à la truffe. Menus enfant et végétarien. Terrasse.

© RESTAURANT LA TRUFFE

Maître Restaurateur, disciple d'Auguste Escoffier, Toques Blanches Internationales, membre du Grand Cordon d'or de Monaco et du Collège culinaire de France ; Sébastien Gaillard fait la part belle aux produits de saison. La passion, la créativité et la technique animent ce chef aux origines latines qui travaille en famille. Safran et figon confit du Haut-Var, truffes, œufs et légumes bio de Aups, escargots du Pradet, les circuits sont courts et hautement qualifiés. La Truffe propose la climatisation et le filtre Covid pour plus de confort l'été en salle.

CHÂTEAU DE TAURENNE

5800, route de Tourtour
✆ 04 98 10 21 35
www.taurenne.com
Basse saison : ouvert du lundi au samedi de 10h à 18h. Haute saison : tous les jours de 10h à 18h.

Situés sur les pentes sud du relief préalpin, entre 438 mètres et 580 mètres d'altitude, les 253 hectares du domaine bénéficient d'une situation privilégiée. Tout traitement chimique inutile est exclu et différentes variétés d'olives sont présentes sur le domaine. Elles sont récoltées tournantes afin de faire une huile, l'Or de Taurenne, AOP Provence. Six autres huiles sont également produites : quatre monovariétales (bouteillan, petit ribier, aglandau et frantoïo), une huile «goût à l'ancienne» et une huile aromatisée au citron.

COOPÉRATIVE OLÉICOLE L'AUPSOISE

Route de Tourtour
✆ 06 07 79 39 49
Sur rdv. Ouvre habituellement vers mi-novembre.

Implantée à l'emplacement d'une ancienne scierie, cette coopérative date de 1925. Le moulin fonctionne à l'ancienne avec une meule, un malaxeur et une presse pneumatique. Le grenier, au premier étage, sert de stockage pour les olives, et est accessible par un escalier extérieur. Cette petite structure triture les olives de quelques 125 adhérents apporteurs de bouteillan, ribier ou aglandau... pour en faire une huile vierge extra obtenue par première pression à froid en fruité noir.

MARCHÉ AUX TRUFFES

Place Frédéric-Mistral
De fin octobre à février.

Ce 3e marché de France de par son importance, se déroule sur la place Frédéric Mistral et au foyer Romano, tous les jeudis matins du dernier jeudi de novembre à fin mars si la production le permet. Il est ouvert aux grossistes et aux particuliers, le cours est fixé par les courtiers en fonction de la qualité et de l'importance des truffes présentées. Choisissez plutôt janvier ou février pour l'achat, c'est à cette époque qu'elles sont les meilleures ! Le marché aux truffes blanches (truffe d'été) a lieu quant à lui tous les mercredis matin de mi-juin à fin août.

MOULIN À HUILE GERVASONI

Montée des Moulins
✆ 04 94 70 04 66
www.moulingervasoni.com
Le moulin à huile est ouvert généralement pour la trituration des olives entre les mois de novembre et janvier.

Ce n'est certes plus dans ce moulin à huile du XVIIe siècle, avec ce pressoir et cette meule en pierre que Gilles Gervasoni presse ses olives. Mais son moulin moderne assure la même qualité d'huile d'olive. Il a ainsi su établir un savant dosage entre savoir-faire (dans la famille, on fait de l'huile depuis trois générations) et la modernité. Trois sortes d'huiles d'olive sont proposées : une AOC Provence (médaillée d'argent au concours national des huiles d'olive en AOC 2016), deux huiles d'olive de France ainsi que des spécialités provençales.

LA TUILLIÈRE

4203, route de Tourtour
✆ 06 11 01 04 17
www.latuilliere.com
Basse saison : lundi-samedi 10h-18h. Haute saison : lundi-samedi 10h-19h. Toute l'année. Parking. CB non acceptée.

Dans leur propriété familiale, Liliane et Sylvie, qui ont repris le flambeau de leur mère Micheline, produisent environ 50 variétés de confitures confectionnées à l'ancienne, dont les traditionnelles de la maison, pastèque à l'orange et figues aux noix, mais également les surprenantes courgettes à la framboise et potiron au rhum, divers chutneys de fruits ou légumes, du miel de romarin, du sirop de cerises noires, de la pâte de coing moelleuse et des sirops de plantes aromatiques. Une valeur sûre pour faire vos emplettes à Aups.

VILLECROZE

A 350 m d'altitude, sur une route départementale qui mène au lac de Sainte-Croix et aux gorges du Verdon, Villecroze est protégée par un pan de montagnes, couvert de pins et de chênes verts, qui l'abrite du mistral. Son parc aux essences rares, ses grottes troglodytiques, sa cascade et ses nombreuses sources qui jaillissent aux environs lui apportent une touche fraîche et verdoyante. Le vieux village a conservé son caractère moyenâgeux avec ses arcades et ses rues étroites. Le campanile, l'ancien donjon qui jouxte le château, la chapelle Saint-Victor du XIIe siècle et l'église romane du XVIIe siècle méritent une visite approfondie.

GROTTES TROGLODYTIQUES ★

En période hivernale, les grottes sont fermées. Gratuit jusqu'à 12 ans. Adulte : 4 €. Enfant (de 7 à 17 ans) : 1 €.

Excavations d'origine naturelle vieilles de 700 000 ans, ces grottes faites de tuf offrent un ensemble exceptionnel de paysages souterrains parés de concrétions calcaires et de stalactites géantes. La présence perpétuelle de l'eau au cours des siècles empêcha la formation de stalagmites. Les moines de l'abbaye de Saint-Victor furent certainement les premiers occupants des grottes. Utilisées comme cachettes contre l'envahisseur, elles ont été cédées en 1566 à Nicolas d'Albertas, seigneur de Gémenos, qui les aménagea et les fortifia.

SENTIER BOTANIQUE

Domaine Saint-Jean de Villecroze

Le sentier botanique de Saint-Jean a été longuement étudié pour que le randonneur découvre à la fois un site grandiose et une végétation à nulle autre pareille. On peut reconnaître, à travers ces collines du Haut-Var, de nombreuses espèces végétales, telles que le genévrier, le pin d'Alep, le pin maritime, les genêts de Villard, toutes sortes de fougères et différentes sortes de thym et de serpolet. Le marcheur aura la possibilité d'admirer un aqueduc romain, ainsi que deux cascades magnifiques de plus de dix mètres. Comptez 1h30 de marche.

DOMAINE DE VALCOLOMBE

1375, chemin des Espèces ✆ 04 94 67 57 16
www.domaine-valcolombe.com

Ouvert tous les jours de 10h à 13h et de 15h à 19h. Parking. Visite du caveau suivie d'une dégustation gratuite.

Philippe et Marie-Hélène Grammont gèrent ce domaine de 6,5 hectares situé en Provence verte. Dans un paysage aux airs de Toscane, la bastide du XVIIIe siècle est entourée de vignes, d'oliviers et de cyprès. 11 cépages différents sont cultivés en agriculture raisonnée avec une vinification sur le domaine. C'est l'un des domaines les plus médaillés de France. Le domaine produit des AOP Provence en rosé et rouge et des vins blancs de pays. Valcolombe est notamment réputé pour sa cuvée Baroque élevée en fûts de chêne de la forêt de Tronçais et du Missouri.

LEI CIGALES €

12, place de l'Église
✆ 04 89 53 02 88
lei-cigales.fr

Du jeudi au mardi de 12h à 14h ; du vendredi au dimanche de 19h à 21h. Carte : 20 €.

Si votre route passe par ce charmant village, arrêtez-vous dans ce restaurant-crêperie tenu par Didier et Marilyne Lemonnier. Cette dernière cuisine des plats simples comme à la maison : aïoli, rôti de porc à la crème d'ail, gigot d'agneau aux herbes de Provence, et ses desserts sont faits maison, mousse chocolat, tarte au citron meringuée, tout comme les galettes au sarrasin et les crêpes. Le cadre est bucolique avec une rafraîchissante terrasse ombragée, deck en bois et vue sur le petit ruisseau du Vallon de l'hôpital. Bon plan !

CHÂTEAU THUERRY

RD 557
✆ 04 94 70 63 02
www.chateauthuerry.com

Haute saison : tous les jours et les jours fériés de 9h à 19h.

Le domaine s'étend sur les communes de Villecroze, Flayosc et Tourtour dont les appellations sont respectivement classées en AOP Coteaux-Varois en Provence, Côtes-de-Provence et IGP Coteaux du Verdon. On est au cœur du Parc régional naturel du Haut-Var-Verdon, l'accès depuis la route principale jusqu'au domaine de 340 hectares (dont 40 de vignes plantées), est un pur plaisir. A 400 mètres d'altitude on traverse les sous-bois et pénètre au cœur des terres de calcaire et d'argile, avant de découvrir la grandiose cave en béton aux allures de cathédrale.

MOISSAC-BELLEVUE ★

Le village qui s'appelait originellement Moxiaco en 1052, puis Moisac en 1110, a été dirigé successivement par les seigneuries des Blacas, des Castellane et des Coriolis. En 1201, le seigneur d'Aups, Blacas, fait donation aux Templiers de sa part, située à Moissac. Au XIIIe siècle, le seigneur de Baudinard, Guillaume de Moissac, offre également ses biens aux Templiers et rejoint l'ordre. Une commanderie sera alors érigée. Ce pittoresque village, déployé en arc de cercle sur un promontoire à près de 600 mètres d'altitude, est composé de maisons anciennes voûtées au rez-de-chaussée, de rues étroites pentues, de passages arqués.

LE VERDON

Village de Moissac-Bellevue.

LA BASTIDE DU CALALOU €€

Route de Baudinard
✆ 04 94 70 17 91
www.bastide-du-calalou.com

Ouvert tous les jours le midi et le soir. Ouvert l'après-midi en saison. Menus de 36 € à 78 €. Carte à partir de 25 €.

Au restaurant de la Bastide du Calalou, vous dégusterez une bonne cuisine provençale du terroir, élaborée à partir de produits frais par le chef Mickaël Labar-Guest. Les repas sont servis dans la grande salle chic sublimée d'une somptueuse et moderne cheminée, ou sur l'agréable terrasse extérieure en été. Goûtez par exemple un carpaccio de gambas au punzu et gambas en croutillant de krispies ; suivi d'un magret de canard en croûte d'herbe et sa polenta crémeuse avant d'enchaîner sur l'assiette du fromager et une panna cotta mandarine.

© BASTIDE DU CALALOU

© BASTIDE DU CALALOU

CHAPELLE NOTRE-DAME-DE-LA-ROQUE ✝

Ce lieu de culte du XIIe siècle, de style roman, restauré dans les années 1980, est fermé au public sauf lors de cérémonies. La chapelle est perchée à l'extérieur du village et a hébergé une communauté réduite de Cisterciens (moines de l'ordre de Cîteaux, branche réformée des Bénédictins prônant le travail comme valeur cardinale). De la proche table d'orientation, on domine l'imposante forêt domaniale de 650 hectares. Vous ferez de jolies photos de la chapelle et du panorama.

RÉGUSSE

Le village a été marqué de l'empreinte des Templiers qui fondèrent sur son territoire l'importante commanderie de Saint-Maurin et importèrent d'un de leurs voyages au Moyen-Orient le principe du moulin à vent. Ces deux moulins à vent des XIIe et XIIIe siècles ont été restaurés en 1995 et sont, chaque année début août, les vedettes de la traditionnelle fête des Moulins. Le premier peut de nouveau moudre le grain dans la plus pure tradition, le second abrite un petit musée d'outils agraires. Construit à plus de 500 mètres d'altitude sur un piton rocheux, le village a conservé des vestiges de son ancien dispositif défensif et des restes de remparts.

ÉGLISE SAINT-LAURENT ✝

D'origine romane, elle a été agrandie au XVIIe siècle. Elle a été construite en trois temps : la partie la plus ancienne est celle de gauche, la partie la plus récente est celle de droite. C'est un spécimen unique en Provence du fait de son clocher recouvert de tuiles noires et jaunes en céramique émaillée, qui dessinent des formes géométriques. Elle renferme cinq retables du XVIIe siècle et plusieurs tableaux des XVIIe et XVIIIe siècles. Voilà une visite à ne pas manquer lors de vos vacances à Régusse si vous avez envie de découvrir un peu de patrimoine.

CAMPING LES LACS DU VERDON**** €€

354, chemin des Sarredouriers
✆ 04 94 70 17 95
www.campingverdon.fr

Terrain de 10 ha. 480 emplacements. Emplacement + véhicule de 15 € à 26 €.

Ambiance conviviale assurée dans ce village camping situé, en pleine garrigue, dans un espace protégé et arboré de chênes vert de 10 hectares, tout proche des gorges et du lac du Verdon. Les emplacements sont spacieux et ombragés. Parmi les infrastructures : un espace aquatique avec toboggans, un terrain d'initiation au tir à l'arc situé dans un immense domaine arboré de chênes verts, piscine, tennis, fitness, etc. Egalement beaucoup d'activités sur place (pédalo, escalade...).

CANOË-VERDON

1532, chemin de Notre-Dame
✆ 06 77 08 68 42
www.canoe-verdon.com

Randonnée canoë à la journée : 30 € par adulte et 25 € par enfant.

Le Verdon offre ses eaux vives et ses paysages ! Et rien de tel pour en profiter que le canoë. Pour en profiter au mieux, Gaëtan vous propose justement des randonnées découverte des basses gorges du Verdon en canoë, en famille ou entre amis. Les randonnées proposées sont faciles, adaptées à tous les niveaux, même si vous n'êtes pas sportif, et se déroulent, en eau plate, entre le barrage de Sainte-Croix du Verdon et jusqu'au barrage de Gréoux-les-Bains. C'est réellement un pur moment de plaisir et de découverte du canoë et du paysage.

GINASSERVIS

Petit village tranquille où vous pourrez découvrir les ruines du château, l'église Saint-Laurent, édifiée en 1626 et au sud, la chapelle des Pénitents noirs. La commune fait partie du Parc Naturel Régional du Verdon et se trouve au croisement du Var, des Bouches-du-Rhône, du Vaucluse et des Alpes-de-Haute-Provence. Ginasservis est entourée de forêts et c'est une ville très agréable pour faire une petite halte paisible après avoir arpenté le Parc du Verdon. Que vous ayez fait de la randonnée, du canyoning, ou du kayak, cette petite pause à Ginasservis vous fera le plus grand bien. C'est un des petits villages méconnus du Verdon à découvrir !

LA GARONNE €

Chemin de la Roque
✆ 04 94 80 14 00
www.gitelagaronne.fr

Chambre double 75 €. Petit déjeuner inclus. Lit supplémentaire : 15 €. Parking (gratuit). Ménage du gîte 30 €.

Sybille et Joël, à votre écoute pour vous guider dans la région, vous accueillent dans leur bastide du XVIIIe siècle, en pleine nature, au sein du parc du Verdon. En plus de deux grandes chambres, un gîte rural, qui donne de plain-pied sur le jardin et possède un petit jardin privatif, est également proposé en location à la semaine ou en week-end prolongé et peut héberger 4 personnes. Le petit déjeuner copieux est servi en extérieur à la belle saison et une vaste piscine vous attend pour des moments rafraichissants dans un cadre idyllique.

VINON-SUR-VERDON ★

Cette commune côtoie trois départements, les Bouches-du-Rhône, le Vaucluse et les Alpes de Haute-Provence. Au hasard des petites ruelles de ses vieux quartiers, vous découvrirez de belles maisons des XVIIe et XVIIIe siècles, l'église Saint-Sauveur datant du XVe siècle, ainsi que le lavoir de la fontaine vieille. La balade dans les ruelles du village est très agréable. Ne manquez pas le marché de Vinon-sur-Verdon le dimanche matin, vous y trouverez plein de fruits et légumes locaux directement des producteurs, de la charcuterie, des vêtements, des accessoires divers et variés. Le marché a lieu sur le Cours, au nord du centre du village.

OLIVIER HÔTEL*** €€

Route de Manosque
✆ 04 92 78 86 99
www.olivierhotel.com

Chambre double à partir de 84 € ; appartement à partir de 145 €. Petit déjeuner : 10 €.

Les chambres, avec terrasses privatives, de cette belle maison intégrée dans un écrin de verdure, ont été entièrement rénovées et climatisées. Ceux qui préfèrent retrouver l'ambiance « comme à la maison » peuvent opter pour les appartements, et leurs terrasses privatives, qui ouvrent sur la pelouse et les jardins fleuris. Le restaurant Lys Provençal justifie à lui seul une halte pour déguster la cuisine de Claude Berton : rognon de veau grillé dans sa graisse à la moutarde violette, côtes d'agneau, et ses desserts maison comme les figues au porto...

SAINT-JULIEN

La commune est composée de vingt-huit hameaux, dont le plus ancien Saint-Julien, cité médiévale et village belvédère, se dresse à 587 mètres d'altitude, aux confins du Var, des Alpes de Haute-Provence, des Bouches-du-Rhône et du Vaucluse. Quatre sentiers pédestres ont été créés afin de découvrir les rues étroites et en pente, les maisons hautes colorées, les moulins, l'église romane datant du XIIe siècle. De nombreux monuments anciens sont à découvrir dans les différents hameaux. Depuis la table d'orientation, un panorama circulaire s'étend sur la montagne de la Lure, le mont Ventoux, les gorges du Verdon et le massif de la Sainte-Baume.

DOMAINE DES CAMPEAUX €€

2900, chemin des Campeaux
✆ 04 94 80 08 68
www.domaine-des-campeaux.com
Ouvert du 1er juin au 15 septembre. Autres périodes sur demande. 4 chambres. Chambre double 108 €.

Anneke et Rembert Marynen vous accueillent dans leur superbe domaine de 33 hectares, situé à 3 kilomètres à peine du pittoresque village de Saint-Julien-le-Montagnier et à 560 mètres d'altitude. Cette ferme restaurée et ses dépendances est une oasis de quiétude méridionale et offre une vue panoramique remarquable. Le domaine possède aussi une superbe piscine et vous pourrez dîner sur place à la table d'hôtes si le cœur vous en dit. Vous vous régalerez en tout cas de plats à base de produits locaux. Une bonne adresse à découvrir !

ARTIGNOSC-SUR-VERDON

Aux confins du Var et des Alpes de Haute-Provence, ce petit village, perché à 515 mètres d'altitude au milieu d'un paysage vallonné encadrant le Verdon et le plan d'eau de Quinson – barrage sur le Verdon –, constitue un ensemble architectural original, où toutes les maisons rénovées offrent la même élévation sur trois niveaux. Ce joli village a pourtant été entièrement dévasté suite à la peste et aux guerres de succession mais il reprit vie à la fin du XVe siècle avec l'arrivée de familles génoises et espagnoles. Puis, en 1654, Antoine II de Thoron devint le premier seigneur d'Artignosc. A sa mort, il se fit inhumer dans l'église paroissiale.

BAUDINARD-SUR-VERDON

De nombreux vestiges et objets préhistoriques trouvés dans la grotte de l'église témoignent d'une occupation du site jusqu'à l'âge du fer. Le nom du village apparaît sur des écrits, en 1113, sous le nom de Bellum Dinarium, puis Beldinard. Le 26 mai 1389, Elzéar de Sabran, baron d'Ansouis, devient seigneur de Baudinard, par son mariage avec Beaucette. La seigneurie restera entre les mains de Sabran jusqu'à la Révolution. Aujourd'hui, ce village a conservé de belles maisons, reliées par des passages voûtés pleins de caractère.

LE CANYON DE BAUDINARD ★★

Long couloir de 13 kilomètres, bordé de falaises en à-pic ou en surplomb, de parois rocheuses truffées de grottes, il forme la première partie des basses gorges du Verdon. Le barrage de Sainte-Croix est implanté à son entrée.

En 1958, des préhistoriens du CNRS ont entrepris des fouilles dans plusieurs grottes. Ces fouilles ont permis d'exhumer de nombreux objets du Néolithique et du Paléolithique actuellement exposés au Musée de Préhistoire des gorges du Verdon. Vous pourrez y admirer plusieurs objets de l'âge de bronze et l'âge du fer.

ÉGLISE SAINT-MICHEL-ARCHANGE

Avec sa devanture beige et tout en pierre, cette église est vraiment aussi sobre que jolie. Confiée en 1118 aux bons soins des moines de Lérins, endommagée pendant les guerres de Religion, elle fut restaurée plusieurs fois, présente deux nefs romanes en arcs brisés et renferme le tombeau des Sabran-Baudinard. Vous apprécierez de faire une halte dans cette église au cadre paisible, au beau milieu d'une végétation méditerranéenne qui invite à la promenade.

RUINES DU CHÂTEAU DES SABRAN

Situé sur un petit tertre rocheux qui domine le village au nord, il ne subsiste que des murs délabrés qui entourent les vestiges de l'ancien château des Sabran (XIVe siècle). Les lieux ont cependant été déclarés monument historique et méritent une visite d'autant plus que les ruines sont au milieu d'un paysage assez sauvage de garrigue. La pâleur de ces ruines contraste avec les arbres autour des ruines. Vous pourrez réaliser de jolies photos pour votre compte Instagram sur place.

L'AUBERGE DE BAUDINARD €

37, Grand-Rue
✆ 04 94 70 18 56
www.auberge-baudinard.com
Chambre double de 57 € à 87 €.

Situé au cœur du village, cet ancien relais de poste du XVIIe siècle, entièrement rénové, a été métamorphosé en auberge de charme avec de belles chambres confortables, dont une avec grande terrasse et vue panoramique. Vous goûterez une cuisine provençale, aumônière de chèvre chaud et son coulis de tomate, salade de rouget grillé, lapereau au miel et citron, nougat glacé au restaurant aménagé dans les anciennes écuries, avec son vieux puits. Une adresse gourmande à découvrir à Baudinard-sur-Verdon et un très bon rapport qualité-prix.

BAUDUEN ★★

Construit en arc de cercle, adossé à la falaise, placé sur la voie romaine de Fréjus à Riez, le village a franchi les siècles en laissant de nombreuses traces de son passé : ruines du château fort qui n'a pas résisté aux guerres de Religion, rues étroites, portes Renaissance et vestiges de remparts, fenêtres à meneaux, vieille tour de défense du XVIe siècle. Après la création du lac de Sainte-Croix en 1973, ce village à vocation agricole a su, tout en gardant ses activités (élevages caprins et ovins…), se tourner vers le tourisme. Le port et le centre nautique sont devenus des points de rencontre incontournables pour les amateurs d'activités aquatiques.

DOMAINE DE MAJASTRE €€

Route des Salles-sur-Verdon
✆ 04 94 70 05 12
www.domaine-de-majastre.fr
Chambre double de 95 € à 150 € ; chambre triple à partir de 115 €. Petit déjeuner inclus. Lit supplémentaire : 15 €.

Depuis plus de 30 ans, Rosy et Philippe de Santis vous reçoivent dans leur vaste gentilhommière du XVIIe siècle, ancienne résidence des comtes de Blacas, dissimulée dans la verdure au milieu d'un domaine truffier de 5 hectares.

Les chambres sont toutes équipées d'un lit double, idéal pour un séjour en couple. Certaines disposent d'un lit supplémentaire afin d'accueillir les visites en famille. Chaque chambre est dotée d'une salle de bain moderne, équipée de cabine douche, lavabo et toilettes. Vous profiterez de nombreuses découvertes autour de la truffe.

© DOMAINE-DE-MAJASTRE.FR

© DOMAINE-DE-MAJASTRE.FR

LE VERDON

JAS DE MAJASTRE €€

Route des Salles-sur-Verdon
✆ 04 94 70 05 12
www.domaine-de-majastre.fr
Menus de 75 € à 85 € (menu découverte et passion truffe). Carte estivale du 15 mai au 15 octobre, menu terroir à 35 €.

Un restaurant de terroir chaudement recommandé. Spécialisés en élevage de chien truffier jusqu'à la vente de truffes, la famille De Santis propose une cuisine de terroir raffinée, à base uniquement de produits bio de la ferme et du domaine. Le jeune chef Morgan Barra, fils de Philippe et ancien élève du lycée hôtelier Paul Augier à Nice, concocte avec créativité différentes recettes autour du diamant noir : brouillade aux truffes, feuilleté aux truffes, cappuccino de cèpe et chantilly aux truffes ou encore un dessert lacté aux lamelles de truffes...

© JAS DE MAJASTRE

© JAS DE MAJASTRE

OFFICE DE TOURISME

60, Rue-Grande
✆ 04 94 84 39 02
www.bauduen-sur-verdon.com
Haute saison : du mardi au dimanche de 9h à 13h et de 14h à 18h.

Rendez-vous à l'office de tourisme de Bauduen pour avoir toutes les informations, des brochures, des plans, les dates des festivals et des événements dans la région. En résumé, vous trouverez tout ce dont vous avez besoin pour vos vacances à Bauduen, y compris des adresses de locations saisonnières si besoin. L'office de tourisme vous fournira également toutes les informations nécessaires pour découvrir le lac de Sainte-Croix et les gorges du Verdon, et des itinéraires de balades ou encore le contact de prestataires de canyoning.

LES CAVALETS** €€

Route du Barrage
✆ 04 98 10 62 40
www.lescavalets.com
Chambre simple de 79 € à 94 € ; chambre double de 84 € à 104 €.

L'hôtel se situe en face du village de Bauduen, trois kilomètres avant le barrage et surplombe le lac dont l'accès à pied se fait en dix minutes. De la large terrasse du restaurant, la vue sur le lac et ses eaux turquoises, les villages environnants et les premiers contreforts alpins, est magique. Au restaurant le chef mitonne une cuisine de terroir, feuilleté d'escargots à la crème d'ail, écrevisses à la provençale, brouillade de truffes, tranche de gigot d'agneau grillé aux herbes, pomme fondante au miel, chantilly.... Une bonne adresse !

CAFÉ DU MIDI €

Rue Grande
✆ 04 94 70 08 94
Ouvert 7/7 de mi-mai à mi-sept. Mars à mi-mai et mi-sept. à mi-oct : tous les midis, les ven. et sam. soirs.

Dans ce magnifique village sans voiture, découvrez cette adresse où le mot accueil prend tout son sens. Les tables offrent une merveilleuse vue sur le lac de Sainte-Croix : magique ! L'assiette propose une cuisine provençale qui réveille les papilles. Goûtez à la salade de mesclun aux truffes d'été, à la daube d'Avignon, à l'aïoli tous les vendredis, aux sardines à l'ail… Une cuisine authentique faite maison au gré des saisons que l'on déguste en salle ou sur la superbe terrasse. Un conseil, attablez-vous au moment du coucher du soleil. Une image inoubliable !

LES SALLES-SUR-VERDON ★

Peu de vieilles pierres à découvrir dans ce village, ceci est dû en grande partie à un épisode dramatique de son histoire. En effet, le village a dû être sacrifié lors de la mise en eau de la retenue du lac de Sainte-Croix. Le village neuf, moderne, aéré, fleuri, a été reconstruit en promontoire sur le lac. Aujourd'hui, il est devenu une destination agréable pour la pratique de tous les loisirs aquatiques grâce au plan d'eau des 2 200 hectares du lac et à l'attrait de sa belle eau turquoise. En plein cœur du parc naturel du Verdon, la commune est idéalement située pour rayonner et pour découvrir la nature environnante par le réseau des sentiers de randonnée.

LAC DE SAINTE-CROIX ★

Lac de Sainte-Croix

© RAPHAEL COMBER SALES - SHUTTERSTOCK.COM

Mis en eau de novembre 1973 à avril 1975, le lac est alimenté par le Verdon qui prend sa source au col d'Allos et parcourt 175 kilomètres dont 30 kilomètres au fond des gorges éponymes. Il doit sa couleur émeraude à de micro-algues en suspension. Voué à la production hydroélectrique et à l'irrigation, ce lac qui mesure 11 kilomètres de long sur 4 kilomètres de large environ est également un éden pour les baigneurs, les adeptes de sports nautiques et les pêcheurs. Un des incontournables des Gorges du Verdon et quel bonheur de s'y baigner !

OFFICE DE TOURISME

Place Font-Freye
✆ 04 94 70 21 84
www.sallessurverdon.com
Juillet et août : du lundi au samedi de 10h à 12h30 et de 15h à 19h, dimanche et jours fériés de 10h à 13h.

Rendez-vous à l'office de tourisme de Salles-sur-Verdon pour avoir toutes les informations, des brochures, des plans, les dates des festivals et des événements dans la région. En résumé, vous trouverez tout ce dont vous avez besoin pour vos vacances à Salles-sur-Verdon, y compris des adresses de locations saisonnières si besoin. L'office de tourisme vous fournira également toutes les informations nécessaires pour découvrir le lac de Sainte-Croix et les Gorges du Verdon, et des itinéraires de balades ou le contact de prestataires de canyoning.

HÔTEL SAINTE-ANNE** €

1, place de l'Artisanat
✆ 04 94 70 20 02
www.hotelsainteanne.fr
Chambre double de 70 € à 94 €.

Situé sur la place du village, à une centaine de mètres du bord du lac, ce petit hôtel propose des chambres confortables bien équipées, au décor rustique, situées au premier et deuxième étage sans ascenseur, avec, pour certaines, balcon et vue sur le lac de Sainte-Croix. Le petit-déjeuner est servi, selon votre choix, dans le séjour, votre chambre ou sur la terrasse. Il est également possible de garer moto ou vélo dans un lieu sécurisé. L'accueil et le service sont très professionnels et chaleureux. Bon rapport qualité-prix.

CAMPING LA SOURCE**** €€

Quartier Margaridon
✆ 04 94 70 20 40
www.camping-la-source.eu
Emplacement + véhicule + 2 personnes de 21,50 € à 33,50 €.

Entre le village et le lac de Sainte-Croix, à proximité de la plage et de la base nautique (100 mètres), ce camping caravaning, qui s'engage dans la qualité et le respect de l'environnement, vous permet de pratiquer de nombreuses activités sportives de pleine nature, randonnées individuelles ou organisées avec guides, escalade, parapente, sports d'eau vive..., nautiques et de loisir, planche à voile, balades en canoë, baignade et de vous consacrer aux plaisirs de la pêche dans le lac. Les emplacements sont délimités par la végétation.

CAMPING LES PINS**** €€

Chemin des Vignes
✆ 04 98 10 23 80
www.campinglespins.com
Emplacement + véhicule + 2 personnes de 21 à 31,30 €.

Un agréable camping-caravaning écoresponsable situé en pleine nature, à proximité du lac et du village, avec un accès direct à la plage et ses activités nautiques sur le lac de Sainte-Croix et dans les gorges du Verdon. Verdoyant et très bien équipé, il propose des emplacements délimités par la végétation, un service de location de consignes réfrigérées, du 15 juin au 15 septembre, pour garder vos provisions au frais, un superbe barbecue collectif pour vos grillades. Un bon plan camping dans le Verdon, à proximité du lac Sainte-Croix.

AIGUINES ★

Petit village perché à plus de 800 mètres d'altitude, Aiguines surplombe le lac de Sainte-Croix.

Au sommet du village, à côté de la chapelle Saint-Pierre, une table d'orientation permet d'admirer le superbe panorama aux alentours du village. L'église paroissiale Saint-Jean, avec son beau clocher à baies, date du XIIIe siècle. Le château et ses caractéristiques, quatre hautes tourelles aux toits en poivrières recouvertes de tuiles vernissées polychromes, a été restauré en 1606 par Balthazar de Gauthier, avant d'être transformé et ses jardins aménagés, vers 1720, puis 1750. Racheté et rénové en 1989, il est devenu une résidence privée.

LE CÔTÉ LAC €€

9, place de l'Artisanat
✆ 04 94 68 17 32
www.lecotelac.fr
Ouvert de 12h à 14h et de 19h à 21h. Menus de 26 à 37,50 €. Carte : 40 € environ.

Au cœur du village, ce restaurant est toujours doté d'un jardin et d'une superbe terrasse avec vue sur le lac de Sainte-Croix. L'accueil de vos hôtes est très sympathique et la cuisine, élaborée à base de produits frais, est de qualité, avec un excellent rapport qualité-prix. Au moment de notre visite, on pouvait se régaler avec la caillette maison, la cocotte d'escargots à la crème de poireaux, gratinée au maroilles, le pot-au-feu du pêcheur créole et surtout leurs spécialités pour deux personnes, la potence aux 3 viandes, flambée sur table au cognac.

MUSÉE DES TOURNEURS SUR BOIS ★

Place de la Résistance ✆ 04 94 70 99 17
www.museedestourneurssurbois.com
Juillet-août, 10h30-18h30. Juin, septembre, mai 10-18h sauf le samedi. Tarif 3,50 €. Groupe 15 pers/réservation, 3 €.

A Aiguines, la tournerie sur bois est mentionnée dès la fin du XVIe siècle. C'est la présence d'un espace forestier rare qui l'a rendu possible. De tels villages de tourneurs ont existé et existent encore. Mais dans tout le sud-est, Aiguines fait figure d'exception. Le musée vous propose de découvrir son histoire à travers ses collections, qui représentent un patrimoine rare, témoignage d'un savoir-faire unique et où se côtoient le savoir-faire d'hier et la création contemporaine.

RESTAURANT L'ESCAPADE €€

2, rue Pierre Blanche
✆ 04 94 70 20 36
www.verdon-escapade.fr
Ouvert de 12h à 13h30 et de 19h à 21h. Fermé le mercredi. Menus de 24 à 35 €.

Une halte sur les bords du lac de Sainte-Croix s'impose avant la descente des gorges du Verdon en... bateau à pédales. Le chef vous propose des plats élaborés à partir de produits bruts, transformés et cuisinés sur place, terrine de foie gras aux figues, magret de canard, pommes grenailles, légumes et sauce aux abricots, filet de saint-pierre et sa crème au safran, riz vénéré et légumes et vous conseille surtout sa spécialité, épaule d'agneau de Sisteron confite 7h, purée au basilic, légumes et son jus au romarin. Bonne adresse.

CHABASSOLE PLAGE

Plage de Chabassole
✆ 06 69 21 11 48
Haute saison : ouvert tous les jours de 9h à 18h. Ouverture de juin à mi-septembre.

Cette plage aménagée permet de profiter du lac de Sainte-Croix en toute tranquillité, vu que les bateaux à moteur y sont interdits. Vous pourrez vous baigner dans les eaux émeraude du lac et nager dans des eaux paisibles. Les paysages montagneux et le fait d'être loin de la ville vous donneront le sentiment d'être seul au monde.

Sur cette plage, vous pouvez louer 5 sortes d'engins nautiques : bateaux à pédales, canoës, sea-cycle, water bike et stand-up paddle, pour découvrir la partie navigable des gorges du Verdon, mais également des transats pour vous détendre.

HÔTEL GRAND CANYON DU VERDON** €

RD71

✆ 04 94 76 91 31

www.hotel-canyon-verdon.com

Chambre double à partir de 85 €. Demi-pension : 105 € (à partir de, pour 2 personnes).

Cet hôtel est vraiment un de nos établissements préférés dans le Verdon ! C'est avant tout en raison de sa localisation unique et exceptionnelle. Il est en effet posé sur la sublime corniche du grand Canyon et la vue à-pic sur le canyon, à 300 mètres de hauteur, y est époustouflante. Les chambres, qui ont été restaurées récemment, sont confortables et cosy. Le restaurant, Les Cavaliers, offre une très belle vue panoramique sur le canyon du Verdon et une bonne cuisine du terroir.

ALTITUDE 823 €€

Grande rue

✆ 04 98 10 22 17

www.altitude823-verdon.com/fr/

Basse saison : chambre double 60 €. Haute saison : chambre double 145 €. Petit déjeuner buffet inclus.

Jérôme et Laetitia ouvrent toute l'année, même hors saison et en hiver. Ils organisent une soirée jazz une fois par mois et un marché de Noël la dernière semaine de décembre ce qui redonne un peu vie à Aiguines en dehors de l'été. L'établissement propose, en plus des chambres, un bon restaurant ouvert à tous. Le menu, composé de plats mettant en avant le terroir de la région, est servi dans la salle à manger au cadre rustique ou sur la terrasse ombragée, dès les beaux jours. Pour vos escapades, vous profiterez d'une location de vélos électriques sur place.

DOMAINE DE CHANTERAINE €€

Chantereine

✆ 04 94 70 21 01

www.chanteraine.net

Ouvert de mars à octobre. 3 chambres. Chambre double à partir de 155 €. Petit déjeuner buffet inclus.

Ce domaine, fief seigneurial du XIIe siècle avec ses façades réaménagées au XVIIe siècle, ouvert sur un grand bassin à deux fontaines, domine les eaux bleues du lac de Sainte-Croix, posé au milieu de 2 200 hectares. Les chambres et les suites possèdent des meubles anciens patinés par le temps. L'établissement possède aussi une belle piscine, idéale pour la détente. A proximité du domaine, vous pourrez pratiquer de nombreuses activités de loisirs (escalade, parapente, randonnée...). Le domaine se situe à environ 1 kilomètre avant Les Salles-sur-Verdon.

HÔTEL DU VIEUX-CHATEAU** €€

Place de la Fontaine ✆ 04 94 70 22 95

www.hotelvieuxchateau.fr

Ouvert d'avril à octobre. Accueil jusqu'à 21h. 10 chambres. Chambre double de 65 à 94 €.

Cet ancien relais de poste du XVIIIe siècle, au pied duquel murmure une superbe fontaine, renferme de coquettes chambres au charme provençal. Le restaurant, qui déborde sur une grande terrasse, propose chaque jour sa spécialité, ou des plats typiques de la région comme la soupe au pistou, la daube provençale, le gigot d'agneau, le mijoté de veau fondant aux olives vertes et sa polenta, la truite fraîche façon belle-meunière, le traditionnel aïoli provençal ou encore le sauté d'agneau au romarin et au miel. Un bon plan pour se loger au cœur d'Aiguines !

© VINCENT FORMICA

Aiguines et le lac de Sainte-Croix.

LES TROIS CYPRÈS €

La Ferrage

✆ 04 94 76 72 03

Ouvert tous les jours le midi et le soir. Menus de 14 à 22 €.

Ce restaurant, situé en face du château, vous propose de découvrir les saveurs du terroir avec les charcuteries du pays, les fromages de chèvre du Haut-Var, la tarte aux noix, mais également une cuisine internationale et traditionnelle, des salades siciliennes, des pizzas, des viandes grillées, côtelettes d'agneau, entrecôte… en terrasse, ombragée et fleurie, l'été ou dans la salle à manger, à la chaleur de la cheminée, dès que le frimas arrive. Une adresse à découvrir et une valeur sûre à Aiguines. Pendant l'été, vous profiterez d'une jolie terrasse fleurie.

AUTOUR DE LA TABLE

La Placette

✆ 04 94 70 20 69

Ouvert tous les jours de 10h à 19h. Haute saison : tous les jours de 9h30 à 20h ; puis de début avril à début novembre.

Également conserverie artisanale de spécialités provençales, la boutique épicerie fine de Patrick et Sylvie est une véritable caverne d'Ali Baba. Vous y trouverez une gamme de conserves à base de figues de Solliès – diverses confitures, figues confites, compote, coulis, chutney, figues à l'aigre-doux –, confits naturels, confitures et marmelades, tapenade, olivade, poichichade, fenouillade, caviar d'aubergines, des truffes noires achetées directement aux producteurs du village, du vinaigre de vin aux plantes de garrigue et une belle sélection d'huiles d'olive.

SANTONS GASSIES

Grand rue

✆ 04 94 70 22 23

www.santonsgassies.fr

Basse saison : ouvert tous les jours de 9h à 19h, jusqu'à 20h le dimanche.

Avec environ 40 ans de métier, Baudoin Gassies, maître artisan, successeur de la grande famille du santonnier Pierre Léon Gaubert - Strauss, maison fondée en 1850, fabrique et façonne des santons de toutes tailles de 2 cm à 9,5 cm et est également le spécialiste du santon puce de 1,4 cm et des santons entièrement en argile de 20 cm et 30 cm. Plusieurs types de santons peints et à peindre, fabriqués en argile comme les pièces traditionnelles, vous sont proposés. C'est l'adresse idéale si vous êtes à la recherche d'un souvenir original.

LA CORDITELLE

Place du Barda - Rue Haute

✆ 06 10 49 51 92

www.lacorditelle.com

Ouvert tous les jours, sur rendez-vous uniquement.

Depuis 1990, on fait confiance à Philippe Bugada, moniteur d'escalade breveté d'Etat, afin d'acquérir les bases de l'escalade et du rappel, progresser, devenir autonome. On peut aussi préférer se laisser guider sur des parcours sur cordes étonnants, où découverte et aventure sont les maîtres mots, parfois sportifs, souvent aériens, toujours dans un esprit de sécurité et de respect de l'environnement. La gamme de prestations s'élargit avec des randonnées verticales encore plus vertigineuses et des stages sur une semaine dans le Var et le Verdon.

LES GUIDES DU VERDON

Le Galétas

✆ 04 94 84 22 55

www.lesguides.net

Ouvert toute l'année. Haute saison : tous les jours de 9h à 19h. En basse saison, contact par e-mail et téléphone.

Profitez de l'expérience de Christian Tamisier et de son équipe, professionnels brevetés d'État, pour découvrir les sites grandioses du Verdon à travers des activités originales et sportives à sensations garanties : canyoning, escalade, parcours aventure, spéléologie, rafting, randonnée aquatique. Et comme la région regorge de sentiers, des circuits VTT vous sont également proposés pour sillonner la région du Verdon et du lac de Sainte-Croix. Si vous avez envie de vous défouler en toute sécurité, et en étant bien encadré, vous avez frappé à la bonne porte !

TRIGANCE

Trigance est un beau village médiéval entouré de remparts, typiquement provençal. Il abrite de grandes tours, vestiges de son château du XIe siècle. En vous promenant dans les charmantes ruelles du village, vous découvrirez notamment l'église paroissiale du XVe siècle. Les Castellane, famille seigneuriale, ont régné sur le pays jusqu'en 1262, avant que les habitants du village soient regroupés autour du château, jusqu'à la Révolution française, sous l'autorité de différents sires : Fouquet III de Pontevès, conseiller du comte de Provence, Jean Ier de Raimondis, dit le Gros, les familles de Demandolx, de Valbelle et Antoine Henri de Majastres.

LA MARTRE

Situé dans le Haut-Var à 997 m d'altitude, ce petit village tranquille (presque alpin pour le Var) est entouré de montagnes, de bois et de prairies. En vous baladant dans les petites rues de La Martre, bordées par ses hautes maisons de village, vous découvrirez l'église paroissiale – pour la visiter, prendre les clés à la mairie en face. Le village n'a pas vraiment un riche patrimoine historique à visiter, mais sa richesse est dans sa nature intacte et sauvegardée. Vous pourrez y faire de nombreuses promenades sur des sentiers balisés qui vous enchanteront. N'oubliez pas que vous êtes à deux pas des gorges du Verdon et que les paysages sont grandioses.

CHÂTEAU DE TRIGANCE*** €€

1400, route de Breï

✆ 04 94 76 91 18

www.chateau-de-trigance.fr

Ouvert de début avril à fin octobre. Accueil jusqu'à 23h. 10 chambres. Chambre double de 120 à 180 €.

Bâti sur la crête d'un piton rocheux, ce château du XIe siècle chargé d'histoire (pillé et démoli, il fut réhabilité dans les années 1960) a été transformé en hôtel-restaurant par M. et Mme Hartman, puis par la famille Thomas, dont le fils, Guillaume, assure toujours la direction. Les chambres, toutes différentes, avec lit à baldaquin et meubles anciens, sont conçues dans un décor moyenâgeux et s'ouvrent sur une large terrasse panoramique qui domine le village. Le restaurant sur place propose des plats à base de bons produits avec un style créatif.

LÔGIS HÔTEL LE VIEIL AMANDIER** €€

Montée de Saint-Roch

✆ 04 94 76 92 92

www.levieilamandier.free.fr

Logis. 12 chambres. Chambre double de 79 € à 104 €. Petit déjeuner : 11 €. Parking (privé). Sauna.

L'ancien maire Bernard Clap et son épouse vous recevront pour un séjour au calme, dans leur hôtel situé à l'entrée du village, qui dispose de chambres confortables avec une vue dégagée sur la plaine du Jabron, et dont six possèdent un accès direct au jardin où trône une jolie piscine à l'eau chauffée quand la météo est plus fraîche. C'est une superbe adresse pour se reposer tout en profitant du village médiéval à proximité. Bon rapport qualité-prix.

BASTIDE DU LOGIS DU PIN €€

Chemin du Coulet

✆ 04 94 92 59 85

www.labastidedulogisdupin.fr

Ouvert d'avril à octobre. Chambre double à partir de 70 €. Petit déjeuner inclus. Restauration.

Plantée en pleine nature sur un domaine de 260 ha, cernée de forêts, de montagnes et de prairies, cette superbe bâtisse en pierres jouit d'un emplacement idéal pour un séjour au vert. Sur place, centre équestre, ferme pédagogique et randonnées pédestres sont proposées. Côté nuit, la bastide comprend 3 suites familiales de deux chambres pour 2 à 4 personnes, et 5 chambres doubles avec sanitaires privés. En tout, 28 personnes peuvent y séjourner en même temps ! Pour se restaurer ? Direction la grande salle à manger avec cheminée, ou bien la terrasse en plein air.

LA MÉRENDA €

RD 6085

✆ 04 93 60 77 05

www.lamerenda83.com

Du mercredi au dimanche de 11h45 à 14h45. Haute saison : du mardi au dimanche de 11h45 à 14h45. A la carte : 28 €.

Situé sur la célèbre route Napoléon, aux confins du Var et des Alpes-Maritimes, où d'ailleurs Napoléon à fait escale à l'époque pour y déjeuner lors de son périple de Golfe Juan à Grenoble, ce bar-snack-restaurant provençal fait également office de boulangerie et pâtisserie artisanale, d'épicerie avec vente de vins de pays, bières et produits du terroir... Au rythme des saisons, Pascal vous propose avec passion, sa carte élaborée à base de produits frais et locaux, escargots en aïoli gratinés au four, millefeuille de parmesan, agneau du pays à la farigoule...

GRÉOUX-LES-BAINS ★★

Gréoux est une station thermale et un village de caractère. Il est difficile de manquer le magnifique château qui surplombe le village. Il fut construit au XIIe siècle par les Templiers, avant d'être cédé aux Hospitaliers de Saint-Jean de Jérusalem, puis passera de mains en mains jusqu'à ce qu'il soit classé monument historique en 1840. En été, il est possible de découvrir son histoire lors de visites théâtralisées. En déambulant dans les vieilles ruelles, vous découvrirez les chapelles, les remparts, la belle église et son campanile, les lavoirs, et évidemment les fameux thermes troglodytiques. Une invitation à voyager dans le temps !

Balade

En vous baladant au cœur du vieux village, vous irez à la rencontre de l'église Notre-Dame-des-Ormeaux au château dit des Templiers, en passant devant plusieurs musées, des armoiries, des vitraux.... ainsi qu'un riche patrimoine thermal, avec la découverte de ses fameux thermes troglodytes. Des visites guidées à thèmes sont possibles pour des groupes et sur réservation auprès de l'Office de tourisme. Et d'avril à octobre, sur inscription préalable, il organise aussi pour des particuliers diverses balades randonnées de quelques heures à une journée et plus ou moins éloignées, avec des guides conférenciers de la Compagnie des Grands Espaces.

PARC ANIMALIER LES AIGLES DU VERDON ★

La Colline de Lineau
✆ 06 75 47 17 06

Ouvert tous les jours et les jours fériés de 11h à 18h. Adulte : 12 €. Enfant de 3 à 11 ans : 8 €.

Ce parc de 12 hectares associe spectacle équestre et fauconnerie. Vous vous laisserez surprendre par le ballet aérien des rapaces et apprécierez la beauté des chevaux pure race espagnol. Évolution en commun et en toute élégance. Des chorégraphies et des spectacles de connivence entre équidés et oiseaux de proie sont proposés avec la fauconnière Bélinda en chef d'orchestre. Buses de Harris, Faucon crécerelle, faucon américain, hibou grand-duc d'Europe, hibou grand-duc du Bengale, hibou grand-duc de Sibérie, caracara de Foster, chouette effraie, chouette Boobook, chouette le programme, milan noir, aigle pygargue à tête blanche et de magnifiques chevaux animent le site, dans le plus grand respect des caractères propres à chacune des espèces. Une alchimie s'est installée permettant de proposer ces magnifiques spectacles. En marge, un petit parc animalier est ouvert dans ce site magnifique de la colline de Linoux, près de Manosque, où se côtoient animaux de la ferme et de la basse-cour, cochons, oies, poules, canards, chèvres que vous pourrez approcher et câliner. Puis empruntez le parcours ombragé pour voir des animaux plus rares perruches, coatis, paons, tortues d'eau, chiens-loups de Saarloos et le buffle. Stages et ateliers découverte des rapaces et de la fauconnerie. Possibilité de fêter votre anniversaire, mariage, baptême, repas d'affaires, vos soirées diverses. Aires de jeux et de pique-nique ou vous restaurer au snack. Terrasse est ombragée l'été, et chauffée en hiver.

LES THERMES TROGLODYTES GALLO-ROMAINS ★

Avenue du Verdon ✆ 04 92 78 01 08
www.greoux-les-bains.com/je-decouvre/la-station/les-thermes/thermalisme-dhier-a-aujourdhui

Ouvert de début mars à mi-novembre. Visite libre à l'extérieur.

Les bienfaits des eaux thermales de Gréoux-les-Bains sont connus depuis des millénaires. Les Romains y ont construit les premiers thermes. Ceux d'aujourd'hui accueillent de nombreux curistes pour des soins thérapeutiques et de remise en forme, dans le nouvel espace dédié au bien-être « Les Sources de Manon ». Au XIXe siècle, de nombreuses personnalités venaient y « prendre les eaux » comme Giono en 1950. On peut visiter librement les extérieurs et le hall d'entrée des thermes actuels.

LE LOGIS DE LA ROSE €

25, rue Grande
✆ 04 92 78 15 11
www.hotel-logisdelarose.fr

Ouvert toute l'année. 10 chambres. Chambre simple de 36 € à 56 €. Demi-pension (de 54 € à 74 € par personne.

Cet hôtel existe depuis 1520 ! Il s'agit d'une adresse avec vue plongeante sur Gréoux. Vous pouvez y séjourner dans l'ambiance d'une pension de famille traditionnelle notamment pour les curistes qui bénéficient de tarifs adaptés. Les chambres, au sol en parquet ou en tomette ancienne sont équipées d'une télévision. Trois d'entre elles bénéficient d'une terrasse. Nombreux tarifs correspondant à des niveaux d'équipements sanitaires différents. Les prix sont dégressifs à partir de 5 nuits. L'accueil est chaleureux et l'ambiance conviviale.

LE MANOIR D'AMAURY €€

362, chemin de Babaou
✆ 06 08 17 56 47
www.le-manoir-damaury.com
Chambre double de 90 € à 100 €. Petit déjeuner inclus. Gîte de 350 € à 550 € la semaine. Fermé de décembre à mars.

Vanessa et Christophe vous accueillent chaleureusement dans leur ancien hôtel particulier napoléonien, datant de 1861. Remarquablement restauré, ils vous ouvrent les portes de leurs sublimes chambres, double ou familiales. Elles sont toutes pourvues de sanitaires et salles de bains privatives et offrent une décoration réellement enchanteresse, très travaillée. Cette incroyable demeure peut accueillir jusqu'à douze personnes. Vous surplomberez le Verdon et profiterez du magnifique parc arboré à la végétation flamboyante, sans oublier la belle piscine.

VILLA BORGHESE**** €€€

Avenue des Thermes ✆ 04 92 78 00 91
www.villa-borghese.com
Ouverture du 24 avril 2021 jusqu'à mi novembre. Chambre double de 113 € à 215 €. Restauration. Institut de bien être.

Dans un cadre verdoyant exceptionnel, la Villa Borghèse propose à la fois un hébergement haut de gamme, un institut dédié au bien-être et un restaurant gastronomique, la *Table de Pauline*. Une maison familiale de caractère, nichée au cœur d'une véritable pinède provençale. Les chambres sont spacieuses et élégantes, admirablement équipées. À cela s'ajoutent des prestations propices à la détente : une piscine extérieure chauffée (en saison), un tennis, un espace fitness extérieur, du ping-pong, un boulodrome et un spa avec un institut de bien-être réputé.

LA BRASSERIE DU SOLEIL €

237, chemin Peyresse
✆ 04 92 78 01 53
Ouvert 7j/7 de 7h à 1h. Hors saison fermé le mercredi soir. Carte : plats de 8,70 à 18 €. Plat du jour : 11,50 €.

C'est une véritable institution grysélienne et l'une des rares ouvertes tous les jours. Pour prendre un verre ou y déjeuner : puma de porc ibérique, hamburger, entrecôte, filet de loup crème de courgette, pieds-paquets marseillais… et tiramisu, crème brûlée, tarte au citron ou fondant au chocolat… en dessert. L'établissement porte bien son nom : le soleil est aussi dans l'assiette. Le service est assuré par une équipe jeune, dynamique et souriante. Un très bon rapport qualité-prix dans une ambiance conviviale, avec une agréable terrasse ensoleillée et arborée.

LA BERGERIE €€

Route de Saint-Martin-de-Brômes
✆ 04 92 78 01 33
www.labergeriedegreoux.com
Fermé de fin novembre à mi février. Haute saison : du lundi au samedi le soir, du mardi au dimanche midi. Menu à 28 €.

La Bergerie vous ouvre ses portes, dans la campagne du Bas Verdon. C'est dans l'une de ses deux salles aux couleurs provençales ou sur la terrasse que vous aurez le plaisir de déguster une cuisine traditionnelle à base de produits du terroir. À noter que les légumes utilisés pour sa cuisine sont principalement issus du jardin du restaurant, cultivés sans aucun traitement. Une bonne table donc, au beau milieu d'un superbe parc. Et si vous avez envie de vous divertir après le repas ? Un terrain de pétanque et un mini-golf sont également à votre disposition.

LES OLIVIERS €€

41, avenue des Alpes
✆ 09 81 25 49 97
Ouvert toute l'année. Du jeudi au mardi le midi et le soir. Carte : 30 € environ. Terrasse.

À quelques dizaines de mètres du centre de Gréoux-les-Bains, la terrasse des Oliviers offre une vue superbe sur la vallée du Verdon et sur l'oliveraie. L'accueil est toujours souriant et la qualité au rendez-vous. Quant à la cuisine de Robin le chef, elle est traditionnelle, régionale aux accents méditerranéens avec cuisson au four à bois chaque fois que cela est possible comme pour des cassolettes, ou les pizzas bien sûr ! La carte change régulièrement en suivant les saisons, avec deux invariables : les ravioles de Champsaur et la daube provençale.

LE PATIO €€

49, rue Grande
✆ 04 92 72 59 42
Fermé de fin novembre à mi-février. Ouvert du mardi au samedi le midi et le soir, et dimanche midi. Carte : 30 € environ

Au calme dans le secteur piétonnier de la vielle ville et non loin d'un grand parking, Fabien Cornacchia et son chef John Monnier sont heureux de vous accueillir dans leur restaurant de charme pour vous faire déguster une cuisine provençale authentique élaborée à partir de produits de qualité. Vous prendrez place en été au frais, dans le cadre serein d'un patio abrité protégé, ou bien dans la jolie salle lumineuse à la décoration raffinée. Dans ce restaurant, la carte change en fonction des saisons et les plats sont cuisinés avec des produits locaux.

QUINSON ★

Depuis l'aube de l'humanité, Quinson est habité et ce village est un ravissement pour les amateurs de paysages grandioses autant que les sportifs de pleine nature, prêts à s'adonner à divers sports nautiques, à de nombreuses randonnées, ou à aller grimper dans l'un de ses superbes sites d'escalade environnants. Porte du département des Alpes-de-Haute-Provence, il fait le lien entre le plateau de Valensole et le Haut-Var. Autrefois perché, Quinson est aujourd'hui implanté en plaine, au bord du Verdon. Venez découvrir son riche passé, ses remparts, son superbe musée de la Préhistoire mais aussi ses fontaines qui jalonnent le village de places en rues.

LAC DE QUINSON ★

www.lesgorgesduverdon.fr/lac-de-quinson.html

Baignade interdite mais lac navigable en bateau électrique, entre autres. Restauration. Aire de pique-nique.

© JUAN CARLOS MUNOZ - SHUTTERSTOCK.COM

Ce lac beaucoup moins connu que ceux de Sainte-Croix ou d'Espadon mérite pourtant votre visite. Généré par le barrage de Gréoux, cette retenue d'eau a créé un lac de près de 13 km de longueur, qui a conservé un aspect sauvage. Ancien canyon étroit et envahi par les eaux, il s'élargit un peu par endroits. Vous pourrez apprécier aussi les grottes dans les falaises, en vous y rendant en bateau. Ces gorges sont aussi accessibles, par le dessus uniquement, en promenade pédestre à partir des villages de Montagnac-Montpezat et Saint-Laurent-du-Verdon.

SAINTE-CROIX-DU-VERDON ★

Historiquement, le village a été créé sur un point de passage du Verdon. Mais Sainte-Croix-du-Verdon a surtout vu son destin basculer en 1973, lors de la mise en eau du lac qui porte son nom. Jusque-là isolé sur son promontoire rocheux, il a depuis vu le tourisme prendre le pas sur les autres formes d'activités. En très grande partie restauré dans la tradition provençale, ce joli village construit à flanc de colline est à présent un centre de villégiature relativement fréquenté qui propose essentiellement des activités nautiques. La vue générale sur tout le lac depuis le village est tout simplement sublime et mérite le détour à elle seule.

LA MAISON DU LAVANDIN

Le Jas-de-Ménassier

✆ 04 92 77 73 31

www.lamaisondulavandin.fr

Ouvert de Pâques à fin septembre de 9h à 12h et de 15h à 19h. Non-stop en juillet et août. Livraison possible.

Ici, tous les produits sont issus de l'exploitation toute proche. C'est ainsi que l'été on peut visiter la distillerie, les champs de lavandin et assister à la récolte. On y trouve des savons, de la tapenade, des jus de fruits, des sablés à la lavande, du miel de lavande, de l'huile d'olive, des truffes, des sachets de fleurs de lavandin, des confitures, des produits d'hygiène corporelle et bien d'autres surprises. La Maison du lavandin labellisée Bienvenue à la Ferme propose également de la vente en ligne *via* son site Internet et des animations pour les groupes.

RIEZ

Au cœur du Plateau de Valensole, Riez est bâti au flanc de la colline Saint-Maxime, qui offre un magnifique panorama en surplombant le confluent de trois vallées. La vieille ville s'ouvre sur de vieilles rues pittoresques jalonnées de splendides demeures. La Grand-Rue est aussi imprégnée d'une ambiance médiévale authentique à vocation marchande, aujourd'hui pérennisée par de nombreux artisans d'art, des faïenciers, des potiers. Le XIVe siècle a légué les vestiges d'une belle architecture militaire, dont il subsiste des pans de murs, la tour de l'Horloge, les portes Sanson et Ayguière. Les visites guidées proposées sont riches d'enseignement.

BAPTISTÈRE DE RIEZ

Chemin des Colonnes
© 04 92 77 99 00
www.tourisme-alpes-haute-provence.com/patrimoine-culturel/riez/apidae-baptistere-2900791
Ouvert en haute saison. Visite libre. Renseignements office de Tourisme.

Le baptistère est un bâtiment annexe d'une église et destiné avant tout aux baptêmes. Faisant donc partie d'un groupe épiscopal de grande ampleur érigé sur les vestiges de thermes romain antiques, ce baptistère fut élevé au Ve siècle après J.-C. Autrefois entouré d'un portique, il a été remanié et restauré au cours des années. Il demeure l'un des rares témoignages émouvant de cette période, puisque le siège de l'évêché a été démantelé à la Révolution Française. Plus à l'est subsistent quelques vestiges de la cathédrale paléochrétienne.

LE REMPART €€

17, rue du Marché
© 04 92 77 89 54
www.lerempart04.com
Ouvert de mai à octobre, tous les jours de 12h à 15h et de 19h à minuit. Menus de 21 € à 29 €. Formule du midi : 15 €.

Depuis juin 2019, Bilal a pris la succession de Christophe auprès duquel il a travaillé durant une dizaine d'années. La cuisine provençale, il connait ! Pour la prochaine saison, vous prendrez place dans une toute nouvelle salle à l'ambiance chaleureuse. L'assiette est toujours aussi copieuse et savoureuse, à base de produits frais et suivant les saisons. Il y en beaucoup pour les amateurs de poisson, et les desserts sont une fois encore tous faits maison (surtout le traditionnel fraisier). La reprise est assurée et l'accueil toujours aussi chaleureux.

MOUSTIERS-SAINTE-MARIE ★★★

Moustiers-Sainte-Marie est classé comme l'un des plus beaux villages de France. Confiné entre deux escarpements rocheux, ce qui attire votre attention sera tout d'abord cette étoile qui surplombe ce village aux allure de crèche. D'après Frédéric Mistral, elle aurait été accrochée par un chevalier croisé emporté par les Sarrasins qui avait promis de suspendre une étoile en hommage à Marie s'il parvenait à rentrer au village. Lors de vos pérégrinations, ne ratez pas l'église paroissiale et son clocher lombard du XIIe siècle ou encore la chapelle Notre-Dame-de-Beauvoir et les remparts. Vous découvrirez que c'est également un centre de faïence réputée.

LA PALUD-SUR-VERDON

La Palud est un village touristique à 928 m d'altitude, connu principalement pour ses belvédères sur les gorges du Verdon. En son sein, le château de La Palud, reconstruit et remanié à la fin du XVIIIe siècle, abrite la Maison des Gorges du Verdon, une structure d'information touristique à la fois centre de documentation, d'exposition et d'animation sur l'environnement et l'histoire de la région. À visiter, l'écomusée du grand canyon, au 1er étage, est particulièrement intéressant. La Palud est également le point de départ de la route des Crêtes, qui permet d'admirer les gorges par le haut, avant peut-être d'aller y faire des randonnées.

CASTELLANE ★★

Castellane est une petite ville chargée d'histoire. Tout d'abord, lors des invasions sarrasines qui ont ébranlé la Provence aux IXe et Xe siècles, les habitants situés alors dans la vallée se réfugièrent sur le rocher qui surplombe la ville du haut de ses 184 m. Une chapelle subsiste encore tout en haut du roc. De là-haut, on culmine à plus de 900 m d'altitude et la vue sur tout le village et la vallée .
Lorsque la place forte fut achevée, on donna à la ville le nom de Petra Castellana (ce qui peut se traduire du latin par la roche au village fortifié, ou plus simplement par le château fort). Au XIIe siècle, les seigneurs ayant combattu pour sauver la cité des envahisseurs sont élevés à la dignité de barons et prennent le nom de leur fief, Castellane. Pendant deux siècles, ils vont sauvegarder l'indépendance et soutenir le développement de la cité jusqu'au rattachement en 1262 de la baronnie aux comtes de Provence. Les habitants de Castellane résistent aux troupes de Charles Quint en 1536 puis à Lesdiguières, chef des troupes protestantes, pendant les guerres de Religion. Cet événement est commémoré tous les ans, le dimanche le plus proche du 31 janvier : c'est la « Fête du pétardier ». Napoléon y passa la nuit, le 6 mars 1815 en montant à Grenoble.
Aujourd'hui, l'histoire est toujours bien présente, mais la ville est devenue bien plus paisible. Devenue sous-préfecture du département des Alpes-de-Haute-Provence, Castellane a la particularité d'être la sous-préfecture la moins peuplée de France avec environ 1 600 habitants.

CITROMUSEUM - MUSÉE DES CITROËN

Route de la Palud ✆ 04 92 83 76 09
www.citromuseum.com
Du 14 avril au 12 octobre. Ouvert tous les jours de 14h à 18h. En juillet et août, de 10h à 18h. Adulte 8 €. Enfant 4 €.

C'est un musée privé consacré aux Citroën d'après-guerre (120 voitures) en état exceptionnel d'origine et à très faible kilométrage. Il est le résultat de 40 ans de passion, voués à la recherche de ces véhicules dans toute la France et en Europe. On y trouve toute la gamme, de la 2CV à la CX dans un état plus proche de la sortie d'usine, avec entre autres la DS la plus ancienne commercialisée, la célèbre n° 32, mise en scène dans une corbeille tournante comme au salon de Paris de 1955.

MAISON NATURE & PATRIMOINES

Place Marcel-Sauvaire ✆ 04 92 83 19 23
www.maison-nature-patrimoines.com
Ouvert de fin avril à fin octobre. Haute saison : ouvert tous les jours. Adulte : 4 €.

Cette Maison rassemble trois espaces d'expositions, plus le Relais du Parc naturel régional du Verdon ainsi qu'une boutique-librairie. La visite permet d'avoir une vue d'ensemble de la vie dans la région, de sa géologie et notamment de sa richesse paléontologique !

Musée Sirènes et Fossiles : l'exposition permanente traite du mythe des sirènes et de l'histoire des siréniens. Au col des Lèques, à 8 km au-dessus de Castellane, se dissimule la vallée des sirènes fossiles. Ce gisement paléontologique, unique au monde, renferme des centaines d'ossements fossilisés de siréniens nous rappelant qu'il y a 40 millions d'années, la mer recouvrait notre région.

Le sentier des Siréniens : en lien avec l'exposition, le sentier des Siréniens vous permet de découvrir un site unique au monde, aménagé par la Réserve géologique de Haute-Provence. Vous pourrez observer des ossements conservés en place, vieux de 40 millions d'années. Cette petite promenade familiale de 4 km, ponctuée de panneaux explicatifs vous mènera au site géologique.

Expositions temporaires : en 2021, effectuez un voyage à travers le temps en découvrant les richesses géologiques et paléontologiques de la région dans une nouvelle exposition « Temps Fossile Temps Présent ». Un parcours éducatif à visiter pour les petits et grands avec découverte de fossiles exceptionnels issus du territoire. ». Ces fossiles sont mis en regard avec des œuvres d'art du Fond Régional d'Art Contemporain se questionnant sur le minéral et le paysage.

LA TOUR PENTAGONALE

Place Marcel-Sauvaire
✆ 04 92 83 61 14
www.verdontourisme.com
L'intérieur de la tour n'est pas accessible au public.

Pour défendre la nouvelle ville, on construisit en 1359 une ligne de remparts ayant la forme d'un œuf, partant de la tour Pentagonale, fortifiée de mâchicoulis, descendant jusqu'à la place de la Grave et remontant par la Tour de l'Horloge à l'ouest. Vous pouvez y accéder par 3 chemins dont le plus facile démarre non loin, derrière l'office de tourisme. Lorsque vous vous trouvez au pied de la tour, vous disposez d'une vue magnifique sur le village, le Roc et la vallée du Verdon. N'hésitez pas également à profiter du site des Jardins de la Tour.

AUBERGE BON ACCUEIL €

Place Marcel-Sauvaire ✆ 04 92 83 62 01
www.castellane-verdontourisme.com/hebergement/hotel-auberge-bon-accueil-564568
Ouvert de mai à octobre. Du mardi au dimanche, et tous les jours en juillet août. 14 chambres. Chambre double 65 €.

L'Auberge Bon Accueil, établissement de style provençal, est située dans le centre de Castellane, juste derrière le centre historique, et dominée par l'impressionnant fameux Roc. Elle vous accueille pour déguster une cuisine du terroir et de saison à l'intérieur ou sur une agréable terrasse ombragée donnant sur la place. Une halte idéale pour profiter des charmes de la vie locale, le temps d'un déjeuner ou d'un séjour dans l'une des chambres de style provençal, à la décoration soignée et tout confort, avec pour les plus chanceux une vue imprenable sur la place.

BASTIDE DU LOGIS DU PIN €€

Chemin du Coulet - **LA MARTRE**
✆ 04 94 92 59 85
www.labastidedulogisdupin.fr
Ouvert d'avril à octobre. Chambre double à partir de 70 €. Petit déjeuner inclus. Restauration.

Plantée en pleine nature sur un domaine de 260 ha, cernée de forêts, de montagnes et de prairies, cette superbe bâtisse en pierres jouit d'un emplacement idéal pour un séjour au vert. Sur place, centre équestre, ferme pédagogique et randonnées pédestres sont proposées. Côté nuit, la bastide comprend 3 suites familiales de deux chambres pour 2 à 4 personnes, et 5 chambres doubles avec sanitaires privés. En tout, 28 personnes peuvent y séjourner en même temps ! Pour se restaurer ? Direction la grande salle à manger avec cheminée, ou bien la terrasse en plein air.

CAMPING LES LAVANDES** €€

Route des Gorges-du-Verdon ✆ 04 92 83 68 78
www.camping-les-lavandes.com
Ouvert d'avril à octobre. Emplacement pour 2 de 14 € à 19,5 €. Mobile home pour 4 à 6 de 290 € à 660 € la semaine.

Idéalement situé sur la route des gorges du Verdon, ce camping propose un large choix d'hébergements, sur emplacements ou en locatif, avec 5 types de mobil-homes-chalets pouvant accueillir de 4 à 6 personnes. La qualité de son accueil lui a valu un 1er Prix National "Camping Qualité France". Non loin du camping : marchés locaux les mercredis et samedis, piscine chauffée publique et d'autres activités plein air. De plus, par amour de sa région et par passion de la randonnée, Claude le propriétaire propose des randonnées pédestres gratuites, une fois par semaine.

LA MAIN À LA PÂTE €

5, rue de la Fontaine
✆ 04 92 83 61 16
Fermé de fin octobre à fin février. Haute saison : tous les jours midi et soir. Carte : 20 € environ. Plat du jour 12 €.

Situé dans une petite rue animée, ce restaurant au décor provençal logé dans une maison ancienne, propose, entre autres, de belles pizzas faites maison. La carte offre un large choix et contient des propositions originales. Côté plat du jour, les produits locaux et de saison sont privilégiés avec, notamment, les truffes, le foie gras et les cèpes qui accompagnent un risotto... Et pour les gourmands la carte des desserts maison est variée et tous sont excellents. Pour l'été, à déguster sur sa terrasse accueillante déployée au calme et ombragée dans la rue piétonne.

LA MÉRENDA €

RD 6085 - **LA MARTRE**
✆ 04 93 60 77 05
www.lamerenda83.com
Du mercredi au dimanche de 11h45 à 14h45. Haute saison : du mardi au dimanche de 11h45 à 14h45. A la carte : 28 €.

Situé sur la célèbre route Napoléon, aux confins du Var et des Alpes-Maritimes, où d'ailleurs Napoléon à fait escale à l'époque pour y déjeuner lors de son périple de Golfe Juan à Grenoble, ce bar-snack-restaurant provençal fait également office de boulangerie et pâtisserie artisanale, d'épicerie avec vente de vins de pays, bières et produits du terroir... Au rythme des saisons, Pascal vous propose avec passion, sa carte élaborée à base de produits frais et locaux, escargots en aïoli gratinés au four, millefeuille de parmesan, agneau du pays à la farigoule...

LE LAC DU CASTILLON €€

85, les Roses
✆ 04 92 83 25 78
www.restaurant-lac-du-castillon.com
Fermé en novembre. Baisse saison : uniquement les weekends. Tous les jours en haute saison. Menus de 23 € à 38 €.

Ce que nous avons aimé au Lac du Castillon ? Cette ancienne ferme rénovée, sa vue imprenable sur le Roc ou les montagnes, et la cuisine de Mélissa. Vous prendrez place à l'intérieur dans l'une des deux salles habillées de bois, dans une ambiance provençale ou encore sur la grande terrasse ombragée. L'assiette est purement traditionnelle, saupoudrée d'originalité, à base de produits frais de la région. Mélissa vous propose du fait maison, en passant par un grand choix de pizzas et le snack pour les plus pressés. La nouveauté : des vins végan à découvrir.

MA PETITE AUBERGE €€

8, boulevard de la République ✆ 04 92 83 62 32
www.mapetiteauberge.com
Fermé de décembre à avril. Chambre double de 55 à 95 €. Restauration : menu à 27 € environ. Jardin. Terrasse.

Aux portes des gorges du Verdon et au pied de Notre-Dame-du-Roc, cette auberge ne manque pas de charme. Vous n'oublierez pas cette halte gourmande et notamment son jardin où se déploie une terrasse à l'ombre d'un tilleul plus que centenaire. Le calme est au rendez-vous. Les chambres offrent un agréable confort et donnent sur la place du village, ou sur la terrasse. Aux premiers froids, vous prendrez place dans une belle salle rustique avec poutres en bois. Côté restaurant, les mets issus d'une cuisine méditerranéenne revisitée sont remarquablement présentés.

LA VOÛTE €€

3, rue du Mitan
✆ 04 92 83 10 59
Fermé de novembre à février. Ouvert tous les soirs + les midis de samedi et dimanche. À la carte + menu à 25 € environ.

Situé juste à côté de l'Office de tourisme, la devise de ce restaurant de qualité est : « Ici, pas de frites et pas de pizza » ! Le restaurant ne propose que du frais et du local, le tout servi dans de belles assiettes. Evelyne, la maîtresse des lieux, vous régale d'une cuisine traditionnelle régionale mais aussi du monde, toujours savoureuse. La décoration de la salle est authentique : plafond voûté, cadre intimiste chaleureux. Une petite terrasse se déploie aux beaux jours devant la façade en pierre et ses deux grandes baies. Service efficace et sympathique.

PASSPORT

ORGANISER SON SÉJOUR

Quel mode de transport privilégier pour venir dans le Var ? Comment dessiner son itinéraire et choisir le logement pour ses vacances ? Autant de questions que vous pourrez vous poser au moment de préparer votre séjour dans le Var. Vous trouverez dans les prochaines pages quelques pistes pour solutionner toutes ces questions. Ce département est plutôt bien desservi par l'avion ou le TGV pour ce qui est des liaisons avec les grandes villes comme Paris ou Marseille. Le train régional dessert quasiment toutes les villes de la côte varoise et les départements voisins. Mais dès qu'il s'agit d'aller dans les terres ou dans des coins reculés du littoral, la voiture est à privilégier. Tourné néanmoins vers le slow tourisme, le Var est aussi le département idéal pour les randonnées. Enfin, c'est un département très touristique, vous y trouverez donc facilement un hébergement à condition de réserver tôt pendant la haute saison.

S'Y RENDRE

Le Var, situé dans le Sud Est de la France, est très accessible par différents moyens de transports. En avion, il est relié à Paris via l'aéroport de Toulon-Hyères,qui se trouve à Hyères en bord de mer, non loin du Port de Hyères. On peut aussi s'y rendre en train, option plus écologique et moins coûteuse. Le TGV depuis Paris va jusqu'à Marseille, ensuite le train emprunte des lignes régionales pour vous conduire jusqu'à Toulon, la gare principale du Var; mais il existe aussi des liaisons directes depuis Paris pour Hyères. Il faut environ 4h de train en tout pour faire Paris/Toulon ou Paris/Hyères. En voiture, Toulon est à 45 minutes de Marseille et à 8h de route de Paris via l'autoroute.

S'il est facile de se rendre en train dans les villes de la côte et les principales stations balnéaires, il vous faudra louer une voiture pour découvrir l'intérieur des terres comme le Verdon par exemple.

AÉROPORT TOULON HYÈRES

Boulevard de la Marine - **HYÈRES**
✆ 08 25 01 83 87
www.toulon-hyeres.aeroport.fr

5 compagnies opèrent depuis Toulon-Hyères : Air Corsica (en saison), Tui Fly, Luxair, Transavia et EasyJet.

L'aéroport Toulon-Hyères est le principal aéroport du Var. Son emplacement stratégique, au cœur du Var et aux portes de la Provence et de la Côte d'Azur, en fait aussi l'aéroport le plus proche de Saint-Tropez (à 45 minutes). EasyJet propose des liaisons régulières depuis/vers Roissy CDG et Londres Gatwick ; Transavia dessert quant à elle Paris Orly, Nantes, Brest et Rotterdam ; Luxair opère depuis/vers le Luxembourg, Tui Fly depuis/vers Brest et Bruxelles Sud ; et en saison estivale, Air Corsica assure des liaisons depuis/vers Bastia et Ajaccio.

GARE SNCF

Boulevard de Tessé
TOULON
✆ 36 35 034
www.voyages-sncf.com

Dépose-minute. Wi-fi. Auto-train. Locations voitures. Parking. Gare routière accolée.

C'est une gare flambant neuve qui vous accueille dorénavant à Toulon ! Outre la rénovation du plafond historique, la surface du hall de la gare a été agrandie, passant de 380 à 630 m². Vous pouvez désormais stationner votre véhicule dans un nouveau parking d'une capacité de plus de 200 places sur deux niveaux, ou bien au dépose-minute. Bordé d'oliviers, le parvis permet un accès simplifié aux gares ferroviaire et routière. Espace de vente, commerces et espaces d'attente intérieurs et extérieurs sont autant de services qui amélioreront votre voyage.

LES BATEAUX VERTS

14, quai Léon-Condroyer
SAINTE-MAXIME
✆ 04 94 49 29 39
www.bateauxverts.com

Durée du trajet pour Porquerolles : 2h30 environ. Adultes : 44,90 €. Enfant -12 ans : 29,80 €.

Embarquez pour l'île de Porquerolles ou celle de Port-Cros à bord de la compagnie Les Bateaux Verts, et découvrez les sites emblématiques de ces îles aux charmes multiples. La durée de l'escale dure environ 4h30 pour Porquerolles et 5h30 pour Port-Cros. De quoi partir explorer ces véritables joyaux préservés en toute quiétude. Départs assurés depuis Saint-Tropez, Sainte-Maxime ou Les Issambres. Le personnel à bord est accueillant. Attention, en cas de mauvaises conditions météorologiques, les traversées peuvent être annulées.

PORT DE BANDOL

6, Capitainerie
BANDOL
✆ 04 94 29 42 64
www.portbandol.fr

1 500 places et 100 pour le passage en saison, 50 hors saison.

Le port de Bandol, neuvième port de France, est vraiment un port privilégié pour les vacanciers. Situé entre Marseille et Toulon, il permet de rallier rapidement les îles de Porquerolles et les sublimes calanques de Marseille. Équipé d'une aire de carénage pourvue de postes de 5 à 40 mètres, il est facile d'y effectuer ses réparations et entretiens courants. Le port dispose bien sûr d'une station à carburant. C'est aussi un port agréable pour une petite balade au bord de l'eau pour admirer les bateaux de Bandol et du monde entier.

PORT DE FRÉJUS

Capitainerie
FRÉJUS
✆ 04 94 82 63 00
www.portfrejus.fr/
849 postes d'amarrage - longueur maxi : 40 m.

Le port de Fréjus est un port dynamique, devenu un quartier emblématique de la ville en constante évolution. De nombreux commerces à proximité facilitent la vie des vacanciers. Question sécurité, le site est en permanence sous vidéo surveillance et un agent de nuit est présent 365 jours par an. Le port de Fréjus propose aux plaisanciers une gamme de services complète, un chantier naval, des points d'eau douce disponibles sur tous les pontons, 4 ensembles sanitaires réservés ouverts 24h su 24h, un espace lounge au-dessus de la capitainerie.

PORT DE SAINT-TROPEZ

Capitainerie
SAINT-TROPEZ
✆ 04 94 56 68 70
www.portsainttropez.com
734 mouillages.

C'est l'un des pôles majeurs d'escale en Méditerranée, où les gens se promènent rien que pour voir tous ces gros bateaux amarrés dans le vieux port. Un spectacle à ne pas louper. En plein cœur du village il offre une capacité de 734 mouillages repartis en deux bassins pour une superficie de neuf hectares. Une station de carburant, une aire technique clôturée, située au sud du bassin Lescudier est à la disposition des usagers. Si vous voulez louer des bateaux pour la journée, c'est également possible au niveau du grand parking.

PORT DE SAINTE-MAXIME

Capitainerie
SAINTE-MAXIME
✆ 04 94 96 74 25
400 places dont 30 environ sont réservées aux bateaux de passage en saison et 60 hors saison.

Situé à l'entrée de la ville en arrivant de Fréjus, le port de plaisance de Sainte-Maxime et sa capitainerie accueille notamment 400 bateaux de plaisance ainsi que cinq pêcheurs avec leur étal de vente, un club nautique et l'association des plaisanciers. Certifié «Port propre», avec les labels «Qualité plaisance» et «Pavillon bleu» il propose de nombreux services, notamment un quai d'accueil, une station d'avitaillement en carburant pour les bateaux 24h/24, ainsi que parking, navettes et taxis maritimes, restauration, accastillage, chantier naval...

PORT HERACLEA

59, rue de la digue
CAVALAIRE-SUR-MER
✆ 04 94 64 17 81
www.port-heraclea.fr
Ouvert toute l'année, tous les jours. Bassin de 621 places, dont 310 places publiques.

Situé au cœur de la ville, vous y trouverez de nombreux services et équipements. Le bassin comporte 1 100 places réparties en 2 bassins, dont 1 015 postes permanents, 2 pontons flottants pour loueurs de bateaux. Une zone de mouillage est organisée à l'extérieur du port, ainsi qu'un ponton d'accueil sous la capitainerie, une rampe de mise à l'eau gratuite bassin Ouest et un espace de grutage bassin Est. Une application « Port Heraclea » pour smartphone ou tablette a été activée et permet à tout plaisancier de signaler un incident observé sur le port.

PORT SAINT-PIERRE [HYÈRES]

Capitainerie du Port
HYÈRES
✆ 04 94 01 40 70
www.portshyeres.fr
1432 places à quai, dont 500 réservés aux bateaux de passage.

C'est un port labellisé Pavillon Bleu des Ports d'Europe depuis 1989. Sa situation sur la Méditerranée est idéale. Il est abrité des vents dominants par la presqu'île de Giens et s'étend sur 13 hectares. Avec près de 1 500 places il possède une capacité d'accueil importante pour les vacanciers qui souhaitent naviguer vers les îles d'or. Plages et nombreux commerces à proximité. Pensez aussi aux ports de l'Ayguade, La Capte et Port Auguier, à proximité.

PORTS DE TOULON - VIEILLE DARSE

Quai du Petit Rang
TOULON
✆ 04 94 42 27 65
www.portdetoulon.com
600 Postes à flots. Longueur maximum : 55 mètres. Tirant d'eau : 7 mètres.

Toulon dispose en tout de six ports de plaisance : Toulon Vieille Darse, Toulon Darse Nord, La Seyne-sur-Mer, Saint-Mandrier, Saint-Louis du Mourillon et port du Niel. Au total, plus de 2000 postes à flot, réservés aux bateaux de plaisance à voile et à moteur. Le port de Toulon Vieille Darse est situé au cœur de la ville, ce qui offre un accès immédiat aux commerces et aux infrastructures de la ville, situés à quelques minutes seulement des quais.

SÉJOURS ET CIRCUITS

Plutôt que partir en solo la fleur au fusil, vous préférez peut-être opter pour un séjour sur mesure, qui colle au plus près de vos attentes, ou un circuit accompagné clef en main, afin d'optimiser votre voyage et partager vos découvertes avec des compagnons de route. Dans tous les cas, faire appel à une compagnie touristique peut s'avérer un choix judicieux. Certaines d'entre elles se sont spécialisées dans les trésors locaux et vous proposeront une découverte du Var classique ou inédit, axé nature ou culture, détente ou sport en fonction de vos préférences, le tout dans une ambiance généralement très conviviale. Vous trouverez dans cette rubrique les principales agences de voyages qui vous permettront de vivre votre rêve varois à votre guise. Si vous partez pendant la saison estivale, pensez à réserver tôt car le Var est très prisé pendant l'été et les réservations de séjour se font parfois plusieurs mois à l'avance !

CARREFOUR VOYAGES

✆ 08 92 01 50 15
www.voyages.carrefour.fr

Partir sans dépenser trop ? C'est la proposition faite par Carrefour Voyages dans les 115 agences du réseau. Les conseillers vous proposeront croisières, circuits organisés, des séjours (ski, bien-être, plage), week-ends et voyages sur mesure. Promotions et départs de dernière minute sont également au menu ! France, Espagne, Grèce, Turquie, Cuba, États-Unis… Le catalogue est vaste et parcourt l'intégralité du globe. N'hésitez pas à consulter le site Internet pour connaître les exclusivités voyage et les bons plans du moment.

PLAISIRS ET MAISONS DE PROVENCE

Pas de Clavel
AUREILLE
✆ 04 90 18 33 13
www.provence-plaisirs.com
Green Globe.

Un très bon plan pour ceux qui désirent organiser et planifier leur séjour en Provence. En effet, cette agence réceptive qui vous propose non seulement des hébergements qui répondent à vos envies, mais également une multitude d'activités thématiques. Charme, confort, propreté, les résidences proposées, que ce soit pour un week-end ou pour plusieurs, jours, sont toutes de grande qualité. Quant à l'équipe, elle est sérieuse, professionnelle et proche de ses clients.

TOURS IN PROVENCE

AIX-EN-PROVENCE
✆ 06 24 19 29 91
www.tours-in-provence.com
Labellisé marque Valeurs Parc Naturel Régional.

Cécile propose 4 circuits thématiques pour découvrir la Provence de la Camargue au Verdon en passant par les Alpilles et le Luberon à bord de son mini van climatisé. Cécile évoque le patrimoine culturel et gastronomique, les produits du terroir, la vigne. Bénévole à la LPO, elle est passionnée d'ornithologie et vous propose de découvrir les nombreuses espèces d'oiseaux sédentaires ou de passage - guépier d'Europe, flamands roses, cygnes sauvages, échasses blanches, avocettes, rousserolles, martinets-. Les jumelles sont fournies si vous n'en avez pas,

QUOTATRIP

www.quotatrip.com

QuotaTrip est une nouvelle plateforme de réservation de voyage en ligne qui met en relation des voyageurs à la recherche d'expériences authentiques et uniques et des agences de voyages locales sélectionnées pour leurs compétences et leur sérieux. Le réseau de QuotaTrip couvre près de 200 destinations du monde entier. Le but de ce rapprochement est simple : proposer un séjour entièrement personnalisé aux utilisateurs. QuotaTrip promet ainsi l'assurance d'un voyage serein, sur mesure, sans intermédiaires et sans frais supplémentaires.

SE LOGER

Le Var abrite des hébergements de grande qualité : de l'hôtel luxueux sis au cœur d'un domaine viticole de renom au gîte d'exception, en passant par la chambre d'hôtes de charme, l'offre est particulièrement large ! Si vous êtes plutôt adepte de simplicité, des gîtes champêtres, chambres chez l'habitant et campings vous accueillent. Dans le Var, l'offre d'hébergement est très variée et s'adapte à tous les budgets. Si certaines de ces solutions sont implantées à deux pas de points d'intérêt de renom, plusieurs d'entre elles sont à découvrir en pleine campagne, offrant toute la quiétude d'un lieu intimiste. Insolites ou sophistiquées, chaleureuses ou modernes, avec ou sans équipements (jardin, spa, piscine...), elles permettent de vivre un séjour dans le confort, l'esprit allégé. Avec à la clef, des rencontres avec des hommes et des femmes attachants et accueillants, prêts à nourrir votre émerveillement.

COUCHSURFING €€

www.couchsurfing.com

Plateforme internet pour séjourner chez l'habitant. Tarif d'adhésion : 15€ environ.

Couchsurfing est le service d'hébergement gratuit en ligne regroupant le plus d'adhérents. Il suffit de s'inscrire pour accéder aux profils des locaux ou faire sa demande d'hébergement pour quelques jours voire quelques mois. En échange, vous pouvez par exemple inviter votre hôte à manger, lui offrir quelque chose de votre pays ou bien l'accueillir chez vous. Le site Internet met en place des systèmes de contrôle : notation des membres, numéro de passeport exigé à l'inscription, etc. Les participants ont accès à des hébergements volontaires dans plus de 200 pays.

LOVE HOME SWAP €€

www.lovehomeswap.com

Partir en vacances seul, en famille ou avec un groupe d'amis sans payer le logement, c'est possible si vous avez vous-même un hébergement à proposer. Echanger votre studio, votre appartement à Paris ou Marseille contre une villa en Croatie, un château en Espagne (très rare !), une villa à Sydney, une immense maison avec piscine à Miami ou un superbe appart à Tokyo, c'est l'idée. Tout est permis, mais il faut que cela convienne aux deux parties. Pour bénéficier de tous les avantages, il faut aller sur le site Internet anglais et s'abonner.

HOME EXCHANGE €€

www.homeexchange.fr

Désormais affilié à HomeExchange, le leader mondial de l'échange hébergement, Troc Maison avait ce slogan : « Echangez... ça change tout ». L'idée reste la même : un site Internet pour échanger son logement (studio, appartement, villa...) moyennant un abonnement annuel (130 €) à l'agence en ligne, qui se charge de la présentation du bien et de la mise en contact des intéressés. Quand 50 % du budget vacances des Français passent dans le logement, le principe ne peut que fonctionner. Le choix est large avec plus de 400 000 offres dans 187 pays.

LES HEBERGEMENTS MARQUE VALEURS PARC €€

www.parcs-naturels-regionaux.fr

Où dormir dans les parcs naturels régionaux de la région Provence-Alpes-Côte d'Azur ? Les hôtels, gîtes, chambres d'hôtes et campings bénéficiant de la marque Valeurs Parc Naturel Régional vous garantissent un hébergement de qualité. Ils se sont engagés pour vous satisfaire dans l'accueil, l'écoute et le service, et pour vous faire partager leur attachement à leur région, au même titre que les restaurants, artisans, producteurs locaux et prestataires touristiques adhérents de la marque.

SE DÉPLACER

Si vous arrivez dans le Var en train ou en avion, vous aurez la possibilité de louer un véhicule. Voiture, moto, vélo (ça grimpe tout de même, par endroits !), tous les moyens sont bons pour profiter pleinement de chaque aspect du territoire. Si vous préférez privilégier les transports en commun, par souci écologique ou pour éviter le stress du stationnement, vous pourrez compter sur de nombreux réseaux. Le principal réseau de bus, qui dessert l'essentiel des villes varoises, y compris les stations balnéaires et les plages, c'est le réseau Mistral qui est le réseau de bus de la métropole Toulon-Provence-Méditerranée. Autre possibilité : le train régional qui vous permettra d'aller dans la plupart des villes du Var.

Pour aller sur les différentes îles varoises, comme sur les îles d'or depuis Hyères, vous pouvez prendre l'une des navettes régulières assurées par des compagnies locales que nous avons référencées dans ce guide.

AVIS AÉROPORT TOULON HYÈRES

Boulevard Marine
HYÈRES
✆ 08 20 61 16 46
www.avis.fr
Ouvert tous les jours de 9h à 12h et de 13h30 à 22h30. Retour 24h/24.

Louer son véhicule pour visiter Hyères et ses alentours est possible dans l'une des antennes d'Avis et celle-ci a pour avantage d'être directement à l'aéroport. Berline, 4x4, minibus, cabriolet, monospace, break : pensez à réserver tôt en haute saison ! Renseignements par téléphone et devis possibles depuis le site Internet de l'agence. Un groupe très sérieux qui a largement fait ses preuves sur le territoire français comme à l'international. Avis est une valeur sûre.

EUROPCAR SAINT-RAPHAËL

56, place Pierre-Coulet
SAINT-RAPHAËL
✆ 04 94 95 56 87
Ouvert du lundi au samedi de 8h à 12h et de 14h à 18h30. Retour possible en dehors de ces horaires, avec supplément.

Louer son véhicule pour visiter Saint-Raphaël et ses alentours est possible dans l'une des antennes de l'enseigne de location. Berline, 4x4, minibus, cabriolet, monospace, break : pensez à réserver tôt en haute saison ! Renseignements par téléphone et devis possibles depuis le site Internet de l'agence. Un groupe très sérieux qui a largement fait ses preuves sur le territoire français comme à l'international. Europcar cumule les bons points : qualité de service, véhicule irréprochable, accueil souriant et disponibilité dans les agences...

SIXT AÉROPORT HYÉRES

Boulevard Marine
HYÈRES
✆ 08 20 00 74 98
www.sixt.fr
Ouvert tous les jours. Tarifs dégressifs.

Louer son véhicule pour visiter Hyères et ses alentours est possible dans l'une des antennes du fameux organisme de location. Berline, 4x4, minibus, cabriolet, monospace, break : pensez à réserver tôt en haute saison ! Renseignements par téléphone et devis possibles depuis le site Internet de l'agence. Un groupe très sérieux qui a largement fait ses preuves sur le territoire français comme à l'international. Sixt cumule les bons points : qualité de service, véhicule irréprochable, accueil souriant et disponibilité dans les agences...

SIXT TOULON GARE

Place de l'Europe
TOULON
✆ 04 22 07 00 47
www.sixt.fr
Ouvert du lundi au dimanche. Retour 24h/24.

Louer son véhicule pour visiter Toulon et ses alentours est possible dans l'une des antennes du fameux organisme de location. Berline, 4x4, minibus, cabriolet, monospace, break : pensez à réserver tôt en haute saison ! Renseignements par téléphone et devis possibles depuis le site Internet de l'agence. Un groupe très sérieux qui a largement fait ses preuves sur le territoire français comme à l'international. Sixt cumule les bons points : qualité de service, véhicule irréprochable, accueil souriant et disponibilité dans les agences...

S'INFORMER

Les médias locaux sont des sources précieuses pour tout savoir de l'actualité locale, mais aussi des fêtes de village, traditions locales, concerts programmés et autres festivals prévus sur le territoire pendant votre séjour. C'est aussi une merveilleuse façon de découvrir la culture locale, le vocabulaire du cru et d'obtenir quelques adresses gourmandes ou divertissantes. Alors achetez en priorité Var Matin, qui est LE quotidien de référence spécialisé dans l'actualité locale. Côté ondes, des radios locales comme Mistral FM ou France Bleu Provence émettent dans le département. Côté télé, on vous conseille de regarder les journaux télévisés de France 3 Provence-Alpes car vous y découvrirez le département en images. Certains sites comme celui de l'office de tourisme du Var sont particulièrement riches en informations, surtout pour connaître la liste de tous les évènements pendant votre période de vacances dans le Var.

COEURDUVARTOURISME.COM

www.coeurduvartourisme.com

Nous vous fournissons un grand nombre d'informations touristiques sur le cœur du Var dans ce guide, mais peut-être aurez-vous envie d'aller encore plus loin ! Alors on vous recommande vivement de consulter ce site très complet. C'est le site Internet de l'Office de tourisme du territoire Cœur du Var, regroupant les communes de Pignans, Flassans-sur-Issole, les Mayons, Carnoules, le Cannet des Maures, Puget-Ville, le Luc-en-Provence, Besse-sur-Issole, Gonfaron, le Thoronet et Cabasse. On y glanera donc tout un tas d'informations d'ordre touristique.

FRANCE BLEU PROVENCE 102.9

304, avenue de la République
TOULON
✆ 04 94 05 83 83
www.francebleu.fr/provence

France Bleu Provence c'est l'actu de votre région et en temps réel avec une information pointue grâce à des flashs et des journaux quotidiens et pertinents. Cette radio locale, appartenant plus largement au groupe *Radio France,* traite de toutes les informations régionales sans oublier l'actu nationale et internationale. Agréable tout au long de la journée, on apprécie chaque rubrique : l'info circulation, les jeux et cadeaux, l'horoscope, les conseils, les bons plans cuisine...

FRANCE 3 PROVENCE-ALPES

47, avenue de la Roseraie - **TOULON**
✆ 04 94 16 60 80
https://france3-regions.francetvinfo.fr/provence-alpes-cote-d-azur/

Grilles de programme et news sur le site Internet.

France 3 Provence-Alpes fait la part belle à toute la culture, les curiosités et les informations locales grâce à ses éditions régionales quotidiennes du 12/13 et du 19/20. La chaîne diffuse aussi de belles émissions hautes en couleur : Vaqui (en langue provençale et sous titré, nous balade à travers les plus beaux sites de la région) ; Parcours de Vie (des personnalités et gens de la région partagent leur vie dans un témoignage de 5 mn après le 19h) ; ou encore Mediterranéo le samedi à 11h30, qui offre une découverte hebdomadaire du monde méditerranéen.

LA GAZETTE DU VAR

2972, route de Saint-Honoré
LA LONDE-LES-MAURES
www.lagazetteduvar.fr

Bimensuel gratuit.

Un bimensuel gratuit, dont le premier numéro est paru en mai 2016. Disponible en version papier et numérique, on y retrouve toute l'actualité politique et économique de la zone Toulon-Golfe de Saint-Tropez, ainsi que des infos sport et des idées de sortie. Vous le trouverez facilement dans les boutiques de la région, ou même à l'occasion d'évènements ou de festivals dans le Var. Vous y dénicherez aussi des informations sur les bars, les restaurants, et les nouveaux projets d'urbanisme de différentes villes varoises. Un magazine utile !

LE JOURNAL DES MOTARDS

PUGET-SUR-ARGENS

www.journaldesmotards.com

Ce bimestriel est vendu en kiosque depuis 1993. Il a la particularité d'être écrit en grande partie par ses lecteurs motards (et non par des journalistes). Le JDM est axé sur le tourisme avec des balades et des voyages. Sa chaîne hôtelière RELAIS MOTARDS® dédiée aux deux roues, regroupe des gîtes, bars, restaurants, hôtels… (relais-motards.com). Ce magazine est à l'origine de l'association Les Chevaliers De La Route (CDLR), des motards qui se proposent d'assister tout autre "chevalier" qui solliciterait leur aide dans leur région.

LE VAR

www.var.fr

Biannuel gratuit.

Vous trouverez le magazine le Var, dans toutes les mairies et les offices de tourisme. La publication est diffusée gratuitement par le Conseil départemental dans les nombreuses manifestations et événements qui émaillent la vie du département. Bien entendu les actions de l'institution sont largement représentées, au fil des pages, mais l'équipe rédactionnelle fait également la part belle à l'information et à la vie locale : Sorties, expos, lectures... vous y trouverez de nombreuses idées pour agrémenter vos vacances. Un indispensable !

MISTRAL FM 92.4

1041, avenue de Draguignan

LA GARDE

✆ 04 94 20 06 00

www.mistralfm.fr

Ouvert tous les jours et les jours fériés.

Si vous faites de la route dans le Var, c'est la radio que vous capterez certainement en premier en voiture. La radio régionale *Mistral FM*, c'est une belle programmation musicale avec tous les hits du moment ! Que ce soit sur la route de la plage ou pour aller en soirée, la musique vous plaira et vous donnera une super bonne énergie. Attendez-vous à danser sur votre siège, tout comme vos passagers ! Sur le site Internet, découvrez la grille de programmes, l'actu ciné, des émissions en podcast, les nouveautés et les clips du moment.

VAR-MATIN

26, avenue de Besagne

TOULON

✆ 04 94 93 31 00

www.varmatin.com

Agences à Brignoles, Draguignan, Hyères, La Seyne-sur-Mer, Saint-Raphaël, Saint-Tropez.

L'incontournable quotidien varois couvre toutes les informations du département sans oublier les sujets « France et monde ». Toujours à la pointe de l'actu locale, ce journal vous informe sur tous les sujets économiques, politiques, sociaux, les faits divers et également sur toutes les actus sports, les sorties, la santé... Le site Internet est une vraie mine d'informations minute et permet de s'abonner en ligne avec des offres privilèges. Pendant vos vacances, c'est un journal qu'on vous conseille pour connaître tous les événements du moment.

RCF MÉDITERRANÉE

93, rue Charles Goujon

SAINT-RAPHAËL

✆ 04 94 17 84 85

www.rcf.fr

Radio Chrétienne Francophone.

Deux radios est et ouest de RCF Méditerranée sur trois fréquences : 99.0 FM Fréjus-Saint-Raphaël-Golfe de Saint-Tropez ; 91.0 FM Draguignan et sa région et 105.1 FM Toulon et sa région. Radio Dialogue RCF : sur ses quatre fréquences FM : Aix-en-Provence, Aubagne, Martigues, Marseille. RCF Vaucluse sur ses trois fréquences FM : Apt, Avignon, Pertuis. RCF Alpes de Haute-Provence sur deux fréquences : Digne 92.0 et 98.8 FM Manosque. Les émissions sont publiées en réécoute et en podcast sur le site Internet de RCF.

VISITVAR.FR

www.visitvar.fr

C'est le site officiel du tourisme du département du Var et il sera une véritable mine d'informations pendant vos vacances dans le Var, en plus de votre guide préféré bien sûr. En association avec les 95 Offices de tourisme et maisons du tourisme territoriales, l'Agence de Développement Touristique vous procure toutes les informations nécessaires au bon déroulement de votre séjour : hébergement, restauration, prestataires de loisirs, points d'intérêt... C'est « le » site Internet utile par définition et vous y trouverez vraiment ce que vous cherchez.

ENTRETIEN AVEC CARINE GALLI

JOURNALISTE-PRÉSENTATRICE TV [L'EQUIPE TV, M6]

Pourquoi aimez-vous Gassin et quelles sont vos bonnes adresses sur place ?

Gassin c'est mes souvenirs d'enfance, de jeunesse puis de vacances. Quand on vient de Gassin, même si j'adore voyager à travers le monde, rentrer à la maison fait toujours plaisir. J'aime tout dans le Sud : le temps, le soleil, la mer, les odeurs, les aromates, la cuisine, l'espace. La possibilité de se balader sur la plage ou en forêt. Il y a une diversité incroyable ! J'aime beaucoup monter au village pour avoir un point de vue sur tout le golfe, c'est superbe. J'adore me balader dans les ruelles du vieux village. Plus jeune, j'allais parfois dans des restaurants sur la place du village, sous les arbres. L'été dernier, j'ai logé pour la première fois à la Villa Bellerose. Ce n'est pas du tout une architecture provençale, mais la vue est à couper le souffle. Une vue magique à 180 degrés. On voit tout : Saint-Tropez, son clocher, Sainte-Maxime. En bonne sudiste, j'adore le rosé et le Château Minuty, qui a ses terres à Gassin, et fait partie de mes préférés (le rosé or).

Et dans le Var de façon générale, que recommandez-vous ?

Forcément quand on est originaire de Gassin, on va dans tout le golfe et on picore un peu de tout. Saint-Tropez reste et restera toujours Saint-Tropez. J'adore aller déjeuner à la cabane bambou, sur la Plage de Pampelonne. La déco y est très jolie et la nourriture super bonne. Pour faire la fête, les caves du roi sont la meilleure boîte au monde. Je ne me lasserai jamais de la déco avec les piliers en palmiers, de l'ambiance spéciale qui émane de ce lieu. Avant ou après, il faut vraiment aller boire un verre au bord de la piscine du Byblos ; Saint-Tropez est un village légendaire... Ce palace en fait partie.

© DR

PASSPORT

INDEX

Le Castellet.

EDITION

Directeurs de collection et auteurs : Dominique AUZIAS et Jean-Paul LABOURDETTE

Responsable d'édition : Laurent BOSCHERO

Auteurs : Roxane MOLINIER, Gérard BERNAR, Jean-Paul LABOURDETTE, Dominique AUZIAS et alter

avec la collaboration de : Roxane MOLINIER, Jeremy CAPITANO, Gérard BERNAR, Saliha HADJ-DJILANI, Alexandre ANDREO

Directeur Editorial : Stéphan SZEREMETA

Rédaction France : Elisabeth COL, Tony DE SOUSA, Mélanie COTTARD, Audrey VEDOVOTTO

Rédaction Monde : Caroline MICHELOT, Morgane VESLIN, Pierre-Yves SOUCHET, Natalia COLLIER

FABRICATION

Responsable Studio : Sophie LECHERTIER assistée de Romain AUDREN

Maquette et Montage : Julie BORDES, Delphine PAGANO

Iconographie et Cartographie : Anne DIOT, Julien DOUCET

WEB ET NUMERIQUE

Directeur Web : Louis GENEAU DE LAMARLIERE

Développeurs : Adeline CAUX et Kiril PAVELEK

Intégrateur Web : Mickael LATTES

Webdesigner : Caroline LAFFAITEUR

Community Traffic Manager : Alice BARBIER, Mariana BURLAMAQUI et Vincent PHAM

DIRECTION COMMERCIALE

Directeur commercial : Guillaume VORBURGER assisté de Manon GUERIN

Responsable Régies locales : Michel GRANSEIGNE

Régie locale Var : Laurent BOSCHERO

Responsables Développement régie inter : Jean-Marc FARAGUET et Guillaume LABOUREUR

Chefs de Publicité : Camille ESMIEU

Chefs de Publicité Régie nationale : Caroline AUBRY, François BRIANCON-MARJOLLET, Perrine DE CARNE MARCEIN

DIFFUSION ET PROMOTION

Directrice des Ventes : Bénédicte MOULET assistée d'Aissatou DIOP

Responsable des ventes : Jean-Pierre GHEZ assisté de Nelly BRION

Relations Presse-Partenariats : Jean-Mary MARCHAL

ADMINISTRATION

Président : Jean-Paul LABOURDETTE

Directrice des Ressources Humaines : Dina BOURDEAU assistée de Sandra DOS REIS et Eva BACLEN

Directrice Administrative et Financière : Valérie DECOTTIGNIES

Comptabilité : Jeannine DEMIRDJIAN

Recouvrement : Fabien BONNAN assisté de Sandra BRIJLALL et Vinoth SAGUERRE

Responsable informatique : Elie NZUZI-LEBA

PETIT FUTÉ VAR

LES NOUVELLES EDITIONS DE L'UNIVERSITE
18, rue des Volontaires - 75015 Paris.
✆ 01 53 69 70 00 - Fax 01 42 73 15 24
Internet : www.petitfute.com
SAS au capital de 1 000 000 € - RC PARIS B 309 769 966
Couverture : Port de Sanary-sur-Mer © Ivan Bastien - iStockphoto
Impression : IMPRIMERIE CHIRAT - 42540 Saint-Just-la-Pendue
Achevé d'imprimer : août 2021
Dépôt légal : 24/09/2021
ISBN : 9782305059815

Pour nous contacter par email, indiquez le nom de famille en minuscule suivi de @petitfute.com
Pour le courrier des lecteurs : info@petitfute.com

IMPRIMÉ EN FRANCE

N

O

P

Q

R

S

T

V

COLLABOREZ
À LA PROCHAINE ÉDITION